U0113243

本丛书系国家社科基金"一带一路"建设研究专项"'一带一路'沿线国别研究报告"（批准号：17VDL002）的成果，并得到上海社会科学院"一带一路"建设专项经费资助

总主编 王振
副总主编 王健 李开盛 王震

"一带一路"国别研究报告
阿尔及利亚卷

张玉友 孙德刚 等著

The Belt and Road Country Studies

(People's Democratic Republic of Algeria)

中国社会科学出版社

图书在版编目（CIP）数据

"一带一路"国别研究报告. 阿尔及利亚卷 / 张玉友等著. —北京：中国社会科学出版社，2023.6

ISBN 978 - 7 - 5227 - 2001 - 2

Ⅰ.①一… Ⅱ.①张… Ⅲ.①政治—研究报告—世界②政治—研究报告—阿尔及利亚 Ⅳ.①D52②D741.5

中国国家版本馆 CIP 数据核字（2023）第 097310 号

出 版 人	赵剑英	
责任编辑	周晓慧	
责任校对	刘 念	
责任印制	戴 宽	

出　　版	中国社会科学出版社	
社　　址	北京鼓楼西大街甲 158 号	
邮　　编	100720	
网　　址	http://www.csspw.cn	
发 行 部	010 - 84083685	
门 市 部	010 - 84029450	
经　　销	新华书店及其他书店	

印　　刷	北京明恒达印务有限公司	
装　　订	廊坊市广阳区广增装订厂	
版　　次	2023 年 6 月第 1 版	
印　　次	2023 年 6 月第 1 次印刷	

开　　本	710×1000	1/16
印　　张	45.25	
插　　页	2	
字　　数	753 千字	
定　　价	259.00 元	

凡购买中国社会科学出版社图书，如有质量问题请与本社营销中心联系调换

电话：010 - 84083683

总　序

　　自习近平总书记 2013 年分别在哈萨克斯坦和印度尼西亚提出建设"丝绸之路经济带"和"21 世纪海上丝绸之路"以来，"一带一路"倡议得到了沿线国家的普遍欢迎，以政策沟通、设施联通、贸易畅通、资金融通、民心相通为代表的"五通"成为连接中国与世界的新桥梁与新通道。习近平总书记在第二届"一带一路"国际合作高峰论坛开幕式上发表的主旨演讲中特别指出：共建"一带一路"，顺应经济全球化的历史潮流，顺应全球治理体系变革的时代要求，顺应各国人民过上更好日子的强烈愿望。面向未来，我们要聚集重点、深耕细作，共同绘制精谨细腻的"工笔画"，推动共建"一带一路"沿着高质量发展方向不断前行。

　　2014 年以来，上海社会科学院积极推进"一带一路"相关研究和国别数据库建设。2017 年 4 月，正值第一届"一带一路"国际合作高峰论坛召开之际，我们与中国国际经济交流中心紧密合作，联合推出了智库型"丝路信息网"。在创建"一带一路"数据库的过程中，我们深感以往学术界、智库对"一带一路"沿线国家的国情、市情研究在广度和深度上都存在着明显不足。比如，传统的区域国别研究或以历史、语言等为背景，或主要局限于国际问题领域，往往缺乏国情、市情研究的多学科特点或专业性调研；对于当下"一带一路"建设中的实际需求也考虑较少。"一带一路"沿线国家各有其不同的历史文化和国情，只有深入了解和认识这些国家的国情、市情，才能为"一带一路"建设和相关决策提供较为扎实的智力保障和知识依托。

　　全国哲学社会科学工作办公室为推进"一带一路"国情研究，于2017 年专门设立了"一带一路"国别与数据库建设研究专项，并组织上海社会科学院、中国人民大学国家发展与战略研究院、兰州大学中亚研究所三家智库组成联合课题组，系统开展"一带一路"国别研究。2018年正式启动第一期研究，三家智库根据各自专业优势，分别选择不同国家开展研究，并在合作交流中逐步形成了体现国情研究特征的国别研究框架体系。

上海社会科学院高度重视"一带一路"相关研究，并具有较为扎实的国际问题研究和国别研究基础。在王战教授（原院长）、张道根研究员（原院长）、于信汇教授（原党委书记）等原领导和权衡党委书记、王德忠院长、干春晖副院长的支持和指导下，由副院长王振研究员牵头，组成了跨部门研究团队。其中，既囊括了本院国际问题研究所、世界经济研究所、应用经济研究所、城市与人口研究所、宗教研究所、社会学研究所、本院数据中心等相关研究部门的科研骨干，还特邀上海外国语大学、同济大学、复旦大学等上海高校的学者担任国别研究首席专家。在各位首席专家的牵头下，不仅有我院各个领域的科研骨干加入各国别研究团队，还吸收了国内外的一流专家学者参与国别研究，真正形成了跨学科、跨领域的国际化研究格局。

为深化"一带一路"国别研究，有力地推动"一带一路"国别数据库建设，我们在充分总结、评估和吸收现有各类研究文献基础上，更为突出国情研究的特定类型和方式，并在课题研究和数据库建设中特别重视以下几方面特征。一是内容的相对全面性。即除了研究各个国家的资源禀赋、对外开放、人口结构、地域政治外，还要研究各个国家的综合国力、中长期战略、产业结构、市场需求、投资政策、就业政策、科教文化、政治生态、宗教文化等，同时涉及重点城市、产业园区的研究等。特别是用了较大篇幅来梳理、分析我国与这些国家关系的发展。二是调研的一线性。课题组既要收集、整理对象国政府和智库的最新报告，并动员这些国家的优秀专家参与部分研究，增强研究的客观性和实地性，又要收集、整理来自国际组织、国际著名智库的最新国别研究报告，以便多角度地进行分析和判断。三是观察的纵向时序性。课题研究中既有对发展轨迹的纵向梳理和评价，同时还包括对未来发展的基本展望和把握。四是数据库建设内容更新的可持续性与实用性。课题组既要研究国情信息来源渠道的权威性、多样性和长期性，确保国情研究和数据库建设基础内容的需要，同时还要研究如何把汇集起来的大量国情内容，经过专业人员的分析研究，形成更加符合政府、企业和学者需要的国情研究成果。

在研究过程中，课题组经过多次讨论、反复推敲，最终形成了包括基本国情、重大专题和双边关系三方面内容的基本研究框架，这一框架所蕴含的研究特色至少体现在以下三个方面：一是通过跨学科协作，突出基本国情研究的综合性。在第一篇"基本国情"部分，我们组织了来自经济学、地理学、人口学、政治学、国际关系学、宗教学等学科和领域的专家，分别从综合国力、人口结构、资源禀赋、基础设施、产业结构、政治生态、民族宗教、对外关系等方面对"一带一路"沿线国家的基本国情进行深度剖析。二是结合"一带一路"建设需要，突出重大专题研究的专业性。本书第二篇为"重大专题"，我们采取了"3＋X"模式，其中"3"为各卷均需研究的基本内容，包括国家中长期战略、投资与营商环境、中心城市与区域影响力。"X"为基于各国特定国情，以及"一带一路"建设在该国的特定需要而设置的主题。三是着眼于务实合作，突出双边关系研究的纵深度。第三篇主要侧重于"双边关系"领域，我们同样采取了"3＋X"模式。其中，"3"仍为各卷均需研究的基本内容，具体内容包括双边关系的历史与前瞻、对象国的"中国观"、"一带一路"与双边贸易。这些内容对于了解中国和"一带一路"沿线国家双边关系的历史与现实有着非常重要的意义。"X"则着眼于"一带一路"背景下的双边关系特色，以突出每一对双边关系中的不同优先领域。

经过科研团队的共同努力，首期6项国别研究成果（波兰、匈牙利、希腊、以色列、摩洛哥和土耳其）在2020年、2021年由中国社会科学出版社出版，并得到了学界和媒体的较高评价。第二期课题立项后，我们立即组织国内外专家分别对埃及、阿尔及利亚、印度尼西亚、巴基斯坦、菲律宾、斯里兰卡、伊朗、沙特、捷克、马来西亚10国进行了全面研究。第二期课题在沿用前述研究思路和框架的同时，还吸取了首期课题研究中的重要经验，进一步增强了研究的开放性和规范性，强化了课题研究质量管理和学术要求，力求在首期研究成果的基础上"更上一层楼"。

我们特别感谢全国哲学社会科学工作办公室智库处和国家哲学社会科学基金（以下简称"全国社科规划办"）对本项目第二期研究所给予的更大力度的资助。这不仅体现了全国社科规划办对"一带一路"国别研究和数据库建设的高度重视，也体现了对我们首期研究的充分肯定。我们要感谢上海社会科学院有关领导对本项研究的高度重视和大力支持，感谢参与这个大型研究项目的全体同仁，特别要感谢共同承担这一专项研究课题的中国人民大学和兰州大学研究团队。五年来，三家单位在各自擅长的领域共同研究、分别推进，这种同侪交流与合作既拓展了视野，也弥补了研究中可能出现的盲点，使我们获益良多。最后，还要感谢中国社会科学出版社提供的出版平台，他们的努力是这套丛书能够尽早与读者见面的直接保证。

王　振

上海社会科学院副院长、丝路信息网负责人

2022 年 2 月 25 日

本卷作者

第一篇

第一章　周　琢　上海社会科学院世界经济研究所副研究员
第二章　周海旺　上海社会科学院城市与人口发展研究所副所长，研究员
　　　　郭正忠　浙江民泰商业银行金融研究院研究员
第三章　海骏娇　上海社会科学院信息研究院助理研究员
第四章　马　双　上海社会科学院信息研究所副研究员
第五章　卢晓菲　江苏省社会科学院世界经济研究所助理研究员
第六章　来庆立　上海社会科学院中国马克思主义研究所副研究员
第七章　田艺琼　上海社会科学院宗教研究所助理研究员
第八章　舒　梦　上海外国语大学中东研究所助理研究员
　　　　孙德刚　复旦大学中东研究中心研究员

第二篇

第一章　张玉友　西北大学中东研究所副教授
第二章　甄　成　上海社科院信息研究所"一带一路"信息研究中心助理翻译
第三章　易小明　中央党史和文献研究院第四研究部助理研究员
第四章　张楚楚　复旦大学国际关系与公共事务学院、中东研究中心副教授
第五章　穆罕默德·阿卡森（Mohammed Akacem）　丹佛大都会州立大学学者；纳德吉·萨菲尔（Nadji Safir），阿尔及利亚学者，非洲发展银行顾问；译者：黄耀漫，新华社西藏分社记者
第六章　穆罕默德·法里德·阿齐（Mohamed Farid Azzi　阿联酋政策研

究中心研究人员；译者：义力迈，北京外国语大学阿拉伯语学院研究生

第七章　王亚庆　郑州大学外国语与国际关系学院讲师

第八章　慈志刚　内蒙古民族大学政法与历史学院教授

第九章　赵　军　上海外国语大学中东研究所副教授

第十章　张婧姝　大连外国语大学亚非语言学院副教授

第十一章　廖　静　复旦大学外文学院副教授

　　　　　潘弘林　新加坡国立大学李光耀公共政策学院研究生

第三篇

第一章　孙德刚　复旦大学中东研究中心研究员

　　　　何少雄　中国人民大学国际关系学院 2023 级博士研究生

第二章　黄　慧　对外经济贸易大学外语学院教授、区域国别研究院突尼斯研究中心主任

　　　　李　楠　对外经济贸易大学外语学院 2019 级博士研究生

第三章　何少雄　中国人民大学国际关系学院 2023 级博士研究生

　　　　孙德刚　复旦大学中东研究中心研究员

第四章　文思（Ons Zlitni）　突尼斯学者，中阿关系专家，博士

第五章　王有勇　上海外国语大学翻译研究院教授

　　　　潜旭明　上海外国语大学中东研究所副研究员

第六章　翁艳云　中国交通通信信息中心

第七章　张玉友　西北大学中东研究所副教授

第八章　张　帅　上海政法学院政府管理学院副教授

第九章　马青华　陕西师范大学历史文化学院博士研究生

第十章　慈志刚　内蒙古民族大学法学与历史学院教授

　　　　马　赫　内蒙古民族大学法学与历史学院 2020 级硕士研究生

前　言

中国与阿尔及利亚友好合作关系源远流长。1958 年 9 月，阿尔及利亚临时政府成立后，中国成为第一个承认阿尔及利亚的非阿拉伯国家。2004 年，中阿两国建立战略伙伴关系；2014 年，阿尔及利亚成为第一个与中国建立全面战略伙伴关系的阿拉伯国家和中东国家；2022 年，中国与阿尔及利亚签署了《中阿全面战略合作五年规划（2022—2026 年）》，同年，阿尔及利亚正式提出加入金砖国家组织的申请，双方成为共建"一带一路"倡议、落实全球发展倡议的天然伙伴，为新时代中国与中东、阿拉伯国家和非洲国家开展全方位合作树立了典范。

本书内容主要来自上海社会科学院王振研究员主持的国家社会科学基金"一带一路"建设研究专项"'一带一路'沿线国别研究报告"子课题"阿尔及利亚国别研究报告"。课题组根据总课题的要求，组建了一支全球阿尔及利亚研究队伍，有近二十位国内外阿尔及利亚问题专家学者参与编写，他们当中既有阿尔及利亚等阿拉伯马格里布地区的专家学者，也有中国高校、研究机构和科研院所的中青年才俊。研究团队不仅精通英语、法语和阿拉伯语，而且不少成员在阿尔及利亚做过长期的田野调查，受过系统的学术训练，拥有阿尔及利亚跨学科研究能力，这些都为本书按时按质出版奠定了学术基础。

本书主体内容分为三篇，分别为基本国情研究、重大专题研究和双边关系研究。在基本国情研究部分，本书细致梳理和分析了阿尔及利亚的综合国力、人口发展、资源禀赋、基础设施、产业发展、政治生态、民族与宗教、政局形势与对外关系八个方面；在重大专题研究部分，本书深入探讨了阿尔及利亚的中长期发展战略、区域影响力、营商环境、左翼政党、"去极端化"问题、石油经济、青年问题、女性社会地位、文化遗产保护、语言政策和移民问题十一个方面；在双边关系研究部分，本书基于中国视角，剖析了中阿关系的历史变迁、阿尔及利亚中国观、中阿全面战略伙伴关系、经贸合作、能源合作、中资企业在阿尔及利亚跨国经营风险问题、"一带一路"倡议实施中的阿尔及利亚宗教风险、农业合作、旅游合作及医疗卫生合作十个方面。

本书由西北大学中东研究所副教授张玉友和复旦大学中东研究中心研究员孙德刚负责设计、统编、审定、修改和校对。各章撰稿者分别是：第一篇为"基本国情研究"，共八章，第一、二、三、四、六、七章分别由上海社会科学院周琢副研究员、周海旺研究员（与浙江民泰商业银行金融研究院郭正忠合作）、海骏娇助理研究员、马双副研究员、来庆立副研究员和田艺琼助理研究员完成，第五章由江苏省社会科学院世界经济研究所卢晓菲助理研究员完成，第八章由上海外国语大学中东研究所舒梦助理研究员与孙德刚共同完成。

第二篇为"重大专题研究"，共十二章，张玉友撰写第一章；第二章由上海社会科学院信息研究所甄成完成；第三、四、七、八、九、十、十一章分别由中央党史和文献研究院第四研究部易小明助理研究员、复旦大学国际关系与公共事务学院张楚楚副教授、郑州大学外国语与国际关系学院王亚庆博士、内蒙古民族大学政法与历史学院慈志刚教授、上海外国语大学中东研究所赵军副教授、大连外国语大学亚非语言学院张婧姝副教授和复旦大学外文学院廖静副教授（与新加坡国立大学研究生潘弘林合作）完成；第五章和第六章由阿尔及利亚籍学者、丹佛大都会州立大学穆罕默德·阿卡森研究员（与阿尔及利亚学者纳德吉·萨菲尔合作）和阿联酋政策研究中心穆罕默德·法里德·阿齐研究员完成，这两章的译者分别为新华社西藏分社记者黄耀漫和北京外国语大学阿拉伯语学院研究生义力迈。

第三篇为"双边关系研究"，共十章，孙德刚撰写第一章（与中国人民大学国际关系学院博士研究生何少雄合作），第二章至第十章分别由对外经济贸易大学黄慧教授（与对外经济贸易大学研究生李楠合作）、何少雄（与孙德刚合作），突尼斯学者文思，上海外国语大学翻译研究院王有勇教授（与上海外国语大学中东研究所潜旭明副研究员合作），中国交通通信信息中心翁艳云、张玉友，上海政法学院政府管理学院张帅副教授，陕西师范大学历史文化学院马青华博士生和内蒙古民族大学法学与历史学院慈志刚教授（与内蒙古民族大学法学与历史学院硕士研究生马赫合作）完成。

本书在撰写过程中得到了上海社会科学院、复旦大学中东研究中心、西北大学中东研究所、上海外国语大学中东研究所、江苏省社会科学院、北京外国语大学、对外经济贸易大学、中国人民大学国际关系学院、中国交通通信信息中心、上海政法学院、内蒙古民族大学、郑州大学、陕西师范大学、大连外国语大学等学者的鼎力支持，在此深表感谢。

阿尔及利亚是重要的阿拉伯国家、中东国家、非洲国家和地中海沿岸国家，学界对其的研究不足。本书全面研究了阿尔及利亚政治、经济、人口、发展战略、外交、社会、产业和文化等方面的综合性国别情况。受新冠疫情的影响，课题组赴阿尔及利亚开展田野调查的难度增大，加上近年来阿尔及利亚局势所发生的重大变化，本书可能还存在诸多谬误与不足之处，恳请国内外专家、学者及广大读者不吝赐教。

目　录

第二篇　重大专题研究

第三篇　双边关系研究

第一篇
基本国情研究

第一章　综合国力评估

综合国力评估是对一个国家基本国情的总体判断，也是我们进行国与国之间比较的基础。综合国力是一个系统的概念，涉及基础国力、消费能力、贸易能力、创新能力和营商环境。如何将其度量、量化是本章的主要工作。本章试图通过数量化的指标体系对阿尔及利亚的综合国力进行评估，进而认识阿尔及利亚在"一带一路"国家中的排名和在全世界国家中的排名。

第一节　指标体系原则

指标体系构建的原则是反映一国在一个时期内的综合国力。在参考国际上的指标体系和竞争力指标的基础上，立足于"一带一路"国家的特点，提出了"一带一路"国家综合国力指数，旨在揭示"一带一路"国家的综合国力和基本国情，以便我们可以更好地判断"一带一路"建设的现实。

从国际贸易角度出发，国际竞争力被视为比较优势。绝对优势理论，相对优势理论、要素禀赋理论认为，一国之所以比其他国家或企业有竞争优势，主要是因为其在生产率、生产要素方面有比较优势。从企业角度出发，国际竞争力被定义为企业的一种能力，国际经济竞争实质上是企业之间的竞争。从国家角度出发，国际竞争力被视为提高居民收入和生活水平的能力。美国总统产业竞争力委员会在 1985 年的《总统经济报告》中将国家竞争力定义为："在自由和公平的市场环境下，保持和扩大其国民实际收入的能力。"[1]

---

[1] 参见 https：//fraser. stlouisfed. org/title/economic-report-president-45/1985-8156。

　　裴长洪和王镭①指出，所谓国际竞争力，有产品竞争力、企业竞争力、产业竞争力以及国家竞争力之分。从经济学视角来看，关于各类竞争力的讨论分别对应着微观、中观和宏观层次。不同于以往的国家综合国力指数，"一带一路"国家综合国力评估立足于发展，发展是"一带一路"国家的本质特征，我们试图从基础国力、消费能力、贸易能力、创新能力和营商环境五个方面来评估"一带一路"国家发展的综合实力和潜力。

　　要建立一个科学、合理的"一带一路"国家国情评估体系，需要一个明晰、明确的构建原则：

　　（1）系统性原则。指标体系的设置要能全面反映"一带一路"国家的发展水平，形成一个层次分明的整体。

　　（2）通用性原则。指标体系的建立需要实现统一标准，以免因指标体系混乱而导致无法进行对比分析，指标的选取要符合实际情况和大众的认知，要有相应的依据。

　　（3）实用性原则。评估"一带一路"国情的目的在于反映"一带一路"沿线各国的发展状况，为宏观调控提供可靠的依据。因此所设置的评估指标数据要便于搜集和处理，要合理控制数据量，以免指标所反映的信息出现重叠的情况。

　　（4）可行性原则。在设置评估指标时，要考虑到指标数据的可获得性，需要舍弃难以获取的指标数据，采用其他相关指标进行弥补。

　　合理地选取指标和构建"一带一路"国家综合国力指数评估体系，有利于真实、客观地反映"一带一路"国家质量与综合水平。本书在回顾既有研究成果的基础上，聚焦"国情"和"综合"，结合"一带一路"国家发展实践，提出"一带一路"国家综合国力指数的构建原则，并据此构建一套系统、科学、可操作的评估指标体系。

　　构建方法是，第一步，对原始数据进行标准化处理，第二步，按照各级指标进行算术加权平均；第三步，得出相应数值，进行排名。

　　本书构建指数的基础数据主要来源于世界贸易组织（WTO）、国际竞争力报告（GCR）、联合国贸发会议（UNCTAD）、世界银行（WB）、国际货币基金组织（IMF）、世界知识产权组织（WIPO）、联合国开发计划

---

　　①　裴长洪、王镭：《试论国际竞争力的理论概念与分析方法》，《中国工业经济》2002 年第 4 期。

署（UNDP）、联合国教科文组织（UNESCO）、世界能源理事会（WEC）、社会经济数据应用中心（SEDAC）以及"一带一路"数据分析平台（丝路信息网，http：//www. silkroadinfo. org. cn）。

关于数据可得性的解释，本书构建指数所涉及的统计指标存在缺失的情况。为了体现指数的完整性和强调指数的横向比较性，在缺失数值处，我们参考过去年份的统计数据，采取插值法来使得指数更为完整。

第二节 指标体系内容

本章构建了三级指标体系来对一个国家的综合国力进行评估。

一 一级指标

本书中的综合国力概念主要是基于"一带一路"国家的发展特点提出的，在选择基本指标时，倾向于关注国家的发展潜力，所以一级指标体系包括四个"力"和一个"环境"，分别为基础国力、消费能力、贸易能力、创新能力和营商环境。

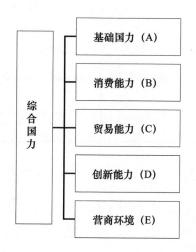

图 I -1-1 "一带一路"国家综合国力的一级指标

二　二级指标

在基础国力（A）方面，本书设置了四个二级指标，分别是资源禀赋（A1）、人口状况（A2）、教育水平（A3）和基础设施（A4）。

在消费能力（B）方面，本书设置了二个二级指标，分别是消费总量（B1）和消费结构（B2）。

在贸易能力（C）方面，本书设置了二个二级指标，分别是进口能力（C1）和出口能力（C2）。

在创新能力（D）方面，本书设置了三个二级指标，分别是创新人才（D1）、研发投入（D2）和创新成果（D3）。

在营商环境（E）方面，本书设置了四个二级指标，分别是制度环境（E1）、投资安全（E2）、外商政策（E3）和公共服务（E4）。

三　三级指标

本书的三级指标共有139个，具体见表Ⅰ-1-1所示。

从图Ⅰ-1-2中我们看到，阿尔及利亚的综合国力在"一带一路"国家中排第46位，在世界141个国家和地区中排第89位。

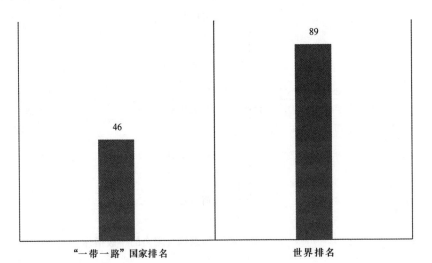

图Ⅰ-1-2　阿尔及利亚的综合国力排名

资料来源：作者计算所得。

表Ⅰ-1-1　　　　　　　"一带一路"国家综合国力指标

一级指标	二级指标	三级指标	三级指标代码
基础国力（A）	资源禀赋（A1）	地表面积	A101
		可再生内陆淡水资源总量	A102
		耕地面积	A103
	人口状况（A2）	总人口数	A201
		城市人口数	A202
		农村人口数	A203
		少儿人口抚养比	A204
		老龄人口扶养比	A205
	教育水平（A3）	中学教育入学率	A301
		教育体系的质量	A302
		数学和科学教育质量	A303
		管理类教育质量	A304
		学校互联网普及程度	A305
		基础教育质量	A306
		基础教育入学率	A307
	基础设施（A4）	总体基建水平	A401
		公路长度	A402
		铁路长度	A403
		港口效率	A404
		空中运输	A405
		航线客座千米（百万/每周）	A406
		电力供应	A407
		手机普及程度（每百人）	A408
		固定电话数（每百人）	A409
消费能力	消费总量（B1）	GDP（PPP）（百万美元）	B101
		国内市场规模指数	B102
	消费结构（B2）	人均消费（底层40%的人口）（美元/天）	B201
		人均消费（总人口）（美元/天）	B202
		人均实际消费年化增长率（底层40%的人口）（%）	B203
		人均实际消费年化增长率（总人口）（%）	B204

续表

一级指标	二级指标	三级指标	三级指标代码
贸易能力（C）	进口能力（C1）	保险和金融服务（占商业服务进口的比例）（%）	C101
		商业服务进口（现价美元）	C102
		运输服务（占商业服务进口的比例）（%）	C103
		旅游服务（占商业服务进口的比例）（%）	C104
		货物进口（现价美元）	C105
		农业原料进口（占货物进口总额的比例）（%）	C106
		食品进口（占货物进口的比例）（%）	C107
		燃料进口（占货物进口的比例）（%）	C108
		制成品进口（占货物进口的比例）（%）	C109
		矿石和金属进口（占货物进口的比例）（%）	C110
		通信、计算机和其他服务（占商业服务进口的比例）（%）	C111
	出口能力（C2）	保险和金融服务（占商业服务出口的比例）（%）	C201
		商业服务出口（现价美元）	C202
		运输服务（占商业服务出口的比例）（%）	C203
		旅游服务（占商业服务出口的比例）（%）	C204
		货物出口（现价美元）	C205
		农业原料出口（占货物出口总额的比例）（%）	C206
		食品出口（占货物出口的比例）（%）	C207
		燃料出口（占货物出口的比例）（%）	C208
		制成品出口（占货物出口的比例）（%）	C209
		矿石和金属出口（占货物出口的比例）（%）	C210
		通信、计算机和其他服务（占商业服务出口的比例）（%）	C211

一级指标	二级指标	三级指标	三级指标代码
创新能力（D）	创新人才（D1）	高等教育入学率	D101
		留住人才能力	D102
		吸引人才能力	D103
		科学家和工程师水平	D104
		每百万人中 R&D 研究人员（人）	D105
		每百万人中 R&D 技术人员（人）	D106
	研发投入（D2）	研发支出占 GDP 比例	D201
		最新技术有效利用程度	D202
		企业的科技运用能力	D203
		科学研究机构的质量	D204
		企业研发投入	D205
		产学研一体化程度	D206
		政府对高科技产品的采购	D207
		FDI 和技术转化	D208
		互联网使用者（％人口）	D209
		固定宽带用户（每百人）	D210
		互联网带宽	D211
		移动互联网用户（每百人）	D212
	创新成果（D3）	非居民专利申请数（个）	D301
		居民专利申请数（个）	D302
		商标申请（直接申请，非居民）（个）	D303
		商标申请（直接申请，居民）（个）	D304
		商标申请合计（个）	D305
		高科技产品出口（现价美元）	D306
		在科学和技术学术期刊上发表的论文数（篇）	D307
		高科技产品出口占制成品出口的比例（％）	D308
		工业设计应用数量，非居民（个）	D309
		工业设计应用数量，居民（个）	D310
		非居民商标申请（个）	D311
		居民商标申请（个）	D312
		中高技术产品出口占制成品出口的比例（％）	D313

续表

一级指标	二级指标	三级指标	三级指标代码
营商环境（E）	制度环境（E1）	有形产权保护	E101
		知识产权保护	E102
		公共基金的多样性	E103
		政府公信力	E104
		政府的廉政性	E105
		公正裁决	E106
		政府决策偏袒性	E107
		政府支出效率	E108
		政府管制负担	E109
		争端解决机制的法律效率	E110
		改变陈规的法律效率	E111
		政府政策制定透明程度	E112
		审计和披露标准力度	E113
		公司董事会效能	E114
		金融服务便利程度	E115
		金融服务价格合理程度	E116
		股票市场融资能力	E117
		贷款便利程度	E118
		风险资本便利程度	E119
	投资安全（E2）	公安机关的信任度	E201
		恐怖事件的商业成本	E202
		犯罪和暴力的商业成本	E203
		有组织的犯罪	E204
		中小股东利益保护	E205
		投资者保护（0—10分）	E206
		银行的安全性	E207

续表

一级指标	二级指标	三级指标	三级指标代码
营商环境（E）	外商政策（E3）	当地竞争充分程度	E301
		市场的主导地位	E302
		反垄断政策力度	E303
		税率对投资刺激的有效性	E304
		总体税率（%）	E305
		开办企业的步骤	E306
		开办企业的耗时天数	E307
		农业政策成本	E308
		非关税壁垒的广泛程度	E309
		关税	E310
		外资企业产权保护	E311
	公共服务（E4）	当地供应商数量	E401
		当地供应商质量	E402
		产业集群发展	E403
		自然竞争优势	E404
		价值链宽度	E405
		国际分销控制能力	E406
		生产流程成熟度	E407
		营销的能力	E408
		授权的意愿	E409
		劳动和社会保障计划的覆盖率（占总人口的百分比）	E410
		劳动和社会保障计划的充分性（占受益家庭总福利的百分比）	E411
		20%的最贫困人群的劳动和社会保障计划的受益归属（占总劳动和社会保障计划受益归属的百分比）	E412
		失业救济和积极劳动力市场计划的覆盖率（占总人口的百分比）	E413
		20%的最贫困人群的失业救济和积极劳动力市场计划的受益归属（占总失业救济和积极劳动力市场计划受益归属的百分比）	E414
		社会安全网计划的覆盖率（占总人口的百分比）	E415
		社会安全网计划的充分性（占受益家庭总福利的百分比）	E416
		20%的最贫困人群的社会安全网计划的受益归属（占总安全网受益归属的百分比）	E417
		社会保险计划的覆盖率（占总人口的百分比）	E418
		社会保险计划的充分性（占受益家庭总福利的百分比）	E419

阿尔及利亚位于非洲西北部，北临地中海，东接突尼斯、利比亚，南与尼日尔、马里和毛里塔尼亚接壤，西与摩洛哥交界，海岸线长约1200千米，是非洲面积最大的国家。阿尔及利亚地形分为地中海沿岸的滨海平原与丘陵、中部高原和南部撒哈拉沙漠三部分。

阿尔及利亚经济规模在非洲位居前列。石油与天然气产业是阿尔及利亚国民经济的支柱。阿尔及利亚经济缺乏长远规划，经济结构较为单一，主要依靠石油收入，农业、工业、服务业均不发达，粮食无法实现自给自足，长期依赖进口。

图Ⅰ-1-3展示了五大分指标的排名顺序。从图Ⅰ-1-3可以发现，阿尔及利亚的基础国力在"一带一路"国家中排第53位，在世界141个国家和地区中排第93位。阿尔及利亚的消费能力在"一带一路"国家中排第38位，在世界141个国家和地区中排第66位。阿尔及利亚的贸易能力在"一带一路"国家中排第60位，在世界141个国家和地区中排第125位。阿尔及利亚的创新能力在"一带一路"国家中排第48位，在世界141个国家和地区中排第86位。阿尔及利亚的营商环境在"一带一路"国家中排第56位，在世界141个国家和地区中排第118位。

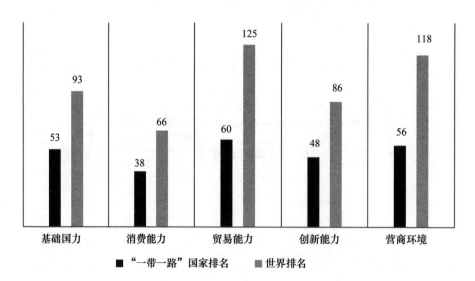

图Ⅰ-1-3 阿尔及利亚综合国力一级指标排名（位）

资料来源：作者计算所得。

第三节 指标分类评估

一 基础国力评估

基础国力是衡量一国在资源禀赋、人口状况、教育水平和基础设施方面的能力。阿尔及利亚的资源禀赋在"一带一路"国家中排第49位,在世界141个国家和地区中排第88位。阿尔及利亚国土辽阔,但大部分地区被沙漠和细茎针茅植被覆盖,耕地面积约800万公顷,水资源紧缺。渔业资源较丰富,可供捕鱼的海洋面积约9.5万平方千米,鱼类储量达50万吨。石油、天然气和页岩气储量丰富,石油探明储量约13.4亿吨,占世界总储量的1%,居世界第15位,居非洲第3位。图Ⅰ-1-4为阿尔及利亚石油租金占国内生产总值的比重,阿尔及利亚的国民经济倚重油气产业,该比重在1979年接近40%,随后开始下降。1998年至2008年,该比重又开始上升,这一期间的最高比重年份为2008年。在近十年里该比重又开始下降。但总的来说,石油生产对于阿尔及利亚经济非常重要。

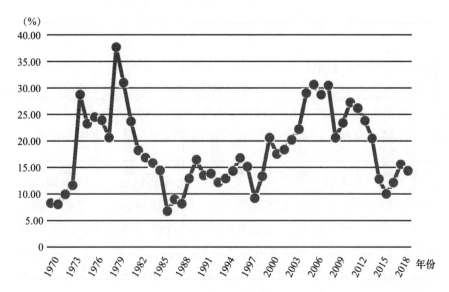

图Ⅰ-1-4 1970—2018年阿尔及利亚石油租金占国内生产总值的比重

资料来源:CEIC,https://insights.ceicdata.com。

　　阿尔及利亚的人口发展状况在"一带一路"国家中排第 48 位，在 141 个国家和地区中排第 90 位。据阿尔及利亚国家统计局最新统计数据，截至 2019 年 1 月 1 日，阿尔及利亚总人口约为 4300 万人。图 I－1－5 展示了阿尔及利亚的人口发展态势，表明阿尔及利亚的人口呈现出持续增长态势。

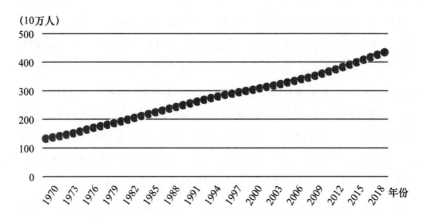

图 I－1－5　1970—2018 年阿尔及利亚人口发展状况

资料来源：CEIC，https：//insights. ceicdata. com.

　　从年龄的分布态势来看，图 I－1－6 显示，2019 年，阿尔及利亚 5－9 岁年龄人口约有 45 万人，30—35 岁年龄人口的比重在工作年龄人口中占比最大。从图 I－1－6 的年龄人口分布态势来看，阿尔及利亚的人口分布相对合理。阿尔及利亚的海外侨民较多，约有 400 万人，其中 200 万人在法国。

　　图 I－1－7 为阿尔及利亚的失业率变化趋势情况，在样本期内，阿尔及利亚最高的失业率年份为 2000 年，当年，该指标接近 30%，随后开始下降。近十年里，阿尔及利亚的失业率维持在 10% 上下，这一指标相对较高，说明阿尔及利亚劳动力总体过剩，究其原因在于劳工素质不高，技术水平较低，中青年管理人才缺乏，地区水平差异较大。阿尔及利亚本地熟练技工基本无法满足外国公司的需要。

　　阿尔及利亚的教育水平在"一带一路"国家中排第 51 位，在世界 141 个国家和地区中排第 100 位。阿尔及利亚实行 9 年制义务教育，推行教育民

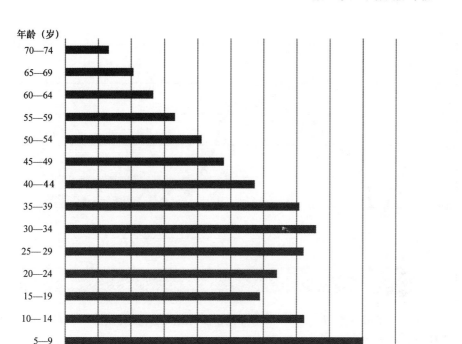

图Ⅰ-1-6 2019年阿尔及利亚人口的年龄分布

资料来源：CEIC，https：//insights.ceicdata.com.

主化、阿尔及利亚化、阿拉伯语化。小学入学率为97％，中学入学率为66％，全国有1/4的人口为在校学生。中小学实施教育免费，大学生享受助学金和伙食补贴。根据阿尔及利亚统计局的数据，2000—2020年，教育经费开支占行政预算的25％—30％。① 教育开发费在经济开发投资中占15％左右。2019—2020学年，阿尔及利亚中小学数量增至27355所，在校中小学生数量达911万人，全国有教师近47.9万人。有各类高等教育机构近百所，2019—2020学年，在校大学生约为180万人，全国有大学教师近5.5万人。主要大学有阿尔及尔大学、胡阿里·布迈丁科技大学、君士坦丁大学等。从图Ⅰ-1-8中可以看到，阿尔及利亚的文盲率虽然从1987年至2018年呈现出下降趋势，但还是相对较高的，接近19％，在4300万阿尔及利亚人中，有接近860万人为文盲，这一数据的占比值非常高。

① https：//www.ons.dz/.

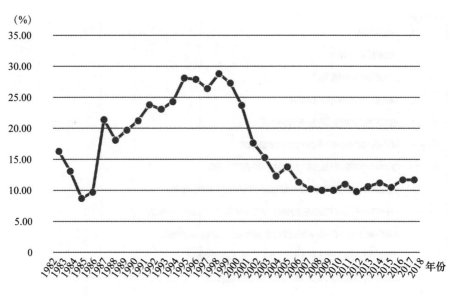

图 Ⅰ - 1 - 7　1982—2018 年阿尔及利亚失业率变化趋势

资料来源：CEIC，https：//insights. ceicdata. com.

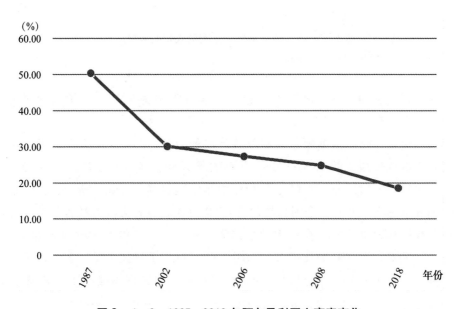

图 Ⅰ - 1 - 8　1987—2018 年阿尔及利亚文盲率变化

资料来源：CEIC，https：//insights. ceicdata. com.

阿尔及利亚的基础设施在"一带一路"国家中排第 55 位，在世界 141 个国家和地区中排第 102 位。阿尔及利亚公路总里程约为 11.2 万千米。阿尔及利亚境内高速公路和快速公路合计里程约为 2200 千米。东西高速公路长 1216 千米，贯穿阿尔及利亚 28 个省区，为马格里布高速公路的重要组成部分，设计行驶速度为每小时 80—120 千米，目前，由中国中信—中铁建联合体承建的中、西标段已完成建设。阿尔及利亚拟在中部建设一条长达 1300 千米、与北部东西高速公路平行的高原高速公路；一条长 3000 千米的直通尼日尔的中部南北高速公路。阿尔及利亚与邻国连接线阿尔及利亚境内路段已经基本完工，目前已修成与尼日尔边境路段 8 千米，与马里边境路段 150 千米，与毛里塔尼亚边境路段正在建设中。

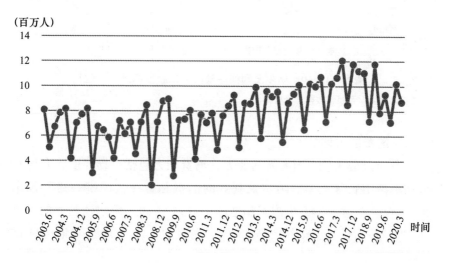

图Ⅰ-1-9　2003 年 6 月至 2020 年 3 月阿尔及利亚国家铁路运输乘客数

资料来源：CEIC，https：//insights.ceicdata.com.

目前，阿尔及利亚没有真正意义上的铁路工业，铁路研究机构和建设企业亦不能满足阿尔及利亚铁路领域发展规划的需要。铁路设施陈旧、运输能力有限、服务质量低下、车站数量较少，且多年来线路遭受严重的恐怖活动破坏。图Ⅰ-1-9 显示，样本期内阿尔及利亚的国家铁路运输乘客数的平均值为 770 万人次左右，没有发生趋势性的变化。阿尔及利亚共有53个机场，其中29个投入商业运行，包括阿尔及尔、奥兰、安纳巴、君士坦丁等13个国际机场，每年起降飞机为10万架次。

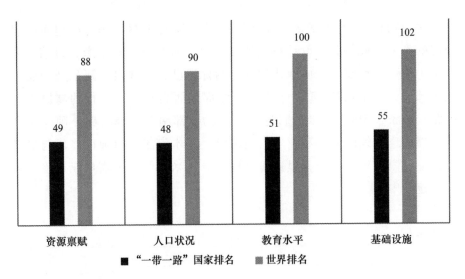

图 I −1−10　阿尔及利亚基础国力二级指标排名（位）

资料来源：作者根据数据计算所得。

二　消费能力评估

消费能力是衡量一国内需的能力，消费能力包括市场规模、人均GDP和人均消费增长等能力。阿尔及利亚的消费总量在"一带一路"国家中排第37位，在世界141个国家和地区中排第64位。阿尔及利亚的消费结构在"一带一路"国家中排第38位，在世界141个国家和地区中排第66位。

本章分析阿尔及利亚的CPI变化情况。根据阿尔及利亚统计局提供的数据，将2002年1月设为基准（＝100），可以看到，2021年5月相对于2002年1月而言，CPI从100上升到了234.65，20年间上升了1.35倍，总体而言，阿尔及利亚的物价水平还是相对平稳的。

从图 I −1−12可以看出，价格上涨最快的是杂项，涨幅超过3倍，其次是服装和鞋履，第三是食品和非酒精饮料。

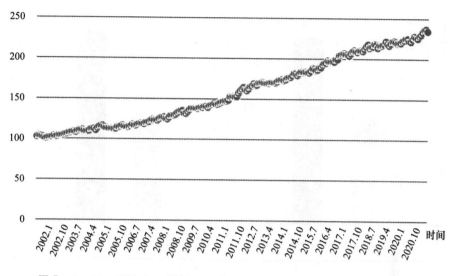

图 I -1-11　2002 年 1 月至 2020 年 10 月阿尔及利亚居民消费价格指数

资料来源：CEIC, https：//insights. ceicdata. com.

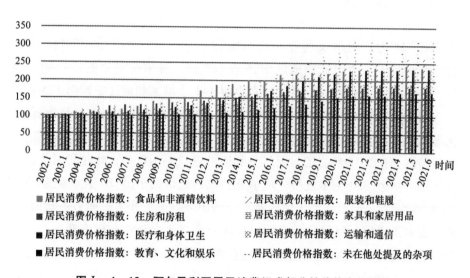

■居民消费价格指数：食品和非酒精饮料	⁄居民消费价格指数：服装和鞋履
■居民消费价格指数：住房和房租	▦居民消费价格指数：家具和家居用品
■居民消费价格指数：医疗和身体卫生	▨居民消费价格指数：运输和通信
■居民消费价格指数：教育、文化和娱乐	⁃⁃居民消费价格指数：未在他处提及的杂项

图 I -1-12　阿尔及利亚居民消费组成部分的价格变化趋势

资料来源：CEIC, https：//insights. ceicdata. com.

三　贸易能力评估

贸易能力是衡量一国对外开放的能力，是一国向全世界提供产品和消

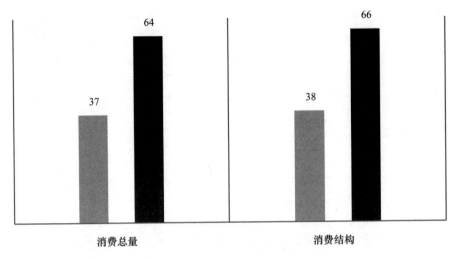

图 I - 1 - 13   阿尔及利亚消费能力二级指标排名（位）

资料来源：作者计算所得。

费市场的能力。阿尔及利亚的进口能力在"一带一路"国家中排第 60
位，在世界 141 个国家和地区中排第 127 位。阿尔及利亚的出口能力在
"一带一路"国家中排第 59 位，在世界 141 个国家和地区中排第 125 位。

阿尔及利亚经济结构单一。2020 年，阿尔及利亚主要出口产品为石油、
天然气及石油制品。图 I - 1 - 14 展现了 1990 年至 2020 年阿尔及利亚的进
出口情况，在 2014 年之前，阿尔及利亚的进口小于出口，此时阿尔及利亚
处于顺差状态；2014 年之后，阿尔及利亚的进口大于出口，此时阿尔及利
亚处于逆差状态，这说明了阿尔及利亚的国际竞争力和贸易能力不断走弱。
在新冠暴发之后，阿尔及利亚的贸易逆差呈扩大之势。在样本期内，阿尔
及利亚的出口均值为 336 亿美元，进口均值为 265 亿美元。

阿尔及利亚前五大出口目的国分别为法国、意大利、西班牙、英国、
土耳其。最大进口来源国为中国，第二至第六位进口来源国分别为法国、
意大利、西班牙、德国、土耳其。

阿尔及利亚于 2004 年 11 月签署了《发展和促进阿拉伯贸易往来协
定》，该协定于 2009 年正式生效，标志着阿尔及利亚已结束区域内多双边
自由贸易谈判，并正式成为大阿拉伯自由贸易区成员。此外，阿尔及利亚

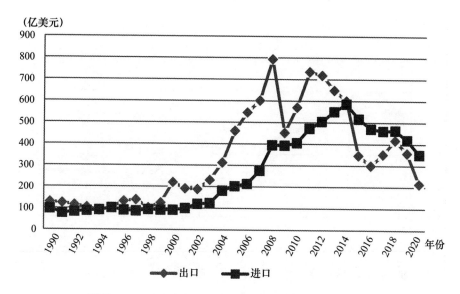

图Ⅰ-1-14 1990—2020年阿尔及利亚的进出口情况

资料来源：世界银行，https：//data.worldbank.org.cn/country/DZ。

与欧盟签有联系国协议，该协议于2005年9月1日正式生效。根据该协议的规定，自协议生效之日起，"阿欧"双方将在12年内即2017年前分阶段、有步骤地削减并取消进口关税，最终实现双边自由贸易。得益于与欧盟签署的联系国协议，阿尔及利亚生产的产品可以辐射欧洲南部市场，此外还可辐射北非邻国甚至中部非洲。2019年底，阿尔及利亚正式批准加入非洲大陆自由贸易区，成为第30个正式加入非洲大陆自由贸易区的国家。从图Ⅰ-1-15中可以看出，工业品和初级品关税随着上述协议的签订都有所下降，但是从绝对值来看，阿尔及利亚的关税水平还处于高位。

四 创新能力评估

创新能力是一个国家高质量发展的基础动力。阿尔及利亚的研发投入在"一带一路"国家中排第50位，在世界141个国家和地区中排第90位。图Ⅰ-1-17显示，阿尔及利亚的研发支出占其国内生产总值的比重非常低，不到1%。2005年为0.07%，2017年为0.54%，虽然在相对值上有所上升，但是和国际水平相比差距较大。

阿尔及利亚的创新人才在"一带一路"国家中排第48位，在世界

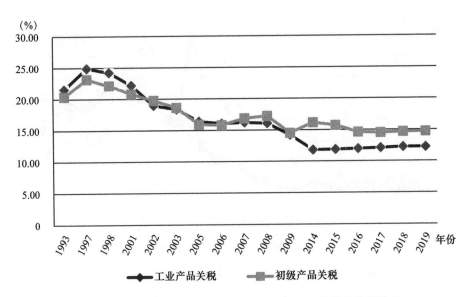

图Ⅰ-1-15　1993—2019主要年份阿尔及利亚的关税变化情况

资料来源：世界银行，https：//data.worldbank.org.cn/country/DZ。

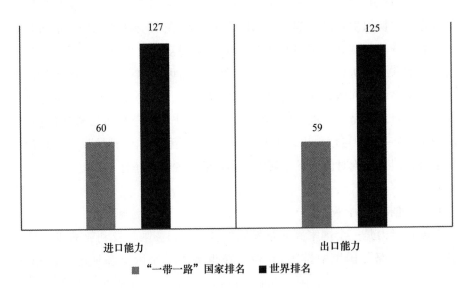

图Ⅰ-1-16　阿尔及利亚贸易能力二级指标排名（位）

资料来源：作者计算所得。

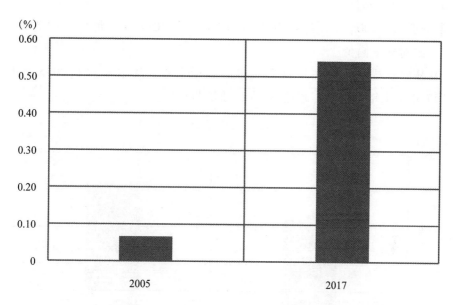

图Ⅰ-1-17　2005年、2017年阿尔及利亚研发支出占国内生产总值的比重
资料来源：世界银行，https：//data. worldbank. org. cn/country/DZ。

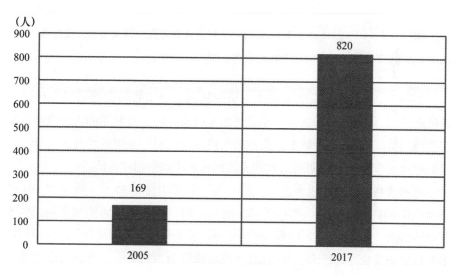

图Ⅰ-1-18　2005年、2017年阿尔及利亚每百万人中研发人员数量
资料来源：世界银行，https：//data. worldbank. org. cn/country/DZ。

141 个国家和地区中排第 86 位。阿尔及利亚百万人中的研发人员数量不及 1000 人，2005 年，每百万人中为 169 人，2017 年，每百万中为 820 人。绝对数量偏少。

从研发技术人员在每百万人中的数量来看，阿尔及利亚 2005 年和 2017 年两个年份都没有超过 50 人，数量非常少。

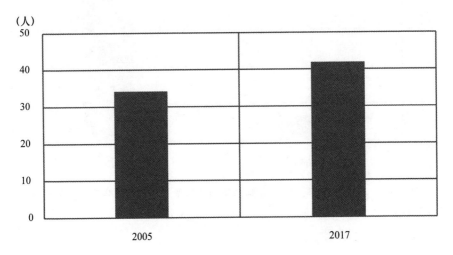

（人）

图 I - 1 - 19 2005 年、2017 年阿尔及利亚每百万人中研发技术人员数量
资料来源：世界银行，https：//data. worldbank. org. cn/country/DZ。

图 I - 1 - 20 是阿尔及利亚的人力资本指数，该指数的取值范围为 0 到 1，越接近于 1，说明该国的人力资本发展水平越高。阿尔及利亚的人力资本发展水平还不及 0.6，在该指数上，新加坡的得分为 0.81，美国的得分为 0.76，中国的得分为 0.67。这说明阿尔及利亚的创新人才水平相对较低。

阿尔及利亚的创新成果在"一带一路"国家中排第 45 位，在世界 141 个国家和地区中排第 84 位。图 I - 1 - 21 展示了阿尔及利亚的居民和非居民的专利申请情况，显示出阿尔及利亚的居民和非居民专利申请都没有超过 1000 件，绝对数量非常少。2019 年，中国的专利申请量为 58990 件，美国的申请量达 57840 件。从国家间的比较可知，阿尔及利亚的居民专利申请量非常少。

如果以高科技商品出口来衡量创新成果，研究发现，在样本期内阿尔及利亚的高科技产品出口比重始终没有超过 10%，与国际水平相去甚远。

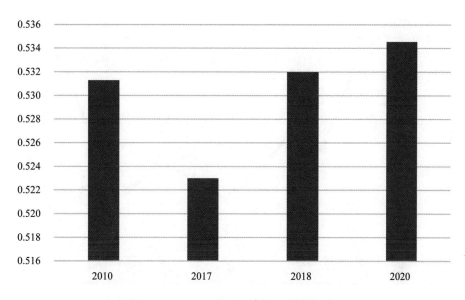

图 I - 1 - 20 阿尔及利亚的人力资本指数

资料来源：世界银行，https：//data. worldbank. org. cn/country/DZ。

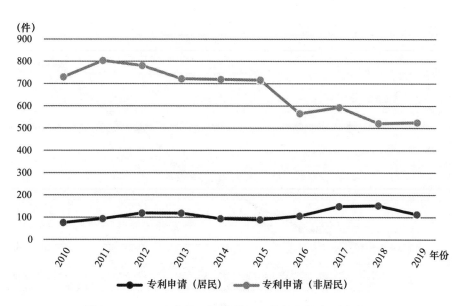

图 I - 1 - 21 阿尔及利亚的居民和非居民的专利申请量

资料来源：世界银行，https：//data. worldbank. org. cn/country/DZ。

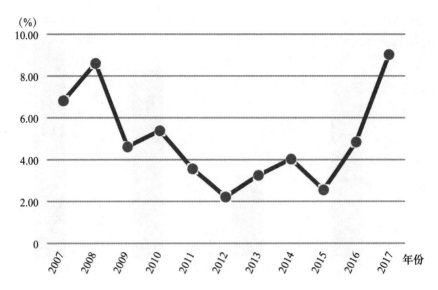

图Ⅰ-1-22 阿尔及利亚的高科技产品出口占总出口的比重

资料来源：世界银行，https://data.worldbank.org.cn/country/DZ。

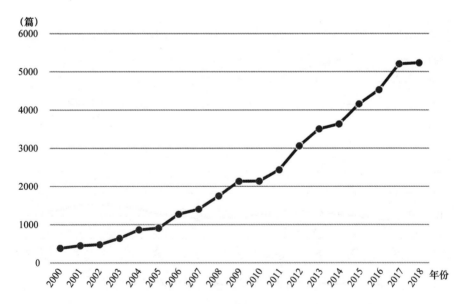

图Ⅰ-1-23 2000—2018年阿尔及利亚的科学和技术期刊文章

资料来源：世界银行，https://data.worldbank.org.cn/country/DZ。

图Ⅰ-1-23显示，2018年，阿尔及利亚的科学和技术的期刊文章相比2000年而言，上涨了接近11倍，但是从绝对量上看，阿尔及利亚的科学和技术期刊文章还是相对较少。根据中国科学技术信息研究所的统计分析①，2019年，共有394种国际科技期刊入选世界各学科代表性科技期刊，发表高质量国际论文共计190661篇。以此推算，阿尔及利亚的发表量占比仅为2.8%。

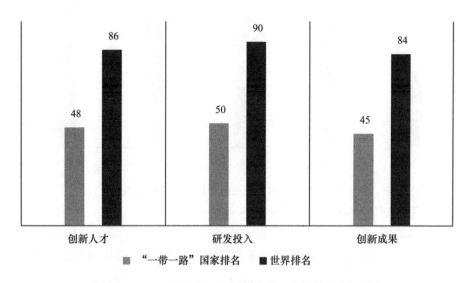

图Ⅰ-1-24　阿尔及利亚创新能力二级指标排名（位）

资料来源：作者计算所得。

五　营商环境评估

营商环境是指市场主体在准入、生产经营、退出等过程中所涉及的政务环境、市场环境、法治环境、人文环境等有关外部因素和条件的总和。图Ⅰ-1-25展示了阿尔及利亚的营商环境便利度指数。根据世界银行的定义，"营商环境便利度指数"反映的是经济体在商业监管领域的表现和最佳实践的差距。0为最低性能，100为前沿水平。阿尔及利亚的前沿距离分数在观测期内有所上升，2019年，阿尔及利亚的营商便利度分数仅

① https：//www.istic.ac.cn/.

为48.6，不及指标的一半。

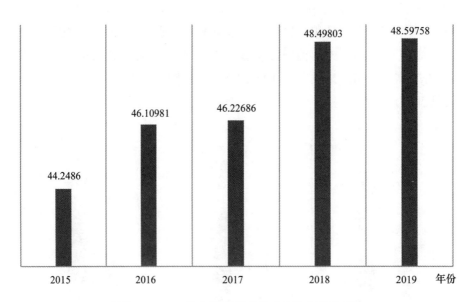

图Ⅰ-1-25   阿尔及利亚的营商环境便利度指数

资料来源：世界银行，https：//data. worldbank. org. cn/country/DZ。

图Ⅰ-1-26反映了阿尔及利亚新企业注册量变化趋势。经济学的一般常识是，新企业注册越多，企业的竞争环境越透明，越有利于经济的发展。2018年新企业注册数量相较2006年而言，有了明显的变化，该数量上升了近200%。但是从阿尔及利亚的市场规模来看，该数量还是相对较低的。

阿尔及利亚的制度环境在"一带一路"国家中排第48位，在世界141个国家和地区中排第85位。图Ⅰ-1-27展示了阿尔及利亚的政府效能和法治程度变化情况，三个指数由世界银行《全球治理指标报告》确定，其波动范围为-2.5—2.5。三个指数越接近2.5，说明该国相关方面的水平越高。在观测期内，阿尔及利亚这三个指标都处在零值以下，政府效能和法治没有出现明显的趋势性变化，监管质量呈现下滑的态势。

阿尔及利亚的投资安全在"一带一路"国家中排第55位，在世界141个国家和地区中排第109位。近些年来，伴随着地区局势的持续动荡，阿尔及利亚治安形势逐年恶化，犯罪率上升2%，贩毒、吸毒、抢

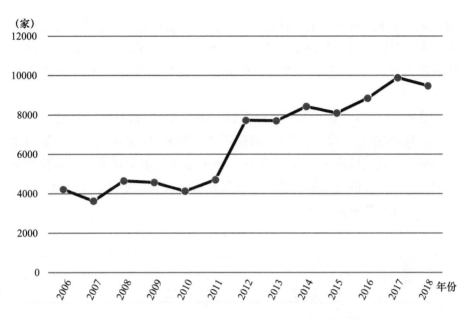

图 I -1-26 2006—2018 年阿尔及利亚新企业注册量变化

资料来源：世界银行，https：//data. worldbank. org. cn/country/DZ。

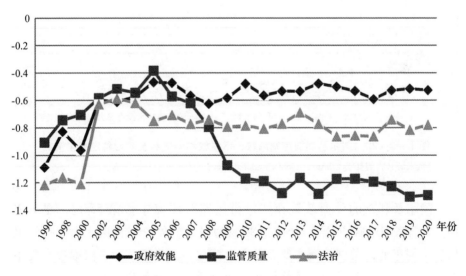

图 I -1-27 阿尔及利亚政府效能、监管质量和法治程度变化情况

资料来源：世界银行，https：//data. worldbank. org. cn/country/DZ。

劫、绑架等事件时有发生。目前，非法移民问题和有组织犯罪问题交织现象越来越严峻。阿尔及利亚总体安保力度较大，恐怖活动得到有效遏制，残余恐怖分子主要集中在边远山区和边境地区活动，并不时制造恐怖事件。

图Ⅰ-1-28中的指数来自世界银行的《全球治理指标报告》，三个指数的波动范围为-2.5—2.5。指数越接近2.5，说明该国相关方面的水平越高，指数越接近-2.5，说明该国相关方面的水平越差。阿尔及利亚政府这三个指标的情况都比较差，且没有出现改变的趋势。在样本期内，这三个指标都在零值以下。

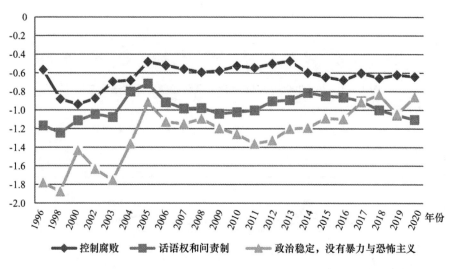

图Ⅰ-1-28　阿尔及利亚控制腐败、话语权和问责制及政治稳定变化情况

资料来源：世界银行，https：//data. worldbank. org. cn/country/DZ。

阿尔及利亚的外商政策在"一带一路"国家中排第55位，在世界141个国家和地区中排第115位。埃及为最大的外资来源国，主要投资电信和水泥工业；美国投资主要涉及海水淡化、石化及医药；法国投资集中在石油、食品、药品和轮胎等行业；西班牙、意大利和德国等国家在阿尔及利亚的投资主要流入农副、陶瓷、美容、卫生保健、制造、钢铁等生产或服务领域；阿拉伯国家投资主要集中在旅游、电信、医药和住房等领域，其中住房领域投资最引人注目。此外，发展中国家如印度和韩国，在

阿尔及利亚的直接投资也迅速增长。从图Ⅰ-1-29可知，阿尔及利亚的
外商直接投资在样本期内呈现出下降趋势，个别年份还存在净流出的
情况。

图Ⅰ-1-29　1997—2018年阿尔及利亚的外商直接投资变化

资料来源：世界银行，https：//data. worldbank. org. cn/country/DZ。

阿尔及利亚的公共服务在"一带一路"国家中排第58位，在世界141个
国家和地区中排第133位。图Ⅰ-1-30为2003年至2019年阿尔及利亚企业开
办程序成本占人均国民总收入的百分比变化，企业开办程序是否繁复反映的
是政府的公共服务情况，该百分比从2003年的16.3%下降到2019年的
11.3%，下降幅度不大，反映了阿尔及利亚总的公共服务情况没有出现大幅改
善。进一步分析阿尔及利亚的通电时间变化，发现2019年其通电时间相比
2010年，下降了50%，但是仍然需要84天。这一时长远远高于世界平均
水平。

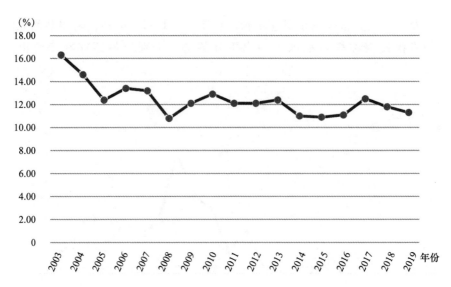

图Ⅰ-1-30　阿尔及利亚企业开办程序成本占人均国民总收入百分比

资料来源：世界银行，https：//data. worldbank. org. cn/country/DZ。

图Ⅰ-1-31　2010—2019 年阿尔及利亚企业通电所需时间

资料来源：世界银行，https：//data. worldbank. org. cn/country/DZ。

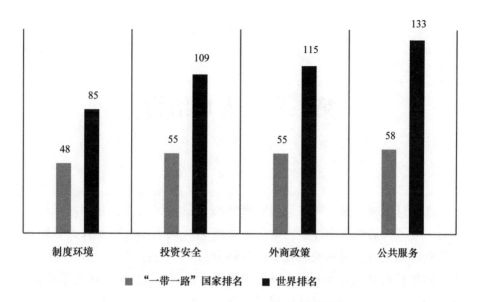

图 I −1−32 阿尔及利亚营商环境二级指标排名（位）

资料来源：作者计算所得。

第二章 人口结构

从人口构成上看，阿尔及利亚90%以上的居民生活在北部沿海地区，约有150万人居住在南部沙漠地区，大约99%的阿尔及利亚人为穆斯林。从行政区划上看，阿尔及利亚全国共划分为48个省、553个县和1541个市。阿尔及利亚是北非大国和世界中等强国，依靠能源出口建立了比较强大的经济实力，它的石油储量居世界第15位。

第一节 人口发展状况

人口是一个国家的基础，人是国家的主体。一定数量的人口是一个国家存在和发展的前提，没有一定数量的人口，就不能构成国家。人口因素在一个国家经济、社会、政治、文化发展中发挥着至关重要的作用。

与人口相关的国家问题、与国家相关的人口问题是研究一个国家基本国情所要关注的重点内容。本节首先介绍阿尔及利亚人口总量的变化发展情况，其次全面分析阿尔及利亚人口结构，主要包括人口的自然结构和人口的分布情况。

一 人口总量发展变化趋势

（一）人口总量及其发展变化趋势

根据世界银行统计数据可知，2018年，阿尔及利亚的总人口数为4222.84万人，其中男性人口数为2133.20万人，占总人口的比例为50.52%，女性人口数为2089.64万人，占总人口的比例为49.48%。从性别分布上看，阿尔及利亚男女人口结构分配合理（见图Ⅰ-2-1）。

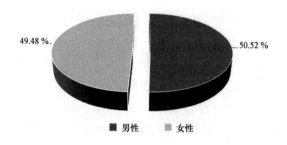

图 I - 2 - 1　2018 年阿尔及利亚人口性别结构（%）

资料来源：世界银行，https：//data. worldbank. org. cn/，2019 年。

从阿尔及利亚总人口数上看，1960—2018 年，其总人口数呈上升趋势，可分为两个变化阶段：第一阶段为 1960—1978 年，阿尔及利亚总人口数呈上升趋势，1978 年总人口数为 1810. 23 万人；第二阶段为 1979—2018 年，阿尔及利亚总人口数增长速度加快，2018 年，阿尔及利亚总人口数达到 4222. 84 万人，比 1979 年总人口数增加了 2412. 62 万人。从阿尔及利亚分性别人口来看，1960—2018 年，阿尔及利亚男女性别人口数均呈上升趋势，与总人口数变化趋势相似，从人口数值上观察，阿尔及利亚男女性别人口数量非常接近，性别分布合理（见图 I - 2 - 2）。

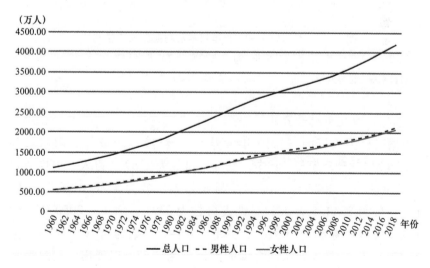

图 I - 2 - 2　1960—2018 年阿尔及利亚人口数变化

资料来源：世界银行，https：//data. worldbank. org. cn/，2019 年。

阿尔及利亚总人口性别比的变化趋势呈现出三个变化阶段：第一阶段为1960—1966年，阿尔及利亚总人口性别比呈下降趋势，1960年总人口性别比为101.06，1966年总人口性别比下降至100.69；第二阶段为1967—2000年，阿尔及利亚总人口性别比呈上升趋势，2000年总人口性别比达到102.74；第三阶段为2001—2018年，阿尔及利亚总人口性别比整体呈下降趋势，2010年后呈上升趋势，2018年阿尔及利亚总人口性别比为102.09（见图Ⅰ-2-3）。

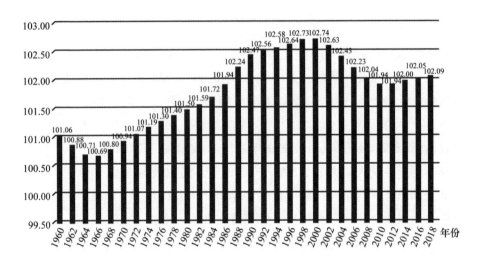

图Ⅰ-2-3   1960—2018年阿尔及利亚总人口性别比

说明：总人口性别比，指人口中每100名女性所对应的男性人数。

资料来源：世界银行，https：//data. worldbank. org. cn/，2019年。

（二）人口发展前景预测

根据联合国编撰的《2019年世界人口展望》，2020年，阿尔及利亚总人口数为4385.1万人，其中，女性人口数为2169.7万人，男性人口数为2215.4万人；2025年，阿尔及利亚总人口数为4738.8万人，其中，女性人口数为2344.5万人，男性人口数为2394.3万人；2050年，阿尔及利亚总人口数为6092.3万人，其中，女性人口数为3016.5万人，男性人口数为3075.8万人。从联合国的人口预测结果可以得出，阿尔及利亚人口总数将呈上升趋势（见表Ⅰ-2-1）。

表 I -2-1　　　　　　　　阿尔及利亚人口发展预测　　　　　　　（万人）

年份	总人口数	男性人口数	女性人口数	总人口性别比
2020	4385.1	2215.4	2169.7	102
2025	4738.8	2394.3	2344.5	102
2050	6092.3	3075.8	3016.5	101

说明：总人口性别比，指人口中每 100 名女性所对应的男性人数。

资料来源：联合国《2019 世界人口展望》，https：//population.un.org/wpp/，2019 年。

二　人口自然变动情况

（一）人口自然变化趋势

根据联合国人口司统计数据，截至 2018 年，阿尔及利亚的人口出生率为 24.85‰，人口死亡率为 4.72‰，人口自然增长率为 20.13‰。根据 1960—2017 年的人口数据，从人口出生率来看，整体呈下降趋势，可分为三个阶段：第一阶段为 1960—1978 年，人口出生率呈下降趋势；第二阶段为 1979—2002 年，人口出生率呈继续下降趋势，但速度加快，2002 年人口出生率为 19.27‰；第三阶段为 2003—2017 年，人口出生率呈上升趋势。从人口死亡率来看，可分为两个变化阶段：第一阶段为 1960—1990 年，阿尔及利亚人口死亡率呈快速下降趋势，1960 年人口死亡率为 20.36‰，1990 年人口死亡率为 6.21‰；第二阶段为 1991—2017 年，人口死亡率基本维持在 4‰—6‰，变动平稳，稳中有降。从人口自然增长率来看，可分为三个变化阶段：第一阶段为 1960—1982 年，人口自然增长率呈缓慢上升趋势；1983—2002 年，人口自然增长率呈迅速下降趋势；2003—2017 年，人口自然增长率呈上升趋势（见图 I -2-4）。

新生儿死亡率在一定程度上反映出一个国家的健康医疗水平和社会经济发展水平，1960—2018 年，阿尔及利亚新生儿死亡率整体呈下降趋势，可分为三个变化阶段：第一阶段为 1960—1970 年，新生儿死亡率变动平缓，保持在 145‰—147‰范围内；第二阶段为 1971—1988 年，新生儿死亡率呈快速下降趋势，1988 年新生儿死亡率为 45.3‰；第三阶段为 1989—2018 年，阿尔及利亚新生儿死亡率呈继续下降趋势，下降速度放缓（见图 I -2-5）。

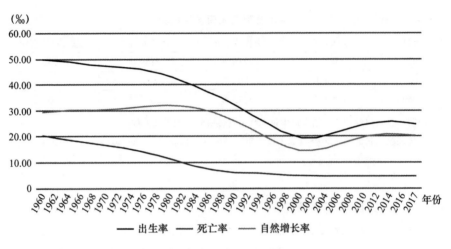

图 I - 2 - 4 1960—2017 年阿尔及利亚出生率、
死亡率和自然增长率变化

资料来源：联合国人口司统计数据，https：//dataexplorer. unescap. org/，2019 年。

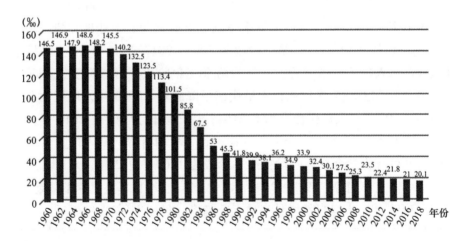

图 I - 2 - 5 1960—2018 年阿尔及利亚新生儿死亡率

说明：新生儿指出生后 1 个月内的婴儿。

资料来源：世界银行，https：//data. worldbank. org. cn/，2019 年。

（二）生育水平变化趋势

从总和生育率来看，2017 年，阿尔及利亚的总和生育率为 3.05，截取 1960—2017 年阿尔及利亚总和生育率数据，其变化趋势可分为三个阶段：第一阶段为 1960—1974 年，总和生育率变动平缓，基本维持在 7.6；第二阶段为 1975—2002 年，总和生育率呈迅速下降趋势，2002 年总和生育率为 2.4；第三阶段为 2003—2017 年，总和生育率呈上升趋势，2014年后基本维持在 3.05（见图Ⅰ-2-6）。

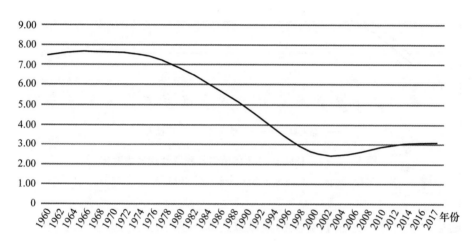

图Ⅰ-2-6 1960—2017 年阿尔及利亚总和生育率变化情况

资料来源：世界银行，https://data.worldbank.org.cn/，2019 年。

（三）预期寿命变化

截至 2017 年，阿尔及利亚总人口预期寿命为 76.5 岁，其中，女性预期寿命为 77.74 岁，男性预期寿命为 75.31 岁。1980—2017 年，阿尔及利亚预期寿命整体呈上升趋势，1980 年总人口预期寿命为 58.2 岁，其中，女性预期寿命为 59.4 岁，男性预期寿命为 56.98 岁。截至 2017 年，阿尔及利亚总人口预期寿命上升 18.3 岁，上升了 31.44%（见图Ⅰ-2-7）。

三 人口城乡分布情况

（一）城乡人口规模变化趋势

根据联合国人口司统计数据，截至 2018 年，阿尔及利亚总人口数为 4222.84 万人，其中城镇人口数为 3067.01 万人，约占 72.63%；乡村人口数为 1155.83 万人，约占 27.37%。根据 1980—2018 年阿尔及利亚城乡人口数据，从城镇人口数量变动上看，城镇人口总体呈现为逐年增加的

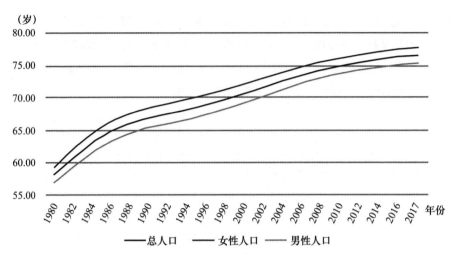

（岁）

图Ⅰ-2-7 1980—2017年阿尔及利亚预期寿命变化

资料来源：世界银行，https：//data. worldbank. org. cn/，2018年。

趋势，1980年阿尔及利亚城镇人口数为836.95万人，2018年比1980年增长了266.45%。从乡村人口数量变动上看，可分为两个变化阶段：第一阶段为1980—1996年，阿尔及利亚乡村人口数量呈缓慢上升趋势，1980年乡村人口数为1085.22万人，1996年乡村人口数为1265.07万人；第二阶段为1997—2018年，阿尔及利亚乡村人口数呈缓慢下降趋势。从比重上看，1980年城镇人口数占总人口数的比重不断上升，乡村人口数占总人口数的比重不断下降（见图Ⅰ-2-8）。

（二）人口城镇化水平变化趋势

根据联合国统计数据，阿尔及利亚的城镇化水平较高。从历史趋势来看，1980—2018年，阿尔及利亚的城镇化水平不断上升，2014年突破了70%，2018年达到72.63%（见图Ⅰ-2-9）。

四 人口地区分布情况

阿尔及利亚全国共划分为48个省，分别为阿德拉尔省、谢里夫省、艾格瓦特省、乌姆布瓦吉省、巴特纳省、贝贾亚省、比斯克拉省、贝沙尔省、卜利达省、布维拉省、塔曼拉塞特省、泰贝萨省、特莱姆森省、提亚雷特省、提济乌祖省、阿尔及尔省，杰勒法省、吉杰尔省、塞提夫省、赛

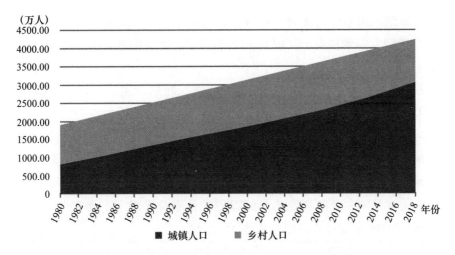

图 I - 2 - 8　1980—2018 年阿尔及利亚城乡人口数量变动

资料来源：联合国人口司，https：//dataexplorer. unescap. org，2019 年。

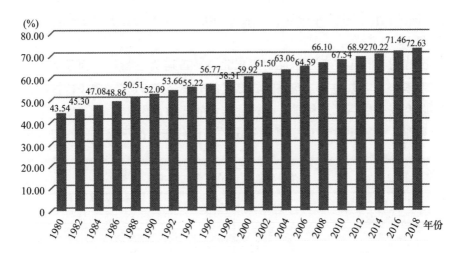

图 I - 2 - 9　1980—2018 年阿尔及利亚城镇化水平变动

说明：人口城市化水平 = 城镇人口/全国总人口 × 100% 。

资料来源：联合国人口司，https：//dataexplorer. unescap. org，2019 年。

伊达省、斯基克达省、西迪贝勒阿巴斯省、安纳巴省、盖勒马省、君士坦
丁省、麦迪亚省、穆斯塔加奈姆省、姆西拉省、穆阿斯凯尔省、瓦尔格拉
省、奥兰省、巴亚兹省、伊利济省、布阿拉里季堡省、布米尔达斯省、塔

里夫省、廷杜夫省、提塞姆西勒特省、瓦迪省、汉舍莱省、苏格艾赫拉斯省、提帕萨省、米拉省、艾因迪夫拉省、纳马省、艾因泰穆尚特省、盖尔达耶省和埃利赞省。

根据 2018 年阿尔及利亚统计年鉴数据，阿尔及利亚人口主要集中在阿尔及尔省、奥兰省、塞提夫省、君士坦丁省和巴特纳省。

阿尔及尔省是阿尔及利亚北部的一个省，首都阿尔及尔也位于该省，它的面积在阿尔及利亚最小，但人口最多，阿尔及尔省占地面积为 809 平方千米，拥有 256.24 万人。

奥兰省是阿尔及利亚西北部的省份，首府位于奥兰，面积为 2114 平方千米，2009 年统计人口数为 158.55 万人。

塞提夫省是阿尔及利亚北部的一个省，首府位于塞提夫，面积为 6504 平方千米，拥有 131.14 万人口。

君士坦丁省位于阿尔及利亚东北部，省会为君士坦丁，该省面积为 2187 平方千米，2019 年统计人口数为 101.26 万人，君士坦丁省治下有 6 个区和 12 个市镇。

巴特纳省同样位于阿尔及利亚东北部，首府为巴特纳，面积为 12038 平方千米，人口数为 96.26 万人，巴特纳省治下有 21 个县和 61 个市镇。

以上五省是阿尔及利亚人口数量排名前五的省份，五省总人口数占阿尔及利亚人口数超过 17%，其他省份的人口分布情况见表 I-2-2 所示。

表 I-2-2　　　　　　阿尔及利亚人口地区分布情况　　　　　　（万人）

省份	总人口数
阿德拉尔省	32.64
谢里夫省	85.87
艾格瓦特省	31.71
乌姆布瓦吉省	51.92
巴特纳省	96.26
贝贾亚省	85.68
比斯克拉省	57.59
贝沙尔省	22.55
卜利达省	78.43
布维拉省	62.96
塔曼拉塞特省	13.72

续表

省份	总人口数
泰贝萨省	54.91
特莱姆森省	/
提亚雷特省	72.59
提济乌祖省	/
阿尔及尔省	256.24
杰勒法省	49.02
吉杰尔省	57.32
塞提夫省	131.14
赛伊达省	27.95
斯基克达省	78.62
西迪贝勒阿巴斯省	52.56
安纳巴省	55.78
盖勒马省	50.00
君士坦丁省	101.26
麦迪亚省	80.21
穆斯塔加奈姆省	63.11
姆西拉省	80.55
穆阿斯凯尔省	67.62
瓦尔格拉省	44.56
奥兰省	158.55
巴亚兹省	16.88
伊利济省	3.40
布阿拉里季堡省	55.54
布米尔达斯省	64.74
塔里夫省	35.26
廷杜夫省	5.82
提塞姆西勒特省	/
瓦德省	50.44
汉舍莱省	38.43
苏格艾赫拉斯省	36.75
提帕萨省	/
米拉省	67.45
艾因迪夫拉省	77.19
纳马省	12.73
艾因泰穆尚特省	35.79

省份	总人口数
盖尔达耶省	30.05
埃利赞省	64.22

资料来源：根据阿尔及利亚统计局数据整理，http：//www.ons.dz/。

第二节 人口年龄结构

年龄结构是人口最基本的构成。人口年龄结构是在过去几十年人口自然增长和迁移变动的基础上形成的，也是今后人口再生产变动的基础和起点，既会影响未来人口发展的类型、速度和趋势，也会影响一个国家未来的经济社会发展。本节主要分析阿尔及利亚各年龄段人口变化和抚（扶）养负担情况。

一 人口年龄构成及变化情况

（一）总体情况

根据联合国人口司统计数据，截至 2018 年，阿尔及利亚人口结构呈现棒槌形：中间大，两头小。15—64 岁人口数占总人口数量的比例最高，为 65.33%；0—14 岁人口数占总人口数量的比例其次，为 30.15%；65 岁及以上人口占比最低，为 6.36%。

（二）0—14 岁人口数量及占比情况

根据世界银行统计数据，2018 年，阿尔及利亚 0—14 岁人口数量为 1273.14 万人，占总人口数的比例为 30.15%。从 0—14 岁人口数量变化情况来看，可分为三个变化阶段：第一阶段为 1960—1994 年，0—14 岁人口数量呈上升趋势，1994 年，阿尔及利亚 0—14 岁人口数为 1146.72 万人，比 1960 年人口数量增加了 653.75 万人，增长约 133%；第二阶段为 1995—2006 年，0—14 岁人口数量呈下降趋势，2006 年，0—14 岁人口数量下降至 959.34 万人；第三阶段为 2007—2018 年，0—14 岁人口数量呈上升趋势（见图Ⅰ-2-10）。

从阿尔及利亚 0—14 岁人口数占比变化趋势来看，可分为三个变化阶段：第一阶段为 1960—1988 年，0—14 岁人口数占比变化平稳，先小幅上升而后缓慢下降,基本维持在 45%—47% 范围内变化;第二阶段为 1989—2010 年,0—14 岁人口数占比呈下降趋势,2010 年 0—14 岁人口数占比为 27.28%;第三阶段为 2011—2018 年,0—14 岁人口数占比呈上升趋势(见图 I‐2‐10)。

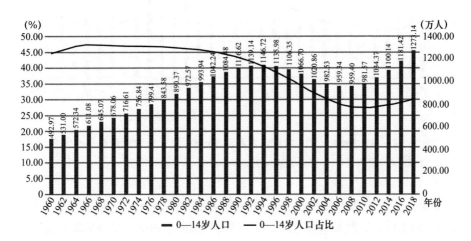

图 I‐2‐10 1960—2018 年阿尔及利亚 0—14 岁人口数量变动及占比变动

资料来源:世界银行,https://data.worldbank.org.cn/,2019 年。

(三)15—64 岁人口数量及占比情况

根据世界银行统计数据,2018 年,阿尔及利亚 15—64 岁人口数为 2758.83 万人,占总人口的比重为 65.33%。从 15—64 岁人口数量变动来看,1960—2018 年呈逐年上升趋势,2018 年,15—64 岁人口数量比 1960 年增加了 2119.04 万人(见图 I‐2‐11)。

从 15—64 岁人口数占比变动来看,可分为三个变化阶段:第一阶段为 1960—1966 年,15—64 岁人口数占比呈下降趋势,1966 年,15—64 岁人口数占比为 56.88%;第二阶段为 1967—2014 年,15—64 岁人口数占比呈上升趋势,2014 年达到 65.58%;第三阶段为 2015—2018 年,15—64 岁人口数占比呈下降趋势(见图 I‐2‐11)。

(四)65 岁及以上人口数量及占比情况

根据世界银行统计数据,2018 年,阿尔及利亚 65 岁及以上人口数量为 268.66 万人,占总人口的比例为 6.36%。从 65 岁及以上人口数量变

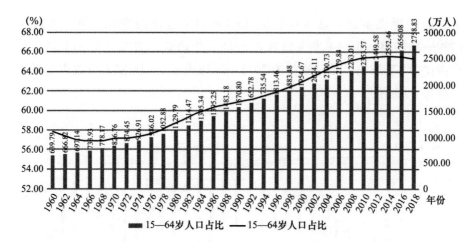

图 I - 2 - 11 1960—2018 年阿尔及利亚 15—64 岁人口数量变动及占比变动

资料来源：世界银行，https：//data. worldbank. org. cn/，2019 年。

动来看，可分为两个变化阶段：第一阶段为 1960—1992 年，阿尔及利亚
65 岁及以上人口数量呈上升趋势，1992 年相比 1960 年，65 岁及以上人
口数量增加了 159%；第二阶段为 1993—2018 年，65 岁及以上人口数量
呈继续增长趋势，增长速度加快，2018 年相比 1993 年，65 岁及以上人口
数量增加了 175.84 万人，增长了约 189%（见图 I - 2 - 12）。

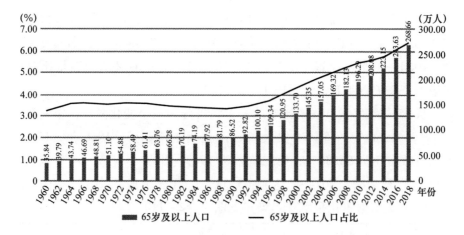

图 I - 2 - 12 1960—2018 年阿尔及利亚 65 岁及以上人口数量变动及占比变动

资料来源：世界银行，https：//data. worldbank. org. cn/，2019 年。

从 65 岁及以上人口数占比变动来看，可分为两个阶段：第一阶段为
1960—1992 年，阿尔及利亚 65 岁及以上人口数占比变化平稳，基本维持
在 3.5%；第二阶段为 1993—2018 年，65 岁及以上人口数占比呈快速上
升趋势，2018 年占比超过 6%（见图 I－2－12）。

二 抚（扶）养系数

根据世界银行统计数据，2018 年，阿尔及利亚的少儿抚养系数为 47.49%，
老年扶养系数为 10.02%，总抚（扶）养系数为 57.51%。从少儿抚养系数变动
趋势来看，可分为三个阶段：第一阶段为 1960—1966 年，少儿抚养系数呈上升
趋势，1966 年达到峰值，为 96.61%；第二阶段为 1967—2010 年，少儿抚养系数
呈下降趋势，1984 年后下降速度加快，2010 年少儿抚养系数下降至 40.56%；第
三阶段为 2011—2018 年，少儿抚养系数呈上升趋势。从老年扶养系数变动情况
来看，阿尔及利亚老年扶养系数总体水平较低，可分为两个变化阶段：第一阶
段为 1960—1990 年，老年扶养系数呈下降趋势，1990 年老年扶养系数为 6.30；
第二阶段为 1991—2018 年，老年扶养系数呈上升趋势，2018 年老年扶养系数已

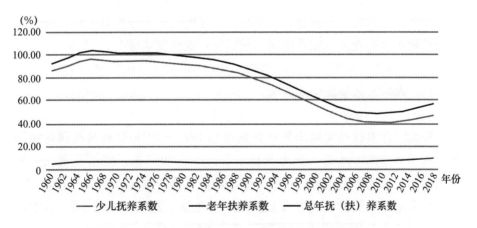

图 I-2-13　1960—2018 年阿尔及利亚抚（扶）养系数变化

说明：总抚（扶）养系数计算公式为（0—14 岁人口数量 +65 岁以上人口数量）/15—64 岁人口
数量，少儿抚养系数计算公式为 0—14 岁人口数量/15—64 岁人口数量，老年扶养系数计算公式为 65
岁以上人口数量/15—64 岁人口数量。

资料来源：世界银行，https://data.worldbank.org.cn/，2019 年。

经超过10%。从总抚（扶）养系数变动趋势来看，阿尔及利亚总抚（扶）养系数的变动趋势与少儿抚养系数的变动趋势基本相似，可分为三个变化阶段：第一阶段为1960—1966年，总抚（扶）养系数呈上升趋势；第二阶段为1967—2010年，总抚（扶）养系数呈下降趋势；第三阶段为2011—2018年，总抚（扶）养系数呈上升趋势（见图I-2-13）。

第三节　教育与就业状况

人口是数量和质量统一的社会群体，人口质量既是国家发展进步的基础、手段和力量，又是发展进步的结果、目的和表现。人口质量体现着一个国家社会生产力发展的水平以及精神文明的发达程度。

就业是民生之本，了解一个国家人口的就业状况对社会生产和发展具有重要意义。一方面，就业能够使劳动力和生产资料相结合，生产出社会所需的物质财富和精神财富，促进社会生产的发展；另一方面，就业问题关系到社会稳定，国家政权的巩固与和谐社会目标的实现。

本节首先从阿尔及利亚人口受教育程度角度全面分析其人口素质，其次分析阿尔及利亚人口就业情况，包括分行业的就业情况。

一　人口文化程度构成情况

（一）小学入学率

根据联合国教科文组织统计数据可知1971—2018年阿尔及利亚初等教育入学率情况。从总入学率变动来看，1971年以来，阿尔及利亚小学总入学率呈波动上升趋势，可分为四个阶段：第一阶段为1971—1979年，总入学率呈上升趋势，1979年达到第一个高峰，为94.88%；第二阶段为1980—1987年，总入学率呈下降趋势，1987年总入学率为90.25%；第三阶段为1988—2013年，总入学率呈上升趋势，2013年总入学率达到第二高峰，为119.54%；第四阶段为2014—2018年，总入学率呈下降趋势。从性别角度来看，在阿尔及利亚小学，男性入学率总体上高于女性入学率。1971年以来，男女两性小学入学率的差距不断缩小，2001年后男女两性入学率数值相近（见图I-2-14）。

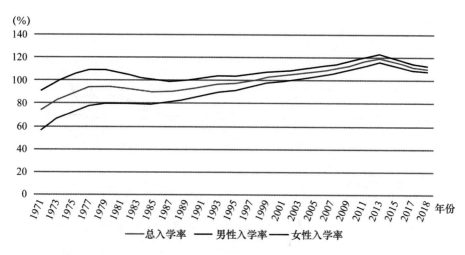

图Ⅰ－2－14　1971—2018 年阿尔及利亚小学入学率

说明：小学入学率是指无论年龄大小，小学的总入学人数与官方规定的小学适龄总人口的比值。入学率可能超过 100%，因为包含了较早或较晚入学及复读的超龄和小龄学生。

资料来源：联合国教科文组织，http://www.unesco.org，2019 年。

（二）中学入学率

根据联合国教科文组织统计数据可知 1971—2011 年阿尔及利亚中等教育入学率情况。从总入学率的变动情况来看，1971—2011 年整体呈上升趋势，2007 年以来，总入学率上升速度加快，2011 年总入学率达到了 99.61%。从分性别入学率来看，阿尔及利亚男女两性中学入学率的变动趋势与总入学率的变化趋势相近，1971—1997 年，男性入学率高于女性；1997 年以后女性入学率超过男性（见图Ⅰ－2－15）。

（三）高等院校入学率

根据联合国教科文组织统计数据可知 1987—2018 年阿尔及利亚高等院校入学率情况。从总入学的变动情况来看，1987—2018 年总入学率呈上升趋势，可分为两个阶段：第一阶段为 1987—1995 年，总入学率变化平缓，基本维持在 10%；第二阶段为 1999—2018 年，阿尔及利亚高等院校总入学率呈快速上升趋势，2018 年总入学率达到 51.37%。从分性别角度来看，阿尔及利亚高等院校女性入学率普遍高于男性，并且差距有逐渐拉大的趋势（见图Ⅰ－2－16）。

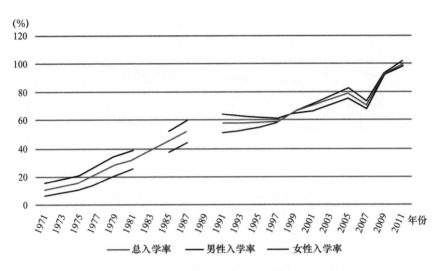

图Ⅰ-2-15 1971—2011年阿尔及利亚中学入学率

说明：中学入学率是指不论年龄大小，中学在校生总数占官方中学入学年龄人口的百分比。总入学率可能超过100%，因为包含了较早或较晚入学及复读的超龄和小龄学生。

资料来源：联合国教科文组织，http：//www.unesco.org，2019年。

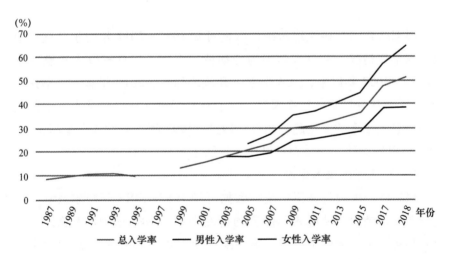

图Ⅰ-2-16 1987—2018年阿尔及利亚高等院校入学率

说明：高等院校入学率是指不论年龄大小，大学（ISCED 5和6）在校生总数占中学之后5年学龄人口总数的百分比。

资料来源：联合国教科文组织，http：//www.unesco.org，2019年。

二 就业情况

（一）就业人口的规模状况及变化情况

根据联合国人口司统计数据，截至 2018 年，阿尔及利亚就业人口数为 1537.11 万人，占总人口数的比例为 36.4%。从就业人口总数来看，2000 年以来，阿尔及利亚劳动就业人口数总体上呈波动上升趋势，2013 年达到第一个峰值，为 1502.72 万人；2018 年达到第二个峰值，为 1537.11 万人。从就业人口数占总人口数的比例上看，可分为两个变化阶段：第一阶段为 2000—2013 年，阿尔及利亚就业人口数占总人口数的比例呈上升趋势，2013 年达到峰值，为 39.4%；第二阶段为 2014—2018 年，就业人数占比呈下降趋势（见图 I-2-17）。

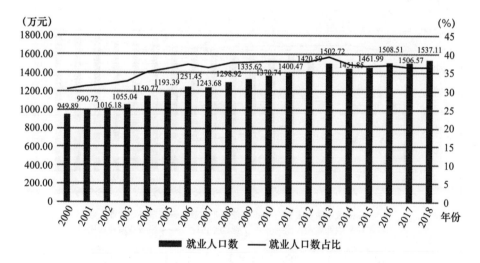

图 I-2-17 2000—2018 年阿尔及利亚劳动就业人口变动

资料来源：联合国人口司，https://ecastats.uneca.org/data/，2019 年。

（二）就业人口的主要行业及变化情况

1. 总体情况

根据联合国人口司统计数据，2018 年，阿尔及利亚就业人口的部门就业情况如下：以农业、工业和服务业为主的就业人口总数为 1537.11 万人，其中，农业就业人口数为 142.95 万人，约占就业人口总数的 9.3%；

工业就业人口数为 471.89 万人，约占就业人口总数的 30.7%；服务业就业人口数为 743.96 万人，约占就业人口总数的 48.4%。

2. 历年趋势

从 2000—2018 年分行业就业数据来看，2000 年，农业就业人口数为 208.98 万人，占就业人口总数的比例为 22%；工业就业人口数为 238.42 万人，占就业人口总数的比例为 25.1%；服务业就业人口数为 415 万人，占就业人口总数的比例为 43.7%。从就业人口数量上看，农业就业人口数呈下降趋势，工业、服务业就业人口数呈上升趋势；从就业人口数占就业总人口的比例上看，农业就业人口数占就业总人口数的比重不断下降，工业、服务业就业人口数占就业人口总数的比重不断上升（见图Ⅰ-2-18）。

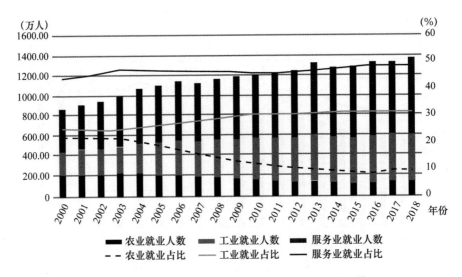

图Ⅰ-2-18   2000—2018 年阿尔及利亚分行业就业情况

资料来源：联合国人口司，https：//ecastats.uneca.org/data/，2019 年。

第四节   国际移民概况

最新的全球移民报告显示，在全世界 70 多亿人口当中，移民人数超过两亿人。经济在朝着全球化发展，世界越来越小，联系越来越密切。国际移民已经成为影响经济、社会、安全等多个方面的重要因素。

随着全球化的日益深入，移民对国家和居民的影响比过去的任何时候都
要深刻。

本节将全面分析阿尔及利亚国际移民数量和主要国际移民来源地构成
情况。

一　国际移民数量与历年变化

（一）国际移民数量

根据联合国人口司统计数据，截至 2019 年，阿尔及利亚国际移民数
量为 24.91 万人。国际移民主要来源地为西撒哈拉、巴勒斯坦、索马里、
伊拉克、沙特阿拉伯、叙利亚和也门等地区和国家。其中，来自西撒哈拉
的国际移民数量为 16.52 万人，占阿尔及利亚国际移民数量的比重为
66.32%；来自巴勒斯坦的国际移民数量为 3.15 万人，占移民总数的
12.65%。阿尔及利亚的国际移民来源地集中在西撒哈拉地区和巴勒斯坦
（见图Ⅰ-2-19）。

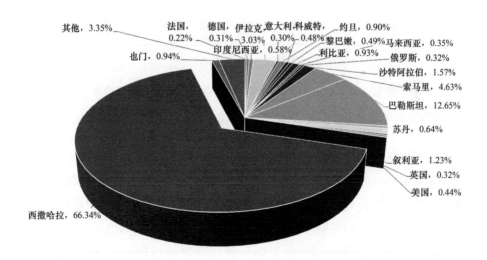

图Ⅰ-2-19　2019 年阿尔及利亚国际移民来源地构成

资料来源：http://www.un.org/en/development/data/population/migration/，2019 年。

（二）历年变化趋势分析

从 1990—2019 年的国际移民数据可知，阿尔及利亚 1990 年国际移民

数量为27.4万人，2019年国际移民数量为24.91万人，减少了2.49万人。其中，1990年国际难民流入量为16.91万人，2019年国际难民流入数量为10.06万人，减少了6.85万人。排除国际难民流入来看，阿尔及利亚移民数量变化趋势可分为两个阶段：第一阶段为1990—1995年，移民数量呈下降趋势；第二阶段为1996—2019年，移民数量呈上升趋势（见图Ⅰ-2-20）。

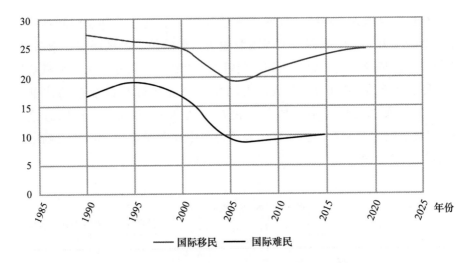

图Ⅰ-2-20 1985—2025年阿尔及利亚移民数量变动趋势

资料来源：http：//www.un.org/en/development/data/population/migration/，2019年。

二 国际移民的来源地构成

选取1990年、2000年、2010年、2019年国际移民主要来源地国家数据，分析阿尔及利亚国际移民来源地构成的变化。从数据中可以看出，西撒哈拉、巴勒斯坦是阿尔及利亚稳定的移民大量迁入的地区和国家，在1990—2019年均位于阿尔及利亚国际移民来源地前两位。苏丹、德国和美国在1990年以后迁入阿尔及利亚的移民人数减少，在2000年以后跌出阿尔及利亚国际移民来源国前十名。索马里和伊拉克在2000年以后替代德国和美国占据阿尔及利亚移民来源国前三、四位。通过分析可以看出，阿尔及利亚的国际移民来源地构成复杂，2000—2019年主要国际移民来源地构成相对稳定（见表Ⅰ-2-3）。

表Ⅰ-2-3　　　　　阿尔及利亚国际移民主要来源地比较　　　　　（人）

1990		2000		2010		2019	
西撒哈拉	167905	西撒哈拉	165911	西撒哈拉	143923	西撒哈拉	165223
巴勒斯坦	36004	巴勒斯坦	31667	巴勒斯坦	27470	巴勒斯坦	31534
苏丹	9127	索马里	11570	索马里	10035	索马里	11520
德国	6544	伊拉克	7579	伊拉克	6574	伊拉克	7546
俄罗斯	6287	沙特阿拉伯	3926	沙特阿拉伯	3404	沙特阿拉伯	3907
美国	4509	叙利亚	3073	叙利亚	2665	叙利亚	3058
叙利亚	3550	也门	2366	也门	2051	也门	2353
意大利	3142	利比亚	2325	利比亚	2016	利比亚	2314
沙特阿拉伯	3068	约旦	2258	约旦	1958	约旦	2247
约旦	2286	苏丹	1597	苏丹	1384	苏丹	1588

资料来源：http：//www. un. org/en/development/data/population/migration/，2019 年。

第五节　主要城市人口

　　城市是人类赖以生存的家园，它不仅仅容纳居民的衣食起居，还作为生产要素的聚集地、经济活动的主要载体。要想理解一个国家的发展状况，可以从理解该国家主要城市的发展入手。本节将全面分析阿尔及利亚主要城市——阿尔及尔的人口总数、人口发展和预测。

一　城市概述

　　阿尔及尔位于阿尔及利亚北部，南靠泰勒阿特拉斯山脉北麓，坐落在乌艾德·哈腊和乌艾德·马扎法兰两海湾之间，市区东西全长 76 千米，街道和房屋沿着山脉建设，迂回起伏。阿尔及尔是阿尔及利亚政治、经济、文化和外贸中心，1996 年拥有 300 万人口，是全国人口最多、最集中的一座城市。阿尔及尔是穆斯林聚居区，作为穆斯林祈祷的卡斯巴城堡被联合国列为世界文化遗产。

二　人口总数历史变动情况与预测

　　根据阿尔及利亚统计局统计数据，截至 2018 年，阿尔及尔常住人口达到 391.6 万人，都市区人口为 269.4 万人。根据联合国人口司和阿尔及利亚统计局的统计数据，阿尔及尔都市区人口数量自 1950 年以来呈上升趋势。从人口增长率来看，可分为三个阶段：第一阶段为 1950—1960 年，阿尔及尔都市区人口增长率呈上升趋势；第二阶段为 1961—1985 年，人口增长率呈快速下降趋势；第三阶段为 1986—2018 年，人口增长率呈波动上升趋势，并保持在较低水平（见图Ⅰ－2－21）。

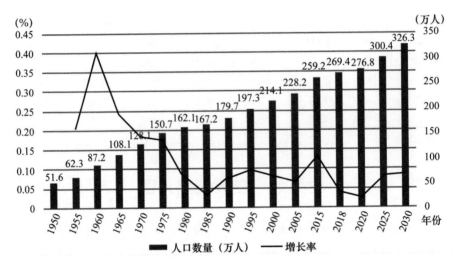

图Ⅰ－2－21　1950—2030 年阿尔及尔都市区常住人口数量及增长率

资料来源：阿尔及利亚中央统计局，http：//www.ons.dz/。

第三章　资源禀赋

阿尔及利亚位于非洲大陆西北部，北临地中海，南接撒哈拉沙漠。以阿特拉斯山脉为重要分界，北部沿海区域受地中海气候影响，气候温和，人口集聚，海岸线长约 1200 千米，有着较为丰富的渔业资源；[①] 中南部大部分区域为沙漠和高原，气候极端，水资源紧缺，动植物资源相对匮乏，但是蕴藏着十分丰富的石油、天然气等矿产。随着矿产资源的开发和出口，阿尔及利亚已成为非洲较大的经济体之一。[②]

第一节　土地资源

阿尔及利亚国土面积为 238 万平方千米，是非洲陆地面积最大的国家。从地形上，全国可分为地中海沿岸的滨海平原与丘陵、中部高原和南部撒哈拉沙漠三部分，大部分地区被沙漠和细茎针茅植被覆盖。[③] 由于气候和地形的作用，阿尔及利亚北部大部分低海拔地区为地中海红壤，仅有少量被常绿橡树林覆盖的高地拥有肥沃的棕壤，面积不大；南部广大区域随着干旱程度的增加，少有化学风化与有机物积累，土壤愈发贫瘠。[④] 全国农用地面积约为 4136 万公顷，占比为 17.36%；林地面积仅有 194 万公顷，占比不足 1%（0.81%）；其他用地面积共 19488 万公顷，主要是

---

① 中国商务部国际贸易经济合作研究院、中国驻阿尔及利亚大使馆经济商务处、中国商务部对外投资和经济合作司：《对外投资合作国别（地区）指南——阿尔及利亚（2020 年）》，http://www.mofcom.gov.cn/dl/gbdqzn/upload/aerjiliya.pdf.

② L. Carl Brown, "Algeria," https://www.britannica.com/place/Algeria.

③ 中国商务部国际贸易经济合作研究院、中国驻阿尔及利亚大使馆经济商务处、中国商务部对外投资和经济合作司：《对外投资合作国别（地区）指南——阿尔及利亚（2020 年）》。

④ L. Carl Brown, "Algeria," https://www.britannica.com/place/Algeria.

沙漠区域，占比达 81.82%。①

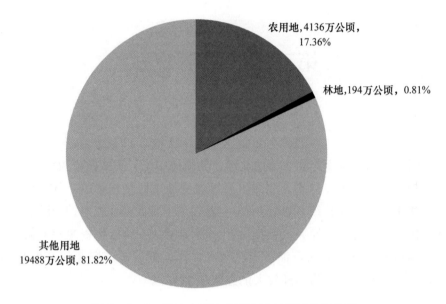

图 I - 3 - 1 2019 年阿尔及利亚土地利用结构概况

说明：由于四舍五入，总计百分比不足 100%。

资料来源：世界粮农组织统计数据库——土地利用情况，http://www.fao.org/faostat/en/#data/RL。

一 农用地资源概况

受气候等多种因素的影响，阿尔及利亚农用地资源匮乏，粮食生产无法实现自给自足。2019 年，全国农用地面积为 4136 万公顷，其中，耕地面积仅有 751 万公顷，占比不足 20%，多数农地仅适合放牧，永久草地和牧场面积约有 3284 万公顷。

（一）农用地面积变化趋势

自独立以来，阿尔及利亚农用地面积总体呈现先减少后增加的趋势。1961 年，全国拥有农用地 4547 万公顷，其中耕地 647 万公顷，草地牧场 3841 万公顷。至 1991 年，农用地面积仅剩 3862 万公顷，达到阶段性最低值，30 年间大幅减少 685 万公顷（15%）。这一时期，农用地资源减少

---

① 世界粮农组织统计数据库——土地利用情况，http://www.fao.org/faostat/en/#data/RL。

的主要原因在于草地牧场快速退化，1961—1991 年，草地牧场面积共减少 760 万公顷。1991 年以来，阿尔及利亚农用地总面积逐步增加，至 2019 年恢复至 4136 万公顷，但仍未达到 20 世纪 60 年代保有的水平。近 60 年来，阿尔及利亚耕地资源呈现先上升后稳定的趋势。1961—1992 年，耕地面积从 647 万公顷增长至 756 万公顷，在其后的近 30 年间，耕地保有量基本维持在 750 万公顷左右。[①]

表 I - 3 - 1　1961—2019 主要年份阿尔及利亚农用地面积及变化趋势　（万公顷）

	1961	1965	1970	1975	1980	1985	1990
农用地	4547.1	4416.7	4421.6	4375.3	4383	3905.1	3867.6
耕地	647.2	620.3	624.8	684.5	687.5	691.0	708.1
永久草地牧场	3840.5	3738.3	3741.6	3625.8	3632.1	3154.0	3104.1
	1995	2000	2005	2010	2015	2019	
农用地	3964.9	4002.1	4121.1	4137.4	4145.6	4135.9	
耕地	751.9	766.2	751.1	750.2	746.2	750.5	
永久草地牧场	3162.0	3182.9	3284.8	3296.3	3299.4	3284.2	

资料来源：世界粮农组织统计数据库——土地利用情况，http：//www. fao. org/faostat/en/#data/RL。

（二）农用地资源空间分布

降水量以及西洛哥风（sirocco）的时间和强度，对阿尔及利亚的农用地空间分布和农业生产格局造成了巨大影响。全国农用地面积不足五分之一，集中分布于国家北部沿海地区，并被划分为东北部、西北部两个主要农业区。

东北部沿海平原和山谷是耕地资源集中的区域，可发展旱作农业和经济作物，法国殖民者曾经在这里建立了一批葡萄园、柑橘园和蔬菜农场。其中，品质最好的农场位于东部的安纳巴省和贝贾亚省、阿尔及尔南部的米蒂贾平原（the Mitidja Plain），以及奥兰南部从西迪贝勒阿贝斯市（Sidi Bel Abbès）到特莱姆肯市（Tlemcen），这些区域水资源充足、土壤肥沃。此外，穆阿斯凯尔省、麦迪亚省所在高原适合葡萄种植；君士坦丁（Con-

---

① 世界粮农组织统计数据库——土地利用情况，http：//www. fao. org/faostat/en/#data/RL。

stantine）周围的高原（the High Plateau）适合秋播谷物种植。然而，由于阿尔及利亚 1990 年代的内乱，阿尔及尔、奥兰及其周边地区的大片肥沃农田处于停耕状态。

西北部农业区降水量少于东部区域，一部分耕地通过灌溉发展谷物种植，更多的土地是草地牧场，用于发展畜牧业。西部的塞苏高原（the Sersou Plateau）种植了小麦、大麦、燕麦、高粱、小米、玉米、黑麦、水稻等作物，以及烟草、橄榄、椰枣等经济作物。草原区域生长着西班牙针茅（esparto grass），可用于造纸；同时，分散着一些小规模的牛羊养殖场。①

（三）农作物种植空间分布

按照作物类型进行划分，阿尔及利亚谷物种植面积约占耕地面积的40%，集中在布维拉、麦迪亚、提亚雷特、埃利赞、艾因泰姆尚特、特莱姆森、西迪贝勒阿巴斯等中西部省份。2010—2017 年年均播种面积为338.56 万公顷，其中以硬粒小麦和大麦为主，硬粒小麦产量占谷物总产量的51%，大麦产量占比约为29%。

阿尔及利亚的主要经济作物有工业番茄、烟草、马铃薯、洋葱等。工业番茄的种植面积超过 1 万公顷，集中在东北部区域的斯基克达、盖勒马、塔里夫、安纳巴、君士坦丁等省份，西北部的艾因德夫拉省和谢里夫省也有少量种植。此外，全国烟草种植面积约有 0.5 万公顷。

果园也是阿尔及利亚农用地的主要类型，2010—2017 年年均面积约为 58 万公顷。其中，橄榄种植面积最大，占比约40%；核果、柑橘、椰枣等果木也有较大的种植面积。② 葡萄种植和葡萄酒酿造曾是阿尔及利亚殖民时期农业的支柱，在国家独立以后，由于伊斯兰教禁止饮酒，大批葡萄园衰落。近年来，随着国家政局稳定，葡萄种植随着整体农业的发展有一定的恢复，但是与 20 世纪 50 年代相比，产量仍有巨大差距。③

二 林地资源概况

阿尔及利亚林地面积占比较小（不足国土总面积的1%），森林资源

---

① L. Carl Brown, "Algeria," https：//www. britannica. com/place/Algeria.

② 阿尔及利亚农业和乡村发展部（Ministère de l'Agriculture, du Développement Rural）——农业统计信息，https：//fr. madr. gov. dz/agriculture/statistiques-agricoles/。

③ L. Carl Brown, "Algeria," https：//www. britannica. com/place/Algeria.

相对匮乏。截至 2019 年，全国拥有林地约 194 万公顷。其中，144 万公顷为天然次生林，占比为 74.23%；50 万公顷为人工林，占比为 25.77%；已没有原始天然林留存。①

这些林地主要分布在东北部降水量较大的丘陵山区，以圣栎、栓皮栎、刺柏等具有抗旱特性的树种为主，包括少量经济价值较高的雪松。阿尔及利亚北部的整个泰尔地区（Tell region）曾被森林大规模覆盖，如今已普遍退化成灌木丛林地，由常绿硬叶灌木和低矮乔木组成，如月桂树、迷迭香、百里香等。②

由于伐木、森林火灾和城市发展，在殖民时期，阿尔及利亚的森林面积减少 1500 万公顷。③ 这加剧了区域水土流失，自然环境愈发恶化。此后，阿尔及利亚政府将国土整治、植树造林作为一项基本国策，陆续启动多项造林计划，旨在保护和扩大剩余的林地资源，其中最具代表性的项目是 1970 年代启动的"绿色坝"建设项目。绿色坝是一项跨国林业项目，以阿尔及利亚为主体，涉及摩洛哥、突尼斯、利比亚、埃及等北非国家，计划通过 20 年的时间，在东西长 1500 千米、南北宽 20—40 千米的范围内造林 300 万公顷，形成森林屏障，阻止撒哈拉沙漠向北入侵。④ 阿尔及利亚作为绿色坝项目的主体，为配合项目推进，结合国家气候地形特色发布《干旱草原和绿色坝综合发展计划》，并一度每年拿出国民经济总支出的 4% 作为林业建设经费。政府设立了森林和国土开发秘书处，统管全国的植树造林、水土保持和环境保护工作。在造林组织方面动员全国力量开展行动，规定干部、军人、职工、学生在每年前 3 个月的星期五要轮流参加义务植树活动，其中，军队是造林绿化的主力军，在绿色坝建设中军队完成了每年造林计划的 75%。为保证质量，军队里设有技术局负责造林技术指导。在没有军队的地方则由国家森林工程局、各省林业局负责组织造林。至 1990 年，阿尔及利亚已营造人工林 60 万公顷，在赛伊达（Saïda）、提亚雷特（Tiaret）等省已初具规模，有效防止了草场的进一步

---

① 世界粮农组织统计数据库——土地利用情况，http：//www.fao.org/faostat/en/#data/RL。
② L. Carl Brown，"Algeria，" https：//www.britannica.com/place/Algeria.
③ 岳青：《绿色坝：举世闻名的阿尔及利亚防护林工程》，《云南林业》1999 年第 2 期。
④ 《北非五国绿色坝工程——全球八大生态工程介绍之四》，《防护林科技》1996 年第 2 期。

沙化。^①

　　1990—2000 年，全国林地总面积持续下降，2000 年达到阶段性最低点，为 158 万公顷，主要原因在于天然林面积不断减少，从 133 万公顷降低至 123 万公顷，同时人工林建设陷入停滞。2000—2015 年，森林资源得到较快发展，林地总面积从 158 万公顷快速增长至 196 万公顷，增幅达到 24%，天然林和人工林面积均有所增加，其中人工林年均增长 1.4 万公顷。2015—2018 年，人工林面积出现大幅下降。2019 年，林地面积再次回升，达到 194 万公顷。^②

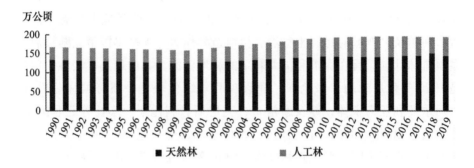

图 I - 3 - 2　1990—2019 年阿尔及利亚森林资源总量及结构演化

资料来源：世界粮农组织统计数据库——土地利用情况，http：//www. fao. org/faostat/en/#data/RL。

　　据统计，1962 年至今，阿尔及利亚政府各项造林计划共种植超过 20 亿株树苗，然而，森林退化现象依然存在。从 2019 年起，由国家农业和乡村发展部（MADRP）牵头开启了新一轮造林"每个公民一棵树"活动（un arbre pour chaque citoyen），计划开展全国性植树运动和教育活动，提高国民对森林资源退化后果的认识。该项目计划种植树木共计 4300 万株，其中，2019—2020 年度种植 2500 万株，包括林区 1271 万株和城市化地区 1229 万株；2020—2021 年度种植 1800 万株，包括林区 1300 万株和城

---

　　① 洪家宜、汪愚：《国外三大防护林工程简介（之三）阿尔及利亚的绿色坝建设》，《中国绿色时报》1990 年 7 月 20 日第 3 版；岳青：《绿色坝：举世闻名的阿尔及利亚防护林工程》，《云南林业》1999 年第 2 期。

　　② 世界粮农组织统计数据库——土地利用情况，http：//www. fao. org/faostat/en/#data/RL。

市化地区 500 万株。[①]

表 Ⅰ-3-2 　　　　　阿尔及利亚 2019—2021 年造林计划

区域	2019—2020 年度		2020—2021 年度	
	植株数量（株）	面积（公顷）	植株数量（株）	面积（公顷）
绿坝区和撒哈拉地区	12713318	12713	13000000	13000
城市和城郊地区	12286682		5000000	

资料来源：阿尔及利亚农业和乡村发展部（Ministère de l'Agriculture, du Développement Rural）——国家造林计划，https：//fr. madr. gov. dz/large-campagne-nationale-de-reboisement/。

第二节　矿产资源

阿尔及利亚的矿产资源丰富，品类逾 30 种，重要的资源为石油、天然气、页岩气等能源矿产，储量分别居世界第 15 位、第 10 位和第 3 位。此外，已探明的金属矿产主要有铁矿 40 亿吨、铅锌矿 1.5 亿吨、铀矿 5 万吨、黄金 173.6 吨，非金属矿产主要有磷酸盐 20 亿吨。[②]

阿尔及利亚矿产资源勘探和开发活动的管理部门有国家工业和矿业部（Ministry of Industry and Mines）、国家采矿局（Geological Survey Agency of Algeria）和国家地质调查局（National Agency for Mining Activity）。近年来，国家工业和矿业部大力促进铝矿石、铁矿石、钢铁工业以及氮肥磷肥工业领域的投资，出台一系列政策措施，旨在形成以能源矿产为核心、具有多样性的矿业体系，提高产业体系韧性。例如，根据 2011 年 2 月 16 日第 11—85 号总统令，阿尔及利亚成立国家矿业公司（Manal S. P. A.），负责有色金属、大理石等资源的开发、勘探、采矿和营销；2016 年，政府批准东部采矿铁路扩建项目，预计完工后，每年可从乌德·凯贝里特镇（Oued Keberit）等地运送铁矿石、磷矿石、磷酸盐制品 2600 万吨；国家

① 阿尔及利亚农业和乡村发展部（Ministère de l'Agriculture, du Développement Rural）——国家造林计划，https：//fr. madr. gov. dz/large-campagne-nationale-de-reboisement/。

② 中国商务部国际贸易经济合作研究院、中国驻阿尔及利亚大使馆经济商务处、中国商务部对外投资和经济合作司：《对外投资合作国别（地区）指南——阿尔及利亚（2020 年）》，http://www. mofcom. gov. cn/dl/gbdqzn/upload/aerjiliya. pdf。

现行的采矿法（Law No. 14 – 05 of February 24，2014）更加注重保障投资平等，对私营企业的友好度提高，在颁发采矿许可证时不再优先考虑国有企业。[①]

一　能源矿产概况

油气生产和出口是阿尔及利亚的支柱产业，2016 年，油气部门产值占国内生产总值的 17.4%。油气业务由阿尔及利亚国家油气公司（Sonatrach）和几家国际石油公司运营，这些公司根据与 Sonatrach 签订的合作协议在阿尔及利亚开展工作。2016 年，Sonatrach 生产了全国 85% 的天然气、78% 的凝析油、72% 的液化石油气（LPG）和 56% 的原油[②]，是阿尔及利亚本国乃至整个非洲最大的油气公司。[③]

阿尔及利亚能源矿产资源储量较为丰富，在世界能源市场上具有重要地位，每年，全国能源总产量的约 70% 用于出口。原油出口量位居世界第 12 位，其中，近一半原油销往美国；天然气出口量仅次于俄罗斯、加拿大，居世界第 3 位，占据欧盟天然气市场的 1/4；其中年出口液化天然气约 2000 万吨，是世界第四大液化天然气出口国，主要出口法国和西班牙。欧洲约 30% 的能源进口来自阿尔及利亚，近年来，欧洲对阿尔及利亚的能源依存度达到 60%。[④]

（一）石油

截至 2020 年末，阿尔及利亚已探明石油储量为 122 亿桶，约合 15 亿吨；约占世界总储量的 1%，居世界第 15 位，居非洲第 3 位（仅次于利比亚和尼日利亚）。由于勘探技术、经营体制等多种因素的影响，该探明储量自 2005 年起没有发生变化。[⑤] 根据 Sonatrach 公司的信息，全国大约

---

①　Mowafa Taib, The Mineral Industry of Algeria, USGS：2016 Minerals Yearbook—ALGERIA（ADVANCE RELEASE）.

②　Mowafa Taib, The Mineral Industry of Algeria, USGS：2016 Minerals Yearbook—ALGERIA（ADVANCE RELEASE）.

③　EIA 报告：《阿尔及利亚油气行业现状分析》，http：//www. oilsns. com/article/43561。

④　中国商务部国际贸易经济合作研究院、中国驻阿尔及利亚大使馆经济商务处、中国商务部对外投资和经济合作司：《对外投资合作国别（地区）指南——阿尔及利亚（2020 年）》，http：//www. mofcom. gov. cn/dl/gbdqzn/upload/aerjiliya. pdf。

⑤　BP Statistical Review of World Energy（1965 – 2020），https：//www. bp. com/en/global/corporate/energy-economics/statistical-review-of-world-energy. html.

三分之二的领土（领海）仍未充分勘探或完全没有勘探，因此阿尔及利亚石油储量仍有较大潜力。

阿尔及利亚所有已探明石油储量都位于陆地，尚未开发海上油田。其中，哈西—梅萨乌德（Hassi Messaoud）是阿尔及利亚最大且最古老的油田，它位于靠近利比亚的东部边境，已探明石油储量为 39 亿桶。规模较大的油田还有哈西—梅尔油田（Hassi R'Mel）和乌尔乌德油田（Ourhoud），探明储量分别为 37 亿桶和 19 亿桶。[①] 根据 2020 年的储产比，阿尔及利亚石油储量以现有的生产水平，还可以维持生产 25 年。

表 Ⅰ-3-3　　1990—2020 年阿尔及利亚石油资源储量、产量与消费量

年份	已探明储量（亿桶）	占世界总储量的比例（%）	年产量（亿桶）			年消费量（亿桶）
			合计	原油和凝析油	天然气凝液	
1990	92	0.92	4.99	–	–	0.77
1991	92	0.86	5.01	–	–	0.76
1992	92	0.85	4.82	–	–	0.77
1993	92	0.85	4.82	–	–	0.76
1994	100	0.92	4.81	–	–	0.74
1995	100	0.91	4.78	–	–	0.72
1996	108	0.96	5.03	–	–	0.68
1997	112	0.97	5.28	–	–	0.68
1998	113	0.98	5.30	–	–	0.70
1999	113	0.88	5.10	–	–	0.68
2000	113	0.87	5.65	–	–	0.69
2001	113	0.87	5.60	–	–	0.72
2002	113	0.83	6.03	–	–	0.80
2003	118	0.87	6.67	–	–	0.84
2004	118	0.86	7.01	–	–	0.87
2005	122.7	0.89	7.26	–	–	0.91
2006	122.7	0.89	7.23	–	–	0.94

① EIA 报告：《阿尔及利亚油气行业现状分析》，http：//www. oilsns. com/article/43561。

	已探明储量（亿桶）	占世界总储量的比例（%）	年产量（亿桶）			年消费量（亿桶）
			合计	原油和凝析油	天然气凝液	
2007	122	0.86	7.27	–	–	1.04
2008	122	0.82	7.12	6.00	1.12	1.13
2009	122	0.80	6.48	5.54	0.94	1.19
2010	122	0.75	6.17	5.33	0.83	1.20
2011	122	0.73	5.99	5.17	0.82	1.28
2012	122	0.72	5.61	4.82	0.79	1.35
2013	122	0.72	5.42	4.65	0.77	1.41
2014	122	0.72	5.80	4.85	0.95	1.46
2015	122	0.72	5.69	4.71	0.98	1.55
2016	122	0.72	5.76	4.80	0.95	1.51
2017	122	0.71	5.62	4.70	0.93	1.49
2018	122	0.70	5.51	4.60	0.92	1.52
2019	122	0.70	5.43	4.52	0.90	1.57
2020	122	0.70	4.86	4.01	0.85	1.34

资料来源：BP Statistical Review of World Energy（1965 – 2020），https：//www. bp. com/en/global/corporate/energy-economics/statistical-review-of-world-energy. html.

　　阿尔及利亚出产的原油属撒哈拉轻质油，含硫量低，油质较高。[1] 自1958 年投产至今[2]，已超越安哥拉，成为非洲仅次于尼日利亚的第二大原油生产国。2020 年全年原油产量共计 4.86 亿桶（折合 5760 万吨），占世界原油产量约 1.5%，居世界第 16 位。然而，由于现有设施和技术落后，新的基建和生产项目被反复推迟，原油总产量在 2007 年达到顶峰后（7.27 亿桶，8650 万吨），近十年来呈现降低趋势。[3] 阿尔及利亚最大的石油开采企业是阿尔及利亚国家油气公司。此外，拥有较大股份的国际企业还有阿纳达科石油公司（Anadarko，美国）、拉斯莫石油公司（Lasmo，

---

　　[1]　中国商务部国际贸易经济合作研究院、中国驻阿尔及利亚大使馆经济商务处、中国商务部对外投资和经济合作司：《对外投资合作国别（地区）指南——阿尔及利亚（2020 年）》，http：//www. mofcom. gov. cn/dl/gbdqzn/upload/aerjiliya. pdf。

　　[2]　L. Carl Brown， "Algeria," https：//www. britannica. com/place/Algeria.

　　[3]　BP Statistical Review of World Energy（1965 – 2020），https：//www. bp. com/en/global/corporate/energy-economics/statistical-review-of-world-energy. html.

英国）、马士基石油天然气公司（Maersk，丹麦）、康菲石油（Cono-coPhillips，美国）、埃尼集团（Eni，意大利）等。[1]

2020年，阿尔及利亚炼油企业产能约为65.7万桶/天，实际炼油量约为55.7万桶/天。[2] 阿尔及利亚最大的炼油企业是阿尔及利亚国家炼油公司（Société Nationale de Raffinage de Pétrole S. P. A.，NAFTEC），它在斯基克达、阿尔及尔、奥兰、瓦尔格拉等省均有炼油厂。其中，位于斯基克达省北部沿海的 RA1K 炼油厂规模最大，具有日处理35.53万桶原油的产能，占全国炼油总产能的一半以上。它同时也是非洲最大的炼油厂。此外，阿尔及利亚国家炼油公司与中国石油天然气集团有限公司合资的索拉金炼油厂（Soralchin Refinery）位于内陆的阿德拉尔省（Adrar），产能为1.29万桶/天。[3]

表 I -3-4　　　　　　　　阿尔及利亚主要原油生产企业情况

序号	企业构成	主要设施地点	产能*
1	Sonatrach S. P. A.	拥有约50座油田，主要包括 Acheb West，Amassak/Tin-Yaguene，Draa Tamra，Edjeleh，El Borma，El Gassi，Gassi-Touil East，Guellala，Hassi Messaoud North and South，Ohanet North，Rhourde El Baguel，Tin - Fouye Tabankort 和 Zarzaitine	开采：170万桶/天
2	Sonatrach S. P. A.，25% Anadarko Petroleum Corp.，25% Lasmo Oil Ltd.，25% Maersk Olie og Gas AS，25%	Hassi Berkine 油田	开采：28.5万桶/天

---

① USGS, *2016 Minerals Yearbook—ALGERIA（ADVANCE RELEASE）*.

② BP Statistical Review of World Energy（1965 – 2020），https：//www. bp. com/en/global/corporate/energy-economics/statistical-review-of-world-energy. html.

③ USGS, *2016 Minerals Yearbook—ALGERIA（ADVANCE RELEASE）*.

续表

序号	企业构成	主要设施地点	产能*
3	Sonatrach S. P. A. , 37.70% Anadarko Petroleum Corp. , 18.10% ConocoPhillips Algeria, 16.90% Eni Oil Algeria, 9.10% Maersk Olie Algeriet, 9.10% Talisman Algeria, 9.10%	瓦尔格拉省，El Merk 油田	开采： 13.5 万桶/天
4	Société Nationale de Raffinage de Pétrole S. P. A. （NAFTEC）	斯基克达省（Skikda），RA1K 炼制厂	炼油： 35.53 万桶/天
5	Société Nationale de Raffinage de Pétrole S. P. A. （NAFTEC）	斯基克达省，RA1K 炼制厂（凝析油）	炼油： 12.22 万桶/天
6	Société Nationale de Raffinage de Pétrole S. P. A. （NAFTEC）	瓦尔格拉省，哈西—梅萨乌德油田（Hassi Messaoud）RHM 炼制厂	炼油： 2.15 万桶/天
7	Société Nationale de Raffinage de Pétrole S. P. A. （NAFTEC）	阿尔及尔省埃尔哈拉赫市（El Harrach），RA1G 炼制厂	炼油： 5.81 万桶/天
8	Société Nationale de Raffinage de Pétrole S. P. A. （NAFTEC）	奥兰省阿尔泽市（Arzew），RA1Z 炼制厂	炼油： 8.08 万桶/天
9	Soralchin 炼油厂： Société Nationale de Raffinage de Pétrole S. P. A. （NAFTEC），70% 中国石油天然气集团有限公司，30%	阿德拉尔省（Adrar）炼制厂	炼油： 1.29 万桶/天

*企业产能数据为2016年数据。

资料来源：USGS, *2016 Minerals Yearbook—ALGERIA（ADVANCE RELEASE）*.

（二）天然气

截至 2019 年末，阿尔及利亚天然气探明可采储量约为 4.34 万亿立方米，占世界总储量的 2.28%，居世界第 11 位，居非洲第二位（仅次于尼日利亚)①。1956 年，阿尔及利亚在内陆的哈西—梅尔首次发现天然气田，它也是至今为止阿尔及利亚最大的天然气田，拥有储量约 2.4 万亿立方米，占阿尔及利亚总探明天然气储量的一半以上。② 根据 2019 年的储产比，阿尔及利亚天然气储量以现有的水平还可以维持生产 50 年。③

表Ⅰ-3-5　　1990—2020 年阿尔及利亚天然气资源储量、产量与消费量

	已探明储量（亿立方米）	占世界总储量的比例（%）	年产量（亿立方米）	年消费量（亿立方米）
1990	31763	2.93	516.57	195.10
1991	34900	3.06	557.03	192.69
1992	35131	3.01	580.01	198.95
1993	35613	3.02	587.47	178.54
1994	28519	2.40	540.11	188.17
1995	35516	2.98	614.91	202.22
1996	35613	2.91	652.51	207.71
1997	39241	3.14	748.59	194.04
1998	39241	3.05	801.62	200.68
1999	43505	3.30	901.07	205.11
2000	43534	3.15	918.89	191.01
2001	43534	2.86	864.73	197.32
2002	43534	2.83	889.42	194.84
2003	43746	2.83	938.58	205.93
2004	43746	2.82	920.55	211.90
2005	43353	2.83	849.12	223.56
2006	43353	2.79	812.99	228.50
2007	43351	2.66	816.46	233.81
2008	43351	2.61	826.01	244.04
2009	43351	2.57	765.67	262.12
2010	43351	2.41	773.97	253.27

---

① BP Statistical Review of World Energy (1965 – 2020), https://www.bp.com/en/global/corporate/energy-economics/statistical-review-of-world-energy.html.

② EIA 报告：《阿尔及利亚油气行业现状分析》，http://www.oilsns.com/article/43561。

③ BP Statistical Review of World Energy (1965 – 2020), https://www.bp.com/en/global/corporate/energy-economics/statistical-review-of-world-energy.html.

续表

	已探明储量 （亿立方米）	占世界总储量的比例 （%）	年产量 （亿立方米）	年消费量 （亿立方米）
2011	43351	2.38	795.99	267.97
2012	43350	2.40	784.44	298.74
2013	43350	2.39	793.39	321.22
2014	43351	2.37	801.72	360.92
2015	43351	2.39	814.11	379.23
2016	43351	2.36	913.92	385.96
2017	43351	2.31	929.77	394.63
2018	43351	2.29	938.44	434.09
2019	43351	2.28	869.52	451.41
2020			814.56	430.82

资料来源：BP Statistical Review of World Energy（1965 - 2020），https：//www.bp.com/en/global/corporate/energy-economics/statistical-review-of-world-energy.html.

　　阿尔及利亚是非洲最大的天然气生产国、世界第十大天然气生产国，2020 年天然气产量共计 814.56 亿立方米，占世界天然气总产量的2.11%。[1] 其中，哈西—梅尔的天然气产量占全国总产量的约四分之三。[2]国内最大的天然气开采企业也是阿尔及利亚国家油气公司。此外，拥有重要股份的国际企业还有 BP 石油公司（英国）、挪威国家石油公司（Statoil ASA）、道达尔公司（Total，法国）、雷普索尔公司（Repsol S. A.，西班牙）等。

表 I - 3 - 6　　　　　　　阿尔及利亚主要天然气生产企业情况

序号	企业构成	主要设施地点	产能 *
1	Sonatrach S. P. A.	拥有多座气田，主要包括 Adrar，Hamra，Hassi R'Mel 和 Sbaa	开采：450 亿立方米

---

　　[1]　BP Statistical Review of World Energy（1965 - 2020），https：//www.bp.com/en/global/corporate/energy-economics/statistical-review-of-world-energy.html.

　　[2]　EIA 报告：《阿尔及利亚油气行业现状分析》，http：//www.oilsns.com/article/43561。

续表

序号	企业构成	主要设施地点	产能*
2	Statoil ASA, 49.5% BP p. l. c. , 46% Sonatrach S. P. A. , 4.5%	阿梅纳斯（Amenas）天然气田	开采： 62.7 亿立方米
3	Sonatrach S. P. A. , 35% BP p. l. c. , 33.15% Statoil ASA, 31.85%	萨拉赫（Salah）天然气田	开采： 69 亿立方米
4	Sonatrach S. P. A. , 35% Total S. A. , 35% Repsol S. A. , 30%	锡—福耶—塔班科特（Tin Fouye Tabankort）天然气田	开采： 56.4 亿立方米
5	Compañía Española de Petróleos, S. A. U. （CEPSA）, 39% Sonatrach S. P. A. , 36% Anadarko Petroleum Corp. , 9% Eni S. P. A. , 5% Maersk Olie og Gas AS, 5% Talisman Algeria, 2%	乌尔乌德（Ourhoud）	开采： 220 亿立方米
6	Société Nationale de Raffinage de Pétrole S. P. A. （NAFTEC）	斯基克达省，RA1K 炼制厂	炼化： 3527 亿立方米
7	Société Nationale de Raffinage de Pétrole S. P. A. （NAFTEC）	奥兰省阿尔泽市（Arzew），GL2Z 综合体	液化： 178.2 亿立方米
8	Société Nationale de Raffinage de Pétrole S. P. A. （NAFTEC）	奥兰省阿尔泽市（Arzew），GL1Z 综合体	液化： 175.6 亿立方米
9	Société Nationale de Raffinage de Pétrole S. P. A. （NAFTEC）	奥兰省阿尔泽市（Arzew），GL3Z 综合体	液化： 55.8 亿立方米
10	Société Nationale de Raffinage de Pétrole S. P. A. （NAFTEC）	斯基克达省，GL1K 综合体	液化： 69.4 亿立方米
11	Société Nationale de Raffinage de Pétrole S. P. A. （NAFTEC）	奥兰省阿尔泽市（Arzew），GL2K 综合体	液化： 29.9 亿立方米

* 企业产能数据为 2016 年数据。

资料来源：USGS, *2016 Minerals Yearbook—ALGERIA（ADVANCE RELEASE）*.

阿尔及利亚在世界天然气市场上的重要性突出。1964 年，阿尔及利亚成为世界上第一个出口液化天然气的国家；目前已拥有两座液化天然气出口码头，分别为西北部的阿尔泽港（Arzew Port）和东北部的斯基克达港（Skikda Port），并通过两条途经西班牙、一条途经意大利的三条跨大陆输气管道向欧洲出口天然气[1]，是仅次于俄罗斯的第二大欧洲天然气供应国，占据欧盟天然气市场的1/4。[2] 近年来，随着国内钢铁和化肥生产的扩容，阿尔及利亚对于发电和其他消费的天然气需求日益增长，国内消费量逐年攀升，占总产量的比重不断提高，2020年，国内消费/产出比率首次超过50%。与此同时，天然气年产量出现下降趋势，出口贸易和国内发展之间的供需矛盾日益突出，政府面临着加快油气领域设施建设、制度改革等重要挑战。

（三）页岩油气

阿尔及利亚页岩油气资源丰富，拥有约97万亿立方米页岩气资源量，其中可采集储量约为20万亿立方米，仅次于中国和阿根廷，排名世界第三；[3] 拥有约1210亿桶页岩油资源量，其中可采集储量约为57亿桶。[4]

已探明的页岩油气资源储备区域包括东部的古德米斯/贝尔基纳盆地（Ghadames/Berkine）、伊利兹盆地（Illizi），中部的莫伊代尔盆地（Mouydir）、阿赫奈特盆地（Ahnet）和蒂米蒙盆地（Timimoun），以及西部的雷甘盆地（Reggane）和廷杜夫盆地（Tindouf），资源分布较为广泛。其中，位于与利比亚和突尼斯交界的东部边境的古德米斯盆地是已探明页岩油气资源最丰富的区域，其页岩油气储量近35万亿立方米，超过所有探明储量的1/3，页岩油气储量约880亿桶，占所有探明储量的2/3强。[5]

---

[1] Mowafa Taib, *The Mineral Industry of Algeria*. USGS, *2016 Minerals Yearbook—ALGERIA（ADVANCE RELEASE）*.

[2] 中国商务部国际贸易经济合作研究院、中国驻阿尔及利亚大使馆经济商务处、中国商务部对外投资和经济合作司：《对外投资合作国别（地区）指南——阿尔及利亚（2020年）》，http://www.mofcom.gov.cn/dl/gbdqzn/upload/aerjiliya.pdf。

[3] 中国商务部国际贸易经济合作研究院、中国驻阿尔及利亚大使馆经济商务处、中国商务部对外投资和经济合作司：《对外投资合作国别（地区）指南——阿尔及利亚（2020年）》，http://www.mofcom.gov.cn/dl/gbdqzn/upload/aerjiliya.pdf。

[4] EIA：Technically Recoverable Shale Oil and Shale Gas Resources：Algeria.

[5] 林拓、苑坤、陈江华、周志、陈相霖、王玉芳：《阿尔及利亚页岩油气资源潜力分析》，《中国矿业》2017年第1期。

表 I -3 -7 阿尔及利亚页岩油气地质资源量分布情况

区域	位置	地质资源量	
		页岩气（万亿立方米）	页岩油（亿桶）
西部盆地群	廷杜夫盆地（Tindouf）	下志留统：3.83	下志留统：20
	雷甘盆地（Reggane）	下志留统：15.36 中上泥盆统：2.67	下志留统：80 中上泥盆统：60
	蒂米蒙盆地（Timimoun）	下志留统：8.37 中上泥盆统：13.23	—
	阿赫奈特盆地（Ahnet）	下志留统：7.20 中上泥盆统：1.43	中上泥盆统：50
东部盆地群	莫伊代尔盆地（Mouydir）	下志留统：1.35	—
	古德米斯/贝尔基纳盆地（Ghadames/Berkine）	下志留统：20.71 中上泥盆统：14.04	下志留统：100 中上泥盆统：780
	伊利兹盆地（Illizi）	下志留统：8.5	下志留统：1.6

资料来源：林拓、苑坤、陈江华、周志、陈相霖、王玉芳《阿尔及利亚页岩油气资源潜力分析》，《中国矿业》2017 年第 S1 期。

阿尔及利亚的页岩油气资源开发潜力巨大，但是目前仍未实现商业性开发。2014 年 5 月，阿尔及利亚政府正式批准页岩油和页岩气的开发许可。国家油气公司计划在 2022 年进行页岩气的初始生产，并基于市场和技术预期，估计 2025 年产能可达到 2830 万立方米/天。[1] 然而，一些分析师对阿尔及利亚的页岩气生产前景仍持谨慎态度，因为已探明的页岩油气资源点比较偏远，在实现达产前需要克服钻井架搭建、物资运输、供水供电等一系列基础设施障碍。[2]

二 金属矿产概况

阿尔及利亚的金属矿产资源主要有金、银、铁、锌、铅、铝、铜、铀等，但是总体产量不高，是世界第九大钢铁净进口国。近年来，政府大力

---

① Mowafa Taib, *The Mineral Industry of Algeria*, USGS, *2016 Minerals Yearbookk—ALGERIA* (*ADVANCE RELEASE*).

② EIA 报告：《阿尔及利亚油气行业现状分析》，http://www.oilsns.com/article/43561。

提升铁矿和铅锌矿的开采投资力度，矿石产量在中短期内有望增加。

（一）铁矿

阿尔及利亚的铁矿主要位于与突尼斯交界处的东部城市乌恩扎（Ouenza）和西南部廷杜夫省的戈拉吉特（Gara Djebilet）[①]，已探明储量约为 40 亿吨。[②] 2018 年，全国共开采铁矿石 49.7 万吨（含铁量 26.3 万吨），出产生铁 30 万吨、粗钢约 200 万吨。近几年来，由于乌恩扎矿山的所有权变更，铁矿石产量出现较大幅度的下降。[③]

表 Ⅰ-3-8　2014—2018 年阿尔及利亚铁矿资源及钢铁制品产量　（万吨）

	2014	2015	2016	2017	2018
铁矿石	91.1	94.4	82.6	49.7	49.7
其中：铁含量	48.3	50.0	43.8	26.3	26.3
生铁	30.0	30.0	30.0	30.0	30.0
粗钢	41.5	65.0	65.0	41.5	200

资料来源：USGS, *2017-18 Minerals Yearbook—ALGERIA（ADVANCE RELEASE）*.

目前，全国主要有 5 个铁矿石开采点，在 2016 年卢森堡安赛乐米塔尔集团（ArcelorMittal S. A.）退出后，由两家国有企业全资运营。同时，国内拥有 8 家钢铁加工企业，多数位于安纳巴省的哈贾尔市（El Hadjar）。阿尔及利亚的钢铁产能无法满足国内需求，钢铁净进口量居世界第九位。2014 年，阿尔及利亚国家钢铁公司（Feraal）成立，由 Sonatrach 控股55%。Feraal 公司计划勘探开发位于西南部靠近毛里塔尼亚边界的戈拉吉特（Gara Djebilet）铁矿和梅切里—阿卜杜拉齐兹（Mecheri Abdelaziz）铁矿，这两处的铁矿石资源量估计超过 22 亿吨。戈拉吉特铁矿项目计划于2025 年投产，届时年产量预计可达到 1500 万至 2000 万吨。[④]

[①] L. Carl Brown, "Algeria," https：//www.britannica.com/place/Algeria.

[②] 中国商务部国际贸易经济合作研究院、中国驻阿尔及利亚大使馆经济商务处、中国商务部对外投资和经济合作司：《对外投资合作国别（地区）指南——阿尔及利亚（2020 年）》，http://www.mofcom.gov.cn/dl/gbdqzn/upload/aerjiliya.pdf.

[③] USGS, 2017-18 Minerals Yearbook—ALGERIA（ADVANCE RELEASE）.

[④] Mowafa Taib, *The Mineral Industry of Algeria*, USGS, *2016 Minerals Yearbook—ALGERIA（ADVANCE RELEASE）*.

表 I - 3 - 9　　　　　　　　阿尔及利亚主要铁矿企业生产情况

序号	企业	主要设施地点	年产能*
1	Ferphos S. P. A.（国有企业）	泰贝萨省乌恩扎矿（Ouenza）	铁矿石：120 万吨
2	Ferphos S.（国有企业）	泰贝萨省布哈德拉矿（Boukhadra）	铁矿石：52.5 万吨
3	Société des Mines de Fer d'Algérie S. P. A.（SOMIFER）	泰贝萨省坎盖矿（Khanguet）	铁矿石：5 万吨
4	Société des Mines de Fer d'Algérie S. P. A.（SOMIFER）	塞提夫省（Setif）阿尼尼矿（Anini）	铁矿石：17 万吨
5	Société des Mines de Fer d'Algérie S. P. A.（SOMIFER）	艾因德夫拉省鲁伊纳矿（Rouina）	铁矿石：14 万吨
6	IMETAL S. P. A.（国有企业）	安纳巴省（Annaba）哈贾尔市（El Hadjar），电弧炉厂	粗钢：40 万吨
7	IMETAL S. P. A.	安纳巴省哈贾尔市带钢热轧机厂	粗钢：180 万吨
8	Tosyali Algeria（土耳其 Toshali 公司控股 50%）	奥兰省钢厂	粗钢：160 万吨
9	Tosyali Algeria	安纳巴省哈贾尔市冷轧机厂	钢材：105 万吨
10	Tosyali Algeria	安纳巴省哈贾尔市棒材线材轧机厂	钢材：85 万吨
11	Tosyali Algeria	安纳巴省哈贾尔市无缝管轧机厂	钢材：70 万吨
12	Entreprise Nationale de Tubes et de Transformation de Produits Plats	盖尔达耶省焊管厂	钢材：12.8 万吨
13	Société Algérienne de Fabrication Tubes en Spirale	安纳巴省哈贾尔市焊管厂	钢材：7 万吨

*　企业产能数据为 2016 年数据。

资料来源：USGS, *2016 Minerals Yearbook—ALGERIA（ADVANCE RELEASE）*.

（二）有色金属

阿尔及利亚有色金属矿石储量较小，分布较广。在铅锌矿方面，估计储量有 1.5 亿吨，其中规模相对较大的矿床为西部阿尔贝市（El - Abed）

的铅锌矿[1]、塞提夫省的艾因哈姆拉（Ain Hamra）锌矿。此外，位于东北部贝贾亚港（Bejaia）附近的塔拉哈姆扎铅锌矿（Tala Hamza）正在勘探开发，该矿床估计保有资源量达6860万吨。[2] 在铀矿方面，阿尔及利亚的铀矿资源储量估计有5万吨，于20世纪80年代开始在南部阿哈加尔山脉（Ahaggar）进行铀矿开发。[3] 在金矿方面，国内探明黄金储量为173.6吨，最主要的矿床是位于南部的塔曼拉塞特省（Tamanrasset）的阿梅斯梅萨和提雷克矿山（Amesmessa and Tirek），由Sonatrach全额控股的运营公司负责开发，2018年产量达到286千克。[4]

表Ⅰ-3-10　　2014—2018年阿尔及利亚主要有色金属矿产资源产量

	2014	2015	2016	2017	2018
锌矿（精矿/吨）	－	100	627	1000	1000
金矿（金含量/千克）	85	106	102	137	286
银矿（银含量/千克）	16	20	20	20	50

资料来源：USGS, *2017 - 18 Minerals Yearbook—ALGERIA（ADVANCE RELEASE）*.

三　非金属矿产资源概况

阿尔及利亚的非金属矿产主要有石灰石、大理石、磷矿石、长石、火山灰、白云石、硅藻土、膨润土、高岭土、普通黏土等。石灰石是年产量最大的非金属矿物，2018年产量为3300万吨，主要用于水泥生产，满足国内建筑业发展需求，在姆西拉、穆阿斯凯尔、谢里夫、艾因泰穆尚特等十余个省市均建有规模较大的水泥厂，其中规模最大的企业位于姆西拉省，年产能达到500万吨。阿尔及利亚的磷矿储量估计有20亿吨，代表性的磷酸盐矿床位于特提帕省南部的杰贝尔昂克（Djebel Onk），2018年，全国磷矿石产量为120万吨，部分用于供应国内的化肥生产，其余部分作为原材料出口。由于国内磷矿石开发潜力较大，近年来，阿尔及利亚政府

---

[1]　L. Carl Brown, "Algeria", https：//www. britannica. com/place/Algeria.

[2]　Mowafa Taib, *The Mineral Industry of Algeria*, USGS, *2016 Minerals Yearbook-ALGERIA（AD-VANCE RELEASE*.

[3]　L. Carl Brown, "Algeria", https：//www. britannica. com/place/Algeria.

[4]　USGS, *2017 - 18 Minerals Yearbook—ALGERIA（ADVANCE RELEASE）*.

正在加大磷矿石开采和磷肥生产投资，到 2022 年，磷矿年产能达到 800 万吨，到 2025 年，将提高到 1300 万吨。此外，斯基克达省附近的菲菲拉山（Djebel Filfila）有一些大理石，高岭土矿床则主要位于盖勒马省（Guelma）的德巴尔山（Djebel Debar）①

表 I-3-11　2014—2018 年阿尔及利亚主要非金属矿产资源产量

	2014	2015	2016	2017	2018
石灰石（万吨）	2488	2425	2596	3000	3300
大理石（万吨）	21	24	19	18	20
磷矿石（毛重/万吨）	142	129	128	110	120
长石（万吨）	23	16	17	17	17
浮石（万吨）	32	42	83	90	90
白云石（吨）	60	22	22	30	30
硅藻土（吨）	2415	2350	2500	2500	2500
膨润土（吨）	30800	34400	37100	35600	36000
高岭土（吨）	181068	51000	96000	100000	100000
普通黏土（吨）	12467	12390	13000	13000	15000

资料来源：USGS, *2017-18 Minerals Yearbook—ALGERIA（ADVANCE RELEASE）*.

第三节　生物资源

阿尔及利亚拥有丰富多样的生态系统，涵盖了北部湿润的生物气候区、中北部的高原草原以及南部撒哈拉极度干旱区。其中，撒哈拉沙漠是阿尔及利亚生物多样性保护的重要区域，生长着大量稀有和特有物种，限制着极端生态条件的扩张。然而，这些地区的生物多样性已经遭受严重破坏。② 世界自然保护联盟（IUCN）《濒危物种红色名录》显示，目前阿尔及利亚有受威胁物种 193 种，其中，极危物种（CR）28 种，濒危物种

---

① Mowafa Taib, *The Mineral Industry of Algeria*, USGS, *2016 Minerals Yearbook—ALGERIA（ADVANCE RELEASE）*. L. Carl Brown, "Algeria," https://www.britannica.com/place/Algeria.

② 达莉拉·内杰拉奥伊:《共同生物多样性伦理:以阿尔及利亚为例》，王宁译，《国际社会科学杂志》（中文版）2015 年第 4 期。

（EN）61 种，易危物种（VU）104 种。此外，生活在稀树草原和沙漠区域的弯角剑羚（Scimitar-horned Oryx）在野外已灭绝。[①]

表 I - 3 - 12 阿尔及利亚濒危物种分布

		植物	动物	真菌	合计
极危（CR）	物种数量	6	22	0	28
	代表物种	阿尔及利亚冷杉（Algerian Fir）等	旋角羚（Addax Nasomaculatus）、细嘴杓鹬（Numenius Tenuirostris）、撒哈拉鳉鱼（Sahara Killifish）、扁鲨（Angelshark）等	-	
濒危（EN）	物种数量	9	52	0	61
	代表物种	阿特拉斯雪松（Atlas Cedar）、撒哈拉柏树（Saharan Cypress）等	巴巴利猕猴（Barbary Macaque）、细角瞪羚（Slender-horned Gazelle）苏卡达陆龟（African Spurred Tortoise）等	-	
易危（VU）	物种数量	16	86	2	104
	代表物种	非洲橡木（African Oak）、西班牙针茅（Stipa Tenacissima）等	居氏瞪羚（Cuvier's Gazelle）、猎豹（Acinonyx Jubatus）、北非火蝾螈（Salamandra Algira）等	橙色多孔菌（Orange Polypore）、喜根多孔菌（Picipes Rhizophilus）	

资料来源：世界自然保护联盟：《濒危物种红色名录——阿尔及利亚》（2021 年 1 月更新），https：//www. iucnredlist. org/search？landRegions = DZ&searchType = species。

---

① 世界自然保护联盟（IUCN）：《濒危物种红色名录——阿尔及利亚》（2021 年 1 月更新），https：//www. iucnredlist. org/search？landRegions = DZ&searchType = species。

一　植物资源概况

阿尔及利亚已经发现植物 3139 种（共计 5402 个亚种）。其中，稀有物种有 1670 种，包括 35 种极稀有物种；特有物种有 653 种，具有地方特殊性的占 12.6%；有粮食作物 130 种（含亚种）、饲料作物 540 种、药用植物 620 种。[①]

由于所有地区都受到干旱或季节性干旱的影响，阿尔及利亚的植物都具有一定的抗旱性。北部区域的典型植被是常绿硬叶灌木和低矮乔木，如月桂树、迷迭香、百里香等，具有地方代表性的阿尔及利亚冷杉（Algerian Fir）、阿特拉斯雪松（Atlas Cedar）、非洲橡木（African Oak）等树种均已处于濒危状态。其中，北部区域中土壤较为贫瘠的区块仅生长着低矮灌木，如金雀花、薰衣草、鼠尾草等。由北向南随着干旱程度的增加，典型植被变为以西班牙针茅草（esparto）为主的稀树草原。在最南部的沙漠地区，植物资源稀少，零星散布着三芒草（Aristida Pungens，Drinn）、双花蒺藜草（Cenchrus Biflorus）等高度耐旱的草种，低矮多刺的灌木，以及柽柳、金合欢树、枣树等树种，其中干河谷区域的物种类型相对多样。[②]

根据世界自然保护联盟（IUCN）《濒危物种红色名录》，阿尔及利亚受威胁的植物有 31 种。其中，极危物种（CR）6 种、濒危物种（EN）9 种、易危物种（VU）16 种。这些濒危物种主要生长在森林、灌木丛和草原，包括 3 种松柏纲裸子植物、27 种被子植物以及 1 种蕨类植物。

表 I -3 -13　　　　　　　　阿尔及利亚濒危植物物种分布

	裸子植物	被子植物	蕨类植物	合计
极危（CR）	1	5	0	6
濒危（EN）	2	6	1	9
易危（VU）	0	16	0	16

资料来源：世界自然保护联盟：《濒危物种红色名录——阿尔及利亚》（2021 年 1 月更新），https：//www. iucnredlist. org/search? landRegions = DZ&searchType = species。

[①] 达莉拉·内杰拉奥伊：《共同生物多样性伦理：以阿尔及利亚为例》，王宁译，《国际社会科学杂志》（中文版）2015 年第 4 期。

[②] L. Carl Brown，"Algeria，" https：//www. britannica. com/place/Algeria。

二　动物资源概况

阿尔及利亚已发现动物 1400 多种。其中，哺乳动物约有 105 种，在北部山区生活着野生欧洲盘羊、巴巴里马鹿、巴巴里猕猴、野猪（wild boars）等物种，在南部撒哈拉沙漠生活着羚羊、耳郭狐、鬣狗和豺狼，以及沙鼠、藏兔等小型哺乳动物。沙漠地区还拥有多种蝎子、蛇、蜥蜴等爬行动物和节肢动物。鸟类资源有近 400 种，每年有大量火烈鸟迁徙经过。①

阿尔及利亚海岸线较长，可供捕鱼的海洋面积约有 9.5 万平方千米，鱼类储量预计达 50 万吨，渔业资源较为丰富。② 但是，由于开采、运输能力有限，只能捕获潜在鱼量的一部分。目前，政府已采取措施建设更多的鱼港，以促进渔业发展。③

根据世界自然保护联盟《濒危物种红色名录》，阿尔及利亚受威胁的动物有 160 种。其中，极危物种（CR）22 种，濒危物种（EN）52 种，易危物种（VU）86 种。这些物种濒危的首要原因是生物资源过度捕捞狩猎所造成的不可持续发展，其次是环境污染造成的生态环境破坏。④

表 I-3-14　　　　　　　阿尔及利亚濒危动物物种分布

	哺乳类	鱼类	鸟类	爬行类	两栖类	昆虫	珊瑚	其他	合计
极危（CR）	2	13	3	1	0	0	0	3	22
濒危（EN）	5	16	6	4	1	12	1	7	52
易危（VU）	13	27	16	4	2	16	1	7	86

资料来源：世界自然保护联盟：《濒危物种红色名录——阿尔及利亚》（2021 年 1 月更新），https：//www. iucnredlist. org/search? landRegions = DZ&searchType = species。

---

① 世界自然保护联盟：《濒危物种红色名录——阿尔及利亚》（2021 年 1 月更新），https：//www. iucnredlist. org/search? landRegions = DZ&searchType = species；L. Carl Brown，" Algeria"，https：//www. britannica. com/place/Algeria.

② 中国商务部国际贸易经济合作研究院、中国驻阿尔及利亚大使馆经济商务处、中国商务部对外投资和经济合作司：《对外投资合作国别（地区）指南——阿尔及利亚（2020 年）》，http：//www. mofcom. gov. cn/dl/gbdqzn/upload/aerjiliya. pdf。

③ L. Carl Brown，" Algeria，" https：//www. britannica. com/place/Algeria.

④ 世界自然保护联盟：《濒危物种红色名录——阿尔及利亚》（2021 年 1 月更新），https：//www. iucnredlist. org/search? landRegions = DZ&searchType = species。

三 生物多样性管理

自 20 世纪 60 年代以来，阿尔及利亚政府采取多种措施进行生物多样性管理，大体可以分为三个阶段。

第一个阶段实行以人类为中心的生物多样性管理。20 世纪 60 年代至 90 年代，政府实施了一系列生物多样性保护措施，包括著名的"绿色坝"建设项目以及重建修复独立战争时期被毁坏的山区森林等。虽然这些措施有一定的环境修复作用，但是，由于这一时期是以人口福利和经济利益作为唯一关切，政府并未真正认识到生物资源和自然生态的价值，因此许多管理措施不够审慎，实际上造成了各种栖息地的破坏，生物多样性出现较大程度的退化，例如对传统游牧活动的改造。政府为了改善牧民的生活条件而大力倡导定居生活，但是没有制定配套的环境管理措施，因此定居点及其配套道路无序修建、定居点周边过度放牧、森林过度砍伐围垦等现象严重，直接导致这一时期草原和森林植被严重退化，水土流失和森林野火频发。据估计，这一时期有超过 100 万公顷森林遭到破坏，西部干旱草原生物物种数量损失约 50%。[①]

第二个阶段开始重视以生态为中心的生物多样性管理。20 世纪 90 年代后期以来，阿尔及利亚政府意识到环境问题的严重性和紧迫性，批准并签署了多项全球性和区域性环境公约，并出台一系列国内配套政策措施。例如，"环境与可持续发展国家行动计划"旨在保护自然资源并改善生产力，应对粮食高度依赖进口这一严重挑战，确保达到长期性发展；"可持续应用生物多样性的阿尔及利亚战略"旨在将影响生物多样性可持续治理的要素纳入国家发展规划，确保环境保护和生物遗产传承战略得以有效实行；"对抗沙漠化的国家行动计划"旨在对自然生态系统实施更多的保护和更好的治理。在具体实践领域，政府设立了 11 个国家公园，总面积达到 0.53 亿公顷（占国土面积的 22%），还设立了 2 个海洋保护区和 43 个具有国际重要性的湿地保护区，在这些区域对人类活动做出限制。然而，由于这一时期的治理主要是自上而下的，所有行动和项目都由国家财政拨

---

① 达莉拉·内杰拉奥伊：《共同生物多样性伦理：以阿尔及利亚为例》，王宁译，《国际社会科学杂志》（中文版）2015 年第 4 期。

款，民众参与度和积极性不高，甚至出现为应对农耕土地被剥夺而产生的生存问题，比如违法狩猎、放牧、围垦等行为。

第三个阶段致力于实现多元共治的可持续发展。一方面，邀请民众和公民社会代表参与共同制定更新环境政策，并将自然资源管理领域的决策权从中央政府向地方政府转移，以形成生物多样性治理的民众共识。另一方面，将生物资源视为社会文化和经济的活态资本，邀请更多的科技人员、农牧业专家、哲学伦理研究者加入生态管理系统，寻求生物多样性潜在价值与直接物质价值的公平分配。①

第四节　遗产资源

悠久的历史与独特的地理区位为阿尔及利亚带来了多元文化积淀，形成了丰富的历史文化遗产资源。其国内已发掘出古文化遗址面积逾 24 万平方千米，包括不同时期的古遗址、古建筑、古墓葬、近现代重要史迹和代表性建筑 5000 多处，其中 400 处被列为国家级重点文物保护单位，7处被列入世界文化遗产名录。阿尔及利亚政府重视对民族文化遗产的保护，从 1998 年起制定并实施了《文化遗产保护法》，由交通与文化部负责国内文化遗产的管理；举办多届"全国遗产月"活动，向民众普及文化遗产保护意识，努力开发历史文化遗产的旅游价值。②

一　世界遗产资源

阿尔及利亚是《世界遗产公约缔约国》之一，目前拥有世界遗产 7处，包含 1 处自然与文化双遗产、6 处文化遗产资源，截至目前尚无自然遗产资源。

（一）自然与文化双遗产资源

阿尔及利亚的自然与文化双遗产资源为阿杰尔的塔西利（Tassili n'Ajjer），于 1982 年被列入《世界遗产名录》。它位于东南部的伊利济省

---

① 达莉拉·内杰拉奥伊：《共同生物多样性伦理：以阿尔及利亚为例》，王宁译，《国际社会科学杂志》（中文版）2015 年第 4 期。

② 赵心舒：《阿尔及利亚保护文化遗产新动态》，《北京观察》2003 年第 3 期；赵军：《阿尔及利亚非物质文化遗产保护政策及其实践》，《遗产与保护研究》2017 年第 6 期。

和塔曼拉塞特省，其核心区占地 720 万公顷。阿杰尔的塔西利是地质、生态和文化元素相结合的典范。一方面，这一区域具有重要的地质学和古生态研究意义与景观价值，沉积砂岩历经水和风的侵蚀而形成奇特的"石林"，状如月球表面，完整地保留了重大地质和气候事件的痕迹。另一方面，该遗址是世界上十分重要的史前岩洞艺术群之一，自 1933 年发掘至今已发现 15000 多幅岩画（绘画和雕刻）作品，记录了前 6000 年至最初几个世纪撒哈拉沙漠边缘地区的气候变化、动植物演化以及人类农牧生活发展与宗教信仰变迁，距今已近万年，是史前史的重要记录，是人类与环境互动发展的体现。①

（二）文化遗产资源

六处文化遗产资源分别为贝尼·哈玛德的卡拉城（Al Qal'a of Beni Hammad）、姆扎卜山谷（M'Zab Valley）、杰米拉（Djémila）、提帕萨（Tipasa）、提姆加德（Timgad）和阿尔及尔城堡（Kasbah of Algiers）。

贝尼·哈玛德的卡拉城于 1980 年作为文化遗产被列入《世界遗产名录》。它位于姆西拉（M'Sila）东北部风景秀美的山区，总面积为 54.7 公顷。贝尼·哈玛德的卡拉城是哈玛德王朝（Hammadid emirs）第一个首都的遗址，始建于 1007 年，毁于 1152 年，是伊斯兰文明中年代十分准确的纪念性建筑群之一，见证了哈玛德文明的兴盛与影响力，体现了北非建筑特色。该遗迹包括大清真寺、宣礼塔及宫殿群，其中大清真寺的祈祷厅有13 条走廊和 8 个隔间，是阿尔及利亚仅次于曼苏拉（Mansourah Mosque）的第二大清真寺，宣礼塔是国内十分古老的宣礼塔之一。②

姆扎卜山谷于 1982 年作为文化遗产被列入《世界遗产名录》。它位于撒哈拉沙漠中心地带的盖尔达耶省，总面积为 665.03 公顷。姆扎卜山谷是传统人类定居点的典范，建于 1012 年至 1350 年，由五座防御式村庄（Ksour）、宗教墓地和棕榈树林组成。姆扎卜建筑完美地与环境融为一体，通过建造巧妙的水源收集分配系统与棕榈林，展示了伊巴迪人（the Ibadites）在半沙漠环境中的生存智慧；每个村落中心设立清真寺，同时可作为防御工事，宣礼塔也用于瞭望，且寺中设有兵工厂和粮仓；居住房屋为

① UNESCO, "Tassili n'Ajjer," https：//whc.unesco.org/en/list/179.

② UNESCO, "Al Qal'a of Beni Hammad," https：//whc.unesco.org/en/list/102.

独立单元，以同心圆式围绕清真寺布局，一直延伸到城墙，兼顾了家庭结构的自主性与群居生活的便利性。姆扎卜山谷的规划和设计理念对阿拉伯建筑和城市规划产生了巨大影响，给予包括勒柯布西耶（Le Corbusier）、费尔南多·保伦（Fernand Pouillon）、安德烈·拉瓦罗（André Raverau）等在内的 20 世纪优秀建筑师和城市规划师以重要影响。①

杰米拉又叫奎库尔城（Cuicul），于 1982 年作为文化遗产被列入《世界遗产名录》。它位于塞提夫省（Setif）海拔 900 多米的山区，总面积为30.6 公顷。杰米拉建于古罗马殖民时期，结合山区地势形成了独特的防御工事，完整地体现了古罗马城市规划特征，是北非罗马遗迹的代表。城内建有元老院、广场、神庙、长方形会堂、凯旋门、商业设施、文化设施和民居，还有大教堂等代表基督教的宗教建筑。此外，遗址内还保存着一系列马赛克铺面，展示了神话故事和日常生活场景，具有艺术和历史价值。②

提帕萨于 1982 年作为文化遗产被列入《世界遗产名录》。它位于地中海海滨的提帕萨省，包括城市遗址区和一座毛里塔尼亚皇家陵墓克博·埃尔·罗米亚（Kbor er Roumia），总面积为 52.16 公顷。提帕萨原是古罗马统治下腓尼基人的贸易港，历经腓尼基人、罗马人、古基督教和拜占庭时期，形成了多样而独特的建筑群遗迹，展示了前 6 世纪至 6 世纪当地土著文明与古迦太基、古罗马殖民影响的融合。③

提姆加德于 1982 年作为文化遗产被列入《世界遗产名录》。它位于巴特纳省（Batna）奥雷斯山（the Aurès mountains）北麓，总面积为 90.54公顷。提姆加德是公元 100 年古罗马皇帝图拉真（the Emperor Trajan）建立的军事殖民地，原是军团营地，后逐步发展成为功能完整的城市，于 8世纪衰落。提姆加德城市采用方形垂直布局，以纵横两条相互垂直的大街为轴线形成网格式系统，建有防御工事、公共设施、景观建筑、宗教综合体以及民居等，其中以 14 个公共浴场为代表的公共设施布局反映了当时规划师的技艺，是古罗马城市规划的杰出代表。④

---

① UNESCO, "M'Zab Valle," https：//whc. unesco. org/en/list/188.

② UNESCO, "Djémila," https：//whc. unesco. org/en/list/191.

③ UNESCO, "Tipasa," https：//whc. unesco. org/en/list/193.

④ UNESCO, "Timgad," https：//whc. unesco. org/en/list/194.

阿尔及尔城堡也被称为卡斯巴哈老城（Kasbah），于 1992 年作为文化遗产被列入《世界遗产名录》。它位于地中海沿岸的阿尔及尔旧城区，总面积为 54.7 公顷，是地中海区域穆斯林文化的典型代表，并融合了当地的地理环境和生活传统。卡斯巴哈建于 16 世纪末，可追溯到奥斯曼帝国时期。城中仍保留着传统民居、奥斯曼宫殿、土耳其浴场、清真寺和各种露天市场，体现了深厚的社区生活特色，可容纳近五万人居住。建筑物随着地势而起伏，呈现出多种风格的分层效应，对北非、安达卢西亚和撒哈拉以南非洲的建筑和城市规划具有重要影响。[①]

二　非物质文化遗产资源

阿尔及利亚是联合国《保护非物质文化遗产公约》成员国，国内非物质文化遗产资源丰富，目前已有 8 项资源被列入联合国教科文组织非遗名录。总体而言，阿尔及利亚的非物质文化遗产可分为六类：一是语言类资源，如柏柏尔语等；二是文学类资源，如小说《罗斯图姆伊玛目的故事》、民间传说《牛角上的土地》等；三是曲艺表演类资源，如柏柏尔音乐、撒哈拉骑士舞等；四是杂技竞技类资源，如图阿雷格人武技；五是传统技艺类资源，如婚服制作技艺、农业水系统管理技艺；六是节庆民俗类资源，如宗教朝圣、赛佰巴仪式等。[②]

具体而言，入选联合国《人类非物质文化遗产代表作名录》的非遗资源有 7 项：（1）古拉拉地区的阿赫利（Ahellil of Gourara），2008 年入选，是阿尔及利亚西南部古拉拉地区的扎纳塔部族（Zenete）在宗教庆典、婚礼集会等仪式上表演的一种音乐诗歌；（2）特莱姆森地区的传统婚礼仪式和婚服制作工艺（Rites and craftsmanship associated with the wedding costume tradition of Tlemcen），2012 年入选，特莱姆森位于阿尔及利亚西北部；（3）阿卜杜·卡迪尔·本·穆罕默德（西迪·谢赫市）陵墓的年度朝圣仪式［Annual pilgrimage to the mausoleum of Sidi 'Abd el-Qader Ben Mohammed（Sidi Cheikh）］，2013 年入选，阿卜杜·卡迪尔·本·穆

---

① UNESCO，"Kasbah of Algiers，" https：//whc. unesco. org/en/list/565.

② 赵军：《阿尔及利亚非物质文化遗产保护政策及其实践》，《遗产与保护研究》2017 年第 6 期。

罕默德在民间被称为西迪酋长，是阿尔及利亚伊斯兰苏菲派代表人物，朝圣活动于每年 6 月的最后一个星期四举行，为期三天；（4）图阿雷格部落的伊姆扎德（Practices and knowledge linked to the Imzad of the Tuareg communities of Algeria，Mali and Niger），由阿尔及利亚与马里、尼日尔三国联合申报，2013 年入选，图阿雷格人是撒哈拉地区半游牧生活的伊斯兰民族，伊姆扎德音乐是图阿雷格人的特色音乐诗歌形式，歌颂英雄的冒险与壮举，由女性制作并演奏名为伊姆扎德的单弦提琴，男性创作并吟诵诗歌，男女共同唱和；（5）贾奈特绿洲的赛佰巴仪式（Ritual and ceremonies of Sebeïba in the oasis of Djanet，Algeria），2014 年入选，赛佰巴仪式于伊斯兰教历一月举行，为期十天，前九天为比赛期，最后一天由通过比赛选出的男性舞者和女性歌者进行仪式表演，是生活在阿尔及利亚撒哈拉的图阿雷格人的文化标志；（6）斯布阿—古拉拉地区 Sidi El-Hadj Belkacem 年度朝圣（Sbuâ，annual pilgrimage to the zawiya of Sidi El Hadj Belkacem in Gourara），2015 年入选，是居住于阿尔及利亚撒哈拉西南部的泽纳塔部落（Zenata）的朝圣仪式，为期一周，以纪念先知穆罕默德的诞生；（7）蒸粗麦粉食品的生产与消费（Knowledge，know-how and practices pertaining to the production and consumption of couscous），由阿尔及利亚与毛里塔尼亚、摩洛哥、突尼斯四国联合申报，2020 年入选，该遗产包括蒸粗麦粉食品的制备方法、制造条件和工具、手工产品以及消费情况，蒸粗麦粉食品以谷物为主蒸制而成，根据地区、季节和场合的不同配有各种蔬菜和肉类，是北非地区团聚、欢乐、共享的象征。

此外，阿尔及利亚还有 1 项非遗资源入选联合国《急需保护的非物质文化遗产名录》，即图亚特和蒂迪凯尔特地区农村社区的水渠系统管理技艺（Knowledge and skills of the water measurers of the foggaras or water bailiffs of Touat and Tidikelt），2018 年入选，水渠系统管理员是撒哈拉沙漠居民生活中的关键人物，管理着对生存至关重要的水资源，具有智力和技艺的双重要求，由于城市化、现代化等因素的影响，掌握该技艺的人员均已年迈，技艺缺乏传承。[1]

---

① 联合国教科文组织《人类非物质文化遗产名录》，https：//ich. unesco. org/en/lists？text = &country ［ ］ = 00004&multinational = 3&display1 = inscriptionID#tabs。

第四章　基础设施

阿尔及利亚石油、天然气和页岩油气资源丰富，市场体量稳居非洲前列。近年来，阿尔及利亚连续实施基础设施五年规划，公路、铁路、通信、电力等领域都得到一定的发展，但较规划目标还有一定的距离。由于工作效率和工程质量得到阿尔及利亚政府和民众的认可，中资企业在当地信誉较高，承揽了一批重要的基础设施项目和大量住房项目，主要开展承包工程和贸易业务，投资规模普遍较小。

第一节　交通基础设施

一　公路

近年来，阿尔及利亚政府增加投入，公路建设取得一定的成效。2010—2017 年，阿尔及利亚的道路总里程从 11.3 万千米增加至 12.7 万千米，年均增幅达 1.8%。路网密度也呈相应增长趋势，到 2017 年已达53.52 米/平方千米。道路硬化工作持续推进，硬面道路比例呈波动上升，7 年间增幅超过 4 个百分点，到 2017 年硬面道路比例已达 80%。

表Ⅰ-4-1　　　　2010—2017 年阿尔及利亚公路发展情况

年份	道路总里程（千米）	路网密度（米/平方千米）	硬面道路比例（%）
2010	112547	47.29	75.94
2011	114087	47.94	77.36
2012	115952	48.72	77.70
2013	118567	49.82	78.21
2014	122528	51.48	78.10

续表

年份	道路总里程（千米）	路网密度（米/平方千米）	硬面道路比例（%）
2015	123651	51.95	80.14
2016	126900	53.32	79.27
2017	127371	53.52	79.98

资料来源：《阿尔及利亚统计年鉴2017》。

　　从各省道路和道路等级来看，2017年，阿尔及利亚国道总长为31038千米，省道总长为25355千米，县道总长为70978千米，合计道路总里程为127371千米。其中，塔曼拉塞特省、阿德拉尔省、伊利济省是国道分布较长的省域，里程长度均在2000千米以上，省级道路超过1000千米的省份有伊利济省和特莱姆森。道路里程较长的五个省份依次是塔曼拉塞特、提济乌祖、巴特纳、贝贾亚和姆西拉，总长度分别为8654千米、4809千米、4801千米、4340千米和4068千米，道路分布与区域的经济人口规模和社会发展阶段具有相关性。

表Ⅰ-4-2　　　2017年阿尔及利亚各省道路里程情况　　　（千米）

省域	国道	省道	县道	总计
阿德拉尔（Adrar）	2314	518	564	3396
谢里夫（Chlef）	304	560	2704	3568
艾格瓦特（Laghouat）	403	573	500	1476
乌姆布瓦吉（Oum El Bouaghi）	414	413	1104	1931
巴特纳（Batna）	804	650	3347	4801
贝贾亚（Bejaia）	453	804	3083	4340
比斯克拉（Biskra）	550	736	1477	2763
贝沙尔（Bechar）	1214	395	264	1873
卜利达（Blida）	289	295	498	1082
布维拉（Bouira）	460	716	1999	3175
塔曼拉塞特（Tamanrasset）	2578	764	5312	8654
泰贝萨（Tebessa）	590	418	1841	2849
特莱姆森（Tlemcen）	764	1194	2028	3986
提亚雷特（Tiaret）	646	743	2484	3873

续表

省域	国道	省道	县道	总计
提济乌祖（Tizi-Ouzou）	621	640	3548	4809
阿尔及尔（Alger）	563	254	1526	2343
杰勒法（Djelfa）	1011	447	820	2278
吉杰尔（Jijel）	201	531	1177	1909
塞提夫（Setif）	634	689	2162	3485
赛伊达（Saïda）	402	616	699	1717
斯基克达（Skikda）	327	603	1657	2587
西迪贝勒阿巴斯（Sidi-Bel-Abbes）	762	548	443	1753
安纳巴（Annaba）	154	325	327	806
盖勒马（Guelma）	293	421	1756	2470
君士坦丁（Constantine）	257	372	573	1202
麦迪亚（Médea）	731	813	2461	4005
穆斯塔加奈姆（Mostaganem）	353	662	1230	2245
姆西拉（M'sila）	959	809	2300	4068
穆阿斯凯尔（Mascara）	566	717	1575	2858
瓦尔格拉（Ouargla）	1484	358	209	2051
奥兰（Oran）	215	580	274	1069
巴亚兹（El-Bayadh）	844	62	1571	2477
伊利济（Illizi）	2206	1284	37	3527
布阿拉里季堡（Bordj Bou Arreridj）	304	298	1896	2498
布米尔达斯（Boumerdes）	282	384	1349	2015
塔里夫（El-Tarf）	297	325	968	1590
廷杜夫（Tindouf）	1107	151	125	1383
提塞姆西勒特（Tissemsilt）	215	503	812	1530
瓦迪（El-Oued）	585	259	727	1571
汉舍莱（Khenchela）	282	743	1347	2372
苏格艾赫拉斯（Souk-Ahras）	509	391	1978	2878
提帕萨（Tipaza）	246	265	1129	1640
米拉（Mila）	360	275	2040	2675
艾因迪夫拉（Ain-Defla）	311	795	1984	3090
纳马（Naâma）	602	376	1608	2586
艾因泰穆尚特（Ain-Temouchent）	328	295	814	1437
盖尔达耶（Ghardaia）	927	292	463	1682
埃利赞（Relizane）	315	496	2189	3000
总计	31038	25355	70978	127371

资料来源：《阿尔及利亚统计年鉴2017》。

截至 2017 年，阿尔及利亚境内高速公路和快速公路合计里程约 2200 千米。东西高速公路长 1216 千米，贯穿阿尔及利亚 28 个省区，为马格里布高速公路的重要组成部分，设计行驶速度为每小时 80—120 千米，中国中信—中铁建联合体承建了中、西标段铁路。阿尔及利亚拟在中部建设一条长达 1300 千米、与北部东西高速公路平行的高原高速公路；一条长 3000 千米的直通尼日尔的中部南北高速公路。阿尔及利亚与邻国连接线阿尔及利亚境内路段已经基本完工，目前已修成与尼日尔边境路段 8 千米，与马里边境路段 150 千米，与毛里塔尼亚边境路段正在建设中。中国铁建股份有限公司承建了贝贾亚省与东西高速公路连接线项目。该连接线东起贝贾亚港，西至布维拉省阿赫尼夫，全长 100 千米，项目合同金额约 13 亿美元。①

2010—2017 年，阿尔及利亚公路货运能力得到有效提升。以阿尔及利亚最大的公路运输公司——国家公路运输公司为例，运输车辆从 2010 年的 1638 辆增加至 2017 年的 3118 辆，年均增幅达 9.6%；货运量在 2010 年只有 4542 千吨，但到 2017 年已达 20536 千吨，增长了近 4 倍；货运周转量也有大幅度提升，到 2017 年已超过 32.5 亿吨·千米，总收入则达到了 161.7 亿第纳尔。在货运车辆迅速增加和道路路网逐渐完善的同时，平均运输距离显著缩短，降幅近 50%。总体而言，阿尔及利亚公路货运能力提升迅速，未来发展前景广阔。

表 I-4-3　　　　　 2010—2017 年阿尔及利亚公路货运情况

年份	运输车辆（辆）	货运量（千吨）	货运周转量（千吨·千米）	平均运输距离（千米）	总收入（千第纳尔）
2010	1638	4542	1435326	316	6936723
2011	2100	5079	1821918	359	8083318
2012	2953	5497	2093180	381	9323650
2013	2489	5596	2444243	437	10596193
2014	2359	5450	2932632	538	11625654
2015	3000	12814	2664322	208	15614062

① 中华人民共和国商务部：《对外投资合作国别（地区）指南——阿尔及利亚（2020年）》，http://www.mofcom.gov.cn/dl/gbdqzn/upload/aerjiliya.pdf。

年份	运输车辆 （辆）	货运量 （千吨）	货运周转量 （千吨·千米）	平均运输距离 （千米）	总收入 （千第纳尔）
2016	2984	14974	2726800	182	14974954
2017	3118	20536	3250042	158	16167383

资料来源：《阿尔及利亚统计年鉴 2017》。

以公共客运交通为例。2010—2017 年，阿尔及利亚的公路客运发展迅速。公共客运交通线路数增至 141 条，线路长度增至 4095 千米，车辆数则达到 726 辆，年均增幅分别达到 22.8%、16.3% 和 2.6%，客运能力和客运容量得到极大提升。在客运效率方面，运输距离从 15933 百万米增加至 19450 百万米，客运量则达到 35952 千人次。营业收入不断攀升，增幅超过 50%，支出成本则显著下降，年均节省 10.2%，从业人员规模突破 3600 人，公共客运交通取得长足进步。

表Ⅰ - 4 - 4　　　　2010—2017 年阿尔及利亚公路客运情况

	2010	2011	2012	2013	2014	2015	2016	2017
线路长度（千米）	972	975	1130	1280	1468	1786	2869	4095
线路数（条）	49	58	61	66	68	72	81	141
车辆数（辆）	606	661	654	653	653	718	728	726
客运量（千人次）	40736	37144	34398	31652	21341	22952	25596	35952
运输距离（百万米）	15933	17098	15259	15389	16716	18345	12233	19450
营业收入 （万第纳尔）	109356	142789	151747	115211	107029	155111	247656	219645
支出总额 （万第纳尔）	230668	215302	251070	238892	168548	151544	104498	108244
从业人员（人）	2312	2626	2449	2551	2710	2889	3134	3617

资料来源：《阿尔及利亚统计年鉴 2017》。

二　铁路

阿尔及利亚铁路集中在北部地区，2017 年线路总里程为 3995 千米，其中标准轨铁路为 3831 千米，双轨铁路为 511 千米，窄轨铁路为 164 千米，电气化线路为 386 千米，铁路全线有 214 个车站。

从发展历程来看，阿尔及利亚铁路里程增加较为缓慢，总里程从3766千米增加至3995千米，年均增幅仅为0.8%。标准轨铁路略有增加，双轨铁路和窄轨铁路发展停滞。总体而言，受限于经济实力和投资能力，阿尔及利亚的铁路交通基础设施的建设较为缓慢。据阿尔及利亚国家铁路投资设计实施局（ANESRIF）消息，北部沿海地区东西高速铁路的初步设计工作已于2014年9月完成，此外还有长度为510千米、设计时速为220千米的高速铁路在建。目前，阿尔及利亚铁路线长4500千米，还有6000千米正在建设，交通部门的目标是实现铁路线长达12500千米。

表 I - 4 - 5　　　　2010—2017 年阿尔及利亚铁路里程情况　　　　（千米）

年份	铁路总里程	标准轨铁路	双轨铁路	窄轨铁路
2010	3766	3081	520	164
2011	3766	3081	520	164
2012	3766	3081	520	164
2013	3800	3636	521	164
2014	3800	3636	521	164
2015	3749	3586	533	164
2016	3824	3660	521	164
2017	3995	3831	511	164

资料来源：《阿尔及利亚统计年鉴 2017》

从阿尔及利亚的铁路设备来看，2010—2017 年，铁路从业人员数量上升至12933人，牵引机车数缓慢增加至305台，牵引功率突破58万千瓦，运输容量降至51.9万吨，发展变化均较为缓慢。阿尔及利亚没有真正意义上的铁路工业，铁路研究机构和建设企业亦远远不能满足阿尔及利亚铁路领域发展的需要。铁路设施陈旧、运输能力有限、服务质量低下、车站数量较少，且多年来其线路遭受了严重的恐怖活动的破坏。

表 I - 4 - 6　　　　2010—2017 年阿尔及利亚铁路设备情况

年份	从业人员（人）	牵引机车（台）	牵引功率（千瓦）	运输容量（吨）
2010	9951	275	490096	541753
2011	11619	275	490096	541753

年份	从业人员（人）	牵引机车（台）	牵引功率（千瓦）	运输容量（吨）
2012	12694	275	490096	541753
2013	12437	275	490096	541753
2014	12438	275	490096	541753
2015	12144	275	490096	531559
2016	12256	295	553349	518859
2017	12933	305	584975	518859

资料来源：《阿尔及利亚统计年鉴 2017》。

2010—2017 年，阿尔及利亚客运能力显著增强，铁路客运收入大幅提升。铁路客运量达到 42974 千人次，日客运能力约为 12 万人次。客运周转量和客运收入分别从 1046 百万人次·千米、1677906 千第纳尔增加至 1550 百万人次·千米、2214266 千第纳尔，年均增幅分别达到 5.8% 和4.0%。随着经济社会的发展，越来越多的阿尔及利亚人开始选择铁路作为主要交通工具，铁路客运的重要性不断增强。

表Ⅰ-4-7　　　　　　2010—2017 年阿尔及利亚铁路客运情况

年份	客运量（千人次）	客运周转量（百万人次·千米）	客运收入（千第纳尔）
2010	27299	1046	1677906
2011	27416	1040	1653451
2012	31456	1141	1768906
2013	33968	1212	1874946
2014	32736	1186	1833168
2015	36216	1269	1901492
2016	37686	1337	19575911
2017	42974	1550	2214266

资料来源：《阿尔及利亚统计年鉴 2017》。

相反，2010—2017 年，阿尔及利亚的货运规模有所下降，收入也出现小幅减少。铁路货运量从 8174 吨减少至 4836 吨，货运周转量从 2667千吨·千米下降至 1383 千吨·千米，年均降幅分别为 7.2% 和 9%，货运收入也下降至 20.3 亿第纳尔。近年来，随着公路货运的迅猛发展，铁路货运的重要性一直处于较低水平，但随着铁路交通设施的投资逐步加大，未来阿尔及利亚的铁路货运发展前景依旧广阔。

表 I-4-8　　　　2010—2017 年阿尔及利亚铁路货运情况

年份	货运量（吨）	货运周转量（千吨·千米）	货运收入（千第纳尔）
2010	8174	2667	2295946
2011	7799	2515	2313272
2012	7617	2423	2324006
2013	7415	2220	2174760
2014	6275	1923	1823629
2015	5179	1369	1802013
2016	4268	1237	1701925
2017	4836	1383	2028225

资料来源：《阿尔及利亚统计年鉴 2017》。

三　航空

近年来，阿尔及利亚有意投资发展航空领域。初步发展方针是组建一家企业联合体，专门开展航空发展研究，并打造一个航天航空领域分包平台。该联合体成员有布里达大学航天航空研究学院、阿尔及利亚航天局、科学研究总局、民航总局、国家航空研究所、多家国际航空公司、航空港基础设施服务管理集团和首都航空港管理公司。航空企业联合体具有咨询、导向和科研功能，并将努力打造为阿尔及利亚空中运输、航天和航空能力的得力工具。[1]

2010—2017 年，阿尔及利亚航空运输持续扩大。其中，飞机起降次数增长了 39%，到 2017 年已达 24.4 万架次；客运量和货运量分别从 2010 年的 825.4 万人次、2.4 万吨增长到 2017 年的 1429.5 万人次、4.8 万吨，年均增长率分别为 8.2% 和 10.4%。总体而言，阿尔及利亚的航空运输能力发展十分迅猛，飞机起降次数、客运能力和货运能力均有显著提升。

---

[1]　中华人民共和国商务部：《对外投资合作国别（地区）指南——阿尔及利亚（2020 年）》，http://www.mofcom.gov.cn/dl/gbdqzn/upload/aerjiliya.pdf。

表 I - 4 - 9　　　　　　　2010—2017 年阿尔及利亚航空运输情况

年份	起降次数（架次）	客运量（人次）	货运量（吨）
2010	175489	8254143	24232
2011	179280	8849532	26423
2012	185511	9900087	31271
2013	203187	10666841	33957
2014	207611	11694895	39630
2015	216101	12606072	41419
2016	237040	13828224	43361
2017	243968	14294778	47992

资料来源：《阿尔及利亚统计年鉴 2017》。

阿尔及利亚共有 36 座机场，其中 16 座为国际机场。2017 年，阿尔及利亚 17 个主要机场航班总次数达到 207491 架次，其中商务航班 147271 架次，非商务航班 60220 架次。在商务航班中，国际航班达 74690 架次，国内航班达 72581 架次。2017 年，阿尔及尔机场商务航班为 76108 架次，非商务航班为 18764 架次，分别比第二位的奥兰机场和哈西迈萨乌德机场高出 2.5 倍和 28.9%，占所有主要机场航班总次数的比重达 51.5% 和 31.3%，首位度优势明显，在阿尔及利亚的机场和航空体系中占据着十分重要的地位。

阿尔及尔胡阿里·布迈丁新机场是最大的国际机场，位于阿尔及利亚首都阿尔及尔东南部，距离市中心 16.9 千米，是连接阿尔及利亚与欧洲和非洲的重要交通枢纽。机场设计客流量为 600 万人次/年，航站楼设有 5000 个停车位，1 个出租车站台，登机区占地 27000 平方米。除此之外，还设有 16 个登机门、20 个办理登机手续的柜台、自助餐厅、茶室和祈祷室等。

目前，中建公司正在实施阿尔及尔新机场项目，新机场位于首都阿尔及尔布迈丁国际机场西侧，占地面积为 65 万平方米，建筑面积为 20 万平方米，含有新航站楼和能源中心 2 个单体。新航站楼年设计客流量为 1000 万人次，具备国际民航协会 A 级标准，项目总工期为 40 个月，合同总额约为 8.5 亿美元。

阿尔及利亚 2015—2019 年五年计划提出投资 300 亿第纳尔用于机场

设施维护，延长机场的使用寿命，改善机场基础设施面貌。此外，还将在南部伊利齐机场修建第二条跑道。目前，36 个机场的容量能够满足国内航班需求，投资将更多用于延长跑道、增加停机坪和建设新航空站上。在未来 5 年内，阿尔及利亚计划投资 300 亿第纳尔（约合 3.8 亿美元），用于机场基础设施的现代化建设和发展。

表 I - 4 - 10　　　　　2017 年阿尔及利亚主要机场航班起降情况　　　　　（架次）

机场	商务航班			非商务航班	航班总次数
	国际航班	国内航班	总计		
阿尔及尔机场	49191	26917	76108	18764	94872
奥兰机场	12852	8654	21506	1447	22953
君士坦丁机场	5303	7210	12513	1978	14491
安纳巴机场	2482	5151	7633	3151	10784
加尔达亚机场	38	1781	1819	2370	4189
特莱姆肯机场	1600	1020	2620	1303	3923
哈西迈萨乌德机场	437	7553	7990	14560	22550
因阿迈纳斯机场	0	833	833	3461	4294
塔曼拉塞特机场	220	1722	1942	1233	3175
阿德拉尔机场	1	2599	2600	1902	4502
瓦尔拉机场	99	2014	2113	2392	4505
贝查尔机场	98	1429	1527	1072	2599
贾奈特机场	0	731	731	1752	2483
廷杜夫机场	50	1182	1232	1103	2335
比斯克拉机场	311	1987	2298	851	3149
贝贾亚机场	1996	1438	3434	437	3871
提亚雷特机场	12	360	372	2444	2816
总计	74690	72581	147271	60220	207491

资料来源：《阿尔及利亚统计年鉴 2017》。

从四个主要机场的吞吐情况来看，阿尔及尔机场客运量达 782.4 万人次，货运量达到 4.3 万吨，在四个主要机场中占比最大。排名第二的奥兰机场客运量近 200 万人次，货运量达 823 吨。君士坦丁机场客运量也突破了 100 万人次，而安纳巴机场是四个主要机场中规模最小的，客运量和货运量分别为 55.5 万人次和 166 吨。

表 I － 4 － 11　　　　　　2017 年阿尔及利亚主要机场吞吐情况

	安纳巴机场	君士坦丁机场	奥兰机场	阿尔及尔机场
国际航线				
起降次数（次）	2482	5303	12852	49191
客运量（人次）	240976	627189	1409713	5682066
货运量（吨）	152	161	670	41758
国内航线				
起降次数（次）	5151	7210	8654	26917
客运量（人次）	314498	426191	528660	2141568
货运量（吨）	14	114	153	1505
总计				
起降次数（次）	7633	12513	21506	76108
客运量（人次）	555474	1053380	1938373	7823634
货运量（吨）	166	275	823	43263

资料来源：《阿尔及利亚统计年鉴 2017》。

阿尔及利亚航空公司（Air Algérie）成立于 1947 年，是阿尔及利亚的国家航空公司，由阿尔及利亚政府 100% 控股，公司总部位于阿尔及尔。自 1968 年开始先后加入国际航空运输协会（IATA）、阿拉伯航空运输组织和非洲航空公司协会（AFRAA）。阿尔及利亚航空公司是非洲第三大航空公司（仅次于南非航空和埃及航空），年货运量超过 750 万吨。阿尔及利亚航空公司提供到西非、欧洲、中东和海湾地区的航班，运营覆盖国内和国际航线，并提供包机、飞机出租、农业飞行等业务。国内航线可以到达主要的商业中心如安纳巴、君士坦丁以及奥兰，也提供从这些城市到次级城市如嘎代、瓦格纳，以及重要的石油城镇如啊门纳斯、哈希美绍德等的服务。

2017 年，阿尔及利亚航空公司实现客运量 625.3 万人次，其中国际航班 400.9 万人次，国内航班 197.8 万人次，包机航班 26.6 万人次。航班总座位为 11598 座，实用座位为 8312 座，上座率达 71.67%。在国际航班中，法国是最大的旅客目的地，之后是除法国之外的欧洲地区和中东地区，三者上座率均在 65% 以上。目前，阿尔及利亚航空已开通北京—阿尔及尔直飞航线，每周两班。从中国出发去往阿尔及利亚还可选乘法国航空、阿联酋航空、卡塔尔航空、土耳其航空等公司的航班。

表 I – 4 – 12　　　2017 年阿尔及利亚航空公司（Air Algérie）客运情况

	客运量（人次）	总座位（座）	实用座位（座）	上座率（%）
国际航班	4008933	8875	6116	68.91
法国	2543852	4273	3076	71.99
欧洲	833394	1514	1020	67.37
中东	399971	1149	752	65.50
非洲	92825	590	281	47.63
美洲	98986	821	623	75.88
亚洲	39905	527	364	69.07
国内航班	1977824	1650	1183	71.70
包机航班	266464	1073	1013	94.41

资料来源：《阿尔及利亚统计年鉴 2017》。

四　水运港口

联合国贸发会（UNCTAD）数据显示，阿尔及利亚班轮运输相关指数①从 2004 年的 10 增加到 2016 年的 12.8，年均复合增长率为 2.1%。世界经济论坛发布的《全球竞争力报告》显示，阿尔及利亚港口基础设施质量指数②从 2007 年的 3.27 增加到 2017 年的 3.4，年均复合增长率为 0.4%。总体而言，阿尔及利亚港口基础设施建设和服务能力有所提高，但整体依旧处于较低水平，未来还需进一步提升。

2010—2017 年，阿尔及利亚船舶经过改造升级，船舶吨位和运载量得到提升，虽然船舶数量从 20874 艘减少至 18042 艘，但船舶总吨位一直维持在 30 亿吨上下。与此同时，水路运输能力和运输效率快速增长，客运量从 63.5 万人次增加至 72.3 万人次，货运量从 11.8 亿吨增加至 12 亿吨，分别增长了 13.9% 和 1.7%。

---

　① 该指数表明各国与全球航运网络的联通程度，是根据船舶数量、船舶集装箱承载能力、最大船舶规模、服务量、在一国港口部署集装箱船舶的公司数量五部分数据计算得到的。
　② 该指数用于衡量企业高管对本国港口设施的感受。

表 I－4－13　　　　　2010—2017 年阿尔及利亚水路运输情况

年份	船舶数量（艘）	船舶总吨位（千吨）	客运量（人次）	货运量（千吨）
2010	20874	3003449	635389	1178915
2011	20445	2978547	597217	1182395
2012	20551	2942374	554482	1178021
2013	21074	2921153	516867	1213755
2014	22302	3146791	498473	1297076
2015	22220	3154491	505881	1334418
2016	20606	3138089	624653	1289878
2017	18042	3007087	722612	1203552

资料来源：《阿尔及利亚统计年鉴 2017》。

从海运方面来看，阿尔及利亚 90% 的对外贸易依靠海运方式实现。2010—2017 年，阿尔及利亚海运船舶数量从 14.8 万艘增加至 15.2 万艘，年均增幅达 0.4%；在船舶数量增长不大的情况下，阿尔及利亚海运货运量从 47.8 万吨增加至 60.1 万吨，年均增幅达 3.3%。但客运量有所下降，到 2017 年已降至 37.1 万人次。

表 I－4－14　　　　　2010—2017 年阿尔及利亚海运情况

年份	船舶数量（艘）	客运量（人次）	货运量（吨）
2010	147989	463561	477944
2011	151864	447323	371360
2012	142741	416972	417598
2013	134251	382152	347551
2014	133802	370974	336958
2015	121158	330075	372099
2016	142697	379513	497997
2017	152216	370892	601445

资料来源：《阿尔及利亚统计年鉴 2017》。

阿尔及利亚现有 45 个港口，其中渔港 31 座、多功能港 11 座、油气专用港 2 座、休闲港 1 座，主要港口有阿尔及尔、奥兰、安纳巴等，阿尔及利亚港口年总吞吐量约 1.23 亿吨。其中，阿尔及尔港是阿尔及利亚最大港口，30% 的进口货物由此进入阿尔及利亚，70% 的集装箱通过阿尔及尔港装载。该港位于阿尔及利亚北部地中海岸中段，紧靠港市之东北。海路西距瓦赫兰港 200 海里，距直布罗陀港 412 海里，北至马赛港 410 海里。港口码头沿陆岸呈南北布局，向东伸展 9 个大小突堤，外有东北、东、南三条防波堤围绕，把港口围成北、中、南三大商港。北港又包括 3 个小港池，沿边水深为 2.5—11.8 米，共有 14 个泊位；中港池包括 2 个小港池，沿边水深为 6.2—10.3 米，共有 8 个码头；南港池包括 4 个小港池，沿边水深为 7—11.2 米，共有 15 个码头。全港总计有 54 个泊位，码头线总长 9519 米，允许 2.5 万吨级船随时进港，所有的码头均设有 3—6 吨重吊机。港外还有 2 个油轮泊位，沿边水深为 11.50 米。

2017 年，阿尔及尔港总计客运量为 26.2 万人次，比排名第二的奥兰港高出 33.7%，且客流进出港量均排在阿尔及利亚国内第一位；货运量为 1518.7 万吨，排在贝贾亚港（2558.7 万吨）之后，其中货物进港量为 1266.8 万吨，排在第一位，而贝贾亚的货物出港量超过 2100 万吨，位居首位。

表 I-4-15　　　　2017 年阿尔及利亚主要港口吞吐量情况

港口	客运量（人次）			货运量（吨）		
	进港	出港	总计	进港	出港	总计
阿尔及尔港	139122	123033	262155	12668276	2518610	15186887
奥兰港	101989	94454	196443	8094952	427991	8522943
安纳巴港	226	320	546	3043240	1394972	4438212
贝贾亚港	6771	5911	12682	4506555	21080321	25586876
加扎乌埃港	20321	18176	38497	700817	36024	736841
莫斯塔尔港	92522	85677	178199	1041050	44707	1085757

资料来源：《阿尔及利亚统计年鉴 2017》。

第二节　通信基础设施

阿尔及利亚政府于 2001 年进行电信领域私有化改革，制定行业法规，设立通信管理委员会、阿尔及利亚邮政公司与阿尔及利亚电信公司，将电信业务管理与经营分离，同时鼓励电信领域外来投资与私人投资，允许参股经营阿尔及利亚电信公司，并积极推广全球经营服务理念，实现同世界其他国家联网。

目前阿尔及利亚有近 1 万个网吧,光纤铺设里程约为 25 万千米。阿尔及利亚电信产业已成为继碳化氢产业之后的第二大营利性产业,主要电信运营商有阿尔及利亚电信公司(AT)、埃及奥拉斯电信公司(ORAS-COM)和科威特瓦塔尼亚公司(WATANIA)3 家。[①]

从发展历程来看,2010—2019 年,阿尔及利亚每千万人拥有安全服务器数从 2010 年的 4 台快速增加到 2019 年的 500 台,年均复合增长率达71%;每万人拥有固定宽带数从 2010 年的 250 部迅猛增加到 2019 年的730 部,年均复合增长率为 12.6%。总体而言,阿尔及利亚互联网基础设施起步较晚,基础较差,但发展速度极快,未来发展前景广阔。

表 I-4-16 2010—2019 年阿尔及利亚互联网基础设施情况

年份	每千万人拥有安全服务器(台)	每万人拥有固定宽带(部)
2010	4	250
2011	5	268
2012	12	309
2013	18	336
2014	24	411
2015	38	571
2016	76	705
2017	633	776
2018	676	726
2019	500	730

资料来源:世界银行,https://data.worldbank.org.cn/indicator。

根据阿尔及利亚统计局的数据,截至 2017 年,阿尔及利亚固定电话数已超过 400 万台,移动电话数超过 4500 万部,移动电话渗透率达109%。从发展历程来看,2010—2017 年,阿尔及利亚固定电话数从 2010年的 292.3 万台增加到 2017 年的 405.1 万台,年均复合增长率达 4.8%;阿尔及利亚移动电话数从 2010 年的 3278 万部增加到 2017 年的 4584.6 万

[①] 中华人民共和国商务部:《对外投资合作国别(地区)指南——阿尔及利亚(2020年)》,http://www.mofcom.gov.cn/dl/gbdqzn/upload/aerjiliya.pdf。

部，年均复合增长率达 4.9%，增长幅度与固定电话相当。移动电话渗透率 7 年间也增长了近 20 个百分点，其电话规模和人均电话拥有量的迅猛增加，得益于国家整体经济的快速增长，带动电信市场特别是移动业务的高速发展。

表 I－4－17　2010—2017 年阿尔及利亚固定和移动电话发展情况

年份	固定电话数（台）	移动电话数（部）	移动电话渗透率（%）
2010	2922731	32780165	90.30
2011	3059336	35615926	96.52
2012	3289363	37527703	99.28
2013	3138914	39630347	102.40
2014	3098787	43298174	109.62
2015	36928801	433909651	107.40
2016	41820011	458178461	111.00
2017	4051360	45845665	109.00

资料来源：《阿尔及利亚统计年鉴 2017》。

从移动网络的技术结构来看，2017 年，约有 80% 的用户还是使用 GSM 和 3G 技术的移动电话，但技术结构的变化十分迅猛。2016 年，4G 用户只有 146.5 万户，占比仅为 3.2%，但到了 2017 年，4G 用户数量就快接近 1000 万人，用户比例也超过了 20%。在移动电话用户总量保持在 4500 万户基本不变的情况下，阿尔及利亚的移动互联网技术也在不断改造升级，老的 GSM、3G 技术不断更新迭代，高品质网络技术不断渗透进普通民众的生活之中，显著改善了阿尔及利亚的民众生活。

中国与阿尔及利亚的手机漫游业务于 2002 年正式开通，2013 年 12 月开通 3G 服务。3G 技术投入市场三年多以来，已有超过 2597 万手机注册用户，4G 固定无线 LTE 用户 42 万户，ADSL 用户超过 183 万户，电信与邮政条件明显改善。阿尔及利亚电信集团为个人用户和企业用户提供多种网络服务套餐项目。

表 I - 4 - 18　　　　　　　　2016—2017 年阿尔及利亚
移动电话用户结构（按技术类型分）

年份	GSM		3G		4G		总用户数（万户）
	用户数（万户）	占比（%）	用户数（万户）	占比（%）	用户数（万户）	占比（%）	
2016	2012.5	43.92	2422.8	52.88	146.5	3.20	4581.8
2017	1438.5	31.38	2159.3	47.10	986.8	21.52	4584.6

资料来源：《阿尔及利亚统计年鉴 2017》。

阿尔及利亚邮政发展较为缓慢，2013—2017 年，阿尔及利亚邮局数量从 3559 家增加至 3823 家，年均增速仅为 1.8%。阿尔及利亚邮政业务由阿尔及利亚邮政公司管理，该公司有分支机构 3160 家，年均增加 50 家。截至 2020 年，阿尔及利亚新建了 1500 家邮电局，使总数超过 5000 家，有效缓解了全国邮电服务短缺的状况。

从各省邮局分布情况来看，阿尔及尔省是邮局数量最多的省份，达到了 233 家，排名第二到第五位的分别是提济乌祖省、巴特纳省、贝贾亚省和塞提夫省，邮局数量均超过了 140 家。邮局数量的分布与阿尔及利亚国内区域经济社会发展阶段、人口规模有着极大的相关性，人口密集、经济活跃的省份一般拥有更多的邮局数量。从增速来看，2013—2017 年，邮局增加较快的前三个省份依次是廷杜夫省、伊利济省和艾因泰穆尚特省，增速分别为 88.9%、53.8% 和 19.0%。

表 I - 4 - 19　　　2013—2017 年阿尔及利亚各省邮局分布情况　　　　（家）

省域	2013	2014	2015	2016	2017
阿拉德尔	65	67	67	67	69
谢里夫	92	93	94	98	99
艾格瓦特	48	48	50	51	54
乌姆布瓦吉	56	58	58	59	62
巴特纳	138	140	140	141	145
贝贾亚	124	129	135	141	144
比斯克拉	92	93	93	93	93
贝沙尔	59	60	60	60	61
卜利达	71	73	75	75	74

续表

省域	2013	2014	2015	2016	2017
布维拉	105	109	109	109	109
塔曼拉塞特	30	30	32	32	32
泰贝萨	62	64	64	67	67
特莱姆森	111	113	115	118	119
提亚雷特	78	79	79	79	81
提济乌祖	166	166	166	166	168
阿尔及尔	201	207	213	223	233
杰勒法	78	81	81	83	88
吉杰尔	50	51	51	51	51
塞提夫	140	140	140	142	142
赛伊达	45	46	51	52	52
斯基克达	82	82	83	85	85
西迪贝勒阿巴斯	82	88	88	91	94
安纳巴	54	55	56	57	57
盖勒马	55	55	55	55	55
君士坦丁	69	69	69	69	69
麦迪亚	89	90	90	90	91
穆斯塔加奈姆	65	66	66	68	70
姆西拉	82	84	85	92	93
穆阿斯凯尔	85	88	90	92	94
瓦尔格拉	66	67	67	67	67
奥兰	117	121	124	127	134
巴亚兹	37	38	39	40	40
伊利济	13	13	16	19	20
布阿拉里季堡	76	77	78	78	78
布米尔达斯	66	66	66	67	68
塔里夫	50	52	52	52	55
廷杜夫	09	09	10	13	17
提塞姆西勒特	37	39	39	40	41
瓦德	88	91	92	97	97
汉舍莱	52	54	56	56	56
苏格艾赫拉斯	45	45	49	50	50
提帕萨	71	71	71	71	71
米拉	73	75	72	72	74
艾因迪夫拉	66	66	66	67	67

省域	2013	2014	2015	2016	2017
纳马	45	47	47	49	51
艾因泰穆尚特	58	61	62	65	69
盖尔达耶	37	37	37	39	38
埃利赞	79	80	80	80	79
总计	3559	3633	3678	3755	3823

资料来源:《阿尔及利亚统计年鉴 2017》。

2011—2017 年，阿尔及利亚邮政投递量和总收入有所减少，分别从 267.3 百万件和 141 百万第纳尔下降至 191.7 百万件和 119 百万第纳尔，年均降幅分别达 4.6% 和 2.4%。邮件中转传递量稍有增加，增幅达到 3%，到 2017 年超过 4800 百万次。

表 I - 4 - 20　　　2011—2017 年阿尔及利亚邮政业务情况

年份	邮政投递量（百万件）	总收入（百万第纳尔）	邮件中转传递量（百万次）
2011	267.3	141.0	4683
2012	260.0	153.9	4919
2013	245.4	144.6	4398
2014	239.4	153.0	4352
2015	236.8	134.3	4399
2016	206.6	113.0	4410
2017	191.7	119.0	4822

资料来源:《阿尔及利亚统计年鉴 2017》。

第三节　能源基础设施

阿尔及利亚电力年生产能力为 12930 兆瓦，电网覆盖率达 99%，输电线长达 26.38 万千米。阿尔及利亚电力市场需求约为 32.6 万亿瓦时，用电需求年增长 5.8%。阿尔及利亚电力市场供大于求，但由于阿尔及利亚电力输送线路老化、偷漏电现象严重，因此部分地区用电紧张现象时有发生。阿尔及利亚政府计划铺设 6000 千米的高压线路和 2.95 万千米的中低压电缆。阿尔及利亚电气公司 2020 年在电力领域投入 300 亿第纳尔，实现发电量达到每年增长 1200 兆瓦的目标。

至 2030 年，阿尔及利亚太阳能发电将占总发电量的3%，国内电力需求的40%来自可再生能源。届时可再生能源发电总量将达 2.2 万兆瓦，其中 1.2 万兆瓦用于满足国内需求，1 万兆瓦供出口。预计到 2030 年，阿尔及利亚将建造 60 座电站（含燃气、光伏、风力）。根据阿尔及利亚能源发展规划，预计到 2030 年拥有 22000 兆瓦发电能力，其中 10000 兆瓦待条件成熟时将用于出口。阿尔及利亚政府将制定相关投资鼓励政策，吸引国内外投资者积极投资新能源领域。

从发展历程来看，2000—2015 年，阿尔及利亚天然气发电量占比从96.75% 小幅增加到 98.36%，上升了 1.61 个百分点；石油发电量占比从3.04%下降至 1.32%，下降了 1.72 个百分点；煤炭发电量一直为零。火力发电量总占比在 15 年间一直维持在 98%以上。水力发电总量占比虽有波动，但总占比也基本维持在 1%以下。此外，囿于自然资源禀赋条件和技术创新壁垒，阿尔及利亚其他能源发电量（如核能、可再生能源等）的占比一直为零。总体而言，现阶段阿尔及利亚的能源供应主要还是依靠不可再生的天然气能源，水力、风电、地热等清洁能源和可再生能源基础设施建设陷入停滞，阿尔及利亚能源基础设施的发展水平仍待提高。

表 I -4 -21　2000—2015 年阿尔及利亚各能源基础设施发电量情况　　　（%）

年份	火力发电占比			水力发电量占比	其他能源发电量占比
	煤炭发电量占比	石油发电量占比	天然气发电量占比		
2000	0	3.04	96.75	0.21	0
2001	0	2.91	96.83	0.26	0
2002	0	2.16	97.63	0.21	0
2003	0	2.32	96.78	0.90	0
2004	0	2.20	97.00	0.80	0
2005	0	2.11	96.25	1.64	0
2006	0	2.13	97.25	0.62	0
2007	0	2.13	97.26	0.61	0
2008	0	1.97	97.33	0.70	0
2009	0	1.58	97.63	0.79	0
2010	0	2.11	97.51	0.38	0

续表

年份	火力发电占比			水力发电量占比	其他能源发电量占比
	煤炭发电量占比	石油发电量占比	天然气发电量占比		
2011	0	2.08	96.94	0.98	0
2012	0	1.85	97.07	1.08	0
2013	0	1.51	97.94	0.55	0
2014	0	0.99	98.61	0.40	0
2015	0	1.32	98.36	0.21	0

资料来源：世界银行数据库，https：//data. worldbank. org. cn/indicator。

第四节　基础设施规划

在第四个五年计划（2015—2019）期间，政府投入 41400 亿第纳尔（约合 439.35 亿美元）用于道路建设，投入 5550 亿第纳尔（约合 59.5 亿美元）用于港口建设，投入 340 亿第纳尔（约合 3.65 亿美元）用于机场建设。

在公路规划方面，在 2015—2019 年的五年规划中，阿尔及利亚耗资约 530 亿美元用于道路设施、公路等建设；公共工程领域建造了 1600 千米高速公路（包括高原高速公路），到 2025 年，阿尔及利亚高速公路总目标里程将达到 5500 千米。

在地铁规划方面，阿尔及利亚政府加快了城市交通现代化步伐，投入 4470 亿第纳尔（约合 60 多亿美元）在主要大城市新建 14 条轻轨线路。

在港口规划方面，阿尔及利亚政府制定了中长期港口设施发展规划，旨在改善阿尔及利亚港口建设落后状态，提升港口吞吐能力。

在水坝规划方面，自 21 世纪以来，阿尔及利亚全国增加了 27 座水坝，还有 14 座水坝在建，在 2015—2019 年的五年计划中兴建了 23 座水坝，至 2030 年，阿尔及利亚水坝总数将达 139 座，水坝总容量也将从 71 亿立方米增加到 120 亿立方米。

在电站规划方面，为提高生产能力，至 2018 年，阿尔及利亚建造了 10 座新电站。电站建设分两个阶段进行，耗资约 80 亿—90 亿美元。阿尔及利亚允许外国投资者参与当地基础设施投资，但必须遵循当地投资相关规定，如阿尔及利亚方面最少持股 51％ 等。目前，阿方正在就拟建设的中心港项目与中方进行融资、建设、运营等方面的合作探讨。

第五章　产业发展

阿尔及利亚属于北非地域大国，依靠能源出口建立起经济实力。世界银行数据显示，2019年，阿尔及利亚GDP以2010年不变价美元计算为2028.05亿美元，增速仅为0.8%，自2014年以来GDP增速持续放缓。近十年来，阿尔及利亚第一、第二、第三产业占比结构分别保持在15%、35%和50%左右的水平。农业主要以小麦、大麦、燕麦等为主，第二产业以石油和天然气工业为主，石油和天然气工业是阿尔及利亚经济的支柱产业，其他工业基础薄弱，第三产业服务业主要以旅游业为主，近年来信息通信服务发展较快。

第一节　产业结构

一　三大产业结构演变

阿尔及利亚第一产业、第二产业和第三产业的增加值结构、就业结构呈现出类似的发展趋势特征。增加值规模以服务业增长最快，三大产业增加值占比结构在15%、35%和50%左右，就业结构占比在10%、30%和60%左右。

（一）增加值结构

从三大产业增加值规模来看，1999年以来，阿尔及利亚三大产业增加值增长较为平稳。20世纪90年代至21世纪最初十年，阿尔及利亚农业发展迅速，尤其是在21世纪最初十年里第一产业年均增速高达6.21%，此后增长势头显著减慢。近两年年均增速仅为2.3%，2019年产值增至10364.14亿第纳尔。以工业为主的第二产业发展缓慢，1999至2019年的年均增速仅为2.92%，尤其是近两年受世界经济低迷的不利冲

击，阿尔及利亚工业部门发展严重滞缓，增加值增速仅为1%左右，2019
年第二产业增加值较上年增长1.08%，为26019.05亿第纳尔，工业部门
的持续低迷是其经济增长乏力的重要原因。第三产业在阿尔及利亚经济中
具有重要地位且一直处于良好的增长态势之中，2010年至2015年的年均
增速高达6.75%。近五年增速有所放缓，2019年较上年增长4.57%，为
40182.69亿第纳尔，增速较上年显著加快。

表Ⅰ-5-1　　　阿尔及利亚三大产业增加值演变（1999—2019）

年份	第一产业		第二产业		第三产业	
	增加值*（亿第纳尔）	增速（%）	增加值*（亿第纳尔）	增速（%）	增加值*（亿第纳尔）	增速（%）
1999	3597	—	14687	—	12261	—
2000	3431.54	-4.60	15292.07	4.12	13004.18	6.06
2005	4927.64	2.30	19316.01	6.32	17224.76	7.24
2010	6672.42	4.90	21188.33	2.54	25455.80	7.45
2011	7446.42	11.60	21446.75	1.22	27645.86	8.60
2012	7982.56	7.20	21965.18	2.42	29025.15	4.99
2013	8637.13	8.20	22170.90	0.94	31094.06	7.13
2014	8853.06	2.50	22903.78	3.31	33393.08	7.39
2015	9384.24	6.00	23632.87	3.18	35035.58	4.92
2016	9553.16	1.80	24950.93	5.58	35956.58	2.63
2017	9648.69	1.00	25503.13	2.21	37116.09	3.22
2018	10131.13	5.00	25741.07	0.93	38428.29	3.54
2019	10364.14	2.30	26019.05	1.08	40182.69	4.57

　　*"增加值"均指以不变价计算的各产业增加值，主要是所有产出相加再减去中间投入得出
的部门净产出。这种计算方法未扣除装配式资产的折旧或自然资源的损耗和退化；如无特殊说
明，本章第纳尔均指阿尔及利亚第纳尔；受篇幅所限，仅给出主要年份的增加值演变情况。

　　资料来源：截至2020年9月世界银行数据库公布的不变价本币单位三次产业增加值数据。

　　从三大产业占比结构来看，近十年来，阿尔及利亚第一、第二、第三
产业占比结构保持在15%、35%和50%左右的水平。其中，农业是阿尔
及利亚的重要经济部门，2010年以来，其占比一直稳定在15%左右。阿
尔及利亚工业基础相对薄弱，工业占比尽管一直保持在30%左右，但是
呈逐渐减小趋势。服务业在阿尔及利亚三大产业中占比提升显著，从

2000 年的 40.99% 显著提升至 2019 年的 52.48%。

表Ⅰ-5-2　　阿尔及利亚历年三大产业增加值结构演变（1990—2019）　　（%）

年份	第一产业	第二产业	第三产业
1990	11.78	48.08	40.14
2000	10.82	48.20	40.99
2005	11.88	46.58	41.54
2010	12.51	39.74	47.74
2011	13.17	37.93	48.90
2012	13.54	37.25	49.22
2013	13.95	35.82	50.23
2014	13.59	35.16	51.26
2015	13.79	34.73	51.48
2016	13.56	35.41	51.03
2017	13.35	35.29	51.36
2018	13.64	34.64	51.72
2019	13.54	33.98	52.48

资料来源：截至 2020 年 9 月世界银行数据库公布的不变价本币单位三次产业增加值数据。

（二）就业结构

阿尔及利亚以国有经济为主，主要经济部门如银行等都是国家所有，市场进入门槛非常高。总人数达 4000 万人的阿尔及利亚，存在大规模非正式就业群体，这类群体不仅工资极低且没有任何社会保险，因此计入统计的总就业人数仅为四分之一左右。从三大产业就业结构来看，世界银行公布数据近似、拟合得到的阿尔及利亚就业人数显示，阿尔及利亚第一产业就业占比逐渐从 23.95% 降低至 9.71%，第二产业就业占比逐渐从 25.39% 提高至 30.65%，第三产业就业占比逐渐从 50.65% 提高至 59.64%。从总体上看，第一产业就业人数相对显著减少，第二产业就业人数相对缓慢增加但是增加幅度较小，而第三产业就业人数相对显著、大幅增加。结合三大产业就业结构和增加值结构，可以看出二者之间的变化趋势略有差异，主要体现为第一产业尽管就业人数减少，但是增加值增长相对平稳；而第二产业尽管就业人数相对有所增加，但是其增加值整体占比依然相对未见显著提升趋势，可能是由于阿尔及利亚工业基础相对薄弱，生产率水平近几十年来提升缓慢；第三产业则无论是就业人数还是增加值占比结构，都体现出明显的提升趋势，主要原因是近年来旅游业等服务业吸纳了大量就业。

表 I - 5 - 3　　阿尔及利亚历年来三大产业就业结构演变（1991—2020）

	就业总人数（千人）	就业结构（%）		
		第一产业	第二产业	第三产业
1991	5348. 14	23. 95	25. 39	50. 65
1995	5314. 15	23. 53	24. 99	51. 48
2000	6236. 68	22. 21	24. 80	52. 99
2005	8460. 03	18. 43	26. 35	55. 22
2010	9972. 00	11. 86	30. 14	58. 00
2011	10169. 22	10. 77	30. 86	58. 37
2012	10268. 03	10. 69	30. 81	58. 50
2013	10823. 56	10. 61	30. 81	58. 58
2014	10403. 20	10. 50	30. 86	58. 64
2015	10426. 36	10. 35	30. 99	58. 66
2016	10690. 33	10. 25	30. 96	58. 78
2017	10605. 97	10. 16	30. 99	58. 85
2018	10727. 01	10. 02	30. 81	59. 17
2019	10863. 87	9. 86	30. 73	59. 41
2020	10995. 61	9. 71	30. 65	59. 64

资料来源：截至 2020 年 9 月世界银行数据库公布的基于国际劳工组织测算的三次产业就业结构数据；就业总人数根据世界银行 2020 年 10 月 13 日公布的阿尔及利亚劳动力总数减去失业人数拟合、近似得到。

根据世界银行的定义，劳动力总数包括所有年满 15 周岁、符合国际劳工组织对从事经济活动人口所作定义的群体，既包括就业者，也包括失业者。一般而言，劳动力包括武装部队、失业者、首次求职者，但是不包括料理家务者和非正规部门的其他无偿看护和工人。

二　三大产业概况

（一）农业概况

1. 基本情况

阿尔及利亚用于农业生产的自然资源相对匮乏。根据世界银行数据，阿尔及利亚国土面积为 238.17 万平方千米，但是大部分地区为沙漠，可供人类栖息的面积相对较小。农业用地面积自 1960 年以来波动很小，世界银行最新统计数据显示，截至 2016 年，阿尔及利亚农业用地面积为 413601.99 平方千米，占阿尔及利亚土地面积的比重基本稳定在 17.3%。[①] 其中，农业可耕种面积为 74041 平方千米，仅占国土面积的 3.1%。而受到水资源短缺和沙漠化影响，农业用地灌溉面积占比仅为 2.7%。[②]

同时，阿尔及利亚农业劳动力也持续减少。2019 年，阿尔及利亚农村人口数为 1154.3 万人，农村人口数自 1996 年以来连续 26 年持续减少，在总人口中的占比也从 1996 年的 43.2% 降低至 2019 年的 26.8%（见图Ⅰ-5-1）。

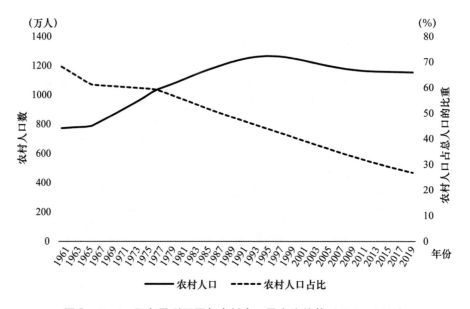

图Ⅰ-5-1　阿尔及利亚历年农村人口及占比趋势（1961—2019）

资料来源：世界银行公开数据库。

在农业自然资源匮乏和农村人口占比与农业就业人数占比均呈现出逐渐减小的趋势下（结合表Ⅰ-5-3 和图Ⅰ-5-1），阿尔及利亚农业增加值占比保持平稳，一直在 15% 左右，2019 年，农业增加值较上年实现

①　农业用地指耕地、永久性作物和永久性牧场用地。
②　中国驻阿尔及利亚大使馆经济商务处，http：//dz. mofcom. gov. cn/article/ztdy/201001/20100106734411. shtml。

2.3% 的稳步增长（见表 I - 5 - 1 和表 I - 5 - 2）。究其原因，政府及国际组织支持、农业化肥和农业机械的使用起到了重要作用。

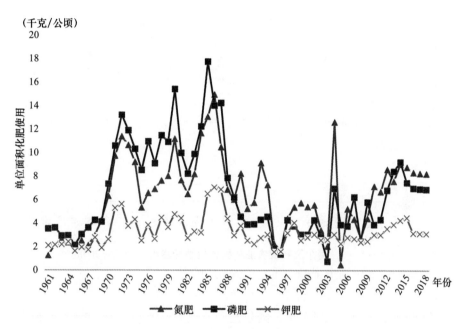

图 I - 5 - 2　阿尔及利亚单位农作物面积化肥使用趋势（1961—2018）

资料来源：联合国粮食和农业组织国别概况数据库。

首先，在政府支持方面，20 世纪 80 年代以来，阿尔及利亚政府一度把农业作为经济改革的重点领域，采取了系列经济改革举措：1982 年，开始放开大多数农产品的销售；1987 年，废除原有农业土地管理制度，建立集体和个人经营体制，农业经营方式实现完全私有化；1994 年，开始实行贸易自由化政策，取消进口配额许可证制度，国企和私企都可自由地进出口商品，进口商品基本无限制；1995 年，取消对小麦以外的农产品生产价格的担保，同时还取消对食品、农业生产要素和资料的价格补贴。进入 21 世纪，阿尔及利亚政府除了在政策上重视农业外，在实际财政支出上也投入了大量资金，尤其是 2006—2009 年。联合国粮食和农业组织提供的国别数据显示，阿尔及利亚政府除了 2007 年投入农业资金 712.6 亿第纳尔外，2006 年、2008 年和 2009 年均实现 1000 亿第纳尔以

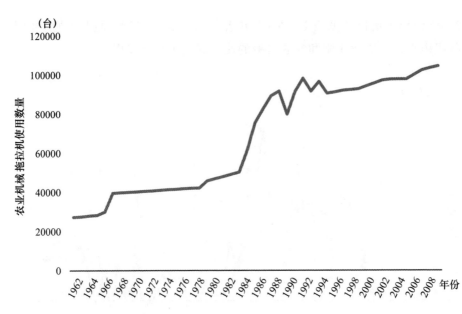

图 I - 5 - 3 阿尔及利亚农业机械使用数量趋势（1962—2008）

资料来源：联合国粮食和农业组织国别概况数据库。

上的投资额，尤其是 2008 年，阿尔及利亚政府向第一产业（主要是农业、渔业和林业部门）投入超过 2000 亿第纳尔（合约 33 亿美元），占当年政府支出的 5.2%。

其次，联合国粮农组织等国际组织也发起了众多提升阿尔及利亚农业生产力的技术支持项目，近期，正在进行的主要有四个项目：（1）针对Covid - 19 对阿尔及利亚农业、渔业和粮食安全的影响后果应对方案项目（2020—2021），项目预算为 10 万美元；（2）针对阿尔及利亚无花果部门的发展战略（2019—2020），项目预算为 26.1 万美元；（3）阿尔及利亚国家粮食安全愿景（2019—2020），项目预算为 4.4 万美元；（4）助力生产非木材林产品的小微企业发展项目（2018—2020），项目预算为 29.5 万美元。[①]

最后，农业化肥的使用增加和农业机械化程度的提高也极大地促进农

---

① 联合国粮食和农业组织国别概况网站（http://www.fao.org/countryprofiles/index/zh/?iso3 = DZA）。

业产出的增加。阿尔及利亚单位农作物化肥使用情况如图Ⅰ-5-2所示，20世纪70年代至80年代是化肥使用高峰期，平均每公顷农作物种植面积使用磷肥量最高可达17.7千克，此后化肥使用一度减少，21世纪初，氮肥等单位面积使用量一度降低至0.49千克。相对于化肥使用量的剧烈波动，以拖拉机为代表的农业机械使用数量呈现出明显的增长趋势，联合国粮农组织的最新数据仅至2008年。从图Ⅰ-5-3可以看出，20世纪80年代开始，阿尔及利亚的农业拖拉机使用数量持续增加，尤其是21世纪之初，拖拉机使用数量一直保持在较高水平。拖拉机等农业机械的使用，助力这期间农业产出的快速增长。

2. 农业产出

阿尔及利亚主要农产品有谷物（小麦、大麦和燕麦）、豆类、蔬菜和水果（柑橘、葡萄、椰枣）等。联合国粮农组织国别概况截至2018年的数据显示，阿尔及利亚种植面积较大的农作物分别是小麦、大麦、橄榄、椰枣和土豆，产量较高的则分别是土豆、小麦、西瓜、大麦和干洋葱，而从单位面积农作物产量来看，番茄、黄瓜、西瓜等蔬果较高。和同属于北非地区（不包括苏丹）的国家相比，世界银行数据显示，2019年，阿尔及利亚人口达4300万人，在埃及（1亿人）、摩洛哥（3600万人）、坦桑尼亚（5800万人）和利比亚（600万人）中居第三位。结合联合国粮食和农业组织数据，2018年，阿尔及利亚主要粮食作物产出也基本处于中等偏上水平，其中，小麦和大麦种植面积仅低于摩洛哥；土豆产量仅低于埃及，小麦产量则低于埃及和摩洛哥；番茄等蔬菜水果单位面积产量仅低于摩洛哥。

表Ⅰ-5-4　　　　阿尔及利亚主要年份农作物产出情况

	1990	2000	2010	2016	2017	2018
种植面积较多的前五种农作物（公顷）						
小麦	1187820	827000	1755728	2062179	2118469	2087003
大麦	1095120	215630	1018792	1236204	1303149	1277512
橄榄	170170	168080	294200	423683	432959	431009
椰枣	78640	101820	161091	167279	167643	168855
土豆	102430	72690	121996	156308	148822	149665

续表

	1990	2000	2010	2016	2017	2018
产量较高的前五种农作物（吨）						
土豆	808541	1207690	3300312	4759677	4606402	4653322
小麦	750080	760361	2605178	2440097	2436503	3981219
西瓜	264124	398691	1223767	1877677	1891274	2095757
大麦	833400	163287	1503900	919907	969696	1957327
干洋葱	172974	315741	1001304	1525987	1420310	1399691
单位面积产量较高的前五种农作物（千克/公顷）						
番茄	12563.1	20433.7	33628.4	56772.9	53646.7	58672.9
黄瓜	12245.1	17099.4	26560.9	34100.2	37567.9	44424.6
西瓜	8259	13757.5	24745.1	31804	32981.8	34697.8
土豆	7893.6	16614.3	27052.6	30450.6	30952.4	31091.6
茄子	10341.6	12429.1	19761	18981.1	28310.6	30382.5

资料来源：联合国粮食和农业组织国别概况数据库。

除了农作物之外，阿尔及利亚农业部门产出也包括牛羊等家畜和鸡鸭等家禽。联合国粮农组织数据显示，2018年，阿尔及利亚主要家畜包括家羊（2800万头）、山羊（490万头）、牛（180万头）、骆驼（40万头），主要家禽包括鸡（13600万只）、兔子（160万只）和火鸡（9万只）。

3. 农产品贸易

尽管阿尔及利亚农业产出逐年增加，但是产出远远不能满足本国需求，非常依赖农产品进口。根据联合国粮食和农业组织数据，自1961年以来，阿尔及利亚每年农产品进口规模远超农产品出口，农产品出口规模非常小，可以忽略不计。图Ⅰ-5-4左图显示，就进出口量对比而言，阿尔及利亚贸易赤字逐年增加，2018年，农作物和活动物进口量达1950.42万吨，出口量仅为71.44万吨。图Ⅰ-5-4右图显示，就进出口额对比而言，阿尔及利亚贸易额赤字也逐年增长，2018年，农作物和活动物进口额达88.22亿美元，出口额仅为2.90亿美元。在农产品进口中，2018年，阿尔及利亚主要进口小麦（20.72亿美元）、奶粉（8.87亿美元）、玉米（8.09亿美元）等（见图Ⅰ-5-5）。

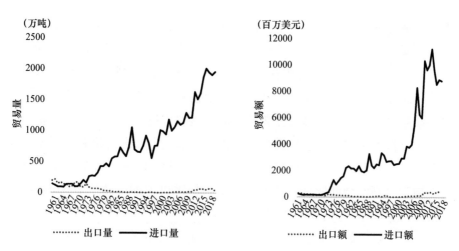

图 I - 5 - 4 阿尔及利亚农产品贸易进出口变化趋势（1961—2018）

资料来源：联合国粮食和农业组织国别概况数据库。

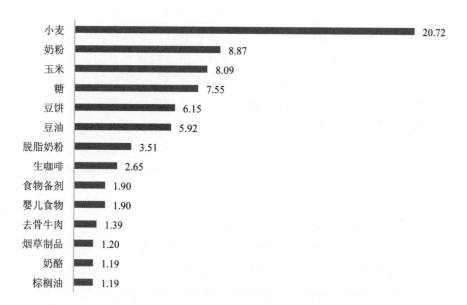

图 I - 5 - 5 2018 年阿尔及利亚主要农产品进口额分布（亿美元）

资料来源：联合国粮食和农业组织国别概况数据库。

4. 农业发展面临的挑战

阿尔及利亚农业发展仍面临不少挑战。首先，气候问题。阿尔及利亚大部分地区气候干旱，近年来气候变化十分不利于农作物生长，平均降雨量持续减少，特别是每年 4、5 月降雨量减少不利于农作物生长。同时，干旱地区的经营方式完全私有化，导致小规模的耕作制度不适合实际情况，只能加剧沙漠化的发展。其次，农业机械化水平较低。阿尔及利亚农田多数规模较小，需求多为体积较小的轻型农机设备，如小型拖拉机、小型斗车、耕犁机械、手扶机动型等。再次，农业人口老龄化和农村受教育水平低下也是制约农业发展的一个重要问题。最后，阿尔及利亚粮食特别是谷物和牛奶安全问题日益突出，严重依赖进口，进口额从 2003 年的 30 亿美元增至 2018 年的 88.22 亿美元。

针对农业发展所面临的一系列挑战，阿尔及利亚政府于 2000 年 7 月出台了"国家农业发展计划"，旨在最大限度地挖掘现有农业所蕴藏的巨大潜力，增加农民收入，与沙漠化做斗争，保护自然资源。此外，政府还建立了一项旨在支持农业的"农业调节和发展基金"。基金收入的主要来源为国家预算拨付、捐赠等，用于保护农民收入的补贴和农业农产品短期和长期信贷利息补贴等。同时，政府也在科技、金融等方面就加强国际合作做出了一系列努力，如在科技方面致力于建立一个信息和通信系统，使农业经营者实时获取农业生产、农产品销售、国际市场需求和投资等方面的必要信息，尤其要建立信息收集和传播机构、信息网络。近年来，由于具有良好的发展趋势，农业被欧盟—美国和瑞士—美国隐私护盾框架①认为是阿尔及利亚最具发展前景的部门。

（二）工业概况

1. 基本情况

阿尔及利亚工业 1999—2019 年的年均增速仅为 2.92%，在阿尔及利亚三次产业中占比结构基本保持在 35% 左右。工业以油气行业为主，钢铁冶金、机械等非碳氢部门发展缓慢。从工业生产指数来看，近几年来，阿尔及利亚工业整体发展缓慢，尤其是制造业发展相对落后，几乎处于停滞状态（见图Ⅰ-5-6）。

---

　　① 欧盟—美国和瑞士—美国隐私护盾框架（Privacy Shield Frameworks）由美国商务部、欧盟委员会和瑞士共同设立，用于为大西洋两岸的公司将数据从欧盟和瑞士转移到美国提供一种遵守数据保护要求的机制。

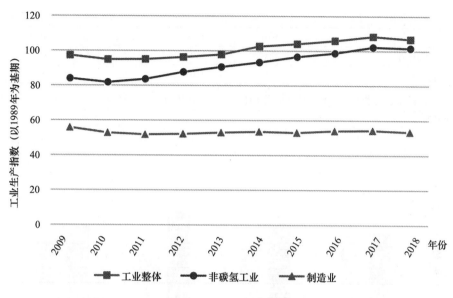

图Ⅰ－5－6　阿尔及利亚工业生产指数（2009—2018）

资料来源：根据阿尔及利亚统计局工业活动 2009—2018 年数据（https：//www. ons. dz/spip. php？rubrique312）整理得到。

　　从 2019 年工业结构来看，阿尔及利亚统计局数据显示，工业增加值总计为 75566 亿第纳尔，其中油气产业占比高达 52.8%，而其他工业部门大多数占比较小（见表Ⅰ－5－5 和图Ⅰ－5－7）。

表Ⅰ－5－5　　　　　　阿尔及利亚工业细分行业增加值　　　（现价亿第纳尔）

	2016	2017	2018	2019
水电供应	1785	1991	2080	2285
油气行业	30256	36997	45488	39904
采掘业	284	263	344	331
钢铁、金属和机电行业	1188	1208	1152	1409
建材业	1155	1212	1262	1170
建筑、公共工程与水力业	19937	21174	22541	24004
化学、塑料、橡胶	733	736	904	914
食品工业	3816	4075	4334	4447
纺织服装	174	201	212	246
皮革和鞋	28	29	31	33

续表

	2016	2017	2018	2019
木材和纸业	224	252	280	294
其他工业	405	440	495	529

资料来源：根据阿尔及利亚统计局经济账户 2016—2019 年数据（https：//www.ons.dz/）整理得到。

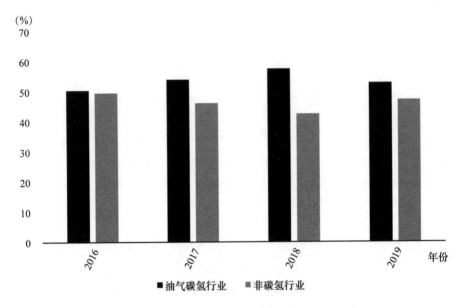

图Ⅰ-5-7　阿尔及利亚工业结构（2016—2019）

资料来源：根据阿尔及利亚统计局经济账户 2016—2019 年数据（https：//www.ons.dz/）整理得到。

　　从各细分工业行业的增长趋势来看，近年来，食品工业、化学、塑料和橡胶工业发展趋势总体上较为平稳，纺织服装行业除了 2017 年有大幅增长之外也相对较为平稳，钢铁、金属和机电行业则在 2019 年出现大幅增长，而油气行业则出现明显的跌势，2017 年开始连续三年下跌（见图Ⅰ-5-8）。

　　2. 工业多元化发展举措

　　尽管油气产业仍然是阿尔及利亚经济的支柱性产业，但是阿尔及利亚政府实施了为期五年的经济结构调整计划（2015—2019），旨在摆脱对油

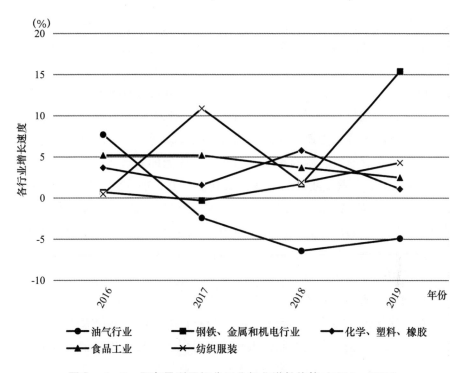

图 I -5-8 阿尔及利亚细分工业行业增长趋势（2016—2019）

资料来源：阿尔及利亚统计局经济账户 2016—2019 年数据，https：//www. ons. dz/。

气产业的严重依赖，以及对其他工业产品的进口依赖，采取了投资激励政策和 50 个新工业园区计划等，种种迹象表明了阿尔及利亚工业部门未来的多元化发展趋势。实际上，阿尔及利亚已经成为电子产品和水泥等行业的重要制造商，并开始在石化、钢铁、纺织行业逐渐展开各类建设项目。[①] 在促进工业多元化发展上，阿尔及利亚也得到了非洲开发银行经济多元化研究项目的大力支持，该项目主要由阿尔及利亚的工业和矿业部和战略观察、经济研究和信息系统总局（DGVSESI）执行，旨在促进工业增长和增加就业。

同时，为了促进本国工业发展，阿尔及利亚政府大力支持本地企业发

---

① Oxford Business Group，"Development of Algerian Industry and Mining Supported by Incentives and Government Efforts，" https：//oxfordbusinessgroup. com/overview/core-activities-development-supported-incentives-and-government-efforts-increase-local-production.

展，增加本地分包业务以提高经济活动的一体化率，提高本地供应商在工业产品链分工中的参与度，和本地企业或外资企业采取公私合营模式开展新项目开发。

此外，阿尔及利亚政府还采取了一系列吸引制造业投资的措施，其中最具代表性的就是 2015 年公布的财政法案，针对企业利润、企业收入和专业化业务收入实施为期五年的税收减免政策，同时对经营钢铁冶金、电子产品、汽车、航空、制药和农产品加工等业务的制造企业进行 3% 的银行贷款补贴。① 在重工业方面，阿尔及利亚政府目前在钢铁和建材等部门也计划展开大规模扩张，同时采取放宽进口限制、建立生产设施等措施促进汽车和电子产品加工业的发展。当然，最终能否实现工业部门的快速增长，则主要取决于本地工业生态系统的有效性、产业集群的整合性以及能否最终实现规模经济。

3. 细分工业发展情况

除了油气行业之外，其他工业部门相对较为薄弱。下面着重分析阿尔及利亚的油气工业、食品工业，因此这里对阿尔及利亚其他非碳氢工业作简要分析。代表性非碳氢工业主要有钢铁工业、水泥工业、汽车工业、电子和家电工业、纺织工业和制药工业。

钢铁工业。阿尔及利亚有两个主要的钢铁厂。其一是安纳巴市的国有企业 Imetal，该公司最初由国际钢铁公司 ArcelorMittal 和阿尔及利亚政府共同持股，自从 2015 年 ArcelorMittal 退出阿尔及利亚钢铁市场之后，该公司就变成国有独资公司，2017 年年产 100 万吨钢铁。其二是由土耳其公司 Tosyali Algérie 成立的、在初成立时就实现年产 120 万吨的钢铁厂。实际上，阿尔及利亚的 Tosyali 钢厂于 2019 年中期已经在其铁矿石球团厂实现年产 400 万吨的满负荷生产，使得阿尔及利亚从建厂之前的钢铁净进口国变成钢铁出口国。

水泥工业。阿尔及利亚 2014 年水泥年产量可达 210 万吨，尽管成为世界第二十位、非洲第二位（仅次于埃及）的水泥生产大国，但是仍满足不了本国的水泥需求。目前，阿尔及利亚正在进行一系列扩张水泥产能的建设项目，假以时日，也许阿尔及利亚将实现水泥的自给自足。国有企

---

① "Algeria-Industry," https：//www. privacyshield. gov/article？id = Algeria-Industry.

业阿尔及利亚水泥工业集团（Groupe Industriel Public des Ciments），2016年产能已达 115 万吨。截至 2019 年，其旗下共有 14 个水泥厂，2018 年主要出口市场是毛里塔尼亚、加纳、科特迪瓦和塞内加尔。共计实现水泥出口超 100 万吨。[①]

汽车工业。阿尔及利亚汽车工业由来已久，1957 年起源于法国汽车公司的本地汽车配件公司，该汽车配件公司是阿尔及利亚的国家企业工业公司（SNVI）的前身，SNVI 仍继续生产货车、卡车和公交车。2014 年在奥兰（Oran）的雷诺（Renault）汽配厂落成，该汽配厂主要由一家法国公司和 SNVI 合资建成，年产 75000 辆汽车。在雷诺之后，不少国际汽车企业纷纷在阿尔及利亚投资设厂，例如法国标致汽车、大众汽车等。因此，除了阿尔及利亚政府的投资和支持外，国际汽车巨头的投资也不断促使阿尔及利亚的汽车工业迅速发展。

电子和家电工业。阿尔及利亚是非洲重要的电子产品和白色家电生产国。该行业是阿尔及利亚新兴的主要行业，在本地具有高度的一体化率，比如本地制造商 Iris 在冰箱行业的一体化率高达 90%。该行业的代表企业是本地企业 Cevital 和一家法国公司联合经营的 Brandt 公司，在塞提夫地区建有两家工厂。另一家代表性企业是阿尔及利亚本哈马迪集团公司旗下的子公司——秃鹰电子公司（Condor Electronics），主要生产家用电器、空调、音响和计算机电子设备等，但是，该公司由于原材料供应和进口许可证发放方面的延误等问题，已经于 2020 年 2 月申请破产。阿尔及利亚为促进该行业的发展，制定了一些进口免税政策，根据 2020 年 6 月 4 日第 20—07 号法律（关于 2020 年补充金融法）第 60 条的规定，本地获取或进口的原材料，用于电子产品、设备和家用电器的组件和子组件的生产免征关税和增值税。

纺织工业。阿尔及利亚本地纺织工业由一家国有企业 GETEX 所主导，该公司分别由三家专业化生产基础工业纺织品、时装、皮革和鞋类的企业合并而成。实际上，GETEX 仅拥有本地纺织品 4% 的市场份额，大部分纺织品消费需求由进口满足。为振兴本国纺织工业，阿尔及利亚政府给 GE-TEX 注入资金，用于偿还债务、更新老旧设备。该公司的主要目的是提高

---

① 阿尔及利亚水泥工业集团官网（https://www.gica.dz/medias/）。

市场份额，瞄准中端市场，避开低端市场上来自中国的强有力竞争。GE-TEX 和土耳其纺织公司 Tay Group（被称为 Tayal）正在埃利赞开发大型纺织综合体，将进一步推动该行业的发展。

制药工业。阿尔及利亚的制药工业始于 2008 年，扩张于 2014 年，是其进口限制政策中的另一个受益者，根据阿尔及利亚健康、人口和医疗改革部的数据，其制药行业可以满足本国 45% 的药品需求，而其目标则是 70%，政府将致力于促成这一局面的形成。制药行业最大的企业是塞达尔医药集团（Saidal），该公司可以生产 215 种药物，和法国制药巨头赛诺菲等国际药企均建立了合作关系。

4. 工业发展面临的挑战和趋势

阿尔及利亚工业发展的重要挑战就是工业用地的获取，为了解决这一问题，2015 年通过的《财政法》授权省级政府可以给投资者提供工业用地，尽管如此，政策的落地却被屡屡推迟，即便是已经规划了工业园区，考虑到工业园区的偏远和劳动力缺乏等问题，工业发展所面临的问题仍然亟待解决。

正在进行中的大量项目，表明在阿尔及利亚政府致力于用当地生产替代进口，并出台新的投资激励措施予以支持。增加本地原料产量的计划还将整合更好的生产链，从而有助于创造就业机会并减少阿尔及利亚对石油和天然气收入的依赖。

（三）服务业概况

1. 基本情况

近年来，服务业贡献了阿尔及利亚 GDP 的 50% 左右，21 世纪以来服务业一直处于稳步发展中，提供了近 60% 的社会就业（见表Ⅰ-5-2、表Ⅰ-5-3）。根据阿尔及利亚统计局的统计标准，服务业可以划分为五个主要部门：运输与通信业、商贸行业、酒店餐饮业、面向企业的服务业和面向家庭的服务业。从各行业的增加值规模来看，商贸行业、运输与通信业是阿尔及利亚规模较大的两个服务部门，这两个部门分别创造了整个服务部门 44% 和 40% 的增加值。其中，2017—2019 年，商贸行业前两年增速维持在 3% 以上，而 2019 年则有所下滑。相较之下，运输与通信业发展速度较快，扩张趋势较平稳，但是 2019 年依然出现增长放缓的迹象，可能主要是由于政治不确定性，各行业领导人相继出现腐败丑闻，行业监管不力等问题直接阻碍了投资项目等的落实。

表 I - 5 - 6　　　　　　　阿尔及利亚服务业细分行业增加值　　　　（现价亿第纳尔）

	2016	2017	2018	2019
运输与通信业	18004	19730	21571	22449
商贸行业	23413	24128	24930	24458
酒店餐饮业	2404	2694	2794	3042
面向企业的服务业	2289	2479	2649	2812
面向家庭的服务业	2303	2604	2850	3078

资料来源：阿尔及利亚统计局经济账户 2016—2019 年数据，https：//www. ons. dz/。

2. 服务贸易

服务贸易发展情况是衡量一国服务业发展的重要指标。阿尔及利亚服务部门是重要的进口部门，服务贸易逆差一直较大。国际国币基金组织收支平衡表和投资头寸（Balance of Payments and International Investment Position）季度数据显示，2015 年来，阿尔及利亚各季度进口额一直高于出口额，尤其是每年的第四季度。年度服务贸易逆差在 70 亿美元以上，尤其是 2018 年，服务贸易逆差高达 85. 05 亿美元。

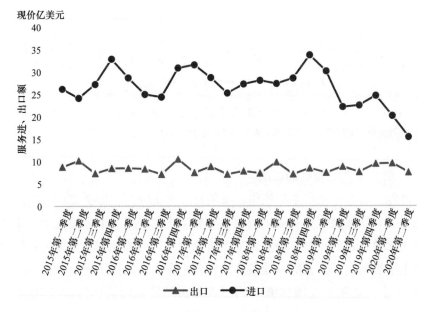

图 I - 5 - 9　阿尔及利亚服务贸易进出口季度数据（2015—2020）

资料来源：国际国币基金组织收支平衡表和投资头寸季度数据。

服务贸易占 GDP 的比重则体现了一国输出服务、促进经济发展的重要能力。基于世界银行公开数据库提供的服务贸易占比数据，就服务贸易发展对经济发展的贡献而言，阿尔及利亚服务部门相较于周边的北非马格里布国家，尚未形成较强的出口能力（见图Ⅰ-5-10）。

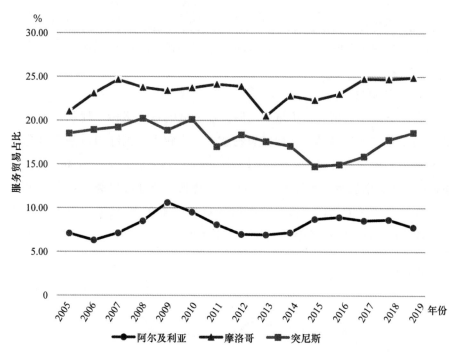

图Ⅰ-5-10 阿尔及利亚服务贸易占比和周边国家对比（2005—2019）

资料来源：世界银行公开数据库服务贸易占比指标数据。

3. 服务业发展面临的挑战

首先，国有经济占主导地位、市场进入壁垒较高，服务部门外资进入较为困难，导致旅游业和酒店餐饮业等劳动密集型服务业发展受到一定的阻碍。据世界银行预测，商业服务业将成为促进阿尔及利亚非碳氢部门发展的重要推动力，商业服务业较高的私营企业占比起到了重要作用，实际上 2019 年商业服务业增加值中 94.1% 是由私营部门贡献的。① 其次，公

---

① 阿尔及利亚统计局经济账户 2016—2019 年数据，https：//www. ons. dz/。

共投资效率低下，是制约信息技术和通信业等非碳氢服务业发展的又一因素。此外，基础设施不足，进一步限制了信息通信、旅游业等依赖基础设施的服务业发展。

第二节　重点工业

阿尔及利亚经济严重依赖油气工业，其他工业基础薄弱，但是政府正采取一系列促进非碳氢工业多元化发展的举措，因此，除了油气工业外，食品加工等其他工业呈现出快速增长态势。

一　石油和天然气工业

（一）概况

阿尔及利亚是非洲三大石油生产国之一、非洲领先的天然气生产国、欧洲第二大天然气供应国，拥有世界上第三大页岩油气资源。其中，原油出口量居世界第 12 位；天然气出口量居世界第 3 位，仅次于俄罗斯和加拿大，年出口液化天然气约 2000 万吨，是世界上第四大液化天然气出口国，仅次于印尼、马来西亚和卡塔尔。[①]

阿尔及利亚已经有百余年碳氢工业生产历史，最早的勘探记录可追溯至 1890 年，1949 年勘探进程有重大发现，1957 年开始生产石油。[②] 主要油田有 11 个。哈西·迈萨乌德（Hassi Messaoud）是阿尔及利亚历史最悠久、规模最大的油田，位于阿尔及利亚的东部，靠近利比亚边界。哈西·迈萨乌德油田估计拥有 39 亿桶探明和可采储量。自油气工业逐渐步入正轨以来，油气领域的经济活动主要适用阿尔及利亚政府 2005 年出台的碳氢法案，这一法案监管国际石油公司（IOCs）在阿尔及利亚油气工业上游的开采和生产、中游的运输和下游产品部门等。2005 年的法案相较 1986 年出台的碳氢法案，更有利于外国投资者。但是 2006 年，阿尔及利亚政府针对这一法案出台了修正法案，规定外资企业在阿尔及利亚境内进

---

①　中国石油官网数据，http：//www. cnpc. com. cn/syzs/cyg/202007/db83d506ac2d4245b455b0600100bca5. shtml。

②　中国驻阿尔及利亚大使馆经济商务处市场调研，http：//dz. mofcom. gov. cn/article/ztdy/200409/20040900278969. shtml。

行的任何项目都必须由国家油气公司 Sonatrach 持股 51% 以上，并针对外资企业规定了暴利税（windfall profits tax）。2013 年，为吸引外资，阿尔及利亚再次修订碳氢法案，此次修订引进了基于利润的税收政策，允许对非常规资源进行较长期开采，允许液态碳氢和气态碳氢开采时间分别延长至 30 年和 40 年，但是这一修正法案并没有动摇 Sonatrach 在所有油气项目中控股这一点。

　　石油与天然气产业是阿尔及利亚国民经济的支柱。多年来，油气产业产值一直占阿尔及利亚 GDP 的 30% 左右，税收占国家财政收入的 60% 左右，出口占国家出口总额的 97% 以上。[①] 近年来，石油和天然气行业出现较大波动，继 2016 年油气工业增加值实现 7.7% 的大幅度增长之后，2017 年、2018 年和 2019 年持续下跌，跌幅分别为 2.4%、6.4% 和 4.9%。2019 年，阿尔及利亚油气工业增加值为 39903.71 亿第纳尔。[②] 阿尔及利亚的油气工业具有明显的公有制属性，其产值、中间品消耗或生产性消耗、增加值等主要指标表明，国有企业或集体企业等公有制经济主体是油气工业的主要产出部门。从油气工业的公有制占比来看，近几年来，尽管公有制比重略有降低，但是公有制企业仍在油气工业中占绝对的主导地位（见表 I-5-7）。

表 I-5-7　　　　　　　　阿尔及利亚油气工业主要产出指标　　　　（现价亿第纳尔）

	2016	2017	2018	2019
产值	42616.25	50068.49	60837.29	55009.59
其中，公有制占比（%）	90.8	90.9	90.5	88.1
中间品或生产性消耗	12360.12	13071.98	15349.73	15105.88
其中，公有制占比（%）	93.6	94.1	94.7	89.8
增加值	30256.12	36996.51	45487.56	39903.71
其中，公有制占比（%）	89.7	89.8	89.2	87.4

　　资料来源：阿尔及利亚统计局经济账户 2016—2019 年数据，https：//www. ons. dz/。

　　阿尔及利亚统计局在其发布的各项数据、报告中，多以碳氢工业

---

　　① 中国商务部发布的《对外投资合作国别（地区）指南——阿尔及利亚投资（2019 年）》。

　　② 阿尔及利亚统计局发布的《2016—2019 年经济账户》，https：//www. ons. dz/spip. php？ rubrique332。

（Hydrocarbures，统计代码为 NSA 03）来指代石油和天然气工业，具体细分为三个子行业：原油和天然气（Pétrole brut，Gaz naturel）、精炼原油（Raffinage pétrole brut）和液化天然气（Liquéfaction gaz naturel）。根据油气工业生产指数，2009 年至 2018 年，阿尔及利亚油气工业发展缓慢甚至有所下滑，主要是原油和天然气工业产值显著下滑，相比之下精炼原油工业产值表现较为稳定，其增长趋势部分抵消了原油和天然气以及液化天然气产值的下滑趋势。

表 I −5−8　　阿尔及利亚油气工业生产指数（以 1989 年为基期）

	油气工业	其中细分行业		
		原油和天然气	精炼原油	液化天然气
2009	139.2	146.0	108.9	134.1
2010	136.3	140.3	136.5	118.0
2011	131.4	135.7	130.9	112.5
2012	123.3	128.5	119.4	103.1
2013	120.0	122.9	120.8	106.2
2014	131.5	128.1	159.3	123.7
2015	127.5	124.4	155.5	118.2
2016	127.9	126.6	152.6	113.4
2017	127.5	125.7	149.0	117.1
2018	122.9	122.9	146.8	102.8

资料来源：根据阿尔及利亚统计局工业活动 2009—2018 年数据（https：//www.ons.dz/spip.php？rubrique312）整理得到。

（二）产能分析

从原油产能来看，《OPEC 年度统计数据公告 2020》数据显示，阿尔及利亚在 13 个石油输出国组织（OPEC）成员国中位居第九位，2019 年原油产能可达 102 万桶/天，相比于其他 OPEC 国家处于较低水平。

从油气工业价值链视角来看，基于阿尔及利亚能源部发布的石油工业产能数据，石油工业可细分为三个主要部门：精炼石油工业、石化工业、石油产品。

首先，精炼石油和天然气工业。为满足中长期市场对燃料不断增长的需求，阿尔及利亚能源部已于 2011 年启动了恢复并升级北部炼油厂现有

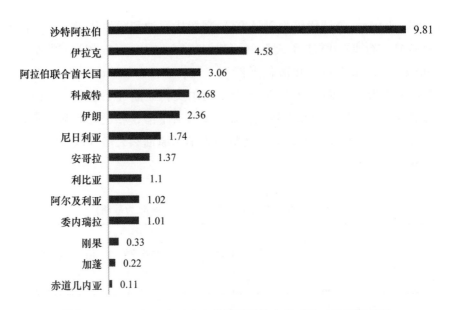

图 Ⅰ-5-11　2019 年 OPEC 成员国原油产能对比（百万桶/天）

资料来源：《OPEC 年度统计数据公告 2020》，https：//asb. opec. org/ASB_ Charts. html?
chapter = 10。

设施的计划，主要包括三个城市的炼油厂：阿尔泽（Arzew）、斯基克达
（Skikda）和阿尔及尔（Alger）。

表 Ⅰ-5-9　　　　　阿尔及利亚主要的精炼石油和天然气工厂

序号	工厂名称	类型	所有者	原料	产能（千桶/天）
1	Adrar	原油	CNPC/Sonatrach	Touat 油田	13
2	Algiers（El Harrach）	原油	Sonatrach	Hassi Messaoud 原油	53
3	Arzew	原油	Sonatrach	Sahara 原油	81
4	Hassi Messaoud	原油	Sonatrach	Hassi Messaoud 原油	22
5	Skikda	原油	Sonatrach	Sahara 原油	355
6	Skikda	天然气	Sonatrach	天然气凝结物	122

资料来源：根据美国能源署数据（https：//www. eia. gov/international/content/analysis/countries_
long/Algeria/Algeria_ background. pdf）整理得到。

其次，石化工业。阿尔及利亚的石油化工行业运营着六个工厂，其中包括 Sonatrach 自有的两个工厂和四个合作的工厂。Sonatrach 自己开发的两个工厂均位于阿尔泽：CP1Z 工厂和 CP2K 工厂。四个合作的工厂分别是 Helison 工厂、Helios 工厂以及两个和其他公司合作的氨和尿素工厂（见表 I-5-10）。

表 I-5-10 阿尔及利亚石化工业产能

序号	工厂名称	主要产品产能
1	CP1Z 工厂	甲醇：113000 吨/年 甲醛：20000 吨/年 液态酚醛树脂：5000 吨/年 粉末状酚醛树脂：2500 吨/年 液态尿素树脂：10000 吨/年 尿酸树脂：2600 吨/年 尿素树脂模塑粉：2500 吨/年 液态三聚氰胺树脂：1000 吨/年
2	CP2K 工厂	高密度聚乙烯（HDPE）：130000 吨/年
3	Helison 工厂	液态氦：6 亿立方英尺 液态氮：33000 吨 气态氦：13200 吨
4	Helios 工厂	氦气：6 亿平方英尺/年 液态氮：33000 吨
5	与 Orascom Construction Industries 合作的氨和尿素工厂	氨：150 万吨/年 尿素：150 万吨/年
6	与 Suhail Bahwan Group Holding 合作的氨和尿素工厂	氨：130 万吨/年 尿素：230 万吨/年

资料来源：根据阿尔及利亚能源部石油部门数据（https：//www. energy. gov. dz/？ rubrique = produits-petroliers）整理得到。

最后，石油产品。阿尔及利亚能源部数据显示，2017 年，阿尔及利亚石油产品市场为 1470 万吨，其中，国有公司 Naftal 占主要市场份额。主要的石油产品包括陆地燃料、液化石油气/汽油、液化石油气、润滑剂、沥青等，2017 年，除了液化石油气/汽油有所增长（29.9%）外，其他石油产品有着不同程度的萎缩。

化肥是石油产品的典型代表。2013 年，Sonatrach 和外资企业在阿尔泽市（Arzew）共同成立了两家合资公司 Sorfert 公司和 AOA 公司，专业化生产氨和尿素复合肥，由此阿尔及利亚成为非洲地区四个生产尿素的国家之一。[①] 在阿尔及利亚其他类似的化肥生产公司还有安纳巴市的 Fertia 公司，国际肥料协会（IFA）数据显示，至 2020 年，该公司预计将扩产至 33 万吨商品合成氨。2016 年，阿尔及利亚的国有企业 Manal 和印度尼西亚的 Indorama 集团达成 45 亿美元的意向合同以共建三个化肥项目，实际上，阿尔及利亚的磷酸盐肥料在中长期内将具有良好的发展势头，在非洲仅次于摩洛哥和埃及。[②] 关于阿尔及利亚的磷矿石，国际肥料协会数据显示，Somiphos 公司计划到 2021—2022 年度使 Djebel Onk 地区矿业联合体产能增加 200 万吨。另外，Manal 公司（与 Indorama 的合资企业）计划于 2020—2021 年度投产一座新矿，产能为 500 万吨磷精矿石。这两个项目均是用于向下游新产能供应原料的，未来下游产能合计将达 200 万吨。

（三）进出口贸易

以石油和天然气为主的燃料是阿尔及利亚主要的出口商品，世界贸易组织提供了阿尔及利亚历年商品进出口总额和燃料进出口的门户数据对比。在出口方面，燃料占阿尔及利亚商品出口总额的比重基本在 90% 以上，2005 年至 2013 年一度高达 98% 以上，近年来略有降低。在进口方面，阿尔及利亚主要进口食品等日用品和机械设备等工业用品，燃料在总商品进口中的比重相对较小，2012 年的最高占比也不到 10%，近年来保持在 3%—4%（见表Ⅰ-5-11）。

表Ⅰ-5-11　　　主要年份阿尔及利亚总商品出口和燃料进出口　　　（现价百万美元）

年份	出口			进口		
	总商品	燃料	燃料出口占比（%）	总商品	燃料	燃料进口占比（%）
1990	12880	10623	82.5	9770	108	1.1
2000	22031	21610	98.1	9171	128	1.4
2005	46002	45262	98.4	20357	199	1.0
2010	57053	56087	98.3	40473	867	2.1

①　其他三个分别是埃及、利比亚和尼日利亚。

②　国际肥料协会（IFA）发布的报告：《全球肥料与原材料供应 2017—2021》，fertilizer. org/images/Library_ Downloads/2017_ IFA_ Annual_ Conference_ Marrakech_ Prudhomme_ Report_ Chinese. pdf。

续表

年份	出口			进口		
	总商品	燃料	燃料出口占比（%）	总商品	燃料	燃料进口占比（%）
2011	73489	72212	98.3	47247	1075	2.3
2012	71866	70716	98.4	50378	4866	9.7
2013	64974	63877	98.3	55028	4288	7.8
2014	60061	58408	97.2	58580	2843	4.9
2015	34668	33218	95.8	51702	2339	4.5
2016	30026	27471	91.5	47089	1562	3.3
2017	35191	33823	96.1	46059	1938	4.2
2018	41797	38923	93.1	46330	1944	4.2
2019	35824	33200	92.7	41934	—	

资料来源：根据世界贸易组织门户数据（https：//data. wto. org/）整理得到。

　　阿尔及利亚燃料出口市场主要是欧洲。从世界综合贸易解决方案（WITS）和联合国贸易数据库（UN Comtrade）中得到的最新数据截至2017年，欧洲国家意大利（556.57万美元，16.46%）、法国（417.56万美元，12.35%）和西班牙（385.40万美元，11.39%）是阿尔及利亚油气产品的主要出口市场。此外，美国（10.14%）、巴西（5.96%）、荷兰（5.5%）、土耳其（5.22%）和英国（4.72%）等也都是阿尔及利亚油气的出口市场。

　　同时，欧洲也是阿尔及利亚燃料的主要进口来源地。从世界综合贸易解决方案（WITS）和联合国贸易数据库（UN Comtrade）中得到的最新数据截至2017年，欧洲国家意大利（45.46万美元，23.46%）、立陶宛（37.75万美元，19.48%）、法国（35.69万美元，18.41%）是阿尔及利亚油气产品的主要进口国。

　　仅就石油出口来看，石油输出国组织（OPEC）提供的《OPEC年度统计数据公告2020》数据显示，2019年，阿尔及利亚石油出口额达226.7亿美元，居OPEC成员国第八位，占OPEC当年总出口额的4%（见图Ⅰ-5-12）。

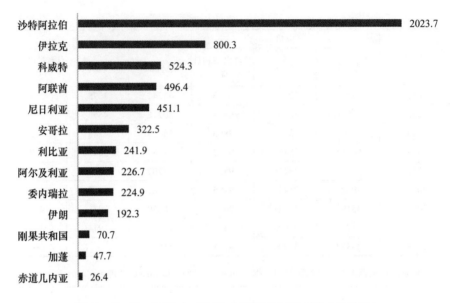

图Ⅰ-5-12　2019年OPEC成员国石油出口额（亿美元）

资料来源：《OPEC年度统计数据公告2020》，https：//asb. opec. org/ASB_ Charts. html？ chapter =1。

（四）市场竞争主体

在阿尔及利亚油气市场上，Sonatrach拥有75%的油气产出份额，跨国公司持有25%。[①]阿尔及利亚油气市场以国家油气公司及其154家子公司和参股公司为主导，子公司中主要包括国家地球物理公司ENAGEO、国家钻井公司ENAFOR、国家大型石油工程公司ENGTP等，在子公司中，Sonatrach 100%控股的有15家。此外，还有两家油气代理机构，碳氢化合物监管局ARH和国家碳氢化合物保护机构ALNAFT。

主要外资企业包括西班牙石油公司Cepsa，英国石油公司BP，意大利国家碳氢公司Eni，西班牙石油公司Repsol，法国石油公司Total，挪威国家石油公司Equinor和美国油气勘探生产公司Anadarko。

从总体上讲，首先，阿尔及利亚油气市场外资企业相对较少，主要是由于阿尔及利亚的许可证出售招标困难，比如2014年招标中31个投标者

---

① 美国能源署EIA，https：//www. eia. gov/international/content/analysis/countries_ long/Algeria/Algeria_ background. pdf。

仅有 4 个中标。其次，Sonatrach 的贪污腐败丑闻也打击了外资流入的积极性。

（五）发展前景展望

在油气工业发展方面，阿尔及利亚优势和劣势同样突出。尽管阿尔及利亚碳氢化合物和矿产资源储量丰富，由此具备了石化行业下游加工业的先天优势。但是，阿尔及利亚采掘能力和油气的下游产品加工制造能力薄弱，仍然是石化产品的进口国。未来，阿尔及利亚将通过其国有企业 Sonatrach 与国际知名企业持续合作，重点提升其石化工业技术、下游石化产品的加工制造能力。

此外，为了提升碳氢能源利用效率、促进油气工业转型，阿尔及利亚也积极寻求与德国等先进碳氢工业国家合作。根据 2020 年 11 月 20 日阿尔及利亚通讯社的报道，两国将通过西迪·阿卜杜拉（Sidi Abdallah）能源转型研究所项目加强在能源生产技术、专有技术和专业知识转让、培训等方面的合作，为未来阿尔及利亚的碳氢工业生产技术、使用效率和可持续发展奠定了基础。

【案例】阿尔及利亚国家油气公司

阿尔及利亚国家油气公司是阿尔及利亚第一大企业，美国能源署（IEA）数据显示，2019 年 Sonatrach 拥有阿尔及利亚碳氢工业 75% 的产出。Sonatrach 是非洲较具代表性的企业之一，在 Think Africa 公布的 2020 年非洲 100 强和《非洲青年》杂志评选的非洲 500 强中都位居榜首。[①] 中国商务部发布的《对外投资合作国别（地区）指南——阿尔及利亚投资（2019 年）》显示，Sonatrach 是世界第 12 大石油公司、第 4 大天然气出口公司和第 2 大液化石油气出口公司。根据美国《石油情报周刊》排名榜，Sonatrach 在世界石油公司排名中居第 15 位，较上年下滑一个位次。

历史发展

Sonatrach 历史发展过程可以划分五个主要阶段。第一，创立阶段。1963 年 12 月，阿尔及利亚政府成立了全国碳氢化合物运输和销售公司

---

① https://thinkafrica.net/largest-companies-in-africa-top-100/.

（Société Nationale de Transport et de Commercialisation des Hydrocarbures），1966 年公司名称变更为全国碳氢化合物研究、生产、运输、转化和销售协会（Société Nationale pour la Recherche, la Production, le Transport, la Transformation et la Commercialisation des Hydrocarbures），负责阿尔及利亚境内所有和石油相关的业务。第二，业务拓展阶段。1971 年阿尔及利亚政府开始将全国的天然气领域国有化。第三，石油精炼阶段。1981 年，公司正式更名为现在的国有企业 Sonatrach，20 世纪 80 年代以来，开始进一步加强其在石油精炼方面的地位，充分利用当时的外资合作者（主要是意大利和日本）的技术专长，加强石油精炼业务增长，减少了阿尔及利亚的原油出口，增加其贸易增加值。第四，合资合作阶段。20 世纪 90 年代开始，走上与外资企业合作促发展的道路，如 1995 年与英国石油公司（BP）共建合资企业 Salah Gas，至 1999 年，已经与 25 个外资企业合作在阿尔及利亚油气领域开展业务。第五，全球化阶段。21 世纪以来，加速全球化步伐，进一步深入与外资企业在油气领域各方面的深度合作，如 2000 年，与西班牙石油公司 CEPSA 等共同建立合资项目 MedGaz，铺设了从阿尔及利亚到西班牙长达 450 千米的天然气管道。

主营业务和产品

Sonatrach 专门经营石油、天然气勘探开采，是阿尔及利亚油气领域独家经营者，作业面积约 110 万平方千米，石油产量占全国总产量的 85%，天然气产量占全国总产量的 90% 以上。

Sonatrach 主营业务可以分为五大类。第一，油气勘探和生产。主要包括开发和利用矿床以优化资源利用，管理勘探开采合作，国际项目研究和谈判。第二，管道运输。主要包括码头区和公海的碳氢化合物运输结构和港口设施的运营，维护码头区和公海的碳氢化合物运输结构和港口装卸设施。第三，液化和分离。主要包括液化天然气和乙烷、丙烷、丁烷和汽油等副产品的生产和销售。第四，炼油和石化，主要包括运营和管理炼油与石化产品生产设施。第五，油气营销，主要包括制定和应用碳氢化合物营销政策和策略。

2019 年，Sonatrach 一次能源生产总计为 186.8 百万吨当量，管道运输为 147.6 百万吨当量。在碳氢工业市场上，液态和气态碳氢化合物产品销售量共计达到 149.9 百万吨当量，国内市场消费 90.1 百万吨当量。

表 I-5-12　　　　　　2019 年 Sonatrach 主营产品产出情况

主营业务	主营产品	Sonatrach	合作伙伴	总计
一次能源生产	原油（百万吨）	28.7	19.6	48.3
	凝结物（百万吨）	6.3	1.9	8.2
	液化石油气（百万吨）	5.9	1.8	7.8
	天然气（十亿立方米）	102.8	24.6	127.4
管道运输	原油（百万吨）	—	—	46.6
	凝结物（百万吨）	—	—	8.2
	液化石油气（百万吨）	—	—	7.6
	天然气（十亿立方米）	—	—	88.1
炼油和石化	液化天然气（百万吨）	—	—	27.1
	液化石油气（百万吨）	—	—	7.9
	精炼原油（百万吨）	—	—	23.5

资料来源：根据 Sonatrach 官网发布数据（https：//sonatrach.com/publications）整理。

财务状况和营收

从主要财务指标上看，2017—2019 年，Sonatrach 规模总体上有所扩张，资产、负债和所有者权力均有不同程度增长。从资产角度而言，Sonatrach 连续两年保持着 6% 左右的扩张速度，表明公司近年来有较大的建设项目，主要是其中的生产设备等固定资产的增加、库存的持续性增加和 2019 年应收账款的显著增加，相反，Sonatrach 持有的股票等金融证券资产经历大幅增加、较大幅减少的变动。从债务角度而言，近年来 Sonatrach 在税金、贷款和金融债务上出现较大幅度增长。从所有者权益角度而言，近两年来，Sonatrach 的股东权益保持着稳定的增长趋势。

就 Sonatrach 的短期偿债能力来说，Sonatrach 的流动比率（流动资产与流动负债比率）连续三年保持在 1.1 左右，按照一般公认标准，其偿债能力较弱。与世界上最大的石油公司沙特阿拉伯国家石油公司（1.89）相比，这一指标也相对较低。

表 I −5−13   2017—2019 年 Sonatrach 资产负债表主要指标   （十亿第纳尔）

	2017	2018	2019
总资产	11932	11301	10570
非流动资产	7011	6367	6396
库存	521	458	395
应收账款	4176	3219	3113
交易性金融资产	223	1256	666
总负债	5078	4724	4328
非流动负债	436	371	349
流动负债	4642	4353	3979
所有者权益	6854	6577	6242

资料来源：根据 Sonatrach《2019 年财报》中数据（https：//sonatrach.com/rapports）整理得到。

从公司年度净利润而言，2017 年至 2019 年，Sonatrach 年度净利润基本在 3000 亿—4000 亿第纳尔，2018 年净利润较高，达到 4140 亿第纳尔，较上年增加 27%，而 2019 年则由于世界油价下滑、经营不善等原因，显著下跌 18.36%。

未来发展展望

2020 年的新冠病毒大流行对 Sonatrach 造成了极大冲击，2020 年第一季度碳氢化合物收入比上年同期下跌 30%。目前集团公司已经大幅削减开支，2020 年预算开支从上年的 140 亿美元削减至 70 亿美元，缩减了一半。除此之外，《非洲青年》杂志称，Sonatrach 前战略总监 Mourad Preure 已经证实，Sonatrach 面临着大幅裁员的危机。[1] 这种情形和 20 世纪 90 年代阿尔及利亚由于面临外债危机而崩溃的情况如出一辙，都是 Sonatrach 需要艰难转型以应对的巨大危机。同时，由于阿尔及利亚过去 20 年来石油立法的不当操作严重损害了其国际战略伙伴关系，Sonatrach 如今在应对此次疫情危机中几乎处于孤立无援的境地。阿尔及利亚将吸引外资、共度时艰的希望寄托在 2019 年 12 月生效的《碳氢化合物管理办法》上，这一

---

① 《非洲青年》，https：//www.jeuneafrique.com/mag/1007226/economie/algerie-sonatrach-une-modernisation-deja-compromise/。

新立法为外国投资者在碳氢工业勘探和开发领域提供了更加广泛的灵活性、更低的总体税率。

Sonatrach 未来的目标是在 2030 年之前跻身全球能源行业国家公司前 5 名。为此，Sonatrach 正在进行公司的数字化转型和实施可持续发展战略。

二　食品工业

（一）概况

在非碳氢工业整体基础薄弱的情况下，食品工业（Les Industries Agro-alimentaires，IAA）是阿尔及利亚最发达的非碳氢工业，政府基于工业多元化发展战略举措也对食品工业非常重视，2017 年，食品工业仅新增投资项目就高达 716 项，就总投资额而言，占当年新增项目的 28%、占投资总额的 18.05%。[①]

位于阿尔及尔（Algiers）和卜力达（Blida）之间的米提加平原（Mitidja）一直是农业发达地区，充当着全国粮仓，卜力达地区也因此成为食品工业集聚区。

（二）产出分析

2016 年至 2019 年，食品工业在阿尔及利亚工业增加值中的比重保持在 6% 左右。从创造 GDP 的角度来看，食品工业也是除了油气工业和政府大量投资的建筑、公共工程业之外，对阿尔及利亚 GDP 贡献最大的工业部门（见表 I -5 -14）。

近三年（2017—2019）来，阿尔及利亚食品工业产值、中间品或生产性消耗和增加值均保持着稳健增长态势，但是增幅逐渐收窄。以产值为例，2017 年食品工业产值较上年增长 6.1%，2018 年这一增速略减至 5.8%，2019 年持续减至 3.3%。食品工业较为突出的特征就是私营经济占主导地位，在其产值等各项指标中，私营经济产值占比高达 80% 以上（见表 I -5 -14）。

---

① 普华永道研究报告《阿尔及利亚 2018》，https：//www.pwc.fr/fr/assets/files/pdf/2019/02/pwc-the-report-algeria-2018.pdf。

表 I - 5 - 14　　　　　　2016—2019 年食品工业产出指标　　　　（亿第纳尔）

	2016	2017	2018	2019
产值	12620.16	13396.28	14175.62	14640.01
其中：私营占比（％）	84.3	84.4	84.4	84.3
中间品或生产性消耗	8803.69	9321.53	9841.55	10192.99
其中：私营占比（％）	83.0	83.0	83.2	82.9
增加值	3816.47	4074.74	4334.07	4447.01
其中：私营占比（％）	87.2	87.7	87.2	87.5

资料来源：根据阿尔及利亚统计局经济账户 2016—2019 年数据（https：//www. ons. dz/）整理得到。

目前，阿尔及利亚的食品工业主要以谷物加工业和饮料加工业为主，其他食品工业规模相对较小，包括奶制品、油类制品、罐装水果蔬菜罐头制品和冷冻食品等。其中，谷物加工以面粉加工和粗粮加工为主。奶制品加工业则主要以袋装巴氏杀菌牛奶为主，普华永道的研究报告称，阿尔及利亚每年的巴氏杀菌牛奶可达 18 亿吨，超高温技术瓶装牛奶达 3000 万吨，婴儿奶粉为 30000 吨，奶酪为 85000 吨。[1]

（三）进出口贸易

阿尔及利亚是食品进口大国，本国食品工业无法满足本地市场需求，1990 年以来，食品进口在阿尔及利亚总进口中的份额一度超过四分之一，近年来，尽管由于工业多元化发展战略，阿尔及利亚政府大力扶持食品工业而使得本国食品工业得到一定发展，食品进口相对减少，但是总体上，食品进口依然占阿尔及利亚总进口 20％ 左右的份额。相较之下，加工食品出口在总出口中的份额几乎可以忽略不计。食品工业进出口量的悬殊对比，再加上阿尔及利亚人口迅速增长所带来的广阔市场，食品工业仍然具有较大的发展空间。

---

[1] 普华永道研究报告《阿尔及利亚 2018》，https：//www. pwc. fr/fr/assets/files/pdf/2019/02/pwc-the-report-algeria-2018. pdf.

表 I - 5 - 15　　　　　2016—2019 年食品工业进出口额对比　　　　（现价百万美元）

年份	出口			进口		
	总商品额	食品额	食品出口额占比（%）	总商品额	食品额	食品进口额占比（%）
1990	12880	50	0.39	9770	2306	23.60
2000	22031	36	0.16	9171	2578	28.11
2005	46002	70	0.15	20357	3935	19.33
2010	57053	320	0.56	40473	6683	16.51
2011	73489	359	0.49	47247	10762	22.78
2012	71866	320	0.45	50378	9998	19.85
2013	64974	405	0.62	55028	10467	19.02
2014	60061	326	0.54	58580	11784	20.12
2015	34668	237	0.68	51702	10006	19.35
2016	30026	331	1.10	47089	8960	19.03
2017	35191	352	1.00	46059	9317	20.23
2018	41797	247	0.59	46330	9344	20.17

资料来源：根据世界贸易组织门户数据（https：//data. wto. org/）整理得到。

在出口产品市场分布上，加工食品主要的出口市场是毛里塔尼亚、约旦、土耳其、法国和黎巴嫩，世界综合贸易解决方案（WITS）数据显示，2017 年，这五大出口市场所占份额分别为 17.74%、15.05%、10.8%、6.47% 和 6.17%。在进口来源上，阿尔及利亚加工食品进口的来源主要是巴西、阿根廷、法国、德国和西班牙，2017 年，这五大进口来源国的份额分别为 38.01%、13.85%、9.8%、4.49% 和 4.01%。

（四）市场竞争主体

阿尔及利亚食品市场主要以私营企业为主，且已经形成了几个较大的食品公司。代表性食品加工企业包括众多的跨国公司，如可口可乐、达能等，以及本地企业，其中规模较大的企业主要包括以下几个：

塞维塔尔集团（Groupe Cevital）。该公司是阿尔及利亚最大的私营集团公司，由 Issad Rebrab 创立于 1971 年，总部位于库拜（Kouba）。该公司主营业务分为四大领域：食品加工和分销、汽车零售、房地产服务、工业制造。在食品加工领域，该公司主要加工制造食用油、精炼糖、人造黄油、矿泉水包装、罐头等。截至 2020 年 11 月，塞维塔尔集团共有附属子公司 26 家，雇用员工 18000 人，年收益达 40 亿美元，是阿尔及利亚最大的非碳氢出口商。[①]

Hamoud Boualem 公司。该公司是阿尔及利亚较大的软饮料制造商，成立于 1878 年，是阿尔及利亚十分古老的企业之一。该公司主营业务是生产碳酸饮料，主要产品包括 Selecto、Hamoud 和 Slim 等品牌的苏打水和各种口味的糖浆。其产品除了满足阿尔及利亚本国饮料市场需求之外，还销往法国、英国和加拿大。

SIM 集团（Groupe SIM）。该公司是阿尔及利亚最大的意大利面和蒸粗麦面制造商，成立于 1990 年。该公司的业务主要集中在以下四个领域：面粉加工制造、医疗卫生保健服务、房地产开发和休闲设施管理服务、教育培训服务。该公司现有职工 2200 人，主要食品加工生产线的产能为：粗面粉和面粉 2500 吨/天、意大利面 400 吨/天、蒸粗面粉 155 吨/天、牛饲料 600 吨/天。

（五）发展前景展望

近年来，油价下跌导致阿尔及利亚外汇储备减少，给了食品工业迅速发展的契机。同时，出于食品安全的考虑，阿尔及利亚政府也有意发展本国食品工业，同时减少对进口粮食和加工食品的依赖，为此，于 2008 年和 2016 年分别出台农业农村复兴政策和 Felaha 2019 倡议（Felaha 2019 Initiative）。考虑到阿尔及利亚仍是食品工业产品的进口大国，食品工业在将来仍然具有较大的增长空间。

阿尔及利亚的农产品和加工食品的国内市场非常重要。截至 2017 年，它是世界上最大的谷物消费国，也是北非主要的牛奶消费国。随着阿尔及利亚中产阶级的增多和妇女越来越多地加入劳动大军，阿尔及利亚人正在购买更多的加工食品和便民食品（也更经常去餐馆），近年来，对便餐，特别是成品色拉的需求显著增加。同时，上层社会越来越寻求高端产品。种种迹象表明，在市场需求持续增加的背景下，阿尔及利亚食品工业将会有很大的发展前景。

---

① Cevital 官网，https：//www.cevital.com/key-figures/。

第三节 重点服务业

一 旅游业

（一）概况

阿尔及利亚的文化、历史和自然风光等旅游资源丰富，具有巨大的旅游业发展潜力。旅游业主要产品包括四个大类。第一，沙漠旅游。阿尔及利亚撒哈拉沙漠是世界上第二大沙漠，面积约为 200 万平方米，是阿尔及利亚的核心旅游产品。第二，沿海旅游。阿尔及利亚海岸线绵延 1200 千米，是众多水上休闲娱乐的重要场所。第三，文化旅游。除了 7 处被联合国教科文组织列为世界遗产之外，还包括贝尼哈马德堡、贾米拉遗址、卡斯巴古城、姆扎葡山谷、阿杰尔高原、提姆加德和提帕萨等，此外还有 1000 多处国家级历史文化古迹。第四，疗养旅游。阿尔及利亚具有 282 个有着疗养功能的火山源温泉，可以满足游客的保健疗养休闲旅游需求。

阿尔及利亚独立后，于 1960 年发布国家旅游宪章以指导沿海地区和撒哈拉地区"旅游村"的网络化发展。1971 年至 1976 年，政府在布萨达、提济乌祖和阿尔及尔分别开设国际旅游学校，专门培训酒店经理、服务员和导游。20 世纪 80 年代初，由于政局动荡和经济环境变化，对旅游业的支持开始转为对其他行业的支持。20 世纪 90 年代，旅游业进一步衰落。直至 2008 年，政府决意再次重启旅游业发展计划，制订了《国家旅游发展计划》（Schéma Directeur d'Aménagement Touristique，SDAT），旨在通过一系列发展和促进举措，使旅游业成为经济增长的动力。但是阿尔及利亚旅游业发展一直较缓慢，近年来，政府也出台了相应的激励政策以促进旅游业的长期发展。根据旅游和手工业部的统计数据，2015 年，新建旅游项目为 584 个，2019 年底，新建旅游项目已经增加到 889 个，完成旅游项目 107 个。

（二）入境游客

基于丰富的旅游资源，1995 年以来，阿尔及利亚吸引入境游客数量基本处于逐年递增趋势之中，2013 年一度达到 273.3 万人。此后两年由于政权更迭、区域动荡、社会治安问题等，再加上 2014 年阿尔及利亚航空 5017 号班机空难事件等不利因素，阿尔及利亚的游客数量骤减，2015

年一度跌至 171 万人，此后缓慢回升。2019 年，由于发生规模较大的抗议腐败的游行示威等地区动荡事件，入境游客再次减少。从总体上而言，阿尔及利亚旅游业发展缓慢，主要是由于本国社会治安问题有待改善（见图 I－5－13）。

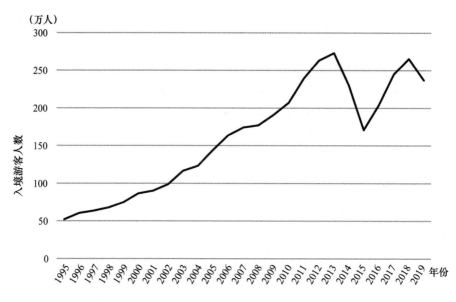

图 I－5－13　1995—2019 年阿尔及利亚入境游客数

资料来源：世界旅游组织数据库，https：//www. unwto. org/statistic/basic-tourism-statistics。

近年来，阿尔及利亚的入境游客以私人旅游休闲为目的的人数显著增加，而商务出行人数相对减少。根据世界旅游组织数据，和 2010 年相比，2019 年私人旅游休闲占比从 57.6% 提高到 91.8%。从阿尔及利亚入境游客来源上看，世界旅行旅游委员会数据显示，坦桑尼亚人（44%）、法国人（8%）、摩洛哥人（3%）、西班牙人（2%）和中国人（2%）是阿尔及利亚旅游业的主要游客。

相较于入境游客数量的较大幅度波动，近年来，国内旅游人数（以酒店住客人数来测度）相对较为平稳，基本保持在 350 万人到 400 万人。

酒店住宿床位数量是体现旅游业发展程度的重要指标。根据阿尔及利亚旅游和手工业部（Ministère du Tourisme et de l'Artisanat）的数据，阿尔及利亚刚独立时的酒店床位数仅为 5922 张，1985 年达到 39213 张，进入 21 世纪，旅游业快速发展，2000 年，床位数为 67087 张，2019 年底达 676125 张。①

（三）经济贡献

根据世界旅行旅游委员会的估计，2019 年，阿尔及利亚旅行旅游业对其当年 GDP 的贡献达 5.7%，共计创造 GDP 11599 亿第纳尔（约合 96.91 亿美元），旅行旅游业 GDP 增长率达 5.1%，高于实际 GDP 增长率；创造就业岗位 64.78 万个，占总就业的 6%。2019 年，国际入境游客共计在阿尔及利亚支出 245 亿第纳尔（2.04 亿美元），从而旅游服务出口额在阿尔及利亚总出口额中的比重达到 0.5%。②

根据阿尔及利亚旅游和手工业部的统计数据，阿尔及利亚旅游业在 GDP 中的占比尽管相对较小，但是呈现出逐渐缓慢增加的趋势，从 2015 年的 1.3% 增加到 2019 年的 1.8%。

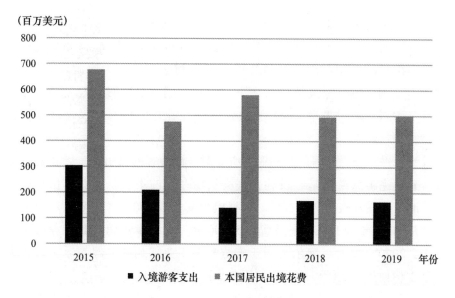

（百万美元）

■ 入境游客支出　■ 本国居民出境花费

图 Ⅰ - 5 - 14　2015—2019 年阿尔及利亚入境游客和本国居民出境游花费对比

资料来源：世界旅游组织数据库，https：//www. unwto. org/statistic/basic-tourism-statistics。

通过对比阿尔及利亚本地居民的出境游花费和外国人到阿尔及利亚的

①　阿尔及利亚旅游和手工业部，https：//www. mtatf. gov. dz/。
②　世界旅行旅游委员会，https：//wttc. org/Research/Economic-Impact。

入境游花费，可以发现，相对于从旅游服务上收到的服务出口收入，阿尔及利亚总体上是旅游服务进口支出更多。这主要是由于阿尔及利亚人更喜欢到国外度假，主要的旅游目的地是摩洛哥、法国、西班牙、突尼斯和土耳其等。

（四）发展前景展望

为促进旅游业发展，国家区域发展计划（SNAT 2030）特别制定了旅游发展总体规划（SDAT），这是阿尔及利亚旅游政策的战略参考框架，其主要目标如下：制订旅游质量计划（PQT）；通过投资于旅游中心和卓越村庄来开发和提高报价的资格；实施公私伙伴关系计划；加强旅游产业链；将旅游业对 GDP 的贡献提高到 10%，旅游业成为创造外汇的重要来源。

油价的低迷进一步让阿尔及利亚政府加紧了产业多元化发展的步伐，旅游业被作为替代碳氢产业创造收入和就业的重点产业。2020 年 2 月，阿尔及利亚和联合国开发计划署（United Nations Development Programme）在共同执行国家旅游战略的过程中，将卜利达省确定为旅游试点城市。2020 年 3 月，在新冠疫情危机之下，阿尔及利亚总统阿卜杜勒马吉德·特本（Abdelmadjid Tebboune）再次强调"要让旅游业真正发展起来，创造财富和就业"。

为了进一步提升阿尔及利亚旅游业对外国游客的吸引力，阿尔及利亚政府开始完善旅游业基础设施，解决长期存在的不足，特别是在基础设施、酒店容量和人力资源方面。根据旅游发展总体规划，阿尔及利亚酒店床位从 2016 年的 19000 张提高到 50000 张。为缓解疫情对旅游业的巨大冲击，2020 年 9 月，阿尔及利亚旅游和手工业部与邮电部签署协议扩大电子支付使用范围，以改善旅馆服务、减少现金和常规交易。

但是，地区安全问题和经济状况不确定也是阿尔及利亚旅游业进一步发展需要着力关注的重大不利因素。未来旅游业在很大程度上将因设施完善、安全得到保障所带来的积极影响而得到更加快速的发展。

二　信息通信业

（一）概况

信息通信业指的主要是由阿尔及利亚邮电部（République Algérienne

Démocratique et Populaire Ministère de la Poste et des Télécommunications，MPTTN）监管下的信息通信服务业（ICT）。阿尔及利亚的信息通信技术服务起步较晚，也较为落后。根据世界经济论坛《全球信息技术报告2016》，阿尔及利亚的网络就绪指数[①]在 139 个国家中排第 117 位，即117/139，此前年份的排名分别是：2015 年为 120/143，2014 年为 129/148，2013 年为 131/144。[②]

阿尔及利亚政府也认识到在知识和信息时代背景下，信息通信技术发展是经济高效发展的基石，因此也非常重视该行业的发展，各项经济社会发展战略和政策都把信息通信技术发展放在中心位置。基于阿尔及利亚的努力，国际电信联盟（ITU）认为，阿尔及利亚在信息通信技术发展上取得了"极大进步"。

在光纤通信方面，已经建有联通阿尔及尔—因盖扎姆（In Guezzam）的光纤网络，该光纤网络是阿尔及利亚—尼日尔—尼日利亚三国共建的光纤网络的一部分。这一光纤项目主要是通过海底光缆实现阿尔及利亚及周边国家和欧洲的信息联通，会通过至少两条不同的路线来加强和保护此连接线路，以确保在电缆出现故障时可以保证服务的连续性。另一条海底光纤网络的战略技术投资者是奥兰/瓦伦斯（Oran / Valence），这条光纤网络长达 563 千米，连接了奥兰和法国瓦伦斯两个城市，数据传输速度可达100Gbps，可以加强现有的两条电缆——安纳巴至马赛，以及阿尔及尔至西班牙帕尔马（Palma）的功能。至 2017 年底，已铺设光纤网络长度达81872 千米，较上年增加 7%，接入光纤网络的社区达 1541 个。

在移动通信技术服务方面，移动通信技术行业因受市场上三家运营商激烈竞争的影响而得以较快发展。阿尔及利亚国家投资发展局（Agence Nationale de Développement de l'investissement，ANDI）数据显示，截至2017 年，已经实现 4500 万用户接入通信网络，三家运营商提供的产品和

---

① 网络就绪指数，也称为技术就绪指数，用于衡量各国利用信息和通信技术所带来的机遇的倾向。它是与 INSEAD 合作发表的，是其年度全球信息技术报告的一部分。该报告被认为是对ICT 如何影响各国竞争力和福祉的最权威、最全面的评估。

② 《世界经济论坛报告》，https：//www. weforum. org/reports？utf8 = % E2% 9C% 93&query = global + information + technology。

服务越来越多样化，产品和服务价格也越来越具有竞争力。移动通信技术的发展，导致专业固网用户数量略有下降。2017 年家庭固定网络渗透率下降至 35.76%，固定电话用户数量稳定在 300 多万户，其中 87.66% 为家庭固定电话。2014 年以来开始提供 3G 技术移动通话服务，2016 年开始提供 4G 技术移动通话服务，目前，阿尔及利亚众多公司和公民已经可以更加轻松地享受到数字技术飞速发展所带来的高速度移动通信服务，2017 年底，3G 用户达 2370.21 万户，4G 用户达 1096.8 万户。①

在卫星通信技术服务方面，阿尔及利亚已经采取或正在采取相关行动和措施，以提供地面和海底网络通信技术之外的补充通信平台，为本国居民提供基于卫星通信的 IP 电话、视频会议和地理定位等服务。除了三颗已运行的卫星外，2017 年，阿尔及利亚 Alcomsat - 1 卫星由中国长征三号自中国西昌发射，这将使阿尔及利亚整个国家领土（包括最内陆地区）都可以连接互联网，在光纤受干扰阶段可以较低的成本支持网络连接的连续性。

除了上述关键信息通信部门的发展外，阿尔及利亚还在以下方面做出了较多努力并取得了一定的发展：数字经济；信息通信技术园区（研发创新信息通信业）；电子银行；电子物流运输；远程医疗；电子认证；数据库安全系统；邮政服务现代化；通信专业知识培训以及公共服务的计算机化。

（二）主要运营商

邮政市场。由阿尔及利业邮政运营商（the Algerian Post Operator）独家提供 50g 以下的信件邮政服务，该机构也提供邮政金融服务。旗下邮局数量逐年增加，邮局密度基本保持稳定（见表 I-5-16）。

表 I-5-16　　　　　　　2010—2019 年邮政发展指标

	邮局数量（个）	邮局密度（居民数/邮局）
2010	3398	10471
2011	3456	10936
2012	3494	10508

---

① 阿尔及利亚邮电部指标数据，https://www.mptic.dz/en/content/ict-indicators。

续表

	邮局数量（个）	邮局密度（居民数/邮局）
2013	3559	10502
2014	3633	10489
2015	3678	10547
2016	3755	10517
2017	3824	10904
2018	3907	10476
2019	3999	10415

资料来源：阿尔及利亚邮电部《邮政指标报告 2019》。

电信市场。阿尔及利亚电信公司（Algérie Télécom）是阿尔及利亚本地唯一的电信公司，是根据 2000 年 8 月 5 日颁布的第 2000—03 号法案对邮政和电信领域的一般性规定的重组框架，于 2003 年创建的国有电信运营商，目前已是上市的股份公司。阿尔及利亚邮电部数据显示，截至 2020 年 11 月，该公司员工为 21182 人，提供电话技术、互联网不对称数字用户线、4G、WIiFii、视频会议、电子支付等服务。其子公司阿尔及利亚移动公司 Mobilis，主要经营阿尔及利亚境内的移动电话业务，提供 GSM 和 3G 通信服务，进行移动电话网络的管理、安装、运营和开发。截至 2020 年 11 月，该公司员工为 5035 人，建有 4500 个基站，2019 年营业额达 860.6 亿第纳尔。[1]

其他移动通信运营商还包括卡塔尔电信（Ooredoo）和埃及奥拉斯电信公司子公司 Djezzy。其中，卡塔尔电信在阿尔及利亚子公司的前身是 2003 年 12 月在阿尔及利亚成立的多媒体运营商 Nedjma。2004 年 8 月，Nedjma 获取了提供移动电话服务许可证，2013 年被卡塔尔电信（Ooredoo）收购，成为后者的子公司，现在主要提供 2G 或 3G 移动通话服务。阿尔及利亚邮电部数据显示，截至 2020 年 11 月，该公司营业额为 1020 亿第纳尔，有员工 3300 人，用户数达 1220 万户。埃及奥拉斯电信公司子公司 Djezzy 是埃及奥拉斯电信公司在阿尔及利亚运营移动通信业务的子公司，也是阿尔及利亚电信市场的领导者，2014 年，阿尔及利亚政府取得了该公司 51% 的股份。阿尔及利亚邮电部数据显示，截至 2020 年 11 月，

[1] 阿尔及利亚邮电部，https://www.mptic.dz/en/content/mobilis-0。

Djezzy 的移动通信网络覆盖了阿尔及利亚 95% 的人口，2019 年的营业额达 1640 亿第纳尔，有员工 3786 人，用户数达 1700 多户。

（三）经济贡献

信息通信技术和数字技术服务业是现代化背景下一国经济的重要增长动力，同时也会对其他产业的发展造成巨大影响。根据阿尔及利亚邮电部更新的关于邮电部门的各项主要指标截止于 2016 年。从表 Ⅰ－5－17 可以看出，邮电部门产值尽管在 GDP 中占比不高，不到 4%，但是其每年的营业额、收入基本处于相对增加的状态，表明了该行业的良好发展趋势。

表 Ⅰ－5－17　　　　　　　2013—2016 年邮电部门经济指标

	2013	2014	2015	2016
三大运营商累计投资（十亿第纳尔）	591.8	713.7	—	827.8
电信部门营业额（十亿第纳尔）	459.0	499.0	532.0	458.0
移动业务收入（十亿第纳尔）	274.3	299.8	324.3	348.0
电信部门占 GDP 比重（%）	2.8	2.9	3.3	—

资料来源：阿尔及利亚邮电部 ICT 经济指标，https：//www. mptic. dz/en/content/economic-in-dicators-ict-and-post。

活跃的企业参与是信息通信技术进步的重要基础，近年来，阿尔及利亚的信息通信企业逐渐增加。至 2016 年，阿尔及利亚境内提供信息通信服务的企业共有 89064 家，占当年邮电部门企业总数的 33.44%（见表 Ⅰ－5－18）。

表 Ⅰ－5－18　　　　　　　2016 年邮电部门经济指标

细分行业	自然人	法人	总计
产品生产	75922	16781	92703
批发分销	6306	2963	9269
进口再销售	0	9091	9091
零售分销	62996	3178	66174

续表

细分行业	自然人	法人	总计
服务	78380	10684	89064
总计	223604	42697	266301

资料来源：阿尔及利亚邮电部 ICT 经济指标，https：//www.mptic.dz/en/content/economic-indicators-ict-and-post。

（四）发展前景展望

尽管认识到信息通信技术对经济发展的强大作用力，然而，阿尔及利亚的信息通信市场仍然缺乏活力，监管过度的银行和电信系统有利于现有公司，阻碍了竞争，并助长了勾结，不利于信息通信技术服务业和数字经济的长期发展。为了取得长期发展，持续进行大量投资，改善市场准入，保障市场公平竞争，降低价格，提高互联网渗透率和宽带质量是关键。

除了在增强信息通信服务的基础设施上进行大量投资之外，阿尔及利亚也在高等教育领域设置信息通信技术的相关课程。2016 年底，高等教育与科学研究部在五所大学启动了电子硕士学位试点计划。每个机构都将提供针对当地劳动力市场需求的专业课程。君士坦丁大学实施了政府增强电子政务服务的计划，将提供地方行政管理课程，以确保有足够的劳动力开发此类系统。

此外，阿尔及利亚更新了 ICT 相关法律框架，并推出了一系列新法规以促进增长。同时，充当互联 IT 集群的技术园区建设也是政府大力支持ICT 发展的重要举措，例如，2004 年启动了 Sidi Abdellah 科技园建设。该园区距阿尔及尔仅 30 千米，非常重视应用程序和硬件的开发与推广，是企业家的便利设施和联络中心。

一系列促进 ICT 发展的举措，预示了该行业良好的发展趋势。尽管电信仍然占据着该行业的主导地位，但多种迹象表明，多元化、数字化和网络安全等多个信息通信领域融合发展是未来 ICT 行业的重要发展方向。

第六章　政治生态

　　阿尔及利亚民主人民共和国（简称"阿尔及利亚"）是非洲阿拉伯国家，有着悠久的历史。早在前3世纪，土著居民柏柏尔人就开始在此建立王国，使该地区的经济和文化得到了一定的发展。7世纪，阿拉伯人开始迁入，并与当地柏柏尔人融合，伊斯兰文化逐渐成为主流。从15世纪开始，阿尔及利亚先后遭受西班牙、奥斯曼帝国的入侵。从1830年起，阿尔及利尔逐步沦为法国的殖民地。为了巩固殖民统治，法国殖民当局推行阿拉伯人与柏柏尔人分而治之的殖民政策，形成了至今仍影响阿尔及利亚政治生态的民族矛盾。第二次世界大战后，阿尔及利亚人民掀起了民族独立解放运动。1954年，民族解放战争彻底爆发，1962年，法国政府被迫同阿尔及利亚临时政府签订《埃维昂协议》（Evian Agreement），承认阿尔及利亚人民的自决权。同年7月，阿尔及利亚举行全民公投并宣告独立。在阿尔及利亚民族解放战线（FLN）的领导下，阿尔及利亚人民最终取得了民族解放战争的胜利。[①] 因而，以此为时间起点和历史基础，大体上可以从政治结构、选举、主要政党等结构性要素出发，阐释和总结阿尔及利亚的政治生态及其主要特征。

第一节　政治结构

　　宪法是阿尔及利亚最高法律，确立了国家基本政治制度，规定了阿尔

---

　　① Martin Evans, "Towards An Emotional History of Settler Decolonisation: De Gaulle, Political Masculinity and the End of French Algeria 1958 – 1962," *Journal Settler Colonial Studies*, Vol. 8, No. 2, 2018, pp. 213 – 243.

及利亚实行总统制、共和制和多党制，因而可以先从宪法出发认识阿尔及利亚的基本政治结构。

一 宪法

独立战争后，阿尔及利亚通过全民投票于 1963 年通过了独立后的第一部宪法，宣布阿尔及利亚实行全民所有制，民族解放阵线是国家唯一政党，民族解放阵线政治局为国家最高权力和决策机关，总统候选人由民族解放阵线党代表大会提名，再直接由普选产生，任期 5 年，可以连任。民族解放阵线党主席艾哈迈德·本·贝拉（Ahmed Ben Bella）当选为阿尔及利亚第一任总统。1965 年，胡阿里·布迈丁（Houari Boumediene）通过发动军事政变上台，该宪法被废止。随后由军人组成的革命委员会成为国家最高权力机构。1976 年，布迈丁颁布了阿尔及利亚第二部宪法，该宪法仍然强调实行社会主义路线的重要性，并确认民族解放阵线的一党执政地位。

1988 年 10 月，受民主浪潮的影响，阿尔及利亚发生全国性动乱。政府宣布国家进入紧急状态，并着手进行政治改革。1989 年 2 月，阿尔及利亚通过全民公投，以 73% 的支持率通过了宪法修正案。该宪法修正案做出了重大变革，规定阿尔及利亚实行多党制，取消了民族解放阵线的唯一执政党地位，并且没有提及社会主义。此后，阿尔及利亚政府也多次对宪法进行局部修正。其中影响较为重大的是：一是关于总统任期限制的修改。2008 年，在前总统阿卜杜勒阿齐兹·布特弗利卡（Abdelaziz Boutefli-ka）的主导下消除总统任期限制，使其能够在 2009 年和 2014 年两次连任。2011 年，因"阿拉伯之春"席卷中东，阿尔及利亚多地爆发抗议示威活动，总统布特弗利卡于当年承诺修改宪法，进行民主化改革，并最终于 2016 年恢复了总统两届任期的限制。[①] 目前最新的 2020 年宪法修正案刚刚通过全民公决。二是官方语言问题，独立后，宪法规定阿尔及利亚官方语言为阿拉伯语，但一直遭到土著居民柏柏尔人的强烈反对。语言问题作为民族矛盾的爆发点，导致 2001 年在柏柏尔人聚居的东部卡比利地区

---

① Tofigh Maboudi, "Democratisation and the Evolution of the Foreign Policy Content of North African Constitutions," *The Journal of North African Studies*, Vol. 24, No. 4, 2019, pp. 558 – 578.

发生严重骚乱。随后布特弗利卡承诺满足柏柏尔人的要求以加强民族团结，并在 2002 年国会两院联席会议上，通过宪法修正案，确定柏柏尔语为官方语言之一。

现行宪法共有 218 条，主要包括序言和四大部分内容。第一部分是管理阿尔及利亚社会的一般原则，包括五个章节：阿尔及利亚、人民、国家、权利与自由、义务；第二部分是权力机构，包括三个章节：行政权、立法权、司法权；第三部分是监督、选举监督和咨询机构，包括三个章节：监督、选举监督、咨询机构；第四部分是关于宪法修正案。① 宪法规定，阿尔及利亚的国体是人民民主共和国，政体是总统制，伊斯兰教是国教，实行议会多党制，国会设两院——国民议会（People's National Assembly，相当于众议院）和民族院（Council of the Nation，相当于参议院）；宪法高于一切，它是维护个人和集体权利与自由的基本法律，并通过自由和公正的选举实现民主化。宪法应确保三权分立，司法独立。②

根据宪法，国家应设立独立的宪法委员会负责监督宪法的执行情况，是否有违宪行为，并监督总统选举和立法选举的情况。宪法委员会由 12 人组成，分别由总统任命四人，国民议会选举两人，国家院选举两人，最高法院选举两人，州议会选举两人。总统任命宪法委员会主席、副主席，任期为八年。一旦被选举或指定，宪法委员会的成员应停止其他职务和活动，以确保专业性和独立性。③

二　行政权

宪法规定，阿尔及利亚的最高行政权属于总统，总统领导政府行使行政权，总理负责协调政府行动，政府对议会负责。总统是国家元首、共和国武装部队总司令代表国家，是宪法实施的保证人。总统由人民直接选举产生，以简单多数票获胜，如果没有候选人在第一轮选举中获得多数选

---

① 宪法修正案的通过主要有两种方式：经国会表决或全民公决。如果得到四分之三以上国会议员同意，在不涉及公民基本权利、国家政体等重大问题的情况下，经宪法委员会决定可以不进行全民公决；但如果只有三分之二以上议员同意，或涉及重大事项则需要全民公决。

② 参见阿尔及利亚宪法，https：//www. constituteproject. org/constitution/Algeria _ 2016？ lang = en。

③ 参见阿尔及利亚宪法，https：//www. constituteproject. org/constitution/Algeria _ 2016？ lang = en。

票，则举行第二轮选举。总统任期为五年，可以连任一次。总统候选人应是年满 40 岁的穆斯林；本人及其配偶和父母仅拥有阿尔及利亚国籍；享有充分的公民和政治权利；在提交候选人资格之前，在阿尔及利亚至少居留十年；需要公开本人在境内外的资产情况；如果是 1942 年 7 月之前出生的候选人则需要证明本人参加过民族解放战争，如果是 1942 年 7 月以后出生的候选人，则需要证明其父母没有反对过民族解放战争。

总统的主要职权有：主持政府部长会议；任命部长会议决定的职务人选以及最高法院第一主席、法官、国务委员会主席、政府秘书长、阿尔及利亚银行行长、安全机构官员等；与议会多数协商后，任命总理，并有权解除其职务；在与总理协商后任命政府成员；与国民议会主席、民族院主席、宪法委员会主席和总理协商后，可以决定是否解散国民议会或举行新立法选举；有权签署总统令，在议会产生前及其休会期间以法令形式颁布法律；在任何对国家具有重大意义的问题上可以发起全民公决；可以对议会投票通过的法律在 30 天内提出"二读"，再次通过该法律需要国民议会三分之二以上议员和民族院半数以上议员同意；总统负责共和国国防；决定和执行国家外交政策，缔结并批准国际条约；授予国家荣誉称号；有权任命和罢免驻外大使、特使；有权宣战，签署停战协定与和平条约，在战争状态下决定一切国家事务，宪法暂停适用；有权给予赦免，减免或减刑等。①

表Ⅰ-6-1　　　　　　　　　　阿尔及利亚历任总统

姓名	所属党派	在任时间
阿布德拉赫曼·法雷斯（代理） （Abderrahmane Farès）	民族解放阵线	1962.7—1962.9
费尔哈特·阿巴斯（代理） （Ferhat Abbas）	民族解放阵线	1962.9—1963.9
艾哈迈德·本·贝拉	民族解放阵线	1963.9—1965.6 （遭军事政变推翻）

① 参见阿尔及利亚宪法，https：//www.constituteproject.org/constitution/Algeria_2016?lang=en。

续表

姓名	所属党派	在任时间
胡阿里·布迈丁（军人）	民族解放阵线	1965.6—1976.12
	民族解放阵线	1976.12—1978.12（任内去世）
拉巴赫·比塔特（Rabah Bitat）	民族解放阵线	1978.12—1979.2
沙德利·本杰迪德（军人）（Chadli Bendjedid）	民族解放阵线	1979.2—1992.1（辞职）
阿卜杜勒马利克·本哈比勒斯（代理）（Abdelmalek Benhabyles）	民族解放阵线	1992.1.11—1992.1.14
穆罕默德·布迪亚夫（代理）（Mohamed Boudiaf）	社会主义革命党（Party of the Socialist Revolution）	1992.1—1992.6（遭暗杀）
阿里·卡菲（代理）（Ali Kafi）	民族解放阵线	1992.7—1994.1（辞职）
利亚米纳·泽鲁阿勒（Liamine Zéroual）	独立人士	1994.1—1995.11
	独立人士	1995.11—1999.4
阿卜杜勒阿齐兹·布特弗利卡	民族解放阵线	1999.4—2019.4（被迫辞职）
阿卜杜勒卡德尔·本萨拉赫（代理）（Abdelkader Bensalah）	民族解放阵线	2019.4—2019.12
阿卜杜勒马吉德·特本（Abdelmadjid Tebboune）	独立人士	2019.12月至今

资料来源：根据阿尔及利亚总统官方网站（http：//www.elmouradia.dz/）资料整理。

三　立法权

根据宪法规定，阿尔及利亚的最高立法权属于议会，议会实行两院制，由国民议会（众议院）与民族院（参议院）组成，两院共同行使立法权。国民议会共设有407个席位，议员由普选和直接选举产生，任期五年。民族院有144个席位，其中三分之二议员由间接选举产生，每个省有两个名额，由省议会议员出任，其余三分之一议员由总统在知名人士和专家中指定。民族院任期六年，每三年改选一半议员。除非有十分特殊的情况阻碍选举的正常进行，否则不能延长议会任期。

议会的主要职权有对国家各项事务进行立法，起草和表决法案，通过国家预算等。法案应由20名国民议会议员或20名民族院议员提出，有关地方组织、领土规划的法律草案应提交民族院主席团审议，其他法律草案均应提交国民议会主席团审议。拟通过的任何法律提案，应由两会相继讨论。一般来说，普通法案需经国民议会出席议员过半数同意，涉及组织法的草案需经出席议员超三分之二同意，再交由民族院审议通过。如果两院之间出现分歧，总理应要求召开两院联席会议，并完成对争议条款的审议；如分歧仍存在，政府可要求国民议会做出最后决定。有关财政的法案自提交之日起，在75天内必须通过。任何法案，如果其目的或效果是减少公共资源或增加公共开支，除非同时采取措施增加国家收入或至少在其他公共开支项目上实现相同规模的节省，否则不予受理。

此外，议会有权监督政府，总理应将政府施政纲领提交国民议会讨论、批准，如果国民议会不批准，总理应向总统递交政府辞呈。国民议会七分之一以上议员可以提起对政府的谴责动议，经三分之二以上议员同意则可以正式批准，此时总理应向总统递交政府辞呈。议员可以向政府成员提出任何口头或书面问题，并要求政府做出解释并得到答复。停战协定、和平条约、联盟条约、与国家边界有关的条约、与自由贸易区有关的双边和多边协定及一体化组织条约应由总统批准，但同时也需要得到两会的明确批准。①

议会每年举行一次常会。根据总统的倡议，议会可以召开特别会议。议员在任职期间享有法律豁免权，其间表达的意见、发表的言论或投票，不会受到诉讼、逮捕。当总统由于严重和持久的疾病而无法完全履行其职责时，可以召开两院联席会议，在议员三分之二多数通过后宣布该状况，并指派民族院主席作为代理国家元首，任期最长为45天。现任民族院议长是来自民族民主联盟（RND）的萨拉赫·古吉勒（Salah Goudjil），现任国民议会议长是易卜拉欣·布加利（Ibrahim Boughali）。

四　司法权

根据宪法规定，阿尔及利亚的司法权属于法院。最高法院领导并监督、管理各下级法院，共同行使国家司法权力。最高法院应确保全国各地

---

① 参见阿尔及利亚宪法，https：//www.constituteproject.org/constitution/Algeria_2016？lang=en。

判例的标准化和公正性，并监督法律的遵守与实施情况。各级司法机关应保障公民和社会自由，保障公民基本权利。各级法院在其管辖权范围内对各类刑事、民事案件进行审理，并有权就程序问题审查下级法院的裁决，如果被驳回，案件将被发回下级法院重审。根据宪法和法律规定，法官享有自由裁量权，免受任何形式的压力、干预或操纵。在法律规定的条件下，人民陪审员可以协助法官做出裁决。

除了普通管辖权法院之外，阿尔及利亚还设有行政法院，可以对不服政府的行政决定或处罚的上诉案件进行裁决。审判决定应当充分说明理由，并在公开听证会上宣布。根据宪法规定，阿尔及利亚还应专门设立高级国家法院，以审查总统的叛国行为以及总理在行使其职能时所犯的罪行。

根据宪法的规定，国家设立了高级司法行政官委员会（the High Council of Magistracy），由总统担任委员会主席，负责监督法官和法院，在法律规定下决定法官的任命、调动和职业发展，裁定普通法院和行政法院之间的管辖权冲突等。

第二节　总统选举

1991 年 12 月，阿尔及利亚举行了第二次世界大战后的第一次多党选举，首轮选举显示，伊斯兰拯救阵线（FIS）将会胜选，但随后军队采取行动，迫使时任总统沙德利·本杰迪德下台，并取消了选举。这直接导致军队与伊斯兰极端主义组织之间爆发武装冲突，阿尔及利亚陷入内战（1991—2002）。① 限于篇幅，本节主要介绍阿尔及利亚内战结束后"多党制稳定期"以来的政治生态。由于阿尔及利亚是总统制国家，总统权力相对较大，因此总统选举可以说是对阿尔及利亚政治生态影响最大的选举。

一　2004 年总统选举

2004 年 4 月，阿尔及利亚举行了总统选举，这是阿尔及利亚内战后举行的第一次总统大选。在经历了十多年的内战之后，阿尔及利亚急需平

---

① 参见 https://carnegieendowment.org/sada/21949。

稳的社会政治环境，大约有 130 名外国观察员参与了这次选举。观察员代表团来自阿拉伯联盟、非洲联盟、联合国、欧洲议会和欧洲安全与合作组织等，以确保选举的公平性。①

1999 年，在内战末期，布特弗利卡成为总统，推行民族和解政策，在本次选举中他寻求连任。前任总理阿里·本弗利斯（Ali Benflis）被认为是他的主要竞争对手。布特弗利卡作为民族解放战争的功臣而享有威望，加上其执政以来对恐怖主义分子"恩威并施"，军事打击与招降并举，为结束内战和推动民族和解做出了贡献，他的连任可以说是众望所归。布特弗利卡在竞选活动中强调了他的政绩，特别是在国家安全稳定方面，还提出了"百万住房计划"，承诺在新任期内要建造 100 万套住房以缓解国民住房紧张问题。② 最终，布特弗利卡以 84.99% 的高得票率赢得总统大选。

表 I - 6 - 2　　　　　2004 年阿尔及利亚总统选举主要候选人概况

候选人	政党	选票数（张）	得票率（%）
阿卜杜勒阿齐兹·布特弗利卡	民族民主联盟	8651723	84.99
阿里·本弗利斯	民族解放阵线	653951	6.42

资料来源：http：//www.electionguide.org/elections/id/1919/。

二　2009 年总统选举

2009 年 4 月，阿尔及利亚举行了总统选举。2008 年 11 月，部长会议宣布计划进行宪法修订，取消总统任期两任的限制，从而使布特弗利卡能够竞选第三个任期。同月，国民议会批准取消任期限制。

反对派试图组织抵制选举的努力也没有获得成功。两个左翼世俗政党——社会主义力量阵线（FFS）和文化与民主联盟（RCD），试图组织示威活动，但没有引发民众共鸣。连本次大选中的主要对手——议员路易莎·哈努恩（Louisa Hanoune）也对取消总统任期限制投了赞成票，使布特弗利卡可以竞选第三个任期。在其他候选人相对弱势的情况下，布特弗

---

① Inmaculada Szmolka, "The Algerian Presidential Elections of 2004: An Analysis of Power Relationships in the Political System," *Mediterranean Politics*, Vol. 11, No. 1, 2006, pp. 39 - 57.

② Robert P. Parks, "An Unexpected Mandate? The April 8, 2004 Algerian Presidential Elections," *Middle East Journal*, Vol. 59, No. 1, 2005, pp. 98 - 106.

利卡仍是最有力的总统竞选者。在竞选期间，他宣传自己在两个任期内所取得的经济和社会进步以及恢复国家和平与稳定的政绩，来提高他竞选第三任期的民众接受度。① 尽管一些民众对他长期担任国家领导人保持警惕，但大多数人都认为布特弗利卡在内战后带来了稳定与发展。2005 年他主导的《民族和解宪章》（National Reconciliation Charter）提议赦免叛乱分子以换取和平；在任期中，他兴建公共基础设施，对公路、水坝和房屋进行了大量投资建设；② 还消除了部分农民的债务，为学生提供双倍奖学金，并暗示如果北非"基地"组织分支（Al - Qaeda in North Africa）的最后一部分武装分子投降，他可以提供赦免，以换取地区稳定。布特弗利卡还做出了一系列竞选承诺：新建更多的住房，创造 300 万个就业机会，并在 2014 年新任期结束前获得 1050 亿美元的投资等。在 2004 年大选时曾支持布特弗利卡的大公司从政府那里获得了市场扶植和资金支持。在本次大选中，一些大公司正式资助布特弗利卡，使其竞选经费充裕，还在它们的建筑物和汽车上张贴了他的竞选海报，甚至将旗下商店转变为竞选总部。③

在对手弱势、政绩卓越、承诺诱人、经费充裕等有利条件下，布特弗利卡最终以 90.23% 的得票率再次当选总统。

表 I - 6 - 3　　　　　2009 年阿尔及利亚总统选举主要候选人概况

候选人	政党	选票数（张）	得票率（%）
阿卜杜勒阿齐兹·布特弗利卡	民族解放阵线	13019787	90.23
路易莎·哈努恩（Louisa Hanoune）	劳工党（Workers' Party）	649632	4.5

资料来源：http：//www. electionguide. org/elections/id/1919/。

三　2014 年总统选举

2014 年 4 月，阿尔及利亚举行了总统选举。在 2009 年大选之后，受

---

① Youcef Bouandel, " Algeria's Presidential Election of April 2009," *Mediterranean Politics*, Vol. 14, No. 2, 2009, pp. 247 - 253.

② 参见 https：//www. taiwannews. com. tw/en/news/914989。

③ 参见 https：//carnegie-mec. org/2009/04/13/lessons-from-algeria-s-2009-presidential-election-pub-22983。

"阿拉伯之春"的影响，在 2011 年突尼斯、利比亚、埃及发生政治变革后，阿尔及利亚的一些反对派人士加紧步伐，拟定政治及经济结构改革纲领。[①] 然而，国家及军事领导层认为，维护稳定及安全对经历过内战之殇的阿尔及利亚仍然最为重要，因而以稳定为先，不急于推进改革。虽然阿尔及利亚在 2010 年至 2012 年发生了一系列抗议活动，但没有发生政权更迭。

部分民众认为改革势在必行，但要实现宪法改革，特别是权力重新分配，加强国家机构，官员更新换代等多重目标，并非易事，改革难以迅速见效。政治精英与民间社会出现极大分歧，并无意达成共识。在乱局之时，具有权威性的领导人对于稳定政局非常重要。[②]

最终，布特弗利卡在 2014 年阿尔及利亚总统大选中，以 82% 的选票再次当选总统，除了得益于其在内战后领导国家重建并逐步实现社会稳定的成就外，也得益于时局对稳定的诉求。不过，反对派对此结果表示抗议，认为大选中存在购买选票、多次投票、炮制虚假选举名单以及滥用国家资源，使在职者受益等舞弊现象。

表 I −6 −4　　　　2014 年阿尔及利亚总统选举主要候选人概况

候选人	政党	选票数（张）	得票率（%）
阿卜杜勒阿齐兹·布特弗利卡	民族解放阵线	8332598	81.53
阿里·本弗利斯	独立人士	1244918	12.18

资料来源：https://web.archive.org/web/20140422013426/http://www.interieur.gov.dz/Dynamics/frmItem.aspx? html = 140&s = 23。

四　2019 年总统选举

2019 年 12 月，阿尔及利亚举行了总统选举。选举原定于 2019 年 4 月举行，但由于民众持续抗议时任总统布特弗利卡竞选他的第五个任期而推迟。[③] 从 2019 年 2 月开始的抗议活动导致布特弗利卡于 2019 年 4 月被迫

①　Gianni Del Panta, "Weathering the Storm: Why Was There No Arab Uprising in Algeria?", *Democratization*, Vol. 24, No. 6, 2017, pp. 1085 – 1102.

②　参见 https://www.giga-hamburg.de/de/node/9624。

③　参见 https://www.bbc.co.uk/news/world-africa-47531917。

辞职，民族院议长兼布特弗利卡盟友阿卜杜勒卡德尔·本萨拉（Ab-delkader Bensalah）被任命为临时总统，而他与布特弗利卡的关系也使他受到抗议者的抵制。同年9月，阿尔及利亚成立了一个新的选举管理机构，即全国独立选举机构（ANIE），该机构最终公布了五名合格的总统候选人。但抗议活动并未完全平息，由于民众和一些反对派政党的抵制，官方声明有41%的合格选民参加了投票，但有机构统计称，参与率介于10%和15%之间，是独立以来投票率最低的一次总统选举。[①] 这被认为是抗议布特弗利卡活动的延续，因为候选人几乎都曾在布特弗利卡总统的内阁中担任要职，抗议者认为，他们仍是旧领导层的势力，要求重新推举候选人，呼吁进行彻底改革。[②] 但抗议活动没能阻止总统选举的举行。

本次最热门的候选人是由民族解放阵线提名的独立人士——前总理阿卜杜勒马吉德·特本。他最终以58.13%的得票率赢得总统大选。但反对派抵制本次选举，要求彻底清除旧势力中的政治精英阶层，并持续开展反腐败运动。[③] 特本承诺进行必要的改革，新政府面临严峻挑战。

表 I-6-5　　　　2019年阿尔及利亚总统选举主要候选人概况

候选人	政党	选票数（张）	得票率（%）
阿卜杜勒马吉德·特本	独立人士	4947523	58.13
阿卜杜勒卡德尔·本德里纳 （Abdelkader Bengrina）	建设运动党 （the El-Bina Movement）	1477836	17.37

资料来源：http：//www.aps.dz/algerie/99035-le-conseil-constitutionnel-annonce-les-resultats-def-initifs-de-la-presidentielle。

第三节　主要政党

1989年阿尔及利亚实行多党制后，很多政党建立并蓬勃发展。根据现行宪法的规定，政党不得建立在宗教、语言、种族、性别、团体主义或

---

① 参见 https：//www.brookings.edu/blog/order-from-chaos/2020/01/15/can-algeria-overcome-its-long-last-ing-political-crisis/。

② 参见 https：//www.aljazeera.com/news/2019/11/01/algerians-protest-election-plan-mark-inde-pendence-war/。

③ 参见 https：//freedomhouse.org/country/algeria/freedom-world/2020。

地区主义基础上；禁止阿尔及利亚政党与外国势力或政党有任何形式的隶属关系；绝不允许任何政党侵犯阿尔及利亚人民的基本自由、民族团结、国家主权与领土完整等。目前阿尔及利亚国内有 50 多个政党活跃在社会上，而民族解放阵线仍然是最重要的政党，民族民主联盟是议会第二大党。

一　民族解放阵线

民族解放阵线是阿尔及利亚执政党，成立于 1954 年，该党领导阿尔及利亚在独立战争中取得胜利，是阿尔及利亚最有影响力的政党。独立后，该党无论在总统选举还是在议会选举中都获得了巨大的胜利，该党总统候选人赢得了 11 次总统选举中的 9 次，在绝大多数时间里是议会执政党。[①]

1962 年，法国政府与民族解放阵线签署了停火协议——《埃维安协议》。同年，民族解放战线领导人之一本·贝拉在商讨独立后建国事宜的黎波里会议上，提出了"民族解放阵线纲领"，指出国家未来应走社会主义道路。1963 年，阿尔及利亚举行公民投票通过宪法，规定民族解放阵线是阿尔及利亚唯一合法的执政党。同年 9 月，本·贝拉由民族解放阵线提名，当选为总统。

独立后，阿尔及利亚百废待兴，民族解放阵线带领人民恢复生产，进行土地改革。与此同时党内领导层矛盾冲突激烈，1965 年，军队总司令兼国防部长胡阿里·布迈丁发动军事政变，推翻本·贝拉政府。随后，布迈丁组成新政府，任总统兼国防部长。布迈丁的军事统治边缘化了民族解放阵线，以支持他的个人决策，但他仍保留了民族解放阵线的一党执政地位。在 1978 年去世之前，布迈丁一直牢牢控制着该党的领导层，并推行与伊斯兰教义相结合的社会主义道路。

1979 年，在上校沙德利·本·杰迪德（Chadli Bendjedid）的领导下，民族解放阵线再次重组，但军方在民族解放阵线中央委员会中仍保留很大影响力。在他的带领下，20 世纪 80 年代，民族解放阵线开始推行一些自

---

① Mohammed Hennad, "The National Liberation Front in Algeria," *Presses de l'Ifpo*, 2010, pp. 101 – 130.

由市场改革举措。

1991 年，阿尔及利亚在实行多党制后举行了第一次议会选举，伊斯兰拯救阵线赢得了压倒性胜利，在 231 个席位中赢得了 188 个席位，而民族解放阵线只赢得了 15 个席位，在议会中位列第三。选举结果遭到了军队的干涉，阿尔及利亚随之爆发内战，直至 2002 年才彻底结束，在此期间阿尔及利亚一直处于直接军事统治之下。内战结束后，总统制和选举制度恢复，民族解放阵线最初未能在议会中获得重要地位，在 1997 年的议会选举中，民族解放阵线成为第三大政党，获得了 14% 的选票，赢得了 231 个席位中的 69 个。此后，民族解放阵线逐步恢复影响力，在 2002 年的选举中赢得了压倒性胜利，赢得了 389 个席位中的 199 个。

2004 年，民族解放阵线提名阿里·本弗利斯为总统选举候选人。他最终以 6.4% 的得票率位居第二，未能胜选。2005 年，民族解放阵线与民族民主联盟、争取和平社会运动党（MSP）组成了政党联盟——总统联盟（the Presidential Alliance）。

在 2007 年的议会选举后，尽管民族解放阵线的阿卜杜勒阿齐兹·贝勒卡迪姆（Abdelaziz Belkhadem）仍然当选总理，但该党的席位减少到 163 个。布特弗利卡是该党在 2009 年总统选举中提名的候选人，他赢得了 90% 的选票，当选总统。

2012 年，争取和平社会运动党离开了总统联盟，加入了绿色阿尔及利亚联盟（the Green Algeria Alliance）。尽管如此，民族解放阵线仍然是 2012 年议会选举后最大的政党，赢得了 462 个席位中的 208 个。布特弗利卡在 2014 年总统选举中以 82% 的选票再次当选总统。在 2017 年的议会选举中，民族解放阵线赢得了 462 个席位中的 164 个，比上一届减少了 44 个席位，然而，得益于民族民主联盟的良好表现（赢得了 100 个席位），总统联盟得以保持议会多数并继续执政。

民族解放阵线是一个左翼政党，主张阿拉伯民族主义、社会主义和伊斯兰主义。该党将自身视为一个由阿尔及利亚不同社会阶层和意识形态组成的统一阵线。早期，民族解放阵线在对内政策上主张在伊斯兰教义原则框架内恢复阿尔及利亚主权独立，并建立民主的社会主义国家；尊重所有基本自由，不分种族或宗教；通过政治改革和国民革命运动让国家发展回归到正确的道路上，消除腐败和改良主义残余；致力于集中和组织阿尔及利亚全体人民消灭殖民制度残余。在对外政策上，在独立战争时期，民族解放阵线致力于领导解放阿尔及利亚的民族主义运动，该党的民族主义理念与反帝国主义紧密相连，成为该党外交政策的最显著特征。该党主张在阿拉伯—伊斯兰主义框架内实现北非统一，主张在《联合国宪章》的框架内，与所有支持阿尔及利亚民族解放运动的国家建立友好关系。[1] 1989年后，民族解放阵线的自我角色定位仍是阿尔及利亚解放和发展的领导者，但开始支持多党民主，并支持市场化改革。

当前，在对内政策上，该党注重民生和国民福利，提供免费医疗和教育，推行"五年计划"，改善住房条件，大力创造就业机会，推动高速公路、地铁项目、新机场项目等大型基础设施项目建设；主张对石油和天然气工业法律进行改革，使国家能够在资源价格高企时期从对外国投资者征收的税收中获益，实行"石油分红"政策；该党领导了旅游、食品加工、水泥、建筑材料和化学工业等公共部门的私有化。[2] 在对外政策上，该党主张不介入别国内政，也是不结盟运动的积极倡导者；[3] 奉行实用主义的外交策略，强调南南关系，特别是与日益增长的第三世界大国（中国、南非、巴西等）的关系，维护国家面对西方决策的独立性，努力与欧盟和美国建立良好的贸易关系和非对抗性的政治关系。

二　民族民主联盟

在阿尔及利亚内战期间，阿尔及利亚陆军前司令拉明·泽鲁阿勒（Liamine Zeroual）的支持者们于 1997 年 2 月成立了民族民主联盟，并支持泽鲁阿勒以独立候选人身份参加总统大选，赢得了 60% 的选票。

在 1997 年 6 月举行的阿尔及利亚议会选举中，民族民主联盟赢得 380个席位中的 156 个，成为议会第一大党。但在 2002 年的议会选举中，随着民族解放阵线的重新崛起，该党仅获得了 9.5% 的选票，赢得了 380 个

---

① 参见 https：//www. marxists. org/history/algeria/1954/proclamation. htm。

② Ulla Holm，"Algeria：President Bouteflika's Second Term," *Mediterranean Politics*，Vol. 10，No. 1，2005，pp. 117 – 122.

③ Adlène Meddi，"Algeria's Hezbollah Stance Reflects View on Resistance, Not Terrorism," *Middle East Eye*，31 March 2016，https：//www. middleeasteye. net/news/algerias-hezbollah-stance-reflects-view-resistance-not-terrorism.

席位中的 47 个。2005 年，该党成为总统联盟的成员，成为执政党之一。在 2007 年的议会选举中，该党获得了 10.33% 的选票和 389 个席位中的 61 个席位。在此后的 2012 年和 2017 年议会选举中，该党继续保持议会第二大党的地位。在 2017 年的地方议会选举中，民族民主联盟与执政联盟——民族解放阵线共同获得省级议会和市级议会三分之二以上席位。2019 年，阿尔及利亚爆发和平抗议运动——希拉克运动（Hirak Movement，也称微笑革命）① 后，民族民主联盟最终放弃了执政盟友布特弗利卡，声明"布特弗利卡谋求第五个任期是一个很大的错误"②。2019 年，民族民主联盟提名文化部前部长阿泽丁·米胡比（Azzedine Mihoubi）为总统候选人，但只赢得了 7% 的支持率而败选。目前该党占有 407 个国民议会席位中的 58 个。

民族民主联盟是一个中间偏右的政党，奉行自由经济主义，且在一定程度上推崇民粹主义。目前，民族民主联盟与民族解放阵线同属于一个政治联盟，其主要政治主张也与民族解放阵线相似。近年来，该党一直由艾哈迈德·乌亚希亚（Ahmed Ouyahia）领导，他曾四次（1995—1998、2004—2006、2008—2012、2017—2019）担任阿尔及利亚总理，在前总统布特弗利卡下台后，他被捕并于 2019 年底以挪用公款、滥用职权和腐败等罪名被法庭判处有期徒刑 15 年，同时没收个人全部财产。由于主要领导人被捕入狱，该党陷入低谷，未来能否继续在议会选举中取得好成绩有待检验。

第四节　政治生态

2019 年，布特弗利卡不顾宪法对总统任期的限制，宣布竞选第五个任期，引发民众抗议，成为 2019 年以来国家政治危机的导火索。同时，

---

① 2019—2020 年阿尔及利亚的抗议活动，也被称为"微笑革命"或"希拉克运动"，开始于 2019 年 2 月 16 日，本次抗议活动是阿尔及利亚内战以来最大的和平示威，导致布特弗利卡于 2019 年 4 月 2 日辞职。到 5 月初，包括前总统的弟弟赛义德在内的许多与前政府关系密切的权力掮客被逮捕，至今抗议活动仍未完全平息。

② 参见 https://www.voanews.com/middle-east/powerful-algerian-party-abandons-beleaguered-bouteflika。

阿尔及利亚存在的贪腐问题长期困扰着政治生态的健康发展，也是其政治危机发生的原因之一。为了平息政治危机，布特弗利卡被迫辞职，但新总统上台后仍面临巨大挑战，对内需要在反腐、重振经济和宪政改革等方面有所建树，以平息抗议活动，让民众看到改革的希望，对外也面临着复杂的外交格局，需要做出调整以稳定局势。

一　2019 年以来阿尔及利亚的政治危机

2019 年 2 月，布特弗利卡试图竞选第五个总统任期的行为直接导致阿尔及利亚政治危机爆发。在全国范围内每个星期五都有数以百万计的阿尔及利亚人上街游行，要求推翻政府和建立新的民主制度。虽然军队于2019 年 4 月迫使布特弗利卡辞职，但参与希拉克运动的反对人士不满意政府提供的"妥协措施"或"表面改革"。民众要求政府必须发起真正的改革，而不是维持现有体系。希拉克运动迫使政府取消了原定于 2019 年4 月和 7 月举行的两次总统选举，但大选最终在 12 月举行，很多民众反对承认选举结果，认为特本是"旧政权"推出的"新代言人"，并不认同这位来自"旧势力的新总统"。尽管特本在就职总统的第一次讲话中表示，愿意与反对人士进行沟通，并听取他们的要求以寻求共同立场。但新总统的上台并没有平息抗议浪潮。随后，阿卜杜勒拉齐兹·杰拉德（Abdelaziz Djerad）被任命为总理，阿尔及利亚新一届政府成立，当天政府释放了部分抗议人士以示诚意。但上届政府中大部分部长在新政府中保留了职位，因此希拉克运动的参与者继续走上街头。反对派认为，布特弗利卡的长期专制、无限制连任和腐败统治已经导致"社会契约"的破裂，因而拒绝接受"旧政治势力"的统治，这是本次危机发生的政治原因。

在经济层面，本次危机的爆发与近年来阿尔及利亚经济状况恶化密切相关。自从阿尔及利亚油气行业国有化以来，油气出口一直是阿尔及利亚政府主要的收入来源，大约占财政总收入的 75%，是支撑国家政权的经济保障。但石油收入深受国际油价的直接影响，在油价下跌时容易引发国内危机。20 世纪 80 年代油价下跌成为阿尔及利亚爆发内战的原因之一。近年来，油价长期处于低位导致阿尔及利亚的外汇储备从 2013 年的 1940亿美元下降到 2020 年年中的 535 亿美元。如果阿尔及利亚政府不及时进行结构改革，国家整体预算赤字在 2020 年至 2023 年的平均值将占 GDP

的 15%（2013 年阿尔及利亚财政赤字占 GDP 的比重仅为 1.4%）。① 国家政权对油气资源的高度依赖，使阿尔及利亚产业发展不平衡，贸易逆差越来越大。最终导致货币贬值，通货膨胀，失业率上升，直接影响民众对政府的信心，因而引发政治危机。

本次政治危机给阿尔及利亚带来了很多负面影响，除了引发社会不稳定外，反过来又影响了阿尔及利亚的经济状况。并且随着民众抗议及政府冷处理持续的时间愈长，这种负面效应就愈发明显。

希拉克运动造成的负面影响主要包括：一是行政效率下降。政府受抗议活动的影响行政效率下降，减缓了包括处理商业信贷申请在内的一系列行政行为。由于缺乏决策者，商人难以获得贷款和相关审批，很多地方投资实际上处于停滞状态，并且几乎没有开放任何新的投资项目，社会经济活动大幅放缓。二是营商环境恶化。政治动荡使外国投资者持观望态度，甚至取消外资股比限制似乎也不足以留住他们或吸引新投资者，不利于国际经济交流。三是失业率上升。政府为平息民愤，通过逮捕一些不肖商人来打击腐败，一些公司的分支机构被关闭，好几家阿尔及利亚公司因腐败调查而停止运营，造成约 100 万工人失业，成为社会不稳定因素。四是财政状况堪忧。据阿尔及利亚海关总署报告，2019 年年中以来，国家贸易逆差加大，比上年增加了 30 亿美元，进出口均出现下降。然而，政治危机的持续导致阿尔及利亚社会生产受损，贸易逆差增加，进而引发外汇储备减少，财政赤字持续上升。②

因此，总统特本在新政府工作计划中十分重视经济发展，经济问题也是对政府最直接的挑战。新政府反对布特弗利卡时代所采取的经济政策。从短期来看，政府能够通过动用外汇储备或者向国际市场借款以渡过难关。从长期来看，特本向抗议者保证将会在经济领域做出妥善调整。政府承诺要促进经济多元化发展，进一步开放私营市场。首先，政府将简化行政程序，优化营商环境，吸引外资，"繁文缛节"束缚了国内私营部门的发展，根据世界银行关于商业环境的排名，阿尔及利亚在 189 个国家和地区中排第 163 位。与邻近的突尼斯和摩洛哥相比，在阿尔及利亚开办公司

---

① 参见 https：//dy. 163. com/article/FPCVV1780528N2PM. html。

② 参见 https：//www. trademag. org. tw/page/newsid1/？ id＝757815&iz＝5。

所需的时间更长、手续更烦琐。① 其次，新政府设立很多新的部委以开拓新的产业格局，实现多元化发展，使非石油部门出口更加多样化，争取摆脱对油气产业的绝对依赖。例如，针对制药业，政府将建立一个全新的部门，反映了阿尔及利亚在制药市场上占据一席之地的雄心。针对农业，政府新设立了山区和沙漠部门，将致力于增加可耕地面积，增加农产品产量，以降低食品的价格。此外，政府重视创业和年轻人的发展，认为他们是社会政治参与的新兴力量，为此新设立一个负责创业的部门，扶植初创企业和年轻人创业，鼓励在经济领域创新，其特点是将知识经济与电子商务结合起来，促进信息流转、网络服务和减少官僚程序障碍。政府还将为他们提供有利的办公场所以及必要的讲习班和培训，以增强青年的创新能力和资源。政府的一系列政策有利于恢复经济活力和多元化发展，但这些措施的见效需要时间，效果不可能立竿见影地产生，加上新冠疫情的影响，经济发展与社会环境可能恶化，不排除疫情结束后抗议活动继续爆发的可能。但如果政府可以利用疫情按下的"暂停键"，使希拉克运动"冷却"下来，通过与抗议人士充分沟通，展现出改革的诚意和实际行动，也许能够平息抗议浪潮，恢复社会政治稳定。②

二　贪腐问题影响政治稳定

阿尔及利亚的贪腐问题十分严重，根据国际透明组织（Transparency International）公布的 2019 年国家清廉指数，阿尔及利亚在所调查的 180 个国家和地区中排第 106 位。③

腐败问题成为阿尔及利亚的政治痼疾，贿赂和大规模腐败在阿尔及利亚同时存在，而腐败案件常常与基建项目、政府合同相关。主要有以下三方面的原因：第一，精英统治阶层为了巩固自身权力与财富，往往利用"政治分赃"形成恩庇关系，发展亲信，反过来又可以在选举时获得支持与资金资助。在前总统布特弗利卡执政期间，阿尔及利亚见证了一批富翁的崛起，其中许多人被怀疑是通过不正当方式获取财富的。在布特弗利卡

---

① 参见 https：//zhuanlan.zhihu.com/p/21271251。

② Meng Shu, "Political Turbulence Converged with Covid-19—Algeria's Structural Development Dilemma," *Asian Journal of Middle Eastern and Islamic Studies*, Vol. 14, No. 3, 2020, pp. 383 – 395.

③ 参见 https：//www.transparency.org/en/countries/algeria。

被迫辞职之后，他的一些亲信因贪腐问题而被逮捕。如阿尔及利亚最知名的富商——企业主席论坛的主席阿里·哈达德（Ali Haddad），他也是布特弗利卡竞选活动的主要资金来源。与布特弗利卡有密切关系的库纳尼夫（Kouninef）家族成员也被捕了，他们被指控获得政府巨额无抵押贷款，涉嫌通过非法手段转移资金并走私大量硬通货。

第二，由于司法独立程度低，贪腐调查容易受到干扰，缺乏有效监督。阿尔及利亚过去也曾开展反腐行动，但收效甚微。尽管国家前后建立过几个打击腐败的机构，但无法缓解贪腐的蔓延，只是作为政府廉政的"橱窗装饰"。造成这一现象的主要原因在于，总统负责任命关键岗位的法官，导致司法系统很容易受到政治的影响，司法监督发挥的作用有限。在贪腐问题已经深入统治阶层的情况下，阿尔及利亚没有独立的反贪腐司法机构，缺乏真正的监督能力和司法震慑，在没有政府指示的情况下根本无法推进反腐败案件，这使当政的贪腐官员无所忌惮。

第三，在寡头政治模式和不成熟政党体制交织的政治生态下，"反贪"往往流于形式。反腐败调查通常被用作政权内派系斗争的手段，甚至用以收买民心，掩盖自身的贪腐行为。再加上在很长一段时间里，总统任期限制被取消，也为布特弗利卡连任铺平了道路，精英阶层更加肆无忌惮地为自己的利益集团"谋利"，总统在选举时的承诺往往成为空口白话，政策制定也缺乏对阿尔及利亚社会政治发展的长远打算，这加剧了贫困和腐败。①

贪腐给阿尔及利亚造成了许多危害，尤其表现在以下两方面：一是在经济发展方面表现为吞噬了大量国家财富，尽管石油每年能为阿尔及利亚带来数百亿美元的收入，但其财政赤字持续上升，从某种程度上说明这些财富并未在整个经济中充分分配。这削弱了经济、社会发展的活力，扭曲了现代化进程和市场竞争制度，政府财政赤字，不断压缩用于基础设施建设、福利和减贫的资金，加剧了贫富差距。二是在社会政治稳定方面，系统性腐败是导致 2019 年以来阿尔及利亚爆发抗议运动和政治危机的原因

---

① Mohammed Halim Limam, "Detailed Analysis of the Phenomenon of Political Corruption in Algeria: Causes, Repercussions and Reform," *Contemporary Arab Affairs*, Vol. 5, No. 2, 2012, pp. 252 – 278.

之一，腐败问题削弱了公众对政府机构和经济体系的信任。普林斯顿大学、密歇根大学和阿拉伯改革倡议组织（the Arab Reform Initiative）的共同研究项目——"阿拉伯晴雨表"（The Arab Barometer）显示，许多阿尔及利亚民众不信任国家机构。在接受调查的阿尔及利亚人中，只有约30%的人信任整个政府，约17%的人表示信任国会。阿尔及利亚军队在2019年4月的声明最终促使布特弗利卡辞职，声明称布特弗利卡恩庇下的"帮派"利用与决策者的亲近关系非法攫取财富，并正在试图将非法资金走私出境，逃往国外。民众对反腐败问题的疑虑如果得不到有效解决，可能会成为阿尔及利亚未来政治不稳定的风险因素，反过来进一步恶化投资营商环境和经济持续增长。

鉴于此，特本在竞选时和上台后都将反腐作为施政和争取民心的关键。特本上台后主要通过司法手段打击贪腐，很多布特弗利卡时代的官员和富商面临法院指控，其中大部分与腐败有关。2019年总统大选后，阿尔及利亚首都法院以挪用公款、滥用职权和腐败等罪名判处两名前总理以及数名前政府官员，他们的犯罪行为给国家造成数十亿美元经济损失。前总理艾哈迈德·乌叶海亚被法庭判处有期徒刑15年，同时没收个人全部财产，他在前总统布特弗利卡执政期间曾四次担任总理；另一名前总理阿卜杜勒马利克·塞拉勒（Abdelmalek Sellal）被判处有期徒刑12年。[1] 法庭还判处工业部前部长阿布德斯拉姆·布沙瓦里布（Abdeslam Bouchouareb）有期徒刑20年，同时对这名逃亡的前政府官员发出国际通缉令。在同一起案件中，能源部前部长尤塞夫·尤斯菲（Ramzi Yousef）被判处三年徒刑，并处以罚款。商人穆拉德·乌尔米（Mourad Oulmi）也被判入狱10年。所有指控均与腐败、洗钱和滥用权力有关。此外，首都法院当天还对数名涉嫌腐败的前政府官员和商人做出判决。[2]

一方面，阿尔及利亚民众对布特弗利卡时代的这些腐败人物受到审判表示欣慰，但另一方面，民众和反对派人士更加关注反腐败长效机制的建构，他们担心这项反腐运动只是通过选择性的司法手段赢回民心，以免抗

---

① 参见 https：//www.aa.com.tr/en/middle-east/ex-algeria-premier-jailed-for-12-years-for-corruption/1888597。

② 参见 http：//www.ccdi.gov.cn/lswh/hwgc/201912/t20191216_206079.html。

议活动演变为更加激进的变革，而非下决心解决导致腐败问题的根源。他们认为，应该根据宪法规定建立一个预防和打击腐败的独立国家机构，并给予行政、司法和财政自主权，其成员应受到特别保护以免受各种形式的压力、恐吓、威胁或攻击。该机构应负责提出和协助制定反腐败政策，应体现法治原则，反映公共财产和资金管理的廉正透明，逐步建立问责制。此外，还应向总统提交年度评估报告，以评估与预防和打击腐败有关的活动，并指出反腐工作所面临的不足，提出必要建议。①

三　新政府面临外交挑战

布特弗利卡执政前期在外交方面颇有建树，让阿尔及利亚在大国间游刃有余，他积极推进与法国、中国的双边关系发展，在文化、基建、贸易、投资等领域展开深入合作，中国更是成为阿尔及利亚最大的进口国，并利用美国在全球的反恐策略修复与西方国家的关系。但在 2013 年布特弗利卡身体状况欠佳后，阿尔及利亚在外交领域逐渐面临一些难题。2019 年以来，希拉克运动使阿尔及利亚陷入政治危机，布特弗利卡的辞职为国家留下了外交治理真空。因此，总统特本在其就职演说中强调了外交问题的核心地位，重申了阿尔及利亚外交政治行为的基本原则：不干涉他国内政，在不使用武力的情况下以和平手段解决争端，支持人民的自决权，尊重殖民时代遗留下来的国界等。从大体上看，新当选总统及其政府在外交领域需要应对如下主要挑战。

一是与阿尔及利亚周边地区的危机有关。由于利比亚危机②和萨赫勒危机③，阿尔及利亚东部和南部边界近年来一直处于危机之中，使整个

---

① 参见 https：//www. washingtoninstitute. org/fikraforum/view/the-uncertain-future-of-algerias-anti-corruption-battles。

② 2011 年卡扎菲政权被推翻后，利比亚陷入动荡。目前，利比亚两大势力割据对峙。得到联合国承认的民族团结政府与支持它的武装力量控制着西部部分地区，国民代表大会则与“国民军”结盟，控制着东部和中部地区、南部主要城市及部分西部城市。

③ 萨赫勒是非洲一片广大而贫瘠的半荒漠区域，位于撒哈拉沙漠以南、苏丹草原以北，包含马里、尼日尔、布基纳法索、乍得、尼日利亚西北部，以及喀麦隆北部。近年来，萨赫勒地区出现了多个恐怖主义组织，包括西非统一和圣战运动、伊斯兰马格里布基地组织、伊斯兰后卫组织和穆拉比通组织。与此同时，该地区还存在着跨国有组织犯罪，包括贩运武器和毒品、偷运移民及贩运人口等。为了应对这些威胁，布基纳法索、乍得、马里、毛里塔尼亚和尼日尔于 2014 年 12 月成立了萨赫勒五国集团，决心联合应对恐怖主义和跨国有组织犯罪，包括开展跨边界联合军事反恐行动。

国家的政治安全和稳定受到威胁。阿尔及利亚亟须恢复在北非和阿拉伯世界的影响力，并尽快稳定周边安全局势。2020 年 1 月，新政府上台后迅速倡议并组织利比亚周边七个国家在阿尔及利亚首都阿尔及尔举行会议，呼吁利比亚冲突各方尽快停火，通过政治对话寻求全面解决危机的办法。特本上台后还接见了利比亚冲突双方，以寻求有效调解，希望帮助利比亚内部以对话方式自行和平解决矛盾，防止局势恶化和外来势力的插手。①

活跃在非洲萨赫勒地区的恐怖组织正在通过贩毒和其他有组织犯罪活动扩充实力，对地区安全形势构成威胁，阿尔及利亚地处萨赫勒地区北缘，也深受其害。由于严峻的安全局势，再加上气候变化和 2020 年新冠疫情的影响，萨赫勒地区的国家和人民面临着前所未有的恐怖主义威胁。活跃于该地区的"伊斯兰马格里布基地组织"（Al-Qaedainthe Islamic Maghreb）是阿尔及利亚主要的恐怖主义组织之一，近年来，它将活动中心向萨赫勒地区转移，但对阿尔及利亚仍滋扰不断，且隐蔽性和灵活性增强，比以前破坏力更大。② 目前阿尔及利亚境内有 800—1000 名"基地"组织武装分子，多活跃于北部边远山区和南部边境地带，并流窜于邻国马里、利比亚、突尼斯。尤其是对阿尔及利亚南部安全挑战更加明显，境内外武装分子里应外合越过利比亚、马里的边界，在阿尔及利亚境内发动恐怖袭击。阿尔及利亚政府需要利用多年来的反恐经验在地区发挥地缘领导力，并借机强化西方反恐盟友的地位。2020 年 10 月，美国国防部长访问阿尔及利亚，与总统特本讨论了北非和萨赫勒地区的安全问题以及推进双方军事战略和外交伙伴关系的策略。③ 特本上台后也积极推动新宪法修正案，试图打破多年来宪法规定的"不干涉政策"，而允许阿尔及利亚军队在海外进行维持和平行动，旨在使本国更加积极地在萨赫勒地区发挥安全主导作用，能够在该地区加大反恐军事打击力度。特本还在非洲联盟首脑会议上表达了"重返非洲"（Return to Africa）的意愿，阿尔及利亚批准

① 参见 https：//chinese. aljazeera. net/news/2020/1/7/algeria-tripoli-red-line-alsarraj-oglu。

② Laurence Aïda Ammour, "Regional Security Cooperation in the Maghreb and Sahel: Algeria's Pivotal Ambivalence," *Africa Center for Strategic Studies*, No. 18, 2012.

③ 参见 https：//www. arabnews. com/%20node%20/%201742996%20/%E4%B8%AD%E4%B8%9C。

了《非洲大陆自由贸易区协定》（AfCETA），随后专门成立了阿尔及利亚国际合作机构（Algerian International Cooperation Agency），旨在"以非洲为使命"，加强与邻国，特别是萨赫勒国家的合作。[①] 阿尔及利亚政府希望可以通过军事手段与外交举措并行，以防止安全危机在其边境地区蔓延，彻底根除地区恐怖主义隐患。

二是与摩洛哥的关系和西撒哈拉问题。阿尔及利亚区域外交政策面临的重要挑战之一是"阿摩关系"和西撒哈拉问题。阿尔及利亚与摩洛哥的领土之争源于法国殖民时期对两国边界的草率划分[②]，导致多年来两国关系紧张。[③] 2020 年 5 月，摩洛哥驻阿尔及利亚城市奥兰治河的领事宣称"阿尔及利亚是敌国"而被驱逐出境，阿尔及利亚总统府发言人称此人为摩洛哥情报官员。此后，两国均加强了边境军事安全措施，摩洛哥在离阿尔及利亚领土仅 1000 米的杰拉达省建设一个大型军事基地，作为回应，阿尔及利亚也宣布在两国边界附近建立新的军事基地。两国不断展现军事实力，其目标是实现自己的区域领导地位。[④] 这背后还涉及西撒哈拉争端。2020 年，由于西撒哈拉主权争议再起，导致两国边境紧张局势加剧。2020 年 11 月，争取西撒哈拉独立的"波利萨里奥阵线"（Polisario Front）针对摩洛哥进入缓冲区的行为，宣布维持了 30 年的停火周期结束。波利萨里奥阵线曾在 1975—1991 年发起独立战争，要求就民族自决举行公民投票。而摩洛哥虽允许该地区自治，但坚持保有主权。波利萨里奥阵线认为，摩洛哥在西撒哈拉地区设立阿拉伯联合大公国总领事馆的行为违反国际法，是对西撒哈拉作为非自治领土法律地位的一种攻击。目前摩洛哥、波利萨里奥阵线、阿尔及利亚与毛里塔尼亚（Mauritania）间有关西撒哈

① 参见 https：//www.dailysabah.com/opinion/op-ed/why-algeria-needs-military-involvement-in-peacekeeping-operations-abroad。

② 法国在进入阿尔及利亚实施殖民统治之前，北非国家的边界线并没有明确的划分，法国强迫摩洛哥签订了划分两国边界的协议，此协议对北起地中海，南至特尼埃萨西山峰之间的 165 千米边界线进行了十分明确的划分，而其余的部分，因大部分是沙漠地区，很少有人居住，也没有什么能利用的资源，所以从吉尔沙漠到西撒哈拉之间的边界，是没有进行划分的，为后来两国的领土之争埋下了隐患。

③ Robert A. Mortimer, "Algerian Foreign Policy：From Revolution to National Interest," *The Journal of North African Studies*, Vol. 20, No. 3, 2015, pp. 466－482.

④ 参见 https：//atalayar.com/en/content/diplomatic-conflict-between-morocco-and-algeria-intensifies。

拉问题的协商已停滞数月。① 摩洛哥认为，阿尔及利亚支持波利萨里奥阵线，支持撒哈拉人民的分裂倾向是两国关系恶化的直接原因，这会对马格里布（Maghrib）② 一体化进程产生消极影响。而特本在其就职演说中强调必须将摩洛哥与阿尔及利亚关系正常化与解决西撒哈拉问题分开。新政府将如何在支持撒哈拉人民自决权与主导马格里布一体化进程之间做出平衡，是一个巨大挑战。

三是亟须重新界定阿尔及利亚与当今大国之间的关系。一方面，阿尔及利亚需要依靠与法国的历史联结，使两国之间的关系更加稳定。法国与阿尔及利亚关系敏感又复杂，两国在语言、社会和文化方面有着千丝万缕的联系，但也曾不可避免地因殖民历史争执而关系受损。希拉克运动爆发以来，法国政府一边密切观察，一边也小心地避免被指责干预。但无论从安全、地缘政治、经济上说，阿尔及利亚都需要保持与法国的双边友好关系，而法国也希望阿尔及利亚局势稳定。③ 鉴于此，希拉克运动也提出了关于搁置历史问题、重修与法国关系的口号，为阿尔及利亚进一步发展与法国的双边关系提供了强大的社会和政治动力。另一方面，新政府需要使阿尔及利亚的对外关系更加多元化。良好的外交关系是盘活阿尔及利亚内外贸易的前提。阿尔及利亚要与国际体系中的新兴大国如俄罗斯、中国和土耳其等建立有效伙伴关系，因为这些国家在阿尔及利亚经济贸易活动中占有一定分量，对提高阿尔及利亚在全球经济体系中的地位有所裨益。所幸国际舆论对特本的上台是有利的，俄罗斯、美国等国家都对他表示祝贺，期待与阿尔及利亚发展友好双边关系并帮助其稳定。④

四是改革阿尔及利亚外交机构和外交政策制定机制。这一挑战涉及杜绝打破布特弗利卡时代普遍存在的腐败现象，无论是外交行政部门官员的聘任，还是在管理外交政策部门和大使馆、领事馆的财政预算方面，一些

---

① 参见 https：//www. middleeasteye. net/news/morocco-launches-military-operation-western-sahara。

② 马格里布是非洲西北部的一个地区，古代原指阿特拉斯山脉至地中海海岸之间的地区，有时也包括穆斯林统治下的西班牙部分地区，后逐渐成为摩洛哥、阿尔及利亚和突尼斯三国的代称。该地区传统上受地中海和阿拉伯文明的影响，同时也与撒哈拉沙漠以南的黑非洲地区有着密切的贸易往来，因此形成了独特的文化。

③ 参见 https：//www. cna. com. tw/news/aopl/201903050013. aspx。

④ Robert A. Mortimer, "Algerian Foreign Policy：From Revolution to National Interest," *The Journal of North African Studies*, Vol. 20, No. 3, 2015, pp. 466 – 482.

贪腐行为影响了外交部门行政决策的有效性。同时，阿尔及利亚的外交政策还面临着专业人才支撑不足的问题，大学相关部门和研究中心在布特弗利卡时代被隔绝于决策圈之外。按照特本总统的承诺，更多的年轻力量将有条件和可能进入政治舞台，使外交政策决策更加合理有效、更富有活力。①

四 2020 年宪法修正案的进展

在修订宪法方面，参与希拉克运动的反对人士要求司法独立、组建新的宪法委员会，并通过选举而非指定来确定其成员。此外，他们还要求尽快建立 2016 年宪法修正案提出的高级国家法院，以起诉有叛国行为的总统和犯罪的总理。2019 年 12 月，在就职典礼上，总统特本承诺修改宪法，进行"彻底的宪法改革"，从而限制总统的权力，消除腐败。但是他一直无法说服反对派和失望的阿尔及利亚民众相信政府改变的诚意。2020年 1 月，经过精心挑选的制宪专家委员会提出在三个月内修改宪法的提案。该提案的初稿原定于同年 5 月发布，但因新冠疫情而推迟。委员会称新的宪法修正案是在"现代国家为公民服务"的基础上拟订的，将形成"新的阿尔及利亚"。特本推动了本次宪法改革进程，试图平息将阿尔及利亚推入数十年来最大危机的大规模街头抗议活动。

从 2020 年 10 月开始，阿尔及利亚新政府为推动宪法修正案的通过打出口号——"1954 年 11 月：解放；2020 年 11 月：改变"，希望能够鼓舞阿尔及利亚人在 11 月 1 日的全民公投中为宪法修正案投票。尽管军队受到宪法约束需要保持中立，但武装部队的代理负责人表示支持这次全民公投，认为这是"建设新的阿尔及利亚的重要一步"，而军队对阿尔及利亚政局有很大影响力。有民众认为，新宪法将扩大和巩固阿尔及利亚的民主，也有反对者呼吁抵制本次全民公投，他们认为这一修宪进程无非是新政府化解危机的一种手段。

2020 年宪法修正案涉及的内容主要包括地方分权、军队职能、政治权力的分配以及反腐败斗争等。根据修正案，宪法保留将伊斯兰教奉为国

---

① Arab Center for Research & Policy Studies, "Algeria 2019: From the Hirak Movement to Elections," Arab Center for Research & Policy Studies (2020), http://www.jstor.com/stable/resrep24409.

教，以及在民主、社会多元化、公民基本权利和社会正义等问题上的一般原则规定。宪法修正案将围绕地方分权问题做出一些变革；修正案中最有争议的部分涉及军队，军队首次被允许在国外部署以支持国际维和任务，这种变化被认为是应对邻国利比亚局势变化的策略，也引发了人们对军队地位和职能问题的持续关注。此外，宪法还规定将总统和国会议员的任期限制为两个，也移交了部分权力给总理，但仍然保留了总统对政府任命拥有广泛的权力，包括解除总理职务。尽管宪法修正案对法院和司法部门做了一些小的改动，但总统仍具有重要控制权。①

2020 年 11 月 1 日，宪法修正案公投如期举行，最终投票结果显示：只有不到四分之一的登记选民投票，大约三分之二的投票者支持宪法修正案通过，也就是说，约有 15% 的注册选民投票赞成新宪法修正案。

希拉克运动人士拒绝承认新宪法修正案，称其为"表面的改变"，并敦促选民抵制投票结果。希拉克运动的重要成员将本次公投的低投票率称为"政府策略的失败"，低投票率削弱了政府想通过公投淡化希拉克运动负面影响的策略。但选举委员会负责人穆罕默德·查菲（Mohamed Charfi）认为，新冠疫情是导致低投票率的主要原因。反对人士对宪法修正案不满的主要原因有：第一，修正案仍将关键权力和任命权保留在总统手中，没有体现出权力分立制衡的原则。作为最高司法委员会的主席，总统仍可以任命其成员。抗议人士对此感到不安，他们认为总统对司法部门的控制可能导致持异见人士遭到不公正审判。第二，反对者批评特本政府自上而下的修宪方法缺乏透明度，没有充分体现民意，这意味着希拉克运动的大部分诉求被排除在外，与全民公决的结果有所不同。② 有评论家认为，该草案不足以满足广泛而深刻的改革所需。更重要的是，很多反对者认为，宪法修正案没有真正触及希拉克运动寻求的改革目标——推翻自阿尔及利亚独立以来就一直统治国家的"精英"，彻底结束腐败并使军队退出政治舞台。③ 尽管特本政府表达了建立"新阿尔及利亚"的迫切愿望，但宪法修正案并未能使反对人士满意。

---

① 参见 https：//www. middleeasteye. net/news/algeria-new-constitution-breakdown。

② 参见 https：//www. middleeasteye. net/news/algeria-new-constitution-breakdown。

③ 参见 https：//www. middleeasteye. net/news/algeria–constitutional-referendum-voters-turnout。

第七章　民族与宗教

纵观阿尔及利亚历史，柏柏尔人最先生活于这片辽阔疆域上，他们是最初的土著居民，并先后出现了若干个柏柏尔人王国。7世纪，在阿拉伯帝国对外扩张的过程中，阿拉伯人带着伊斯兰教一同来到北非地区，柏柏尔人由此开始了与阿拉伯人的民族融合，也逐渐皈依伊斯兰教。到19世纪，法国人对阿尔及利亚开始了一段长达132年的殖民统治，其间法国人将民族因素政治化、工具化，通过重塑柏柏尔人的身份认同来放大两大民族之间的差异，继而通过分而治之的方式实现其殖民统治的目的。这一段历史使得原本已深度融合的阿拉伯人、柏柏尔人的关系出现裂痕，双方一度在反殖民斗争中携手合作，但在阿尔及利亚实现独立后双方矛盾再度爆发。这种"自我"与"他者"的分歧严重影响了阿尔及利亚国内政治，其消极影响不断外溢，对北非地区其他国家的柏柏尔人产生影响。宗教因素亦在阿尔及利亚国内政治发展中发挥着作用，它渗入了政党政治、身份认同、利益分配等重要问题之中，加剧了阿尔及利亚国内政治问题的复杂性，催生了一部分宗教极端势力。总体上而言，阿尔及利亚的伊斯兰属性、阿拉伯属性与柏柏尔属性之间错综复杂的关系至今仍是阿尔及利亚政府不得不正视并妥善解决的重要问题之一。

第一节　民族发展史

阿尔及利亚是一个多民族国家，阿拉伯人是阿尔及利亚的主体民族，于7世纪伴随着阿拉伯帝国的军事扩张而来到当地并发展至今。柏柏尔人是阿尔及利亚的土著民族，亦是阿尔及利亚的第一大少数民族，其中一部分已经被阿拉伯人"同化"，但也有部分柏柏尔人保留其独特的语言文字和传统生活方式。本节以法国殖民及阿尔及利亚实现独立为时间节点，梳理古代至殖民时期前、殖民时期及实现独立以后阿尔及利亚的民族发展历史与概况。

一　古代时期的阿尔及利亚民族发展

柏柏尔人是北非地区的土著民族之一，广泛分布于如今的阿尔及利亚、摩洛哥、利比亚、突尼斯等国，是北非地区主要的少数族群之一。阿拉伯人对北非地区的征服可以追溯至 661 年穆阿维叶建立倭马亚王朝之后。经过近四十年的征战，8 世纪初，穆萨·本·努塞尔建立了"一个直属大马士革的、以凯鲁万为首府的行政区，其辖区的西部边界一直扩展到极西部的丹吉尔"[①]。虽然在阿拉伯人实现对北非地区的统治后，柏柏尔人皈依了伊斯兰教，甚至加入倭马亚王朝进一步扩张的队伍之中，但阿拉伯人与柏柏尔人之间的张力却一直存在，以至于在 8 世纪到 9 世纪出现了多个得到柏柏尔人支持的王朝（见表 I -7 -1）。

表 I -7 -1　　　　　8 世纪到 9 世纪得到柏柏尔人支持的王朝

王朝名称	建立时间	主要内容
哈瓦利吉派王朝	8 世纪 70 年代中叶	柏柏尔人被逃到北非的哈瓦利吉派支派之一的易巴德派所利用。909 年，随着法蒂玛人在北非执政，易巴德派的伊玛目国不复存在
伊德里斯王朝	788 年	哈桑曾孙伊德里斯·本·阿卜杜拉逃往摩洛哥北部后取得柏柏尔人支持并建立伊德里斯王朝，于 974 年被后倭马亚王朝哈里发哈克姆二世所灭
阿格拉布王朝	800 年	800 年，易卜拉欣·本·阿格拉布人伊非里基亚*的地方长官在到任后很快把这个地方变成独立的王国。该王朝以凯鲁万为中心，几乎统治着除易巴德派王国以外的整个伊非里基亚。909 年，阿格拉布王朝灭亡

*亦作"易弗里基叶"。当时居住在东部地区的柏柏尔人，接受了罗马人的称呼"易弗里基叶"，即拉丁语 Africa 的讹音，现通称整个非洲。而居住在西部地区的柏柏尔人，则接受了阿拉伯人对"西方的称谓，即'马格里布'"。参见金宜久主编《伊斯兰教史》，江苏人民出版社 2006 年版，第 267 页。

资料来源：金宜久主编《伊斯兰教史》，第 267—269 页。

---

① 金宜久主编：《伊斯兰教史》，江苏人民出版社 2006 年版，第 265 页。

由于地理位置接近、社会文化相似等原因，柏柏尔人对阿拉伯文化并不陌生，游牧的或是定居的柏柏尔人在经过一段时间的反抗后最终都接受了阿拉伯人的统治以及伊斯兰教的传播。倭马亚王朝、阿拔斯王朝的哈里发都先后实行过"阿拉伯化"和"伊斯兰化"的政策，因此到法国对阿尔及利亚进行殖民统治之前，柏柏尔人已经在很大程度上与阿拉伯人实现了融合，当然，其中有若干支系仍保留其自身独特的生活方式与语言文化。

在伊斯兰教出现之前，阿拉伯半岛上的游牧民族过着逐水草而居的生活，在这一时期，部落认同是最主要的身份认同。因此阿拉伯人在身份认同上经历了从部落认同到民族认同并与宗教认同相互叠加、相互影响的过程。同样，半岛上既有多神信仰，又有拜物信仰，当然也有少部分信仰犹太教、基督教或其他宗教的群体。直到伊斯兰教出现之后，统一的宗教信仰在一定程度上推动了阿拉伯民族认同的发展，发展成既有阿拉伯民族特色又兼顾伊斯兰文化的新认同。这种身份认同的演进过程同样适用于解释柏柏尔人多元身份认同的发展。在四大哈里发时代结束后，后来的倭马亚王朝和阿拔斯王朝都不约而同地采取过"阿拉伯化"的民族政策和"伊斯兰化"的宗教政策，北非柏柏尔人在此过程中也从阿拉伯人征服之前的族群认同、部落认同，逐步发展到阿拉伯人出现之后的民族—宗教多元认同。

二　殖民时期的阿尔及利亚宗教发展

1830 年，法国借口外交事件入侵阿尔及利亚并就此开始了长达 132 年的殖民统治。在民族政策方面，煽动柏柏尔人与阿拉伯人的对立成为法国殖民统治时期的重要内容之一，其消极影响至今难以消除。

对于柏柏尔问题，法国殖民者、阿拉伯民族精英有着不同的认知，这种认知上的差异形成了不同历史时期的不同民族政策，这些政策的推行使柏柏尔问题从文化历史层面不断转向政治层面，最终具体化为各种困扰阿尔及利亚政治、经济和社会发展的运动和事件，可以说，柏柏尔问题是阿尔及利亚独立以来最重要的民族难题。[1]

① 慈志刚：《阿尔及利亚的柏柏尔人问题》，《阿拉伯世界研究》2015 年第 1 期。

通过强化身份认同差异来推行分而治之的目的是殖民者惯用的手法。在殖民统治与反殖民的斗争中，法国殖民者从历史、宗教、文化等方面重构了一个与过去的历史迥异的柏柏尔民族，人为制造了阿拉伯人与柏柏尔人的对立，以推行使阿尔及利亚完全法国化的分而治之的殖民政策。[①] 英国殖民者在斯里兰卡人为强调僧加罗人、泰米尔人的对立与法国殖民者可谓如出一辙。

但由于柏柏尔人历来处于被统治的地位，这种民族上的差异以及长期被统治的心理落差在殖民时期被人为地放大。因此，阿尔及利亚柏柏尔人在西方殖民者的煽动下对自身的认同从"阿拉伯—柏柏尔人"这样强调融合与统一的认同转变为"自我"和"他者"这样强调区别与差异的认同。国外学界，尤其是西方学界对柏柏尔人的研究也在一定程度上反映了殖民时期对柏柏尔人的身份建构甚至是身份重塑对阿尔及利亚国内民族矛盾的影响。

国外学术界对柏柏尔人的研究可分为两大部分：阿拉伯国家学者的研究和西方国家学者的研究。区分两者的依据并不仅限于国别差异，两者的研究立场和侧重点也有所不同。阿拉伯国家学者比较强调柏柏尔人与阿拉伯人的共性，包括人种上的同化和宗教上的同一。他们的研究多以北非历史为主，涉及当代问题时淡化族群矛盾，注重发掘共性。西方国家学者对柏柏尔人的研究与法国殖民主义有着密切关系。法国殖民学者是第一批研究柏柏尔人的西方人。他们的研究为殖民主义服务，着眼于区分柏柏尔人和阿拉伯人，将阿拉伯人定位为入侵者，强调两者的差异，制造两者之间的矛盾。他们的研究偏重考证柏柏尔人与阿拉伯人在人种、历史、文化、语言、习俗、性格等方面的差异。英美国家学者对柏柏尔人的研究主要从认同冲突的角度展开，强调差异与冲突，轻视共性与协调。他们的研究侧重当代北非各国柏柏尔人与阿拉伯伊斯兰属性的民族国家之间的摩擦。[②]

---

① 慈志刚：《阿尔及利亚的柏柏尔人问题》，《阿拉伯世界研究》2015 年第 1 期。

② 黄慧：《柏柏尔人研究综述》，李安山主编、胡海方副主编：《中国非洲研究评论 (2012)》，社会科学文献出版社 2013 年版，第 353 页。

语言在反殖民斗争中也起到了重要作用。法国殖民者控制了政府、商业、教育等领域，试图通过强加法语和法国文化而使阿尔及利亚人实现"文明开化"（civilized）① 的目的。1830 年，阿尔及利亚的识字率约为40%，伊斯兰经学院（the Quranic Schools）承担了主要职责，然而，20年之后，仅有一半的经学院还在运营，其结果必然是阿尔及利亚转向以法语为主，阿拉伯语精英教育严重衰退。② 因而民族语言教学成为阿尔及利亚人反抗殖民统治的工具，也成为坚守阿尔及利亚国家认同、民族认同、宗教认同的重要基础。"在漫长的 130 多年中，阿语教学始终没有停止，民间私塾和宗教团体仍坚持用阿语教学。1931 年后，由于伊斯兰教育组织的努力和各地穆斯林的自发捐款，阿尔及利亚出现了几十座阿语学校，阿语教学成为范围广泛的有组织的爱国主义活动之一。"③ "阿拉伯语是民族语言和官方语言（nationally and officially），共和国总统专门设置了阿拉伯语最高委员会。阿拉伯语最高委员会旨在使阿拉伯语变得兴盛，致力于将其运用于科学、技术及相关的翻译工作。"④

三 独立后的阿尔及利亚民族发展

1962 年阿尔及利亚实现独立后，建国初期的国家制度设计自身所存在的缺陷与不足导致柏柏尔主义（Berberism）⑤ 迅速萌芽、发展、传播，最终成为阿尔及利亚国民身份认同构建中的核心症结之一。

长期被反殖民斗争所掩盖的民族矛盾在阿尔及利亚取得独立后逐步暴露出来。

---

① Helen Chapin Metz ed. , *Algeria：A Country Study*（5th Edition），Library of Congress，Federal Research Division，III. Series. IV，1994，p. 87.

② Helen Chapin Metz ed. , *Algeria：A Country Study*（5th Edition），Library of Congress，Federal Research Division，III. Series. IV，1994，p. 88.

③ 袁义芬：《阿尔及利亚的阿拉伯语化运动》，《阿拉伯世界》1998 年第 1 期。

④ *Dustur al-Jumhuriya al-Jazairiya ad-Dimuqratiya ash-Shabiya*，p. 7. https：//www. joradp. dz/TRV/AConsti. pdf.

⑤ "阿尔及利亚的柏柏尔主义（Berberism）是以柏柏尔认同为基础，以维护柏柏尔人在阿尔及利亚的政治、文化、社会及经济权利为目标而产生的一种思潮，并表现为柏柏尔人为此目的而发起的政治、文化和社会运动，即柏柏尔主义运动。"参见黄慧《阿尔及利亚柏柏尔主义研究》，社会科学文献出版社 2015 年版，第 2 页。

19世纪40年代中期，在反抗法国殖民者的阿尔及利亚民族主义斗争者中有一部分柏柏尔人，对于在民族斗争口号中把阿尔及利亚确定为阿拉伯伊斯兰属性就表达了强烈的不认同，由此一度引发了斗争路线的分歧，这是出现在民族独立斗争时期的第一次柏柏尔人危机，可被视为族际矛盾产生的最初表现。①

柏柏尔主义也逐渐从社会思潮发展成为社会运动。但需要指出的是，柏柏尔主义运动并非一种基于民族认同的分裂主义运动，而更多的是一种追求民族平等和文化多元化的社会运动。"柏柏尔人要求一个文化政治多元化的阿尔及利亚，且与阿拉伯人享有平等地位，而由阿拉伯人执掌的阿尔及利亚当局追求的是一个'按照先阿拉伯人和伊斯兰教在历史上的辉煌'的国家，双方在国家属性认同上的裂痕愈来愈大。"②

对于柏柏尔人和阿拉伯人而言，这场民族解放战争在反法的程度和广度上是存在区别的。对于前者而言，这是一场纯粹的反殖民政治战争，柏柏尔人反抗的是法国人的殖民统治权，但他们并不反感接受法国的文化、思想和语言。对于后者而言，这场独立战争不仅是政治的，也是文化的，阿拉伯人不仅要推翻法国的殖民统治，并且认为阿拉伯文化在这一百多年的殖民岁月中也受到了法兰西文化的严重侵蚀，这场战争可以说是阿尔及利亚全面去法国化的前奏。③

虽然阿尔及利亚近年来致力于强化其伊斯兰属性、阿拉伯属性、柏柏尔属性，但实际情况却是"阿尔及利亚现存的三种认同的对立造成了阿尔及利亚的认同危机。阿拉伯—伊斯兰的阿尔及利亚，遭到柏柏尔主义者和伊斯兰主义者的挑战。伊斯兰主义试图以伊斯兰终结一切矛盾的尝试难以

① 赵济鸿：《阿尔及利亚阿拉伯人与柏柏尔人族际问题中的法国因素》，《法语国家与地区研究》2019年第1期。
② 赵济鸿：《阿尔及利亚阿拉伯人与柏柏尔人族际问题中的法国因素》，《法语国家与地区研究》2019年第1期。
③ 赵济鸿：《阿尔及利亚阿拉伯人与柏柏尔人族际问题中的法国因素》，《法语国家与地区研究》2019年第1期。

满足阿拉伯民族主义者和柏柏尔主义者的不同诉求。至于柏柏尔主义，则在阿拉伯—伊斯兰和伊斯兰主义的夹缝中艰难求生。"① 因此有学者称其为"同化的悲剧"，即认为"最初，柏柏尔人只是希望以平等的方式融入阿尔及利亚社会，如今，不再对当局抱有希望的他们直接提出了自治的要求。从融入到自治，阿尔及利亚四十年的历史再次印证了国家单方面强制同化政策没有出路"②。

随着政治和社会团体变得相对多元化，马格里布地区的情况开始慢慢发生变化。在阿尔及利亚和摩洛哥，柏柏尔文化和柏柏尔人的语言开始被认为是民族认同的重要组成部分。摩洛哥国王哈桑二世在 1994 年 8 月 20 日的宣言中表示："柏柏尔语是摩洛哥语言和文化遗产的内在组成部分，应该通过讲柏柏尔语和在学校教授柏柏尔语来保护它。"实际上，这些新的政治气氛导致阿尔及利亚 1990 年在提兹·乌祖大学（University of Tizzi Ouzou）建立了柏柏尔语言和文化系，并在广播和电视中使用柏柏尔语。③ 但两国在柏柏尔问题上的政策及效果却不相同。有埃及学者认为，摩洛哥和阿尔及利亚在少数族群的治理上呈现为两个截然不同的案例，在摩洛哥的阿拉伯人和柏柏尔人携手一同稳步发展的时候，阿尔及利亚则在一些阿拉伯和柏柏尔人团体的斗争中变得分崩离析。④ 西亚北非地区政治动荡至今仍对中东各国政治、经济与社会生活产生着持续影响，虽然同埃及、利比亚、阿尔及利亚等其他北非阿拉伯国家相比，摩洛哥国内政治大体上保持相对稳定，但国王穆罕默德六世（Mohammed Ⅵ）也被认为是经历了自登基以来最大的危机，其中就包括摩洛哥北部柏柏尔人的一些抗议运动。对此，学界有人提出了"摩洛哥例外论"⑤ 这一概念，并对自 17 世纪延续至今的阿拉维君主制进行再次解读，对其国内政治的高度稳定性进行深

---

① 黄慧：《论当代阿尔及利亚的认同危机》，《西亚非洲》2011 年第 4 期。

② 庄晨燕：《北非"阿拉伯之春"对民族国家建构之启示》，《中央民族大学学报》（哲学社会科学版）2015 年第 1 期。

③ Catherine Miller, "Linguistic Policies and Language Issues in the Middle East," Usuki A. & H. Kato, eds., *Islam in the Middle Eastern Studies: Muslims and Minorities* JCAS Symposium Series 7, Osaka, Japan, pp. 149 – 174, 2003, https://halshs. archives – ouvertes. fr/halshs-00150396/document.

④ Saad Eddin Ibrahim, *Management and Mismanagement of Diversity: The Case of Ethnic Conflict and State-building in the Arab World*, 1997, https://unesdoc. unesco. org/ark: /48223/pf0000111564.

⑤ 参见曾爱平《摩洛哥阿拉维君主制统治高度稳定性研究》，《中国非洲研究评论》（第三辑），社会科学文献出版社 2014 年版。

入解读。同时，摩洛哥也出台了一系列政策来支持国内不同民族的发展，如起草《柏柏尔宣言》、设立柏柏尔文化皇家研究院等，1999 年颁布的《国家教育与培训章程》还有涉及柏柏尔人的语言教育的相关内容。[①] 国王穆罕默德六世开放、包容的理念在很大程度上促进了国内不同民族间的相互融合与相互理解，也对维护国内政治稳定产生正面的影响。

第二节　民族概况

阿尔及利亚政府在 1966 年取消了人口普查中柏柏尔人与阿拉伯人的分类，因此无法从阿尔及利亚官方人口普查数据中获得柏柏尔人的准确数量。[②] 目前大多认为，柏柏尔人约占阿尔及利亚总人口的 20%。阿尔及利亚官方语言为阿拉伯语，塔马齐格特语（柏柏尔人方言）从 2002 年起被定为国语，法语是通用语言。[③] 此外，阿尔及利亚还有少量犹太人，以及一些欧洲人的后裔，人数非常稀少。本节主要介绍阿尔及利亚阿拉伯人、柏柏尔人、犹太人及其他少数民族概况。

一　阿尔及利亚的主体民族

阿尔及利亚政府在 1966 年取消了人口普查中柏柏尔人与阿拉伯人的分类之后模糊了民族的边界，不仅难以获得确切的统计数据，而且在主体民族与少数民族的区分和人数比例上存在若干分歧。首先，在民族划分的问题上，由于柏柏尔人与阿拉伯人长期生活在一起，"直到 11 世纪后，绝大部分柏柏尔人已被同化成阿拉伯人，很难分清是阿拉伯人还是柏柏尔阿

---

① 《国家教育与培训章程》第 115 条规定，为了推动学前和小学的第一阶段学习官方语言，地区教育局调整部分课程，选择性使用柏柏尔语或者方言教学。国家教育和培训当局尽可能地逐渐为地区提供必要的教育者、教师和教学材料。第 116 条规定，2000—2001 年，在大学开学时，一些特定大学确立起柏柏尔语言文化发展和研究结构以及培训柏柏尔语教师和研发学校课程的计划。第 117 条规定，建立培训柏柏尔语教师的机构。参见孙晓涵《摩洛哥伊斯兰宗教教育研究》，硕士学位论文，浙江师范大学，2014 年，第 75 页。

② 黄慧：《阿尔及利亚柏柏尔主义研究》，社会科学文献出版社 2015 年版，第 1 页。

③ 中国商务部：《对外投资合作国别（地区）指南——阿尔及利亚（2020 年）》，第 6、14 页，http://www.mofcom.gov.cn/dl/gbdqzn/upload/aerjiliya.pdf。

拉伯人"①,因而出现了阿拉伯人、柏柏尔人、阿拉伯—柏柏尔人②（Arab-Berber）、阿尔及利亚阿拉伯人③（Arabs of Algeria）等多种表述。如我国学者赵锦元、戴佩丽在分析阿尔及利亚的民族时使用了"阿尔及利亚阿拉伯人"这一表述，认为其属于欧罗巴人种地中海类型，"是当地土著柏柏尔人与先后入侵者长期生活的混血人种"④；而美国中央情报局的国别概况中使用的是"阿拉伯—柏柏尔人"。其次，柏柏尔人内部不同的支系形成了若干族群，在现有研究中既有将其不加区分地纳入柏柏尔人进行统一研究与讨论的，也有将其视为独立的少数族群进行分别研究与讨论的。中国学者李楠认为，柏柏尔人这一称呼隐含了集合的概念，指出"柏柏尔人并不是单一的民族，而是众多在文化、政治和经济生活上相似的部落族人的统称"⑤。最后，由于民族划分标准不一、权威数据缺失而导致对阿尔及利亚民族的统计存在多种数据。如中国外交部在"阿尔及利亚国家概况"中表示阿尔及利亚人口中"大多数是阿拉伯人，其次是柏柏尔人（约占总人口的20%）。少数民族有姆扎布族和图阿雷格族"⑥。中国商务部在《对外投资合作国别（地区）指南——阿尔及利亚》中表示："阿拉伯人约占阿尔及利亚总人口的80%，其次是柏柏尔人（约700万人）、图阿雷格人和姆扎布人（30万）。"⑦ 而美国中央情报局则认为，"阿拉伯—柏柏尔人占99%，欧洲人不到1%"，并作相应注解："虽然几乎所有阿尔及利亚人都是柏柏尔人（不是阿拉伯人），但只有一小部分人自称是柏柏尔人，约占总人口的15%；这些人大多生活在阿尔及尔以东的卡比利山

---

① 赵锦元、戴佩丽主编：《世界民族通览》，中央民族大学出版社2000年版，第23页。

② 参见CIA World Factbook, *Algeria：People and Society*, https：//www. cia. gov/the-world-factbook/countries/algeria/#people-and-society.

③ 参见赵锦元、戴佩丽主编《世界民族通览》，中央民族大学出版社2000年版，第21—22页。

④ 赵锦元、戴佩丽主编：《世界民族通览》，第23页。

⑤ 李楠：《摩洛哥历史研究》，博士学位论文，上海外国语大学，2012年，第25—26页。

⑥ 《阿尔及利亚国家概况》，2020年10月，中国外交部网站（https：//www. fmprc. gov. cn/web/gjhdq_ 676201/gj_ 676203/fz_ 677316/1206_ 677318/1206x0_ 677320/）。

⑦ 中国商务部：《对外投资合作国别（地区）指南——阿尔及利亚（2020年）》，第13页，http：//www. mofcom. gov. cn/dl/gbdqzn/upload/aerjiliya. pdf。

区和其他几个社区。"①

二　阿尔及利亚柏柏尔人

柏柏尔人是阿尔及利亚的土著居民，广泛分布在北非地区——"东起埃及西瓦绿洲西至大西洋，北起地中海南到尼日尔河流域的区域"②，如今摩洛哥、阿尔及利亚等国均有大量柏柏尔人居住，其中摩洛哥国内柏柏尔人数量最多。此外，突尼斯、埃及、利比亚等国也有少量的柏柏尔人生活其中。"早在公元前12世纪，腓尼基人来到该国北部沿海地区进行殖民活动。公元前9世纪时，迦太基人又控制了这一地区。直至公元前3世纪柏柏尔人才在该国的北部建立起了自己的王朝。"③ 中国学者黄慧对柏柏尔一词以及柏柏尔人的起源进行了大量考证，如关于柏柏尔一词的含义，黄慧引用伊本·赫勒敦（Ibn Khaldun）的记载：

> 据说土伯尔王艾弗里基什·本·盖斯·本·萨伊非（Afriqīsh b. Qays b. Saifī）在进攻马格里布和非洲时遇见了他们，听到他们的语言后，他意识到他们的不同，惊叹道："你们说话真如柏柏尔"，于是他们就被叫作柏柏尔人。柏柏尔一词在阿拉伯语中的本意是说话嘟囔、含混不清，当狮子发出咕噜咕噜低沉的喉音时人们会说狮子在柏柏尔。④

黄慧认为，这一记载暗示阿拉伯语中本就有"柏柏尔"一词的动词形式，表达"说话含混"或"狮子低吼"的意思，阿拉伯人之所以称北非居民为"柏柏尔人"，是因为他们的语言符合"柏柏尔"一词所描述的特征。⑤ 关于柏柏尔人的起源，黄慧指出："伊本·赫勒敦采纳了阿拉伯历史学家泰伯里所力主的观点，即柏柏尔人起源于东方，他们是迦南人的

---

① CIA World Factbook, *Algeria*: *People and Society*, https://www.cia.gov/the-world-factbook/countries/algeria/#people-and-society.

② 黄慧：《柏柏尔人研究综述》，李安山主编：《中国非洲研究评论（2012）》，社会科学文献出版社2013年版，第353页。

③ 赵锦元、戴佩丽主编：《世界民族通览》，中央民族大学出版社2000年版，第21—22页。

④ 黄慧：《柏柏尔人研究综述》，李安山主编：《中国非洲研究评论（2012）》，第355页。

⑤ 黄慧：《柏柏尔人研究综述》，李安山主编：《中国非洲研究评论（2012）》，第355页。

一支，从巴勒斯坦地区迁徙到北非。"①

在阿拉伯人进入北非地区之前，柏柏尔人中既有过游牧生活的群体，也有过定居生活的群体；既有生活在沙漠地区的群体，也有生活在山脉、山谷中的群体；既有信仰多神教、拜物教、原始宗教的群体，也有信仰基督教的群体。因此，柏柏尔人内部还可以根据不同的生活方式、不同的生活地区等条件进行进一步的细分。阿尔及利亚的柏柏尔人主要有四支：卡比利亚（Kabylia）地区的卡比尔人（Kabyle）、奥雷斯（Aures）地区的沙维亚人（Shawia）、盖尔达耶（Ghardaia）附近的穆扎比人②（Mozabite）和阿哈加尔沙漠（Ahajar）地区的图阿雷格人（Tuareg）③（见表 I – 7 – 2）。

表 I – 7 – 2　　　　　　　阿尔及利亚柏柏尔人主要分支情况

名称	人种及其来源	语言文字情况	宗教信仰	主要分布地区及从事的主要行业
卡比尔人	欧罗巴人种地中海类型；柏柏尔人的一支	柏柏尔语（闪含语系柏柏尔语族）；普遍能讲阿拉伯语。无文字	伊斯兰教	主要分布在卡比利亚山区；从事农业、饲养业
沙维亚人	欧罗巴人种地中海类型；早期柏柏尔人——泽纳塔人的直系后裔	柏柏尔语（闪含语系柏柏尔语族）；多数人会讲阿拉伯语。无文字	伊斯兰教	主要分布在东部奥雷斯和沙维亚山区；从事农牧业，近些年来流入城市和工矿的人很多
姆扎布人（亦作穆扎比人）	欧罗巴人种地中海类型；绿洲柏柏尔人的一支	柏柏尔语方言（闪含语系柏柏尔语族）；普遍能讲阿拉伯语。无文字	伊斯兰教	主要分布在阿特拉斯山脉以南的加尔达亚绿洲及姆扎布谷地；从事农业，手工业十分发达

① 黄慧：《柏柏尔人研究综述》，李安山主编：《中国非洲研究评论（2012）》，第 355 页。
② 在赵锦元、戴佩丽主编的《世界民族通览》一书中称为"姆扎布人"（Mzab）。
③ 黄慧：《阿尔及利亚柏柏尔主义研究》，社会科学文献出版社 2015 年版，第 1 页。

续表

名称	人种及其来源	语言文字情况	宗教信仰	主要分布地区及从事的主要行业
图阿雷格人	欧罗巴人种地中海类型	塔马哈克语*（闪含语系柏柏尔语族）	伊斯兰教（马立克教派）	主要分布在撒哈拉沙漠地区的阿哈拉高原；从事畜牧业，过着游牧生活，近些年来一些人到矿区谋生

　　* 亦称为塔马舍克语［参见蒋光友、时建《昆格人语言使用现状调查》，《西华师范大学学报》（哲学社会科学版）2013 年第 1 期］或塔马谢克语（参见潘华琼《试论图阿雷格人与马里危机》，《西亚非洲》2013 年第 4 期）。此处保留《世界民族通览》一书中的原文。

　　资料来源：赵锦元、戴佩丽主编《世界民族通览》，中央民族大学出版社 2000 年版，第 23—25 页。

　　图阿雷格人是柏柏尔人的一支，至今仍保持游牧生活，以从事畜牧业为主。因此，在多个北非国家都有图阿雷格人的身影，主要分布在马里、阿尔及利亚、利比亚等国，保持其独特的生活习惯和语言文字。"他们讲同一种塔马谢克语，属于柏柏尔语族，也是该语族中受阿拉伯语影响最小的语言。……图阿雷格人除了有自己的语言，还有自己古来的提菲纳格文字（Tifinagh）。"[1] 阿尔及利亚的图阿雷格人还有部分来自邻国马里，极端干旱致使这部分人前往阿尔及利亚避难。"图阿雷格人所处的撒哈拉和萨赫勒地带，常年干旱少雨。1968 年开始的干旱持续了 6 年，到 1974 年形成极端干旱，导致大批图阿雷格人流亡到阿尔及利亚、利比亚、尼日利亚、塞内加尔和布基纳法索等邻国。"[2] 这一极端干旱天气此后又多次反复，对图阿雷格人的生计造成严重影响，"发生于 70 年代后期和 80 年代中叶的干旱，严重打击了以畜牧业为主的游牧民族，特别是图阿雷格人的生源，大批逃难到阿尔及利亚和利比亚。"[3]

三　其他少数民族

　　阿尔及利亚的其他少数民族包括欧洲人和犹太人两大群体，其中欧洲

---

① 潘华琼：《试论图阿雷格人与马里危机》，《西亚非洲》2013 年第 4 期。
② 潘华琼：《试论图阿雷格人与马里危机》，《西亚非洲》2013 年第 4 期。
③ 潘华琼：《试论图阿雷格人与马里危机》，《西亚非洲》2013 年第 4 期。

人是指法国人、西班牙人等。欧洲人主要是指在殖民期间欧洲移民的后裔，其中法国人无疑占绝大多数。法国人在殖民时代约占阿尔及利亚总人口的10%，如今已降至约1%。① "到1847年1月1日，阿尔及利亚的欧洲人居民，共10.9万人，其中法国人有4.7万多名。……西班牙人是逃避内战和贫困而来这里的，在阿尔及尔上岸以后，在石工行业找到了一项工作，使他们成为采石工、挖土工、车夫、泥水匠、小酒馆老板，来维持他们的生活。"②

阿尔及利亚犹太人中既有历史上长期与柏柏尔人、阿拉伯人共同生活的群体，也有从其他国家移民至此地的群体。由于地理位置相近，犹太人在北非地区生活的历史非常悠久，有证据显示，在今天非斯城西部的罗马古城沃罗比利斯发现了一些刻在墓碑上的希伯来文字，说明犹太人在罗马时代已在这里出现。③ 在漫长的历史中，甚至有部分犹太人与柏柏尔人在摩洛哥山区和沙漠绿洲里共同生活至今。

> 到8世纪初期，在众多的穆斯林阿拉伯人，或称穆斯林柏柏尔人中间，犹太人降为一个较小的少数民族。可以设想，直到20世纪尚生活在摩洛哥山区和沙漠绿洲里的犹太部落和社团，就是古代柏柏尔犹太部落的残存者。总之，他们讲柏柏尔语，外表与柏柏尔人相同，除了他们的宗教信仰以外，处处与柏柏尔人无异。④

到14世纪，大量被西班牙驱逐的犹太人来到阿尔及利亚，极大地扩充了当地犹太社区的规模。"阿尔及利亚的犹太人说柏柏尔语，特别是在阿尔及利亚东部的卡比勒地区，他们用柏柏尔语祈祷。到了17世纪和18世纪，他们讲柏柏尔语、阿拉伯语、西班牙语、拉迪诺语（Ladino）、意大利语和希伯来语，一些社区把犹太阿拉伯语作为他们的日常语言。"⑤

---

① *Minorities and Indigenous Peoples in Algeria*，https：//minorityrights. org/country/algeria/.

② ［法］加布里埃尔·埃斯凯：《阿尔及利亚史（1830—1957年）》，上海师范大学《阿尔及利亚史》翻译组译，上海人民出版社1974年版，第41页。

③ 拉斐尔·帕泰：《摩洛哥的犹太人》，沐涛译，《民族译丛》1989年第3期。

④ 拉斐尔·帕泰：《摩洛哥的犹太人》，沐涛译，《民族译丛》1989年第3期。

⑤ World Jewish Congress，*Algeria*，https：//www. worldjewishcongress. org/en/about/communities/DZ.

1870 年，阿尔及利亚犹太人根据《克雷米厄法令》（the Crémieux Decree）获得法国公民身份。到 1940 年，法国维希政府取消了这一法令，阿尔及利亚犹太人的生活也因此遭遇重大变化。"在阿尔及利亚，犹太人被排除在公共行政职务之列，被逐出经济生活，并被禁止从事一系列商业活动，包括银行，股票市场，广告，保险，房地产，不允许他们进行谷物、牲畜、古物和绘画贸易。"① 此后经罗斯福从中干预，于 1943 年恢复阿尔及利亚犹太人的法国公民身份。

专门从事为大屠杀幸存者争取德国国家赔偿的组织"犹太人对德国索取物质赔偿大会"（The Conference on Jewish Material Claims against Germany）在 2018 年发表声明称，德国联邦政府同意"1940 年 7 月至 1942 年 11 月间居住在阿尔及利亚的犹太人，满足一定条件，如受过纳粹迫害，均可申请领取赔偿"②。该组织执行副总监格雷戈·施耐德表示："维希政府限制（阿尔及利亚犹太人群体）受教育、从事政治生活、参加民间社团和就业权利，剥夺他们的法国公民身份，把他们孤立出来施以打击，这一切仅仅因为他们是犹太人。"③

进入 20 世纪 60 年代，阿尔及利亚犹太人的生活变得十分艰难，1962 年阿尔及利亚实现独立后，绝大部分犹太人选择移民法国。根据《世界犹太人口》（World Jewish Population）的记载，1960 年阿尔及利亚的犹太人口在 13 万左右④，而 1962 年的统计数据显示，当年犹太人口骤减至 1 万左右。⑤ 有国外学者认为："在法国殖民初期，阿尔及利亚国内将近 69% 的非穆斯林人口为犹太人，这一数量庞大的群体所进行的人口迁移永久性

---

① Sheryl Silver Ochayon, *The Jews of Algeria*, *Morocco and Tunisia*, https：//www. yadvashem. org/articles/general/the-jews-of-algeria-morocco-and-tunisia. html.

② 沈敏：《德国将赔偿阿尔及利亚犹太人大屠杀幸存者》，2018 年 2 月 8 日，新华网（http：//www. xinhuanet. com/world/2018-02/08/c_ 129807903. htm）。

③ 沈敏：《德国将赔偿阿尔及利亚犹太人大屠杀幸存者》，2018 年 2 月 8 日，新华网（http：//www. xinhuanet. com/world/2018-02/08/c_ 129807903. htm）。

④ Morris Fine and Milton Himmelfarb eds. , "World Jewish Population 1960," *American Jewish Year Book* Vol. 62 (1961), p. 386, http：//www. ajcarchives. org/AJC_ DATA/Files/1961_ 16_ WJP. pdf.

⑤ Morris Fine and Milton Himmelfarb eds. , "World Jewish Population 1962," *American Jewish Year Book* Vol. 64 (1963), p. 428, http：//ajcarchives. org/AJC_ DATA/Files/1963_ 14_ WJP. pdf.

地改变了阿尔及利亚，同时也从根本上改变了法国。"①

第三节　宗教发展史

阿尔及利亚《宪法》第 2 条规定，伊斯兰教为阿尔及利亚国教②，同时第 178 条规定，该议题不可被作为宪法修正案的议题。7 世纪，伊斯兰教伴随着阿拉伯人一同来到阿尔及利亚并不断发展。目前，阿尔及利亚居民中穆斯林约占 99%，属逊尼派。此外还有少量天主教徒。③

在伊斯兰教传入北非地区之前，柏柏尔人的信仰较为多元，其中一些人信奉犹太教，在沿海平原上，许多人接受了罗马人统治下的基督教。④还有部分柏柏尔人信仰多神教。他们认为："每个房子或村落都奉有专门的神明。这一传统延续至今，在阿尔及利亚、摩洛哥的某些地区，人们在修建房屋时仍然遵照古代的规矩，以求庇护。古代柏柏尔人认为万物有灵，山川河流、树木花草皆有灵魂，另外还崇拜动物，例如牛和羊。"⑤

柏柏尔人皈依伊斯兰教始于阿拉伯人对马格里布地区的军事征服。到 7 世纪下半叶至 8 世纪初，阿拉伯人将伊斯兰教引入了部分地区。伴随着阿拉伯人不断深入北非地区，当地柏柏尔人一方面逐步同阿拉伯人实现民族上的融合；另一方面，由于伊斯兰教教义简单明了、符合西亚北非地区历史与现实情况，因此柏柏尔人在信仰上也迅速接受了阿拉伯人带来的伊斯兰教，"柏柏尔人成为皈依伊斯兰教的最大的群体"⑥。宗教上的统一到 11 世纪前后彻底完成。柏柏尔人最早接触的是逊尼派，但诸多柏柏尔部

---

① Rebecca Thau, "Algeria's Historic Jewish Community," p. 1. https：//cjs. fas. harvard. edu/wp-content/uploads/formidable/10/Thau_ Weinstein-Essay. pdf.

② Dustur Al-Jumhuriya Al-Jazairiya Ad-Dimuqratiya Ash-Shabiya, p. 7. https：//www. joradp. dz/TRV/AConsti. pdf.

③ 中国商务部：《对外投资合作国别（地区）指南——阿尔及利亚（2020 年）》，第 14 页，http://www. mofcom. gov. cn/dl/gbdqzn/upload/aerjiliya. pdf。

④ Helen Chapin Metz, ed. , *Algeria：A Country Study*（5th Edition），Library of Congress, Federal Research Division. III. Series. IV, 1994, p. 108.

⑤ 黄慧编著：《阿尔及利亚》，社会科学文献出版社 2020 年版，第 16 页。

⑥ Helen Chapin Metz ed. , *Algeria：A Country Study*（5th Edition），Library of Congress, Federal Research Division, III. Series. IV, 1994, p. 107.

落在很长一段时间内选择了哈瓦利吉派①或什叶派……除了选择中央政权反对的教派外,柏尔加瓦塔部落的柏柏尔人甚至尝试创造柏柏尔人独特的"伊斯兰教"②。目前,在城市地区,逊尼派主导了当地的宗教及相关事务,但在阿尔及利亚的部分山区及农村地区则出现了一些独具当地特色的信仰习俗。

此后,无论阿拉伯帝国、奥斯曼帝国如何发展,伊斯兰教在宗教上的主导地位都没有受到影响。"相反地,历代统治阶级无论是在社会动乱、民众起义、王朝更迭、地方割据时期,还是在异族(西方的十字军和东方的蒙古人)入侵和占领时期,都充分利用,或是直接参与宗教的派系斗争,充分发挥伊斯兰教的社会功能,使其成为维持统治的重要的精神支柱。"③ 这一情况到法国殖民时期发生了一些改变。

> 为了执行其"文明使命"和消除伊斯兰教对其殖民统治的潜在威胁,法国占领当局对伊斯兰教采取了两方面的政策:其一是大幅度削减伊斯兰教教育,许多古兰经学院被关闭,伊斯兰教的节日和朝觐活动受到监督和控制;其二是由于意识到伊斯兰教不能在短期内被彻底消除,殖民者通过其开办的"穆斯林"学院培训自己的穆斯林神职人员,以实现对清真寺教育和宗教活动的限制。④

虽然殖民者为了自身利益采取打压伊斯兰教的政策,但相关举措反而令阿尔及利亚人更为激愤,也为宗教势力参与政治博弈和反殖民斗争提供了契机,依托宗教强大的社会动员能力将更多的穆斯林团结到反对殖民的抗争之中。"阿拉伯—伊斯兰认同在阿尔及利亚陷入窘境之时,以宗教为基础的伊斯兰主义兴起。……伊斯兰主义者主张,全体阿尔及利亚人都是

---

① 哈瓦利吉派(Kharijites),即"出走者",因不满第四任哈里发阿里而产生的最早的宗教政治派别。"656 年,阿里就任哈里发后,与大马士革总督穆阿维叶的矛盾激化。657 年发生隋芬之战,阿里在胜利的情况下,同意以《古兰经》裁决,与穆阿维叶议和,致使部分追随者强烈不满而'出走',故名。"参见金宜久主编《伊斯兰教辞典》,上海辞书出版社 1997 年版,第 217 页。

② 黄慧:《阿尔及利亚柏柏尔主义研究》,社会科学文献出版社 2015 年版,第 34—35 页。

③ 金宜久主编:《伊斯兰教史》,江苏人民出版社 2006 年版,第 83 页。

④ 慈志刚、钟艳萍:《阿尔及利亚伊斯兰运动"非殖民化"的双重语境》,《宁夏社会科学》2009 年第 4 期。

穆斯林，应当统一在伊斯兰的旗帜之下。"[1] 同时，伊斯兰改革主义者还借此机会对阿尔及利亚的苏菲教团发起挑战：

> 他们批评苏非和苏非兄弟会的宗教实践为异端；指责官方宗教学者成为殖民当局的附庸；呼吁回归《古兰经》和圣训，净化阿尔及利亚人的宗教行为；大力普及和推广伊斯兰和阿拉伯传统教育。除此以外，伊斯兰改革主义者还要求伊斯兰文化复兴要与现代精神相适应，伊斯兰社会对现代学术探索精神和科学方法敞开大门。[2]

战后阿拉伯国家间兴起的阿拉伯民族主义和阿拉伯社会主义同样对阿尔及利亚产生了深刻影响。在 1962 年实现独立后，阿尔及利亚的宗教政策在外部与内部双重因素的推动下经历了波折与反复。在民族解放阵线成为执政党后，其总书记本·贝拉"强调以阿拉伯民族主义和阿拉伯社会主义为方向，甚至提出以'科学社会主义'为指导思想，对宗教采取过激的政策，要求宗教信仰绝对服从社会主义纲领"[3]。这一情况直至布迈丁政府时期逐步得到改善，以 1975 年布迈丁提出"真主加革命"为标志，阿尔及利亚伊斯兰教得到提升，并成为加强民族团结与国家身份认同的渠道（见表 I -7-3）。

表 I -7-3　　　　　　　阿尔及利亚独立后的宗教国家化

主要目的	主要内容
国家加强对宗教的控制	（1）在 1963 年和 1976 年宪法中明确规定伊斯兰教为国教 （2）涉及宗教事务部和宗教财产部 （3）清真寺由国家负责兴建 （4）伊玛目由国家培训、任命并付给工资 （5）星期五的呼图白由国家向伊玛目发布 （6）国家的宗教事务部掌管宗教财产，提供宗教教育和培训并组织伊斯兰思想研讨会

---

① 黄慧：《论当代阿尔及利亚的认同危机》，《西亚非洲》2011 年第 4 期。

② 慈志刚、钟艳萍：《阿尔及利亚伊斯兰运动"非殖民化"的双重语境》，《宁夏社会科学》2009 年第 4 期。

③ 金宜久主编：《伊斯兰教史》，江苏人民出版社 2006 年版，第 485 页。

续表

主要目的	主要内容
国家掌控宗教话语权	（1）在国家层面增加伊斯兰因素，使国家成为伊斯兰教的最高表达 （2）将社会主义与伊斯兰教相结合，并用伊斯兰教来解释社会主义。布迈丁多次表示，阿尔及利亚的社会主义革命的实质就是"真主加革命"

资料来源：慈志刚、钟艳萍《阿尔及利亚伊斯兰运动"非殖民化"的双重语境》，《宁夏社会科学》2009 年第 4 期。

然而，到 20 世纪 80 年代末，伴随着阿尔及利亚对政治组织全新规定的出台，伊斯兰政党在阿尔及利亚政局中表现出强劲势头，并在普通民众中拥有巨大号召力与动员能力。"不到三年，阿尔及利亚就出现了几十个政党，其中仅以伊斯兰教名义建立的政党就有 20 多个。"① 其中，"伊斯兰拯救阵线"以"不要宪法，不要法律，《古兰经》就是一切"的口号向当局提出挑战，并造成一系列游行示威与镇压行动，最终被强行取缔。但其消极影响蔓延至 20 世纪 90 年代末，其间出现了诸多打着宗教旗号从事反政府活动的暴力恐怖组织，对阿尔及利亚国内政治稳定与社会发展造成极大影响。

第四节　宗教概况

一　伊斯兰教

追溯历史，8 世纪初，与阿拉伯人一同进入北非地区的还有伊斯兰教，柏柏尔人在被征服后迅速地、大规模地皈依伊斯兰教。这不仅仅是因为当时的阿拉伯帝国国力强盛、善于征战扩张，还与伊斯兰教产生的背景与其自身特色密切相关。在 7 世纪伊斯兰教诞生之前，阿拉伯人的总体情况与被征服后的柏柏尔人有诸多类似之处，如在生活方式上都有游牧生活的传统，在宗教信仰上存在原始宗教、多神教、拜物教信仰等，诸多社会弊病也有相似之处。伊斯兰教的出现和传播在一定程度上建立了一种以宗

---

① 金宜久主编：《伊斯兰教史》，江苏人民出版社 2006 年版，第 486 页。

教为纽带的、超越血亲氏族的新型社会关系。北非地区不仅在地理上与西亚地区毗邻,相似的社会环境同样也拥有伊斯兰教传播、发展的天然土壤。

> 在阿拉伯人发动对外扩张的初期,穆斯林竭力使柏柏尔人皈依伊斯兰教,向他们讲解教法,使之开化,先后统治马格里布地区的几位著名埃米尔为此做了大量的工作。阿卜杜·麦立克·本·麦尔旺哈里发的驻易弗里基叶总督哈萨尼·本·努尔曼·汉萨尼,在任职期间将阿拉伯语定为各政府部门的正式使用语言。穆萨·本·努塞尔征服马格里布时,军队中的阿拉伯人有2.7万人,柏柏尔人有1.2万人。穆萨要求阿拉伯人向柏柏尔人教授《古兰经》和教法……北非的其他柏柏尔人是在伊历101年/公元719年,即欧麦尔·本·阿卜杜·阿齐兹哈里发执政时,经伊斯玛仪·本·欧贝德拉·本·艾比·穆哈吉尔之手皈依伊斯兰教的……欧麦尔·本·阿卜杜·阿齐兹哈里发还派遣了10名再传弟子①向马格里布人传授教法。②

美国学者菲利普·希提以伊斯兰教先知穆罕默德辞世100周年为时间节点,回顾伊斯兰教的发展,他认为:

> 伊斯兰教的奠基者逝世百年后,他的信徒们就成为一个大帝国的主人翁;这个大帝国,比极盛时代的罗马帝国还要伟大;这个帝国的版图,从比斯开湾到印度河和中国的国境,从咸海到尼罗河上游的大瀑布,阿拉比亚先知的名字与真主的名字在一起,每天从遍布西南欧、北非、西亚和中亚的几千个尖塔上被喊叫五次。③

———————————

① "再传弟子"与"圣门弟子"相对应,其中,"圣门弟子"指穆罕默德早年伙伴或与之有过交往者,通称直传弟子或圣门弟子。据称有14.4万人(一说11万人)。分若干等级,最高级称十圣人;次为迁士、辅士和曾参加白德尔之战者。而"再传弟子"则指穆罕默德直传弟子的弟子,未见过穆罕默德。其弟子则称"三传弟子"。参见金宜久《伊斯兰教辞典》,上海辞书出版社1997年版,第531页。

② [埃及]艾哈迈德·爱敏:《阿拉伯—伊斯兰文化史》第五册《正午时期》(一),史希同译,商务印书馆2001年版,第281页。

③ [美]菲利普·希提:《阿拉伯通史》,马坚译,新世界出版社2008年版,第197页。

阿尔及利亚的穆斯林绝大多数是逊尼派，但回顾历史，阿尔及利亚柏柏尔人先后受到来自哈瓦利吉派、什叶派以及各种苏菲教团的影响。因此，在柏柏尔人被阿拉伯人征服后的较长一段时间里，其"被征服者"的身份都被伊斯兰教内部教派纷争所利用，成为哈瓦利吉派、什叶派与逊尼派博弈的工具。① 但也有观点认为："他们在 8—12 世纪建立的多个伊斯兰王朝证明，柏柏尔人不再是最初的被征服者，而成为阿拉伯伊斯兰文化的传承者之一。"②

　　马格里布人生性单纯、质朴，容易受到外来者的宣传蛊惑。那些布道者分属不同的宗教派别，宣传各自的宗教主张。雅古特写道："柏柏尔人是真主创造的人类中最野蛮、最鲁莽、最易轻信花言巧语的蛊惑、最易骚动暴乱的人。柏柏尔人中的流血冲突从未间断过……有多少'自称'为先知的人，有多少伴称自己是救世的麦赫迪，柏柏尔人都一一相信了；哈瓦立及派③的宣传使很多柏柏尔人在叛依伊斯兰教后加入了该派。"④

与哈瓦利吉派单纯利用柏柏尔人身份认同差异进行抵抗活动不同的是，苏菲主义对北非地区伊斯兰教的发展与改革起到了真正深远的影响。自安萨里完成苏菲主义与正统思想的调和后，苏菲主义思想在伊斯兰世界快速传播，并在不同地区体现出全然不同的特征。其中，阿尔及利亚苏菲主义的发展受到周边邻国的重大影响，尤以摩洛哥的影响最为巨大。在马穆鲁克王朝时期，埃及主要的三大苏菲教团中有两大教团的创始人为摩洛哥人，它们分别是巴达维教团和沙兹里教团。进入 18、19

---

　　① "归信伊斯兰教之前，柏柏尔人信仰基督教、犹太教或原始宗教。柏柏尔人归信伊斯兰教始于阿拉伯人对马格里布的军事征服。他们的伊斯兰化涉及阿拉伯人与柏柏尔人之间、柏柏尔人不同支系之间的复杂关系。柏柏尔人谱系复杂、迁徙频繁，在伊斯兰化的过程中不同部落的柏柏尔人出现过不同的教派选择。逊尼派、什叶派和哈瓦利吉派都曾深刻影响了柏柏尔人。最终大多数柏柏尔人成为逊尼派穆斯林。"参见黄慧《柏柏尔人伊斯兰化进程中的教派选择》，《中国穆斯林》2011 年第 5 期。

　　② 黄慧：《柏柏尔人伊斯兰化进程中的教派选择》，《中国穆斯林》2011 年第 5 期。

　　③ 常作"哈瓦利吉派"（Kharijites）。

　　④ ［埃及］艾哈迈德·爱敏：《阿拉伯—伊斯兰文化史》第五册《正午时期》（一），史希同译，商务印书馆 2001 年版，第 279—280 页。

世纪，传统的苏菲教团已经掌握了摩洛哥伊斯兰教的话语权，而本应拥有宗教最高权威的摩洛哥苏丹则时常陷入被动局面，甚至要遭到来自苏菲教团的挑战。

近年来，苏菲主义在美国外交政策圈子里被反复提及，其和平主义的苦行僧形象与挥舞着武器和黑色旗帜的反美极端分子的形象形成了令人信服的对比。[①] 苏菲主义出于种种原因成为被用于抵御宗教极端主义的思想武器。阿尔及利亚的阿卜杜勒拉齐兹·布特弗利卡和摩洛哥的穆罕默德六世都以多种方式强调伊斯兰教的苏菲派，包括但不限于在公开媒体上发表一些关于苏菲主义在社会中价值的声明，以及表示支持组织关于苏菲主义的会议。尽管此类行动经常以打击宗教极端主义的名义进行，但这些领导人关于苏菲主义的声明似乎也表明，他们的行动可能是基于这样的假设：苏菲派要么是非政治的（apolitical），因此不被视为威胁；要么可以被用来对抗那些对政府构成政治挑战的伊斯兰组织。[②]

目前，阿尔及利亚人口约99%以上都信奉伊斯兰教，且绝大多数是逊尼派穆斯林，国内虽有什叶派穆斯林，但数量非常有限。同时，阿尔及利亚国内还有少部分群体信仰犹太教、基督教、巴哈伊教等，信奉其他各宗教的人口比例均不超过0.1%（见表Ⅰ-7-4）。

表Ⅰ-7-4　　　　阿尔及利亚2010年与2050年宗教人口比例对比　　　　　（%）

年份	人口（人）	基督教	伊斯兰教	无宗教信仰	印度教	佛教	民间信仰	其他	犹太教
2010	35470000	0.2	97.9	1.8	<0.1	<0.1	<0.1	<0.1	<0.1
2050	46580000	0.2	98.0	1.8	<0.1	<0.1	<0.1	<0.1	<0.1

资料来源：Pew Research Center, *The Changing Global Religious Landscape*, April 5, 2017, p. 234, https：//www. pewforum. org/wp-content/uploads/sites/7/2017/04/FULL-REPORT-WITH-APPENDIX-ES-A-AND-B-APRIL-3. pdf.

---

① Vish Sakthivel, *The Flawed Hope of Sufi Promotion in North Africa*, December 19, 2016, Foreign Policy Research Institute, https：//www. fpri. org/article/2016/12/flawed-hope-sufi-promotion-north-africa/.

② Fait Muedini, "The Promotion of Sufism in the Politics of Algeria and Morocco," *Islamic Africa*, Vol. 3, No. 2, 2012, p. 201.

根据皮尤研究中心发布的报告《全球穆斯林人口的未来》(*The Future of the Global Muslim Population*),预计到2030年,阿尔及利亚穆斯林人口将从2010年的3480万人增长至4390万人,继也门和苏丹之后成为该地区穆斯林人口第三大国①(见表Ⅰ-7-5)。但从总体数量上看,阿尔及利亚穆斯林人口的增幅较为有限,预计到2050年将跌出全球穆斯林人口大国的前十排名(见表Ⅰ-7-6)。

表Ⅰ-7-5　预计穆斯林人口增长较快的10个国家和地区(2010—2030)　　(人)

国家	2010年穆斯林人口估算数量	2030年穆斯林人口预测数量	穆斯林人口增长数量
埃及	80024000	105065000	25041000
伊拉克	31108000	48350000	17243000
也门	24023000	38973000	14949000
苏丹	30855000	43573000	12718000
沙特阿拉伯	25493000	35497000	10004000
阿尔及利亚	34780000	43915000	9134000
叙利亚	20895000	28374000	7479000
摩洛哥	32381000	39259000	6878000
巴勒斯坦地区	4298000	7136000	2838000
约旦	6397000	8516000	2119000

资料来源: Pew Research Center, *The Future of the Global Muslim Population*, January 27, 2011, p. 93, https://www.pewforum.org/wp-content/uploads/sites/7/2011/01/FutureGlobalMuslim Population-WebPDF-Feb10.pdf.

表Ⅰ-7-6　　　　　全球十大穆斯林人口较多的国家

	2010			2050	
国别	穆斯林人口总数(人)	占全球穆斯林人口比例(%)	国别	穆斯林人口总数(人)	占全球穆斯林人口比例(%)
印度尼西亚	209120000	13.1	印度	310660000	11.2
印度	176200000	11.0	巴基斯坦	273110000	9.9

---

① Pew Research Center, *The Future of the Global Muslim Population*, January 27, 2011, p. 93, https://www.pewforum.org/wp-content/uploads/sites/7/2011/01/FutureGlobalMuslimPopulation-WebPDF-Feb10.pdf.

续表

2010			2050		
国别	穆斯林人口总数（人）	占全球穆斯林人口比例（%）	国别	穆斯林人口总数（人）	占全球穆斯林人口比例（%）
巴基斯坦	167410000	10.5	印度尼西亚	256820000	9.3
孟加拉国	134430000	8.4	尼日利亚	230700000	8.4
尼日利亚	77300000	4.8	孟加拉国	182360000	6.6
埃及	76990000	4.8	埃及	119530000	4.3
伊朗	73570000	4.6	土耳其	89320000	3.2
土耳其	71330000	4.5	伊朗	86190000	3.1
阿尔及利亚	34730000	2.2	伊拉克	80190000	2.9
摩洛哥	31930000	2.0	阿富汗	72190000	2.6

资料来源：Pew Research Center, *The Future of World Religions*：*Population Growth Projections*, 2010 – 2050, April 2, 2015, p. 243, https://assets. pewresearch. org/wp – content/uploads/sites/11/2015/03/PF_ 15.04.02_ ProjectionsFullReport. pdf.

　　目前，阿尔及利亚全国共有清真寺1.4万家。[1] 其中，中国承担了该国嘉玛大清真寺的建设工作。该项目占地面积超过40万平方米，建成后将成为世界上第三大清真寺，其中265米高的宣礼塔建成后，将成为世界上最高的清真寺宣礼塔。同时，这个超大建筑群还包括一座占地2万平方米的祈祷厅、一个藏书量丰富的图书馆、一个文化中心、一个《古兰经》研究院、一座停车场，以及管理中心、就餐区和数座花园等12座建筑。[2]

二　天主教

　　在阿拉伯人征服北非地区、柏柏尔人皈依伊斯兰教之前，罗马天主教在阿尔及利亚存在了几个世纪。"在穆斯林征服各国的时代，柏柏尔人居住在地中海南岸肥沃的狭长地带，大多数信奉基督教。……但是人民大众并没有受到罗马文化的深刻影响，因为罗马人和拜占庭人，主要居住在海

---

　　[1]　中国商务部：《对外投资合作国别（地区）指南——阿尔及利亚（2020年）》，第14页，http://www.mofcom. gov. cn/dl/gbdqzn/upload/aerjiliya. pdf。

　　[2]　白雪剑、杨晓敏：《非洲第一高楼——阿尔及利亚大清真寺宣礼塔主体结构封顶》，2017年3月13日，新华网（http://www.xinhuanet. com/2017-03/13/c_ 1120619725. htm）。

滨的城市里，他们所代表的文化，是与北非的这些游牧民族和半游牧民族格格不入的。"① 天主教对阿尔及利亚的影响直到殖民时期才得以恢复，其中既包括因殖民而来到阿尔及利亚的欧洲人，"法国人主要居住在北部的各大城市中，是法国移民的后裔，操法语，多信天主教……西班牙人、意大利人主要居住在东、西部沿海各城市中。系各移民的后裔。多操本民族语言，通晓阿拉伯语。多信天主教。"② 也包括因殖民统治而得以前往阿尔及利亚的传教士们，"在阿尔及利亚设立的几个罗马天主教传教团涉及慈善和救济工作，包括建立学校、车间、医务室，以及为新设立的机构培训工作人员。其中一部分人在阿尔及利亚独立后依然留在该国，在较贫穷的人群中工作。"③ 最初穆斯林严禁改宗（proselytization），后来这一禁令没有得到严格执行，但很少发生改宗的情况。

目前，阿尔及利亚天主教共有四大教区，包括阿尔及尔总教区，及其下属的君士坦丁教区、奥兰教区，另有圣座直属的艾格瓦特教区，分别对应阿尔及利亚中部地区、东北部地区、西北部地区、阿特拉斯山脉及南部地区。

三　巴哈伊教

巴哈伊教最早在阿尔及利亚出现或可追溯到 1910 年。1923 年初，一位精通伊斯兰法律的库尔德巴哈伊信徒前往阿尔及利亚传教，然而并未在该国牢固地确立这一信仰。从 1951 年开始，巴哈伊教开始了一场在非洲的传教运动，埃及的巴哈伊社区被号召派遣先驱前往阿尔及利亚。④ 在这场运动中，阿尔及利亚被列为 24 个目标之一，非洲大陆被认为"已经向（巴哈伊）信仰开放"⑤。1953 年末，阿卜杜勒—卡里姆·阿明·卡瓦贾（Abdul-Karim Amin Khawja）宣布成为阿尔及利亚的第一个巴哈伊信徒，同年成立了巴哈伊社团，并于次年成立了阿尔及尔地方总会（the Local

---

① ［美］菲利普·希提：《阿拉伯通史》，马坚译，新世界出版社 2008 年版，第 196 页。

② 赵锦元、戴佩丽主编：《世界民族通览》，中央民族大学出版社 2000 年版，第 24—25 页。

③ Helen Chapin Metz ed. , *Algeria*: *A Country Study*（5ᵗʰ Edition），Library of Congress, Federal Research Division, III. Series, IV, 1994, p. 107.

④ Bahaipedia: *Algeria*, July 23, 2020, https: //bahaipedia. org/Algeria.

⑤ Shoghi Effendi, *Messages to the Bahá'í World*: 1950 – 1957, US Bahá'í Publishing Trust, 1971, p. 140, https: //reference. bahai. org/en/t/se/MBW/mbw-68. html. utf8? query = Algeria&action = highlight#gr9.

Spiritual Assembly of Algier)。① 1969 年，巴哈伊教在阿尔及利亚遭到打压，政府宣布其为非法宗教，因而该宗教在阿尔及利亚的发展也陷入停滞状态。目前没有关于阿尔及利亚巴哈伊教信徒的确切数据，多个研究机构都预计其人数在 3000 人至 4000 人。

　　回顾阿尔及利亚民族与宗教发展的历史可以发现，阿拉伯人进入北非地区与法国在阿尔及利亚的殖民成为分割其民族宗教发展的两个重要时间节点，阿拉伯人与柏柏尔人依次经历了融合、冲突与再融合的进程，身份认同、民族关系、宗教信仰又成为贯穿其中的主线。阿拉伯人的到来对柏柏尔人而言是"使半开化的部族的语言阿拉伯化，使他们的宗教伊斯兰化，把他们当作在进一步远征途中的接力者。这样征服者找到了可以吸取新鲜血液的民族，阿拉伯语找到了可供征服的广大场地，伊斯兰教找到了向世界霸权攀登的新的立足处"②。到殖民时期，法国对阿尔及利亚进行殖民统治之后通过放大民族差异、建构历史记忆等方式影响柏柏尔人的身份认同，打破柏柏尔人与阿拉伯人之间已有的平衡。这种"唤醒"甚至是"重塑"柏柏尔人身份认同的消极影响持续至今，成为阿尔及利亚国家内部矛盾与冲突的历史根源。当下，阿尔及利亚试图在其伊斯兰属性、阿拉伯属性、柏柏尔属性中找到交汇之处与平衡之法，然而，对于阿尔及利亚政府而言，其民族宗教问题绝非是短期内能够得以解决的问题，需要各方付出更大的勇气、努力与耐心。

---

① Bahaipedia：*Algeria*, July 23, 2020, https：//bahaipedia. org/Algeria.
② ［美］菲利普·希提：《阿拉伯通史》，马坚译，新世界出版社 2008 年版，第 196 页。

第八章 政局与对外关系

近年来，阿尔及利亚的政治、经济和安全形势都有所恶化。在政治方面，阿尔及利亚的政治稳定依然存在变数，特本政府无力回应反对派"希拉克运动"的诉求，政治改革推进缓慢，不排除抗议浪潮再次涌现、政局再次动荡的可能。在经济方面，阿尔及利亚经济结构有所改善但依然严重不平衡、政府财政赤字严重、外汇储备降至多年来的最低点，而经济改革进展艰难，无法满足民生需求。在安全方面，阿尔及利亚长期面临着来自国内与国外的众多安全挑战。在对外交往方面，在地区外，阿尔及利亚与西方的关系在发展的同时存在许多不确定性；在地区内，由于西撒哈拉问题升级，阿尔及利亚的地区影响力有所下降，其逐渐被边缘化。再加上新冠疫情给阿尔及利亚政治、经济等方面带来的严重影响，其实力难以在短期内恢复，阿尔及利亚未来几年的发展形势不容乐观。从短期来看，特本政府已经开始逐步回应抗议民众的需求，并逐步推进政治与经济方面的结构性改革。但从长期来看，阿尔及利亚并不具备推进改革所需的基本财力和基本环境。如果民生无法在短期内得到改善，阿尔及利亚的政权稳定局面堪忧。

第一节 政治形势

2010年底"阿拉伯之春"影响多国。作为少数几个没有被政治风波殃及的阿拉伯国家，阿尔及利亚自2018年开始逐渐陷入动荡，被学界称为"阿拉伯之春"第二波。迄今为止，阿尔及利亚的政治局势依然存在很多不确定性。阿尔及利亚政治形势的不稳定主要来源于其所面临的抗议与抗疫两方面的压力。

一　抗议压力

2019 年 2 月 22 日，82 岁的前总统布特弗利卡宣布参与第五届总统竞选后，阿尔及尔、奥兰、安纳巴等多个城市爆发抗议活动，引发了阿尔及利亚在"阿拉伯之春"后最大的民众抗议浪潮。抗议浪潮的出现主要有三点原因：

其一，政治僵化，民众对布特弗利卡连续执政不满。刚刚卸任的阿尔及利亚总统布特弗利卡于 1999 年当选，连任 4 个任期，执政时间长达 20 年。2013 年，布特弗利卡罹患中风，此后鲜少出现于公众视野，偶尔露面需依赖轮椅推行。2014 年，轮椅上的布特弗利卡在未露面的情况下再次连任，拿到了 81.5% 的选票。但随着疾病恶化及年龄增大，布特弗利卡已无法再履行其总统职责。虽然在历史上布特弗利卡总统对阿尔及利亚贡献卓绝，但他的威望主要存在于经历过阿尔及利亚内战的老一代人群中，青年人群体对 20 年动乱的记忆相对模糊，期待国家出现变革。因此布特弗利卡宣布连任后，以学生、律师为主体的青年民众表示强烈不满，并在抗议浪潮中打出了"我们已厌倦""现任政体滚开"[1]等口号。

其二，民生问题迟迟未能改善。自 2016 年以来，阿尔及利亚失业率一直维持在 10% 左右，2017 年总失业率为 11.7%，在 2018 年第一季度高达 12.3%。[2] 其中青年失业率尤为高企，在 2018 年第三季度高达 29.1%，而在 2010 年这一数值只有 21.5%。[3]阿尔及利亚政府一直依赖大规模基建和扩大公务员队伍来控制失业率，但收效甚微。近年来，阿尔及利亚还启动了众多工业项目试图扩大就业，但这些项目基本都是合资形式，也没有创造足够多的就业机会。失业率持续走高，尤其是青年群体没有工作，严重危害社会稳定。此外，由于油价持续低迷造成的物价大幅度上涨及住房困难等问题均影响着阿尔及利亚的民生环境。政府承诺推行的

---

[1]　"Algeria Opposition Propose Six-month Political Transition," *AFP*, March 24, 2019, https：// www. modernghana. com/amp/news/922676/algeria-opposition-propose-six-month-political-transition. htn.

[2]　"Algeria Unemployment Rat," *Trading Economics*, https：//tradingeconomics. com/algeria/un-employment-rate.

[3]　"Algeria Youth Unemployment Rate," *Trading Economics*, https：//tradingeconomics. com/al-geria/youth-unemployment-rate.

改革进展缓慢、补贴政策力度不足，人民生活水平不断下降，民众戾气积聚，威胁着国家的政治稳定。

其三，领导阶层腐败问题严重。高层腐败问题在阿尔及利亚领导阶层中非常严重，"裙带关系"也十分盛行，这是民众抗议出现的另外一个重要原因。阿尔及利亚《刑法》和《反腐败法》均将收受贿赂、非法致富、滥用权力、收受回扣等行为定为刑事犯罪，但在事实上执法较难。[①]透明国际发布的2020年腐败指数报告显示，阿尔及利亚的腐败程度在180个国家和地区中列第104位，腐败指数高达36。[②]

在抗议浪潮的压力下，2019年4月2日，布特弗利卡向阿尔及利亚宪法委员会提交书面通知，提前结束总统任期。同年12月13日，阿卜杜勒马吉德·特本（Abdelmadjid Tebboune）当选为阿尔及利亚总统，但民众认为原政权的权力核心并未出现根本性改变，抗议活动依然此起彼伏。

二　抗疫压力

2020年初，新冠疫情来袭，阿尔及利亚同样受到了严重的影响。随着疫情蔓延到中东北非地区，阿尔及利亚于2月25日宣布了首例确诊病例。随后，政府采取了严厉的防控措施来防范疫情的进一步蔓延。3月17日，总统特本发表电视讲话，宣布国家进入紧急状态以应对新冠疫情。阿尔及利亚政府同时宣布关闭所有边境通道，暂停一切航空和海洋运输，禁止游行集会，且不排除动用军队和警察来帮助维持秩序和抗击疫情。在严峻的疫情威胁下，政府采取了"封城"等措施，但确诊病例数量依然居高不下。2020年11月，甚至出现了包括总统特本在内的多名高层官员被感染的情况。

新冠病毒疫情的出现对阿尔及利亚的政治形势造成了两方面的影响：

一方面，疫情阻碍了阿尔及利亚抗议浪潮的发展，缓解了阿尔及利亚的动荡态势。在布特弗利卡下台、特本上台后，阿尔及利亚的结构性政治问题依然没有得到解决，抗议民众坚持举行每周一次的游行示威以表达依

① "Alegria Corruption Report," *Gan Business Anti-Corruption Portal*, https：//www. business-anti-corruption. com/country-profiles/algeria/.

② 《阿尔及利亚——腐败排名》，*Trading Economics*, https：//zh. tradingeconomics. com/algeria/corruption-rank.

然存在的不满情绪。然而，在新冠疫情暴发后，阿尔及利亚政府采取了隔离措施，限制了游行与集会等相关抗议活动。在这种情况下，"希拉克运动"决定推迟其活动，以避免疫情扩散。自 2020 年 3 月以来，阿尔及利亚的抗议示威活动数量明显减少，一些抗议活动被迫改至线上进行。[①]线上抗议示威活动虽然扩大了观看抗议活动的受众，但其影响效力大不如前。此外，线上活动让很多海外的阿尔及利亚反政府人士得以参与到抗议示威的活动中来，反而扩大了阿尔及利亚反政府阵营内流亡派与本土派之间的内部分歧。

另一方面，新冠疫情的暴发让民众对阿尔及利亚的医保问题、福利问题等给予了更多的关注。在疫情快速蔓延的压力下，阿尔及利亚政府无法在短期内向民众提供足够多的口罩和呼吸机等医疗用品。阿尔及利亚主要由国有医疗机构提供服务，缺乏现代化的医院和卫生条件。

据媒体猜测，阿尔及利亚对外报道的感染病例数远低于实际情况。[②]除卫生系统之外，疫情也给国内金融体系和食品供应等方面带来了重大影响。由于阿尔及利亚政治僵化，各部门无法对疫情带来的危机进行充分的应对，因而出现了商店与超市排队抢购牛奶、面粉等基础食品供应、自动提款机旁排队取款等现象。疫情还凸显了阿尔及利亚的社会不平等问题。2020 年，阿尔及利亚的不平等指数高达 35.3。总统一边宣称阿尔及利亚有北非优秀的医疗体系，一边在确诊感染新冠后迅速远赴欧洲进行治疗，引发了民众的强烈不满。

阿尔及利亚的新冠疫情在 2020 年 8 月开始好转，政府随之取消了隔离政策。但在 9 月和 10 月解除封锁后，商店、公共交通和市场的警惕性有所减轻，导致确诊病例的数量再次激增。在几次反复之后，2021 年 2 月，阿尔及利亚的疫情出现了好转的迹象，政府宣布放松部分管控措施。在疫情得到控制后，阿尔及利亚的反政府抗议浪潮再次涌现。2021 年 2 月，反政府抗议活动"希拉克运动"每周一次的抗议示威活动恢复，并进行了规模盛大的纪念"希拉克运动"两周年的抗议活动。示威者要求

---

① "Algeria：Protests Restart," *Internal Development*, 24 November 2020, https：//onlinelibrary. wiley. com/doi/full/10. 1111/j. 1467-825X. 2020. 09706. x.

② "Protests for Jobs in Algeria's Marginalized South Turn Violent ahead of Hirak Anniversary," *The North Africa Post*, Febuary 11, 2021.

进行真正的政治变革并结束全国的军事统治，他们宣称，阿尔及利亚应该成为"一个平民国家而不是一个军事国家"①。针对抗议活动，阿尔及利亚警察在多个城市实施了交通管制措施以限制示威者的参与。此外，近千名示威者被逮捕，进一步激化了政府与民众的矛盾。

在抗议与抗疫的双重压力下，为了回应日趋严峻的政治形势，阿尔及利亚政府出台了一系列安抚政策。2月21日，阿尔及利亚总统特本签署了第78号总统令，对阿尔及利亚政府进行改组。承诺部级部门的数量将会从39个减少至34个，一些部级部门将被合并，还有一些部门将被撤除。政府还将通过引入新进人才来提高行政效率。此外，特本还逐步履行就职承诺，修改宪法、制定新选举法以回应阿尔及利亚民众在2019年大规模抗议活动中提出的一些诉求。新选举法对参选候选人和政党的支出门槛进行了规定，并完善了资金监控方面的要求，杜绝了购买选票及席位的可能。然而，阿尔及利亚政府的回应政策并没有得到抗议民众的认可。民众的不满主要源于以下原因：

第一，政治改革未触及根本。早在"阿拉伯之春"爆发后，阿尔及利亚就出现了抗议浪潮，彼时布特弗利卡总统就承诺进行政治改革，因此得以在短期内恢复了局势的稳定。但多年过去了，直到布特弗利卡下台都没有履行其对国家进行"全面、深入"政治改革的承诺。2019年特本上台后，同样承诺进行政治改革。然而，在他当选后的一年时间里，阿尔及利亚的政治改革进展缓慢，无法满足民众的需求。抗议者认为，现有改革仅仅是粉饰太平的被动举措，尽管国民议会的改组撤换了一部分亲近前总统布特弗利卡的议员，但国家政权依然控制在军事势力手中。抗议活动要求国家政权与军方之间彻底分割，这对于阿尔及利亚来说是难以实现的。

第二，人权事件频发。政府力量在与抗议人群进行对峙的过程中曾逮捕多名反对派成员，其中包括部分参与抗议示威的学生和记者。根据联合国人权高级专员办公室的报道，在阿尔及利亚很多地方，"安全部队通过不必要的或过度的武力和任意逮捕来镇压和平示威，一些表达异议的维权人士、人权捍卫者、学生、新闻记者、博客作者和普通公民受到了刑事起

---

① "Algeria: Hirak Is Back, Divide between People and Power Persists," *The North Africa Post*, February 23, 2021.

诉""阿尔及利亚《刑法》措辞含糊不清,被用来过分限制言论自由,并起诉表达异议的人"①。被捕的几名囚犯宣称在逮捕期间曾经受到酷刑与性虐待,对此,阿尔及利亚的检察官办公室已下令进行初步调查。阿尔及利亚人权组织——阿尔及利亚捍卫人权联盟警告称:"该国的未来走上了一条危险的道路。"②

第三,社会危机加剧。2020年4月,新冠疫情导致世界石油消费水平出现了历史性剧降,2020年布伦特原油期货的均价较之前一年跌幅达32.65%。在油价下跌和新冠疫情的双重影响下,阿尔及利亚的社会危机日趋严重,本国货币第纳尔持续贬值。国内社会治安状况日益恶化,偷盗、抢劫等犯罪案件频发。阿尔及利亚失业率迟迟未能降低,一直保持在15%左右,年轻人失业率高于30%,导致民众的不满情绪攀升。一些年轻人走上街头燃烧轮胎、阻碍交通以示对社会现状的愤怒。2021年初,相继有两名年轻人在家中自尽,引发了阿尔及利亚社会的关注。③ 2021年3月6日,阿尔及利亚北部地区发生强降雨,河水暴涨,引发洪水,造成多个城市的市区内涝积水,公路交通受到严重影响。④ 在阿尔及利亚南部地区,跨境犯罪、人口贩卖等活动非常猖獗。自然灾害与人为犯罪的出现更加剧了阿尔及利亚民众的不安全感。

第四,民生危机加剧。根据阿尔及利亚国家统计局测算,2020年阿尔及利亚的全年通货膨胀率为2.4%,超过了2020年的2%。在2021年1月,这一数值进一步升高,在1月底达到2.6%。其中食品价格,尤其是新鲜农产品的价格上涨较为明显。红肉价格增加了0.9%,蔬菜价格增加了6.7%,鱼肉价格上涨了8.5%。包括牛奶在内的工业食品价格也上涨了0.8%,制成品价格上涨了0.3%,服务价格上涨了0.1%。⑤ 同时,政

---

① 《历史重演:阿尔及利亚民主运动成员遭镇压》,联合国新闻,2021年3月5日,https://news.un.org/zh/story/2021/03/1079682。

② "Algerian Human Rights League Depicts Bleak Picture of Situation in the Country," *The North Africa Post*, Febuary 18, 2021.

③ "An Algerian Dies by Setting Fire to Himself in Western Algeria," *The North Africa Post*, March 5, 2021.

④ 《阿尔及利亚北部发生洪水造成7人死亡》,新华社,2021年3月7日,https://news.online.sh.cn/news/gb/content/2021-03/08/content_9726222.htm。

⑤ 中国驻阿尔及利亚经济商务处:《阿尔及利亚:1月底的年通胀率为2.6%》,2021年2月28日,http://dz.mofcom.gov.cn/article/jmxw/202102/20210203041514.shtml。

府的补贴政策力度不足,人民生活水平不断下降,民众戾气骤长,威胁着国家的政治稳定。

在上述压力之下,阿尔及利亚的政治局势已经处于动荡的边缘。一方面,阿尔及利亚政府在现阶段无法与军方划清界限,政治改革推进缓慢,无法满足民众的需求。另一方面,阿尔及利亚的民生危机源于其长期的政治、经济等方面的结构性问题,无法在短期内得到改善,而"希拉克运动"将持续进行,很可能会撼动阿尔及利亚的权力核心。①因此,阿尔及利亚政治稳定堪忧。2021 年 3 月,美国国务院将前往阿尔及利亚旅行的美国旅客的不安全警告等级提高到了最高等级——4 级。如果特本政府无法在短期内进行重大政治制度方面的调整,抗议浪潮的加剧可能会让阿尔及利亚再次陷入混乱态势。在应对抗议示威活动的过程中,军方力量可能会再度增强,军方与反对派之间的对峙将更加严重化。

第二节 经济形势

近年来,阿尔及利亚的经济形势持续恶化,2020 年甚至出现了负增长,实际 GDP 增长为 -5.5%。通货膨胀进一步加剧、物价继续上涨。2020 年初疫情的暴发对阿尔及利亚经济产生了严重影响。阿尔及利亚严重依赖能源出口收入,油价大幅下降给阿尔及利亚经济平衡带来了巨大冲击。在对外贸易方面,由于疫情的出现,阿尔及利亚与中国之间的贸易一度受阻。阿尔及利亚对中国的出口占阿尔及利亚的 8%,中国还是阿尔及利亚的第一进口来源地,来自中国的进口额曾达到 78 亿美元。除中国外,欧洲也是阿尔及利亚的重要贸易伙伴,尤其是疫情非常严重的意大利曾经是阿尔及利亚的主要出口目的地。在旅游业方面,阿尔及利亚也受到了疫情的影响。阿尔及利亚旅游资源丰富,但由于阿尔及利亚的入境手续复杂,旅游业一直发展不起来。2016 年,在油价下跌和经济放缓的形势下,政府试图促进旅游业发展以实现新的经济增长点。但在疫情暴发后,2020 年阿尔及利亚全国游客较之 2019 年减少了 1650 万人次,航班数量(所有

---

① "CIA Depicts Gloomy Picture of Situation in Algeria, Warns of Risk of General Popular Conflagration," *The North Africa Post*, February 25, 2021.

航空公司合计）减少了 75.96%①，阿尔及利亚旅游业再次进入寒冬期。随着疫情有所好转，阿尔及利亚的经济形势依然不容乐观。目前，阿尔及利亚经济风险主要来源于以下方面：

第一，经济结构依然失衡。长期以来，阿拉伯国家普遍存在着产业单一、工业化程度低、现代化进程滞后、制造业发展薄弱等制约性障碍，阿尔及利亚也不例外。阿尔及利亚失衡的经济结构已经存在多年，能源出口占其出口总额的 95%，石油价格的波动对国家经济状况的影响非常巨大。2020 年，碳氢化合物出口总量达到 8220 万标准吨，价值 200 亿美元，与2019 年相比分别下降 11% 和 40%，阿尔及利亚原油的年度平均价格从2019 年的 64.49 美元/桶下降至 2020 年的 42.12 美元/桶。②在国家收入方面，阿尔及利亚外汇收入的 96% 来自石油和天然气，2020 年石油收入共向阿尔及利亚公共财政转移了 1.85 万亿第纳尔的石油税，石油价格的下降导致国家收入减少了 110 亿美元，比 2019 年减少了 31%。由于疫情的原因，不仅国外市场，国内市场的能源消费需求也显著下降。全国能源（天然气和石油产品）消费量从 2019 年的 6700 万标准吨下降到 2020 年的5900 万标准吨，下降了 13%。石油产品的需求急剧下降 17%，在电力需求和家庭需求的影响下，天然气全国消费量下降了 7%。③在失衡的经济结构之下，能源需求的减少严重影响了阿尔及利亚的经济平衡。尽管阿尔及利亚政府一直宣称要改革不合理的经济结构，但一直未能实现。2020 年阿尔及利亚的出口额从 2019 年的 358 亿美元下降至 238 亿美元，贸易逆差达到了 106 亿美元。

第二，外汇储备持续降低。自 2014 年以来，阿尔及利亚的国家外汇储备不断走低。2019 年，阿尔及利亚的外汇储备为 726 亿美元，2018 年底为 798.8 亿美元，2017 年底为 973.3 亿美元。至 2021 年 3 月，特本总统公开，由于进口费用上升和石油收入下降，阿尔及利亚的外汇储备水平

---

① 中国驻阿尔及利亚经济商务处：《边检警察：2020 年旅客减少 1260 万人次》，2021 年 2月 21 日，http：//dz. mofcom. gov. cn/article/jmxw/202102/20210203035887. shtml。

② 中国驻阿尔及利亚经济商务处：《石油：阿尔及利亚撒哈拉混合油 2020 年底上涨 7.4 美元》，2021 年 1 月 17 日，http：//dz. mofcom. gov. cn/article/jmxw/202101/20210103031816. shtml。

③ 中国驻阿尔及利亚经济商务处：《碳氢化合物：2020 年出口值下降》，2021 年 1 月 18 日，http：//dz. mofcom. gov. cn/article/jmxw/202101/20210103032062. shtml。

在 420 亿美元至 430 亿美元波动。尽管特本总统辩解称，是因为"现在是时候只进口我们真正需要的东西了"，所以才会导致进口额的减少，进而导致外汇储备的减少，且现有外汇储备的"80 亿美元的预算足以满足我们的需求，尤其是粗面粉和食用油"[①]。然而毫无疑问，日益减少的外汇储备已无法起到经济减震器的作用，外汇储备的持续走低将严重影响本国货币的稳定性，国内的福利政策和补贴政策也难以持续。因此，随着阿尔及利亚外汇储备的持续降低，国际社会关于阿尔及利亚经济可能处于动荡边缘的论调不断出现。在这种情况下，阿尔及利亚政府必须控制进口开支并支持国内投资与经济发展，降低经济风险。

面对日益严峻的经济形势，阿尔及利亚政府也采取了一系列措施来改善经济环境。

首先，取消限制外国投资的"49/51"规则。阿尔及利亚对外来投资一直持怀疑态度。在美国传统基金会（The Heritage Foundation）的评级报告之中，阿尔及利亚的经济自由度被认为在中东北非地区处于倒数第二位，其报告称阿尔及利亚的经济体系是"压抑"（repressed）的。[②] 依照原来的阿尔及利亚金融法，为维护国家主权，外资在阿尔及利亚的项目中占比不能超过 49%，国内资本的项目占比不得低于 51%，这在很大程度上限制了外资投资阿尔及利亚的热情。在疫情带来的经济压力下，阿尔及利亚取消了相关限制。2020 年 6 月通过的《2020 年财政法补充法》第 49 条规定，除商品买卖活动或具有战略性质的活动外，所有从事生产和服务的活动均向外国投资者放开。也就是说，除了《2020 年财政法补充法》第 50 条列出的国有矿产开采、能源部门的上游活动、受国防部管理的与军事工业相关的工业、铁路、港口和机场以及制药工业以外的非战略活动外部投资将不再受到项目占比的限制。

其次，鼓励初创企业发展。例如根据《2021 年财政法》的规定，对于初创公司，从获得特定标签之日起可以享受免征 2 年的专业活动税和公司所得税的优惠。上述公司购买的直接用于投资项目的设备，也将免征增

---

① 《特本：外汇储备在 420 亿—430 亿美元波动》，2021 年 3 月 2 日，中国商务部网站（http://www.mofcom.gov.cn/article/i/jyjl/k/202103/20210303042046.shtml）。

② Robert S. Ford，"Challenges ahead for Algeria in 2016，" Middle East Institute based Washington，http：//www.mideasti.org/content/article/challenges-ahead-algeria-2016.

值税，并仅按5%缴纳关税。对于带有"孵化器"标签的公司，自获得该标签之日起两年内，免征专业活动税、公司所得税和个人所得税。阿尔及利亚商务部和微型企业部还签订协议来支持和协助年轻的创业者开展出口活动，该协议包括培训、组织参加国际博览会、联合监管等多方面内容。阿尔及利亚商务部门期待通过支持初创企业来改善经济结构的失衡，并促进非能源产品的出口。

再次，鼓励可再生能源发展。2020年5月，阿尔及利亚宣布计划建设价值36亿美元的光伏项目，用于生产出口和满足日益增长的国内电力需求的可再生电力，并有助于保存其石油和天然气资源。整个项目将需要32亿—36亿美元的投资，预计在建设阶段将创造5.6万个就业岗位，在运营阶段将创造2000个就业岗位。根据阿尔及利亚官方通讯社《阿通社》报道，阿尔及利亚能源过渡和可再生能源部部长称，阿尔及利亚需要建立一个到2030年的新能源模式，以逐步实施可再生能源计划，希望得到中国、德国、美国等可再生能源领导伙伴的支持。[1]此外，阿尔及利亚可再生能源和能源效率委员会也表示，阿尔及利亚地热资源拥有巨大潜力，已开启试点项目用于农业供暖。[2]

除了采取措施以改善经济环境以外，阿尔及利亚政府也对可能出现的经济风险进行了一定的应对：

其一，继续加强对必要生活用品的补贴。贸易部门对将货物运输到南部省份的费用进行补贴，同时对补贴产品清单进行了修订，添加水果和蔬菜、红肉、白肉、大麦类产品，以及玉米和大豆等基础产品，保证民众基本生活的维持。然而，随着政府收入的减少以及公共支出的增多，阿尔及利亚政府长期入不敷出，补贴制度难以持久。《2021年财政法》预计阿尔及利亚2021年的预算赤字将增加到GDP的13.57%。且补贴力度不大，无法真正缓解阿尔及利亚民众的经济压力。根据评估，即便石油价格上涨至60美元/桶，阿尔及利亚的收支依然无法平衡。只有油价回升至135美

---

[1]《阿尔及利亚即将推出两个500MW光伏发电项目》，全国能源信息平台，https://www.sohu.com/a/416907846_99999896。

[2]《地热资源：阿尔及利亚潜力巨大》，2021年1月21日，中国商务部网站（http://www.mofcom.gov.cn/article/i/jyjl/k/202101/20210103032974.shtml）。

元/桶，阿尔及利亚的补贴制度才能在不影响财政收支的情况下得以维持。① 但从近年来的油价走势来看，这几乎是不可能实现的。

其二，改变进口付款方式。疫情导致的隔离与封锁让信息与通信技术的重要性得以凸显，在客观上促进了阿尔及利亚电子商务的发展，线上交易变得更加普遍。阿尔及利亚邮政和通信部援引联合国贸易和发展会议的年度报告称，阿尔及利亚在电子商务领域全球排名上升29位。② 在这种情况下，为规避风险，阿尔及利亚废除现行的进口现金付款制度，规定必须使用"远期"（à terme）付款工具为进口交易付款，该付款方式为自货物装运之日起30天后支付。根据该规定，只有在"金融担保"期满后才进行相应的外汇转移，从而使海关服务可以确保进口货物在商业、财务票据和技术文件方面严格遵守规定，防止非法资金流动与资金转移，以加强对外贸活动的监管和对可能出现的风险的预防。

然而，即便在政府的重重举措之下，阿尔及利亚的经济形势依然存在风险，因为经济改革和结构性调整进展缓慢，在短期内难以取得成效，阿尔及利亚政治局势动荡也会给经济带来更大压力。如果政局无法恢复稳定，油价出现大幅度波动的话，阿尔及利亚有陷入经济危机的可能。

第三节　安全形势

2019 年以来，阿尔及利亚的安全形势总体良好，但其安全依然面临着来自于国内和周边地区的众多挑战。

在国内，安全挑战主要包括政局动荡风险、社会治安风险和边境安全风险。在政局动荡风险方面，尽管与中东其他国家相比，阿尔及利亚的民众抗议活动相对平和，但抗议活动的频发依然造成了民众伤亡情况。如果政局迟迟不能稳定，阿尔及利亚的国内安全风险将有所提升。在社会治安风险方面，早在阿尔及利亚前总统布特弗利卡上任后，就采取了多种措施

---

① Souhail Karam and Abeer Abu Omar, "Economic Reckoning Is Coming for Algeria," *Bloomberg*, April 20, 2020 https：//www. bloomberg. com/news/articles/2020-04-20/economic-reckoning-is-coming-for-arabworld-s-last-debt-recluse.

② 中国驻阿尔及利亚经济商务处：《电子商务：阿尔及利亚全球排名上升29 位》，2021 年 2 月 22 日，http：//dz. mofcom. gov. cn/article/jmxw/202102/20210203040109. shtml。

维护国内和平与安定，社会治安已有了很大改善。但近年来在阿尔及利亚的中国公民面临的治安状况不断恶化。2018 年 6 月，中国一国企员工在阿尔及利亚被抢劫杀害。2018 年底，阿尔及尔、奥兰等多地发生数起中国公民遇袭事件。随着疫情给阿尔及利亚经济带来的冲击不断加大，针对本国公民的抢劫事件也时有发生。在边境安全风险方面，邻国的局势动荡容易波及阿尔及利亚的安全形势。边境地区的存在一方面起到了缓冲区的作用，防止外来风险渗入；另一方面，由于地理位置相近，边境地区比内陆地区更容易受到外界动荡的影响。在周边地区环境中，阿尔及利亚面临着邻国动荡外溢的风险、恐怖主义的风险、外部力量干涉的风险和难民及移民给阿尔及利亚带来的安全风险。

其一，邻国动荡外溢的风险。在阿尔及利亚东部，2019 年以来，利比亚战火重燃，民族团结政府的军队与支持东部政权的武装组织的冲突激烈，双方在首都的黎波里的冲突已造成 653 人死亡、3500 余人受伤，6 万余人逃离家园。① 关于利比亚问题的政治和解进程陷入僵局，相关派别一直未能就过渡政府的机制等相关问题达成一致，利比亚问题的解决前景堪忧。在阿尔及利亚东南部，极端组织"伊斯兰国"在尼日尔和马里交界地区很活跃，"基地组织"分支机构和当地少数民族武装的活动也使该地区的安全形势进一步恶化。尼日尔在 2021 年以来已发生多起恐怖袭击事件，还经历了一次未遂的军事政变。马里的种族暴力事件频发，部落冲突造成数百人死亡。2021 年 4 月，联合国马里多层面综合稳定特派团受到了多名马里武装分子的袭击。目前，阿尔及利亚南部的萨赫勒地区已成为世界上难民增长速度较快的地区之一，该地区约有 85 万难民。②周边地区的混乱态势存在外溢的风险，威胁着阿尔及利亚的国家安全。

其二，恐怖主义的风险。近年来阿尔及利亚对恐怖活动保持着高压打击态势，2018 年是阿尔及利亚 30 年来首次没有出现重大恐怖袭击的一年。相关咨询机构的报告显示，阿尔及利亚最后一次重大恐怖袭击发生在2017 年 8 月，自杀式炸弹袭击者袭击了提亚雷特市警察局，在随后 16 个

---

① 《世卫组织：利比亚首都冲突已致超 650 人死亡》，2019 年 6 月 10 日，中国新闻网（https://baijiahao. baidu. com/s？id = 1635932185718493834&wfr = spider&for = pc）。

② 《尼日尔发生多起恐袭事件》，《人民日报》2021 年 3 月 26 日第 16 版。

月里再未出现重大袭击事件，仅在阿尔及利亚北部山区还有恐怖分子的活动痕迹。①在 2020 年新冠疫情暴发后，恐怖主义的活动频率也有所减弱。但需要警惕的是，阿尔及利亚是伊斯兰马格里布基地组织的发源地，随着"伊斯兰国"组织及其附属组织逐渐在阿尔及利亚消亡，伊斯兰马格里布基地组织的影响力再次扩大，它加强其在阿尔及利亚的存在。2017 年，"伊斯兰卫士"（Ansar Dine）、"麦基纳解放阵线"（Macina Liberation Front）、"穆拉比特组织"（Al-Mourabitoun）和"伊斯兰马格里布基地组织"的撒哈拉分支合并为"伊斯兰与穆斯林支援团"（Jama'a Nusrat ul-Islam wa al-Muslimin，JNIM）。该组织吸收了众多从叙利亚战场上撤退的极端分子，以马里为主要据点向周边地区扩散。尽管阿尔及利亚并未出现由该组织操纵的袭击事件，但它是阿尔及利亚周边安全的重要潜在隐患。

其三，外部力量干涉的风险。阿尔及利亚的政局动荡不仅是国内政治力量的重新调整，也是外部力量干涉和推动的结果，阿尔及利亚的主要反对党派受到了来自法国、英国、意大利等的多方支持。尽管并没有外部力量直接干涉阿尔及利亚的政治局势，但据俄罗斯卫星网报道，在阿尔及利亚政局动荡时，法国的军舰已前往地中海地区，还有英国"伊丽莎白女王号"，以及意大利"加里波第号""加富尔号"两艘航母和 AV－8B"海鹞"战机等都做好了应对危机的准备。其他阿拉伯国家如海湾国家等，也密切关注着阿尔及利亚局势与可能爆发的民主革命浪潮。如果政府一直无法满足民众的需求，阿尔及利亚的政局依然存在动荡的风险，此时外部力量的介入很可能会雪上加霜，威胁着阿尔及利亚的国家安全。

其四，难民和移民的风险。因人道主义原因，阿尔及利亚近年来吸收了约 50000 名叙利亚难民，还有更多的难民不断从周边国家涌入阿尔及利亚。一方面，阿尔及利亚声称，由南部陆路抵达阿尔及利亚的叙利亚难民

---

① "Algeria Suffers no Terrorist Bombings in 2018, first Time in 26 Years," *Middle East Monitor*, January 11, 2019, https://www. middleeastmonitor. com/20190111-algeria-suffers-no-terrorist-bombings-in-2018-first-time-in-26-years/.

是叙利亚内战中被击退的激进组织成员，他们将对阿尔及利亚构成安全威胁。[①]另一方面，因担心安全问题，阿尔及利亚在2017—2018年驱逐了包括孕妇与儿童在内的13000名难民，在边境地区酿成了人道主义危机。[②]

上述问题是阿尔及利亚的主要安全挑战。另外，阿尔及利亚周边的西非地区也给阿尔及利亚带来了挑战：其一，西非严重的贩毒问题给阿尔及利亚带来了安全挑战。西非地区已成为连接毒品产地与国际市场的重要中转站，并且已经开始自行生产毒品，一些毒品通过边境线流入阿尔及利亚。其二，贩卖人口问题在西非地区较为严重。联合国毒品与犯罪办公室在其2016年的报告中写道，人口贩卖的一条重要路径是经由尼日尔到达利比亚，随后到达阿尔及利亚。[③] 近年来，很多极端组织的资金来源变得多样化，除了绑架勒索之外，越来越多的组织以毒品和人口贩卖等不同形式来获得维持组织运转和资助恐怖活动的资金。[④] 同时，少数族裔柏柏尔人呼吁民族独立的要求也影响着阿尔及利亚安全局势的稳定。在2015年发生武装冲突后[⑤]，近年来双方相对较为克制，柏柏尔人问题在短时间内并非阿尔及利亚安全的主要挑战，但也是安全隐患之一。

第四节　与美欧关系

近年来，阿尔及利亚与西方国家的关系进一步发展。在国内政治与安全日益严峻的形势下，阿尔及利亚的对外交往相对低调，依然坚持着以"不干涉他国内政"为原则、以反恐为抓手的外交政策。随着阿尔及利亚

---

① "U. N. Says Algerian Security Move Has Stranded Vulnerable Syrians in Desert," *Reuters*, January 4, 2019, https://www. standardmedia. co. ke/article/2001308308/u-n-says-algerian-security-move-has-stranded-vulnerable-syrians-in-desert.

② "Algeria Abandons 13, 000 Migrants in the Sahara," *ABC News*, June 25, 2018, https://beforeitsnews. com/v3/economics-and-politics/2018/2507888. html.

③ United Nations Office on Drugs and Crime, *Regional Programme for West Africa* 2016 – 2020, http://www. unodc. org/documents/westandcentralafrica//UNODC_ Regional_ Programme_ for_ West_ Africa_ 2016 – 2020. pdf.

④ United Nations Office on Drugs and Crime, *Regional Programme for West Africa* 2016 – 2020, http://www. unodc. org/documents/westandcentralafrica//UNODC_ Regional_ Programme_ for_ West_ Africa_ 2016 – 2020. pdf.

⑤ L'Agence France-Presse, "22 Dead in Arab-Berber Unrest in Algeria," July 9, 2015.

周边地区极端主义风险的增加，西方国家与阿尔及利亚在反恐层面的合作空间逐渐扩大。

一　阿尔及利亚与美国的关系

阿尔及利亚与美国于 1962 年 9 月正式建交，在 1967 年中东"六五"战争后双边关系一度断绝，后于 1974 年 11 月重新恢复外交关系。自阿尔及利亚前总统布特弗利卡执政后，美国明确支持其"全国和解"政策和经济改革政策，此后，阿尔及利亚与美国的双边关系稳步发展，两国高层互访不断。2012 年至 2013 年，先后担任美国国务卿的希拉里、克里及美国政治事务助理国务卿希尔曼相继访问阿尔及利亚。2014 年 4 月，美国国务卿克里访问阿尔及利亚时将阿美战略对话上升为部长级。同年 8 月，阿尔及利亚时任总理萨拉勒赴美出席美非峰会。2015 年 3 月，阿尔及利亚外长拉马拉访美，与美国国务卿克里主持第三轮战略对话。近年来，两国在经济、军事、安全等领域的合作不断加深。

在经济领域，双方互为对方在本地区重要的贸易伙伴之一。美国在阿尔及利亚油气领域的投资高达 50 亿美元，阿尔及利亚的原油产量近半销往美国，阿尔及利亚还是美国粮食的主要进口国之一。2004 年，美国宣布给予阿尔及利亚普通最惠国待遇。2007 年 6 月，两国签署了民用核能方面的合作协议。同年 10 月，阿尔及利亚财长与美国驻阿尔及利亚代表签署了互换税务信息协定。在阿尔及利亚改革不断向纵深领域推进的同时，美国表示鼓励阿尔及利亚做出改变、实现经济多样化，并进一步加强经济透明度，促进投资环境更加开放。

在军事领域，美阿两国的军事合作不断加强。一方面，在利比亚、马里的地区局势依然不稳定的情况下，美国期待阿尔及利亚可以在维护地区稳定方面发挥更大作用。随着"伊斯兰马格里布基地组织"在本地区愈加活跃，美国希望能与阿尔及利亚在打击极端组织方面进行合作。另一方面，美国希望在军售方面与阿尔及利亚进行更多合作。阿尔及利亚军队数量庞大，其国防开支约占 GDP 的 6%，是世界上第六大武器进口国。阿尔及利亚自独立以来的军事装备主要来源于俄罗斯，2015—2019 年，阿尔及利亚约 67% 的军事装备进口自俄罗斯，约 13% 进口自中国。2020 年 10 月 1 日，美国国防部长马克·埃斯佩访问阿尔及利亚，在访问期间双方表示在推进战略军事和外交伙伴关系等方面达成了共识。

值得注意的是，在双边关系逐渐加深的同时，阿尔及利亚与美国之间的关系也存在着阻碍。首先，阿尔及利亚的政治局势依然处于不稳定的状态，部分呼吁政治自由化的反政府人士与西方之间存在利益牵涉。此外，西撒哈拉问题也日益成为美阿关系的严重阻碍。2020 年 12 月 11 日，美国对摩洛哥在西撒哈拉问题上的支持和促进摩洛哥—以色列关系正常化的努力进一步削弱了阿尔及利亚的地区影响力。美国宣称承认摩洛哥对西撒哈拉或"摩洛哥撒哈拉"地区的主权，还将向摩洛哥出售无人机等武器。美国的这一决定引起了阿尔及利亚的强烈谴责，阿尔及利亚认为，美国对摩洛哥的支持是"非法的"[1]，将破坏"为准备开辟一条真正的政治道路而在各级进行的降级努力"[2]。因此，尽管阿美关系整体上处于上升趋势，但政治局势的动荡和西撒哈拉问题均让双边关系复杂化。

二　阿尔及利亚与欧洲的关系

阿尔及利亚与欧洲之间的关系较为密切，尤其是在经贸方面。阿尔及利亚出口的 64.78%，进口的 53.61% 来自欧洲地区[3]，其中，法国、意大利、西班牙和德国是阿尔及利亚主要的欧洲贸易伙伴。早在 2005 年，阿尔及利亚与欧盟就签订了《联系国协议》，计划逐步取消阿尔及利亚国内的关税并实现农产品选择自由化。然而，该协议有关阿尔及利亚取消全部欧盟进口产品关税的时间表的期限被多次延迟，阿尔及利亚认为，阿欧之间的贸易协议并不公平，将给脆弱的阿尔及利亚经济带来负面影响。因此，阿尔及利亚方面呼吁加强与欧盟之间的伙伴协议，扩宽与欧洲之间的合作渠道，让双边合作不再仅仅局限于贸易领域。

在众多欧洲国家中，阿尔及利亚与法国之间的关系最为密切。阿尔及利亚曾经是法国的殖民地，在多年的殖民过程中，双方出现了一定程度的

---

① "Algeria Says U. S. Declaration on Western Sahara 'Illegal'," *Xin Hua News Agency*, December 13, 2020, http://www.xinhuanet.com/english/2020-12/13/c_139585549.htm.

② 《美国采用将西撒哈拉包括在内的摩洛哥地图 阿尔及利亚警告注意"外国行动"》，半岛电视台，2020 年 12 月 13 日。转引自腾讯网（https://new.qq.com/omn/20201213/20201213A08DXQ00.html）。

③ 中国驻阿尔及利亚使馆经商处：《阿尔及利亚：大部分贸易与欧洲进行》，2019 年 6 月 23 日，http://www.mofcom.gov.cn/article/i/jyjl/k/201906/20190602875154.shtml.

民族融合。在殖民初期，为巩固统治，法国政府鼓励本国民众移民阿尔及利亚，在工业革命时期，为获取劳动力，法国政府又鼓励阿尔及利亚劳工涌入法国。阿尔及利亚于 1954 年爆发了反殖民的民族解放运动，在实现独立后，两国在各领域交流及人员往来依然频繁，拥有两国双重国籍身份的民众众多。法国是阿尔及利亚最重要的贸易伙伴，来自阿尔及利亚的天然气进口在法国天然气总进口中占有重大比重。近年来，两国的合作范围不断扩大，法国尤其希望在反恐、非法移民等领域与阿尔及利亚加强合作，以减轻国内的安全压力。

在阿尔及利亚政治动荡初期，法国虽未明确表态，却时常表示关切。一方面，如果阿尔及利亚局势动荡严重，拥有法阿双重国籍的民众涌入法国，可能会给法国带来压力。法国方面尤其担忧阿尔及利亚极端分子趁乱进入法国境内，将给法国国内安全带来负面影响。另一方面，由于双方经济交往密切，阿尔及利亚的动荡可能会对法国经济造成冲击。

未来，法阿关系主要面临以下三大挑战：其一，双方在如何看待法国殖民历史方面存在分歧。2018 年，法国对殖民历史的立场首次出现了变化，正式承认在阿尔及利亚战争中对阿尔及利亚人民实施了酷刑，然而迄今为止，法国仅表示将采取"象征性措施"对殖民历史进行反思，拒绝为曾经的殖民向阿尔及利亚道歉。其二，法国对阿尔及利亚政治局势的模糊态度影响着双边关系的发展。由于法国电视台播放了关于阿尔及利亚"希拉克运动"的宣传片"阿尔及利亚 我的爱"，阿尔及利亚政府召回了驻法大使。阿尔及利亚外交部称，这是"对阿尔及利亚人民及其机构包括民族解放军的可敬继承者的攻击"。随后，两国元首约电，表示将本着友谊的精神相互尊重对方的主权，并愿意为该地区的稳定与安全而共同努力①，两国关系又逐步恢复正常。其三，法国与摩洛哥关系的发展影响着法国与阿尔及利亚之间的双边关系。此外，在反恐问题方面，法国与阿尔及利亚两国之间既存在合作，也存在分歧。长期来看，法国与阿尔及利亚两国关系仍将在波折中不断发展，反恐合作与经济合作将继续成为双边关系的重要推动力。

---

① "ALGERIA-FRANCE Rebooting Relations," *Africa Research Bulletin*, June 1st-30th 2020, https://onlinelibrary. wiley. com/doi/epdf/10. 1111/j. 1467 – 825X. 2020. 09542. x.

总体而言，阿尔及利亚与西方的关系近年来取得了进展，但由于阿尔及利亚国内政治的不确定性，未来阿尔及利亚与美欧之间的关系依然复杂。西撒哈拉问题与阿尔及利亚国内政权稳定问题将成为阿尔及利亚与西方之间关系的重大影响因素。

第五节　与非洲的关系

阿尔及利亚是阿拉伯马格里布地区的核心国家，它与六个国家接壤，具有举足轻重的地区影响力。阿尔及利亚一直坚持不干涉他国事务的外交原则，避免卷入他国内乱，但这种相对孤立的外交政策影响了阿尔及利亚与非洲国家的关系。2012 年，阿尔及利亚的邻国马里寻求紧急军事援助以共同阻止极端分子攻向其首都，阿尔及利亚因担忧被卷入冲突，而避免干涉他国内政，并未出兵。2013 年，尼日尔出现恐怖袭击活动，尼日尔希望阿尔及利亚在边界地区派兵协助，阿尔及利亚同样没有提供援助。2014 年，阿尔及利亚的周边国家毛里塔尼亚、尼日尔、马里、布基纳法索和乍得开展联合边境巡逻和情报共享，却将阿尔及利亚排除在外，让阿尔及利亚在地区事务中比较孤立。这种孤立状态有两方面的影响，一方面保护了边界并减少了外部威胁，但另一方面让国家在地区环境中变得边缘化，难以从地区环境中获益。2017 年，沙特阿拉伯建立了伊斯兰反恐联盟，阿尔及利亚认为，这个联盟很可能会对其他国家的内政进行干涉。当海湾国家称黎巴嫩真主党为恐怖组织时，阿尔及利亚也是很少的几个拒绝采取行动的逊尼派伊斯兰国家之一。[①] 这在很大程度上影响了阿尔及利亚的地区影响力。

为改善其在地区内的相对孤立现状，阿尔及利亚开始重视与地区国家关系的发展，积极参与阿拉伯世界与伊斯兰世界事务，并强化自身的非洲认同。因此，阿尔及利亚参与周边事务的积极性不断上升。在 2015 年的马里问题上，以及在 2016 年的土耳其未遂政变、叙利亚冲突和利比亚问

---

① "Non-interference Policy Constrains Algeria's Diplomacy," *The Arab Weekly*, 2016/04/24, http://www.thearabweekly.com/News-&-Analysis/4795/Non-interference-policy-constrains-Algeria's-diplomacy.

题等上，阿尔及利亚都起到了建设性的调解作用，挽回了其在非洲地区安全方面的影响力与号召力。但如何在区域安全合作与不涉入周边事务这两个方面找到一个更好的平衡点，依然是阿尔及利亚政府面对的重要挑战。

自 2019 年以来，阿尔及利亚陷入了长期的政治动荡之中。阿尔及利亚政府和军队的主要关注点集中于国内政治与安全等相关问题上，对地区事务的投入明显不足。随着 2020 年以来西撒哈拉问题的再度恶化，阿尔及利亚的周边地区环境也受到了影响。西撒哈拉问题已存在多年，是非洲西北地区稳定与发展的重要阻碍。1976 年西班牙在殖民统治结束时，将西撒哈拉地区在摩洛哥和毛里塔尼亚之间的边界进行了划分。1979 年，毛里塔尼亚放弃对该地区的主张，随后摩洛哥占领该地区且宣布其享有行政控制权，并与争取西撒哈拉独立的波利萨里奥阵线发生了战斗。而阿尔及利亚长期以来一直是波利萨里奥阵线的支持者，因此，西撒哈拉问题长期以来一直是阿尔及利亚与摩洛哥关系交恶的原因之一。目前，该地区包括整个大西洋沿岸在内的 80% 的争议领土在摩洛哥的控制之下，另外 20% 是波利萨里奥阵线控制的撒哈拉阿拉伯民主共和国。

阿尔及利亚和摩洛哥长期存在关于西撒哈拉问题的分歧，摩洛哥和阿尔及利亚为了这一问题曾发生多次冲突。2020 年新冠疫情暴发后，由于对疫情的控制能力和医疗条件，阿尔及利亚与摩洛哥之间的差距更加明显。在全球健康安全指数排名的 195 个国家和地区中，摩洛哥排第 68 位，是非洲第四高的国家，而阿尔及利亚排第 175 位。[①]在阿尔及利亚受困于国内政治问题和疫情蔓延问题之时，摩洛哥在西撒哈拉问题上取得了重要的外交进展。2019 年 12 月，科摩罗成为首个在西撒哈拉地区建立领事馆的国家。2020 年 2 月，科特迪瓦成为第七个在西撒哈拉地区建立领事馆的非洲国家。2020 年 11 月 4 日，阿联酋成为第一个在西撒哈拉开设领事馆的阿拉伯国家。两周后，约旦和巴林也随之宣布在西撒哈拉地区建立领事馆的决定。至 2020 年底，已有 15 个国家在该地区设立领事馆。这标志着摩洛哥对西撒哈拉地区的占领和控制开始取得国际认可，这对波利萨里奥阵线非常不利，让其支持者阿尔及利亚对非洲地区的影响力逐渐边

---

① Elizabeth E. Cameron, Jennifer B. Nuzzo and Jessica A. Bell, *Global Health Security Index*, p. 233.

缘化。

首先，阿尔及利亚与摩洛哥之间的关系再度恶化。在摩洛哥宣称对争议地区的主权后，2020 年 11 月，波利萨里奥阵线打破了西撒哈拉地区长达 29 年的停火协议，并警告"整个地区将开始一场新的战争"。该阵线恢复了武装抵抗摩洛哥占领的政策，并得到了阿尔及利亚的支持。同时，阿尔及利亚通过了宪法修正案，授权阿尔及利亚军队可以在阿尔及利亚边界以外的地区对相关安全事件进行干预。这项修正案引起了周边国家的关注。[①]11 月 16 日，阿尔及利亚官方首次公开关于伊斯坎德尔巡航导弹的试射画面视频以对摩洛哥提出警告。2020 年，阿尔及利亚和摩洛哥双方在军备购买方面的投入均大幅度增加，以应对可能升级的地区紧张态势。2020 年 5 月，摩洛哥皇家武装部队宣布将在距离阿尔及利亚边界 38 千米之处建造军营。尽管摩洛哥军方明确表示该设施不具备进攻能力[②]，但却受到了阿尔及利亚媒体的广泛关注。阿尔及利亚官方媒体在对内宣传中将摩洛哥形容为地区敌人，将西撒哈拉形容为"非洲最后一块殖民地"。2021 年 8 月，阿尔及利亚宣布与摩洛哥断交，前者指责后者干涉内政。尽管两国处于紧张态势中，然而，双方发生大规模武装冲突的可能性并不大。两国存在一些共同利益，还共同面临着恐怖主义的威胁。双方在军事实力上也是势均力敌。阿尔及利亚在军事装备方面占有数量上的优势，但摩洛哥在军事技术上则更擅长。[③] 如果双方真的发生冲突，将是两败俱伤的结果，这是双方政府都不愿意看到的。因此，在可以预见的一段时间内，双方很难出现大规模战争，但西撒哈拉问题若长期得不到解决，双方将持续这种紧张态势。

其次，阿尔及利亚在非洲与阿拉伯世界的影响力进一步降低。一方面，随着越来越多的国家在西撒哈拉地区建立领事馆，摩洛哥占领西撒哈拉地区的国际认可度不断增加，而阿尔及利亚支持的波利萨里奥阵线的合

①　"Révision Constitutionnelle：'le oui' l'emporte Iargement，" *TSA Algérie*，November 2，2020，https：//www. tsa-algerie. com/revision-constitutionnelle-le-oui-lemportelargement-2.

②　"FAR：Pas de Construction de Base Militaire à Jerada，mais d'une caserne，" *Le Matin*，May 30，2020，https：//m. lematin. ma/amp/article. php？id＝338210.

③　Raphael Lefevre，"Morocco，Algeria and the Maghreb's Cold War，" *The Journal of North African Studies*，Vol. 21，No. 5，2016.

法性逐渐减少。另一方面，随着阿拉伯世界越来越多的国家与以色列建立外交关系，一直明确表示不参加阿以和解也不会对以色列开放的阿尔及利亚的影响力逐渐遭到削弱。

最后，阿尔及利亚的地区反恐形象受损。近年来，阿尔及利亚对恐怖活动保持高压打击态势，积极与周边国家进行反恐合作，以"打击恐怖主义"为抓手提升自己的地区影响力。然而，随着西撒哈拉地区硝烟再起，一直活跃在该地区的恐怖主义、跨国犯罪和人口贩卖活动再度受到广泛关注。阿尔及利亚也被外界质疑为西撒哈拉地区的反摩洛哥组织提供资金，这些组织在反对摩洛哥的同时也参与地区犯罪活动，阿尔及利亚的支持可能间接纵容了这些组织的发展。未来，阿尔及利亚与周边国家的反恐合作可能会受到影响。

在这种情况下，阿尔及利亚在非洲国家中变得更加孤立。一方面，它无法改变自己长期以来支持独立自主的外交方针，它将继续支持西撒哈拉人民通过自决的方式决定地区归属，不会承认摩洛哥对西撒哈拉地区占领的合法性。而另一方面，阿尔及利亚对波利萨里奥阵线的继续支持必将进一步影响它与地区国家之间的关系，导致其地区影响力更加弱化。

第二篇
重大专题研究

第一章　国家中长期发展战略

发展战略是一国政府在一定时期内对本国发展方向，发展速度与质量、发展点及发展能力的重大选择、规划及策略。中长期发展战略可以为国家指引长远发展方向，明确发展目标，指明发展点，并确定国家需要的发展能力，战略制定的核心目的就是要解决国家的发展问题，实现国家快速、健康、持续发展。本章聚焦阿尔及利亚中长期发展战略，探析阿尔及利亚在国家建设过程中发展战略的历史演变和具体内容。

第一节　发展演变

探究一国当前发展战略无法忽视历史上中央政府关于本国发展战略的规划。从政治发展来看，阿尔及利亚从奥斯曼帝国摄政时期即存在固定的中央政府，到1830年法国殖民时期，阿尔及利亚形成了较为成熟的殖民政治体制。1962年独立后，阿尔及利亚在非殖民化进程中发展出一套符合自身国情的政治制度。每个时期的阿尔及利亚政府都制定了相应的发展战略，这些战略的制定与实施均不同程度地影响了阿尔及利亚的整体发展，并且对其现代化进程产生了深远的影响。

一　阿尔及利亚早期经济社会发展

阿尔及利亚地区最早的社会组织以部落形式为主，土著民族为柏柏尔人，该地区的经济社会变迁深受地中海文明的影响，先后与腓尼基文明、希腊—罗马文明、阿拉伯—伊斯兰文明等交融交汇。在1830年法国占领阿尔及尔之前，阿尔及利亚的经济社会发展已初具特色。总体而言，该时期阿尔及利亚人口主要集中在农村地区，城市人口仅占 5%—10%。[1] 在经济上，在奥斯曼土耳其摄政统治下，手工制造业和农业成为 17 世纪中叶至 19 世纪初阿尔及利亚的主要产业。手工制造业主要集中在阿尔及尔、特莱姆森、奥兰等城市及周边地区，产品主要以手工艺品、棉帆布、地毯、刺绣、绳索、窗台和固定夹为主。在以卡比利亚、奥雷斯山为主的大片农村地区，主要以农业为主，产出的农业作物多种多样，有小麦、玉米、棉花、水稻、烟草、西瓜和蔬菜等。在城镇附近，还存在葡萄和石榴种植。山区人民种果树、无花果和橄榄树。由于阿尔及利亚处于地中海沿海的区域优势，小麦还作为对外贸易的主要产品销往欧洲等地。[2]

从社会组织来看，父权制的部落组织形式是阿尔及利亚非城市地区的主要社会形式。土地是部落社会的核心财产。土地所有权在部落社会组织中以集体所有的形式存在。在奥斯曼土耳其统治时期，阿尔及利亚土地制度分为四种：第一，哈布斯地产（Habbous），即宗教用地；第二，阿尔其地产（Arch），即部落地产；第三，麦尔克地产（Melk），即家族所有的地产；第四，贝伊利克地产（Beylik），即德伊、贝伊及其他上层官员所有的土地。[3] 其中，部落地产占据阿尔及利亚一半土地以上。尽管上述土地的"产权"由不同群体实际控制着，但仍受阿尔及尔摄政政府管辖。上述群体需要定期向阿尔及尔当局支付"实物特许权使用费"。

在自给自足的经济模式下，家庭或部落集体共同完成农业生产，生产工具以木制犁和铁锹为主。阿尔及利亚部落社会在长期的历史发展过程中也形成了以自我冲突调解为特征的社会治理模式，对外部干涉形成了较强的抵抗文化。如阿尔及尔当局为了收取税收，只能通过"马赫赞部落"（Makhzan Tribe）[4] 与当地部落建立联系，其目的是减少与当地部落的直接冲突。由于阿尔及尔摄政政府的这种弱干预策略，部落社会与中央政府保持了近几个世纪的和平关系。

---

① Rabah Tadjer, "La Planification du Développement en Algérie: Structures, Méthodes et Problèmes," *Africa Spectrum*, Vol. 16, No. 1, 1981, p. 100.

② Catherine Belvaude, *L'Algérie*, Paris: Karthala, 1991, p. 28.

③ 黄慧：《阿尔及利亚柏柏尔主义研究》，社会科学文献出版社 2015 年版，第 80 页。

④ 意指对阿尔及尔当局忠诚的部落。

二　法国殖民统治与殖民政府的发展战略

1830 年 7 月 4 日，法国军队登陆阿尔及尔标志着阿尔及利亚长达 130 多年的被殖民史的开始，也打破了土著社会与统治政权之间的和平关系。西方帝国主义在殖民国家的发展战略无疑是服务于殖民者利益的。尽管法国在阿尔及利亚的战略目标经历了多次演变，但其核心的目标都是将阿尔及利亚纳入法国本土的"发展圈"，进而使其附属于中心国家——法国的重要组成部分。为了实现该目标，法国从第二帝国时期起就制定了较为全面的殖民统治战略，主要包括军事打击、建立经济共同体、制定文化教育政策和"分化"的民族政策等。

军事打击是法国殖民统治阿尔及利亚的首要手段。1830—1847 年，法国对阿尔及利亚发动了数十次军事打击，先后完成了所谓的"有限占领"（Restricted Conquest）和"全面征服"（Total Conquest）等战略计划。1851—1857 年、1860 年、1871 年、1876 年、1879 年和 1881 年，法国针对卡比利亚和奥雷斯山的柏柏尔人进行了多次大规模军事打击，其目的是消灭有生的抵抗力量。[1] 到 19 世纪 90 年代，阿尔及利亚几乎所有城市和乡村地区都在法国殖民政府的控制之下。但是要达到"直接统治"的目标，军事打击还远远不够。

法国殖民统治阿尔及利亚的第二个重要手段是建立经济共同体。经济共同体是由若干殖民经济政策组成的。第一是土地政策。法国殖民者认为阿尔及利亚原有的土地所有制，尤其是部落的集体所有制是阻碍殖民化发展的重要障碍。因此，法国殖民政府通过制定法律的形式强制改变阿尔及利亚的土地所有制，将其从集体所有制度改为私有制，其目的就是让殖民者获取土地。1830—1870 年，殖民者通过司法销售（Vente Judiciaire）、拍卖（Licitations）与扣押（Saisies）三种方式得到了大片肥沃土地，并征用了大量阿尔及利亚农民，在事实上建立了农业资本主义。[2] 法国在阿尔及利亚的土地开发政策不仅剥夺了穆斯林的集体土地，使其成为无产阶级

---

① James McDougall, *A History of Algeria*, New York：Cambridge University Press, 2017, p. 75.

② Rabah Tadjer, "La Planification du Développement en Algérie：Structures, Méthodes et Problèmes," *Africa Spectrum*, 1981, Vol. 16, No. 1, 1981, p. 100.

者，还破坏了部落社会组织赖以生存的经济基础。

第二是工业政策。19世纪末，法国资本开始在阿尔及利亚发展殖民工业，以资源开采为主，主要有采矿工业和粗加工工业。第二次世界大战之前，法国资本在阿尔及利亚的工业政策一方面为了掠夺资源，另一方面是利用穆斯林廉价劳动力发展制造业。

第三是基础设施建设。为了进一步满足法国殖民者的利益，从19世纪后半叶起，殖民政府开始引入法国金融资本垄断阿尔及利亚的铁路、公路、航运、进出口和银行信贷。

第四是统一关税、财政和金融政策。法国政府一直将阿尔及利亚视为国内市场在海外的延续，因此阿尔及利亚的财政和金融政策均由法国控制。1884年，阿尔及利亚也被正式列入法国关税区。①

文化教育政策是法国对阿尔及利亚开展同化政策的重要组成部分。为了达到同化效果，法国殖民政府的主要手段是限制穆斯林教育，推广法国文化教育。到19世纪末20世纪初，法语学校几乎覆盖了整个阿尔及利亚，以法式教育为核心的西方教育在阿尔及利亚穆斯林中间也得到了推广。民族分化政策是法国在阿尔及利亚殖民统治的一项重要治理策略。从19世纪50年代法国征服柏柏尔地区起，法国殖民政府就将"分而治之"作为核心的民族政策，即将柏柏尔人和阿拉伯人分开治理，并在话语上塑造两种不同的形象。柏柏尔人被塑造成跟法国人相近的正面形象，而阿拉伯人及一些反抗的柏柏尔土著则被描绘成落后、未开化的负面形象。尽管上述政策被法国殖民者认为是促进阿尔及利亚经济社会发展的重要举措，但实际上，无论是经济政策还是文化政策，都是为了满足殖民者的利益。

20世纪40年代，法国殖民政府主导的农业资本主义开始出现资本停滞的状态，工业化也仍处于"萌芽状态"，基础设施建设完全是为了满足欧洲人的需要而开展的，未能照顾到土著居民的实际需求。一场阿尔及利亚经济社会危机随之爆发。这场危机助长了民众不满情绪的蔓延和民族主义运动的扩散，进而导致了1945年阿尔及利亚东部地区的民众起义和1954年解放战争的爆发。为了应对此次危机，法国殖民政府制定了阿尔及利亚历史上第一个"战略计划"——"君士坦丁计划"（Plan de Con-

---

① 黄慧：《阿尔及利亚柏柏尔主义研究》，社会科学文献出版社2015年版，第79—84页。

stantine）。该计划来自从 1946 年起由多位经济学专家开展的关于阿尔及利亚发展的研究报告，最初主要聚焦于"工业化计划"，最后扩大到整个经济社会发展方案。

该计划是 1958 年由法国总统戴高乐在阿尔及利亚解放战争期间提出的，目的是平息"阿尔及利亚起义"，涉及内容主要有教育、公共服务、土地和住房，旨在提高整个阿尔及利亚公民的工资、住房和公共基础设施，如国民收入增加 7.5%，儿童教育数量达到 150 万人、重新分配 250000 公顷土地，阿拉伯人在政府行政中占比超过 10% 等。① 从内容来看，该计划是一项针对阿尔及利亚社会各个阶层的总体方案。但从戴高乐政府的实际目标来看，该计划旨在削弱民众对阿尔及利亚民族解放阵线的支持以及防止共产主义的传播。从结果来看，该计划的大多数目标都未能实现，也未能阻止阿尔及利亚解放战争的成功。此外，作为殖民政府的一项战略计划，它只是殖民计划的一种方案，其核心诉求仍是继续殖民化，这与全球非殖民化浪潮不符，注定其必然走向失败。

三　独立后阿尔及利亚的发展战略

1962 年，阿尔及利亚在取得独立战争的胜利后，面临的是一个百废待兴的新国家：政治上面临着制度选择与政治整合的困境，经济上面临着法国殖民统治遗留下的旧式经济社会结构。因此，在独立初期，阿尔及利亚新政府的核心目标是确保政权稳定与经济活动的正常运行。在阿尔及利亚第一任总统本·贝拉时期（1962—1965 年在位），阿尔及利亚虽然尚未形成具体的、制度化的发展战略，但对国家发展道路也进行了实质性的探索与规划。

在独立初期，阿尔及利亚革命政府对未来发展主要有两大思路：第一是实施社会主义制度；第二是建立独立的经济体制。1963 年 3 月，为推动阿尔及利亚经济的独立发展，本·贝拉推出"三月法令"（March Decrees）②，该法令旨在使工人自管制度化、合法化。工人自管制度起源于

---

① Daniel Lefeuvre, *Chere Algerie: La France et sa Colonie*, Paris: Flammarion, 2005, pp. 367 – 385.

② 慈志刚：《阿尔及利亚自管社会主义起源探析》，《当代世界与社会主义》2018 年第 2 期。

1962 年法国离开阿尔及利亚后由工会自主接管企业,后经政府介入而逐步形成的"自管模式"。1962 年,阿尔及利亚工业主要由三个部门组成:一是私有企业;二是由国家和社会资本共同组成的混合部门;三是自管社会主义部门与国有企业。其中自管社会主义部门数量最多,涉及工矿企业、手工业、金融工业等。在本·贝拉执政的后两年,这一带有经济道路探索的尝试逐步发展成关于社会主义制度的设计。①

1956 年,胡阿里·布迈丁通过政变推翻本·贝拉统治后,自管社会主义经济模式也随之被边缘化。相较于本·贝拉,布迈丁是一位更务实的总统。布迈丁政府将"发展规划"引入国家发展模式之中。1967 年,布迈丁政府公布三年发展计划(1967—1969),标志着阿尔及利亚长期发展计划的开始。1970 年,阿尔及利亚进行行政改革,成立了专门负责发展战略规划的部门——"计划国务秘书处"(Secretariat of State for Planning),凸显了布迈丁政府对经济与社会发展的重视。② 此后,该秘书处又分别制定了第一个四年计划(1970—1973)和第二个四年计划(1974—1977)。

1967—1977 年,阿尔及利亚发展战略的核心是以工业部门为基础带动整个国民经济的发展,优先发展资本密集型重工业(如钢铁工业和石化工业)。发展战略的目标有:第一,以获取和掌握技术为中心,独立自主地生产工业产品与消费品;第二,开发自然资源,实现财政独立;第三,建立一个有利于就业和国内市场的产业结构,从而在整体上提升阿尔及利亚人民的生活水平。在对外贸易方面,阿尔及利亚在第一个四年计划中通过赋予国有企业进口垄断权的方式推动进口替代战略,扶植与保护国内工业部门的发展。③

在布迈丁时期,阿尔及利亚经济发展的重要特征是强调"国家的作用",国家通过碳氢产业的收入投资公共企业、支付公共支出和转移支付。到 20 世纪 70 年代中后期,由于国家支出快于收入的增长,预算赤字

---

① Rachid Mira, "Institutions et Ordre Politique dans le Modèle Economique Algérien," Centre d'économiede l'Université Paris Nord CNRS UMR, No. 7234, 2015, p. 10.

② 参考 http://countrystudies.us/algeria/72.htm。

③ Rabah Tadjer, "La Planification du Développement en Algérie: Structures, Méthodes et Problèmes," *Africa Spectrum*, 1981, Vol. 16, No. 1, 1981, p. 103.

愈发严重。此外，由于阿尔及利亚国有企业长期享受国家投资的红利，在企业管理和产品创新方面严重不足，腐败也较为严重，引起了社会的广泛不满。

1978 年 12 月布迈丁去世后，1979 年 1 月，沙德利·本杰迪德在民族解放阵线的一次特别代表大会上当选为总统。在执政初期，沙德利声称将在继续和深化社会主义政策的基础上，寻求其他发展路径。沙德利政府对布迈丁时期的工业化政策进行了重大改动：第一，将优先发展工业调整为发展农业；第二，提出以整顿国有企业为核心的新工业政策，其中解散已达到临界规模的国有企业，鼓励地方工业企业的建设与发展。[①] 在发展战略上，计划国务秘书处制订了相应的发展计划：第一个五年计划（1980—1984）和第二个五年计划（1985—1989）。其中第一个五年计划旨在完成布迈丁时期未完成的项目，并开始启动农业和水电等新项目投资。[②]

20 世纪 80 年代中期，由于国际油价的持续下跌，阿尔及利亚经济形势也变得紧迫起来。石油出口收入从 1985—1986 年下降了 36%，1986—1987 年下降了 31%，1987—1988 年下降了 42%。[③] 经济危机进一步引发了社会危机和政治动荡，20 世纪 80 年代末 90 年代初，阿尔及利亚爆发了民众大规模抗议。为应对经济社会危机，沙德利政府开启了自由化经济改革，对诸多国企进行私有化。对此，沙德利政府制定了第三个五年计划（1990—1994）。由于经济改革难以推进以及内战的原因，沙德利辞职，随后阿尔及利亚进入长达 10 年的混乱状态。

为解决阿尔及利亚深层次经济危机，1994—1999 年，新上任的利亚米纳明·泽鲁阿勒进行了第二轮经济自由化改革，此次改革在国际货币基金组织和世界银行的指导和监督下进行，旨在进行深度的"结构调整"。伴随着经济自由化，阿尔及利亚也开启了政治自由化改革。[④] 内战时期，阿尔及利亚的诸多政策均是在紧急状态下制定的，其目的是应对当前危

---

① 参考 http://countrystudies.us/algeria/72.htm。

② 1987 年，计划国务秘书处被取消。

③ Rachid Mira, "Institutions et Ordre Politique dans le Modèle Economique Algérien," Centre d'Economiede l'Université Paris Nord CNRS UMR, No. 7234, 2015, p. 10.

④ Rafael Bustos, "Economic Liberalization and Political Change in Algeria: Theory and Practice (1988 –92 and 1994 –99)," *Mediterranean Politics*, Vol. 8, No. 1, 2003, p. 16.

机，也就缺乏战略规划。

1999 年，布特弗利卡通过全国选举成为阿尔及利亚第一位民选总统。执政初期，布特弗利卡政府将对外开放和市场化改革作为重要的发展战略。2006—2007 年，为优化国内产业格局，布特弗利卡提出了新的工业发展战略，旨在通过公共和私人投资恢复阿尔及利亚的工业水平，创造就业和应对国内外竞争。除此之外，布特弗利卡政府还制定了提升国民经济发展的一系列整体发展战略，包括 2005—2009 年五年计划，2010—2014 年五年计划以及 2015—2019 年五年计划等，内容主要有经济多元化、能源发展、基础设施、环境等战略。

第二节　主要内容

自布特弗利卡于 1999 年上台后，为了摆脱内战的影响，恢复国民经济发展以及尽快融入国际社会，阿尔及利亚政府先后出台了涉及多领域的综合性国家发展战略。2019 年，阿卜杜勒马吉德·特本当选总统，新政府在继续完成和深化之前发展战略的基础上，又提出了更加多元化的发展战略。

一　能源发展战略

1999 年 7 月 28 日，阿尔及利亚设立国家"能源管理法"（Law on Resource Management），从法律的维度规范能源开发与管理。近年来，阿尔及利亚政府多次更新《碳氢化合物法》。21 世纪以来，阿尔及利亚的能源发展战略主要包含两大内容：一是继续强化和优化碳氢产业；二是大力发展可再生能源，减少燃料进口。自独立以来，以石油与天然气为主的碳氢相关产业（占总出口收入的 97%，占 GDP 超过三分之一）一直是阿尔及利亚经济的支柱产业。在发展规划上，第一，在国家能源部门的整体规划下，阿尔及利亚国家油气公司（Sonatrach）于 2018 年公布了"2030 战略目标"（SH2030），计划到 2030 年成为世界第五大石油公司，这包含了油气储量、产量、炼油产能以及不同产品的商业化数量。这一新战略将围绕三个主要支柱展开，总计 30 项举措，其中关键之一是通过技术革新提高企业效率。此外，这一战略还将加强油田勘探与开发。阿尔及利亚国家油气公司计划到 2022 年，每年进行 8500 千米的 2 – D 地震勘测和超过 2 万千米的 3 – D 勘测。① 2020 年 11 月，能源部长阿卜杜勒马吉德·阿塔尔（Abdelmadjid Attar）在阿尔及尔表示，作为天然气产业链持续发展的一部分，预计未来五年将投资超过 200 亿美元。② 第二，在"2030 战略目标"框架下提升天然气的出口量。提高天然气产量是阿尔及利亚保持高水平能源出口和收入战略的核心。阿尔及利亚国家油气公司的目标是在 2030 年，非常规资源产量达到 200 亿立方米，到 2040 年达到 700 亿立方米。此外，"2030 战略目标"还致力于将天然气出口量提高 50%。为实现该目标，该公司计划通过与国际油气巨头道达尔、马士基等公司共同开发阿尔及利亚境内的油田。第三，能源出口的多样化设计。阿尔及利亚国家油气公司在"2030 战略目标"中提出使出口多样化，并与国际伙伴签订商业化合作的协议。③

可再生能源是全球可持续发展背景下阿尔及利亚能源战略的重要内容。早在 1999 年《能源管理法》的第一条就阐述了能源管理的三个方面：合理利用能源、开发可再生能源和保护环境免受能源系统④的不利影响。该法界定了能源管理的主要内容，"旨在通过国家能源消费模式，引导能源需求提高消费系统的效率"。2002 年，阿尔及利亚通过一项关于电力生产的法案（N°02 – 01 of 5 February 2002），该法案规定将可再生能源纳入国家能源战略之中。2004 年，阿尔及利亚在一项关于可持续发展的法案（N°04 – 09 of August 14，2004）中确定可再生能源是可持续发展的重要方式。在 2006—2010 年国家能源发展计划中，可再生能源被列为重要的能源投资项目。⑤ 2018 年，阿尔及利亚正式确定可再生能源为国家能源战略的优先发展事项，并制定了《国家可再生能源发展计划》（National

---

① Lancement de Nouveaux Projets Gaziers en Algérie pour Mener la Reprise du Secteur Energétique，https：//oxfordbusinessgroup. com/news/lancement-de-nouveaux-projets-gaziers-en-alg% C3% A9rie-pour-mener-la-reprise-du-secteur-% C3% A9nerg% C3% A9tique.

② 驻阿尔及利亚民主人民共和国大使馆经济商务处：《天然气：未来 5 年将投资超过 200 亿美元》，http：//dz. mofcom. gov. cn/article/jmxw/202011/20201103015234. shtml。

③ The Report：Algeria 2018，Oxford Busines Group，2019，p. 83.

④ Sommet de Johannesburg 2002，profil de l'Algérie，Nations Unies，http：//www. un. org/esa/a-genda21/natlinfo/wssd/algeria. pdf.

⑤ A. Ghezloun，S. Chergui et N. Oucher，"Algerian Energy Strategy in the Context of Sustainable Development（Legal framework），" *Energy Procedia*，Vol. 6，2011，pp. 321 – 322.

Development Plan for Renewable Energies），力求到 2030 年，可再生能源占国家能源份额的 27%，其中太阳能和风能要达到既能满足国内需要，又能出口海外的战略目标。

二　经济多元化战略

从 20 世纪 80 年代起，阿尔及利亚政府就意识到碳氢行业前景的有限性，特别是在创造就业方面。因此从 90 年代经济自由化改革初期，阿尔及利亚政府就强调发展非碳氢产业，并将其作为国家长期发展战略的重要组成部分。在 2015—2019 年五年发展规划中，经济多元化被正式写入文件，并制订了较为详细的行动计划。

在具体发展计划中，一是增加对农业部门的投资，包括增加 100 万公顷灌溉农田，促进农业机械化和发展优良种子，以及在干旱的撒哈拉地区发展农业项目，目的是提高粮食产量和减少进口。二是发展旅游部门，阿尔及利亚政府计划增加 5 万张酒店床位，并建造 15 个水疗中心。三是发展采矿业，政府计划实施"大型化肥综合体"，并在西部廷杜夫附近的加拉·杰比莱特（Gara Djebilet）和梅切里·阿卜杜拉齐兹（Mecheri Abdelaziz）开采大储量的铁。根据行动计划，政府还要将大理石和盐产量提高一倍，并在全国 6 个省开设新的铅/锌、巴石和金矿。四是扶持与发展包括制药、汽车和钢铁在内的制造业。[①]

2019 年 12 月，刚上任的特本总统就将经济多元化战略作为其执政的核心内容，并在多次政府会议上形成了具体的行动方案。特本在就职典礼后的第一次全国讲话中指出："我们计划建立一个强大、多元化的国民经济，创造财富，创造就业机会，保障社会福祉，加强粮食安全并保护我国免于对油气和外国产品的依赖。"在具体产业发展措施上，特本政府"制订了农业现代化的紧急计划以保障粮食安全和转向出口，同时还将通过多种机制重视旅游业发展，如阿尔及利亚旅游景点分类，提供具有竞争力的航班优惠，简化签证申请程序。"[②]

---

① 参考 http：//country. eiu. com/article. aspx？articleid = 741925858&Country = Algeria&topic = Economy_ 1。

② 驻阿尔及利亚民主人民共和国大使馆经济商务处：《特本：我们计划建立强大的国民经济并提高生活水平》，http：//dz. mofcom. gov. cn/article/jmxw/201912/20191202924272. shtml。

2020 年 1 月，特本总统提出必须采用"坚实而多样化的经济模式"，这种模式是财富的生产者，并且摆脱官僚主义障碍。特本在给政府成员的指导方针中强调："除了恢复农业、食品工业和渔业，重启旅游业外，所有产生财富的领域都将得到支持。"[①] 如 2020 年 3 月，为纠正在汽车组装过程中出现的功能失调状况，特本政府指出："在国民经济多元化的框架内，阿尔及利亚的产业政策在未来将面向汽车工业，而不是汽车组装工业。"[②] 2020 年 8 月中旬，在新冠疫情影响下，特本政府在全国经济和社会复苏会议上，提出将经济多元化和可持续发展作为新的经济发展模式。此次会议讨论了农业发展、工业发展、采矿业发展、能源开发、融资发展、如何促进投资、微型企业和初创企业、支撑性领域发展、外贸管理、制药业、建筑业 11 个经济领域。随着新冠疫情对阿尔及利亚经济的冲击，"促进非碳氢化合物出口需要制定明确的战略"已经成为政府和社会各界的共识。

三 基础设施建设

1991—2001 年，由于内战，阿尔及利亚基础设施建设几乎处于瘫痪和停滞状态，这导致基础设施维护和改进工作大量积压。与此同时，阿尔及利亚广阔的沙漠地形对基础设施的建设构成了永久的挑战。因此，从 2002 年起，布特弗利卡政府就将基础设施建设，尤其是交通基础设施建设作为国家发展的重要优先事项之一。2010 年，布特弗利卡政府启动了"一项为期五年的 2860 亿美元发展计划"，其中基础设施建设是投资计划的重中之重，主要涉及五个领域：空运、海运、公路、铁路和天然气管道。[③] 空运在阿尔及利亚发展较晚，但已经被列入国家重要发展计划；海运对国民经济的发展至关重要，阿尔及利亚绝大多数的商业贸易都是通过北部沿海港口网络进行的；公路和铁路是国民生活和经济发展的重要载体；管道建设是阿尔及利亚发展石油与天然气出口的核心基础。基础设施

---

① 驻阿尔及利亚民主人民共和国大使馆经济商务处：《特本：采用没有官僚障碍的多元化经济模式》，http://dz.mofcom.gov.cn/article/jmxw/202001/20200102928136.shtml。

② 驻阿尔及利亚民主人民共和国大使馆经济商务处：《汽车半散件：2019 年进口额下降超过 31%》，http://dz.mofcom.gov.cn/article/jmxw/202003/20200302947711.shtml。

③ 参考 https://borgenproject.org/infrastructure-in-algeria/。

建设不仅能够带来直接的经济效益，而且能够创造大量就业机会，缓解高失业率带来的社会问题。

2014 年，为满足日益增长的交通需要，阿尔及利亚政府在 2015—2019 年发展计划框架下启动了 60 亿欧元的基础设施投资预算，以升级、现代化和扩大阿尔及利亚的航空、铁路、公路与海事能力。截至 2019 年，在不到 20 年的时间内，由于阿尔及利亚政府对基础设施的持续投资（超过 72.6 亿欧元），阿尔及利亚的交通运输网络已经得到显著发展，并在国民经济发展中占据重要的地位。据国家统计局的统计，2017 年，交通与通信部门已经占 GDP 的 17%。① 除了建设基础设施外，阿尔及利亚政府还致力于改善设备和人力资源。在铁路部门，这些方案包括电气化项目、安装新技术和培训专门的工作人员。在城市交通方面，重点解决主要城市交通拥堵问题。在公路方面，更新和扩大现有基础设施，并投资于旨在提高区域流动性的项目，如东西公路和撒哈拉以南非洲公路。在航空方面，计划通过增加阿尔及尔和奥兰机场航站楼数量提升机场能力。

2020 年，在特本政府的新经济发展模式下，针对基础设施建设，阿尔及利亚提出了包括铁路、公路、港口等一系列发展战略。3 月 11 日，阿尔及利亚公共工程和交通部交通总司司长在提巴萨（Tipasa）宣布了基础设施 2030 年展望。他提到，到 2030 年，全国铁路网将增加到 12500 千米，届时将有十座混合港被连接入东西高速公路。② 8 月 23 日，特本总统下令"根据盈利能力和服务质量标准对陆、海和空运系统进行重新审查"。特本特别提出一手抓港口现代化发展，一手抓铁路的全覆盖建设。③ 在 2020 年 11 月通过的《2021 年财政法》中，阿尔及利亚政府宣布"港口、物流和工业区，以及公路连接线和铁路"是阿尔及利亚未来几年的优先发展项目，其中，汉达尼亚中心港建设是 2021 年的重要优先项目。④ 由此可见，特本政府已经将基础设施建设提升到国家发展战略的新高度。

①　The Report：Algeria 2018，Oxford Busines Group，2019，pp. 125 – 126.

②　驻阿尔及利亚民主人民共和国大使馆经济商务处：《2030 展望：铁路网增至 12500 公里，10 个港口与东西高速公路相连》，http：//dz. mofcom. gov. cn/article/jmxw/202003/20200302944549. shtml。

③　驻阿尔及利亚民主人民共和国大使馆经济商务处：《特本：重新审查陆、海、空运输系统》，http：//dz. mofcom. gov. cn/article/jmxw/202008/20200802995323. shtml。

④　驻阿尔及利亚民主人民共和国大使馆经济商务处：《2021 年起启动汉达尼亚中心港和重大采矿项目建设》，http：//dz. mofcom. gov. cn/article/jmxw/202011/20201103019007. shtml。

四 教育战略

教育投入一直是阿尔及利亚历年《财政法》的重要投资预算内容。如 2014 年，受国际碳氢产业整体萎缩的影响，阿尔及利亚经济也受到较大冲击，即便如此，阿尔及利亚政府仍保持着对教育领域的高水平投资。在《2017 年财政法》中，教育投入达 62 亿欧元，占总预算的 16.2%。① 阿尔及利亚教育战略的总体目标是：增加识字率，提高入学率，改善教育实践和改革教师培训。阿尔及利亚教育体系分为国民教育、高等教育和职业培训，其中国民教育和大多数高等教育均属公立学校。随着教育领域向私营部门开放，阿尔及利亚开始出现私立高等学校和职业培训学校。

阿尔及利亚国民教育分为小学（五年）、初中（四年）和高中（三年），其中，小学和初中 9 年是义务教育。2003 年，阿尔及利亚对国民公共教育进行了重大改革：引入新教学方法，调整课程结构，并将教学语言从法语转换为现代标准阿拉伯语。2015 年，阿尔及利亚教育部启动了 2016—2019 年行动计划，以基于质量和教育学的整体方法来重组和改善国民教育行业。该计划有八个方面：平等、师资培训、课外活动的覆盖、部门管理的透明性、人力资源的专业化、调解和对话的加强、各级教育方法的采用以及新的评估和分级系统。② 此外，针对国民基础教育，2017 年以来，阿尔及利亚政府还启动了一系列教育扶贫、增加新公立学校和改善学校卫生等举措。

阿尔及利亚高等教育从独立至今经历了 20 世纪 70 年代的"阿尔及利亚化"改革、2000 年初的"欧洲化"改革（博洛尼亚进程）和 2010 年以来的"现代化"改革。③ 2020 年 2 月，阿尔及利亚高等教育和科学研究部提出了高等教育发展计划，即创建七个试点学科以提升阿尔及利亚高等

---

① Reforms to Algeria's Education System to Expand Capacity and Modernise Curricula, https://oxfordbusinessgroup.com/overview/contemporary-tutelage-transforming-education-system-expand-capacity-and-prepare-students-modern-age.

② Algeria Overhauls Teaching Methods and Increases Education Funding, https://oxfordbusinessgroup.com/overview/knuckling-down-overhaul-teaching-methods-and-increased-funding-raise-standard-learning-all-schooling.

③ 参考 Ahmed Ghouatil, *Enseignement Supérieur en Algérie: Entre Contraintes Politiques et Défis Socio-économiques*, Alger: Éditions Petra, 2019.

教育水平。此外，还通过了《大学道德宪章》（Charte d'éthique de l'université）以规范高等教育。①

2010 年以来，阿尔及利亚将职业培训作为解决青年失业问题的核心战略之一。近年来，阿尔及利亚政府在职业培训方面开展了各类国际合作。为了使教育人员的培训达到国际水平，阿尔及利亚官员和瑞士企业家于 2018 年 6 月举行会议，讨论在阿尔及利亚发展专业培训的问题。阿尔及利亚—瑞士商业俱乐部成立于 2018 年 4 月，旨在将 3% 低失业率的瑞士职业培训模式与阿尔及利亚利益相关者相结合，以支持两国公司扩大和改善教师培训水平。②

"多语种学习战略"是阿尔及利亚教育战略的重要组成部分。该战略主要有两个方面：第一是"多语种扫盲战略"，该战略是 2016 年柏柏尔语成为阿尔及利亚官方语言之后，由国家成人扫盲与成人教育办公室（ONAEA）制定的。其目的是让农村地区人口既能讲标准阿拉伯语又能讲柏柏尔语。该战略获得了 2019 年联合国教科文组织世宗大王扫盲奖；③ 第二是将英语纳入国家教育体系中。目前，阿尔及利亚政府正在努力通过实施"马歇尔英语计划"（Marshall Plan for English）来提高英语教学质量，该计划着重于与外国教师进行更深入的合作。④ 在大学教育中，阿尔及利亚政府也计划将英语整合到日常教学科研活动中，英文博士学位论文试点也将在 2021 年 9 月实施。

五　环境战略

阿尔及利亚的环境问题来自于两方面：一是 20 世纪 60—90 年代，国

---

① Algérie : le Gouvernement Annonce une Réforme de L'enseignement Supérieur qui Entrera en Vigueur, d'ici septembre 2020, https：//www. agenceecofin. com/formation/2002-74058-algerie-le-gouverne-ment-annonce-une-reforme-de-l-enseignement-superieur-qui-entrera-en-vigueur-d-ici-septembre-2020.

② Algeria Overhauls Teaching Methods and Increases Education Funding, https：//oxfordbusiness-group. com/overview/knuckling-down-overhaul-teaching-methods-and-increased-funding-raise-standard-learning-all-schooling.

③ Algeria's Multilingual National Literacy Strategy Wins UNESCO Prize, https：//en. unesco. org/news/algerias-multilingual-national-literacy-strategy-wins-unesco-prize.

④ Algeria Overhauls Teaching Methods and Increases Education Funding, https：//oxfordbusiness-group. com/overview/knuckling-down-overhaul-teaching-methods-and-increased-funding-raise-standard-learning-all-schooling.

家在过度追求工业发展的背景下所造成的环境问题，如森林砍伐、生物多样性退化、土壤肥力丧失、废物扩散、稀缺资源枯竭、空气污染等问题；二是由阿尔及利亚"地中海盆地"和沙漠化属性所造成的环境危机，如气候变化的影响。由于环境问题造成的经济社会影响非常之大，从 2000年起，阿尔及利亚决定从国家层面制订应对策略和行动计划，试图结束环境退化的进程。1993 年，阿尔及利亚批准了《联合国气候变化框架公约》，同意关于稳定温室气体排放及防止人为干扰气候系统的承诺。1994年以来，阿尔及利亚积极与世界气象组织等非政府组织就气候变化、环境退化等问题开展了深入合作，并将对国际社会的承诺转为国家立法与行动计划。

2001 年，阿尔及利亚提出了"国家环境战略"（Stratégie Nationale de L'environnement），该战略由两个具体措施组成：2002 年通过的《环境保护与可持续发展法》和《环境与可持续发展国家行动计划》。[1] 行动计划由欧盟委员会与瑞士发展合作署提供赠款，并得到世界银行、德国技术合作署和地中海环境援助方案的进一步协助。该行动计划强调了阿尔及利亚以前在气候变化和环境保护方面缺乏具体政策、方案、行动和机构的整合，建议将环境保护目标纳入可持续发展议程的主要内容中。

从 2003 年开始，阿尔及利亚制定了应对气候变化的初步战略，制定了诸多适应和缓解气候变化的项目，如更新了《国家行动计划与适应气候变化战略》。该战略主要以四个领域为基础：加强制度建设、适应气候变化、减少温室气体排放和人类能力建设。其执行主要涉及能源、工业、运输、废物、水资源、农业和森林等部门。[2] 具体措施包括推广可再生能源技术、碳固存、工业减排、重新造林和水系统创新。2007 年，为推进该战略的实施，阿尔及利亚政府设立国家气候变化机构，制定法律和监管框架，并定期公示温室气体排放清单。

2015 年，阿尔及利亚通过了 17 项联合国可持续发展目标，还批准了

---

[1]　Belkacem Ouchene et Aurora Moroncini, "De l'économie Socialiste à L'économie de Marché : l'Algérie Face à Ses Problèmes Ecologiques," *La Revue Electronique en Science de L'environnement*, Vol. 18, No. 2, 2018, p. 1.

[2]　F. Sahnounea, M. Belhamela, M. Zelmatb, R. Kerbachic, "Climate Change in Algeria: Vulnerability and Strategy of Mitigation and Adaptation," *Energy Procedia*, Vol. 36, 2013, pp. 1291 – 1294.

具有历史意义的《巴黎协定》，并致力于为减少温室气体和适应气候变化的集体努力做出贡献。2018 年，经过 2016—2018 年三年的筹备，阿尔及利亚政府更新了 2001 年制定的 "国家能源战略"，提出了《2018—2035 年环境与可持续发展国家战略》（Stratégie Nationale de l'Environnement et du Développement Durable pour L'horizon 2018 – 2035）和《2020—2024 年环境与可持续发展国家计划》（Plan National D'action Environnementale et de Développement Durable pour L'horizon 2020 – 2024）。上述战略和计划文件共同提出了 7 个战略轴，19 个目标，34 个优先行动以及大约 100 个绩效指标，涉及阿尔及利亚宪法保障的权利。国家环境战略旨在提高公民的健康和生活质量、循环经济、粮食安全、防治荒漠化和抵御气候变化的能力。这将确保阿尔及利亚能够应对未来的社会经济和环境挑战。阿尔及利亚将依靠对立法和监管框架的调整来加强各部门的协同作用。①

具体而言，在绿色能源方面，阿尔及利亚政府于 2011 年通过了《可再生能源和能源效率发展计划》，以改善能源的有效利用：改善建筑物的隔热性能；发展太阳能热水；促进联合发电；推广液化石油气和天然气燃料的使用；发展太阳能冷却系统；发展电动铁路运输；将简单的循环发电厂改为联合循环发电厂；利用可再生能源淡化水；用钠灯取代所有汞灯，并促进使用低能灯。2020 年以来，特本政府更是将绿色能源作为环境保护的核心计划。

在森林治理方面，阿尔及利亚政府于 1999 年通过了《国家重新造林计划》，目标是到 2020 年种植 120 万公顷森林。阿尔及利亚森林总干事宣布，截至 2014 年 3 月，该计划已完成 50%。在废物管理方面，阿尔及利亚政府于 2001 年制定了《国家废物管理战略》，并于 2018 年制定《国家废物综合管理战略》，该战略侧重于从源头上减少废物，发展循环经济，并通过实施计划，不断监测和评估支持这些过渡性措施。②

在适应措施上，阿尔及利亚政府制订了安全供水需求计划，特别是在城市和沿海城镇，如 5 年基础设施计划（2010—2014）：包括建造 35 座水

---

① Quid du Développement Durable en Algérie? https：//www. mediaterre. org/maghreb-machrek/actu，20200715145705. html.

② The Report：Algeria 2018，Oxford Business Group，2019，p. 89.

坝、35 个供应水处理厂、3000 多个饮用水设施升级改造和 8 个新的海水淡化厂。为了遏制荒漠化和保护沙漠绿洲系统及其中所载的生物多样性，阿尔及利亚政府于 2004 年通过了《防治荒漠化国家行动计划》，并于2005 年通过了《国家生物多样性行动计划》。2004 年《可持续发展框架中的重大风险预防和灾害管理法》确立了防灾和风险管理的法律框架，包括气候风险及与气候有关的领域，如洪水和森林火灾。[①] 2018 年，阿尔及利亚政府在上述两方面均制订了 2030 年计划，以进一步理顺应对环境问题的适应措施。

从阿尔及利亚近 20 年的国家发展战略来看，经济多元化、能源、基础设施、教育和环境五个领域已经成为影响国家经济社会发展的重要内容，这些领域不仅涉及国民经济的可持续发展，还涉及社会的健康发展。当然，作为一个国家，其发展内容远不止这五项内容。进入 21 世纪以来，随着信息与科技革命的发展，阿尔及利亚也将信息技术、数字经济、电子商务、数字化和人工智能等作为重要的发展方面。此外，卫生领域也是近十年来阿尔及利亚发展的重要领域。2014 年，阿尔及利亚政府通过了2015—2019 年医疗卫生投资计划。2018 年，阿尔及利亚政府通过一系列法案，旨在改善与更新卫生系统。2020 年以来，在新冠疫情影响下，阿尔及利亚政府再次将卫生事业提升到国家发展的核心地位，并制定了一系列应对包括流行病和心血管疾病、糖尿病和癌症等非传染性疾病的方案，以及完善卫生保健系统的措施。

---

① The 2015 Global Climate Legislation Study：Algeria，chrome-extension：//oemmndcbldboiebfn-laddacbdfmadadm/https：//www. lse. ac. uk/GranthamInstitute/wp-content/uploads/2015/05/ALGERIA. pdf.

第二章 营商环境评价

所谓营商环境，是指伴随着企业从开办、营运到结束整个企业生命活动周期全过程的各种周围境况和条件的总和，这些境况与条件对企业的日常经营和盈利能力的影响显著，是衡量一个国家或地区要素吸引力、市场竞争力的重要因素。东道国的营商环境越是优异，就越能吸引各种高端的市场要素向国内流动与集聚。世界银行自 2003 年以来每年都会发布《营商环境报告》以衡量和评估各国的营商环境。该报告从企业生命周期的角度，以企业日常运营为核心，分启动、选址、融资、运行、容错处理五个阶段，建立了一套系统的评价指标体系，对东道国营商环境相关的法律、法规要素进行量化评估。本章基于世界银行发布的《营商环境报告》（Doing Business，DB）对阿尔及利亚的营商环境现状、存在问题及改进空间进行分析。

表 II - 3 - 1　　　　　　世界银行营商环境各指标及其含义

阶段	指标	含义
启动阶段	开办企业	成立有限责任公司的程序、时间、成本和实缴最低资本
选址阶段	办理施工许可证	完成建造仓库所有手续的程序、时间和成本以及施工许可体系中的质量和安全机制
	获得电力	连接到电网的程序、时间和成本以及供电的可靠性及收费的透明度
	登记财产	资产转让的程序、时间和成本以及土地管理系统的质量
融资阶段	获得信贷	可动产抵押法和信用信息系统
	保护少数投资者	少数股东在关联交易和公司治理中的权利

续表

阶段	指标	含义
运行阶段	纳税	公司遵守所有税收法规的缴纳程序、耗时、总税金和缴纳率及后备流程
	跨境贸易	出口具有比较优势的产品、进口汽车零部件的时间和成本
容错处理阶段	执行合同	解决商业纠纷的时间和成本以及司法程序的质量
	办理破产	商业破产的时间、成本、结果和恢复率以及破产相关法律框架的力度
其他	雇佣	雇佣法规的灵活性和裁员成本

资料来源：World Bank Group, Doing Business 2020, PDF, p. 19, https：//openknowledge. worldbank. org/bitstream/handle/10986/32436/9781464814402. pdf.

第一节　营商环境概况

在世界银行《营商环境报告》所针对的企业发展的五个阶段中，启动阶段只有开办企业一项指标；选址阶段包括办理施工许可证、获得电力、登记财产三项指标；融资阶段包括获得信贷、保护少数投资者两项指标；运行阶段包括缴纳税款、跨境贸易两项指标；容错处理阶段包括合同执行、破产办理两项指标。此外，还有"雇佣"这一指标。这 10 项一级指标又包含 42 项二级指标。"雇佣"一项虽然未纳入排名，但世界银行的报告中也列出了几项指标。《营商环境报告》中的大多数指标涉及各经济体中最大的商业城市的一个案例情景（但对人口超过 1 亿人的经济体会将数据采集范围扩大到第二大商业城市）。

长期以来，阿尔及利亚商业运营环境欠佳，政府部门运转效率不高，不完善的法律法规也影响了外国投资者的积极性，所以其营商环境在历年排名中一直处在全世界近 200 个经济体的较低位置，被视为北非和中东地区颇具挑战性的市场之一。近年来，阿尔及利亚虽通过各项措施试图改善营商环境，吸引外来投资，但作用较为有限。

根据世界银行 2020 年度《营商环境报告》，阿尔及利亚营商环境便利度在世界上的排名较此前一年没有变化，仍维持在第 157 位，各项指标也与 2019 年基本持平，变化幅度很小，只有保护少数投资者一项得分下降明显。

表 II-2-2　世界银行2019年、2020年《营商环境报告》关于
阿尔及利亚各项指标排名/分数

	2020年排名（位）	2020年营商环境便利度分数（分）	2019年营商环境便利度分数（分）	营商环境便利度分数变化
总体	157	48.6	49.65	−1.05
开办企业	152	78.0	78.07	−0.07
办理施工许可证	121	65.3	63.28	+2.02
获得电力	102	72.1	69.58	+2.52
登记财产	165	44.3	44.26	+0.04
获得信贷	181	10.0	10.00	..
保护少数投资者	179	20.0	35.00	−15
纳税	158	53.9	53.91	−0.01
跨境贸易	172	38.4	38.43	−0.03
执行合同	113	54.8	54.78	+0.02
办理破产	81	49.2	49.24	−0.04

资料来源：世界银行，https://www.doingbusiness.org/en/data/exploreeconomies/algeria。

　　表 II-2-3 是阿尔及利亚与中东—北非地区相关经济体的排名对比。邻国摩洛哥不仅在北非地区保持领先地位，而且在中东和北非地区排第三位，仅次于阿拉伯联合酋长国（第16位）。阿尔及利亚这一排名甚至与邻国突尼斯相比（第78位）都遥遥落于其后，在中东和北非地区仅高于利比亚（第186位），其营商环境仍存在很大的提升空间。

表 II-2-3　　2020年阿尔及利亚周边经济体营商环境排名
（除世界排名外，其他排名为中东—北非区域内排名）　　　　（位）

经济体	世界排名	开办企业	办理施工许可证	获得电力	登记财产	获得信贷	保护少数投资者	纳税	跨境贸易	执行合同	办理破产
阿拉伯联合酋长国	16	1	1	1	2	3	2	6	9	1	5
巴林	43	6	4	9	3	6	4	1	6	4	2
摩洛哥	53	5	3	3	9	9	5	5	3	5	4

续表

经济体	世界排名	开办企业	办理施工许可证	获得电力	登记财产	获得信贷	保护少数投资者	纳税	跨境贸易	执行合同	办理破产
沙特阿拉伯	62	4	5	2	4	5	1	7	7	3	17
突尼斯	78	2	6	6	12	7	8	12	8	8	3
埃及	114	9	11	11	16	4	7	19	16	20	8
黎巴嫩	143	14	17	16	13	12	14	14	14	14	14
阿尔及利亚	157	15	14	13	19	17	19	20	17	11	6
利比亚	186	18	18	18	20	18	20	15	12	17	17

资料来源：世界银行，https：//www. doingbusiness. org/en/data/exploreeconomies/algeria。

从横向来看，阿尔及利亚的各项指标排名也均相对落后，其中纳税、登记财产、保护少数投资者、获得信贷、跨境贸易五项尤为落后，反映了在企业的融资和运行阶段，阿尔及利亚难以给予有效的政策支持。只有容错处理阶段的两项指标——执行合同和办理破产的排名尚可，而办理破产也是阿尔及利亚10项排名中唯一位于世界前100位的。另外，阿尔及利亚通过简化内部管理流程和向预建变电站的供应商授予新许可证，使企业获得电力的过程更加容易。

第二节　营商环境发展

在近十年间，尽管世界银行的衡量方法发生了几次变化，但阿尔及利亚营商环境的总得分并未因此而有显著变化，基本一直处于45—50分这一区间中。近年来有小幅度提升。

表 II-2-4　　　近十年来阿尔及利亚总体营商环境变化

年份	排名（位）	营商环境便利度总分（分）（DB17-20方法论）	营商环境便利度总分（分）（DB15方法论）	营商环境便利度总分（分）（DB10-14方法论）
2020	157	48.6		
2019	157	48.5		

续表

年份	排名（位）	营商环境便利度总分（分）（DB17－20 方法论）	营商环境便利度总分（分）（DB15 方法论）	营商环境便利度总分（分）（DB10－14 方法论）
2018	166	46.2		
2017	156	46.1		
2016	163	44.2		
2015	161		47.7	
2014	147		46.9	48.7
2013	151			49.1
2012	148			48.7
2011	143			48.4
2010	136			48.8

资料来源：世界银行，https：//archive.doingbusiness.org/content/dam/doingBusiness/excel/db-2021/Historical-Data-DB04-DB20-.xlsx。

另外，根据世界银行统计，阿尔及利亚的营商环境排名在近十年间略有下降。

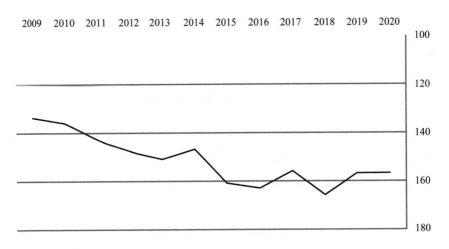

图 II－2－1　阿尔及利亚营商环境世界排名变化（位）

资料来源：世界银行，https：//archive.doingbusiness.org/content/dam/doingBusiness/excel/db-2021/Historical-Data-DB04-DB20-.xlsx。

根据世界银行《营商环境报告》，2020年，阿尔及利亚营商环境的便利度总得分较前一年无显著变化，排名也保持不变。每一项指标基本维持原水平，只有办理施工许可证一项有微幅提高。

表Ⅱ-2-5　　　　　　　　阿尔及利亚营商环境各指标变化　　　　　　　（分）

年份	开办企业	办理施工许可证（DB16-21方法论）	办理施工许可证（DB06-15方法论）	获得电力（DB16-21方法论）	获得电力（DB10-15方法论）	登记财产（DB16-21方法论）	登记财产（DB05-15方法论）	获得信贷（DB15-21方法论）	获得信贷（DB05-14方法论）
2020	78.0	62.0		72.2		44.3		10.0	
2019	77.9	61.3		72.0		44.3		10.0	
2018	77.9	59.7		62.0		43.8		10.0	
2017	78.0	59.7		60.6		43.8		10.0	
2016	76.6	53.5		57.6		43.8		10.0	
2015	74.6	54.6	43.9	57.5	60.0	44	50.7	10.0	
2014	73.6		41.9		59.0		50.6	10.0	18.8
2013	73.7		42.7		62.5		50.6		18.8
2012	73.5		40.9		62.1		50.6		18.8
2011	73.2		39.0		61.3		50.6		18.8
2010	73.5		40.8		62.0		50.6		18.8
2009	73.3		38.0				38.4		18.8
2008	72.5		33.7				38.4		18.8
2007	72.4		33.3				38.4		18.8
2006	72.0		28.8				38.4		18.8
2005	70.5						38.3		18.8
2004	68.1								
年份	保护少数投资者（DB15-21方法论）	保护少数投资者（DB06-14方法论）	纳税（DB17-21方法论）	纳税（DB06-16方法论）	跨境贸易（DB16-21方法论）	跨境贸易（DB06-15方法论）	执行合同（DB16-21方法论）	执行合同（DB04-15方法论）	办理破产
2020	20.0		54.1		38.4		54.8		49.2
2019	20.0		54.0		38.4		54.8		49.2
2018	20.0		54.0		27.7		54.8		49.2

续表

年份	保护少数投资者（DB15-21方法论）	保护少数投资者（DB06-14方法论）	纳税（DB17-21方法论）	纳税（DB06-16方法论）	跨境贸易（DB16-21方法论）	跨境贸易（DB06-15方法论）	执行合同（DB16-21方法论）	执行合同（DB04-15方法论）	办理破产
2017	20.0		54.1		27.7		54.8		49.2
2016	20.0		46.2	45.0	27.7		54.8		49.2
2015	20.0			45.0	27.7	64.2	55	52.9	49.2
2014	20.0	30.0		41.6		63.7		52.2	49.2
2013		30.0		41.5		63.3		52.2	49.2
2012		30.0		41.5		61.7		52.2	49.2
2011		30.0		41.5		61.1		52.2	49.2
2010		30.0		41.5		62.5		52.2	49.2
2009		30.0		40.0		60.7		50.1	49.2
2008		30.0		40.6		60.4		50.1	49.2
2007		30.0		32.2		52.8		50.1	49.2
2006		30.0		32.2		49.6		50.1	49.2
2005								50.1	49.2
2004								50.1	49.2

资料来源：世界银行，https：//archive. doingbusiness. org/content/dam/doingBusiness/excel/db-2021/Historical-Data-DB04-DB20-. xlsx。

近十年来，阿尔及利亚也采取了一系列措施改善其营商环境，有的反映在了指标的变化中。

2010 年，阿尔及利亚通过引入旨在改进过程管理和确保安全与及时完成建设项目的新法规来简化其施工许可程序；通过减少公证费和取消资本利得税，使登记财产变得更容易、成本更低；通过降低旅游、建筑和公共工程以及商品生产的企业所得税税率，降低了企业的纳税成本；通过引入新的民事诉讼法以减少所需的步骤和时间，并通过使法院完全计算机化，建立电子案件管理系统来改进合同执行。

2012 年，阿尔及利亚通过法律保障借款人检查其个人数据的权利，完善其信用信息系统。

2013 年，阿尔及利亚通过取消将贷款纳入数据库的最低门槛，改善了对信贷信息的访问。

2015 年，阿尔及利亚通过升级阿尔及尔港的基础设施使跨境贸易更加容易。

2016 年，阿尔及利亚取消了获取经理犯罪记录的要求，使创业变得更加容易。阿尔及利亚取消了在申请建筑许可证时提供财产所有权认证副本的法律要求，从而简化了建筑许可证的处理手续。

2017 年，阿尔及利亚取消了企业注册的最低资本要求，使创业变得更加容易；通过减少获得施工许可证的时间来更快地处理施工许可证指标；通过在公用事业和能源监管机构的网站上公布电价来提高电力的透明度；通过降低专业活动税率来降低纳税成本，先进会计系统的引入也使纳税变得更加容易。

2019 年，阿尔及利亚通过简化内部管理流程和向销售预建变电站的供应商授予新许可证，使获得电力连接的过程更加容易。阿尔及利亚通过在控制机构之间实施联合检查，使进口变得更加容易。

第三节　营商环境环节

本节以世界银行所采用的 11 个营商指标为出发点，对阿尔及利亚营商环境的重要领域进行介绍，并根据实际情况对世界银行指标进行整合或延伸，比如把"获得信贷"这一指标拓展为"融资"，把"跨境贸易"拓展成"贸易"，把"执行合同""保护少数投资者""办理破产"三个指标归入"商业契约"一项。对于企业投资而言，雇佣和纳税是非常重要的两个环节，因此这两项也将予以重点讨论。

一　雇佣

雇佣是企业生命周期中十分重要的一个环节。企业开办成功以后，需要到所在地的人才市场招聘企业运行所需要的各类劳动力或人才，而且企业股东出资的初始财产和后续经营形成的财产也需按照法律要求进行确认与保障，以便为企业后续运营奠定产权基础。

阿尔及利亚劳动力总体过剩，失业率较高，2020 年失业率为12.83%，劳工素质不高，技术水平较低，所有部门都缺乏熟练劳动力，中青年管理人才缺乏，地区水平差异较大。①

在劳动法律方面，1990 年，阿尔及利亚政府颁发的《劳动法》是阿尔及利亚劳动领域最重要和最权威的法律。该法律较为全面和系统地覆盖了劳动关系的各个层面。②

阿尔及利亚《劳动法》将劳动合同根据合同期限，分为固定期限劳动合同与无固定期限劳动合同；根据劳动合同的形式，分为书面劳动合同与非书面劳动合同。需要指出的是，如用人单位与劳动者未签订书面劳动合同，则该劳动关系被认定为无固定期限（这一点不同于中国的事实劳动关系）。试用期不得超过 6 个月，专业资格要求较高的岗位可延长到 12 个月。③

以下分别从工作时长与薪资、雇员的保险与福利、终止雇佣三个方面做进一步介绍。

（一）工作时长与薪资

阿尔及利亚法定工作时间为每周 40 小时，但最多不可超过 48 小时，除非由于弥补事故损失或工作的中断会导致重大损失。对于 40 小时以外的额外工作时间要给予相对于正常工资至少 150% 的加班工资。④ 根据 90—11 号法律第 54 条规定，每周至少连续休息 48 小时，一般是在星期五和星期六，因工作需要，每个部门也可做适当调整。⑤

法定休息日包括：1 月 1 日（一天），5 月 1 日（一天），7 月 5 日（一天），11 月 1 日（一天），开斋节（二天），宰牲节（二天），伊斯兰历新年（一天），阿舒拉节（一天），牟噜德节（一天）。非穆斯林劳动者有权享有其他的节日，没有在法定假日休息的劳动者可以补休并获得加班工资。⑥

---

① 中国商务部国际贸易经济合作研究院、中国驻阿尔及利亚大使馆经济商务处、中国商务部对外投资和经济合作司：《对外投资合作国别（地区）指南——阿尔及利亚（2021 年）》，https://www.ccpitcq.org/upfiles/202209/20220922091506494.pdf。

② 王聪：《基于阿尔及利亚劳动法的中国企业风险防范研究》，《中阿科技论坛》2002 年第 8 期。

③ 李石、李敏：《阿尔及利亚劳动法律简析》，《法制与社会》2012 年第 7 期。

④ 李石、李敏：《阿尔及利亚劳动法律简析》，《法制与社会》2012 年第 7 期。

⑤ 王聪：《基于阿尔及利亚劳动法的中国企业风险防范研究》，《中阿科技论坛》2002 年第 8 期。

⑥ 李石、李敏：《阿尔及利亚劳动法律简析》，《法制与社会》2012 年第 7 期。

工资基本上分为三部分，即基本工资、补助和奖金，工资按月支付。最低工资根据相关法令在不同的领域适用。[①] 最低工资通常每年由政府根据国家经济情况和价格指数，与工会协商后确定。最低工资（SNNG）标准逐年上升，从 2020 年 6 月 1 日起，从 18000 第纳尔/月（每周工作 40 小时）提升为 20000 第纳尔/月。技术工人一般月收入为 30000—50000 第纳尔。[②]

（二）雇员的保险与福利

缴纳社会保险是强制性的，雇主必须缴纳劳动者的社会保险，包括疾病、工伤、退休、失业四方面。当工伤事故发生时，雇主应在知情后的 48 小时内通知国家社会保险局（CNAS）。国家社会保险局是执行社会保险政策的专门机构。不管是阿尔及利亚人还是在阿尔及利亚的外籍人员，均须按规定缴纳各类社会保险费用，并享受各类社会保险待遇。[③] 缴纳的社会保险费用总和约占工资总额的 35%，其中 9% 由个人承担，26% 由企业承担，企业负担较重。

根据 90-11 号法律第 54 条的规定，劳动者若工作满一年，可以享受 30 天的带薪休假，也可以除正常周末之外每个月带薪休息 2 天。[④] 阿尔及利亚南部地区的劳动者可以享有 10 天额外带薪休假。在休年假期间，劳资双方不得中止或解除工作关系，若有工作需要，雇员可随时被召回。不减发工资的事假包括：工会的事务，雇主同意的职业培训，参加职业考试，劳动者的婚礼，第二代或第三代直系子孙的出生，直系子孙的婚礼，近亲属的葬礼，直系子孙的割礼，去圣城朝圣。对于事假，劳动者有权享受 3 个工作日的带薪假，但应告知雇主并提供相关的证明。此外，产妇可享受 14 周的带薪产假。[⑤] 员工可以通过提交相关证明文件来使用病假，病假工资一般从生病的第一天起发放。

[①] 李石、李敏：《阿尔及利亚劳动法律简析》，《法制与社会》2012 年第 7 期。

[②] 中国商务部国际贸易经济合作研究院、中国驻阿尔及利亚大使馆经济商务处、中国商务部对外投资和经济合作司：《对外投资合作国别（地区）指南——阿尔及利亚（2021 年）》，https://www.ccpitcq.org/upfiles/202209/20220922091506494.pdf。

[③] 李石、李敏：《阿尔及利亚劳动法律简析》，《法制与社会》2012 年第 7 期。

[④] 王聪：《基于阿尔及利亚劳动法的中国企业风险防范研究》，《中阿科技论坛》2002 年第 8 期。

[⑤] 李石、李敏：《阿尔及利亚劳动法律简析》，《法制与社会》2012 年第 7 期。

按照《劳动法》的规定，在至少工作 15 年后，男性达到 60 岁，女性达到 55 岁时可办理退休手续，享受退休金待遇。或者有 32 年工龄者亦可享受退休待遇。①

（三）终止雇佣

根据阿尔及利亚《劳动法》的规定，在劳动合同失效、劳动合同期满、劳动者失去工作能力、雇主终止营业活动、劳动者退休或死亡等情况下，劳动关系将永久性解除。因为某些特定的因素，劳动者也可以提出辞职，但是要以书面形式告知雇主，待批准后方可离职，也无权向雇主索要离职补偿。②同时，在劳动者没有严重过错的情况下，雇主无权强制解雇劳动者，除非双方达成一致，并支付相应的补偿。②解雇应符合公司内部规定所明确的程序，并写在解雇证明中。在试用期里，无须提前通知和明确解雇理由，只需给出解雇通知，让劳动者签收。在公司合并、被吞并或被收购的情况下，雇主和劳动者的劳动关系保持不变。③

对于有严重过失的劳动者，可以实施惩罚性解雇。这种解雇无须提前通知也没有解雇补贴。

雇主对经验和技能不符合工作要求的雇员有权予以辞退。对在工作期间拒绝履行工作义务、违反规定擅自罢工、在公共场合酗酒或吸毒、实施暴力行为、发生刑事犯罪、泄漏公司机密的雇员，雇主可对其进行辞退处理。辞退前应该书面通知其本人并听取其他雇员的意见。④

根据 90－11 号法律第 64 条的规定，若出现以下情况，工作关系可暂时性地终止：

劳动者因某种特殊原因而暂时无法完成公司或单位的工作任务，比如因妻子或丈夫的工作调动，强制要求其暂时陪同。

劳动者因某种不可抗拒的因素被转移或借调到某些机构，完成特定任务。

劳动者参加选举任务，特别是国家的选举任务，或者其他工会组织的

---

① 李石、李敏：《阿尔及利亚劳动法律简析》，《法制与社会》2012 年第 7 期。

② 王聪：《基于阿尔及利亚劳动法的中国企业风险防范研究》，《中阿科技论坛》2002 年第 8 期。

③ 李石、李敏：《阿尔及利亚劳动法律简析》，《法制与社会》2012 年第 7 期。

④ 李石、李敏：《阿尔及利亚劳动法律简析》，《法制与社会》2012 年第 7 期。

会议，每个月所占的工作时间不能超过 10 小时。

履行国民服役义务，这是对劳动者的强制法律要求，雇主有义务在此期间为劳动者保留工作职位。

在培训期，为了提高工作效率，或者参加政府强制性的培训，每天累计占用工作时间不能超过 2 小时，而超过 6 个月的培训，应暂停其工作，经过协商减少或暂停薪酬。

长期的病假或产假，若劳动者因身体原因而长期无法完成工作任务，可视情况暂时性地终止劳动关系，劳动者有权享受 14 周产假。

宪法承认罢工的权利，罢工期间劳动者可以暂时性地停止工作。

在法律审查期间，劳动者因某种罪名而被司法审查，或者配合调查，可以暂时性地停止工作关系，直到司法当局审理完此案。如果被定罪，则劳动关系自动解除；如果宣告无罪，则劳动者自然返回工作岗位。

用人单位出现因自然灾害、政府查封、生产资料严重短缺、生产工具损坏等不可抗拒的因素而导致工作临时停止等情况，可以暂时性地停止工作关系。①

二　商业融资

世行"获得信贷"这一指标主要探讨信用报告系统的优势以及抵押法和破产法在促进贷款方面的有效性。2014—2020 年，阿尔及利亚"获得信贷"指标一直为 10 分，无任何变化。从横向来看，"获得信贷"也是阿尔及利亚营商环境各项指标中最弱的一项（全球处于第 181 位）。本节结合阿尔及利亚的实际情况，介绍阿尔及利亚主要的金融机构、信贷市场概况以及企业融资服务。

（一）主要金融机构

阿尔及利亚的中央银行为阿尔及利亚银行（Banque d'Algérie），负责制定国家货币政策及金融政策、发行货币、管理国家外汇储备、制定外汇交易管理法规以及监管对外信贷和资本流动等。②

---

① 王聪：《基于阿尔及利亚劳动法的中国企业风险防范研究》，《中阿科技论坛》2002 年第 8 期。
② 中国商务部国际贸易经济合作研究院、中国驻阿尔及利亚大使馆经济商务处、中国商务部对外投资和经济合作司：《对外投资合作国别（地区）指南——阿尔及利亚（2021 年）》，https://www.ccpitcq.org/upfiles/202209/20220922091506494.pdf。

阿尔及利亚现有 6 家国有银行、13 家私营银行、6 家金融保险机构。有三家银行居非洲前 15 名：阿尔及利亚对外银行（BEA）、阿尔及利亚农业和乡村发展银行（BADR）、阿尔及利亚国民银行（BNA）。93% 的银行贷款由国有银行发放。国有银行国际市场化程度较低，不按商业银行模式运作。阿尔及利亚国有银行向阿尔及利亚国有企业提供了大量的信贷资金，但国有企业大多经营不善，造成信贷资金无法正常收回。

六家国有银行主导着 95% 的商业市场，但花旗银行、汇丰银行、法国巴黎银行、法国兴业银行以及其他法国和阿拉伯半岛国家银行在阿尔及利亚也很活跃。2003 年，哈利法银行的倒闭动摇了政府对私营银行部门的信心，尽管国有银行存在缺陷。在全球金融危机之后，旗舰国有银行阿尔及利亚人民信贷银行（CPA）的私有化被无限期地搁置。①

（二）信贷市场概况

阿尔及利亚信贷需求增长缓慢。据阿尔及利亚统计局统计，2014—2017 年，阿尔及利亚存贷款利率均保持稳定，货币市场利率呈上升趋势。由于阿尔及利亚政府限制普通民众的贷款行为，商业银行贷款项目主要面向富人阶层和国有企业，导致信贷增长率逐渐降低。②

阿尔及利亚中小企业普遍存在信息不透明的情况，这加剧了信息不对称的问题，使得阿尔及利亚国有银行的信贷风险评估更加困难，从而导致不良贷款不断累积。2005 年，阿尔及利亚政府进一步加强了对国有银行信贷资金的监管，在中央银行内部设立了金融监督管理局，以加强对信贷资金流向及流量的监控。阿尔及利亚的不良贷款率在 2020 年底达 16.4%，相较于 2019 年底的 14.8% 有所增长。③

（三）企业融资服务

外国企业可在阿尔及利亚当地银行融资，但须以母公司名义申请，且母公司的资信状况须获得信用等级为一级的国际银行的证明。2015 年，

---

① 美国国际贸易管理局：《阿尔及利亚——国家商业指南》，https://www.trade.gov/country-commercial-guides/algeria-trade-financing.

② 中国民生银行研究院宏观研究团队：《阿尔及利亚国家概况、投资机遇及风险分析》。

③ 参考 CEIC 全球经济数据库网站（https://www.ceicdata.com/zh-hans/indicator/algeria/non-performing-loans-ratio）资料。

银行贷款利率为8%，存款利率为1.75%。作为疫情期间经济恢复政策，阿方曾宣布对受疫情影响的客户延长分期偿还贷款的期限，或重新安排贷款，并继续为推迟偿还贷款或重新安排贷款的客户提供融资服务。[①]

以股本形式实现的外商对阿尔及利亚直接融资或通过合伙企业融资，必须通过阿尔及利亚的金融机构。阿尔及利亚禁止企业从外国银行获得贷款，唯一被允许的例外情况是外国股东可以通过一个经常账户为阿尔及利亚企业提供境外融资。[②]

近几年来，阿尔及利亚政府积极为初创企业解决融资问题。2020年10月，阿尔及利亚政府专门设立"初创企业基金"，由政府与六家主要商业银行共同出资组成，目前已发放5.1亿第纳尔的资金，涉及服务、信息和通信技术、健康、交通和旅游等18个行业。同时，阿尔及利亚政府鼓励其他金融机构为初创企业融资提供便利。[③]

三 纳税

作为营商环境的重要组成部分，良好的税收营商环境不仅有助于降低市场运营成本，为企业持续发展注入新的活力，还将提升地区竞争力，为经济高质量发展筑牢基础。从2006年开始，"纳税"指标首次被列入营商环境指标体系，并首次出现在2008年世界银行营商环境报告中。"纳税"指标记录一家中型企业在某一特定年份内必须缴纳的各种税项和强制性派款，衡量因纳税与支付派款以及进行税后合规而产生的行政负担。世界银行"纳税"指标体系具体包括"纳税次数""纳税时间""总税率和社会缴纳费率""税后流程"四项二级指标。该指标体系在比较各国税收营商环境中仍然具有较高的参考价值。

---

① 中国商务部国际贸易经济合作研究院、中国驻阿尔及利亚大使馆经济商务处、中国商务部对外投资和经济合作司：《对外投资合作国别（地区）指南——阿尔及利亚（2021年）》，https://www.ccpitcq.org/upfiles/202209/20220922091506494.pdf。

② 中国国家税务总局国际税务司国别投资税收指南课题组：《中国居民赴阿尔及利亚投资税收指南》。

③ 王传宝：《阿尔及利亚加大力度扶持初创企业发展》，《人民日报》2022年5月10日第17版。

表Ⅱ-2-6 阿尔及利亚纳税指标及对比

指标	阿尔及利亚	中东—北非 国家均值	OECD 高收入 国家均值	最佳监 管绩效
纳税次数 （次/年）	27	16.5	10.3	3 （两个经济体）
纳税时间 （小时/年）	265	202.6	158.8	49 （三个经济体）
总税率和社会 缴纳费率	66.1	32.5	39.9	26.1 （33 个经济体）
税后流程	49.8	53.3	86.7	2018/2019 年度无

资料来源：世界银行，https：//archive. doingbusiness. org/en/data/exploreeconomies/algeria#DB_ tax。

由表Ⅱ-2-6可见，在纳税方面，阿尔及利亚各项指标与高收入国家均存在较大差距，纳税次数、总税率和社会缴纳费率两项指标甚至与中东—北非国家平均水平也存在很大差距，反映了阿尔及利亚在企业纳税服务方面仍有很大的上升空间。下面介绍阿尔及利亚的税种和优惠政策。

（一）阿尔及利亚的主要税种和税率

阿尔及利亚基本实行属地税制，纳税人须自觉申报、计算和缴纳。目前，阿尔及利亚制定了《直接税和类似税法规》《营业税法规》《印花税法规》和《间接税法规》，并在各省区设立省税务局对税收工作进行管理。阿尔及利亚税务总局隶属于财政部，负责管理国家税收，拟订全国税收法律、法令和征收管理制度，组织国家财政收入，运用税收杠杆对经济进行宏观调控。

阿尔及利亚现行税制以所得税为主体税种，辅以其他税种。主要税种包括总收入所得税、公司利润税、工商营业税、增值税、地产税、遗产税、内部消费税、石油税、注册税、印花税等。征收方法包含源泉扣缴和查实征收两种。前者主要适用于对薪金及利息所得征税，后者主要适用于对其他各项所得征税。[1]

---

[1] 中国商务部国际贸易经济合作研究院、中国驻阿尔及利亚大使馆经济商务处、中国商务部对外投资和经济合作司：《对外投资合作国别（地区）指南——阿尔及利亚（2021 年）》，https://www. ccpitcq. org/upfiles/202209/20220922091506494. pdf。

表 III-2-7　　　　　　　　　阿尔及利亚各税种及简介

税种	介绍
总收入 所得税 (IRG)	阿尔及利亚居民在阿尔及利亚境内或境外获取的收入，或者非阿尔及利亚居民在阿尔及利亚境内获取的收入，均须缴纳总收入所得税。征课对象主要为自然人，亦称个人所得税 纳税人总收入包括生产经营收入、财产转让收入、利息、股息与红利收入、财产租赁收入、特许权使用费收入、工资及薪金收入、劳动报酬所得、稿酬收入等。纳税人每一纳税年度收入总额减去准予扣除款（纳税人取得收入的成本、费用和损失）后的余额为应纳税所得额
公司利润税 (IBS)	阿尔及利亚有限责任公司、一人有限公司、股份公司、合伙公司、工商事业机构等单位，以及税法规定的其他法人实体均须按规定缴纳公司利润税。以阿尔及利亚公司的境内及境外所得和外国公司来源于阿尔及利亚的所得为课征对象 公司利润指生产经营收入、资本利得、股息和利息、租金、特许权使用费、劳务收入和其他收入等减去为取得收入而发生的、税法允许扣除的各种费用和损失后的余额
职业行为税 (TAP)	在阿尔及利亚境内提供服务（旅游、饮食、运输、金融、文体、仓储、代理、广告、娱乐等）、转让无形资产（转让土地使用权、专利权、商标权、著作权等）或者销售不动产（销售建筑物及其他土地附着物等）的企业或个人应缴纳职业行为税。职业行为税的征收对象主要为服务提供者或者自由职业者。该税类似于中国的工商营业税。应纳税额＝（营业额－增值税）×税率。纳税人的营业额为纳税人提供服务、转让无形资产或者销售不动产向对方收取的全部价款和价外费用，税率为2%。如纳税人从事石油天然气管道运输或生产行业，税率分别为3%和1%。如纳税人从事公共工程和水利工程，税率仍为2%，但享受减免25%
增值税 (TVA)	在阿尔及利亚境内从事工业、商业或手工业、自由职业、金融保险、进口、批发零售、提供服务和智力支持、娱乐消费等职业者均须按规定缴纳增值税。课税主体包括生产商、进口商、批发商和零售商等在内的企业和个人。阿尔及利亚政府对部分出口行为选择性地征收增值税 增值税应纳税额＝销售额×税率。销售额为纳税人销售货物或者提供服务向购买方收取的全部价款和价外费用，其中不含增值税支出

续表

税种	介绍
地产税 （TF）	阿尔及利亚地产税按无建筑物地产和有建筑物地产两类进行课税。其中，无建筑物地产主要包括农业用地、盐场、石场、露天矿以及可用于开发建设的土地等。有建筑物地产包括建筑地产、工商业地产以及在上述地产上所建的房屋、仓储室、工厂及各类商业设施等。无建筑物地产税以纳税人实际占用的土地市值为计税依据，依照规定税额计算征收
国内消费税 （TIC）	国内消费税是阿尔及利亚政府对烟草、香烟、雪茄、酒精、火柴等特殊商品的生产消费行为所课征的一个税种
油气产品税 （TPP）	阿尔及利亚政府对汽油、燃料油、柴油、液化石油气、丙烷、丁烷等油气产品消费所课征的税种
印花税（DT）	阿尔及利亚政府对在官方注册登记的购销合同、商业票据、营业证书、转讫收据、身份证件等有关凭证的企业或个人征收印花税

资料来源：中国商务部国际贸易经济合作研究院、中国驻阿尔及利亚大使馆经济商务处、中国商务部对外投资和经济合作司：《对外投资合作国别（地区）指南——阿尔及利亚（2021年）》，https：//www.ccpitcq.org/upfiles/202209/20220922091506494.pdf。

（二）阿尔及利亚对外国投资的税收优惠

1. 优惠政策框架

投资法保证外国投资者将利润汇出境外，明确在生产和服务业的本国和外国投资，以及在转让经营和许可证范围内的投资均可享受法律提供的优惠。

为加大引资力度，阿尔及利亚政府还建立了支持投资基金和优先投资机制。支持投资基金主要用于资助政府为投资所承担的开销，特别是用于为实现该项投资所必需的基础设施建设。优先投资机制对某些特别需要开发的地区及对国民经济发展有重要推动作用的投资给予特殊税收照顾及经营便利。

外国投资享受国民待遇，符合法律规定的所有投资项目，在向阿尔及利亚投资发展局申报并获批准后，享受一般优惠政策。

（1）实施投资阶段

①免征直接用于投资所进口的设备关税。

②免征直接用于投资所进口或在当地购买的产品和服务增值税。

③免征在投资范围内购置的全部不动产的有偿转让税。

④免征在投资范围内出让的全部不动产的注册印花税、土地宣传税费和土地收入税。

⑤每年政府部门规定的土地租金减免90%。

（2）税务部门证明投资项目进入经营阶段后（3年或5年内）

①免征公司利润税（IBS）。

②免征职业活动税（TAP）。

③每年政府部门规定的开发税减免50%。[①]

2. 行业鼓励政策

符合国家优先发展领域和/或促进就业的投资，尤其是旅游业、工业和农业的投资，将同时享受国家现行法律规定的税收和金融鼓励政策。如投资者在从项目注册到运行一年期间内创造100个以上的就业岗位，即可在5年内享受经营阶段的投资优惠政策。

对国家经济发展具有特别意义的投资，尤其是利用自主技术促进环境保护、自然资源保护、节约能源、促进可持续发展的投资，需由投资发展局代表国家与投资者谈判、签订有关协议，经国家投资委员会的批准方可给予相应的优惠政策，这类投资全部或部分享受以下优惠政策。

（1）在税务部门证明投资项目进入经营阶段后，在最长10年内，享受上述框架中提到的一般优惠政策。

（2）免征或减免各项税收。

（3）在协商规定的时间内，由国家提供补助、补贴或其他资金支持，并提供便利。国家投资委员会批准投资者享受免征或减免税收优惠政策的期限不得超过5年。

3. 地区鼓励政策

在国家特别扶持区域的投资，目前主要为阿尔及利亚南部和高原省份，额外享受以下优惠政策。

---

① 中国商务部国际贸易经济合作研究院、中国驻阿尔及利亚大使馆经济商务处、中国商务部对外投资和经济合作司：《对外投资合作国别（地区）指南——阿尔及利亚（2021年）》，https：//www. ccpitcq. org/upfiles/202209/20220922091506494. pdf。

（1）实施投资阶段

①减免在投资范围内租用土地的租金。

②经国家投资发展局估价后，国家全部或部分承担为实施投资所需要的基础设施建设费用。

（2）税务部门证明投资项目进入经营阶段后，在 10 年内可享受规定的一般优惠政策。给予外国投资的所有优惠，无论是一般性优惠还是特殊优惠都必须注明。在可汇出境外的利润中必须扣除享受的这些海关、税收或其他优惠政策减免的同等金额。投资者须在停止享受优惠政策起 4 年内，将公司享受减免公司利润税（IBS）和职业活动税（TAP）所获得的利润的 30% 用于再投资。如公司拒绝再投资，将无法再享受税收优惠。①

（三）世界银行对阿尔及利亚纳税便捷程度的评分

纵观历年得分，阿尔及利亚的纳税便捷程度虽有一定提高，但提高幅度很小，除了年均纳税所花费时间在 2017 年减少近三分之一外，其他均没有发生显著变化，纳税次数更是常年维持在 27 次。而且其中有些年份由于世界银行测算方法论发生变化，也有便捷程度降低的情况出现。

表Ⅲ-2-8　　　　　　　阿尔及利亚历年纳税二级指标变化情况

年份	分数（DB17-21方法论）	分数（DB06-16方法论）	缴税次数（每年）	时间（小时数/年）	总税率和社会缴纳费率（占利润百分比）	报税后流程指标（0—100）
2020	54.1		27	265	65.7	49.8
2019	54.0		27	265	65.8	49.8
2018	54.0		27	265	65.8	49.8
2017	54.1		27	265	65.7	49.8
2016	46.2	45.0	27	385	72.8	49.8
2015		45.0	27	385	72.8	
2014		41.6	27	451	72.8	
2013		41.5	27	451	72.9	

① 中国商务部国际贸易经济合作研究院、中国驻阿尔及利亚大使馆经济商务处、中国商务部对外投资和经济合作司：《对外投资合作国别（地区）指南——阿尔及利亚（2021 年）》，https://www.ccpitcq.org/upfiles/202209/20220922091506494.pdf。

续表

年份	分数 （DB17－21 方法论）	分数 （DB06－16 方法论）	缴税次数 （每年）	时间 （小时数/年）	总税率和 社会缴纳费率 （占利润百分比）	报税后 流程指标 （0－100）
2012		41.5	27	451	72.9	
2011		41.5	27	451	72.9	
2010		41.5	27	451	72.9	
2009		40.0	27	451	75.2	
2008		40.6	27	451	74.4	
2007		32.2	39	451	76.9	
2006		32.2	39	451	76.9	

资料来源：世界银行，https：//archive. doingbusiness. org/content/dam/doingBusiness/excel/db-2021/Historical-Data-DB04-DB20-. xlsx。

四　贸易

贸易便利指的是措施简化了产品进入或离开一个国家进行国际贸易的技术和法律程序。在全球化世界中，商品经常作为中间产品和最终产品跨界很多次，贸易便利化有助于降低总体贸易成本并增加经济福利，特别是对于发展中和新兴经济体而言。

（一）贸易便利化

在世界银行关于营商环境指标体系中，"跨境贸易"指标反映的是一个区域行政监管和市场体系对于进出口贸易的便利程度。时间和成本估算反映了经济体海关机构的效率。

阿尔及利亚的"跨境贸易"指标在十项指标中排名较低，是较弱的一项指标，反映了阿尔及利亚贸易便捷程度较低，跨境贸易所需时间和成本均居高不下，尤其是"出口时间：文件合规""进口时间：边境合规"两项甚至为区域平均水平的两倍以上。只有"进口成本：边境合规"一项优于区域平均水平。但从时间上看，2018—2019 年，跨境贸易这一指标的得分有了显著提高，这是由于阿尔及利亚采取措施简化了进出口监管部门之间的联合审查程序，使进口变得更加便捷。

表 II-2-9　　　阿尔及利亚跨境贸易指标与区域及 OECD 高收入国家对比

	阿尔及利亚	中东和北非国家	OECD 高收入国家	最佳表现
出口时间：边境合规（小时）	80	52.5	12.7	1 （19 个经济体）
出口成本：边境合规（美元）	593	441.8	136.8	0 （19 个经济体）
出口时间：文件合规（小时）	149	66.4	2.3	1 （26 个经济体）
出口成本：文件合规（美元）	374	240.7	33.4	0 （20 个经济体）
进口时间：边境合规（小时）	210	94.2	8.5	1 （25 个经济体）
进口成本：边境合规（美元）	409	512.5	98.1	0 （28 个经济体）
进口时间：文件合规（小时）	96	72.5	3.4	1 （30 个经济体）
进口成本：单证合规（美元）	400	262.6	23.5	0 （30 个经济体）

　　资料来源：世界银行，https：//archive. doingbusiness. org/en/data/exploreeconomies/algeria#DB_ tab。

　　国际贸易壁垒指数（TBI）以易于比较的格式提供全球近 100 个国家和地区的关税、非关税措施、服务限制和贸易便利化环境数据。根据 2021 年国际贸易壁垒指数测算结果，阿尔及利亚在 90 个国家和地区中排第 89 位，在中东和北非 15 个国家中排第 14 位。按表 II-2-10 所示，在关税和便利化措施方面，阿尔及利亚的表现不尽如人意。

表 II-2-10　　　阿尔及利亚的国际贸易壁垒指数（TBI）得分与排名

指标	得分（分）	全球排名（位）	区域（中东和北非）排名（位）
整体	6.06	89/90	14/15
关税	9.49	90	14
非关税措施	1.15	4	1
服务	5.23	72	9
便利化措施	8.06	89	14

　　资料来源：Tholos Foundation. https：//tradebarrierindex. org/country/algeria。

另外，根据世界贸易组织（WTO）与联合国贸易与发展委员会（UNCTAD）发布的最新《2021 世界关税报告》（World Tariff Profiles 2021），阿尔及利亚以 18.9% 的平均关税高居全球进口障碍较高的第四位国家。

2016 年 8 月，为实现经济多元化发展，进一步吸引投资，阿尔及利亚出台了新《投资促进法》。新《投资促进法》重新制定了各项投资优惠政策，简化了办事手续，对促进投资的各项措施进行整合，旨在最大限度地为投资者提供便利和支持。但从近两年的进出口表现来看，效果并不明显。

（二）贸易成本

海关清关是外国公司在阿尔及利亚面临的一个经常报告的问题，拖延时间可能从几周到几个月不等。除了原产地证书外，阿尔及利亚政府还要求进口商提供独立第三方的合格证和质量证，这使得跨境贸易更加困难。从 2014 年年中开始，阿尔及利亚政府要求所有进口产品都要有用阿拉伯文书写的成绩单，并明确显示产品的产地。商务部必须在运输文件上标示关于"签证欺诈"的说明，表明货物已经成功地接受了欺诈检查，才能通关。

2017—2019 年，阿尔及利亚通过一系列努力，在文件简化和统一、边境流程自动化、程序简化、国内边境机构合作等领域的程序有所简化。

一方面，2021 年，阿尔及利亚政府公布新《财政法》，该法案引入了一系列立法和财政措施，旨在合理化预算资源，扩大税基，改善投资环境并鼓励出口。关于授予出口商的便利，2021 年《财政法》包含了一项措施，对于报关后可能发生纠纷的货物，优先予以放行，以避免出口延误及其可能产生的成本。

另一方面，2021 年《财政法》为进口到阿尔及利亚的产品引入了新的、前所未有的付款转移延迟机制。该法第 118 条规定，付款转账的期限为 45 天，从发货之日起算。这一期限不适用于"战略物资"、消费类食品、"对国民经济具有紧急性质"的进口货物，或预定用于国家机构或行政部门的货物将被豁免。政府官员认为，新的立法是必要的，以便为海关官员提供更多的时间来核实和履行其职责。

新的付款延迟规则可能转化为严格的进口惯例，降低阿尔及利亚作为贸易目的地的吸引力，不可避免地会放缓阿尔及利亚的进口步伐。低油气价格减少了政府收入，迫使阿尔及利亚政府在国家主导的经济中削减开支，这无疑是第118条背后的驱动力。放慢进口的步伐可能会遏制阿尔及利亚外汇储备的未来消耗。[①]

五　商业契约

最后一个环节"商业契约"涉及三个指标：执行合同、保护少数投资者以及办理破产。

世界银行"执行合同"指标主要考察司法程序的质量、时间和成本，阿尔及利亚这一指标的分数自2016年以来一直保持在54.8分，没有发生变动，在世界上排第113位，三项二级指标——天数、成本和司法过程质量均接近地区平均水平，与其他指标相比，还是比较靠前的。

下面介绍阿尔及利亚的法律环境和商业纠纷的解决方式。

（一）阿尔及利亚的法律环境

阿尔及利亚法规的结构主要遵循欧洲（尤其是法国）标准。阿尔及利亚的法律制度以法国民法传统为基础。阿尔及利亚法律体系健全，对于投资、贸易、金融等领域都有明确的法律规定。

（二）阿尔及利亚商业纠纷的解决方式

阿尔及利亚设有一个行政法庭系统来裁决与政府的争端，这不同于处理民事争端和刑事案件的法院。根据阿尔及利亚签署国的条约或公约做出的决定具有约束力并且可以根据阿尔及利亚法律执行。

在一般情况下，在阿尔及利亚发生投资合作纠纷，首先应尝试友好协商解决，双方加强沟通，共同寻找解决方案。其次，如双方无法达成一致，可依据合同规定或在自愿的基础上，向第三方申请仲裁。最后，任何一方均可向当地法院申诉，通过法律途径解决纠纷。此类情况适用阿尔及利亚法律，主要因为：（1）大部分合同均在阿尔及利亚签订和执行。（2）在阿尔及利亚注册成立的公司必须遵守当地法律。

阿尔及利亚法院分为三级，分别为地方法庭、上诉法院和最高法院。地方法庭分为民事法庭、经济法庭和社会法庭，分管不同性质的案件。如

---

① 美国国际贸易管理局：《阿尔及利亚新的支付转移规定》，http://b3t.cn/H8WPZ。

对一级地方法庭判决不满，可向上诉法院提出申诉。最高法院负责对地方法庭和上诉法院的判决进行复核，如判决不符合相关法律，最高法院有权驳回判决。

关于仲裁裁决，阿尔及利亚于 1989 年 2 月 7 日批准了《纽约公约》。阿尔及利亚法院将在证明国际仲裁裁决的存在和承认不违反国际公共秩序的情况下承认国际仲裁裁决。

除非出现以下情况，否则不得对承认或执行裁决的命令提出上诉：

• 仲裁庭是否在未达成仲裁协议的情况下做出裁决，或者是否基于无效或过期的仲裁协议。

• 仲裁庭的组成或独任仲裁员的任命是否违反法律。

• 仲裁庭是否以违反委托任务范围的方式解决了争端。

• 如果没有遵守正当程序原则；或者

• 仲裁庭没有合理地裁定仲裁裁决的理由，或在理由上有矛盾的情况。

最后，关于外国判决，只要阿尔及利亚法院宣布其为已执行，该判决在阿尔及利亚就会得到承认，并满足以下条件：

• 它不违反主题和领土管辖权规则。

• 这是一项最终判决，不得在做出判决的国家/地区提出上诉。

• 这不违反阿尔及利亚法院的判决和命令。

• 它不与阿尔及利亚的公共秩序和良好道德相抵触。

（三）破产

"办理破产"指标主要衡量的是处理商业破产的时间、成本、结果和回收率（recovery rate）及破产相关法律框架的力度。阿尔及利亚这一指标在 2020 年世界银行《营商环境报告》中排第 81 位，远远高于阿尔及利亚其他指标的排名，但阿尔及利亚的破产制度并不发达。尽管没有将破产本身定为刑事犯罪，但是管理决定（例如公司支出，投资决定，甚至程序错误）也要受到包括罚款和监禁在内的刑事处罚，因此，根据阿尔及利亚刑法，可能导致破产的决定应受到惩罚。但是，破产案件很少能完全销毁资产。阿尔及利亚政府通常会通过从公共银行系统注入现金来支持濒临破产的上市公司。根据世界银行《营商环境报告》，债务人和债权人可同时申请清算和重组。①

第四节 营商环境问题

从上面的分析可以看出，在营商环境的各个维度上，开办企业、办理破产和跨境贸易都属于政府处理经济事务的程序便利，政府规制经济秩序的便利程度有益于"一带一路"沿线国家的经济发展；获得电力供应属于经济发展的基础性公共产品，对经济发展的促进作用非常明显，而其他因素对"一带一路"沿线国家经济的促进作用并未发挥出来，有时还会对经济的发展起到负面的影响。

阿尔及利亚属于经济较为落后的国家，由于历史和现实原因，营商环境十分薄弱，存在种种弊端，而且开放程度较低，不利于私营部门发展和外国投资。

当前，阿尔及利亚营商环境存在的主要问题可以归纳为：政府机构低效、金融体制落后，以及保护主义政策。本节将重点讨论这三个弊端并梳理阿尔及利亚政府的改进措施。

一 政府机构低效

（一）面临问题

政府机构低效是阿尔及利亚长期存在的问题。一个良好的营商环境，首先需要政府高效行政，政府行政是影响阿尔及利亚外来投资的一个关键问题——在某种程度上，甚至超过石油价格下跌所带来的影响。

国家投资发展署（ANDI）是负责招募和保留外国投资的主要阿尔及利亚政府机构。国家投资发展署在阿尔及利亚48个省的每个省都设有分支机构，负责为国内外投资者提供商业登记、纳税和其他行政程序。美国公司报告称，该机构人手不足且效率低下。其"一站式服务点"仅在实体办公室外运营，在投资者发起投资后不与投资者保持对话。由于缺乏决策权，该机构的有效性遭到削弱，特别是对于工业项目，其批准权由工业

---

① 美国国务院：《2020年投资环境声明：阿尔及利亚》，state. gov/reports/2020-investment-climate-statements/algeria。

和矿产部、工业和矿产部部长本人行使，在许多情况下由总理行使。①

2016 年颁布的投资法要求 ANDI 创建四个新分支机构，以协助企业建立和管理投资激励措施。ANDI 的网站（www. andi. dz/index. php/en/investir-en-algerie）上列出了有关投资者的法律、规则、程序和报告要求。大部分信息缺乏细节——特别是对于 2016 年投资法中所阐述的新激励措施。

阿尔及利亚银行业高管表示，对外国投资者转换、转移或汇回资金的法定限制很少。不得将资金汇出国外以支付特许权使用费或支付常驻外国公司提供的服务。转换和转移的困难主要来自转移的程序而不是法定限制：该过程是官僚主义的，从开始到结束需要采取近 30 个不同的步骤。任何阶段的失误都会减慢或完全停止该过程。转移通常需要三到六个月的时间才能完成。

类似的是，阿尔及利亚致力于创业的在线信息门户（www. jecreemonentreprise. dz）和商业登记网站（www. cnrc. org. dz）长期处在维护中。这些网站提供有关适用于注册某些类型企业的几个商业注册步骤的信息。企业家报告说，有关商业注册要求或法规更新的其他信息只能亲自到参与创建和注册过程的各个办公室获得。对求职者而言，找工作受政府监管，依然受到官僚主义的影响，造成了诸多不便：求职者必须到劳动局登记，上门递交纸质简历，参加招聘会，梳理网上招聘信息。②

初始外国投资仍需获得涵盖拟议项目的许多部委的批准，通常是商务部、卫生部、能源部、电信和邮政部以及工业和矿业部。美国公司报告说，某些备受瞩目的工业提案，例如汽车组装，需要得到总理的非正式批准。2017 年，阿尔及利亚政府成立了一个由总理担任主席的投资审查委员会，以"跟进"投资；在实践中，投资审查委员会的成立意味着外商直接投资提案需要接受额外的政府审查。根据 2016 年《投资法》，通过 ANDI 注册的、被视为对国民经济具有特殊利益或创造就业机会的项目可能有资格获得广泛的投资优势。超过 50 亿第纳尔（约 4400 万美元）的项目要享受这些优势，都必须得到总理主持的国家投资委员会（CNI）的

---

① 美国国务院：《2020 年投资环境声明：阿尔及利亚》，state. gov/reports/2020-investment-climate-statements/algeria。

② 美国国务院：《2020 年投资环境声明：阿尔及利亚》，state. gov/reports/2020-investment-climate-statements/algeria。

批准。CNI 定期开会，但不清楚每次会议的项目议程是如何确定的。批评人士称，CNI 是一种不透明的机制，可能会被既得利益者所俘获。①

与政府行政低效同时存在的问题就是官僚腐败。根据国际非政府组织"透明国际"发布的清廉指数，2020 年，阿尔及利亚在全球 179 个国家和地区中排第 104 位。国际和阿尔及利亚经济运营商已将腐败视为外国直接投资的挑战。它们表明，遵守严格合规标准的外国公司无法有效地与接受特殊激励的公司竞争。经济运营商还表示，复杂的官僚程序有时会被政治行为者操纵，以确保经济利益以不透明的方式归于受青睐的个人。②

阿尔及利亚国有企业是官僚主义的，极易受到政治的影响。中层存在相互竞争的权力线，中层和高层管理人员不愿做出决定，因为内部对偏袒或腐败的指控经常被用来解决政治和个人问题。程序、标准和决策过程有时是不透明的。

政府干预（据估计，阿尔及利亚 90% 的国内生产总值仍由国家控制）、繁文缛节、腐败、有限的融资渠道和僵化的劳动力市场仍然阻碍着私营企业的举措和外国投资，从而拖慢了必要的经济发展速度。

另外，阿尔及利亚不遵守经合组织或联合国指导原则，也不参与采掘业透明度倡议。根据最新的国家资源治理指数（National Resource Govern-ance Index）报告，阿尔及利亚在资源治理方面在 89 个国家和地区中排第 73 位，并且不遵守为披露环境影响评估和缓解管理计划而制定的规则。③

除了政府层面外，阿尔及利亚国内政治环境不稳定因素高，政治风险较大，这也是制约外商投资的重要因素。在阿尔及利亚开展跨国经营面临诸多宏观政治风险，包含内乱风险、劳工骚乱风险、外汇管制风险、官僚政治风险、政策变动风险。另外，恐怖活动司空见惯，持续对安全构成威胁，其中包括经常发生的爆炸、虚假路障、绑架和伏击，尤其是在阿尔及尔以东的卡比利地区及其南部地区。

---

① 美国国务院：《2020 年投资环境声明：阿尔及利亚》，state. gov/reports/2020-investment-climate-statements/algeria。

② 美国国务院：《2020 年投资环境声明：阿尔及利亚》，state. gov/reports/2020-investment-climate-statements/algeria。

③ 美国国务院：《2020 年投资环境声明：阿尔及利亚》，state. gov/reports/2020-investment-climate-statements/algeria。

（二）改进措施

阿尔及利亚政府多年来厉行打击腐败，将反腐败作为维护国家政权的核心工作，但收效并不明显，而且政府官僚作风严重等顽疾在短期内难以消除。

当前的《反腐败法》可追溯至 2006 年。2006 年 2 月 20 日，阿尔及利亚政府颁布了《反腐败法》。主要内容如下：

（1）规定国家机关和国有部门在录用和使用人员时应以公正、透明、提醒的原则，制订适当的教育计划；规定财产申报制度；明确国家机关人员无论职别大小，个人和未成年子女名下的所有财产均要申报；规定财产申报的方式；明确公共机构行为准则；确立公共合同的操作程序；明确国家公共财产的管理办法，国家机关和公共部门的透明度，对执法部门的约束等。同时对私营部门的财务准则也做出了规定。

（2）成立国家防范和反对腐败机构。设立专门负责防范和打击腐败的机构。该机构为独立的行政部门，保证其拥有自主权。

（3）相关处罚规定：

对公共机关行为腐败、公共合同中收取不正当好处，一般处以 2—10 年监禁及 100 万—200 万第纳尔的罚款；对在公共合同商议、签署以及附加合同的商签中行贿受贿者，处以 10—20 年监禁及 20 万—100 万第纳尔的罚款；对窃取或不正当使用公共财产、贪污公有资产者，处以 2—10 年监禁及 20 万—100 万第纳尔的罚款；对非法避税者，处以 5—10 年监禁及 50 万—100 万第纳尔的罚款；对滥用职权者，处以 2—10 年监禁及 20 万—100 万第纳尔的罚款；对虚报财产、收受礼品者，处以 6 个月至 5 年监禁及 5 万—50 万第纳尔的罚款；对窝藏犯罪嫌疑人、妨碍司法办案、报复检举人、诬告等均有相关处罚措施。①

2013 年，阿尔及利亚政府成立了反腐败中央办公室（OCRC），以调查和起诉阿尔及利亚任何形式的贿赂。目前尚无 OCRC 调查的案件数量。根据 2006 年《反腐败法》的规定，政府于 2010 年成立了国家预防和打击

---

① 中国商务部国际贸易经济合作研究院、中国驻阿尔及利亚大使馆经济商务处、中国商务部对外投资和经济合作司：《对外投资合作国别（地区）指南——阿尔及利亚（2021 年）》，https://www.ccpitcq.org/upfiles/202209/20220922091506494.pdf。

腐败组织（ONPLC）。该委员会的主席和成员由总统令任命。该委员会调查公职人员（而不是其亲属）的财务状况，并进行研究。自 2013 年以来，金融情报部门通过新法规得到了加强，赋予了该部门更多的权力来处理非法货币交易和恐怖主义资金。2016 年，政府更新了反洗钱和反恐金融立法，以加强金融情报部门的权力，监控可疑的金融交易，并将违反法律的行为移交给检察官。阿尔及利亚于 2003 年签署了《联合国反腐败公约》。2016 年 9 月，布特弗利卡总统为预防和打击腐败任命了一个全国委员会机构，但目前还不确定其在揭发和防止各级社会腐败方面是否奏效。[①]

阿尔及利亚政府不要求私人公司建立禁止贿赂公职人员的内部行为守则。内部公司对贿赂政府官员的控制方法因公司而异，有的公司坚持这些标准，有的则传闻行贿。阿尔及利亚不是区域或国际反腐败倡议的参与者。阿尔及利亚不向参与调查腐败的非政府组织提供保护。虽然存在对举报腐败行为的阿尔及利亚公民举报人的保护制度，但阿尔及利亚反腐败机构的成员认为，有必要对其进行加强以使其有效。

迄今为止，反腐败工作更多地集中在起诉先前的腐败行为上，而不是集中在体制改革上，以减少腐败的诱因和机会。2019 年 10 月，政府通过了立法，允许警察展开反腐败调查，而无须先收到对有关实体的正式投诉。支持者认为，鉴于阿尔及利亚的吹哨机制保护措施薄弱，该措施是必要的。

目前，政府正在与国际伙伴合作，以更新法律机制来处理腐败问题。政府还建立了一个新机构，以针对和制止发票过账的做法，这种做法已被用来非法将外汇转出阿尔及利亚。

作为反腐败运动的一部分，2019 年和 2020 年政府监禁了众多杰出的经济和政治人物。一些运营商报告称，担心被指控腐败使一些官员不太愿意做出决定，从而延迟了一些投资的被批准。据报道，尽管其他案件正在调查中，但已进入审判阶段的腐败案件主要涉及国家对汽车和公共工程领域的投资。

---

① 美国国务院：《2020 年投资环境声明：阿尔及利亚》，state. gov/reports/2020-investment-climate-statements/algeria。

二 金融体制落后

(一) 面临问题

获得信贷一直是阿尔及利亚营商环境中最弱的一个方面，这从根本上与阿尔及利亚银行金融的运行体制和实施机制存在很多弊端和不足密切相关，例如，资金支付方式落后，运转效率低下；国有及私营银行违规操作行为严重，经营信誉不佳；金融机构管理能力有限，融资及用资渠道不足；呆坏账现象严重，借贷资金不能及时收回；政府对银行金融机构缺乏有效监管。

自 2002 年以来，阿尔及利亚国有及私营银行丑闻不断，哈里发银行、联合银行、工商业银行、CA 银行、联合银行五家私人银行由于非法转移外汇、金融诈骗和违规操作等原因先后被吊销营业执照。2005 年，作为阿尔及利亚国有银行之一的阿尔及利亚国民银行（BNA）高层主管非法挪用资金 200 亿第纳尔（近 3 亿美元），这一事件再次冲击了阿尔及利亚正常的金融经营秩序，不仅使该银行陷入了严重的信誉危机，而且进一步引发了阿尔及利亚社会民众对现行金融体制的不满。

国际货币基金组织和阿尔及利亚银行已经注意到不良资产的增长，目前估计占总资产的 10%—12%。人们普遍认为，公共银行的服务质量低下，因为几代公共银行高管和受过国家统计经济培训的工人对现代银行业务做法不熟悉。大多数交易都是物化的（非电子的）。阿尔及利亚许多地区银行分支机构匮乏，大量人口无法获得银行服务。自动取款机并不普及，尤其是在大城市以外，很少接受外国银行卡。除拥有国际客户的大型酒店之外，几乎没有任何零售场所接受信用卡支付。阿尔及利亚的银行确实发行借记卡，但是该系统不同于任何国际支付系统。

自阿尔及利亚政治转型以来，监管环境一直动荡不定，并因国有企业内部领导层的变动而加剧。阿尔及利亚的国际公司抱怨法律和法规不断变化且应用不均。同样，商业合同也会受到解释和修订，有时相互矛盾的政府政策使外国投资复杂化，这些都增加了市场的不确定性。

另外，金融体系陈旧使得货币缺少稳定性，货币贬值的可能性增大，财政赤字问题也比较严重，银行体系较为落后，直接阻碍了外国投资者的投资意愿。

（二）改进措施

近年来，阿尔及利亚对限制外来投资的相关政策加以修改，以吸引更多的投资，改善经济状况。

2015 年，金融行动工作组（FATF）将阿尔及利亚从其公开声明中删除，并于 2016 年将阿尔及利亚从"灰色列表"中删除。金融行动特别工作组认识到阿尔及利亚的重大进展及其反洗钱/打击恐怖分子筹资（AML/CFT）制度的改进。金融行动特别工作组还表示，自 2011 年发现战略缺陷以来，阿尔及利亚已充分履行了其行动计划。[①]

2022 年 5 月 19 日，阿尔及利亚批准通过了工业部长提交的新投资法草案。该草案旨在改善投资环境，希望推动国民经济多样化，并确保投资自由、平等和透明。新投资法草案规定，阿尔及利亚国家投资发展署（the National Agency for Investment Development）将更名为阿尔及利亚投资促进署（the Algerian Agency for Investment Promotion），将促进和支持外国投资的功能统一归属于该机构，并且负责投资流程的数字化平台建设。另外，为进一步保障投资自由，保护投资者免受官僚主义的负面影响，新的投资法草案提到将建立由法官和经济专家组成、隶属于总统直接管辖的独立机构，负责裁决投资者提出的投诉和上诉。另外，在针对草案的会议发言中，还提出进一步修改的意见，包括减少进口费用，对阻碍投资业务的责任人进行较为严厉的处罚等。这些意见也将被纳入未来法案的修订当中。[②]

虽然阿尔及利亚政府一直致力于提升本国的投资吸引力，通过新的投资法案可以看到政府改变投资环境的意愿和态度，但在具体的落实问题上仍然存在很多不确定性，投资难度是否真的会下降，外国投资者的权益是否能得到确实的保障，仍然有待进一步观察。

三 保护主义政策

（一）面临问题

开放程度欠缺，是影响营商环境的根本因素之一。较为封闭的经济环

---

① 美国国务院：《2020 年投资环境声明：阿尔及利亚》，state. gov/reports/2020-investment-climate-statements/algeria。

② 《境外法规观察·阿尔及利亚部长会议通过新的投资法草案》，走出去服务港，https：// swt. fujian. gov. cn/xxgk/jgzn/jgcs/dwtzyjjhzc/gzdt_ 505/202206/t20220614_ 5929736. htm。

境让阿尔及利亚无法成为投资热门目的地。

传统上，阿尔及利亚奉行保护主义政策，鼓励当地工业发展，希望吸引外国直接投资以促进就业并以本地生产取代进口，寻求众多旨在支持本地交付产品的战略。它采用的进口替代政策往往会产生监管不确定性、供应短缺、价格上涨和选择有限的弊端。

金融危机和新冠疫情使阿尔及利亚经济形势严峻，新上项目减少，政府为本土企业不断提供优惠扶持政策，国外公司进入阿尔及利亚市场，导致竞争愈发激烈。

长期实行的 51/49 投资规则是保护主义的一个缩影。这一规则要求阿尔及利亚本国人在所有涉及外国投资的项目中拥有至少 51% 的多数股权。51/49 投资规则对各类投资者提出了挑战。例如，该规则阻碍了外国中小企业的市场准入，因为它们通常没有人力资源或财务资本来应对复杂的法律和监管要求。大公司可以在法律范围内找到创造性的工作方式，有时与地方当局合作，地方当局会灵活地进行大笔投资，承诺创造大量就业机会以及进行技术和设备转让。中小企业通常不会受到同样的考虑。在实践中，商业运营的许多监管和官僚要求为官员提供了推进非正式政治或保护主义政策的途径。①

阿尔及利亚政府官员为 51/49 投资规则的要求做辩护，认为这是防止资本外逃、保护阿尔及利亚企业和为外国企业提供当地专业知识所必需的。对于保留该要求的行业，官员们争辩说，一系列量身定制的措施可以减轻 51/49 规则的影响，并允许少数外国股东行使其他控制手段。一些外国投资者在同一企业中使用多个当地合伙人，有效地减少了每个当地合伙人的所有权，使外国合伙人拥有最大的份额。②

（二）改进措施

2019 年，政府取消了所谓的 51/49 规则限制，该规则要求阿尔及利亚人拥有所有新企业的多数股权。对于"战略部门"（即碳氢化合、采矿、国防和制药业），该要求被保留下来。政府还通过了新的碳氢化合物

---

① 美国国务院：《2020 年投资环境声明：阿尔及利亚》，state. gov/reports/2020-investment-climate-statements/algeria。

② 美国国务院：《2020 年投资环境声明：阿尔及利亚》，state. gov/reports/2020-investment-climate-statements/algeria。

法，改善了财政条件和合同的灵活性，以吸引新的国际投资者。在这项法律颁布后，主要的国际石油公司已与阿尔及利亚国家油气公司签署了谅解备忘录。但《投资法》中关于51/49规则的要求至今尚未有实质性改变。

第三章 左翼政党

在阿尔及利亚民族解放阵线的领导下，阿尔及利亚实现了独立，并走上了社会主义道路，发展出自管社会主义。冷战之后，阿尔及利亚放弃了社会主义制度，左翼政党仍然是阿尔及利亚主要的政治力量。在长期的发展中，阿尔及利亚左翼政党形成了多个流派，包括自管社会主义、科学社会主义、社会民主主义、托洛茨基主义、复兴社会主义等。阿尔及利亚左翼政党对政权的认识并不相同，然而，绝大部分左翼政党主张在既有的制度框架下从事政治活动，全国人民议会是它们重要的活动场合。自中东剧变发生以来，阿尔及利亚经历了两次急剧的社会变化。这一时期，民族解放阵线始终与阿尔及利亚政权保持一致，社会主义力量阵线、工党、社会主义工人党等阿尔及利亚左翼政党响应民众的呼声，投身社会运动，积极推动阿尔及利亚民主进程。政治伊斯兰是阿尔及利亚另一支重要的政治力量，各左翼政党根据党的纲领和现实需要，处理和政治伊斯兰的关系，或进行合作，或予以批判。

第一节 基本概况

政党是现代国家政治生活重要的行为主体之一。受阿尔及利亚政体的限制，尽管阿尔及利亚政党在国家政治生活中的地位和作用无法与欧美同行相提并论，但它们始终是阿尔及利亚社会力量政治活动的主要载体之一。分析和研究阿尔及利亚政党活动状况，有助于了解阿尔及利亚政治运行模式和观察阿尔及利亚政治进程。

阿尔及利亚左翼政党传统悠久，在长期的发展过程中，形成了不同的流派。目前，左翼政党是阿尔及利亚政党主要的组成部分，在政坛和民间有着重要的影响力。

一　民族解放阵线

民族解放阵线（Front de Libération Nationale，FLN）的前身是 1954 年 8 月成立的"团结与行动革命委员会"，同年 11 月改为现名。阿尔及利亚独立后，民族解放阵线成为阿尔及利亚执政党以及唯一的合法政党。

民族解放阵线在本·贝拉的领导下，成为阿尔及利亚实践自管社会主义的主要力量。自管社会主义主要体现在经济管理上。在阿尔及利亚独立前后，由于法国对阿尔及利亚经济的遏制以及战争的冲击，大量工厂、农场以及其他生产部门难以运转，阿尔及利亚工人和农民自发行动起来，接管相应的生产活动，开展"自管运动"。自管社会主义主张由国家控制并由劳动群众管理重要的经济部门。本·贝拉高度赞扬"自管运动"，指出自管是阿尔及利亚"革命的具有历史意义的成果"，是阿尔及利亚"社会主义经济和政治建设的有生命力的和极其丰富的根本原则"[1]。本·贝拉还认为，"自管"是实现社会主义的根本手段，他大力进行自管委员会的制度建设，将"自管"精神拓展到政治领域，并以此确定国际与党、工会和群众之间的关系。在布迈丁时期，他虽然对民族解放阵线进行了改造，但是自管社会主义基本得到了维持。例如，1979 年民族解放阵线第四次全国代表大会重申了土地革命、工业革命和文化革命的纲领，主张加强经济管理和提高生产力；在沙德利时期，阿尔及利亚大力推进农业合作社和社会主义新村建设。[2] 1991 年，沙德利修订阿尔及利亚宪法，宣布放弃社会主义之后，民族解放阵线逐渐向中间政党靠拢，"自管"色彩逐渐减弱。

和突尼斯宪政社会主义党、埃及民族民主党、叙利亚和伊拉克两国的复兴社会党相比，尽管民族解放阵线长期以来一直是阿尔及利亚执政党和唯一的政党，但是该党的执政地位并不稳固。1965 年，布迈丁实行军事政变之后，民族解放阵线和政权之间的关系开始发生变化。布迈丁解散民族解放阵线政治局和中央委员会，将该党置于军人性质的革命委员会的领

---

① ［阿尔及利亚］本·贝拉：《本·贝拉言论集》，世界知识出版社 1965 年版，第 115 页。

② 康绍邦主编：《社会主义通史》（第七卷），人民出版社 2011 年版，第 397—400 页。

导之下，民族解放阵线一度暂停活动，不再被阿尔及利亚新领导层视为巩固权力的有效工具。① 这一趋势在沙德利时期得到延续。1988 年，在沙德利主导下，民族解放阵线召开第六届全国代表大会，通过了政治改革的方案，决定实施党政分离。1989 年，沙德利开放党禁，宣布实行多党议会选举。这实际上进一步弱化了民族解放阵线在政坛上的地位。在1990 年举行的地方和议会选举中，民族解放阵线遭遇重创。阿尔及利亚国家领导人的态度引发了民族解放阵线的变化，该党一度走向阿尔及利亚政权的对立面。1995 年，民族解放阵线签署圣·埃吉迪奥纲领（Sant'Egidio Platform），对军方进行了批评。不久之后，该党重新转向阿尔及利亚政府。目前，该党是阿尔及利亚议会主要的政党，是阿尔及利亚政权重要的支持力量。民族解放阵线的总书记是阿布·法德勒·巴吉（Abou El Fadl Baadji）。

二　社会主义力量阵线

1963 年，霍辛·艾耶特·艾哈迈德（Hocine Ait Ahmed）出于对阿尔及利亚领导人本·贝拉集权倾向的抵制，组建社会主义力量阵线，之后长期担任该党的领导职务。

社会主义力量阵线（Front des Forces Socialistes，FFS）反对个人专制，主张尊重言论自由以及建设自由、进步、团结的社会。该党推崇社会民主主义，是社会党国际和进步联盟（Progressive Alliance）的成员。社会主义力量阵线指出："社会主义力量阵线确认选择基于社会正义、进步、民主和人权的社会主义……社会主义力量阵线为民主社会主义的普遍价值而奋斗。"社会主义力量阵线具有浓厚的民族主义色彩，该党要求阿尔及利亚政府承认柏柏尔语为阿尔及利亚官方语言和民族语言。社会主义力量阵线指出，柏柏尔人、阿拉伯主义是阿尔及利亚民族的核心要素，是阿尔及利亚民族团结的保证。②

社会主义力量阵线是阿尔及利亚最早的反对党，曾长期处于"非法状

---

① William H. Lewis, "The Decline of Algeria's FLN," *Middle East Journal*, Vol. 20, No. 2, 1966, pp. 161 – 172.

② 社会主义力量阵线的主张，参见其官网 FFS, "Statuts Du FFS", http：//www.ffs.dz/statuts-du-ffs/。

态"。1989 年，随着阿尔及利亚政府推行多党制，该党开始合法化。1999
年，霍辛·艾耶特·艾哈迈德参加了阿尔及利亚总统选举，但是之后被取
消资格。随后，该党长期抵制阿尔及利亚总统选举和议会选举。2012 年
前后，该党的斗争策略发生改变，主张重新参加选举。在其官网上，社会
主义力量阵线重新定位了自身在阿尔及利亚政坛上的角色：社会主义力量
阵线是一个提案型政党，它渴望行使国家权力，执行党的计划，以便更好
地造福阿尔及利亚人民。近年来，随着霍辛·艾耶特·艾哈迈德去世，社
会主义力量阵线内部产生路线之争，出现了一定的混乱，对该党的发展乃
至生存造成了严重的影响。

目前，社会主义力量阵线第一书记是优素福·奥希什（Youcef Aouch-
iche）。

三　社会主义工人党

社会主义工人党（Parti Socialiste des Travailleurs，PST）成立于 20 世
纪 70 年代，主要由阿尔及利亚东部地区的工会成员和阿尔及利亚大学的
学生组成。社会主义工人党的主要目标是推进阿尔及利亚民主社会主义革
命，为阿尔及利亚民众提供有别于资本主义的制度选择。社会主义工人党
积极参加阿尔及利亚工人、学生和青年运动，推广柏柏尔语和民主自由思
想，支持妇女运动。该党主张抵制国际资本主义，反对帝国主义、任何形
式的剥削以及民族和文化压迫。[①] 社会主义工人党总书记是马哈茂德·里
希迪（Mahmoud Rechidi）。

四　工党

工党（Parti des Travailleurs，PT）是托派政党，成立于 1990 年，是阿
尔及利亚实行多党制之后较早成立的政党之一。工党坚持阶级斗争学说，
主张保护和推动阿尔及利亚工会运动。工党认为，当前阿尔及利亚最主要
的矛盾是工人阶级和剥削阶层、被压迫者和压迫者之间的矛盾，主张党成
为工人阶级的政治代表。工党主张废除外债，主张在公共工程和投资的基

---

① 社会主义工人党官网 PST，"Qui sommes-nous？"，https：//www. pst‒algerie. org/qui-som-
mes-nous。

础上实现国家发展和农业改革，反对国际货币基金组织、世贸组织、世界银行、欧盟、非洲发展新伙伴计划（the New Partnership for Africa's Development）中的帝国主义做法；主张财富在国民中进行更好的分配，要求政府保障土地、天然地基和底土、商业、基础设施的国有化，主张被私有化的公共服务部门和企业再度国有化。工党主张公民享有公共医疗服务以及住房的权利，反对童工和教育私有化，主张 16 周岁以下的公民享受免费和强制的公共教育。① 工党总书记是路伊莎·哈努娜（Louisa Hanoune）。

五　阿尔及利亚共产党及其后续政党

阿尔及利亚共产党的前身是 1924 年成立的法国共产党阿尔及利亚支部。阿尔及利亚独立之后，阿尔及利亚共产党解散，部分党员随之加入了民族解放阵线。在布迈丁政变后，民族解放阵线中的党员以及部分左翼人士组建了"人民抵抗组织"。1966 年，该组织改组为社会主义先锋党（Parti de l'Avant-Garde Socialiste，PAGS）。社会主义先锋党坚持共产主义，坚决反对伊斯兰原教旨主义、新自由主义以及美帝国主义的霸权行径。②

苏联的解体对社会主义先锋党造成了深刻的影响。1993 年，在哈西米·谢里夫（El Hachemi Chérif）的领导下，社会主义先锋党进行了重建，并改名为"挑战运动"（Ettehadi），决定放弃共产主义。1999 年，"挑战运动"再次被改组成民主和社会运动（Mouvement Démocratique et Social，MDS）。

社会主义先锋党改组之后，在阿卜杜勒哈米德·本茨（Abdelhamid Benzine）领导下，部分成员组建了阿尔及利亚民主和社会主义党（Parti Algérien pour la Démocratie et le Socialisme，PADS）。民主和社会主义党保持了共产主义传统，坚持科学社会主义。该党是共产党和工人党国际会议（International Meeting of Communist and Workers Parties）的成员。民主和社会主义党认为，帝国主义是资本主义发展的高级阶段，银行资本和工业资本联合对世界进行瓜分，它们勒索和剥削世界上其他的弱小民族，导致第

---

① 工党官网 PT，"La Charte，" http：//www. pt. dz/？ La-Charte。

② 社会主义先锋党官网 PAGS，"Le PAGS，" http：//www. alger-republicain. com/Le-PAGS-Parti-de-l-avant-garde. html。

一次世界大战的爆发。该党指出，当前世界资本主义得到了进一步的发展，垄断代替了自由竞争，工人阶级的剥削和压迫进一步加深。帝国主义战争带来恐怖、灾难、废墟和野蛮，这些为无产阶级社会主义革命的开启提供了契机，只有无产阶级和社会主义革命才能使人类摆脱帝国主义和帝国主义战争所造成的僵局。尽管革命有可能遭遇挫折或者暂时失败，无产阶级的胜利终将到来。① 民主和社会主义党对阿尔及利亚政权进行了坚决的批判。该党认为，尽管阿尔及利亚名义上废除了一党专政，但是当权者通过创建伪自治工会组织或者渗透进其他的政党，维持其反动政权，它代表了新旧资产阶级、亲法和亲美团体的利益。②

　　上述是目前阿尔及利亚主要的左翼政党。除此之外，阿尔及利亚还存在着一些影响力较弱，但具有一定代表性的左翼政党。例如，阿尔及利亚阿拉伯社会复兴党（Parti Baath Arabe Socialiste d'Algérie），它是伊拉克复兴党的阿尔及利亚分支。该党的纲领较为鲜明。它推崇伊拉克前领导人萨达姆·侯赛因，同情和支持伊拉克复兴党残余力量的抵抗活动。2008 年，该党举行了第一次全国会议，重申了对萨达姆的支持，抨击阿尔及利亚政府镇压复兴社会主义思想的行径。③ 另外，1982 年阿尔及利亚前总统本·贝拉创立了争取阿尔及利亚民主运动。该党主张在政治、经济、社会文化等领域实行自管并在此基础上实现民主，是阿尔及利亚仍然坚持实行自管社会主义的政党。

第二节　议会政治

　　阿尔及利亚议会长期实行一院制，1996 年阿尔及利亚宪法修订之后改为两院制。其中，下议院即众议院，最初命名为国民议会，1976 年之后改名为全国人民议会（Assemblée Populaire Nationale，APN）。全国人民

---

① 阿尔及利亚民主和社会主义党官网 PADS，"L'impérialisme"，http：//lien-pads. over-blog. com/2017/02/l-imperialisme. html。

② PADS，"Une Déclaration du Parti Algérien pour la Démocratie et le Socialisme sur les Dissenssions au Sein du Régime，" http://lien-pads. over-blog. com/article-une-declaration-du-parti-algerien-pour-la-democratie-et-le-socialisme-sur-les-dissenssions-au-sein-d-122767997. html。

③ Alarabiya，"Baath Party resumes underground activities，" https：//www. alarabiya. net/arti-cles/2008/09/08/56229. html。

议会议员全部由民众以直接投票的方式选举产生。当前全国人民议会共有议席数 462 个。全国人民议会是阿尔及利亚政治力量，包括左翼政党在内的重要的政治舞台。

一　阿尔及利亚左翼政党在议会政治中的分野

阿尔及利亚左翼政党对待议会政治的态度并不一致，它们的表现大致可以分为三类。

（一）全面参与型

代表性政党是民族解放阵线。在历史上，民族解放阵线和阿尔及利亚政权保持着密切的联系。例如，阿尔及利亚独立初期，民族解放阵线是阿尔及利亚的执政党以及唯一的政党，阿尔及利亚总统担任党主席。在阿尔及利亚实行多党制之后，该党参加了历届议会选举，并成为阿尔及利亚政权重要的执政工具。中东剧变之后，阿尔及利亚政权巩固了和民族解放阵线之间的联系。例如，有学者在评论 2012 年阿尔及利亚议会选举时指出，选举的结果显示，布特弗利卡将民族解放阵线塑造为其主要的政治掮客。①

（二）有限参与型

代表性政党是社会主义力量阵线、工党和社会主义工人党等。

社会主义力量阵线、工党和社会主义工人党尽管在政治纲领上存在差异，但是皆主张在阿尔及利亚建设社会主义制度。1991 年，阿尔及利亚修改宪法，放弃实践了数十年的社会主义制度。由于在国家发展道路认知上的差异，这些左翼政党并不认可阿尔及利亚政治体制，对阿尔及利亚政权持批判态度。因此，尽管这些左翼政党经常参加议会选举，但是议会政治并非其全部和必然的活动内容。并且，它们在从事议会政治时，更为强调议会是对阿尔及利亚政府展开批评的合法舞台。

以社会主义力量阵线为例，在霍辛·艾耶特·艾哈迈德领导期间，该党抵制了 2002 年和 2007 年的议会选举。社会主义力量阵线认为，虽然此

---

① David Ottaway, " Algeria's Islamists Crushed in First Arab Spring Elections, " Woodrow Wilson International Center for Scholars, May 2012, p. 6, https：//www. wilsoncenter. org/article/algerias-islamists-crushed-first-arab-spring-elections-david-b-ottaway.

举使得政党失去管理国家的机会，但是能够在民众中播种党诚实、可信的形象，而参加选举将会破坏这一形象。① 2012 年之后，该党改变斗争策略，开始参加议会选举，但是该党参与议会政治的宗旨并没有改变。在 2012 年议会选举之前，霍辛·艾耶特·艾哈迈德曾致信党的全国委员会："参加此次选举是党的战术需要，符合本党的建设性战略，即以和平、民主替代专制、腐败和破坏性的政权。本党的目标并不在于可获得的议席数量，而是为了在政治上和平地动员党和阿尔及利亚人民。"②

工党也同样如此。工党参加了历次议会选举。尽管如此，工党领导人哈努娜在工党官网首页明确指出，工党参加议会选举并不是目的，而只是一种手段，如果选举导致国家混乱，工党将坚决予以抵制。关于党参与议会选举的宗旨，哈努娜指出，党参选的目的在于建立能够阻止当前政府政策的力量平衡，避免国家陷入混乱。③

（三）坚决抵制型

代表性政党是阿尔及利亚共产党民主和社会主义党。民主和社会主义党对阿尔及利亚政权持批判态度，拒绝与政府合作。民主和社会主义党指出，工人、小农以及被现有买办资本主义制度边缘化的青年等所有渴望深刻变革的人，若想获得尊严和美好的生活，除了团结起来，实施激进的政治、经济、社会变革外，别无他法。民主和社会主义党经常抵制议会选举。该党指出，人们应该为了自身的政治和阶级要求保持高度警戒并奋力斗争，应避免自由主义及其在"自由"反对派中的代言人获利。④

二　阿尔及利亚左翼政党在 2017 年议会选举中的表现

与突尼斯、利比亚、埃及等邻国相比，阿尔及利亚较为平稳地渡过了中东剧变所带来的冲击，阿尔及利亚政权保持了稳定。不过，阿尔及利亚国内仍存在着不少的问题。阿尔及利亚经济形势依旧严峻，经济结构较为

---

① Carnegie Endowment for International Peace, "Interview with Karim Tabbou, Secretary-General of Algeria's Socialist Forces Front," https://carnegieendowment.org/sada/22821.

② Le Figaro, "Algérie: Le FFS ira aux Legislatives," http://www.lefigaro.fr/flash-actu/2012/03/02/97001-20120302FILWWW00472-algerie-le-ffs-ira-aux-legislatives.php.

③ PT, "Les Avertissements de Hanoune," http://www.pt.dz/page-d-accueil.html.

④ PADS, "Parti Algérien pour la Démocratie et le Socialisme," http://forumdesdemocrates.over-blog.com/article-parti-algerien-pour-la-democratie-et-le-socialisme-66424914.html.

单一，国民经济主要依赖能源出口，油气出口是阿尔及利亚最主要的外汇来源。近年来，国际能源价格下跌对阿尔及利亚经济增长所带来的负面影响非常明显，阿尔及利亚财政状况恶化，政府债务占 GDP 的比重上升，2016 年后，GDP 实际增长率急剧下跌，失业率和通货膨胀率居高不下。阿尔及利亚社会矛盾依旧紧张。受国际能源价格下跌的影响，阿尔及利亚政府大幅缩减国家预算，削减部分食品补贴，阿尔及利亚民众实际生活水平下降，国内不满情绪上涨，抗议示威活动频发。仅以 2017 年为例，阿尔及利亚商业和手工业全国协会（l'Association Nationale des Commerçants et Artisans，ANCA）曾多次组织工人罢工，卡比利亚地区多次爆发游行示威。阿尔及利亚民族矛盾凸显。2013 年以来，格尔达亚（Ghardaia）柏柏尔人和阿拉伯族群之间的矛盾激化，多次爆发武装冲突，导致人员伤亡，柏柏尔人指责政府在调解过程中袒护阿拉伯族群的利益。

在此背景下，2017 年，阿尔及利亚举行了中东剧变以来的第二次议会选举。民族解放阵线积极参加议会选举。尽管阿尔及利亚国内问题众多，民族解放阵线依然对阿尔及利亚政府持支持和肯定的态度，在参选时积极维护布特弗利卡政权的权威，主张阿尔及利亚青年积极参与总统所倡议的改革。另外，该党避而不谈阿尔及利亚民族冲突的实质，刻意强调民众应维护阿尔及利亚民族团结和领土完整。

工党、社会主义力量阵线、社会主义工人党等同样参加了此次议会选举。相比之下，它们对阿尔及利亚政府进行了全面的批判。工党对阿尔及利亚政权在中东剧变之后的表现提出批评。工党批评政府干预司法的行为和 2016 年的阿尔及利亚宪法修订案，指出布特弗利卡政权未能实现阿尔及利亚司法独立。[①] 工党批评政府的经济政策，对政府提出的财政紧缩政策不满，认为此举严重损害了工人的利益，是少数既得利益者牺牲广大民众利益的行为。工党对阿尔及利亚执政力量进行了批评，指出民族解放阵线和民族民主联盟（Rassemblement National Démocratique，RND）组成的执政联盟在维护社会稳定、开展经济建设、提高人民生活水平等方面乏善可陈，执政能力欠缺，是国家动乱之源。工党质疑议会选举的公平性，指出资本家和军队干扰议会选举，质疑选举监督委员会、政府和总统在选举

---

① PT, "Notre Engagement," http：//www. pt. dz/page-d-accueil. html.

中能否保持中立。①社会主义工人党批评选举中普遍存在的欺诈行为，指出政府通过向亲政府的政党分配议席，达到打击阿尔及利亚社会运动和加强权力控制的目的，以满足帝国主义国家在阿尔及利亚的经济利益。该党指出，尽管议会选举存在诸多问题，然而党并不会放弃参选，否则只能给投机分子增加机会。②

民主和社会主义党拒绝参加议会选举。该党指出，议会选举高企的弃权率显示出政权和公民之间的鸿沟，反映了政权的孤立和民众对专横、腐败政权的巨大不满，并提醒阿尔及利亚人民提防资产阶级反对派利用群众运动谋取政治利益。③

三　阿尔及利亚左翼政党在 2017 年议会选举中取得的成果

左翼政党对待议会政治的态度，对它们的选举结果产生了直接的影响。由于民族解放阵线积极投入，并与政府保持一致，该党在议会选举中成绩不俗。在 2017 年议会选举中，该党获得 164 个议会席位，保持了议会第一大党的地位。之后，党的领导人阿卜杜勒马吉德·特本（Abdelmadjid Tebboune）被任命为阿尔及利亚政府总理。

社会主义力量阵线、工党、社会主义工人党等左翼政党参加了此次议会选举。尽管它们在竞选时对政府提出了批评，不过政府并未取消它们的参选资格。之所以如此，是因为在冷战结束前后，在西方国家，尤其是欧盟及其成员国的压力下，实行多党制以及定期举行议会选举成为阿尔及利亚等中东国家获得西方国家认可的重要条件。不过，由于这些政党在解释参加议会选举的原因时强调对政府的监督，这引发了阿尔及利亚政府的警惕。阿尔及利亚政府通过调整选区等方式，使选举朝着有利于"体制内政

---

①　PT, "Hanoune Promet une Campagne 'Patriotique et Offensive'," http：//www. pt. dz/louisa-hanoune-dans-un-entretien-avec-tsa-. html.

②　PST, "Pour le PST, il S'agit de Renforcer et D'amplifier la Résistance Sociale Dans la Perspective de Cristalliser sur le Plan Politique une Convergence Démocratique, Antilibérale et Anti-impérialiste," https：//www. pst-algerie. org/pour-le-pst-il-sagit-de-renforcer-et-damplifier-la-resistance-sociale-dans-la-perspective-de-cristalliser-sur-le-plan-politique-une-convergence-democratique-antiliberale-et-anti-im/.

③　PADS, "Déclaration sur les Résultats des Législatives du 4 Mai 2017," http：//lien-pads. over-blog. com/2017/05/declaration-sur-les-resultats-des-legislatives-du-4-mai-2017. html.

党和布特弗利卡的政党"的方向发展。[①] 在 2017 年议会选举中，社会主义力量阵线和工党分别仅获得 14 个和 11 个议席，相比于 2012 年，两党的议席数量都出现一定程度的减少。社会主义工人党甚至没有获得议席。

民主和社会主义党等阿尔及利亚共产党，否定阿尔及利亚政权，对议会选举的本质有着深刻的认识，它们拒绝参加议会选举，政府也往往限制这一类政党在议会政治中的表现。2016 年，阿尔及利亚选举法第 94 条规定，政党需要在上次投票中获得至少 4% 的选票才可以提出竞选者名单。这对于处于边缘地带的小党而言，无疑增加了参选的难度。

表 II－3－1　1997 年以来阿尔及利亚全国人民议会主要的左翼政党[*]

政党＼年份	1997	2002	2007	2012[**]	2017
民族解放阵线	64	199	136	221	164
工党	4	21	26	17	11
社会主义力量阵线	19	—（抵制）	—（抵制）	21	14
议席总数	380	389	389	462	462
议席总数和百分比	87（22.89）	220（56.56）	162（41.65）	259（56.06）	189（40.9）
投票率	65.6	46.17	35.65	43.14	38.25

＊有些左翼政党，由于它们的议席数量极少，甚至未获一席，在议会的影响力较小，故未统计在内。

＊＊在 2012 年 5 月 10 日阿尔及利亚宪法委员会公布各党派议员当选情况之后，民族解放阵线出现当选议员脱党的情况，因此议席数有所出入。

资料来源：2012 年之前的数据，引自 Azzedine Layachi, "Political Liberalisation & Party Radicalisation in Algeria: The Case of the Islamic Front of Salvation," *SAIIA Occasional Paper*, No. 21, June 2009；2012 年和 2017 年数据，参见 Wikielections, "Algerian Legislative election 2017 Results live Voting," https://wikielections.com/africa/algerian-legislative-election-2017-results-live-voting/.

四　对阿尔及利亚左翼政党参与议会政治的评价

从左翼政党议席的数量来看，左翼政党是阿尔及利亚议会主要的力

---

① Bertelsmann Stiftung, "BTI 2012: Algeria Country Report," *Bertelsmann Stiftung*, 2012, pp. 8－9.

量，所占议席百分比基本在半数上下浮动。但是从阿尔及利亚政权实际运行来看，左翼政党对阿尔及利亚政治走势的影响并不明显。左翼政党在议会政治中的表现并未对阿尔及利亚社会主义事业有所推动。

首先，这与阿尔及利亚政治体制有着直接的关系，全国人民议会的权力和地位较为有限。阿尔及利亚实行总统制，总统在权力体系中居于统治地位，议会缺乏制衡总统的能力。全国人民议会的立法需要上议院议员2/3以上同意方可通过。由于上议院议员1/3成员由总统任命，因此，没有总统的同意，全国人民议会无法形成立法。与此同时，全国人民议会在阿尔及利亚国内的声誉并不太好，其投票率一直处于低位，部分有实力的政治力量经常抵制议会选举，左翼政党的议席数量并不能真实反映它们在国民中的影响力。

其次，左翼政党的政治独立性存疑。阿尔及利亚左翼政党的议席大部分归于民族解放阵线，由于阿尔及利亚总统兼任民族解放阵线的主席，实际上该党失去了选举领导人的权力。总统由阿尔及利亚统治集团遴选并向其负责，因此党的传统并不能对总统形成约束，党的纲领亦无法转变为政府的政策，民族解放阵线执政和社会主义制度没有必然的联系。以沙德利总统时期为例。尽管在其执政前期民族解放阵线是唯一的政党，但是并不能改变政府接受新自由主义经济政策、实行国有企业私有化的局面。

最后，左翼政党的"反对党"的形象，未能获得民众的认可。2013年"非洲晴雨表"（Afrobarometer）的调查显示，在民众被问及是否信任反对党时，只有27%的民众表示肯定，这一比例甚至低于对总统、军队、警察、法院以及政府的信任度。[①] 缺乏民众的支持，左翼政党监督政府的行为难以取得成效。

第三节　社会运动

一　阿尔及利亚左翼政党在中东剧变时期的表现

2010年底，突尼斯小贩自焚引发的政治抗议浪潮在整个中东地区蔓

---

① Afrobarometer, "Afrobarometer Round 5: Summary of Results for Algeria (2013)," pp. 38 – 41, http://afrobarometer.org/sites/default/files/publications/Summary%20of%20results/alg_ r5_ sor. pdf.

延。不久，受住房短缺以及油类、糖、面粉等基本食品价格大规模上涨等因素的影响，阿尔及利亚许多城镇爆发了游行示威。

在中东剧变期间，民族解放阵线和阿尔及利亚政府保持一致，呼吁人民保持安定。相比之下，社会主义力量阵线、民主和社会运动、民主和社会主义党等左翼政党与民众保持着密切的联系。它们积极回应民众的要求，参加群众运动，要求政府放松管制和改善国内的民主状况。2011年1月，为平息示威活动，阿尔及利亚政府限制社交媒体的使用，并表示降低必要食品的价格以及增加面粉供给。社会主义力量阵线对政府的做法提出了批评，指出"政府买不来阿尔及利亚人民的沉默"。民主和社会主义党发表声明，指出20世纪80年代阿尔及利亚经济领域的自由化改革，加速了国有部门的私有化，破坏了国家的工业结构，导致了国民的穷困。该党号召民众积极行动，在阿尔及利亚建立真正的民主国家。[①]

1月20日，社会主义力量阵线、民主和社会运动等左翼政党，联合其他政党和社会组织举行集会，讨论国内的政治形势。之后，部分参会的政党组成了"改革和民主民族协调"组织（National Coordination for Change and Democracy），2月，在全国范围内组织游行示威活动。该组织后来成为阿尔及利亚要求改革、组织游行以及发布信息的重要平台。[②]

二　阿尔及利亚左翼政党在2019年总统选举风波中的表现

2019年2月10日，布特弗利卡宣布参加总统选举，这一决定在阿尔及利亚引发了巨大的争议。从2月22日开始，阿尔及利亚多个城市爆发大规模抗议活动，人们要求布特弗利卡收回决定并下台。

2—4月，民族解放阵线延续其一贯的做法，与布特弗利卡政府保持一致。在阿尔及利亚群众运动兴起之前，该党支持布特弗利卡参加总统选举；在群众运动兴起之后，该党为布特弗利卡政府辩护，试图安抚国内群众的情绪。3月20日，民族解放阵线虽然转变语气，表示支持阿尔及利

① PADS, "Pour L'instauration d'un Véritable état Démocratique et Populaire : Face à L'aggravation de la Situation Sociale des Masses …" http://lien-pads.over-blog.com/article-pour-l-instauration-d-un-veritable-etat-democratique-et-populaire-face-a-l-aggravation-de-la-situation-sociale-des-masses-72671941.h.

② Jessica Ayesha Northey, "Associations and Democracy in Algeria," *Democratization*, March 2016, pp. 8 - 9.

亚群众运动及其改革的呼吁，但是同时认为布特弗利卡发出的对话呼吁才是阿尔及利亚摆脱危机的办法。① 社会主义力量阵线、工党、社会主义工人党等左翼政党积极支持群众的示威游行，并希望阿尔及利亚实施更为彻底的改革。2 月 22 日，社会主义力量阵线发表声明，宣布支持阿尔及利亚人民和平动员，呼吁实施体制改革和国家法治化，并期待阿尔及利亚第二共和国的出现。② 2 月 28 日，该党再次发表公开声明，批评阿尔及利亚政府镇压游行示威的行为，要求释放被捕的活动人士，呼吁党员和民众参加游行示威。③ 这一时期，工党也表达了与阿尔及利亚政府决裂的决心。3 月，该党宣布撤回议会中所有的议员。④

2019 年 4 月 2 日，布特弗利卡宣布辞去总统职位。9 日，阿尔及利亚议会投票任命阿尔及利亚民族院（参议院）议长本·萨拉赫（Abdelkader Bensalah）为临时总统。之后，本·萨拉赫改组内阁，阿尔及利亚进入过渡时期。

这一时期，受国内局势变化的影响，民族解放阵线内部陷入了纷争，2019 年和 2020 年，该党两次进行领导人选举。尽管经历领导层更迭，该党并没有改变与阿尔及利亚政权合作的基本原则。2020 年 5 月，阿布·法德勒·巴吉当选总书记之后发表讲话，表示将动员整个政治阶层保卫国家及其机构，因为它属于所有阿尔及利亚人民。⑤

社会主义力量阵线、工党、社会主义工人党等左翼政党将布特弗利卡的辞职视为斗争的胜利。例如，社会主义工人党在布特弗利卡宣布辞职之后，于第一时间发表声明，指出这是工人、青年、妇女等所有民众反抗自

---

① Le Figaro, "Algérie: Le FLN dit Soutenir la Contestation Mais Prône le 'Dialogue'," https://www.lefigaro.fr/flash-actu/algerie-le-fln-dit-soutenir-la-contestation-mais-prone-le-dialogue-20190320.

② FFS, "Reaction du FFS a la Mobilisation des Algeriens," http://www.ffs.dz/reaction-ffs-a-mobilisation-algeriens/.

③ FFS, "Communique Relatif a la Repression du Rassemblement des Journalistes," http://www.ffs.dz/communique-relatif-a-repression-rassemblement-journalistes/.

④ 实际上工党议员并没有完全遵从领导人的号召。不过，哈努娜表示没有任何人可以在全国人民议会中代表该党。

⑤ Dzbreaking, "Abou El Fadl Baadji Acclaimed New Secretary General of FLN Party," https://www.dzbreaking.com/2020/05/31/abou-el-fadl-baadji-acclaimed-new-secretary-general-of-fln-party/.

由主义和专制的宝贵而历史性的胜利。①

在阿尔及利亚成立临时政府之后，社会主义力量阵线、工党、社会主义工人党等左翼政党对阿尔及利亚政权的演变以及临时政府仍保持着清醒的认识。社会主义工人党认为，布特弗利卡的辞职并不是阶级斗争的结果，而是内部派系权力斗争的产物。社会主义力量阵线表示国家实际上由军方控制，军方隐身幕后，国家权力被交给虚伪的、不受欢迎的政府。因此，这一时期社会主义力量阵线、工党、社会主义工人党等左翼政党对阿尔及利亚临时政府持否定的态度，继续进行斗争。

（一）左翼政党反对临时政府提出的政治路线

2020 年 6 月，社会主义工人党宣布抵制阿尔及利亚人民军总参谋长盖德·萨拉赫（Ahmed Gaid Salah）提出的政治对话呼吁。党的总书记马哈茂德·雷希迪指出，对话至少需要两个主体，如果对话的一方是阿尔及利亚人民，即阿尔及利亚主权唯一的拥有者和所有合法性的来源，军方没有资格成为对话的另一方。他同时指出，在未停止镇压群众示威游行活动、释放政治犯、消除民主障碍的情况下，任何对话都没有意义。② 同样，社会主义力量阵线主张只有在发动民众以及在进步力量基础上形成的对话才具有民主意义。该党提议召集民主变革力量召开全国性的对话会议，讨论阿尔及利亚未来的政治进程，在民主、法治的基础上确定国家的政治框架。③ 6 月 15 日，阿尔及利亚临时政府召开"市民社会大会"（conférence de la société civile），提出结束危机的路线图。社会主义工人党予以批评，指出会议提出的口号具有局限性，参与大会的组织并不能代表阿尔及利亚群众运动，在旧的体制框架下阿尔及利亚不存在摆脱危机的方法。④

不仅如此，阿尔及利亚左翼政党还针锋相对地提出了它们的政治过渡路线。7 月，社会主义力量阵线、工党、社会主义工人党联合阿尔及利亚

① PST, "Pour une Assemblée Constituante Souveraine, le Combat Continue," https：//www. pst-algerie. org/pour-une-assemblee-constituante-souveraine-le-combat-continue/.

② PST, "Un Monologue Antidémocratique Nommé Dialogue," https：//www. pst-algerie. org/un-monologue-antidemocratique-nomme-dialogue/.

③ FFS, "Appel aux Forces Vives de L'alternative Démocratique," http：//www. ffs. dz/appel-aux-forces-vives-de-lalternative-democratique/.

④ PST, "Nous Nous Voulons pas le Consensus, nous Voulons le Départ de Tout le Système," https：//www. pst-algerie. org/nous-nous-voulons-pas-le-consensus-nous-voulons-le-depart-de-tout-le-systeme/.

其他政党和工人组织举行集会，指出阿尔及利亚摆脱危机的前提是无条件释放所有的政治犯、保证集会和结社自由、开放政治领域、改革司法系统。① 10 月 14 日，社会主义工人党发表题为"人民的主权取决于主权制宪议会的选举"的文章，明确要求打破阿尔及利亚当前的政治体制，选举能够实现阿尔及利亚人民民主和社会理想的制宪议会。②

（二）左翼政党反对临时政府主导的总统选举

2020 年 4 月 21 日，阿尔及利亚临时总统邀请相关政党参加"总统选举筹备磋商会议"，筹划 7 月的总统选举。社会主义力量阵线、工党、社会主义工人党等左翼政党拒绝了临时政府的倡议。社会主义工人党指出，包括临时总统在内，阿尔及利亚现有的制度和机构都是非法的，它拒绝这些机构做出的所有决定，包括 7 月 4 日举行的总统选举；"和解会议"是一场化装舞会，企图合法化统治阶级内部的权力转移。③ 社会主义力量阵线同样发表声明，指出由于未采取必要的过渡措施以及进行公开的讨论，它反对举行总统选举。10 月 5 日，社会主义力量阵线、工党、社会主义工人党等左翼政党发表共同声明，反对 12 月举行总统选举，并呼吁再次举行游行示威。④

（三）左翼政党反对临时政府的经济政策

2019 年，阿尔及利亚群众运动高涨的直接原因是布特弗利卡再次谋求总统任期，但问题的根源是阿尔及利亚一成不变的政治僵局、迟滞的民主进程，以及阿尔及利亚政府无法解决国内的经济和社会难题。在反对阿尔及利亚临时政府的斗争中，左翼政党指出阿尔及利亚经济领域存在的问题，积极支持阿尔及利亚人民从事改善生活水平的斗争。这一时期，社会主义工人党支持阿尔及利亚砖厂工人要求支付工资的斗争。该党指出，工

① PST, "Pacte Politique Pour Une Véritable Alternative Démocratique," https：//www. pst-algerie. org/pacte-politique-pour-une-veritable-alternative-democratique/.

② PST, "La Souveraineté du Peuple Passe par L'élection D'une Assemblée Constituante Souveraine," https：//www. pst-algerie. org/la-souverainete-du-peuple-passe-par-lelection-dune-assemblee-constituante-souveraine.

③ PST, "Le PST a Décidé de ne pas Participer à Cette Mascarade Appelée 'Rencontre de Concertation' qui Conforte le Passage en Force du Pouvoir de Fait Actuel D'une Part et, D'autre Part, lui Accorde Une Caution Politique," https：//www. pst-algerie. org/communique/.

④ PST, "Les Forces de L'alternative Démocratique Dénoncent Une Campagne de Terreur," https：// www. pst-algerie. org/les-forces-de-lalternative-democratique-denoncent-une-campagne-de-terreur/.

人的遭遇是布特弗利卡政权新自由主义作祟的结果，是政府将公共部门，尤其是工业部门私有化的恶果。[①] 9 月，阿尔及利亚政府决定修改限制外来投资的相关措施，允许外资在阿尔及利亚各行业投资并控股。社会主义工人党坚决予以反对，指出只有阿尔及利亚人民才拥有国家财富的主权，阿尔及利亚政府政策的实质是确保帝国主义国家在阿尔及利亚的利益。[②]

（四）左翼政党积极支持阿尔及利亚国内的示威活动

在这一时期，社会主义工人党多次呼吁阿尔及利亚政府保障民众言论、示威、组织自由工会等权利，谴责政府逮捕和伤害游行群众的行为。社会主义力量阵线指出，政府的表现暴露出阿尔及利亚政权的独裁本质。左翼政党还积极声援友党的进步斗争。2020 年 5 月，阿尔及利亚政府逮捕了工党总书记路易莎·哈努娜，社会主义工人党第一时间发表声明，谴责军方的镇压行为。[③] 7 月，社会主义力量阵线、工党、社会主义工人党等政党在变革与进步联盟党总部举行集会，要求政府释放哈努娜以及社会主义力量阵线的前领导人。

三　阿尔及利亚左翼政党在社会运动中存在的不足

社会主义力量阵线、工党、社会主义工人党等左翼政党积极参加阿尔及利亚社会运动，有力地推动了阿尔及利亚民主进程。自中东剧变以来，在左翼政党的推动下，阿尔及利亚群众运动取得了一定的成果。2011 年 2 月 3 日，阿尔及利亚总统布特弗利卡要求政府部门制定政策提高就业率，取消国家紧急状态，并表态说阿尔及利亚电视和电台将向所有政党开放。2 月 22 日，阿尔及利亚政府取消紧急状态法，颁布了一系列增加就业的措施。4 月 15 日，布特弗利卡宣布将进行宪法修订，提议修改选举法以及与媒体以及政党等相关的立法。2019 年，左翼政党组织和领导的群众

---

① PST, "Somacob Béjaïa : Les Travailleurs de la Briqueterie de Seddouk en Lutte Pour le Versement de Leurs Salaires," https：//www. pst-algerie. org/somacob-bejaia-les-travailleurs-de-la-briqueterie-de-seddouk-en-lutte-pour-le-versement-de-leurs-salaires/.

② PST, "Algérie : Le 'hirak' Face à un Pouvoir Toujours Plus Libéral et Répressif," https：//www. pst-algerie. org/algerie-% e2% 80% 82le-% e2% 80% 89hirak% e2% 80% 89-face-a-un-pouvoir-toujours-plus-liberal-et-repressif.

③ PST, "Arrestation de Louiza Hanoune, Déclaration du Parti Socialiste des Travailleurs," https：//www. pst-algerie. org/arrestation-de-louiza-hanoune-declaration-du-secretaire-general-du-parti-socialiste-des-travailleurs-pst.

运动，推动了布特弗利卡政权的倒台，并迫使阿尔及利亚临时政府取消原定于 7 月举行的总统选举。

然而，就客观情形而言，这一时期阿尔及利亚国内的变化仍稍显不足。例如，在 2011 年前后，阿尔及利亚政府承诺的改革被长期延宕，相关法律的修改缺少实质性变化；① 在 2019 年前后，阿尔及利亚统治集团仍主导了后布特弗利卡时期阿尔及利亚的政治进程。

阿尔及利亚民主进程的迟滞有着多方面的因素。其中，作为阿尔及利亚民主力量的主要代表，左翼政党的表现不尽如人意。比较典型的是左翼政党普遍表现出后知后觉的特征。在 2019 年 2 月 22 日之前，部分左翼政党虽然反对布特弗利卡连任总统，但是它们的呼吁并不强烈，部分左翼政党甚至并未就此发声。有学者认为，在 2019 年上半年的示威游行中，没有明显的个人或团体领导了这次运动。②

左翼政党在社会运动中表现不佳，存在多方面的原因。

首先，阿尔及利亚左翼政党活动空间长期受到挤压，力量严重不足。在阿尔及利亚独立战争时期，由于民族解放阵线的杰出表现，该党的影响力渗透到了阿尔及利亚社会各个阶层之中，其附属组织包括老战士组织、全国工人联合会、全国农民联合会、全国妇女联合会等多个有影响力的全国性社会组织。这些组织接受阿尔及利亚政府的管理，成为政府向民众宣传的重要渠道。③后来，这些组织被纳入民族民主联盟，被阿尔及利亚政权塑造为类似于民族解放阵线的政治盟友。社会主义力量阵线、工党、社会主义工人党等左翼政党在发动群众、争取阿尔及利亚的民主时，它们的活动往往受到政府控制的社会组织的牵制。例如，在 2019 年阿尔及利亚总统风波中，在发动工人和青年抵制阿尔及利亚政府的过渡路线时，左翼政党受到政府控制的学生和工会组织（尤其是阿尔及利亚工人总工会）的掣肘，

---

① 以阿尔及利亚宪法为例，直至 2016 年，阿尔及利亚才完成新宪法的公投，宪法修订更像是宪法权力的争夺，远未满足人们的要求。Aljazeera, "Algeria Adopts Landmark Constitutional Reforms," http://www.aljazeera.com/news/2016/02/algeria-adopts-landmark-constitutional-reforms-160207163249171.html.

② Amir Mohamed Aziz, "Protesting Politics in Algeria," *Middle East Report Online*, March 26, 2019.

③ Youcef Bouandel, "Political Parties and the Transition from Authoritarianism: The Case of Algeria," *The Journal of Modern African Studies*, Vol. 41, No. 1, Mar. 2003, p. 6.

成为制约工人和青年在阿尔及利亚群众运动中发挥更大作用的主要原因。[①]

其次，左翼政党必须平衡民主和安全之间的关系。

中东剧变之后，中东地区及其国家国内安全形势的变化，再次强化了阿尔及利亚民众对安全的认知。这一时期恐怖主义对阿尔及利亚的安全威胁加剧。2016 年以来，随着"伊斯兰国"在伊拉克和叙利亚等地受挫，"伊斯兰国"逐渐向周边国家和地区扩散，阿尔及利亚成为其扩张的新目标和重灾区，阿尔及利亚国内恐怖袭击明显增多。除此之外，阿尔及利亚本土的恐怖组织，例如伊斯兰马格里布"基地"组织（AQIM）的恐袭活动也很活跃，对阿尔及利亚安全构成了严重威胁。[②] 当前，反恐已成为阿尔及利亚民众的共识。在反恐斗争中，阿尔及利亚政府强化了对政党和市民社会的控制。尽管左翼政党呼吁民众警惕政府独裁的倾向，但在此背景下，抗议活动得不到民众积极的响应，恐怖主义为变革带来了"免疫"[③]。

表 II - 3 - 2　　　　　　　　阿尔及利亚民调中民众对反对党的看法

	城市	农村	男性	女性	平均
非常同意 1	4	4	3	5	4
同意 1	10	11	11	10	10
同意 2	40	46	45	40	42
非常同意 2	31	32	31	32	32
两者皆否	6	2	5	4	5
未知	9	5	5	10	7

说明："1"表示反对党应该经常检查以及批判政府的政策；"2"表示反对党应该与政府合作，帮助其治理国家。

资料来源：Afrobarometer, "Afrobarometer Round 5: Summary of Results for Algeria (2013)", http://afrobarometer. org/sites/default/files/publications/Summary%20of%20results/alg_ r5_ sor. pdf.

---

① PST, "Mouvement Étudiant: Fiasco de la Conférence Nationale Préfabriquée en Attendant un Nouveau Souffle Pour la Rentrée," https://www. pst-algerie. org/mouvement-etudiant-fiasco-de-la-conference-nationale-prefabriquee-en-attendant-un-nouveau-souffle-pour-la-rentree/.

② 董漫远：《"伊斯兰国"外线扩张：影响及前景》，《国际问题研究》2016 年第 5 期。

③ 阿尔及利亚导演萨利姆·巴拉西米（Salem Brahimi）就其反映阿尔及利亚内战的电影接受半岛新闻采访时说，没有政党有真正的计划。僵化是危险的因素，人们希望变革，但是他们又害怕变革。提出变革是政客们的事情，恐怖主义为变革带来"免疫"，许多人认为稳定压倒一切。Aljazeera, "Q&A: 'Algeria Learned the Lesson through Bloodshed'," http://www. aljazeera. com/news/2016/05/qa-algeria-learned-lesson-bloodshed-160510082919796. html.

最后，左翼政党必须平衡民主和国家统一之间的关系。

自阿尔及利亚独立以来，"柏柏尔之春"和阿尔及利亚内战给阿尔及利亚人民留下了深刻印象。中东剧变之后，由于教派冲突、民族冲突、政党冲突等，多个中东国家陷入了内战。动荡的地区形势重新唤醒民众对内战的忧虑，对民众心理造成了重大影响。民调显示，中东民众对和平与安全的喜好超越了经济和政治改革。这一倾向对各国反对党的活动造成了深刻的影响。在阿尔及利亚，绝大多数民众认为反对党更应该与政府合作，而不是对政府的政策和行为进行批评（见表Ⅱ-3-2）。鉴于此，左翼反对党在批判和监督政府时必须认真考虑民众的接受程度。这一时期，社会主义力量阵线、工党、社会主义工人党等左翼政党皆主张以和平抗争的方式实现国家改革。以社会主义力量阵线为例。在 2019 年"总统风波"中，尽管该党批评阿尔及利亚军方和临时政府，质疑其合法性，呼吁人民进行游行示威，但是该党始终强调相关的活动应该以和平的方式进行。①总的来说，尽管 2019 年经历了数月的群众抗议活动，然而，阿尔及利亚局势仍保持相对稳定。这极大地缓解了阿尔及利亚政府的改革压力。

阿尔及利亚人民对内战的担忧同样限制了社会主义力量阵线、社会主义工人党等主张保护少数民族权益的左翼政党的活动。阿尔及利亚政府不当的民族政策，导致阿尔及利亚国内的民族矛盾长期无法解决，这为社会主义力量阵线、社会主义工人党等左翼政党的生存和发展提供了群众基础。然而，由于内战的历史，它们的主张容易被其他政治力量，甚至左翼政党，质疑为威胁国家的统一。2002 年，社会主义力量阵线因政府的柏柏尔人政策而宣布抵制议会选举，工党领导人批评社会主义力量阵线的做法，指责此举有害于国家的团结。② 当前，社会主义力量阵线、社会主义工人党在监督政府时仍然需要面对这一难题。一方面，这一时期，阿尔及利亚国内柏柏尔人和阿拉伯人之间的冲突仍在持续。为了执行党的纲领、巩固党的群众基础，它们必须回应柏柏尔人的诉求。2019 年，社会主义

---

① Aljazeera, "Youth 'Attack Algeria Protesters'," https：//www. aljazeera. com/news/africa/ 2011/03/20113512417540287. html.

② Ahmed Aghrout, "The 2002 Algerian Parliamentary Elections：Results and Significance," in Ahmed Aghrout and Redha M. Bougherira eds. , *Algeria in Transition：Reforms and Development Prospects*, Routledge 2004, p. 211.

工人党多次在游行示威中展示柏柏尔人的象征，强调柏柏尔语的权利。另一方面，民族矛盾加剧引发了民众对于内战的担忧，阿尔及利亚媒体习惯性地将民族冲突和内战联系在一起。因此，尽管社会主义工人党在游行示威中展示柏柏尔象征的行为多次被政府镇压，它们仍然强调以和平的方式进行抗争。

第四节　政治伊斯兰

有别于其他地区，世俗政党与政治伊斯兰的互动，是中东地区政党政治重要的内容之一，也对各国政治进程造成了重要的影响。一般而言，由于左翼政党等世俗政党和政治伊斯兰在国家发展道路上存在着根本性的分歧，左翼政党对政治伊斯兰持批判态度。不过，二者之间并不只有斗争，同样存在合作。例如，在阿尔及利亚独立战争时期，伊斯兰贤哲会曾支持民族解放阵线领导的民族独立运动，其成员甚至加入了民族解放阵线；在军政府时期，民族解放阵线、社会主义力量阵线、工党等左翼政党联合部分伊斯兰政党共同发表圣·埃吉迪奥纲领，呼吁将伊斯兰拯救阵线（Front Islamique du Salut d'Algérie，FIS）重新纳入阿尔及利亚政治进程；[1]在布特弗利卡执政时期，民族解放阵线长期和伊斯兰政党"争取和平社会运动"（Mouvement de la Société pour la Paix，MSP）合作，共同组阁。因此，政治纲领上的差别不是二者关系唯一的决定因素。

由于绝大部分的左翼政党和政治伊斯兰都主张在现有的制度下从事政治活动，通过体制内部的改革实现其政治理想，因此，如何认识和利用既有的制度，决定了它们的政治行为模式，也决定了二者之间的关系。[2]

在分析左翼政党和政治伊斯兰的关系之前，有必要明确阿尔及利亚的权力结构。当前，人们普遍认为以总统为首的平民政府和阿尔及利亚军方

---

[1]　Yahia H. Zoubir, "The Dialectics of Algeria's Foreign Relations, 1992 to the Present," in Ahmed Aghrout and Redha M. Bougherira eds., *Algeria in Transition: Reforms and Development Prospects*, Routledge, 2004, p. 159.

[2]　阿尔及利亚存在多个政治伊斯兰派别，和左翼政党类似，它们之间的参政态度也存在着一定的差别。参见涂龙德《阿尔及利亚原教旨主义组织研究》，《阿拉伯世界研究》2008年第3期。

是其主要的组成。总统和军方存在合作关系。以阿尔及利亚总统布特弗利卡为例，他被军方提名为阿尔及利亚总统候选人，得益于军方的支持和干预才得以当选，因此他上台之后通过了一系列有利于军方的政策。① 总统和军方同样存在矛盾。一般而言，总统希望摆脱军方的束缚，而军方则努力维持对总统的影响，双方的冲突在所难免。2010 年阿尔及利亚国家油气公司（Sonatrach）腐败调查案以及 2015 年军方领导人穆罕默德·梅德尼（Mohamed Mediene）被解职，都被认为是二者冲突的表现。

在冲突中，实力是双方获得主动权的唯一因素。② 有学者认为，军方在阿尔及利亚权力体系中居于主导地位，民族解放阵线的统治流于表面，军队从未放弃其监护人的角色；阿尔及利亚政坛问题的根源并非民族解放阵线的政治垄断，而是无处不在的军方专权。③ 的确，由于军方在遴选总统时居于主导地位，候选人需得到军方认可并被认为不太可能威胁军方的权威，阿尔及利亚总统在与军方的斗争中处于弱势地位，总统扩大执政基础的愿望较为强烈。

鉴于民族解放阵线力量有限、政治伊斯兰在民间以及议会中的实力，阿尔及利亚总统希望发展与政治伊斯兰的联系，增强实力。例如，在沙德利时期，他曾希望通过发展和政治伊斯兰的联系，抵制军方的影响，在其任内，伊斯兰拯救阵线等伊斯兰政党得到了迅速发展；在布迪亚夫担任阿尔及利亚最高领导人期间，他曾计划通过与政治伊斯兰和解以恢复国家稳定，并应对军方和政界的腐败问题，在其任内政治伊斯兰的活动得到了较大程度的恢复；在布特弗利卡执政期间，他积极发展主张与政府进行合作的政治伊斯兰之间的关系，吸收"争取和平社会运动"人士进入政府。

民族解放阵线在政治上依赖阿尔及利亚平民政府。一方面总统是党的主席，另一方面，党的其他领导人依靠议会选举进入政坛，获取政府职位。民族解放阵线和政治伊斯兰之间的关系，在很大程度上受阿尔及利亚

---

① 张小会：《阿尔及利亚布特弗利卡改革研究》，硕士学位论文，外交学院，2011 年，第 22 页。

② Abderrazak Makri, "Democratic Transformation in Algeria: The Role of the Parties," In Saad Eddin Ibrahim and Kay Lawson eds. , *Political Parties and Democracy*, Vol. V: *The Arab World*, Praeger, 2010, pp. 122 – 123.

③ Hugh Roberts, "Demilitarizing Algeria," *Carnegie Endowment for International Peace*, *Carnegie Paper*, No. 86, May 2007. 作者在文中所提到的民族解放阵线，实际上代指阿尔及利亚总统布特弗利卡，他是该党的主席。

政府的影响。以该党与"争取和平社会运动"的关系为例。2002—2012年，由于"争取和平社会运动"主张和政府合作，布特弗利卡总统将该党视为重要的政治同盟，多次任命该党的领导人担任总理职位。这一时期民族解放阵线与"争取和平社会运动"保持了合作关系，开展联合执政。中东剧变之后，中东地区政治伊斯兰的力量普遍得到提升，伊斯兰政党甚至在埃及、突尼斯通过选举掌握了政权。受此影响，阿尔及利亚政治伊斯兰希望进一步扩大在政坛上的影响力。[①]"争取和平社会运动"对政府的态度发生了急剧的改变。它拉开了与布特弗利卡政权的距离，加强了对政府的批评，退出政府并且抵制总统选举。"争取和平社会运动"与阿尔及利亚总统关系的恶化，直接影响了它与民族解放阵线之间的关系。之后，两党之间的合作趋于结束。

工党、社会主义力量阵线、社会主义工人党等左翼政党对阿尔及利亚政府持批判态度。不过，由于它们主张在现有的制度下活动，这意味着平民政府是它们参政的重要保证。当总统与军方存在权力冲突时，它们倾向于支持政府。在阿尔及利亚内战时期，社会主义力量阵线和工党强烈反对军方执政，反对军方取消议会选举和取缔伊斯兰拯救阵线，并在一段时间内将恢复伊斯兰拯救阵线的合法地位作为工作重心，主张政治伊斯兰重新融入阿尔及利亚政治进程。[②]然而，左翼政党毕竟和政治伊斯兰在纲领上存在着根本的分歧，政治伊斯兰政治影响力的提高，意味着左翼政党影响力的下降。因此，在议会政治中，这些左翼政党对存在竞争关系的政治伊斯兰持批判态度。例如，在1990年议会选举中，由于伊斯兰拯救阵线的崛起，社会主义力量阵线对伊斯兰拯救阵线提出了批评，并呼吁抵制议会选举。

需要指出的是，相比于埃及、突尼斯、摩洛哥等邻国的左翼政党，工党、社会主义力量阵线、社会主义工人党对政治伊斯兰的批评程度较弱。之所以如此，是因为内战的回忆在阿尔及利亚政治生态中有着重要的地

①　Nouvelobs, "Législatives en Algérie: Le Chef du MSP Souhaite une Alliance des Formations de la Mouvance Islamiste," https://www.nouvelobs.com/monde/20111203. FAP8637/legislatives-en-algerie-le-chef-du-msp-souhaite-une-alliance-des-formations-de-la-mouvance-islamiste.html.

②　Hugh Roberts, "The Algerian Catastrophe: Lessons for the Left," *Socialist Register*, Vol. 39, 2003, p. 160.

位，民调显示，阿尔及利亚民众向往安全，反对政治暴力。[①] 当前，政治伊斯兰仍是阿尔及利亚重要的政治力量，有着强大的群众基础，与政治伊斯兰对抗并不能保证一定获得民众的支持，却可能招致破坏国家安全和统一的批评。

阿尔及利亚共产党及其后续政党深受法国左翼思想的影响，推崇法国的经验，严格主张政教分离，坚决反对宗教向政治领域渗透，反对一切形式的政治伊斯兰。例如，先锋党的继承者之一，"挑战运动"强调党的现代属性，批评伊斯兰主义蒙昧和反动。[②] 它们否认存在"温和的"政治伊斯兰，认为政治伊斯兰是蒙昧的法西斯主义，是以宗教为掩饰的极端自由主义，是阿尔及利亚独裁政权的合伙人，不存在合作的可能性。例如，民主和社会主义党驳斥了该党与政治伊斯兰存在联系的说法。它指出，尽管先锋党曾邀请伊斯兰拯救阵线参加该党的庆祝仪式，这只是先锋党庆祝合法化以及表示对多党制的欢迎，而且当时伊斯兰拯救阵线没有完全暴露出其腐朽的本质。[③] 阿尔及利亚共产党及其后续政党对阿尔及利亚政权持否定态度，崇尚激烈的社会变革，反对议会政治，因此在处理和政治伊斯兰的关系上，较少受阿尔及利亚政权内部权力斗争的影响，对政治伊斯兰持坚决批判的态度。例如，在阿尔及利亚内战中，先锋党呼吁解散所有的伊斯兰政党，"挑战运动"是阿尔及利亚国内极少数支持军方取缔和镇压伊斯兰拯救阵线的左翼政党。

---

① Bertelsmann Stiftung, "BTI 2016: Algeria Country Report," *Bertelsmann Stiftung*, 2016, p. 14.

② Hugh Roberts, "The Algerian Catastrophe: Lessons for the Left," *Socialist Register*, Vol. 39, 2003, p. 155.

③ PADS, "PADS: Réponse à un Calomniateur 'Lamentable'," http://lien-pads.over-blog.com/article-pads-reponse-a-un-calomniateur-lamentable-72671781.html.

第四章　去极端化

20 世纪 90 年代，阿尔及利亚爆发了长达十年的内战，极端主义迅速蔓延，并催生了暴力恐怖活动。90 年代末 21 世纪初，阿尔及利亚政府采取了统筹软硬措施、矫正与预防相结合、个体与集体去极端化并重、政府与社会共治、制定有针对性的防治方案等政策，迅速遏制极端主义与结束内战。阿尔及利亚见效显著的去极端化措施曾备受世界多国政界、军界和学界的关注与称赞。2002 年 12 月，美国国务院北非事务副国务卿威廉·伯恩斯在访问阿尔及尔时称："阿尔及利亚的反恐方法有许多值得美国学习的地方。"① 然而，近几年来，阿尔及利亚去极端化政策的弊端逐渐暴露，加上周边国家极端主义思潮外溢的影响，导致极端行为和极端思想在阿尔及利亚呈现悄然复发的趋势

第一节　极端主义的缘起

有学者在探讨沙特阿拉伯的去极端化问题时指出："去极端化可视为极端化的逆向机制或相反过程。"② 在英文语境中，尽管激进化（Radicalization）与极端化（Extremization）含义相近，但二者各有侧重。③ 相较于极端化，激进化侧重于个人层面，且未必伴随着暴力行为，而极端化的内涵则较为宽泛。由于在实践层面，这两个术语的界限难以区分，笔者统一采用"极端化"一词。笔者探讨的极端化主要指宗教极端化，即为了实

---

① Keith Somerville, "Us Military Aid for Algeria," *BBC News Online*, December 10, 2002, http://news.bbc.co.uk/1/hi/world/africa/2561163.stm.

② 胡雨：《国际反恐斗争中的去极端化研究》，《国际论坛》2012 年第 5 期。

③ 丁隆：《去极端化：概念、范畴、路径》，《中国宗教》2018 年第 10 期。

现一定的目标，个人或组织将宗教异化，并打着宗教旗号从事极端活动的过程。笔者在综合现有文献的基础上，提出宗教极端化具有四个重要特征：信仰排他化，即动辄对他人的信仰加以评判，且无法包容信仰或表达信仰的方式与自己不同的人；思想复古化，即认为只有严格遵守宗教经典中的教义，才能实现宗教复兴，并反对根据新的时代背景阐释教义；宗教政治化，即认为宗教应当干预政治，且主张教法高于国法；行为暴力化，即主张采用暴力而非和平方式达到目的。所谓去极端化，则是否定这四个趋势的逆向过程。

阿尔及利亚的宗教极端主义兴起于 20 世纪 80 年代。随着以"伊斯兰贤哲会"（Al-Qiyam）为代表的温和伊斯兰组织纷纷遭遇镇压，阿尔及利亚的伊斯兰主义出现了暴力活动的倾向。其中影响力最大的极端组织是穆斯塔法·布雅利（Mustafa Bouyali）于 1982 年建立的"伊斯兰武装运动"（Armed Islamic Group）。该组织认为，阿尔及利亚政府的执政方针并未严格遵循宗教教义，主张通过实施暗杀、爆炸等暴力活动表达不满与颠覆国家政权。[1] 1987 年，布雅利在与军警的对抗中被击毙，军队随后包围伊斯兰武装运动的据点，生擒 202 人，暂时解除了该组织的威胁。[2]

1990—1991 年，阿尔及利亚举行建国后首次多党地方选举与议会选举。两次地方选举与议会选举的结果显示，全国最大的伊斯兰主义政党——伊斯兰拯救阵线（Islamic Salvation Front）获得压倒性胜利，引起了政界、军界人士的恐慌。为阻止伊斯兰主义势力掌权，阿尔及利亚政府于 1991 年开始残酷镇压拯救阵线，逮捕其主要领导人与部分成员。1992 年初，阿尔及利亚军官为防止拯救阵线通过胜选成为执政党而发动军事政变，宣布全国处于紧急状态，并取消了第二轮议会选举。伊斯兰拯救阵线遭取缔，主要成员或流亡海外，或身陷囹圄。在此背景下，拯救阵线及其他阿尔及利亚伊斯兰主义流派中较为激进的人士走上"枪炮革命"的道路。他们建立各色武装组织，与政府军展开了超过十年的拉锯战。

---

① Yahia H. Zoubir, "Civil Strife, Politics, and Religion in Algeria," Oxford Research Encyclopedia of Politics, https://oxfordre.com/politics/view/10.1093/acrefore/9780190228637.001.0001/acrefore-9780190228637-e-806.

② J. N. C. Hill, *Identity in Algerian Politics: The Legacy of Colonial Rule*, Boulder: Lynne Rienner Publishers, 2009, p.101.

由于拯救阵线通过组建政党与参与选举夺取政权的努力遭遇挫折，该组织中的激进人士决定转变斗争手段，主张通过开展暴力活动威胁公众与政治领导集团。例如拯救阵线安全负责人萨义德·梅克鲁菲（Said Mekhloufi）发表了题为"公民抗命的原则与目标"的手册，文中批评拯救阵线的"民主选举战略"，并指出"多数人的意见毫无价值"[1]。他在拯救阵线遭遇遏制与打击后，创建极端组织"伊斯兰国家运动"（Movement for an Islamic State），其宗旨是在全国发动圣战，推翻世俗政权，建立伊斯兰政权。[2] 此外，该组织反对20世纪80年代以来阿尔及利亚推行的自由化经济改革，认为此经济改革的最大受益者并非穆斯林，而是基督教和犹太人等异教徒，因而倡导改变自由经济政策。[3]

"拯救阵线"被取缔后，其部分成员组建"伊斯兰拯救军"（Islamic Salvation Army），作为"拯救阵线"的军事侧翼，这一组织由迈达尼·梅兹拉克（Madani Mezrag）担任领导人。"伊斯兰拯救军"主张通过袭击安全部队和国家机关人员，恢复伊斯兰拯救阵线的合法地位，重启1992年政变之后所中断的选举进程。[4] 除了"拯救阵线"成员建立的极端组织外，阿尔及利亚内战中也涌现出大量其他伊斯兰主义派别创建或重建的极端团体。例如20世纪80年代末曾被重挫的"伊斯兰武装运动"在阿卜杜勒卡德·舍布提（Abdelkader Chebouti）的带领下得以重建。重建后，该组织的基本纲领为，继续布雅利未竟的事业，通过暴力手段改变现存的政治秩序，恢复伊斯兰拯救阵线的合法地位，协助其建立伊斯兰国家。[5]

在阿尔及利亚的诸多极端组织中，破坏力与影响力最大的是"伊斯兰武装组织"（Armed Islamic Group）。该组织继承了埃及穆斯林兄弟会的理

① Abed Charef, *Algérie*: *Le Grand Dérapage*, Paris: Éditions de l'Aube, 1994, p. 190.

② Barry Rubin, *Conflict and Insurgency in The Contemporary Middle East*, London: Routledge, 2009, p. 244.

③ R. Dugour, *Les Ressorts Psychologiques de l'Éfficacité Publicitaire du Terrorisme*, Études Polemologiques, No. 1 (1986), pp. 35–37.

④ Luis Martinez, *The Algerian Civil War*, 1990–1998, New York: Columbia University Press, 2000, pp. 201–202.

⑤ James D. Le Sueur, *Algeria since 1989*: *Between Terror and Democracy*, Halifax & New York: Fernwood Pub. , Zed Books, 2010, p. 62; Luis Martinez, *The Algerian Civil War*, 1990–1998, New York: Columbia University Press, 2000, p. 200.

论家赛义德·库特布（Sayyid Qutb）的思想，认为阿尔及利亚当前仍处于查希里叶时代（即"蒙昧时代"），亟须构建一个纯粹的伊斯兰社会。该组织的政治立场极为激进，提出"三不"口号——"不对话、不休战、不和解"，它既反对专制统治，又反对民主政体，认为"民主是异教的"，主张对现政权发动"圣战"①。"伊斯兰武装组织"袭击目标广泛，包括安全部队、政府部门与教育系统工作人员及外国人等。不仅如此，"伊斯兰武装组织"具有"定叛"主义（Takfirism）倾向，将全国人民划分为"伊斯兰教的敌人"与"圣战的支持者"两大类，主张对不支持"圣战"的平民加以惩罚。② 1996 年，"伊斯兰武装组织"在阿尔及尔市郊的多个村镇展开大屠杀，共造成 700 多名居民的死亡。③ 在此后两年中，该组织在麦迪亚、埃利赞等省份发动多起大屠杀。

1998 年，伊斯兰武装组织内部一批反对袭击平民的成员另立门户，建立伊斯兰武装组织第二区④，次年 4 月，更名为"萨拉菲宣教与战斗组织"（The Salafist Group for Preaching and Combat），哈桑·哈塔卜（Hassan Hattab）为其领导人。该组织的政治立场较为强硬，反对向政府做出任何妥协。与"伊斯兰武装组织"不同，"萨拉菲宣教与战斗组织"反对"伊斯兰武装组织"屠杀平民的做法，将安全部队、政府官员和外国游客作为主要袭击目标。⑤

20 世纪 90 年代极端组织的泛滥给阿尔及利亚造成了沉重的经济打击和巨大的人员伤亡。根据美国马里兰大学恐怖主义和应对恐怖主义研究协会开发的全球恐怖主义数据库（Global Terrorism Database）中的数据，1992 年到 2002 年，阿尔及利亚一共发生了 1740 起袭击，造成 1.57 万人

---

① Omar Ashour, *The De-Radicalization of Jihadists*: *Transforming Armed Islamist Movements*, London & New York: Routledge, 2009, p. 111.

② Luis Martinez, The Algerian Civil War, 1990 – 1998, New York: Columbia University Press, 2000, pp. 207 – 210. 关于"定叛"主义，参见张楚楚《政治过程理论视角下的突尼斯"定叛"主义运动》，《阿拉伯世界研究》2017 年第 2 期。

③ J. N. C. Hill, *Identity in Algerian Politics*: *The Legacy of Colonial Rule*, Boulder: Lynne Rienner Publishers, 2009, p. 157.

④ "伊斯兰武装组织"的第二区指阿尔及尔省东部及附近的村镇，以此命名新建的组织是由于大部分另立门户的成员为第二区的成员。

⑤ James D. Le Sueur, *Algeria since 1989*: *Between Terror and Democracy*, Halifax & New York: Fernwood Pub., Zed Books, 2010, p. 145.

员伤亡。[1]

第二节　去极端化政策

1992—1994 年，阿尔及利亚过渡政权采取"无差别反恐"政策，对本国恐怖主义采取"赶尽杀绝"的高压措施。但由于恐怖组织数量众多、分散于全国各地，且大量失业与贫困青年源源不断地加入恐怖组织，血腥镇压的反恐策略成效不佳，恐怖袭击案件不减反增。为早日结束战祸、实现和平稳定，自 20 世纪 90 年代中期至今，利亚米纳·泽鲁阿勒、阿卜杜勒阿齐兹·布特弗利卡两位总统执政对过渡政权的反恐措施做出改进，其精髓在于一改此前的以暴制暴方式为以去极端化措施为主、以军事打击为辅的多层次反恐策略。

一　统筹软硬措施

尽管 20 世纪 90 年代后期以来，阿尔及利亚不再将军事打击作为反恐的唯一手段，但阿尔及利亚政府始终没有放弃使用武力提高极端分子的滞留成本，从而增强极端分子放弃暴力的"推力"。为此，泽鲁阿勒与布特弗利卡在加强训练反恐专业部队的同时，也投入大量资金购置先进夜视装备与航空器雷达等设备，以便侦察与追踪极端分子。[2]

在鼓励与诱导极端分子洗心革面、重返社会，从而增强恐怖分子摒弃武力的"拉力"方面，阿尔及利亚通过去极端化与其他柔性反恐措施实施综合治理。近二十多年来，包括去极端化在内的柔性反恐措施主要是在布特弗利卡民族和解的框架下实施的，对宣布悔改投诚的极端分子实行特赦，从而促进国家早日恢复和平与秩序。1999 年，阿尔及利亚颁布《民族和解法》，将恐怖暴力活动划分为五种类型：（1）谋杀；（2）强奸；（3）造成终生残疾；（4）大屠杀；（5）在公共场所或人口往来频繁之处

---

① Global Terrorism Database, https：//www. start. umd. edu/gtd/, http：//www. arabbarometer. org/survey-data/data-analysis-tool/.

② Mohamed Gharib, "The Algerian Islamist Movement," in Reza Shah-Kazemi, ed. , *Algeria*：*Revolution Revisited*, London：I. B. Tauris, 1998, p. 91；Geoff D. Porter, "AQIM Pleads for Relevance in Algeria".

制造爆炸袭击事件。在此五种罪行中，只有最后两种不符合减刑要求，必须执行死刑，而犯前三种罪行的恐怖分子依照不同情节，予以从轻发落。具体来说，主要有以下三种减刑方法：（1）免于诉讼；（2）实施 3—12年监视居住；（3）实施 10 年以下监禁。① 2005 年，布特弗利卡颁布《和平与民族和解宪章》（Chart for Peace and National Reconciliation）。该宪章指出，有关免除针对缴械恐怖组织成员司法审判的条款，适用于在海外寻求避难的激进分子，包括先前被缺席定罪者。

除了特赦政策外，去极端化是阿尔及利亚民族和解框架下柔性反恐措施的核心内容。具体来说，泽鲁阿勒与布特弗利卡主要从宗教系统、教育系统及媒体与互联网三个层面遏制极端思想的传播途径。在宗教系统，阿尔及利亚政府加强对清真寺的统一管理，革除思想较为极端的教职人员的宗教职务。目前，阿尔及利亚各地清真寺的修建、维护、管理寺内图书资料的购买、宗教财产的使用等均由国家统一支配。清真寺中伊玛目、穆尔希得（Murshid，意为"导师"）、讲经师等教职人员均被纳入公务员系统加以管理。国家宗教事务和宗教基金部负责决定清真寺宣讲的内容，并且负责教职人员的招募与晋升。② 在教育系统，阿尔及利亚加强从幼儿园到大学的舆论引导，提高学校师生的反渗透意识。同时，阿尔及利亚教育部门改革课程内容与教学方式，例如中小学的宗教课程由以学生记忆伊斯兰教经典内容为主改为以学生批判性思考宗教经典中的概念为主；又如改变20 世纪 70 年代推行阿拉伯语化运动以来阿语教育一枝独秀的局面，实行阿语与法语教育并重的教育。③ 对媒体与互联网，阿尔及利亚一手加强监管，打击境内非法宗教网络，一手组织专人在互联网与社交媒体上批驳极端思想观念，旨在"让阿尔及利亚社会对（极端思想）免疫"。为此，阿尔及利亚内政部、文化部、高等教育部、宗教事务和宗教基金部官员与安全部门、媒体人士共同组建了国家打击极端主义观测站（National Observa-

---

① John Douglas Ruedy, *Modern Algeria：The Origins and Development of a Nation*, Georgetown University Press, 2005, p. 276; Journal Officiel de la République Algérienne Démocratique et Populaire, No. 55, 2005, www. joradp. dz.

② Dalia Ghanem, "State-owned Islam in Algeria Faces Stiff Competition," March 13, 2018, https://carnegie-mec. org/2018/03/13/state-owned-islam-in-algeria-faces-stiff-competition-pub-75770.

③ Michael Slackman, "In Algeria, a Tug of War for Young Minds," *The New York Times*, June 23, 2008, https：//www. nytimes. com/2008/06/23/world/africa/23algeria. html.

tory for the Fight against Sectarian Extremism），致力于综合各部门的优势，提高网络安全防护能力。[①]

二　矫正与预防相结合

阿尔及利亚的去极端化措施既包括对极端分子的遏制性举措，也包括对潜在高危群体的预防性举措，从而防止后者在前者的影响下走上极端化道路。

为了遏制极端思想在监狱的传播，阿尔及利亚不仅将没有极端思想的普通罪犯与极端分子隔离开来，而且将极端组织头目及被判处死刑或终身监禁的极端分子与犯罪情节较轻、同情宗教极端思想的胁从罪犯隔离。阿尔及利亚政府一面加强对尚未受到宗教极端思想影响或受到影响较小的罪犯开展思想引导，一面邀请博学多识且思想温和的宗教学者前往监狱对深陷极端主义泥沼的罪犯实行宗教教育，指出其歪曲宗教教义与煽动宗教仇恨的谬误，引导其迷途知返。[②]

同时，泽鲁阿勒与布特弗利卡注重对极端分子家属的监管、安抚与教育，从而避免该群体被极端组织洗脑与拉拢。阿尔及利亚首先将极端分子家属纳入去极端化教育群体，防止其受到极端分子的影响，并且鼓励家属向走上极端化道路的家庭成员传播温和的宗教思想，从而发挥家庭成员的参与作用。其次，《和平与民族和解宪章》规定，阿尔及利亚政府有责任防止极端分子的家属受到孤立与排斥。[③]为此，政府出台相应政策，确保这一群体不受歧视，并能够正常工作与生活。再者，由于在内战过程中，大量极端分子与极端主义的同情者被军队与情报部门逮捕，其中不少人下落不明，这些失踪群体的家属对阿尔及利亚政府与军队颇为怨恨。为消解失踪群体家属的不满情绪，防止这一群体被极端组织渗透，政府在加强对该群体进行心理辅导的同时，向他们承诺，"国家将采取一切适当措施，

[①]　"Algeria：Extremism and Counter-Extremism," *Counter Extremism Project*, 2018, https：//www. counterextremism. com/sites/default/files/country_ pdf/DZ-12142018. pdf.

[②]　"De-radicalization in Algeria：A Success Story," *Society for Policy Studies* (*SPS*) *Brief*, May 2016, http：//www. algerianembassy. co. in/Magzine/Magazine. pdf.

[③]　Journal Officiel de la République Algérienne Démocratique et Populaire, 2005.

确保失踪群体的尊严"①，并为失踪群体家属提供经济补偿。据半岛电视台报道，2005 年，阿尔及利亚每月为每个失踪家庭提供 926 美元的赔偿金。②

三 个体与集体去极端化并重

从 20 世纪 90 年代后期起，阿尔及利亚在制定去极端化政策时，除了鼓励个体脱离极端组织外，还制定了促进各极端组织放弃暴力的策略。由于各极端组织的内部结构截然不同，针对各极端组织的集体去极端化措施成效迥异。在阿尔及利亚众多极端组织中，去极端化最成功的是"伊斯兰拯救军"。作为伊斯兰拯救阵线的军事侧翼，拯救军建于 1994 年，其宗旨在于通过暴力袭击迫使政府恢复拯救阵线的合法地位，并重启 1992 年政变之后所中断的选举进程。该组织在内部管理与决策方面呈现出自上而下与逐级落实的特征。由于该组织活跃于吉杰尔（Jijel）等东部省份，阿尔及利亚委派驻扎在东部地区的中层军官与该组织领导层谈判。最终，双边达成共识，阿尔及利亚政府同意释放在押的拯救阵线领导人，为"伊斯兰拯救军"成员提供重返社会的经济援助，并且为拯救军的领导人与指挥官提供安全保障，以防止其在放弃暴力后遭遇其他极端组织的报复，拯救军则同意自我解散。③ 1997 年 10 月 1 日，拯救军与阿尔及利亚军队达成停战协议。由于"伊斯兰拯救军"为金字塔式的权力结构，该组织内部约 7000 名武装分子在梅兹拉格的领导下放弃暴力。④

自 20 世纪 90 年代后期到 21 世纪初，阿尔及利亚也对"伊斯兰武装

---

① Hamed El-Said, "De-Radicalising Islamists: Programmes and Their Impact in Muslim Majority States," *The International Centre for the Study of Radicalisation and Political Violence*, 2012, https://icsr. info/wp-content/uploads/2012/02/1328200569ElSaidDeradicalisation1. pdf.

② Djamila Ould Khettab, "The 'Black Decade' Still Weighs Heavily on Algeria," *Al Jazeera*, November 3, 2015, https://www. aljazeera. com/news/2015/11/black-decade-weighs-heavily-algeria-15110210054 1203. html.

③ Omar Ashour, "Islamist De-Radicalization in Algeria: Successes and Failures," November 1, 2008, *Middle East Institute*, https://www. mei. edu/publications/islamist-de-radicalization-algeria-successes-and-failures.

④ Omar Ashour, "Islamist De-Radicalization in Algeria: Successes and Failures," November 1, 2008, *Middle East Institute*, https://www. mei. edu/publications/islamist-de-radicalization-algeria-successes-and-failures.

组织""萨拉菲宣教与战斗组织"等其他极端组织进行了集体去极端化的尝试。与拯救军不同，后两个组织的内部结构呈现出自下而上的特征，领导层内部意见不一，且缺乏对组织成员的绝对控制力。尽管"萨拉菲宣教与战斗组织"的创始人与第一代领导人哈桑·哈塔卜（Hassan Hattab）认为有必要和政府开展和平谈判[①]，然而这一看法遭到组织内部其他一些领导人的反对。虽然哈塔卜最终带领部分成员放弃暴力，但组织内部鹰派人物另立纳比勒·萨哈拉唯（Nabil Sahraoui）为组织领导人，并在其带领下负隅顽抗，拒绝与政府和谈。阿尔及利亚的去极端化政策在"伊斯兰武装组织"内部也引起了西迪·阿里·本哈扎尔（Sid Ali Benhadjar）等部分领导人的响应，但由于组织内部强硬势力的阻挠，前者不得不带领部分成员脱离组织，另外组建伊斯兰宣教与圣战组织（Islamic League for Daâwa and Jihad），同政府展开和谈。[②] 而"萨拉菲宣教与战斗组织"中的一部分强硬人士则与"基地"建立密切的联系，并于2007年正式并入"基地"组织，且更名为"伊斯兰马格里布基地组织"（Al-Qaeda in the Islamic Maghreb）。即便如此，在哈桑·哈塔卜与西迪·阿里·本哈扎尔的领导下，部分武装分子的去极端化也有助于分化"伊斯兰武装组织"与"萨拉菲宣教与战斗组织"，从而削弱其抵抗军事打击的能力。

四　政府与社会共治

20世纪90年代后期到21世纪，阿尔及利亚的去极端化工作采取多元化方式，在突出国家主导作用的同时，广泛发挥社会力量应对极端主义，从而实现国家与社会的合作共治。首先，政府鼓励世俗政党与非政府组织，特别是女权组织同宗教派别抗衡，从而削弱宗教保守势力在国家政治与社会上的影响。由于在90年代内战期间，许多女性遭到极端组织的绑架、强奸与杀害，阿尔及利亚女性的自我意识迅速觉醒，女性争取权利的

[①]　Camille Tawil，"New Strategies in al-Qaeda's Battle for Algeria," *Terrorism Monitor*, Vol. 7, No. 22, 2009, https：//jamestown. org/program/new-strategies-in-al-qaedas-battle-for-algeria/.

[②]　"Algeria：Interview with Jean-Michel Salgon, Specialist on Algerian Armed Groups," Immigration and Refugee Board of Canada, September 26, 2000, DZA35018. FE, https：//www. refworld. org/docid/3ae6ad543c. htm.

呼声日益高涨。① 在此背景下，政府扶植全国女性传播协会（National Association of Women in Communication）等女权组织谴责宗教极端组织的暴力行径，并批判部分宗教保守势力的复古思想。2004 年与 2005 年，阿尔及利亚的女权成为支持政府修改 1984 年《家庭法》②、对抗宗教反对势力的关键性力量。③

其次，阿尔及利亚赋予温和的宗教政党与团体合法地位，试图利用温和的宗教势力对抗极端宗教势力，并抵消后者在全国的影响。与突尼斯本·阿里政权、埃及穆巴拉克政权剥夺一切宗教政党的合法地位不同，泽鲁阿勒与布特弗利卡将伊斯兰社会运动（Hamas）、伊斯兰复兴运动（Islamic Renaissance Movement）、民族改革运动（Movement for National Reform）等温和伊斯兰政党纳入政坛，在对伊斯兰政党加以限制（例如规定不得以宗教命名政党）的前提下，促进温和伊斯兰政党宣扬开放、包容与和平的宗教思想，并与极端思想展开辩论。④ 同时，阿尔及利亚政府默许崇尚冥想、苦行与禁欲的苏菲主义（Sufism）及强调个人修行、反对政治参与的经文萨拉菲主义（Scriptural Salafism）团体发展与壮大。⑤ 一方面，政府试图通过扶植无暴力倾向的苏菲主义与经文萨拉菲主义，挤压强调使用暴力的圣战萨拉菲主义⑥等极端宗教思潮的生存空间。另一方面，由于苏菲主义与经文萨拉菲主义关注个人修行，反对通过建立政党参与政治，

---

① Cherifa Bouatta, "Evolution of the Women's Movement in Contemporary Algeria: Organization, Objectives and Prospects," *UNU/WIDER Working Papers*, No. 124, February 1997, https://www. wider. unu. edu/sites/default/files/WP124. pdf.

② 阿尔及利亚的《家庭法》颁布于 1984 年。该法令较为保守，规定妇女结婚需要男性监护人的同意，男性有一夫多妻的权利等。2004 年，阿尔及利亚政府试图修改《家庭法》，赋予女性更多的权利，但法律修改草案遇到来自宗教保守势力的较大阻碍。

③ Zahia Smail Salhi, "Algerian Women, Citizenship, and the 'Family Code'," *Gender and Development*, Vol. 11, No. 3, 2003, p. 34.

④ Greg Noakes, "An Algerian Advocate of Dialogue: Sheikh Mahfoud Nahnah," *Washington Report on Middle East Affairs*, November/December 1994. https://www. wrmea. org/1994-november-december/personality-an-algerian-advocate-of-dialogue-sheikh-mahfoud-nahnah. html.

⑤ George Joffé, Political Dynamics in North Africa, *International Affairs*, Vol. 85, No. 5, 2009, p. 947; Amel Boubekeur, Salafism and Radical Politics in Post-conflict Algeria, *Carnegie Papers*, No. 11, September, 2008, http://carnegieendowment. org/files/salafism_ radical_ politics_ algeria. pdf.

⑥ 关于经文萨拉菲主义（或传统萨拉菲主义）与圣战萨拉菲主义的区别，参见张楚楚《政治过程理论视角下的突尼斯"定叛"主义运动》，《阿拉伯世界研究》2017 年第 2 期。

阿尔及利亚也试图通过扶植这两种宗教思潮遏制伊斯兰政党。

五　制定有针对性的防治方案

除了从宏观层面制定综合整治方案外，阿尔及利亚还根据不同人群的实际情况制定有针对性的防治措施。例如在女性去极端化问题上，阿尔及利亚组织培训清真寺中的穆尔西德，要求其增强与各自社区内女性穆斯林的互动，并关注女性的思想状况与家庭情况。[①] 在阿尔及利亚，清真寺中的伊玛目均由男性宗教学者担任，最常见的女性教职人员为穆尔西德。穆尔西德与伊玛目一样承担着为穆斯林（主要是女性穆斯林）组织宗教活动、阐释教义等任务，但穆尔西德不承担在聚礼日领拜的工作。笔者于2015 年在奥兰采访清真寺教职人员时了解到，穆尔西德通过定期组织本社区女性开展思想交流会与慈善活动，增强女性穆斯林的社区融入感和归属感。同时，穆尔西德也会根据不同女性穆斯林的实际情况为其提供帮助，避免其走上极端化道路。例如针对遭遇离婚与财政拮据困扰的女性，穆尔西德会组织社区女性为其捐款，并鼓励其通过自身掌握的手艺与技能谋生。又如部分女性由于丈夫宗教观念较为保守甚至偏激而受到精神与人身的双重束缚（比如未经丈夫同意不得随意外出）。穆尔西德不仅会在开展宗教活动过程中促进此类女性与社区中思想更为开放的女性相互交流，也会帮助此类女性在家庭中争取自身权益。[②]

此外，阿尔及利亚还制定了针对青年去极端化的专项措施。例如政府为年轻人打造了 Jil FM 广播频道，该频道制作生动有趣的节目传播温和与和平的宗教理念，对抗极端宗教思想。同时，国家放松了对电视台的管制，批准了 25 个新的以年轻人为主要受众的私人电视频道。该举措旨在为年轻人提供更多的娱乐项目，从而分散其注意力，减少海外一些电视频道中宣扬的极端思想对年轻人的诱惑力。[③] 另外，阿尔及利亚也采取其他柔性措施促进青年远离极端思想，例如建立国家青年就业支持署（National Agency for Supporting Youth Employment），旨在为 40 岁以下的青年提供

---

① "De-radicalization in Algeria：A Success Story".

② 作者于 2015 年 8 月 30 日在阿尔及利亚奥兰市采访时所获。

③ "De-radicalization in Algeria：A Success Story".

无息贷款，扶植其创业。截至 2006 年，这一机构已经在全国设立 53 个分支机构。① 劳动、就业和社会保障部部长塔耶卜·卢赫（Tayeb Louh）声称，这一机构在 2010 年与 2011 年分别创造了超过 7 万个与 12 万个就业岗位。②

第三节　去极端化政策成效

20 世纪 90 年代后期至 21 世纪初，阿尔及利亚多管齐下的去极端化措施与刚柔并济的反恐策略初显成效，阿尔及利亚的内战烽火逐渐平息，曾经盛极一时的极端主义势力日益衰微。具体来说，阿尔及利亚的去极端化工作主要起到了三个方面的作用。

一　极端宗教派别的温和化

阿尔及利亚在不放弃军事打击的基础上实行和平谈判、思想教育等去极端化措施，以及经济援助与特赦等其他柔性反恐措施，不仅成功促使"伊斯兰拯救军"缴械投降，而且导致大量其他极端组织的成员脱离组织，主动投诚。截至 21 世纪初，阿尔及利亚约 1 万名极端分子自动放弃暴力，与组织脱离关系。③ "伊斯兰拯救军"放弃使用暴力并宣布正式解散后，前领导人梅兹拉格于 2005 年公开宣称，他当前的斗争策略是"通过和平，而非借助于武器与当局做斗争"。2006 年，他进一步表示将参加 2007 年国民议会选举。④ 这些都表明梅兹拉格似乎由一个暴力抗争的崇尚者转变为在法律框架内的积极参政者。

由于人员流失严重、招募新兵困难，"伊斯兰武装组织"与"萨拉菲宣教与战斗组织"等极端组织的作战能力急剧下降，在国家人民军、反恐专业部队联合民兵与国际反恐力量的打击下日益衰弱，并逐渐放弃抵抗。

---

① Jean-Paul Barbier, "Labor Market Intermediation in the Maghreb Countries," *International Labor Office*, Geneva, 2006.

② "L'Ansej N'a Rien Rapporté," *Liberté*, June 20, 2012.

③ Audra Grant, "The Algerian 2005 Amnesty：The Path to Peace？," *Terrorism Monitor*, Vol. 3, No. 22, 2005, https：//jamestown. org/program/the-algerian-2005-amnesty-the-path-to-peace/.

④ Hassan Moali, Madani Mezrag à la Chane Al Arabia, El Watan, 26 février 2006.

2005 年阿尔及利亚内政部长的工作报告显示，"伊斯兰武装组织"在阿尔及利亚中西部和首都阿尔及尔周边地区的诸多分支机构已被完全荡平。该组织在阿尔及利亚境内仅存两个据点，分别位于提塞姆西勒特和谢里夫省交界处及什里阿—塔拉阿沙（Chréa-Tala Acha）周边地带，各有约 30 名武装分子，并处于散兵游勇的状态。[①] 至于"萨拉菲宣教与战斗组织"，从 2001 年至 2008 年，其发动袭击的地理分布从人口密集的北部地中海沿岸地区缩小至东北地带。[②] 截至 2006 年，阿尔及利亚情报部门主任阿里·突恩斯（Ali Tounsi）估计，国内残存的恐怖分子仅有 300—500 人。[③]

二 温和宗教派别的世俗化

20 世纪 90 年代后期以来，由于阿尔及利亚政府的舆论引导及世俗政党与非政府组织对宗教势力的连番打击，以伊斯兰社会运动和伊斯兰复兴运动为代表的温和宗教派别逐渐更新政治理念和调整政治策略。从总体上看，阿尔及利亚温和伊斯兰政党的转变呈现出世俗化的发展趋势，具体表现在以下两个方面：

其一，与世俗政治力量合作。争取和平社会运动、伊斯兰复兴运动等温和伊斯兰政党在最初建立时，主要是按照意识形态划分盟友与敌人，一方面，竭力拉拢其他伊斯兰政治力量，另一方面，对争取文化与民主联盟、社会主义先锋党等世俗政党持排斥的态度。[④] 21 世纪以来，阿尔及利亚温和的伊斯兰政党走向成熟，在政治活动中日益表现出务实的姿态，更多地以政治利益而非意识形态为考量进行决策。2004 年 2 月，争取和平社会运动同两个世俗政党——民族解放阵线和民族民主联盟组成阿尔及利亚总统联盟，从表面上看，以贯彻落实布特弗利卡的施政纲领为宗旨，实际上，旨在将当时具有影响力的世俗和宗教政党联合起来，以便分享更多的政治资源，从而在阿尔及利亚政坛上发挥更大的作用。2005 年，民族

---

① Reda Bekkat, "Démantèlement du GIA," *El Watan*, January 5, 2005.

② 李意：《"伊斯兰马格里布基地组织"萨赫勒化及其对阿尔及利亚的影响》，《国际论坛》2011 年第 6 期。

③ A. Benchabane, "Quel Est le Véritable Nombre de Terroristes?" *El Watan*, March 20, 2006.

④ Phillip C. Naylor, *Historical Dictionary of Algeria*, Lanham: Scarecrow Press, 2006. p. 220；Mohand Salah Tahi, "Algeria's Democratisation Process: A Frustrated Hope," *The World Quarterly*, Vol. 16, No. 2, 1995, p. 209.

改革运动协商会议的议长布拉希亚·穆罕默德声称："和平是伊斯兰国家的义务，也是一种宗教的、民族的义务与权利。阿尔及利亚只希冀和平。如果阿尔及利亚人民不能团结，就将永远无法形成一股反对殖民主义和帝国主义的力量。让我们为祖国的建设和进步而团结吧！"[1] 2011 年，贾巴拉在创建正义与发展阵线时说道："即使我们赢得选举，我们也并不准备独揽政权，因为这样做等同于排斥其他政治力量。阿尔及利亚是所有人的阿尔及利亚，祖国的建设要依靠它所有的子民。"[2]

其二，对待女性态度的转变。受传统思想的影响，温和的伊斯兰政党根深蒂固地持有男尊女卑的思想观念。在早期的政治实践中，温和的伊斯兰政党主要面向男性穆斯林选民，较少顾及女性选民，言辞和行动中常带有轻视女性的意味。21 世纪以来，温和伊斯兰政党对女性地位和作用的认识有了极大的改变。2007 年 5 月，在阿尔及利亚举行立法选举前夕，争取和平社会运动（Movement for the Society of Peace）[3] 在各地进行选举动员活动。为了赢得更多的选票，该党主席布杰哈·苏尔塔尼（Bouguerra Soltani）声明："在我们眼中，男性和女性并无区别。"[4] 在瓦尔格拉省的动员大会上，苏尔塔尼表示，其动员活动并非只是针对男性选民开展的，而是向以家庭为单位的男性和女性共同开展的。[5] 2011 年 6 月 18 日，伊斯兰复兴运动在伊本·巴迪斯文化中心举行党员见面会，大会的一项重要内容是重新阐释妇女在国家发展中的作用。其主席法特赫·勒比埃转变态度，表示支持布特弗利卡颁布的新家庭法，同时指出："……是时候让妇女在社会上发挥作用了。这是因为，如果没有妇女，男性什么也做不了。"[6]

三　社会思想的多元化

由于阿尔及利亚采取政府与社会共治的去极端化策略，鼓励不同政党

---

[1]　G. F. , "El Islah et Les Commerçants à El Bahia," *El Watan*, September 17, 2005.

[2]　Madjid Makedhi, "Un Nouveau Parti pour Djaballah," *El Watan*, July 31, 2011.

[3]　1997 年，伊斯兰社会运动更名为"争取和平社会运动"。

[4]　S. G. , "Le MSP Courtise Les Femmes," *El Watan*, May 12, 2007.

[5]　Houari Alioua, "A Propos, Le MSP et Ses Femmes," *El Watan*, May 7, 2007.

[6]　R. B. , "Le Mouvement Ennahda Mobilise Ses Militantes," *El Watan*, June 19, 2011.

与非政府组织所代表的世俗思潮与宗教思潮相互竞争与辩论，并促使宗教温和派别牵制与遏止宗教极端派别。21世纪初，阿尔及利亚出现社会思想多元化的趋势，包括左翼主义、自由主义和女性主义在内的多种世俗思潮，及苏菲主义、经文萨拉菲主义与诸多伊斯兰政党所代表的政治伊斯兰等诸多温和宗教思想活跃于阿尔及利亚思想文化领域。

多种思潮并存不悖与百花齐放带来两个重要结果。一方面，阿尔及利亚民众对于与自身信仰和意识形态不同者的包容性大为增强。另一方面，由于强调个人修行的苏菲主义与经文萨拉菲主义日益崛起，加上伊斯兰政党出现世俗化倾向，越来越多的阿尔及利亚人将宗教信仰视为个人事务，认为宗教不应介入公共领域与政治生活。如表 II-4-1 所示，这两种趋势都在"阿拉伯晴雨表"2007年与2011年的民调中有着显著反映。

表 II-4-1　　　　　阿尔及利亚民众对宗教的看法　　　　　（%）

	2007	2011	2013	2016
能够接受邻居是其他宗教的信徒	48.3	68.5	无	48.9
反对：在伊斯兰国家中，非穆斯林的政治权利应当少于穆斯林	47.1	60.2	41.3	无
赞成：宗教是私人事务，宗教应当与社会和政治生活分离	29	59.1	44.3	32.2
反对：议会与政府应当按照沙里亚制定法律	9.4	14.9	12	无
反对：宗教人士应当影响政府决策	30.2	59.8	56.8	51.4

资料来源：根据"阿拉伯晴雨表"调查数据绘制。"无"表示"阿拉伯晴雨表"在此次民调中没有提出此问题。

第四节　去极端化政策困境

阿尔及利亚的去极端化实践曾取得显著成效，并让其逐渐走出内战风暴。但2011年以来，阿尔及利亚的极端主义出现卷土重来之势。一方面，如图 II-4-1 所示，尽管内战后阿尔及利亚的恐怖活动势头总体上得到遏制，但 2011 年以来其恐袭活动数量出现反弹。从 2013 年因阿迈纳斯天然气田绑架案到 2014 年法国游客惨遭"斩首"案，引发国际恐慌的几起袭击案件似乎预示着，阿尔及利亚的安全局势正面临着新的威胁。2020年 6 月，就在法国部队击毙"伊斯兰马格里布基地组织"当前头目"阿卜杜勒—马利克·德鲁克德勒"后不久，阿尔及利亚国防军 2 名士兵在北部遭遇爆炸袭击身亡，再次敲响了阿尔及利亚去极端化的警钟。

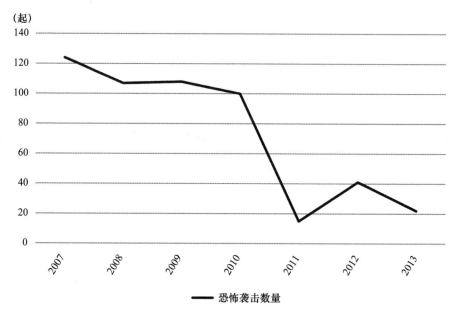

图 II - 4 - 1　2007—2013 年阿尔及利亚的恐怖袭击数量
资料来源：根据全球恐怖主义数据库中的数据绘制。

另一方面，"阿拉伯晴雨表" 2007 年、2011 年、2013 年与 2016 年在阿尔及利亚的四次民调结果显示[1]，尽管从 2007 年到 2011 年，越来越多的阿尔及利亚人在如何对待非穆斯林的问题上变得包容，并对政教分离的现代政治原则表示认可，但在 2011 年后，这一趋势出现逆向发展。近期阿尔及利亚民众思想观念的转变，意味着极端思想在阿尔及利亚的群众基

---

[1] "Data Analysis Tool," *Arab Barometer*, http://www.arabbarometer.org/survey-data/data-analysis-tool/.

础或将不断扩大。原本式微的极端主义思想与行动在阿尔及利亚的回潮，既是由于近年来周边恐怖主义的外溢所致，也在很大程度上可归咎于阿尔及利亚去极端化与其他反恐工作的疏漏与不足，以及阿尔及利亚宗教环境与安全环境的双重恶化。

一 周边恐怖主义局势的外溢效应

作为"阿拉伯之春"的始发地，北非地区自 2011 年以来一直处于政治震荡中。突尼斯、埃及、利比亚等北非国家由于强人政权垮台，国内出现政治真空。在多种政治势力为角逐权力展开激战的背景下，阿尔及利亚周边国家的安全形势急转直下，为极端主义与恐怖主义的蔓延与外溢提供了沃土。由于周边国家控制力下降，极端思想的跨国传播与武器的跨境流动日益猖獗。近年来，靠近阿尔及利亚东部边境的卡塞林（Kasserine）与舍阿奈比山（Djebel Chambi）已经成为突尼斯极端分子的重要据点，不少极端分子跨过边境线进入阿尔及利亚。[①] 此外，阿尔及利亚边境地带有诸多家庭跨境而居，在利比亚与突尼斯等地受到极端组织影响的家庭成员极易将境外极端组织的宣传材料与武器装备带给阿尔及利亚境内的家庭成员，并进一步传播至阿尔及利亚的其他家庭。[②] 阿尔及利亚与利比亚、突尼斯等国家的边境线漫长，尚未形成保障边境安全的有效机制，因而饱受周边极端主义与恐怖主义外溢的影响。

此外，2013 年，巴格达迪宣布建立"伊拉克和沙姆伊斯兰国"（The Islamic State of Iraq and the Levant），后更名为"伊斯兰国"（Islamic State），并不断攻城略地与制造大规模恐怖袭击，在西亚北非地区掀起新一轮极端主义与恐怖主义浪潮。阿尔及利亚的东北邻国突尼斯是"伊斯兰国"头号兵源国，东南邻国利比亚则是"伊斯兰国"在伊拉克和叙利亚以外的重要据点。"伊斯兰国"的崛起及其对北非的渗透，加剧了极端主义对阿尔及利

[①] Querine Hanlon and Matthew M. Herbert, "Border Security Challenges in the Grand Maghreb," United States Institute of Peace Report, No. 109, 2015, pp. 21 – 22. https://static1.squarespace.com/static/5698451b1a5203aa7d436e17/t/5698581da2bab8378c78ce97/1452824608544/PW109-Border-Security-Challenges-in-the-Grand-Maghreb_ Low + Res. pdf.

[②] Querine Hanlon and Matthew M. Herbert, "Border Security Challenges in the Grand Maghreb," United States Institute of Peace Report, p. 9.

亚的外溢效应。2014 年 12 月，在利比亚极端分子的影响下，阿尔及利亚出现了效忠于"伊斯兰国"的极端组织"哈里发军"（Soldiers of the Caliphate）。2015 年 7 月 15 日，"伊斯兰国"上传了一段视频，三名疑似阿尔及利亚人的恐怖分子威胁要在阿尔及利亚发动"一场漫长的战争，直到夺回整个安达卢西亚"，这段视频引发了恐慌。此三人在视频中宣称，"我们为那些在斯基克达和撒哈拉的兄弟们宣誓效忠'伊斯兰国'感到骄傲"[①]，这似乎释放出更危险的信号，意味着有更多的阿尔及利亚本土的极端分子将联合海外极端组织。近年来，在伊叙战场失利的"伊斯兰国"将大量人力、物力与财力资源转移到利比亚，加剧了邻国阿尔及利亚的反极端主义与恐怖主义压力。[②]

二　阿尔及利亚去极端化政策的不足

首先，自 20 世纪 90 年代后期以来，阿尔及利亚政府急于结束内战，因而将去极端化的工作重心放在通过特赦、思想教育和承诺经济安抚等上，以之为手段劝诱极端分子放弃暴力，但对于投诚与获释极端分子的监管与善后工作存在较大不足。由于阿尔及利亚主要通过提供无息或低息贷款的方式为重返社会的极端分子提供经济援助，但缺乏职业技能培训，且没有在社会上建立起针对这一群体的反歧视机制，仅有少数极端分子在放弃暴力后通过经商成为小企业主，多数不愿经商或创业失败的极端分子由于缺乏一技之长或者遭遇歧视等原因而无法谋生。[③] 同时，泽鲁阿勒与布特弗利卡的去极端化教育活动强调针对高危群体的预防与针对极端分子的矫治，但他们假定放弃暴力的极端分子已经彻底摒弃极端思想，而忽略了对重返社会的极端分子的思想复查。鉴于不少极端分子在投诚初期存在思想不稳定的问题，极易在没能迅速获得自谋生计的能力与重新融入社会的情况下"重操旧业"，加上部分投降的极端分子未曾放弃极端思想，最初

---

① "Daesh Menace L'algérie D'une Guerre Sans Fin," RT en Francais, July 16 2015, https://francais. rt. com/international/4374-daesh-menace-algerie.

② Dario Cristiani, "Algeria's Role in Libya: Seeking Influence without Interference," *Terrorism Monitor*, Vol. 14, No. 23, pp. 7 - 10. file:///C:/Users/zhang/AppData/Local/Microsoft/Windows/INetCache/IE/7NAVFE4H/TM_ December_ 1_ 2016. pdf.

③ Omar Ashour, "Islamist De-Radicalization in Algeria: Successes and Failures," https://www. mei. edu/publications/islamist-de-radicalization-algeria-successes-and-failures.

投诚乃是在力量对比悬殊情况下的权宜之计，旨在争取时间，伺机而动。忽视对极端分子重归社会后的再教育工作为阿尔及利亚极端主义的复发埋下了隐患。据统计，2007 年，已有 20 多名已被特赦的武装分子重新投身于恐怖组织。[①]

其次，由于阿尔及利亚在短时期内特赦的极端分子人数众多，且未能迅速建立起针对被特赦极端分子的信息跟踪机制，原有极端组织成员之间的人脉网络并未得到有效遏制，许多极端分子在重返社会后处于失控状态。鉴于 20 世纪 90 年代内战中极端组织的残暴行径给阿尔及利亚人带来的集体伤痕，回归社会的极端分子即便能够自谋生路，也很难得到社区民众的接纳。因此，不少极端分子在放弃暴力后，难以形成新的情感依靠，仍然与其他回归社会的极端分子交往甚密。如此一来，重返社会的极端分子间的交叉影响变得难以避免。更重要的是，尽管阿尔及利亚的集体去极端化工作进展顺利，但"伊斯兰拯救军"等组织中大量极端分子因追随组织领袖而放弃暴力，在重返社会后仍然对旧主保持着较高的忠诚度。这意味着原先的极端组织领袖仍然对组织旧部具有一定的控制力与号召力，并由此具备随时卷土重来的实力。据阿尔及利亚《祖国报》等媒体报道，"伊斯兰拯救军"前首领梅兹拉格接连于 2014 年和 2015 年夏天，利用旧时人脉网络在穆斯塔加奈姆（Mostaganem）、吉杰勒的森林中集结旧部，组织暑期训练营[②]，似有重组恐怖组织的趋势，引起阿尔及利亚各界人士的担忧。

最后，从长期来看，阿尔及利亚扶植以经文萨拉菲主义为代表的部分宗教派别对抗另一些宗教派别的做法只是起到了饮鸩止渴的效果。虽然经文萨拉菲主义的思想主张比圣战萨拉菲主义更为和平，但从本质上讲，经文萨拉菲主义也属于萨拉菲主义，主张仿效穆罕默德先知与其三代弟子的圣行，并认为当代穆斯林应当信奉未经改革的原初教义。[③] 因此，不少经

① "Algerian Government's Four Charges against FIS Leader Belhaj Detailed," BBC Monitoring Middle East, September 12, 2007.

② Ali Cherarak, "La Réconciliation Nationale a Compromis La Lutte Antiterroriste," *El Watan*, August 17, 2015.

③ Amel Boubekeur, "Salafism and Radical Politics in Postconflict Algeria," *Carnegie Papers*, September, 2008, p. 3. https: //carnegieendowment. org/files/salafism_ radical_ politics_ algeria. pdf.

文萨拉菲主义团体宣扬的思想具有复古与排外的特征。例如阿尔及利亚著名经文萨拉菲主义学者谢赫阿里·费尔古斯（Sheikh Ali Ferkous）以柏柏尔农业节（Yennayer holiday）与伊斯兰教无关为借口公开呼吁取消这一法定假日，甚至将庆祝农业节的阿尔及利亚人称为"异教徒"①。此类言论不利于阿尔及利亚的民族团结，也不利于包容性思想的传播与发展。同时，经文萨拉菲主义提倡回归原初教义，也与世俗化和现代化进程相悖。

尽管经文萨拉菲主义的崛起既挤压了具有暴力倾向的圣战萨拉菲主义在阿尔及利亚的生存空间，也在很大程度上遏制了争取和平社会运动等伊斯兰政党所代表的政治伊斯兰，但目前经文萨拉菲主义不断扩张，且大有失控之势，或将对阿尔及利亚的去极端化进程形成逆向效应。

三　阿尔及利亚宗教氛围的保守化

如前文表 II - 4 - 1 所示，近年来，阿尔及利亚民众的思想观念普遍发生了变化，阿尔及利亚的宗教氛围趋于保守化。这既是由于经文萨拉菲主义的崛起及周边恐怖主义的外溢，也与伊斯兰政党的民间宣教密切相关。由于布特弗利卡时代阿尔及利亚政府通过限制与分化等手段削弱伊斯兰政党，并通过扶植苏菲主义与经文萨拉菲主义挤压其生存空间②，伊斯兰政党的战略目标逐渐由通过选举动员争取政治地位和权力转变为通过民间宣教扩大社会影响。例如，近期"争取和平社会运动"建立"太阳"（The Sun）、"重要一代"（An Important Generation）等社团组织向阿尔及利亚青年传播保守的价值观。同时，伊斯兰政党当前已经控制了全国将近5%的清真寺。③

在多种因素的作用下，阿尔及利亚社会出现宗教回潮的氛围，不少原本对宗教知识了解甚少的年轻人加入保守的宗教团体，主张奉行宗教的原初教义。如表 II - 4 - 1 所示，时下阿尔及利亚的宗教环境为极端思想的传播提供了土壤。

---

① Vish Sakthivel, "Algeria's Religious Landscape: 'A Balancing Act'," *Foreign Policy Research Institute*, September 14, 2018, https://www.fpri.org/article/2018/09/algerias-religious-landscape-a-balancing-act/.

② Chuchu Zhang, *Islamist Party Mobilization*, Singapore: Palgrave Macmillan, 2020, pp. 189 - 191.

③ "Salafism Movements in Algeria: On the Rise or in Decline?" Fanak, July 25, 2015, https://fanack.com/algeria/society-media-culture/society/salafism-movements-in-algeria-on-the-rise-or-in-decline/.

四 阿尔及利亚安全环境的恶化

自 2014 年 6 月以来，随着国际油价的持续低迷，政府财政将近三分之二来自碳氢工业的阿尔及利亚损失惨重。从 2014 年至 2016 年，阿尔及利亚的国内生产总值由 2138 亿美元骤降至 1601 亿美元。[①] 截至 2018 年 6 月，阿尔及利亚的外汇储备仅为 886 亿美元，与 2014 年相比下降了 50%。[②] 在此背景下，城市电车、铁路等大型基建工程面临延期或停工，而且政府不得不削减日用品与能源补贴。2016 年，阿尔及利亚十年内首次提高汽油价格，且涨幅高达 34%。[③] 然而，由于这些措施加剧了民众的经济压力与生活负担，加上布特弗利卡政治改革进程缓慢，阿尔及利亚多地频发反政府游行示威，并最终于 2019 年升级成"阿尔及利亚之春"革命浪潮。此起彼伏的抗议活动，及阿尔及利亚政府与示威者之间的暴力冲突，致使阿尔及利亚的政局持续动荡，安全形势急转直下。

更糟的是，财政拮据将阿尔及利亚政府置于两难境地。一方面，面对政局不稳、社会矛盾尖锐、秩序混乱等困境，阿尔及利亚需要增加维稳成本与治理成本，从而缓解安全风险。另一方面，由于石油收入锐减，阿尔及利亚已无力增加或维持原本高昂的军警开支。从 2016 年至 2018 年，阿尔及利亚的军费开支由 106.37 亿美元降至 94.59 亿美元。[④] 鉴于有限的军警力量疲于应对反政府抗议活动，阿尔及利亚的去极端化与其他反恐工作出现松懈，致使恐怖活动发生的地带有所增加。

总之，去极端化是一项长期事业，尽管阿尔及利亚的去极端化政策在短期内取得了显著成效，但需要继续巩固去极端化成果，防止极端主义死灰复燃。2019 年，阿尔及利亚多地爆发大规模抗议活动，引发执政 20 年之久的布特弗利卡总统下台。当前，阿尔及利亚处于脆弱的政治转型期与动荡期，或将为极端主义的进一步发展创造机会。如何在和平过渡的同时控制极端主义的回潮趋势，是阿尔及利亚面临的重要挑战。

---

① Trading Economics, https://tradingeconomics.com/algeria/gdp.

② Heba Saleh, "Algeria Faces Economic Crunch as Oil and Gas Revenues Fall Short," Financial Times, March 25, 2019, https://www.ft.com/content/aeb64352-4c87-11e9-bbc9-6917dce3dc62.

③ Andrew Jewell, "The Need for Subsidy Reform in Algeria," IMF, August 31, 2016, https://www.imf.org/external/np/blog/nafida/083116.pdf.

④ Trading Economics, https://tradingeconomics.com/algeria/military-expenditure.

第五章　石油经济

阿尔及利亚以丰富的烃类能源而闻名，特别是天然气资源，阿尔及利亚在能源生产和勘探方面居世界领先地位，并向世界市场供给原油和天然气，其国家财政收入主要依靠油气行业，因此，能源对于阿尔及利亚而言具有至关重要的战略意义，比其他任何部门都更能体现阿尔及利亚的政治、经济和社会前景。

第一节　学界研究

目前已经有很多文章讨论"资源诅咒"及其对经济增长和发展的负面影响。[1] 一些学者甚至认为，资源财富和民主之间存在着消极的联系。如迈克尔·罗斯（Michael Ross）指出："该地区的国家由于生产和销售石油而变得更不自由，这是无法回避的事实。"[2] 然而，在其后续出版的文章中[3]，他调整了对因果关系确定性的观点。

"石油只是一种黑色的黏性物质。"[4] 它怎么会是破坏经济发展或民主的种子？我们将提供关于制度的数据来支持我们的主要论点，但更重要的

① Jeffrey D. Sachs and Andrew M. Warner, "Natural Resource Abundance and Economic Growth," *Working Paper 5398 of National Bureau of Economic Research*, 1995, https：//www. nber. org/papers/w5398.

② Michael L. Ross, "Will Oil Drown the Arab Spring? Democracy and the Resource Curse," *Foreign Affairs*, Vol. 90, No. 5, 2011, pp. 2 - 7. http：//www. jstor. org/stable/23041770.

③ Michael L. Ross, *The Oil Curse：How Petroleum Wealth Shapes the Development of Nations*, Princeton：Princeton University Press, 2012.

④ Terry Lynn Karl, *The Paradox of Plenty：Oil Booms and Petro-States*, London：University of California Press, 1997, p. 6.

是，我们将使用两个国家作为反面论据来增加我们的论点的分量。这两个国家是新加坡和挪威。① 新加坡是一个城市国家，它没有资源财富。然而，正如我们的数据所显示的那样，它在经济发展方面做得非常好——也许在民主方面没有那么好，但仍然比阿尔及利亚做得好。

挪威同时是一个石油经济体和一个民主国家。石油的存在并没有妨碍挪威实现高人均收入，也没有妨碍它在所有机构指数中排名第一或接近第一。阿尔及利亚早在 20 世纪 50 年代中期就发现了石油，远远早于挪威，现在已经远远落在其后面。阿尔及利亚与挪威的不同之处就在于它的制度赤字——即使在获得独立半个多世纪之后，阿尔及利亚仍未满足其不断增长的人口的愿望。最后，没有自然资源财富的新加坡和韩国的人均收入超过了阿尔及利亚（见图 II – 5 – 1）。

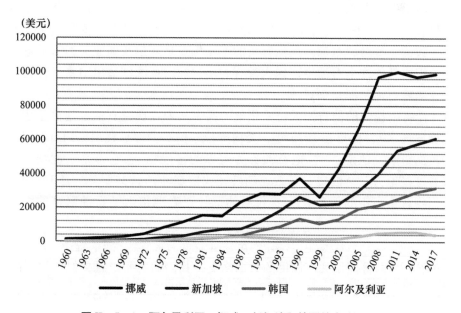

图 II – 5 – 1　阿尔及利亚、挪威、新加坡和韩国的人均 GDP

资料来源：摘自"世界发展指标"。

---

① 本章将使用挪威和新加坡作为两个参考国家。在图 II – 5 – 1 中，我们用韩国作为参照，以突出贫油国经济增长的不同路径。

从图 II - 5 - 1 可以看出，阿尔及利亚的人均国内生产总值在近 60 年的时间里几乎保持平稳，增长缓慢，而挪威的人均国内生产总值在 1960 年从一个高得多的水平开始（几乎是阿尔及利亚的 10 倍），然后在那之后开始腾飞。值得注意的是，阿尔及利亚在 1956 年发现石油，从 1958 年①开始生产石油，挪威在 1969 年开始生产石油。② 1960 年，新加坡的人均国内生产总值（GDP）开始时与阿尔及利亚处于相同的水平，但在 20 世纪 70 年代初开始腾飞，并继续沿着这条轨迹发展。图 II - 5 - 2 突出了阿尔及利亚经济面临的基本问题：半个多世纪以来，阿尔及利亚一直受制于石油和天然气行业，未能实现经济多元化，也未能建立起有助于加快经济增长的必要机制。简而言之，尽管拥有石油财富，但它并没有将其付与人民，这个国家面临的最大障碍是时间，因为改变一个国家的经济进程需要数十年的时间。

学术界对资源诅咒的话题有过广泛的讨论。谷歌上关于该词条的搜索结果有 3100 万条。我们主要关注重要的几个，也是与本章主题的主要论点一致的一些资料来源。虽然分析的主要焦点是阿尔及利亚，但石油输出国组织内外的许多石油生产国也没有利用它们的资源创造出财富。但这并不意味着石油是罪魁祸首。③

沙特阿拉伯的前石油大臣希望他的国家从未发现过石油。他更希望他们能发现水④，而早在 1975 年，委内瑞拉一位石油部长就预见到石油财富的负面影响，他说："我把石油称为魔鬼的排泄物。"它带来了麻烦……看看这些地方——浪费、腐败、消费，我们崩溃的公共服务。还有债务，我们将背负多年的债务。"⑤ 这位石油部长正确地指出了石油财富的潜在

---

① 参见 https：//www. opec. org/opec_ web/en/about_ us/146. htm。值得注意的是，阿尔及利亚从 1954 年到 1962 年经历了从法国独立出来的战争。在适应独立后的环境的过程中，经济经历几年的停滞是很自然的，而在最初几年里，人均 GDP 将反映出这一点。然而，由于石油的存在，特别是在人口比现在少得多的早期，人均国内生产总值并没有如预期的那样得到改善。与此形成对比的是新加坡和韩国。

② 参照 https：//www. regjeringen. no/en/topics/energy/oil-and-gas/norways-oil-history-in-5-minutes/id440538/。

③ 虽然我们这里仅指石油，但不排除天然气。分析涉及所有碳氢化合物。阿尔及利亚、卡塔尔、伊朗和其他中东国家都有天然气储备。

④ Roseline Okere, "Oil Resource Curse and the Yamani Syndrome," *The Guardian*, October 30, 2013. http：//oilrevenueng. org/revenews/oil-resource-curse-and-theyamani-syndrome-the-guardian/.

⑤ "The Devil's Excrement：Is Oil Wealth a Blessing or a Curse," *The Economist*, May 22, 2003. https：//www. economist. com/financeandeconomics/2003/05/22/the-devils-excrement.

弊端，从委内瑞拉的经济状况来看，他说得当然是正确的。但是，石油财富的发现和缺乏并不一定会带来麻烦，新加坡就是一个例子。

关于石油诅咒的研究始于杰弗里·萨克斯（Jeffrey D. Sachs）和安德鲁·华纳（Andrew M. Warner）的工作，他们试图展示自然资源财富对那些被赋予如此财富的经济体的不利影响。他们总结说，其研究记录了过去20年里自然资源强度和经济增长之间具有统计学意义的、反向的、强有力的联系。不过，他们补充说，研究结果"还远不是确定的"。

资源贫乏经济体的表现优于资源丰富经济体的现象一直是经济史上的主题。在17世纪，尽管西班牙在新大陆的殖民地提供了大量的黄金和白银，资源贫乏的荷兰还是超过了西班牙。在19世纪和20世纪，瑞士和日本等资源贫乏的国家迅速超过了俄罗斯等资源丰富的经济体。在过去的30年里，世界上表现最好的是东亚那些资源贫乏的新兴工业化经济体（NIEs）——韩国、中国台湾和香港、新加坡——而许多资源丰富的经济体，如石油资源丰富的墨西哥、尼日利亚、委内瑞拉等，已经破产。[1]

这两位作者的观察点出了我们论点的核心——制度的重要性[2]，以及制度在塑造经济发展、培育和维护民主方面所扮演的角色。墨西哥、尼日利亚和委内瑞拉等资源丰富的国家表现不佳的原因相差无几。除了石油财富的存在外，人们还应该注意石油发现和开采的时间——它发生在制度建立之前还是之后。

为了复制萨克斯和华纳的工作，我们以更有限的方式和更小的国家为样本[3]专门对中东和北非地区（MENA）的国家进行了回归分析。[4] 回归分析没有发现能证明"资源诅咒"的证据。此外，在测试挪威以作为控

---

[1]　Jeffrey D. Sachs and Andrew M. Warner, "Natural Resource Abundance and Economic Growth," *Working Paper 5398 of National Bureau of Economic Research*, 1995, https: //www. nber. org/papers/w5398.

[2]　制度是管理经济、社会和政治互动的规则和执行机制。

[3]　这些国家包括北非的阿尔及利亚和利比亚、沙特阿拉伯、阿拉伯联合酋长国和海湾地区的科威特。

[4]　Mohamed Akacem and Xin Geng, "The Fallacy of the Resource Curse in Arab Oil Economies: Why Institutions Matter," *Journal of South Asian and Middle Eastern Studies*, Vol. 38, No. 2, 2015, pp. 27 – 43.

制变量时，没有证据表明石油的存在对其经济产生了负面影响。事实上，研究结果似乎指向了积极的影响。我们对阿尔及利亚进行了更具体的测试①，同样，石油财富与经济增长之间没有显著关联或是负相关关系，而制度冲击确实影响了经济。

迈克尔·阿列谢夫（Michael Alexeev）和罗伯特·康拉德（Robert F. Conrad）的研究结果与萨克斯和华纳的不一致。他们的研究结果支持了这样一种观点，即石油财富有助于（而非阻碍）那些拥有石油财富的国家的前景。他们进一步指出了"X现象"并说道："X可指代荷兰病、国内冲突、寻租、忽视人力资本开发、储蓄和投资下降、收入不平等加剧等因素。最近，制度的恶化似乎已经逐渐成为X现象最普遍的解释。"②

这为我们的论点提供了支持，即制度的存在或缺失是资源丰富国家的主要关注领域。下面的数据将说明，只有制度能说明阿尔及利亚或中东北非地区的其他石油生产国为何未能在经济和政治方面取得优势。达伦·阿西莫鲁（Daron Acemo lu）和詹姆斯·罗宾逊（James A. Robinson）将重点直接放在制度的重要性上，试图解释为什么一些国家表现良好，而另一些国家却失败了。下引文涉及所有资源丰富的国家，包括阿尔及利亚：

> 这些国家今天之所以失败，是因为它们的采掘性的经济制度不能激发人们储蓄、投资和创新所需的动力。采掘性政治制度通过巩固采掘者的权力来支持这些经济制度。采掘式的经济和政治制度，尽管其细节在不同的环境下有所不同，但始终是这种失败的根源。③

关于经济和政治机构的包容性，这两位作者接着指出：

> 包容性经济体制，如韩国或美国的体制，是指允许和鼓励广大人

---

① Mohammed Akacem and Nicolas Cachanosky, "The Myth of the Resource Curse: A Case Study of Algeria," *The Journal of Private Enterprise*, Vol. 32, No. 2, 2017, pp. 1 – 15.

② Michael Alexeev and Robert F. Conrad, "The Elusive Curse of Oil," *The Review of Economics and Statistics*, Vol. 91, No. 3, 2009, pp. 586 – 589.

③ Daron Acemo lu and James A. Robinson, *Why Nations Fail: The Origins of Power, Prosperity and Poverty*, 1st ed, New York: Crown Publishers, 2012, p. 372.

民参与经济活动，充分发挥他们的才能和技能，使个人能够做出他们
希望的选择。要具有包容性，经济制度必须以安全的私有财产、公正
的法律体系和提供公共服务为特征，为人们提供公平的环境来交换和
缔结合同；它还必须允许新企业进入，允许人们选择自己的职业。①

特里·林恩·卡尔（Terry Lynn Karl）补充说，制度是关键。他认为，
问题不在于石油诅咒。②"石油出口国的命运必须在这样一种背景下去理
解，即经济塑造体制，反过来又被体制所塑造。由于经济发展和制度变迁
之间的因果箭头不断地在两个方向上运行，累积的结果形成了长期分歧的
国家轨迹。"罗斯重新校正了他关于石油存在及其对各国影响的主要论
点。③ 他承认，他的研究"……几乎没有发现资源诅咒文献中一些更可怕
主张的证据：开采石油减缓了一个国家的经济增长，或使政府更弱或更低
效"④。

罗斯的上述论点尚未适用于整个中东和北非地区。事实上，这一地区
的政府还未能满足其公民在经济方面的愿望。这一区域特别是人口中的青
年部分的失业数据是大量的，从长远来看是不可持续的。罗斯继续指出，
尽管存在这些缺点，但石油财富的存在可能是一个积极因素，因为它可以
扩大教育和卫生等公共产品的规模。

不幸的是，没有证据支持这样的主张。在这些领域的支出与最终产出
不成正比。总的说来，公共部门和私营部门在整个中东北非地区，特别是
在阿尔及利亚，都没有发挥作用。阿尔及利亚在大学毕业生技能方面排第
120位，新加坡和挪威分别排第4位和第21位。这样的排名对经济来说
不是好兆头，而且是教育部门与经济需求脱节的证据。低技能组解释了相
对较高的失业率，因为公共或私营部门都没有能力雇用这些毕业生，这导
致了高失业率（见图 II - 5 - 2）。

---

① Daron Acem Lu and James A. Robinson, *Why Nations Fail: The Origins of Power, Prosperity and Poverty*, 1st ed, New York: Crown Publishers, 2012, pp. 68 - 69.

② Terry Lynn Karl, *The Paradox of Plenty: Oil Booms and Petro-States*, London: University of California Press, 1997, p. 6.

③ Michael L. Ross, *The Oil Curse: How Petroleum Wealth Shapes the Development of Nations*, Princeton: Princeton University Press, 2012. p. 223.

④ 在该书脚注中作者承认："……我自己以前的一些研究支持了这些观点中的一些。"

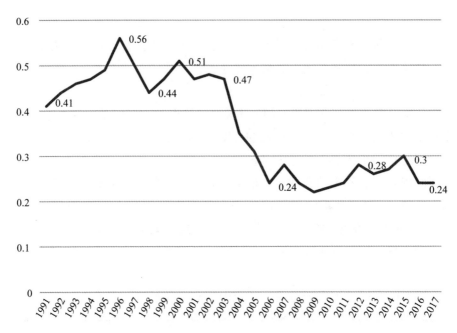

图 II-5-2 阿尔及利亚青年失业率（1991—2017）

资料来源：美国密苏里州圣路易斯联邦储备银行。

尽管罗斯认为，考虑到石油经济对健康和教育带来的关注，人们可以从中获得补偿，但没有证据支持这一观点。"人力资本指数"衡量卫生和教育部门的价值，以及它们如何有助于提高未来工人的生产力。根据世界银行的数据，阿尔及利亚的指数是 0.52，低于挪威和新加坡的 0.77 和 0.88。① 其根本问题在于谁控制着石油收入的流动。成为石油生产国并不一定会带来坏结果。挪威是一个石油生产国，但它没有经历中东和北非地区盛行的寻租现象。正如我们所指出的，其中一个原因是挪威有稳定的制度。尽管挪威的石油收入也流向政府，就像中东和北非地区一样，但它有制衡机制，允许反馈和问责。联合国开发计划署《阿拉伯人的发展报告》讨论了后者的情况，该报告解释了为什么阿拉伯国家遭受食利者效应。

① World Bank, *World Development Report* 2002: *Building Institutions for Markets*, New York: Oxford University Press, 2002.

该报告指出：

> 在食利者国家，政府免除了任何定期问责，更不用说代表权了。只要租金继续流动，公民就没有必要为政府提供资金，从而期望政府对他们负责。相反，当租金的流动依赖于有影响力的外部力量的善意时，比如在一些阿拉伯国家，问责权就会转移到控制租金流动的人身上，而不是留在公民身上，他们变成了臣民。[①]

为了强调阿拉伯世界食利者经济的可怕困境，它继续将这些国家称为"黑洞"国家。在这些状态下，"执行机构就像一个'黑洞'，它把周围的社会环境转变成一个没有任何东西可以移动，也没有任何东西可以逃脱的环境"[②]。迄今为止的研究表明，资源诅咒理论是一个错误观念。石油经济体挪威和没有资源财富的城市国家新加坡的表现优于中东和北非地区的石油经济体。为什么？因为制度。另一个极端是委内瑞拉，它拥有世界上最大的石油储量，但却未能向人民提供最基本的服务，这导致委内瑞拉公民大量外流。在大量石油财富面前，制度的缺失再一次导致了毁灭。

阿尔及利亚面临的挑战是如何从体制赤字的环境转变为一个体制能正常运转的国家。我们认为，这不是一项容易的任务。但我们仍然认为，从长远来看，现状是不可持续的。我们将在本章的最后提出一种激进的方法，它可能是必要的制度变革的催化剂。

第二节　实证分析

关于制度指数，我们有充足的数据，但我们将局限于几个与核心指数有关的数据，这些核心指数正在发挥作用，并揭示出阿尔及利亚经济的次优增长率。我们先从 2020 年的财政平衡预测开始。财政平衡是总支出和总收入之间的差额。鉴于阿尔及利亚依赖石油收入，石油价格是这一衡量

---

① UNDP, *Arab Human Development Report* 2004, 2004, p. 1522. http：//hdr. undp. org/sites/default/files/rbas_ ahdr2004_ en. pdf.

② UNDP, *Arab Human Development Report* 2004, 2004, p. 15. http：//hdr. undp. org/sites/default/files/rbas_ ahdr2004_ en. pdf.

标准的主要决定因素。

图Ⅱ-5-3描绘了阿尔及利亚以及中东和北非地区及其中的石油出口国。在2020年之前的每一年里，阿尔及利亚的财政赤字占GDP的比重都在上升。2018年的数字是一个估计，2019年和2020年的数字是预测。这是由当前油价与平衡预算所需价格之间的差异造成的。2018年，市场油价与财政收支平衡油价之间的价差为-44.49美元，高于其他海湾产油国。许多因素导致了这种可怕的财政状况，其中包括浪费、腐败、缺乏连贯的长期经济战略，以及对外国直接投资采取不欢迎的态度。更糟糕的是，不断增长的人口，尤其是年轻人口的膨胀，给阿尔及利亚的劳动力市场带来了压力。因此，一些阿尔及利亚青年（哈拉加）冒着生命危险横渡地中海，以寻求更好的生活。

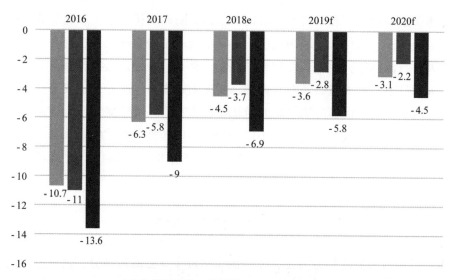

图Ⅱ-5-3   财政平衡占GDP的百分比和收支差额

资料来源：世界银行在中东和北非的经济监测机构。

为了进一步探究这些数据，为我们关于石油财富是福而不是祸的论点增加说服力，我们转向一些国家的人均收入和资源租金之间的相关性。图Ⅱ-5-4显示了人均GDP和资源租金占GDP的百分比。值得注意的是这两个变量之间的反向关系，这进一步强化了一个观点：从长远来看，重要的是良好的制度。一个国家的自然资源越丰富，其人均 GDP 就越低。看看阿尔及利亚、科威特和沙特阿拉伯，将这些石油出口国与新加坡、挪威和美国进行比较，我们看到了良好的制度所带来的不同。新加坡是迄今为止最好的例子，资源租金为零，人均 GDP 高于科威特甚至沙特阿拉伯。挪威的石油财富要少得多，开采石油的时间也较晚，人均 GDP 最高，资源租金也较低（见图 II - 5 - 4）。

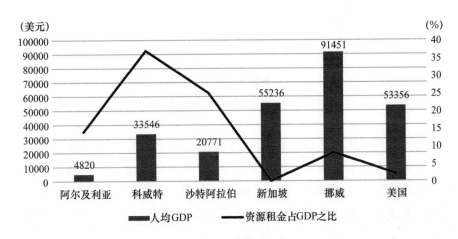

图 II - 5 - 4 2017 年自然资源租金和人均 GDP

国际货币基金组织和世界银行开始使用治理（或缺乏治理）一词作为解释自然资源丰富国家经济表现不佳的一个因素。治理包括腐败和法治等一系列指标。阿尔及利亚治理指标在 2017 年的得分都很低（为负），而挪威和新加坡的得分为正，一些国家接近 2.5 分的最高分。发言权和问责制是关键指标，因为如果没有对他人和普通民众的意见进行反馈和接受，政府就失去了做出必要政策修正的机会。法治是一项重要措施，包括执行合同、保护产权，以及在司法独立的程度上激发对国家和经济的信任。后者转化为外国直接投资（新加坡），阿尔及利亚在这一领域失去了阵地，主要是由于在这一标准上的得分较低。图 II - 5 - 5 显示了新加坡和阿尔及利亚之间的差距。

（百万美元）

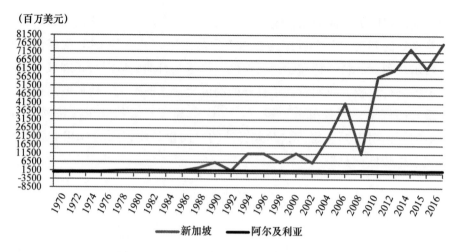

图 II - 5 - 5　外国直接投资（1970—2017）

资料来源：联合国贸发会议。

　　关于资源诅咒的文献指出了资源丰富的国家在军事上过度支出的问题。汉弗莱、萨克斯和斯蒂格利茨指出："这些国家通常有'脆弱和不负责任的政府'：一个资源丰富国家的收入在很大程度上是独立于整体经济的优势和成功，资源丰富国家的政府需要参与活动，支持经济。① 如果经济中没有广泛的支持基础，政府反而可以将其收入投资于培植压迫性的能力。"

　　根据作者的说法，这类国家没有太多的动机去建立一个允许反馈和问责的政府系统，相反，而是倾向于把国家的更多资源分配给军队。最好的衡量方法是将国防支出作为 GDP 的一部分。例如，2017 年，沙特阿拉伯的国防支出占 GDP 的 10.29%，而挪威、美国和新加坡的国防支出分别占 GDP 的 1.64%、3.15% 和 3.32%。换句话说，沙特阿拉伯的国防开支是美国的三倍多，美国是世界上最大的经济体和超级大国。阿尔及利亚花费其 GDP 的 5.71%，其国防支出占比比美国和挪威加起来还要高。相对于其他较大的发达经济体，这些相对较大的支出意味着巨大的损失。需要注意的是，在后"9·11"以及"阿拉伯之春"背景下，国防支出、安保和

① Macartan Humphreys, Jeffrey D. Sachs and Joseph E. Stiglitz, *Escaping the Resource Curse*, New York：Columbia University Press, 2007, p. 12.

反恐措施可能会增加，但这些石油经济体的军事支出规模仍远高于有着制衡制度的民主国家。

最后，石油经济体制缺失或薄弱的另一个特征是腐败盛行。在 2017 年的清廉指数（透明国际 2017）中，阿尔及利亚在 180 个国家和地区中排第 112 位，挪威和新加坡分别排在第 3 位和第 6 位。[1] 这证明，像挪威这样的石油经济体，尽管有石油存在，依旧能做得很好，就像新加坡这样没有一滴黑金的经济体一样。

第三节　食利体制

阿尔及利亚的经济基础来源于石油和天然气的开采、开发及出口。回想 18 世纪的经济学家大卫·李嘉图提到的这些自然资源，从与石油和天然气的开采和开发有关的直接成本和间接成本之间的差异来看，这些自然资源的生产性质和不灭的特性是与生产国的条件有关的，因此具有内生性质。运输到消费国的交通问题和产品最终的销售价格，在阿尔及利亚当代经济背景下，是必然的外生变量，因为它是根据世界市场的情况而演变的。碳氢化合物主导着阿尔及利亚的经济，是阿尔及利亚宏观经济平衡的主要因素。在 2000 年到 2014 年，也就是国际市场上石油价格下跌时，这些资源带来了很大一部分收益：占年均国内生产总值的 30%—40%，国家财政预算资源的约 65%，以及出口总额的 97% 左右。根据各种估计，这些资源在此期间构成了 8 亿至 10 亿美元的收入。由于公共支出在宏观经济政策和在由私营部门发起和实施的行动中起到了重要作用，而私营部门由于结构性机制而依赖于同一支出，因此国内生产总值的很大一部分由碳氢化合物驱动。与此同时，碳氢化合物实际上是使阿尔及利亚能够进入国际市场获得满足其国内需求，包括人口的基本需求（医疗用品、食品等）供应品的唯一产品。

---

① 透明国际，https：//www. transparency. org/news/feature/corruption＿perceptions＿index＿2017？gclid＝EAIaIQobChMIwcaxus7k3wIVVrjACh3lRgGyEAAYASAAEgIHkvD＿BwE.

一 政治租金

尽管看起来，政治租金不像在能源情况下那么明显，但也同样突出。与碳氢化合物一样，这种租金遵循的逻辑是，它利用资本的现有来源积累象征资本，而不是经济资本。它形成和发展的过程与国家市场框架产生的需求相关联。在这种情况下，这类租金是整个阿尔及利亚人民在民族运动（1954 年之前）和民族解放战争（1954—1962）时期积累的所有象征性资本。在这两段时期阿尔及利亚与法国殖民统治进行着斗争。通过连续的记忆、积累和赋值的过程，参与这些历史已经在个人和集体的内心和记忆中等价地转化为具有社会意义的、合法的和有价值的象征资本，使得参与者在社会地位、策略和社会习俗中表现出与其他人的必要区别。[1] 与能源租金一样，具有历史渊源的象征性政治租金也是不可再生的，包括无法复制的历史事件等。在这两种情况下，资源的不可再生性质是其核心价值，因此产生的租金很高。所以，所有正在建立或试图建立与民族解放战争具有直接和重要联系的参与者将竭尽所能，以增加象征性资本积累的能力。这些资本是社会合法性的一个重要来源，可以加强他们在各种活动中的谈判能力，以便他们获得更多的财富（主要在经济领域）以及更多的权力（主要在政治领域）。

从精英的角度来看，政治权力作为国家官僚机构，它从这两种租金中获益。这在政治上具有重要意义，因为租金保证了它们的合法性，并因此也保障了它们权力的可持续性，且在长时间控制政治权力的情况下，它也具有经济性质。

在这方面，最好的例子之一是民族解放阵线（FLN），其历任领导人长期以来一直在工具化民族历史，滥用民族历史来定义自己。民族解放阵线在 1954—1962 年这一历史阶段所体现出来的，正是一种"窃取继承"[2]

① Pierre Bourdieu, *Raisons pratiques*, Paris: Editions du Seuil, 1994.

② 窃取继承（Inheritance capture）：这个名称指的是外人为满足自己的利益，利用老年人的虚弱状态来转移他们的部分遗产。在本章中，指的是当前的民族解放阵线为了自己的目的而获取或利用历史上的民族解放阵线的名称和符号。

的方式：阿尔及利亚人民在"誓言"（Kassamen）①中提到并向其"宣誓"的革命"民族解放阵线"②与从1962年起担任执政党的"民族解放阵线"之间有着明显的区别。事实上，圣战者国家组织临时秘书长莫汉德·瓦马尔·本哈吉（Mohand Ouamar Benlhadj）于2019年6月12日呼吁民族解放阵线应将这个名称的殊荣归还给阿尔及利亚人，政党也应解散，成为过去。他指责民族解放阵线成员以FLN的名义来为自己的利益服务。自1989年以来，民族解放阵线已成为阿尔及利亚运作的众多政党之一，也是作为政治体制基础的多党制中的主要组成部分。二者间只有细微的联系，不足以支撑该政权的延续，这一点在年轻一代③和退伍军人中正饱受争议。

同样，作为政治租金的直接受益者，另一个应该提到的机构是国家人民军（ANP），它从根本上把自己定位为民族解放军的直接继承人。在民族解放战争期间和1962年夏季危机期间，由于不断参与各类政变，它从中获益，国家人民军仍在政治领域处于主导地位。实际上，它自1962年以来就一直是主要政治角色，持有真正的政治权力。

将国家与社会之间的关系结合起来看，它们的基础建立在一个食利体系中，该体系本质上由与能源和政治这两种体系租金相关的逻辑所决定。社会、租金和政府三方的关系可以概括如下：首先，在能源租金方面，政府在管理方式上拥有独家垄断权，并承诺将确保能源租金以最广泛和最公平的形式重新分配给社会，这种方法旨在建立一个福利国家。作为对这一政策的交换，政府作为委托管理者对属于整个社会的资源进行广泛而公平的再分配。因此，社会作为主要受益者，不能轻易地对政府做出的公共政策提出异议。

---

① 或"Qassaman"，阿尔及利亚的国歌，由穆夫迪·扎卡里亚（Moufdi Zakaria）创作，从1963年起采用至今。
② 在民族解放阵线组织的公开集会上，悬挂的旗帜上的标语使用的是穆夫迪·扎卡里亚（1908—1977）的诗文中极具象征意义的阿拉伯语诗句。翻译成英文为：庄严宣告——"解放战线，我们已向你们宣誓"。
③ 2014年，阿尔及利亚作家卡迈勒·达乌德（Kamel Daoud）在一篇题为"FLN，我恨你！"的文章中写道："我梦想将拉比·本·姆希迪（Larbi Ben M'Hidi）的记忆从贝勒卡迪姆（Belkhadem）和萨达尼（Amar Saadani）中解救出来。FLN是我的敌人。他们侮辱我，我第一次感到羞耻。"或者在法国文学领域的卡夫卡式小说——萨米尔·图米（Samir Toumi）的小说《逃亡》中也有体现。Samir Toumi, *L'effacement*, Algiers：Editions Barzakh, 2016.

其次，就政治租金而言，政府本身是自己的最终监管者。的确，从"长期"的角度来看，自民族独立以来，它已表现为民族历史合法的直接继承人。特别是 20 世纪的两个创始阶段：民族运动和民族解放战争时期。因此，国家认为，在其主权国家的核心位置，存在着一系列被假定为垄断的问题，甚至在今天，仍然是其各种政治特权和自由特权的一部分，这些问题都围绕着中央政府的核心目标，即维护政治租金的社会合法性展开。

二　存在着广泛的食利共识的社会

由于食利逻辑渗透在社会和国家的方方面面，以及它们的相互关系中，因而存在着一个渐进的社会蜕变的过程。这种逻辑的影响扩展到社会活动的所有领域，并在很大程度上决定了所有参与者的行为。社会中的每一个人都直接或间接地生活在受这些不同食利者逻辑影响的环境中，并且最终被同化。因为所有食利者逻辑都对个人和群体在持续的社会化过程中的发展方式起着决定性的作用，所以社会的基本原则仍然是"最小成本化，利益最大化"。布迪厄将这称为"惯习"①，这使得阿尔及利亚社会与众不同，特别是它在社会风俗方面的特点。

三　人民反抗威权体制的起源

自 21 世纪初以来，长期实行的双重食利模式确保了政治体系的相对稳定。然而，由于两套模式相关因素之间的直接和间接作用，食利模式的积极作用所剩无几。

首先，影响国家结构演变的因素，不可避免地导致了双重食利者模型的失效。显然，这是在与时间赛跑，因为能源和历史遗产两种国家租金来源已经耗尽。由于二者既不可再生，又受到持续的剪刀效应②的影响，最终导致社会效率下降。在能源供给方面，阿尔及利亚有限的能源存量限制了未来的发展。在需求方面，潜在获利人口从 2019 年的 4300 万人增加到 2050 年的 5750 万人，这极大地限制了政治权力重新分配租金以满足社会

---

① Pierre Bourdieu, *Esquisse d'une Théorie de la Pratique*, Paris: Editions du Seuil, 2000.

② 剪刀效应（scissors effect），在纳什均衡图中的交点处，双方在横坐标和纵坐标上都能获得最佳选项。在博弈论中，双方会默认对方不会到达的那个点，那么所付出的变量就会减少，实际上就不可能达到纳什均衡点，双方也就都不可能达到那个最佳交点。

需求的空间。其次，在历史因素方面，就供给而言，历史合法性同样必然会被削弱。历史是无形的，它更像是集体和个人的一种记忆。在需求方面，历史遗产对年轻人口的影响越来越小——如今，一半人口的年龄低于27岁——他们对官方描述的历史越来越不敏感。这些历史是年轻人不了解的，对他们来说，只会对无法预计的未来分配表达出强烈要求。

然而，由于2014年油价大幅下跌而造成的直接和间接影响，这种结构性演变正逐渐耗尽双重食利模式的积极作用。这种冲击使阿尔及利亚的能源收入大大减少，严重阻碍了政府对社会进行有效再分配。

严重的社会不安情绪在年轻人中体现得尤为明显。经济和社会政策严重低估了实现国民经济多元化以及创造就业机会（尤其是为年轻人创造就业机会）所面临的挑战。然而，除了失业现象之外，仍有许多人同样处于不稳定的经济边缘地位。官方统计数据显示，2015年有434.7万被边缘化的劳动力，包括临时工、学徒、护工和经济状况不稳定的失业者。他们中的大部分是青年，或多或少都生活在就业压力中，任何时候都可能面临失业、就业不足、临时性就业或非正规就业。这其中还包括有正式工作的人，但工作的报酬很低，也被称为"穷忙族"。

这些社会群体主要是年轻人，他们被称为"流众"[①]。根据现有的各种数据和笔者个人估计，2019年，这一群体约有500万人，且大多数是年轻男性。

这些"流众"在社会中的地位日益重要，主要体现在社会主要休闲活动——与足球比赛有关的一切活动中。由于缺乏民主表达的公共途径，足球俱乐部以及体育场等成为新的论坛，人们在其中表达对政权政策的强烈不满。大多数年轻人，特别是那些生活在边缘处的不稳定者，认为政治体制是老人统治的实体，不考虑年轻人的愿望。这些不满经常通过各种方式如歌曲等表达出来，这些都已经成为一种真实可见的社会现象。

迄今为止，确定的两组主要因素是相互关联的，并都由失业，特别是青年失业所组成。它们是经济和社会政策的直接产物，这些政策在短期内

---

① 社会学家和经济学家在分析当代社会的演变时越来越多地使用这个概念。这个概念是将收入不稳定者与无产阶级相结合而得来的。英国经济学家盖伊·斯坦丁（Guy Standing）将其称为"新兴的和危险的"阶级。Guy Standing, *The Precariat—The New Dangerous Class*, New York: Bloomsbury Academic, 2011.

有利于重新分配，以不惜一切代价地追求社会和平，却忽视了对生产部门的必要投资，以为仅凭这些就可以不断创造出迫切需要的就业机会。

在经济和社会都越发不稳定的背景下，在第四个任期即将结束时，布特弗利卡总统于 2019 年 2 月 10 日宣布将参加第五任总统任期选举。在大多数人看来，这是一种自大的表现。最重要的是，人们认为这是对国家最高机构的私人侵占，是一种不可接受的挑衅，必须明确予以拒绝，例如穆阿斯凯尔省的人权活动家哈吉·格尔穆尔（Hadj Ghermoul）就持有这样的立场，而格尔穆尔也因此遭到监禁。

第一次大型示威游行发生在东部三个中等城市，分别是 2 月 13 日在布阿拉里季堡，2 月 16 日在海拉塔，2 月 19 日在罕西拉。在示威群众在社交网络上发布了大量口号后，首次明确反对总统第五任期计划的全国示威游行于 2019 年 2 月 22 日星期五举行，受到了全国人民的欢迎。从那时起，除了每周五举行的大型示威活动外，其他各类公民——学生、律师、教师、知识分子、记者、医生、工人和工会成员也提出强烈的、目标范围不断扩大的政治要求。

终于，布特弗利卡总统于 2019 年 4 月 2 日宣布辞职，此后，社会运动就越来越根植于政权更迭的需要。在阿拉伯语中，社会运动中所用的"harak"或"hirak"，其词根意指运动，通常用"他们都必须下台"这句口号来表达，其灵感来自法语单词 dégagiste（意为"出去"），目的是寻求建立民主政权。在开始三个月后，时逢斋月，抗议活动结束了，一场全国性的示威活动引起了一场全国范围内的动员活动。这并没有影响大多数公民想要改变的愿望，社会运动的力量显然是植根于"现状是否能满足人们的需求以及能满足多久"。

四　社会运动的动力

这场社会运动规模巨大，数百万的公民，尤其是妇女积极参与其中。同样引人注目的是，全国各地定期举行和平示威，其参与者涵盖社会的各个阶层，几乎可以代表整个社会。这实际上完全是一场跨阶级运动，在这个过程中尽可能广泛地吸引民众参与进来。它对任何特定的社会分类如阶级、性别、收入或教育等没有任何要求，并且没有挑起社会对立群体之间的冲突。"流众"的重要性并不在于它扮演了何种重要的角色，而是由于其数量庞大、覆盖面广，对社会分配的需求大，以及具有暴力象征性，他们存在着巨大的动员潜力，直接提高了整个社会运动的水平。

至于社会运动所反映出的政治问题，首先就是精神上反抗这个在民众看来是专制、愤世嫉俗、无能和腐败的政权，总统第五次任期草案也被认为是对人民的极大蔑视。或者，用阿尔及利亚社会中描述人际关系问题的一个词语来说，这是一种真正的"hogra"（欺凌或不公）。根据阿尔及利亚社会中约定俗成的习惯，人们通常会对他们所受到的侮辱做出相称的报复。此外，由于政治体系运作的特点——腐败，人民起义在道德上取得了制高点。随着社会运动的发展和它不断揭露出的最肮脏和令人震惊的真相将助长公众的愤怒。

话说回来，可以很明显地看到，这场社会运动涵盖了所有的政治倾向，并通过阿尔及利亚社会表现出来。由此看来，这里要特别提到四种主要倾向：

·伊斯兰主义，涉及范围广泛，包括极端伊斯兰主义和在意识形态上与 20 世纪 80—90 年代伊斯兰主义相关联的形式。

·现代民主主义，在当前的社会运动中，致力于建立民主政权。

·阿马齐格（柏柏尔）身份认同，致力于在地区内创造出可表达各种文化，特别是柏柏尔土著居民主张的条件。

·民族主义官僚主义者，希望继续维持民族解放阵线的执政党地位，尽管它有着很多历史遗留问题，但他们仍决心通过做出与当下形势改变相适应的改革来保证民族解放阵线政权的维系。

此外，在社会运动中有许多公民与特定的政治机构没有直接联系，他们有的是完全独立的，有的与民间社会组织有一定的联系。

发生在公共领域的政治或公民社会运动，必然会有非官方机构的各种参与。其中包括与在 2015 年被解散的情报和安全部有关的机构。一些情报人员认为，当前的社会运动为他们报复 2015 年的政府重组提供了一个机会。情报机构的解散是布特弗利卡决定的，在他们看来，这削减了他们在政治制度内长期统治社会的权力。

尽管参加这些活动的公民在社会、文化和政治上存在异质性，但值得注意的是，在大多数情况下，他们在行动上保持了惊人的统一。这种统一来源于对政权更迭的共同期许，以及对民主原则的肯定。

五　社会运动中的阿尔及利亚国家人民军

在社会运动爆发之初，国家人民军支持既有政权。该立场是人民军参谋长艾哈迈德·盖德·萨拉赫（Ahmed Gaid Salah）表达的，他同时也是国防部副部长（国防部长由总统担任）。并且国家人民军明确支持总统参与第五任期选举。在社会运动开始的最初几周里，由于民众日益强烈的要求，特别是对布特弗利卡总统计划参与第五任期选举的强烈反对，盖德·萨拉赫改变了方针，接受了 2019 年 4 月 2 日布特弗利卡的辞职。

从该日起，阿尔及利亚出现了特殊的政治局势。根据宪法的规定，国家委员会主席成为国家元首，并将在 90 天内组织总统选举。与此同时，社会运动拒绝与旧政权的代表进行任何讨论。原定总统选举日期是 2019 年 7 月 4 日，但由于缺乏合适的候选人而被取消，并且需要重新考虑。事实上，社会运动要求有一个过渡时期，同时所有政治势力之间进行政治谈判。过渡期时间长短仍有待确定，这与《宪法》严格规定的时间相差甚远。

自 2019 年 4 月 2 日以来，由于国家元首没有实权，国家人民军的参谋长已成为表达政权政治立场的主要发声者，其观点通过每周的系列讲话发表在军事论坛上。总的来说，这些举动或多或少地与他们通常拒绝沟通的社会运动进行了直接对话，重申了严格执行《宪法》条款的重要性。

尽管如此，已经建立起的各种对话形式引出了一个基本问题，即就人民主权而言，哪一方是合法的。现有两种对立的观点，一方面，国家人民军参谋长表达的肯定是军方立场，但他却声称"权威自上而下传递，信任自下而上传递"，并依据这一原则来合法化其观点。

另一方面，在声势浩大的社会运动中，数百万公民参与其中，相互认同。他们每个人都十分坚定并以每日公民投票的和平方式，不断拒绝政府执行《宪法》的做法。在这个过程中，他们呼吁实施以政权更迭为目的的具体改革措施，并以此作为政府当局、公民社会和政党之间的全国性对话的一部分。

在阿尔及利亚当代历史上，再次提出的根本问题是军队在政治制度运作中的地位和作用。这个问题的第一次正式提出是在 1956 年 8 月的苏马姆代表大会的案文中①，即政治高于军事。次年，阿尔及利亚全国革命委员会（CNRA）于 1957 年 8 月在开罗举行的一次会议上修改了这一规定。"全国革命委员会重申：所有参加解放斗争的人，不论是否穿制服，一律平等。因此，政治并不凌驾于军事之上，内部和外部也没有任何区别。"

1957 年，这一运动以苏马姆代表大会的主要发起人阿巴尼·拉丹（Ramdane Abane）被其战友暗杀的悲剧而落幕。然而，除了 1962 年夏天爆发的危机之外，在这些事件之后，政治和军事之间的斗争仍在继续，并成为阿尔及利亚社会内部紧张的根源。

今天的情况也是如此，当阿尔及利亚处于转折点时，不同观点之间存在明显的分歧：一方面，绝大多数的公民在当前社会运动中被动员起来并追求民主原则；另一方面，国家人民军似乎试图维护长期存在的威权体制，这个体制已经动摇，但仍在持续。

这种情况造成的僵局引出了一个问题：在社会上，到底谁拥有政治行动的合法权力：是军队还是人民？唯一可能的答案存在于《宪法》之中，特别是其序言以及第 7 条和第 8 条所体现出来的：只有人民才是主权的合法来源。而这也是公民和许多政坛人物常常提及的。

如果军队基于合理的特殊考虑而要求获得特殊地位，那这种地位不应在阿尔及利亚社会中自动获得。这种政治特权必须在广泛的民主辩论的背景下与社会公开协商，且这些辩论应排除任何维护权威和/或反对禁忌的论点。

第四节　改革路径

在这一节中，我们试图揭露一个错误观点，即黑色液体（如石油）本身能使那些有幸拥有它的经济体失去它带来的好处。数据显示，除非一些国家有意或无意地未能建立起必要的制度以将石油财富的利益最大化，否则情况并非如此。我们用挪威和新加坡作为例子来反驳这样一种观点，即石油的存在或缺乏对经济都是有害的。现在，我们把注意力转向制度变革的途径，以帮助石油经济体向包容性的经济和政治体制过渡。由于寻租

---

① Mohammed Harbi, *Les Archives de la Révolution Algérienne*, Paris: Editions Jeune Afrique, 1981.

的主要原因是石油收入集中在政府手中，我们建议将石油收入直接分配给公民。与其让石油财富的利益惠及代表股东基础的普通民众，不如直接将石油收入分配给他们。

这个模型并不是新创的。① 只要有改变的意愿，它也不难实现。美国阿拉斯加多年来一直采取直接分红的形式。2017 年的年度股息为每人1100 美元。② 由于腐败、浪费、不负责任、缺乏正当程序等原因，不仅阿尔及利亚的情况非常糟糕，大多数阿拉伯石油出口国也是如此，只有采取激进的方法才能解决问题。弗雷德里克·范德普洛格（Frederick van der Ploeg）提出一种方法，即建议进行宪法修正。③ 另一个有趣的选择是修改宪法，以保证资源收入能够直接转移至人民手中。政府随后必须向其公民征税，为其支出计划融资。其优点在于，如果政府想要支出资源收入，它有责任向民众证明其必要性。

其他人也提出了同样的建议，将现金转移给合法的利益相关者。④ 他们的方法不像我们的那样激进，因为他们提倡在国家和公民之间分配石油收入。这种做法不太可能解决中东和北非地区如此普遍的浪费和挪用资金的根本问题。既然我们已经确定了问题不在于自然资源财富，而在于谁在收集和分配石油财富，那么将这些资金直接分配给人民将是打破专制与石油之间联系的开始。米尔顿·弗里德曼（Milton Friedman）在谈到伊拉克被入侵的情况时，就石油和专制主义的关系说道：

> 专制的存在有且只有一个原因——石油归政府所有。如果石油是私有的，是某人的私有财产，政治结果将是自由而不是暴政。这就是

---

① 这里提出的观点基于穆罕默德·阿卡塞姆（Mohammed Akacem）和丹尼斯·米勒（Dennis D. Miller）未发表的研究论文以及后来在 2003 年 2 月 21 日《华盛顿时报》上发表的《让它流动》（Let it Flow）中的论述，见 https：//www. washingtontimes. com/news/2003/feb/21/20030221-085612-4813r/，以及在 ASPJ 上发表的《石油作为中东和北非石油出口国制度变革之路》，2015 年冬季第 6 卷第 4 期，英文版网址：https：//www. airuniversity. af. edu/portals/10/aspj_ french/journals_ e/volume06_ issue4/akacemmiller_ e. pdf。

② https：//pfd. alaska. gov/Division-Info/Summary-of-Applications-and-Payments.

③ Frederick van der Ploeg, "Natural Resources：Curse or Blessing?," *Journal of Economic Literature*, Vol. 49, No. 2, 2011, pp. 366 – 420.

④ Todd Moss, Caroline Lambert and Stephanie Majerowicz, "Oil to Cash：Fighting the Resource Curse through Cash Transfers," *Center for Global Development*, 2015.

为什么我认为继 2003 年入侵伊拉克之后，第一步应该是油田的私有化。政府给每个 21 岁以上的人相等的股份，使他们有权利和责任与外国石油公司做出适当的安排，以便发现和开发伊拉克的石油储备，石油收入就会以红利的形式流向人民——股东——而不是进入政府的金库。这将为整个伊拉克人民提供收入，从而防止逊尼派、什叶派和库尔德人之间的石油争端，因为石油收入将以个人而不是群体的方式分配。①

以阿尔及利亚为例，这可以是一种份额分配制度，保证每个公民每年根据石油收入减去石油运营成本得到支付。国家油气公司将转型为公民所有的公司，由一个对股东负责的董事会来运营，而不是政府。石油出口国的石油收入数据已经公开，公民可以很容易地确定他们的大致份额（见图 II-5-6）。

阿尔及利亚公民的人均收入随着石油价格的变化而变化，并在 2008 年达到最高水平，即 1931 美元。以第纳尔为单位，并采用能更好地反映自由浮动情况下市场汇率的平行汇率，该数额很大，是当地人最低月工资的好几倍。石油股票的所有者不应出售其已分配到的石油股票，以免其他人将其买回并垄断市场。可以想象，一个贫穷的家庭，如果没有完全意识到未来收入流的全部折现价值会持续到石油耗尽，就会因为需要而倾向于直接出售股票。

在市场经济中，如果有适当的保障措施，投资者就会对自己所持石油股票的价值有所了解。然而，阿尔及利亚没有多少股票市场或债券市场来帮助引导普通公民正确评估他们在国家石油财富中所占份额的价值。因此，我们的建议是，这些股份应保留给原来的所有者。②

反对这一计划的人经常问的一个问题是，如果不能控制石油收入，政府

①　《与米尔顿·弗里德曼的对话》，2006 年 7 月，https：//imprimis.hillsdale.edu/emfree-to-chooseem-a-conversation-with-milton-friedman/。

②　关于分配应按人均还是按 18 岁以上的公民计算是一个困难的问题。以人均为基础的分配更多的是从宪法的角度出发。公民身份并不只关于年龄，如果每个公民都有权要求石油财富，那么这将是适当的行动。不利的一面是，人们必须信任父母、监护人以及对未满 18 岁的人负责的法人，让他们做正确的事情，把石油收入投资到他们成年之前。一个快速的解决办法是，让新成立的石油公司将未成年人的资金存入账户，这些账户只有在未成年人年满 18 岁后才能合法使用。

（美元）

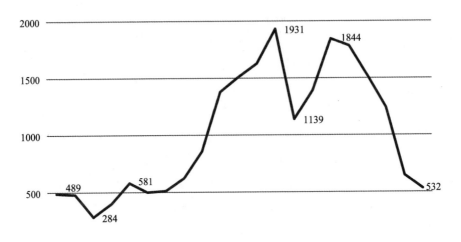

图 II – 5 – 6　阿尔及利亚人均石油出口净收入（1996—2017）

资料来源：https：//www. eia. gov/beta/international/regions-topics. php？（RegionTopicID = OPEC.）.

将如何筹措资金？答案是与新加坡一样。新加坡没有任何石油财富，它的基金也履行对其人民的义务。或者说，和大多数没有那么好禀赋的国家一样。经济文献将其称为"饿死野兽"理论，野兽被指称为政府。[①] 这一理论背后的论据是，如果政府缺乏资金，它将被迫削减支出。这样做的问题在于，在金融市场成熟的西方世界，政府面对赤字时，只能通过发行债券和进行借贷。

然而我们认为，让这头野兽挨饿可能会在阿尔及利亚这样的国家奏效。由于金融市场不发达，无法像美国或其他资本市场发达的经济体那样在国际市场上借入或发行债券。事实上，就在不久前，政府通过印刷钞票来为其部分支出提供资金。在这种情况下，政府所面临的预算变得具有约束力，我们计划的下一步要求政府仅仅通过税收来增加收入。这将慢慢地

① David H. Romer and Christina D. Romer, "Do Tax Cuts Starve the Beast? The Effect of Tax Changes on Government Spending," *University of California*, Revised May 2009.

从部分选民那里得到一些问责和反馈，然后他们可以询问税收的目的和收益的去向，就像在成熟和新兴的民主国家一样。我们承认，无论是阿尔及利亚还是中东和北非地区都没有到达新兴民主的阶段，但这并不妨碍这些想法的产生，特别是这种方法至少应得到考虑和讨论。《经济学人》在一份特别报告（2019年1月14日）中提到了这个问题："阿拉伯国家还没有成功地培养民主制度的先决条件——议会辩论的互让、对少数民族的保护、妇女解放、新闻自由、独立的法院、大学和工会。"[1]

从长远来看，现状是不可持续的。从图 II-5-1 来看，按人均计算，阿尔及利亚的经济停滞不前，而新加坡则在没有一滴石油的情况下繁荣起来。不尽早进行经济改革只会增加实施这些改革的成本，阿尔及利亚等待的时间会更长。

我们提议通过重新分配石油收入，将其从国家转移到公民手中，从而推动阿尔及利亚进行制度变革。我们希望，这是一种催化剂，可以推动阿尔及利亚向包容性制度转变。如果处理得当，随着时间的推移，它会让政府变得更负责任，并在石油市场疲软时让政府免于指责，因为现在所有的收入都由公民获得。尽管我们提出的解决石油和体制赤字的消极影响的方法是激进的，但阿尔及利亚面临着一个除非采取行动，否则难以克服的限制：时间。半个多世纪以来，这个国家在经济和政治方面都没有一个连贯或理性的愿景，实际上是糊里糊涂地渡过了难关。"混乱和缺乏透明度是阿尔及利亚的典型特征。在世界上所有主要的石油和天然气来源中，这个北非巨人有着最不透明的政治制度，以及最混乱和令人困惑的经济。"[2]

结果引发了广泛的不满，并演变成一场"阿尔及利亚之春"，数百万阿尔及利亚人举行游行示威，要求结束现状。游行示威使得总统布特弗利卡辞职，这是一件几个月前还不可能发生的事件。尽管如此，民众仍坚定地要求废除整个"体制"，建立一种新的模式，让公民成为权力的源泉。当局对全国广泛的反对意见感到吃惊。但长期以来，数据和证据都指向了

---

[1]　《经济学人》在对阿拉伯世界的一项调查中看到了阿拉伯世界的现状，其中写道："曾经领导世界的文明已经崩溃，只有当地人才能重建它。"《阿拉伯人的悲剧》，https://www.economist.com/news/leaders/21606284-civilis-use-lead-worldruinsand-locals-can-rebuild-it（于2019年1月14日登录）。

[2]　Quentin Peel, "Algeria Confusion Typical of Socialist Time-Warp," *The Financial Times*, December 12, 2007. https://www.ft.com/content/dad75b2a-a8e1-11dcad9e-0000779fd2ac.

痛苦、不幸福的暗流，以及更重要的是历届政府对民众的蔑视。图 II -
5 - 7 展示了脆弱的政府指数，这是问题的本质。从中可见阿尔及利亚的得
分比两个基准国家（新加坡和挪威）都要差。需注意的是，在所有得分
中，其合法性得分最高（越差得分越高，最差得分为 10），且其他得分也
都高于基准国家。这个国家如果要重获人民的信任，就需要在治理方面进
行根本变革。

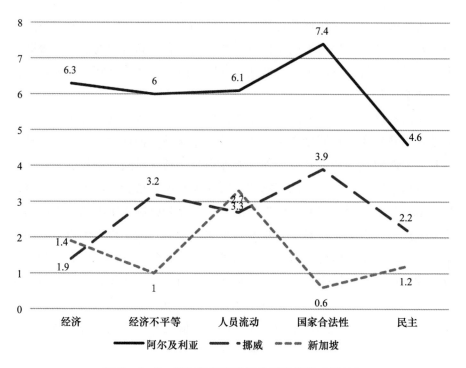

图 II - 5 - 7　阿尔及利亚脆弱的国家指数（2019）

资料来源：https：//fragilestatesindex. org/excel/.

首先，激励措施必须是正确的。寻租不可能永远主宰阿尔及利亚，石
油也会枯竭。其次，石油市场已经被页岩油革命所颠覆，美国对石油的依
赖减少了——毫无疑问，将来还有其他国家——而阿尔及利亚仍受制于页
岩油革命。阿尔及利亚的经济必须摆脱尚未实现的社会主义模式，以及阻
碍外国直接投资的内向型政策。它应该被设计成一种"超越石油"的战
略。没有它，未来仍将是不确定的。

阿尔及利亚所经历的复杂危机主要是双重租金模式问题，在这种模式下，能源和政治这两种主要的系统租金的动力正逐渐枯竭。在这整个过程中，总统健康状况的恶化也产生了一定的影响，但它只是对这无法避免的总体进程起到了加速的作用。①

在短期内，阿尔及利亚社会必须找到办法摆脱当前的危机。除了政治层面外，这场危机还对国家经济产生了直接的负面影响。阿尔及利亚必须在合理的时间里通过各种形式的包容性对话为新的社会协商一致创造条件，使其能够重新获得恢复其体系和经济机构有效运作的条件。

从中期和长期来看，阿尔及利亚社会将不得不在政治和经济模式的两种主要假设之间做出选择：第一个是食利模式，这已经尝过苦头了；另一个是"生产模式"，指的是生产有形（除能源以外）和无形价值，这是当下阿尔及利亚面对沉重的国内和国际制约所需要的，从而对这个国家的发展施加影响。

就必要的政治转型而言，应该努力为代议制政治制度的出现创造条件，排除任何食利者逻辑。在这种制度中，合法性只能来自公开竞争（即选举），公民根据理性自由参与和做出选择。无论如何，威权体制的效率低下及其在各个领域所遇到的障碍，都表明该国应转向民主政治体制。

就经济转型而言，这并不是什么新鲜事，几十年来一直被视为后石油经济。然而，在40多年的时间里，碳氢化合物仍然占阿尔及利亚出口总额的97%左右。鉴于这种出口结构在很长一段时间内一直保持现状，这似乎是一个难以超越的瓶颈，是一种系统导致的必然的"玻璃天花板"

长时间的阻塞只会导致一种明显的"自然资源诅咒"的可能性，就像其他生产石油天然气的国家的情况一样。②

无论这些问题的答案是什么，今后几年的挑战是要知道如何并以何种代价克服这种持续存在的问题。这样做是为了建立一个具有社会合法性的政治制度以及一个多样化的并具有国际竞争力的经济。

---

① 2012 年，虽然该模型已处于最佳状态，特别是由于可观的石油收入，但 2012 年发表的文章——Contribution à l'analyse d'une Crise Complexe 提到，系统性危机已经出现，这对该"模型"的前景产生了负面影响。

② Macartan Humphreys, Jeffrey D. Sachs and Joseph E. Stiglitz, *Escaping the Resource Curse*, New York: Columbia University Press, 2007.

第六章　青年问题

10 年前，阿尔及利亚青年在其国内扮演着重要的社会和政治角色，他们推动了阿尔及利亚许多重大事件的发生（1988 年 10 月，阿尔及利亚青年大规模游行示威，1989 年至 1991 年，阿尔及利亚青年参与到短暂的政治开放中，随后发生的血腥事件对阿尔及利亚社会造成深刻的影响。此外，青年在 2019 年以来的示威活动中也扮演了重要角色）。

21 世纪初，阿尔及利亚国内的武装冲突结束，此后的阿尔及利亚青年人相对低调，没有参与到席卷整个地区的"阿拉伯之春"革命中。

一些分析人士认为，这是由于当时阿尔及利亚的社会和宗教保守主义抬头，在青年人中则表现为清静无为的萨拉菲主义和苏菲主义与罗基亚[①]等古老传统的回归。青年人对政治持冷漠的态度，社会和宗教保守主义使大批青年人退出了政治参与。

一位学者指出："尽管社会上有明显的对伊斯兰主义的集体蔑视，但阿尔及利亚社会越来越'伊斯兰化'，这并不是说阿尔及利亚人相比于 10 年前在精神上更加信仰宗教，而是反映出表面的虔诚越来越重要。公众在社会上的态度越来越保守，其他比较广泛的政治阶级和（非伊斯兰）民族主义中间派政党显得十分引人注目。"[②]

那么，这其中有多少可以归因于观念和态度的转变呢？

本章将借用"阿拉伯晴雨表"中的数据来探索阿尔及利亚青年政治态度的性质及其演变，并采用纵向调查的方法，对 10 年以上的时间序列

---

① A Kind of Exorcism Widely Practiced as an Alternative Medicine.

② Hudson Institute, "Political Islam in Post-Conflict Algeria—Analysis", https：//www. eurasiare-view. com/14102017-political-islam-in-post-conflict-algeria-analysis/.

数据①进行研究。

本章的第一部分将对青年人的社会和政治态度进行描述。社会态度表明青年对家庭和性别问题的看法，政治态度包括对政治文化要素（即民主政治伊斯兰和政治参与）的看法。本章将利用"阿拉伯晴雨表"中的四次调查数据对上述问题的调查结果进行比较。

第二部分引入了解释性干预，利用情景、态度和社会人口统计学变量来说明差异。指导该研究的一般性问题和假设包括：通过数据来证明青年人的社会保守主义是否有明显增强，如果是，那么这一现象是否会影响阿尔及利亚的政治前景，以及阿尔及利亚国内的社会和政治态度是否会产生代际影响。

第一节　代际方法

年龄是社会分类的主要依据之一，它是社会中个人与群体之间角色、待遇和权力分配的重要因素。各个年龄段的关系会影响社会的稳定和变革。

在有关社会化和代际研究的文献中已经明确了代际相传是社会政治变革的驱动力。② 重大历史事件增强了代际效应，特别是如果某些重大事件发生在某人 17—25 岁的成长期③，该人很可能会因此形成某种永久的态度，这样的态度可能与社会上其他人和群体的态度截然不同，这些人的态度和倾向被看作迁徙而发生代际相传的。

---

① 时间序列数据是指在不同时间上收集到的数据，用于所描述现象随时间变化的情况，此类数据反映了某一事物、现象等随时间的变化状态或程度。

② 参考：R. G. Braungart, & M. M. Braungart, *Life Course and Generation Politics*, Lanham, MD: University Press of America, 1993; K. Mannheim, ed., *Sociology of Knowledge*, London: Routledge & Kegan Paul, 1952; M. Kohli, "The Problem of Generations: Family, Economy, Politics," *Public Lectures*, No. 14, 1996; M. Tessler, Konold, Cand Reif, M., "*Political Generations in Developing Countries: Evidence and Insights from Algeria*," Public Opinion Quarterly, Vol. 68, No. 2, 2004.

③ Formation Years: A Term Used by the Authors of Political Formation and Generations to Indicate the Stage between the End of Adolescence and the Beginning of Youth. The Idea here is that Experiences at this Stage Have Significant Implications in Shaping the Attitudes and Values of Individuals and Whether Some of These Values and Political Attitudes that Individuals Have during the Early Stages of Their Lives, During Adolescence or Early Youth, Continue with Them later in Life. See, Braungart (1984).

部分研究者认为"人类的繁衍是各个层面内社会流动的基础，不仅在政治方面，而且在经济与家庭方面"①。

以往针对阿尔及利亚青年的研究发现，青年发挥了积极的作用，并在20纪最后20年的重大事件中发挥了主要作用，20世纪八九十年代是阿尔及利亚青年积极参与社会与政治的分水岭。

自20世纪80年代以来，阿尔及利亚青年对社会和政治一直有所干预，几十年来，各种不同的价值观激发了青年运动：进步的民族主义和社会主义价值观在20世纪六七十年代吸引了众多的青年精英，而八九十年代的青年则更倾向于伊斯兰价值观和行动主义。

在阿尔及利亚独立后的几十年内，青年运动在新生国家中扮演着功能性的、综合性的作用②，当时，青年是社会和经济发展所必需的要素，也是宝贵的人力资本，阿尔及利亚做出许多努力来促使新的一代适应新的角色。

阿尔及利亚的政治经济结构完全依靠石油和天然气，1986年的油价暴跌引发了社会抗议，最终在1988年爆发了革命，青年在其中发挥了主要作用。

千禧一代的青年群体在不同的社会、政治和经济背景下实现了社会化，而上一代青年人则成长于经济危机、机会短缺、社会错置和暴力时期。

由于石油价格的上涨，稳定的国内环境和更加有利的经济条件，千禧一代青年的生活条件相对优越。本章考虑生活条件和成长背景在多大程度上影响了年轻一代，这一代青年人较为认可保守主义者的态度和价值观。③

本章检验了基本假设，即千禧一代的青年人没有参与政治，并对社会持比较保守的态度。同样，通过纵向和横向研究，我们也检验了价值观的

---

① Kohli, M., "*The Problem of Generations: Family, Economy, Politics*," *Public Lectures*, No. 14, 1996.

② 参考：Zoubir Y. H. ed, *North Africa in Transition*, Gainesville: University Press of Florida, 1999.

③ Spates, J., "*The Sociology of Values*," Annual Review of Sociology, Vol. 9, No. 1, 1983, pp. 27 – 49.

变化与不同。

第二节　数据来源

本章研究使用了"阿拉伯晴雨表"中关于阿尔及利亚的数据，这些数据的跨度为 10 年，分为四个阶段（2006 年、2011 年、2013 年和 2016 年），以四次全国性抽样调查为代表，调查方式为面对面访谈。

首先，本章将探讨四个方面的价值观念（经济、社会、政治和宗教）随着时间变迁而产生的变化。其次，本章将使用 2016 年最后一次"阿拉伯晴雨表"中的数据来检验年龄和性别相关值的变化。

为此，本章将对四个年龄段的人群进行研究和比较。根据年龄和性别差异进行核算需要构造态度量表，以便在政治、社会、宗教和经济维度进行测量。

本章所选取的衡量价值观的标准在学者和政治家之间存在争议，有时这些价值观也会涉及舆论，例如：

· 政治与宗教的关系。

· 妇女地位。

· 政治制度的本质。

· 引入了现代政治社会的价值观，例如民主和政治行动主义。20 世纪下半叶，精英阶层和普通民众先后接触到了现代社会价值观。

这些价值观在历史上有过先例，特别是从 19 世纪下半叶到伊斯兰复兴时期，学者已经就专制、协商、宪法、政治和宗教等概念进行了辩论。[1]

例如：

· 人际信任。

· 妇女地位与性别问题。

· 政治价值观。

· 政治信任。

---

[1]　参考：M. Moaddel and Michele J. Gelfand eds. , *Values, Political Action, and Change in the Middle East and the Arab Spring*, Oxford：Oxford University Press，2017.

・民主。

・政治利益。

・政治伊斯兰。

・个人宗教信仰。

本章的第一部分将对上述价值观在四次调查中的数据进行纵向比较，第二部分将依据年龄和性别对第四次调查进行分析。本章将建立一个保守/自由指数，并将这一指数纳入社会和政治要素中。

第三节　青年态度

一　社会价值观

（一）信任

关于公民文化的经典著作提到，信任度与强大的社会和稳定的民主息息相关①，部分学者认为，人际信任会促成合作，而合作又有助于维护民主。根据调查，笔者发现英国和美国这两个民主较稳定的国家展现出比意大利和墨西哥更高的信任度。

人际信任与生活质量相关，在生活质量较差的地方不存在民主，或者民主较为脆弱②，美国政治学教授罗纳德·安格哈特从60个国家收集了大量的数据，发现信任与民主之间存在统计学上的正相关。

阿尔蒙德、维巴和英格哈特等政治学学者都证实了人际信任和政治文化中其他要素共同促进了公民的政治参与，社会资本理论③还强调了广泛的人际信任、志愿组织的成员以及互惠规则在加强政治参与和民主方面的作用。

表 II-6-1 显示，在 11 年内进行的 4 次调查中，人际信任的发展趋势尚不明确，但人们对人际信任的态度有了明显的波动。

---

① 参考：Almond, G. A., and Sidney, V., *The Civic Culture: Political Attitudes and Democracy in Five Nations*, Princeton: Princeton University Press, 1963; Putnam, R. D., Leonardi, R., Nanetti, R. V., *Making Democracy Work: Civic Tradition in Modern Italy*, Princeton: Princeton University Press, 2013.

② 参考：Putnam, R. D., Leonardi, R. and Nanetti, R. V., *Making Democracy Work: Civic Tradition in Modern Italy*, Princeton: Princeton University Press, 2013.

③ 社会资本是指个人在一种组织结构中所处位置的价值。

在四次调查中，平均只有十分之二的受访者表示信任他人，在新一代年轻人当中，人际信任度更低，只有15.8%，不只是阿尔及利亚人有比较低的社会信任度，在"阿拉伯晴雨表"调查的大多数国家中，人际信任度平均为18%。

一位分析者指出，近几十年来阿尔及利亚社会存在的暴力事件不是导致人际信任较低的唯一原因①，其他经济、社会和历史文化因素也可能导致人际信任缺乏。

其他方面的原因是，首先，人际信任是一种结果，而非原因；其次，从安格哈特提出的概念上说，人际信任源于社会中生存价值的提升。

面对相对匮乏的商品与服务，人们会想尽一些办法来满足基本的食物、住房和安全需求，为了生存而进行的斗争使得人与人之间的关系较为紧张，并削弱了人际信任。换句话说，经济落后不利于提升人际信任。

表 II – 6 – 1　　　　　　　　　　　人际信任　　　　　　　　　　（%）

	2006	2011	2013	2016
人际信任度	33.6	7.3	21.9	18.3

资料来源：阿拉伯晴雨表。

表 II – 6 – 2　　　　　　　　　　人际信任：年龄和性别　　　　　　　（%）

	18—24			25—31			35—44		
	平均	男性	女性	平均	男性	女性	平均	男性	女性
信任	15.8	13.3	18.4	20.5	20.7	20.3	20.2	21.8	18.7
不信任	82.6	85.9	79.4	75.6	73.3	78	77.6	75.9	79.4

资料来源：阿拉伯晴雨表。

还有一个原因造成了信任缺失，即为了控制社会，极权政治的统治者会在民众中间散播分裂、怀疑等情绪，这不利于人际信任的提升和社会凝聚力的加强（见表 II – 6 – 2）。

---

① 参考：Tessler, M., Gonzalez, M. L., *Maghribi Youth in the Wake of the Arab Spring*, London & New York：Routledge, 2016.

（二）妇女：地位和性别问题

西半球的妇女为了争取其合法权益，并获得与男性平等的地位进行了长期的努力，但是在中东和北非地区，妇女地位仍是一个备受争议的话题。尽管从 20 世纪初开始就出现了许多女性作家、学者和女权活动家（例如埃及的卡西姆·艾敏），但重男轻女的意识形态和习俗仍占据主导地位。

莫阿德尔描绘了阿拉伯和伊斯兰国家妇女权利问题的背景：

> 在 19 世纪接触到西方的现代性之后，历史上伊斯兰教中对妇女的歧视成为学者和政治活动家们激辩的话题，在妇女自由这一问题上持不同立场的学术争论形成了关于妇女权利问题的学术环境，在 19 世纪末和 20 世纪初，出现了伊斯兰女权主义。[1]

自阿尔及利亚独立以来，男性与女性在各个方面的交往增多，引发了政治、意识形态和宗教方面的争论。

政治伊斯兰也助长了有关妇女地位的争议，萨拉菲主义中的非政治伊斯兰主张目前占据主导地位，他们宣称《古兰经》已经确定了人的社会角色和法律地位，不需更多的争论。

民间团体中的许多社会和政治活动家反对萨拉菲主义，他们致力于改变深受伊斯兰教法影响的家庭法，在他们看来，伊斯兰教法已经不适用于当今妇女面临的问题，甚至会制约妇女的发展。

尽管有许多妇女采取积极行动，但格雷对大多数阿尔及利亚妇女的描绘是：

> 由于受近十多年来暴力事件的影响，大多数年轻的妇女选择不参与公共活动。今天，许多的阿尔及利亚妇女选择戴着面纱，即便不是出于宗教原因，也是为了出现在公共场合时为自己提供一种保护。妇女们更倾向于参与社会服务项目。阿尔及利亚解决性别不平等的方式

---

[1]　参考：Moaddel, M. and Michele J. Gelfand eds., *Values, Political Action, and Change in the Middle East and the Arab Spring*, Oxford: Oxford University Press, 2017.

将决定阿尔及利亚在伊斯兰世界和全球舞台上的地位。①

"阿拉伯晴雨表"在调查时提出了许多关于性别的问题。为了获得普通民众的态度和看法，本章的数据都选自第四次调查结果。

如表 II-6-3 所示，妇女地位和性别问题似乎呈现出一种趋势，第四次调查的受访者最为保守，只有 38.1% 的人表示赞同"女性可以担任伊斯兰国家的总统或总理"的观点，而在第一次调查中则有 62.7% 的人表示赞同。同样，在第四次调查中，有高达 78% 的受访者认为男人比女人更适合成为领导者。

人们在妇女接受高等教育和妇女有婚后工作的权利这两件事上似乎达成了共识，但在妇女积极参与公共和政治生活方面，阿尔及利亚人仍然很保守（见图 II-6-1）。

表 II-6-3　　　　　四次调查中涉及妇女地位问题的认同度　　　　　（%）

地位问题	2006	2011	2013	2016
妇女可以担任伊斯兰国家的总理或总统	62.7	41.9	—	38.1
已婚妇女可以按照自己的意愿外出工作	79.9	80.4	87.0	76.0
总体而言男性比女性更适合成为政治领袖	77.6	67.0	62.5	78.0
与女性相比，大学教育对男性更为重要	35.0	19.7	4.5	23.5

（三）年龄、性别和妇女的社会地位

进行因数分解后产生了妇女地位指数，其中与妇女地位有关的整个项目都是一个因素。我们通过获取与女性地位相关的五个变量的平均值，将其作为指数，然后将得到的新变量重新编码为五个数值，其中 1 代表最低位，5 代表最高位。

结果是有 25.5% 的受访者认为女性地位较低，有 30.4% 的人认为女性地位中等，而有 44.1% 的人则认为女性地位高。与预期的一样，关于女性地位的认知有性别上的差异，有 38.7% 的男性认为女性地位较低，而只有 12.3% 的女性持此看法，有十分之六的女性认为自己享有较高的

① Gray, D. H., Women in Algeria Today and the Debate Over Family Law, http://command-theraven. com/women-in-algeria-today-and-the-debate-over-family-law/（no longer available）.

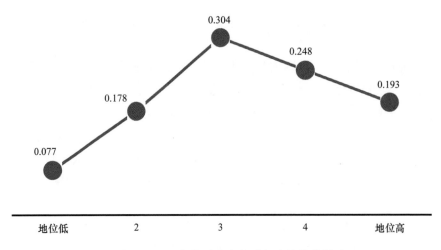

0.304

0.248

0.178

0.193

0.077

| 地位低 | 2 | 3 | 4 | 地位高 |

图 II-6-1　阿尔及利亚青年对妇女地位的看法

资料来源：阿拉伯晴雨表。

地位，而只有十分之三的男性认为自己的地位较高。

　　尽管在男性受访者中对于女性地位的看法没有明显的年龄差异，但如表 II-6-4 所示，相较于老年男性，年轻的男性更倾向于认为女性的地位较低。而在女性受访者中，年龄对于她们的地位感知有着统计学上的显著影响，年龄较小的女性认为自己处于较高的地位，其中，在 18—24 岁年龄组中有 63.8% 的女性持此态度，而在 25—34 岁的年龄组中有 56.9% 持此观点，在年龄最大的分组中只有 54.2% 的人持此观点。

　　目前尚不清楚为何年轻男性认为妇女的地位较低，一个可能的解释是这与年龄相关，阿尔及利亚男子在 18—24 岁与女性接触相对较少，在组建家庭后他们会改变对女性角色和地位的态度。

表 II-6-4　　　　　　　不同年龄和性别群体对妇女地位的看法　　　　　　　（%）

	不同年龄和性别群体对妇女地位的看法											
	18—24			25—34			35—44			45+		
	总体	男	女	总体	男	女	总体	男	女	总体	男	女
高	44.4	25.0	63.8	42.5	28.0	56.9	47.4	32.2	62.6	43.2	32.3	54.2
中等	28.2	33.5	22.9	32.8	37.8	35.8	50.0	24.1	25.2	57.4	29.2	28.2
低	27.3	41.5	13.2	20.6	34.0	7.3	27.9	43.7	12.2	27.8	38.5	17.2

资料来源：阿拉伯晴雨表。

二　政治价值观

在四次调查中，只有平均五分之一的受访者表示对政治感兴趣，2006年的第一次调查所得出的比例最高，为 28.1%，在这一时期里，阿尔及利亚结束内战不久，人们对政治改革和经济复苏的期望很高。年龄和性别在一定程度上会影响个人对公共生活的兴趣。

表 II - 6 - 5 展示了 2016 年的调查结果，该结果表明，年龄较大的受访者比年轻受访者显示出更大的政治兴趣，在 35 岁以下的受访者中有政治参与意愿的人占 16.9%，而在 35 岁以上的受访者中则有 27.3% 的人有意愿参与政治，女性对公共事务的兴趣相对较小，只有 13.6% 的受访者有兴趣，女性的政治兴趣在年龄段上无统计学差异。

表 II - 6 - 5　　　　　　　　　　　对政治的兴趣　　　　　　　　　　　　（%）

	对政治的兴趣											
	18—24			25—34			35—44			45 +		
	总体	男	女	总体	男	女	总体	男	女	总体	男	女
感兴趣%	13.7	14.2	13.2	20.2	28.1	11.1	24.4	36.8	14.2	30.2	45.7	15.9
不感兴趣%	86.3	85.8	86.8	79.8	71.9	88.6	75.6	63.2	85.8	69.8	54.6	84.1

资料来源：阿拉伯晴雨表。

地方和全国选举中投票率低表明了民众政治参与的兴趣较低[1]，许多因素造成了这一结果，主要是僵硬的、缺少竞争机制的权威政治制度导致了这一结果。

分析人士认为，阿尔及利亚人，特别是阿尔及利亚青年脱离官方政治并不意味着他们没有政治原则与政治倾向。正如一位学者所指出的那样："当然，许多人对长期的政治变革持有谨慎的，甚至冷嘲热讽的态度，但这既不意味着冷漠，也不意味着他们缺乏政治原则[2]，阿尔及利亚瓦德省

---

[1]　Only around 1% of Algerian Young People Are Members of Political Parties or Trade Unions and Turnout in Elections is Routinely 30%.

[2]　Bab el Oued is a Popular Quarter of Algiers.

的青年非常关注不公正现象，并在捍卫言论自由、政治诚信和问责制等原则上极具挑衅性。"[1]

三　民主与治理

尽管对民主的含义有不同的理解[2]，但在四次调查中，受访者对民主的支持度很高。由于民主是一个多维概念，因此在四次调查中用了多个问题来衡量民主状况。

在一个与民主内容有关的问题上，受访者强调了民主的法律、秩序和民主的社会经济层面，而另一个问题要求受访者评估阿尔及利亚的民主程度及其对民主的适应程度。

表Ⅱ-6-6说明，与认为阿尔及利亚已经是民主国家的人（中位数为5）相比，更多的阿尔及利亚人认为阿尔及利亚更适合民主（中位数为6）。2016年的两项调查均显示出这两项数据在统计上有显著下降。[3]

"民主制度或许存在问题，但比其他制度要好。"有71.3%的受访者赞同这一说法，民主的最低支持率（66.1%）出现在2011年的第二次调查中，而当时恰逢"阿拉伯之春"（见图Ⅱ-6-2）。

表Ⅱ-6-6		民主制度更好			（%）
		2006	2011	2013	2016
民主制度或许存在问题，但比其他制度要好	同意	73.3	66.1	69.4	78.8
	不同意	12.3	12.4	15.1	13.6

资料来源：阿拉伯晴雨表。

第四次调查中受访者对民主支持的比例最高，为78.8%，虽然对民主的支持存在差异，但这可能受部分具体情况的影响。

---

① 参考：Martinez & R. A. Boserup eds., *Algeria Modern*, London：Hurst，2016.

② According to the Report of the Findings from the Fourth Arab Barometer, "the Concept of Democracy Contains Multiple Elements, and Algerians Tend to Conceptualize its Most Essential Characteristics in Primarily Socioeconomic Terms."

③ Statistics for the Two Questions Were Borrowed from the Findings from the Arab Barometer Entitled "Algeria Five Years after the Arab Uprisings," April 15, 2017, p. 14.

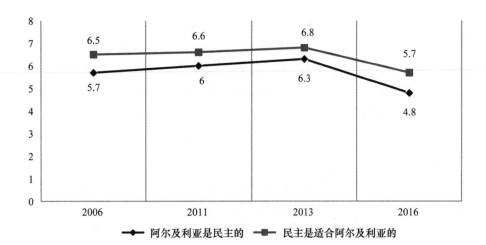

图 II - 6 - 2 阿尔及利亚国内对民主的认识

资料来源：阿拉伯晴雨表。

在"阿拉伯之春"等混乱状态结束之后，阿尔及利亚对民主的需求上升。此外还有数十年来精英执政的稳定性，并缺少政治变革。对民主的态度还取决于年龄和性别等个人特征。

四 根据不同的年龄和性别看对民主的支持

如表 II - 6 - 7 所示，对民主的支持与年龄之间没有统计学上的显著关系，受访者中最大年龄段和最小年龄段对民主的支持率较高，分别为83.9% 和 79.5%。此外，35—44 岁年龄段的女性支持民主的比例比同年龄段男性高 5 个百分点，但总体上男性比女性更倾向于民主。

表 II - 6 - 7　　　　　　　不同年龄和性别对民主的支持　　　　　　　　（%）

	18—24			25—34			35—44			45 +		
	总体	男	女	总体	男	女	总体	男	女	总体	男	女
支持民主	79.5	81.4	77.7	76.8	76.1	77.6	72	69.8	74.3	83.8	86.2	81.5
不支持民主	20.4	18.6	22.3	23.1	23.9	22.4	27.9	30.2	25.7	16.1	13.8	18.5

资料来源：阿拉伯晴雨表。

在其中一个问题上，受访者被要求说出适合阿尔及利亚的政府模式。在三次调查中，绝大多数人赞成建立议会制，民族主义者、左翼、右翼和伊斯兰政党参加议会选举，这些从三次阿拉伯晴雨表的调查结果中可见一斑。[①] 在第四次调查中，有51.4%的受访者赞成代议制民主，并有22%的受访者认为国家应当由伊斯兰教法统治，不需政党或进行选举。

五　制度信任

因所涉及的部门及这个部门带给民众的印象不同，制度信任也有一定的差异。通常而言，制度信任是有等级的，如表 II - 6 - 8 所示，军队和警察等安全部门在民众中间拥有相对高的信任度，在四次调查中，平均每十个人中就有七位表示信任军队和警察部队。

但在 2011 年，阿尔及利亚民众对军队和警察的信任度最低，特别是警察部队。这主要是因为当"阿拉伯之春"蔓延到阿尔及利亚时，阿尔及利亚国内发生了多场示威游行，在警察强有力的干预和其他因素的影响下，示威游行并没有继续发酵。

获得最低信任度的是议会和民间组织，这是一个自相矛盾的现象，政党、议会和法院在某种程度上的合法性不及安全部门。此外，穆兄会和宗教领袖的信任度也有所下降，但是仍高于其他政治机构。

表 II - 6 - 8　　　　　　　　　制度信任：纵向观察　　　　　　　　　（%）

	2006	2011	2013	2016
对政府的信任	65.9	27.5	69.7	30.8
对法院的信任	76.1	42.6	—	35.4
对军队的信任	—	52.5	90.1	73.6
对警察的信任	86.2	47.0	89.5	65.7
对议会的信任	54.9	18.1	40.1	16.5
对政党的信任	29.2	17.5	—	12.8
对穆兄会的信任	—	43.7	47.5	16.8
对宗教领袖的信任	—	86.5	52.6	44.0

资料来源：阿拉伯晴雨表。

[①] For more Details Consult the Arab Barometer online at http：//www. arabbarometer. org/survey-data/data-analysis-tool/.

在不同的调查之中，政治信任也有所不同，除宗教领袖之外，政治信任在 2011 年和 2016 年处于较低水平。如前面所言，地缘政治环境使得民众对整个政治系统缺乏信任。2016 年，石油价格的暴跌，使阿尔及利亚的经济和财政预算急剧下跌。为了弥补国家预算赤字，民众的税负增大，这对他们的生活造成巨大影响，通货膨胀更是加大了民众的消费压力。

六　信任与年龄

表 II-6-9 显示了在第四次调查中，由七个项目计算出的机构信任指数，其 p 值 >005，年龄较小的人群（18—24 岁和 25—34 岁）表现出较低的政治信任度（28%），年龄较大的人群（35—44 岁和 45 岁以上）对政治的信任度为 36.9%。

七　信任与性别

尽管对制度的信任度总体上较低，但女性对制度的信任度比男性高出 12 个百分点。此外，在宗教方面，女性与男性的信任度差别最大，几项有关宗教习俗和宗教信仰的研究证明，女性比男性更加笃信宗教。

八　政治伊斯兰

在最新的调查中，有 55.8% 的受访者不属于伊斯兰主义者，在四次调查中，非伊斯兰主义者的平均比例为 56.63%。我们选择了六个与政治伊斯兰相关的问题[1]来构建政治伊斯兰指数[2]，其中有 55.8% 的受访者是非伊斯兰主义者，只有约 16% 的受访者属于顽固的伊斯兰主义者，有 28.4% 的受访者为温和伊斯兰主义者（见图 II-6-3）。

---

[1] The survey questions constituting the index: (1) religious leaders (imams, preachers, priests) should not interfere in voters' decisions in elections. (2) Your country is better off if religious people hold public positions in the state. (3) Religious clerics should have influence over the decisions of government. (4) Religious practice is a private matter and should be separated from socio-economic life. (5) It is acceptable in Islam for male and female university students to attend classes together. (6) A women should dress modestly, but Islam does not require that she wears a hijab.

[2] The choice of these variables for an index for political Islam could be defended on the grounds that it has been already used by scholars and specialists of Islamism (see Tessler) and proven to be reliable and valid.

尽管第四次有关政治伊斯兰的调查结果与前几次没有本质上的不同，但部分指数呈现出更保守的趋势。

在第四次调查中，当受访者被问到更喜欢宗教政党还是非宗教政党时，有52.1%的受访者表示更偏向于宗教政党，而在先前的调查中只有25.1%的受访者选择了宗教政党。此外，在最新一次调查中只有三分之一的受访者认为宗教活动是私人事务，而在前三次调查中平均有51.6%的受访者认为宗教活动是私人事务。

表Ⅱ-6-9　　　　　　不同年龄和性别群体对政治的信任度　　　　（%）

	18—24			25—34			35—44			45 +		
	总体	男	女	总体	男	女	总体	男	女	总体	男	女
信任政治	27.8	19.1	36.5	28.2	21	35.5	36.9	28.6	45.3	36.9	39.5	34.3
不信任政治	72.2	80.9	63.5	71.7	79	64.5	62.8	71	54.7	63.1	60.5	65.7

资料来源：阿拉伯晴雨表。

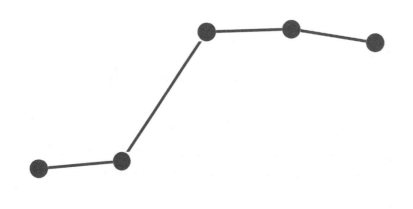

| 伊斯兰主义者 | 2 | 温和派 | 4 | 非伊斯兰主义者 |

图Ⅱ-6-3　政治伊斯兰的倾向度（%）

资料来源：阿拉伯晴雨表。

九　根据不同的年龄和性别看伊斯兰主义

年龄、性别和伊斯兰主义之间的关系较为复杂，呈非线性关系。表

Ⅱ-6-10表明，只有十分之二的受访者是坚定的伊斯兰主义者，除了最
大年龄组中女性伊斯兰主义者的比例是男性的两倍（女性为27.2%，男
性为14.3%）之外，男性比女性更具伊斯兰主义。在处于最小年龄组的
非伊斯兰主义的受访者中，女性占63.2%，而男性则占49.4%。

表Ⅱ-6-10　　　　不同年龄和性别群体对政治伊斯兰的态度　　　　（%）

	18—24			25—34			35—44			45 +		
	总体	男	女	总体	男	女	总体	男	女	总体	男	女
伊斯兰主义者	15.3	20.0	10.7	10.7	11.7	9.2	17.4	23.1	11.7	20.7	14.3	27.2
温和的伊斯兰主义者	28.4	30.5	26.3	32.2	28.2	36.2	28.7	26.2	31.2	26	29.2	22.8
非伊斯兰主义者	56.3	49.4	63.2	57.1	60.2	54.0	53.9	50.7	57.2	55.2	60.5	50.0

资料来源：阿拉伯晴雨表。

十　自由保守的连续

为了进一步支撑笔者的主张，即今天的阿尔及利亚人更倾向于保守的
社会和宗教态度，笔者构建了一个总指数，该指数代表了四次调查中受访
者在政治、社会、道德和政治伊斯兰这四个方面的态度。

自由主义/保守主义指数包含七个值，其中1表示极端保守的态度，7表
示极端自由的态度。量表分为三类：自由、中等和保守，其中第一类的值为1
到3（保守），第二类的值为4（中等），第三类的值为5到7（自由主义者）。

表Ⅱ-6-11　　　保守/自由尺度（1 = 非常保守；7 = 非常自由）

尺度	第一次	第二次	第三次	第四次
1.0	4.3	8.6	1	15.4
2	15.7	14.0	4.1	13.2
3	5.2	9.6	14.1	15.3
4	34.0	34.7	23.2	15.9
5	5.1	6.7	27.4	14.5
6	27.6	20.8	24.0	15.6
7	8.1	5.5	6.3	10.1

资料来源：阿拉伯晴雨表。

从以上分析中可以得出如下结论：

· 总体而言，自由主义态度比保守主义的态度更广泛（见表 II – 6 – 12）。

· 在 2013 年进行的第三次调查中，有 57.7% 的受访者认为自由主义是前景，达到了最高比例；其次是第一次调查得出的 40.8%；然后是第四次调查得出的 40.2%；最后是第二次调查得出的 33%。

· 与保守态度分布有关的发现也在一定程度上支持了我们的假设，即在 2016 年进行的第四次调查中，受访者的观点和态度相比之前几次调查更加保守，第四次调查中有 43.9% 的受访者持有较保守的态度，而第三次调查中只有 19.2%。然而，第四次调查中持自由主义态度的受访者比例也很高，为 40.2%。因此我们面临两极分化的观点，两个相反的观点各自有几乎相同人数的受访者支持。

· 如前面所述，第四次调查中的受访者在许多问题上与前几次调查的受访者不同：他们对阿尔及利亚的经济前景持悲观态度，对人际关系和政治的信任度较低，除了在 2011 年"阿拉伯之春"期间，他们对政府的信任度没有降低，甚至对宗教领袖也保持着好感。此外，第四次调查的受访者更加重视伊斯兰教的理想，他们中大部分人倾向于宗教团体，认为宗教活动与社会经济生活不可分割。他们在某些方面对妇女在家庭和整个社会中的作用也持相当保守的看法。例如，绝大多数受访者认为男人是更好的政治领袖，丈夫应在家庭事务中拥有最终决定权。此外，这些受访者在针对其他宗教等问题上显得不那么宽容，但是，他们在民主制度上的得分很高，许多人倾向于自由开放的政治制度。

表 II – 6 – 12　　　　不同性别和年龄下的自由主义/保守主义比例　　　　（%）

	18—24			25—34			35—44			45 +		
	总体	男	女	总体	男	女	总体	男	女	总体	男	女
保守	35.9	34.0	39.9	40.0	39.4	40.6	41.8	42.1	41.5	43.7	43.0	44.5
温和	16.4	16.9	16.0	15.7	16.2	15.3	15.0	14.1	15.9	14.3	14.8	13.9
自由	46.5	49.1	44.0	44.3	44.5	44.1	43.1	43.8	42.5	41.9	42.2	41.6

资料来源：阿拉伯晴雨表。

· 第四次调查中年龄段最低的受访者（18—24 岁）对部分问题表现

出不同的态度，在有些问题上很开放，在另一些问题上又很保守。年轻的受访者对人际的信任度特别低，但是其社会容忍度相对更高。

·年轻的受访者在有关妇女地位的量表上得分很高，这主要是由于年轻妇女对涉及其社会地位事务的态度坚定。这和泰斯勒在分析2013年阿拉伯晴雨表中阿尔及利亚的数据时所得出的结论一致："在18—24岁年龄段的阿尔及利亚人中，女性比男性更有可能倾向于支持性别平等和伊斯兰教对妇女的限制。"[1]

·尽管年轻人对政治事务的兴趣不大，但他们十分拥护民主价值观。男性受访者比女性受访者更倾向于民主，年长的人比年轻人更倾向于世俗，但是年轻女性要比年长的女性更世俗，然而作为一个整体，18—24岁年龄段的人在某种程度上比最大年龄组的人更倾向于自由主义。

·年轻一代在民间宗教上更为保守。[2] 在冲突后的时代，阿尔及利亚的政治宗教格局变得更加复杂，苏菲派和萨拉菲派的清静无为主义复兴，这要求我们重新考虑如何定义伊斯兰主义和伊斯兰主义的行为。此外，正如博瑟鲁普所说，年轻的一代采取了更加务实的行动方式，摆脱冲突的束缚，专注于日常生活所带来的变化，并以此改变他们的生活，改变社会。[3]

---

① 参考：Tessler, M. , and Gonzalez, M. L. , *Maghribi Youth in the Wake of the Arab Spring*, London & New York: Routledge, 2016.

② Popular Religion, in the Sense that Ernest Gellner Gave to Concept.

③ 参考：Martinez & R. A. Boserup eds. , *North African Politics: Change and Continuity*, London: Hurst, 2016.

第七章　女性地位

阿尔及利亚在探索男女平等和社会进步方面，一直进行着积极尝试，希望成为发展中国家的典范。2015 年 3 月 8 日，布特弗利卡发出呼吁，希望能够重新修订 2005 年的《家庭法典》，彻底废除这个并不支持两性平等的法典。其不平等性主要体现在当下女性在公共领域日趋活跃，而 2005 年的《家庭法典》对女性仍有不少歧视。两性不平等在《家庭法典》中的体现并得以合法化，主要源于法典制定者和社会舆论认为，阿尔及利亚女性并没有在国民收入提升中起到主动积极的作用。然而，到了 2014 年，在阿尔及利亚高等教育毕业生中，女性人数占到 79%[1]，并且女性在公共卫生和教育领域的参与比男性更具活跃度。在其他领域，如司法机构中，女性所占比例也在逐渐增多，2015 年，女性律师的人数占到了律师总人数的 38%。[2]

随着社会的发展、女性权益运动的推动、女性参与市场劳工份额的增加以及法律对女性权利诉求的合法保护，都使得阿尔及利亚女性的社会地位得到了提升。但是这一变化仍显缓慢和不足，阿尔及利亚女性的斗争和对于女性权益的探索还需继续。

---

① "DataBank—Gender Statistics," The World Bank, http://databank. worldbank. org/data/reports. aspx? source = gender-statistics#.

② Tlemçani Rachid , "The Algerian Woman Issue: Struggles, Islamic Violence, and Co-optation," in Fatima Sadiqi, ed. , *Women's Movements in the Post-"Arab Spring" North Africa*, London: Palgrave Macmillan, 2016.

第一节　历史变迁

在阿尔及利亚独立战争中，女性扮演着重要的角色，战争的参与度也很高，经常投入危急和致命的任务当中。独立战争并非首次阿尔及利亚女性积极参与并发挥作用的战争，然而，这次战争却开启了非洲女性解放斗争的先河。在此期间，阿尔及利亚女性和男性一起，共同为阿尔及利亚的独立而奋战，经历了八年的抗战和数百万计的伤亡后，阿尔及利亚于1962年独立。战后，政府在法律上承认和强调了阿尔及利亚女性公民身份，同时阿尔及利亚女性享有男女同校、社会医疗保健服务、从事专业行业的平等权利。至此，20世纪60年代到70年代这一时间段，阿尔及利亚女性整体社会地位相较以往得到了提高。

然而，好景不长，在随后的社会发展中，阿尔及利亚女性的社会地位所面临的形势却变得严峻起来。在劳工就业方面女性所占比例极小，这个现象和当时阿尔及利亚以石油出口为经济支柱的发展模式相关，这一经济结构使得阿尔及利亚国民GDP上升，对于大多数向中产阶级发展的家庭来说，其经济实力不需要家庭中的女性参与到付薪工作当中。随后又通过了一项政府规定：禁止女性在没有男性陪同的情况下出国（在阿尔及利亚女性游行示威之后被宣布取消）。而到了1981年，阿尔及利亚政府试图通过一部《个人法典》，即规范和限定个人及家庭行为的法典。该法典充斥着男女不平等的规定，为此阿尔及利亚的年轻女性聚集在一起，向当时的总统沙德利·本贾迪德提交了对该法典的六项诉求：要求男女享有相同的法定成年年龄；拥有没有限制的权利参与付薪劳动；在结婚和离婚事宜上男女平等；废除一夫多妻制；享有平等的继承权；给予未婚母亲合法地位和对孤残儿童实施保护。这些要求可以清晰地反映出当时阿尔及利亚女性的社会地位状况，在就业方面没有自主权利，无法自由选择工作；在家庭方面，一夫多妻制严重影响女性在家庭生活中的平等地位，同时无法拥有婚姻自主权，也使得女性在家庭生活中处于弱势；在政治参与方面，不能保障女性的基本政治权利，忽视了女性的合法权益。①

　　1984 年 6 月 9 日，阿尔及利亚立法机关通过了饱受女性反对的《家庭法典》。这一法典对于阿尔及利亚女性社会地位产生了巨大影响，它使得阿尔及利亚所有女性在教育、工作、婚姻和继承权方面始终处于边缘地位。并且该法典仍然保留了一夫多妻制度，阿尔及利亚的男性可以单方面宣布离婚，并且将其前妻（们）从家里驱逐出去。阿尔及利亚的伊斯兰教法也对遗产进行了定义：男性有权继承相较于女性两倍的遗产。在《家庭法典》的原始草案中，阿尔及利亚女性已成功地去除了其中几条十分恶劣的条款②，然而，最后的结果标志着阿尔及利亚女性社会地位未能得到充分的保障。可以说，1984 年出台的《家庭法典》是阿尔及利亚女性遭遇黑暗历史的最好证明。

　　1988 年 10 月，数以万计的青年人加入"面包暴动"（Bread Riots）。物价上涨、青年高失业率以及政府实行经济紧缩政策，是导致这次暴动的直接原因。③ 暴动遭到了政府的武力镇压，死伤人数超过 1500 人。然而，工人、学生以及失业青年的示威游行仍然推动了阿尔及利亚政治改革进程：言论自由、自由结社、组建政党是此次斗争的主要内容。

　　在如雨后春笋般出现的新兴政党和政治组织中，"伊斯兰拯救阵线"（FIS）是其中规模和影响力最大的一个，在 1991 年 12 月的第一轮立法选举中，它大获全胜。阿尔及利亚政府担心倒台，于 1992 年 1 月取消了第二轮选举，并且军队免除了总统沙德利的权力，1992 年 5 月议会宣布解散"伊斯兰拯救阵线"。随之而来的便是无止境的暴力冲突，将近 20 万人死亡。④ 这是被阿尔及利亚人称作"迷失的时期"，然而没有人比阿尔及利亚的女性感受更强烈。从一开始，女性就是伊斯兰主义者和政府权力争夺战中的目标和牺牲品。1994 年，"伊斯兰拯救阵线"的伊斯兰教令

---

　　① Turshen, M., "Algerian Women in the Liberation Struggle and the Civil War: From Active Participants to Passive Victims?" *Social Research*, Vol. 69, No. 3, 2002, p. 894.

　　② Lippert Anne, "Algerian Women's Access to Power," in Irving L. Markovitz, ed., *Studies in Power and Class in Africa*, New York: Oxford University Press, 1987, p. 209.

　　③ "Algeria: Riots of October 1988," Research Directorate, Immigration and Refugee Board, Canada, September 1, 1989, http://www.refworld.org/docid/3ae6aba95c.html.

　　④ Beardsley Eleanor, "Family Law at the Crux of Algerian Women's Futures," NPR, May 14, 2011, http://www.npr.org/2011/05/15/136276037/family-law-at-the-crux-of-algerian-womens-futures.

（法特瓦，fatwa）将"处决没有穿着希贾布（hijab）的女性"这一行为合法化；另一条法特瓦更是将诱拐女性和临时结婚合法化。

在那个时期，阿尔及利亚女性社会地位倒退，整个国家愈趋保守。"伊斯兰拯救阵线"将没有穿戴伊斯兰服饰和穿戴与阿尔及利亚习俗不相容的女性看作"已西方化的"女性，并针对该类女性进行大量惩罚性袭击，使得阿尔及利亚女性时刻处于恐慌之中。[1] 更有甚者，一些市镇的激进伊斯兰主义者对学校里的男生和女生进行隔离，并且不允许女孩从事体育活动。[2] 所有的职业女性在阿尔及利亚内战时期都成为被攻击对象：清洁工、学生、医生、记者、老师甚至安保部队的母亲和妻子。被视为伊斯兰教"背叛者"和持不同政见者的女性遭到了恐吓和妖魔化，一时间阿尔及利亚的女性陷入了一场激烈而恐怖的"政治迫害"当中。

社会动荡和不稳定使得伊斯兰拯救阵线很快就集合了一大批支持者，这些支持者多是来自于贫民区的游民，没有固定的工作，被整个市场经济排斥在外。他们极具不稳定性且易被洗脑，"女性就应该待在家中，回归家庭"的观点在他们心中根深蒂固。无论受教育程度有多高，哪怕是大学毕业，女性也被认为不应该参与社会工作而更应该依附男性，尤其是那些需要女性照顾家庭的失业男性。一开始，这些对女性不平等的意识和观点还仅仅停留在言语攻击和恐吓之上，然而，随着对女性的敌对情绪日益高涨，这些言语威胁很快就变本加厉，演变成一场极端暴力的浪潮。

1994年，被杀害的阿尔及利亚女性人数达到了211人。[3] 阿尔及利亚女性的诉求从要求男女平等转变成了保障人身安全。1994年，接受小学教育的女性占46%，接受中学教育的女性占50%，大学毕业生中女性占50%；职业为医生的女性占50%，职业为护士的女性占48%，职业为法

[1]　Lazreg Marnia, *The Eloquence of Silence: Algerian Women in Question*, New York: Routledge, 1994, p. 219.

[2]　Tlemçani Rachid, "The Algerian Woman Issue: Struggles, Islamic Violence, and Co-optation," in Fatima Sadiqi, ed., *Women's Movements in the Post- "Arab Spring" North Africa*, London: Palgrave Macmillan, 2016.

[3]　Cherifa Bouatta, "Evolution of the Women's Movement in Contemporary Algeria: Organization, Objectives and Prospects," *UNU/WIDER Working Papers*, No. 124, 1997, p. 18.

官的女性占三分之一，职业为律师的女性占 30%。[1] 然而，到了 1995 年，受雇用的女性仅占阿尔及利亚总体劳工人数的 4.74%。此外，从 1992 年到 1995 年，阿尔及利亚女性失业率锐增，1992 年女性失业率为 20.4%，到了 1995 年已达到 38.4%。女性如此高比例的失业率已影响了当时劳工市场的整体走向。尤其是对于 20—24 岁的女性来说，其失业率高达 44.26%，其中学生占 62.4%。[2] 女性的经济地位岌岌可危，而受教育程度高也无法为女性就业起到有效的促进作用，在当时的环境下，女性社会地位处于停滞不前的状态。

2000 年，以伊斯兰拯救阵线为首的极端伊斯兰主义势力遭到了阿尔及利亚政府的军事重创。至此，该武装组织不再是阿尔及利亚人和国家安全的威胁，全国范围内的政治迫害也大大减少。在新的政治和意识形态环境下，阿尔及利亚社会氛围更有利于制定世俗的民法和相关法律。

2005 年，阿尔及利亚总统阿卜杜勒阿齐兹·布特弗利卡对《家庭法典》进行了修订。修订条款授予女性在离婚和住房供给方面更多的权利，并将女性的男性监护人身份（父亲、丈夫等）弱化至只具有象征意义，同时还保护阿尔及利亚女性将其公民身份（国籍）传给子女的权利。然而，除此之外，布特弗利卡对于《家庭法典》的文本只进行了小幅度改动，并没有从根本上维护和改善阿尔及利亚女性的社会地位。

第二节　家庭地位

在独立战争爆发前，阿尔及利亚的家庭构成比较复杂，一般包括祖父母、已婚的儿子及其家庭、未婚的儿子、未婚或离异或丧偶的女儿。这样的家庭结构有着浓厚而明显的男权和父系烙印：由较年长的男性进行各大小事宜的决策，包括家庭福利、划分土地、家庭成员工作分配以及代表整个家庭对外交往等。在这样的传统的父权家庭结构中，女性的生活一直处于男性的权威之下——未婚之前受到父亲的管控，结婚之后受到丈夫的约束——并且社会

---

① Turshen, M., "Algerian Women in the Liberation Struggle and the Civil War: From Active Participants to Passive Victims?", *Social Research*, Vol 69, No. 3, 2002, p. 891.

② "CEDAW Country Report—Algeria," United Nations, September 1, 1998, http://www.un.org/womenwatch/daw/cedaw/cedaw20/algeria.htm.

对于女性的角色认知极为保守，认为女性应当将全部的生活和重心都放在家庭事务上。阿尔及利亚女性的家庭地位在这样的父权体系下无法达到与男性平等的位置，两者始终处于不对等的状态中，男性一直凌驾于女性之上。

在独立战争结束之后，家庭结构模式发生了变化，向着更小一些的家庭单元发展，一般包括夫妻二人以及未婚的孩子。这种小家庭的变化趋势在阿尔及利亚的城市之中先发展起来，随后逐渐扩展到周围的乡村地区。这一现象的出现受很多因素的影响，最主要的原因是当时出现的城市化现象以及雇佣劳动的兴起。这种家庭结构的新形式仍然未能改变女性的家庭地位，尤其是在婚姻方面，女性依旧受到诸多限制和不平等待遇。在20世纪90年代早期，阿尔及利亚仍在推行伊斯兰婚姻要求的苛刻的法律条款，这是整个西亚北非地区对婚姻规定最为保守的条款。

随着时间的推移，核心家庭结构模式在阿尔及利亚被固定下来，逐渐形成了以新家庭模式为基础的"新父权"结构——现代化的劳动分工与实质上不变的父权社会关系认知。从20世纪90年代末至今的阿尔及利亚女性家庭地位，可以从婚姻与财产分配、家庭暴力和生育与子女抚养等若干方面反映出其变化和现状。

一　婚姻与财产分配

2005年，阿尔及利亚重新修订了1984年《家庭法典》，去除了先前一些明显歧视女性的条款。[①] 经修订后的法典规定阿尔及利亚的最低合法婚龄是19岁，男性和女性都是如此。然而，法官可以因某些"必要情况"而准许未满19岁结婚的现象——法典并没有对这一"必要情况"所允许的最低婚龄做出规定。[②] 不过与全球早婚平均数量相比[③]，阿尔及利

---

① CEDAW, "Consideration of Reports Submitted by States Parties under Article 18 of the Convention on the Elimination of All Forms of Discrimination gainst Women Combined Third and Fourth Periodic Reports of States parties Algeria," New York: CEDAW, 2010, p. 7; Marzouki Nadia, "Algeria", in Sanja Kelly and Julia Breslin, ed. , *Women's Rights in the Middle East and North Africa*, New York: Freedom House, 2010, p. 30.

② "Ordinance No. 05 – 02 Amending and Supplementing Law No. 84 – 11 of 1984 on the Family Code," https: //s3. amazonaws. com/landesa_ production/resource/1619/Algeria_ Ord – No – 05 – 02_ amending-family-code_ 2005_ French. pdf? AWSAccessKeyId = AKIAICR3ICC22CMP7DPA&Expires = 1491849186&Signature = fXU9ZTAWOZeP59%2FhFuvwcTnDqFo%3D.

③ Loaiza, Edilberto and Sylvia Wong, *Marrying Too Young: End Child Marriage*, New York: UNFPA, 2012, http: //www. unfpa. org/sites/default/files/pub-pdf/MarryingTooYoung. pdf.

亚的早婚率较低，在 15—19 岁的女孩中，大约只有 0.02% 处于已婚状态。① 这些早婚现象的出现也与法典的条款相关，根据修订后的法典，女性不能在其监护人（通常为男性，如父亲）未许可的情况下与他人结婚。② 基于此，女性的婚姻自主权在很大程度上仍然受到了限制，在没有监护人许可的情况下，女性单方面与他人的婚姻行为在阿尔及利亚并不被视为合法有效。阿尔及利亚女性在婚姻自主权上并不享有与男性一样平等的权利，而女性身后的男性监护人更是时刻禁锢着女性自主的选择权利。

伊斯兰教法（Sharia Law）还对遗产继承问题进行了规定，家庭法典基于伊斯兰教法也保留了相关条款。③ 在一般情况下，女性可继承的遗产份额为她的兄弟（或者是相关的男性亲属）所享有的一半。然而，在一些情况下，女性还会迫于相关男性亲属的压力而主动放弃遗产继承权。但对于有的家庭而言，为了防止家中的女性亲属受到不公平的遗产继承待遇，遗产所有人会在生前将部分财产以赠予的方式给女性继承人。④ 虽然这样的行为对女性的财产权益提供了一定的保障，但这类规避现行法律条款而重新分配遗产的现象，无疑说明了阿尔及利亚女性在遗产继承权上相较男性而言仍然处于从属状态。

阿尔及利亚宪法和《家庭法典》都规定了女性有权享有和使用土地以及其他非土地资产。法典还规定，当一名女性结婚后，她仍然可以保持享有其财产的所有权，同时还享有自主处理私人财产的权利，而无须经过她丈夫的允许。然而，事实上，对于大多数的阿尔及利亚女性而言，购买或租借土地是无法独立负担的，同时传统社会价值观和认知又抑制了女性对经济独立做出的尝试。⑤ 不仅如此，土地的继承权也受到传统伊斯兰法

① "Gender, Institutions and Development Database 2014," OECD, http：//stats. oecd. org/ Index. aspx? DatasetCode = GID2#.

② Marzouki Nadia, "Algeria," in Sanja Kelly and Julia Breslin, eds., *Women's Rights in the Middle East and North Africa*, New York：Freedom House, 2010, p. 37.

③ CEDAW, *Consideration of Reports Submitted by States Parties under Article 18 of the Convention on the Elimination of All Forms of Discrimination against Women Combined Third and Fourth Periodic Reports of States Parties Algeria*, New York：CEDAW, 2010, p. 13.

④ Marzouki Nadia, "Algeria," in Sanja Kelly and Julia Breslin, eds., *Women's Rights in the Middle East and North Africa*, New York：Freedom House, 2010, p. 43.

⑤ "African Women's Rights Observatory：Country Specific Information—Algeria," United Nations Economic Commission for Africa, http：//www1. uneca. org/awro/country_ algeria. aspx.

律的控制，通常对女性进行区别对待。修订后的家庭法典改善了这一情况，可是对于低收入的家庭和处于社会底层的女性而言，阿尔及利亚的住房政策依旧有很多欠缺。大多数女性会将土地和财产的决策权委托给她们的丈夫或是男性亲属①，法典对于女性土地和财产所有权做出的保障，在实际情形下形同摆设。根据世界银行 2011 年的金融普惠（financial inclusion）数据可以得知，阿尔及利亚的成年女性中仅有 20% 的人拥有银行账户，而在同等条件下男性则有 46%。② 在家庭中，女性的经济实力显然处于弱势，从而导致女性在家庭生活中无法获得主导权。

二 家庭暴力

2005 年，在 9033 起女性遭受的暴力虐待事件中，有大约一半属于家庭暴力，这就意味着在阿尔及利亚家庭暴力广泛存在。同时有 64.9% 的针对女性的攻击都发生在家中，其中有将近 50% 的暴力案件是来自于女性现有配偶或前配偶。③ 2006 年 7 月 12 日，阿尔及利亚《国家报》（El Watan）刊登的一篇文章指出，阿尔及利亚警察局局长宣称女性所遭受的暴力案件数量依旧持续增长。④ 阿尔及利亚女性饱受暴力伤害。根据警方记录，在 2014 年女性遭到的身体虐待案件中，有 58% 来自于家庭暴力。每年有 100—200 名女性因家庭暴力而死亡。阿尔及利亚女性的人身安全时至今日仍受到威胁，而家庭暴力是最主要的来源。对于如此恶劣和数量众多的家庭暴力案件，阿尔及利亚政府一直未能出台相关的法规，女性在家庭中的身心健康存在着很大的保障问题。

直到 2015 年，阿尔及利亚政府才起草并通过了一条法律，旨在保护女性免于暴力伤害，同时保卫其经济利益。⑤ 这项法律将对女性的家庭暴

---

① Marzouki Nadia, "Algeria," in Sanja Kelly and Julia Breslin eds. , *Women's Rights in the Middle East and North Africa*, New York: Freedom House, 2010, p. 43.

② "Data: Algeria," World Bank, http: //data. worldbank. org/country/algeria.

③ "Algeria: Domestic Violence; Protection and Services Available to Victims," Immigration and Refugee Board of Canada, http: //www. refworld. org/docid/47d6548823. html.

④ "Algeria: Domestic Violence; Protection and Services Available to Victims," Immigration and Refugee Board of Canada, http: //www. refworld. org/docid/47d6548823. html.

⑤ "Algeria: New Law Prohibits Domestic Violence against Women," The International Gulf Organization (iaIGO), March 12, 2015, http: //www. igohr. org/algeria-new-law-prohibits-domestic-violence-a-gainst-women/#four.

力判定为"非法事件"：丈夫对妻子的暴力伤害行为将面临最高 20 年的有期徒刑；丈夫将妻子暴力伤害致死会被处以无期徒刑。同时该项法律还致力于保护已婚妇女的经济利益：丈夫对于擅自处理妻子的财产或金融资源的行为，至多将获刑两年。对于保护女性免于遭受家庭暴力的法规的出台，无疑是对女性家庭地位的一种保障。尽管姗姗来迟，但是其反映出阿尔及利亚政府和社会对于女性权益的逐步重视。

三　生育与子女抚养

2016 年，阿尔及利亚男女总体性别比是 1：1.03，出生时的性别比是 1：1.05，一直到 24 岁这个年龄段，其性别比一直保持在 1：1.05。24 岁以后男女性别比逐渐降低（从 1：1.02 降至 1：0.86）。[1] 这一性别比的变化显示出女性的数量在不断减少，表明阿尔及利亚失踪、移民或女性问题日益严重。到 2016 年，阿尔及利亚女性的平均生育率达到 2.74，意味着平均一名妇女育有 2.74 个子女。[2] 2.74 个子女的生育率意味着家庭经济负担的增加，同时也意味着对女性照顾家庭的需求增多，减少了女性参与就业劳动的机会，从而陷入了经济依赖和家庭话语权缺失的恶性循环中。

如果夫妻双方育有儿女的话，那么根据法典规定，父母二人都有保护孩子身心健康和保障其受到学校教育的义务。然而，对于夫妻双方而言，父母的权威落在了父亲的身上，母亲仅可在父亲缺席时为处于"紧急情况"下的子女做出决策。[3] 然而，法典对于"紧急情况"的规定非常模糊，同时如何证明父亲处于缺席状态也是极其困难的，女性对子女的主导权非常有限且不受法律保护。在离婚且孩子判给母亲的情况下，男方有义务为女方和孩子提供住所，但是这样的情况通常会被男方无视，得不到有

---

[1]　"The World Factbook, Algeria," Central Intelligence Agency, https：//www. cia. gov/library/publications/the-world-factbook/geos/ag. html.

[2]　"The World Factbook, Algeria," Central Intelligence Agency, https：//www. cia. gov/library/publications/the-world-factbook/geos/ag. html.

[3]　CEDAW, *Consideration of Reports Submitted by States Parties under Article* 18 *of the Convention on the Elimination of All Forms of Discrimination against Women Combined Third and Fourth Periodic Reports of States Parties Algeria*, New York：CEDAW, 2010, pp. 15, 16；" Gender, Institutions and Development Database 2014 ," OECD, http：//stats. oecd. org/Index. aspx? DatasetCode = GID2#.

效执行。

新的《家庭法典》规定：当夫妻双方离婚时，根据孩子的最大利益保障原则确定监护人。然而，这一规定实则是对"母亲偏向"原则的违背，这一原则是指在大多数案例中，监护权一般是判给母亲的，父亲主要是提供经济支持。在阿尔及利亚，如果孩子判给了母亲，那么母亲是享有对孩子的主导权的。然而，如果女方再婚，那么这一主导权将不复存在；在同样情况下，男方再婚却并不影响对孩子的主导权。①

女性的高生育率反映出国家对于女性留守家庭的需求，对于女性进入社会和就业产生了很大的影响。与此同时，对将多数时间和精力都花费在家庭的女性来说，她们的家庭地位也无法得到有效保障，在家庭生活的各方面都被男性权力所压制。部分社会观念变化和相关保护女性的法规出台说明阿尔及利亚社会对于女性问题的逐渐重视，然而所做的改变仍没有实质性地改善女性的家庭地位。

第三节　就业情况

当代阿尔及利亚接受初等教育的性别数量差距并不大，就 2004 年而言，在初等教育入学率方面，男生占 95%，女生占 93%。这个数据一直呈小幅上升，男生和女生之间的初等教育入学率也一直保持在几乎相等的状态下。在阿尔及利亚，对于孩子接受基础教育的重要性早已达成了社会共识。

根据表 Ⅱ - 7 - 1 可看出，2016 年，在初等教育入学率方面，女生占 95%，男生占 97%；在中等教育入学率方面，女生和男生各占 50%；高等教育入学率则发生了变化，女生占 42%，而男生仅占 27%；在全国平均识字率方面，男性为 86%，女性为 73%。② 阿尔及利亚女性的识字率也逐年增加，从 2012 年的 64% 上升到 2016 年的 73%，说明女性接受教育

---

① "Report of the Special Rapporteur on Violence against Women, its Causes and Consequences, Rashida Manjoo, Addendum, Mission to Algeria," Human Rights Council, https：//documents-dds-ny. un. org/doc/UNDOC/GEN/G08/106/83/PDF/G0810683. pdf? OpenElement.

② "The Global Gender Gap Report 2016： Algeria," World Economic Forum, http：// reports. weforum. org/global-gender-gap-report-2016/economies/#economy = DZA，登录时间：2017 年 3 月 26 日。

的机会和选择增多。表Ⅱ-7-1数据还表明，接受高等教育的女性入学率比男性多，这反映出几个问题：（1）接受的教育水平越高，越有利于阿尔及利亚女性走向社会，参与到就业劳工和女权运动中去；（2）阿尔及利亚家庭对于子女接受教育问题已经大幅减少了性别差异对待（如男孩应该接受更多的教育，女孩只需照顾家庭）；（3）在同等就业职位要求下，阿尔及利亚社会对于男性的学历要求比女性低。

表Ⅱ-7-1　　阿尔及利亚男性和女性受教育情况（2012—2016）　　　　（%）

	2012		2013		2014		2015		2016	
	男性	女性	男性	女性	男性	女性	男性	女性	男性	女性
识字率	81	64	81	64	81	64	87	73	86	73
初等教育入学率	97	95	97	95	97	95	97	95	97	95
中等教育入学率	65	69	55	52	52	49	52	49	50	50
高等教育入学率	25	37	26	38	25	38	27	40	27	42

资料来源：World Economic Forum，"The Global Gender Gap Report，" https：//www. weforum. org/reports，登录时间：2017年3月26日。

阿尔及利亚女性就业状况的改善可以从就业率、就业领域、就业待遇和劳工法律保障四个方面反映出来。

一　就业率提高

阿尔及利亚女性在就业地位方面一直处于社会边缘状态。2011年，阿尔及利亚男性就业率达到65.3%，然而，女性就业率仅为14.2%。[①] 在2010年最后一个季度，女性失业率达19.1%，而男性失业率为8.1%。在阿尔及利亚，年轻女性失业问题变得日益严重：16—24岁的年轻女性失业率达到37.4%，而男性仅为18.6%。对于大学毕业的女性来说，失

---

① "The Little Data Book on Gender 2011，" World Bank，2011，http：//documents. worldbank. org/curated/en/626071468315341441/pdf/644430PUB0Litt000public00BOX361537B. pdf.

业问题更为广泛常见：有33.6%的大学毕业女性处于失业状态，男性为11.1%。[①] 数据显示，大学毕业女性的失业率逐年增长，且失业与其大学就读专业无关。

2013年，15—24岁的年轻女性就业率为10%，而男性为47%；同等条件下女性失业率为39%，男性为21%。[②] 2014年，15—24岁的年轻女性失业率达41.4%，而男性则为22.1%。[③] 如表Ⅱ-7-2所示，女性劳动力占全国总劳动力的比重一直在增加，然而幅度微小。2000—2014年，女性劳动力比重仅增长了3.9%，2014年所占劳动力比重仍不足20%。2015年，女性劳动力比重占16%，男性则占76%；2016年，女性劳动力比重占18%，男性则占75%。[④]

表Ⅱ-7-2　　　　　阿尔及利亚女性劳动力占总劳动力比重　　　　　（%）

年份	2000	2002	2004	2006	2008	2010	2012	2014
女性劳动力	13.5	14.0	14.5	15.3	16.3	16.9	17.1	17.4

资料来源："Data: Labor Force Total—Algeria," The World Bank, http: //data. worldbank. org/indicator/SL. TLF. TOTL. IN? end = 2014&locations = DZ&start = 1990&view = char.

上述数据反映了一个事实：阿尔及利亚女性就业率和劳工参与率远低于男性。不仅如此，女性的失业率也高于男性。这意味着即使少数女性能够成功就业，参与到市场劳工当中，她们失业的概率也会高于男性，女性被经济市场排斥在外。

二　就业领域和条件改善

2011年，有63.15%的女性工作领域集中在行政管理、国防、卫生和社会部门，男性则占30.3%，同时还有很大一部分女性的工作领域集中

---

① OECD/CAWTAR, *Women in Public Life: Gender, Law and Policy in the Middle East and North Africa*, OECD Publishing, 2014, p. 124.

② "The little Data Book on Gender 2016," World Bank, 2016, https: //openknowledge. worldbank. org/bitstream/handle/10986/23436/9781464805561. pdf.

③ "The World Factbook—Algeria", CIA, https: //www. cia. gov/library/publications/the-world-factbook/geos/ag. html.

④ "The Global Gender Gap Report," World Economic Forum, https: //www. weforum. org/reports.

在服务业（如清洁服务）。就业女性工作领域为制造业的占到 21.5%，超过男性的 10.4%；就业男性中工作领域为建筑业的占到 19.5%，相比较之下，女性仅占 1.6%；有 12.3% 的男性从事农业活动，女性仅占 3%。同时数据还显示，2011 年，男性领导着 89.8% 的企业。[1] 到了 2013 年，从事农业工作的男性在总就业中占 12%，而女性只占 3%；从事工业制造业的女性在总就业中占 24%，男性占 32%；从事服务业的女性在总就业中占 73%，男性则占 56%。[2] 2015 年，从事非农业活动并带薪就业的女性人数占总市场人数的 19.2%。[3] 2016 年，在职业为立法者、高级官员和管理人员的人员分布中，女性占 10%，男性则高达 90%；在职业化和技术领域，女性占 44%，男性占 56%。[4]

尽管在阿尔及利亚，并没有限制女性可以工作的领域，但是大多数女性的工作领域还是集中在卫生护理、教育和司法机构，这些是被社会认为具有"性别倾向"（gender bias）的领域，更适合女性就业。

三　劳工法律保障更强

阿尔及利亚劳工法规定了对女性就业人员的权益保护，并且法律规定男女薪资平等：雇佣者必须确保员工在相同工作条件下，具有平等的薪资水平，不能带有性别歧视。

对于女性员工的产假问题，阿尔及利亚劳工法规定女性享有带全薪休产假的权利，产假期间的薪资偿付由政府提供，产假长度为 14 周。[5] 根据阿尔及利亚法律规定，在女性分娩前后终止雇佣——或是在分娩期间被解雇——是违法行为。同时法律还规定仍处于母乳哺育期的女性，在每天的工作期间可以得到一个小时的休息时间。此外，法律还规定女性员工在分

① OECD/CAWTAR, *Women in Public Life: Gender, Law and Policy in the Middle East and North Africa*, OECD Publishing, 2014.

② "The Little Data Book on Gender 2016," World Bank, 2016, https://openknowledge.worldbank.org/bitstream/handle/10986/23436/9781464805561.pdf.

③ "Human Development Report 2016," UNDP, http://hdr.undp.org/sites/default/files/2016_human_development_report.pdf.

④ "The Global Gender Gap Report," World Economic Forum, https://www.weforum.org/reports.

⑤ OECD/CAWTAR, *Women in Public Life: Gender, Law and Policy in the Middle East and North Africa*, OECD Publishing, 2014.

娩之前的一个星期是禁止工作的，雇佣者不得以任何理由要求女性员工工作；同时如果女性员工工作环境较为危险，容易有辐射影响，那么女性员工怀孕期间需要调职至相对安全和辐射影响较小的工作环境中。

阿尔及利亚政府在女性就业保障方面做出了很多改善和提高，虽然无法切实改变女性就业率低下的现象，但是良好完善的法律保障会逐渐为女性参与就业提供条件。

此外，近年来阿尔及利亚妇女参政议政能力不断增强。

（一）政治参与意识增强

阿尔及利亚议会由国民议会（众议院）与民族院（参议院）组成，两院共同行使立法权。2012 年，议会总席位为 462 席，其中女性席位有 146 席，占总席位的 32%。[1]

根据阿尔及利亚 2012 年选举法规定，议会候选人中女性比例需要根据每个选举席位数量的不同，保持在 20% —50%。选举法对具体选区数量比例做出了规定：拥有四个席位的选区，女性比重占 20%；拥有五个及以上席位的选区，女性比重占 30%；拥有 14 个及以上席位的选区，女性比重占 35%；拥有 32 个及以上席位的选区，女性比重占 40%；在国外的选区，女性比重应占 50%。[2] 同时选举法规定了选举席位数量根据投票数量而定，且女性候选人的席位比例需要严格按照上述比重规定执行。除此以外，政治党派还可以根据其女性候选人在国家层面和次国家层面（区县等）选举中的参与数量，获得特殊的国家财政拨款。

阿尔及利亚政党组织数量众多，但是国家规定在这些政党中，女性的参与数量至少要占总人数的三分之一。如果没有达到这个比例标准，该政党将自动沦为不合格。2012 年选举法概述了提高和改善性别平衡在选举体系中的程序：在所有选举提名中，要为女性分配一定配额的席位，无论这些女性是独立不参与政党的，抑或参与多个不同的政党。国家议会对于女性席位的配额体系延伸到了其他领域，如外交使节团和司法部，然而几

---

[1] "Global Database of Quotas for Women," Quota Database, http：//www. quotaproject. org/country/algeria#cview_ subnational.

[2] "Global Database of Quotas for Women," Quota Database, http：//www. quotaproject. org/country/algeria#cview_ subnational.

乎没有女性参与到国民议会（众议院）中去。①

在行政机构中，女性很少能够升至高层决策层。2012 年，31 名内阁成员中只有 3 名为女性，一名文化部部长和两名委任部长。在司法机构里，女性的参与数量增多，2010 年全国有超过三分之一的检察官为女性，同时任职法官的女性占 36%。② 从数据中可以看到，女性的政治参与逐年增多，但是都无法参与核心和高层的政治决策。

除了议会席位数量以外，在对候选人进行投票的过程中也充满着性别不平等的现象。例如对于宣传候选人照片的海报中，许多政党对女性候选人仅用中心空白，四周为希贾布的图片作为代替。③ 这一现象受到了阿尔及利亚政府的关注并制止，同时女性候选人本身也受到家庭的困扰而不便公开自己的照片。

（二）女性组织取得发展

阿尔及利亚一直是北非国家女权运动的先锋之一，独立战争以后女权运动的规模和影响力更是不断壮大，为女性争取权益做出了极大的贡献。

阿尔及利亚 1984 年《家庭法典》在遭到众多女性反对之后仍旧实施生效，至此大量女性组织如雨后春笋般出现。反对《家庭法典》的失利让阿尔及利亚女性意识到争取政治权益以及获取话语权的重要性，于是女权运动的框架结构转化为更为合法的官方组织，例如 1985 年 5 月成立的女性法律平等组织——自由组织（Egalité）——正是基于此，它是阿尔及利亚最著名的女性组织。该组织的宗旨是促进和落实男女在法律面前的平等权利，它于 1989 年通过官方批准成为一个全国性组织。女性通过这个组织争取自身的权益，这一过程既是女性行使自身正当政治权利的体现，也是女性对于政治地位平等的诉求。该组织已经取得了诸多实质性成果，如废除 1984 年《家庭法典》；通过了保障男女平等的民法；女性无条件就业的权利；男女法定成年年龄一致；在离婚处理方面男女平等；废除一

---

① OECD/CAWTAR, *Women in Public Life: Gender, Law and Policy in the Middle East and North Africa*, OECD Publishing, 2014.

② "Country Report on Human Rights Practices—Algeria," US Department of State, https://www.state.gov/documents/organization/160446.pdf.

③ "Algeria Parties Ordered to Show Female Faces on Posters," BBC, April 18, 2017, http://www.bbc.com/news/world-africa-39636548.

夫多妻制；男女共同财产平等配置。①

这些成果说明了女性在政治参与上越来越活跃和受到重视，女性对平等权利的争取在政治层面有了更有效的发声通道和解决途径。尽管许多问题仍亟待解决，但是发展至今的女性组织已颇具规模并更加成熟规范，这对于阿尔及利亚女性政治地位的提高无疑提供了助力。

第四节　社会地位

首先，对于阿尔及利亚女性地位最直接的影响因素是《家庭法典》。法典作为对阿尔及利亚人民个人行为、婚姻、财产继承等私人生活进行规范的律令，对女性的家庭地位起到了最直接的影响。尤其是涉及女性家庭地位的核心问题，如家庭主导权、财产分配、继承、人身安全等，都直接受限于《家庭法典》。该法典对于男性家庭主导权具有偏向性，女性在婚前受到父亲的管控，婚后受到丈夫的限制；女性私人财产分配在现实中的实际处理人往往为其丈夫或相关男性亲属，女性本身对财产的自主权徒有虚名；家庭暴力现象也逐年增多，比比皆是。女性的家庭地位陷入如此被动而消极的局面，与没有相应的法律后盾不无关系。

阿尔及利亚女性家庭地位发生了较大的变化，从以往被男性权力压制，到现在拥有相对自由的自主权利。从历史比较的视角来看，阿尔及利亚女性的家庭地位得到了提高；从两性平等的视角来看，阿尔及利亚女性的家庭地位仍然处于不平等状态。

其次，阿尔及利亚女性在受教育地位上取得较大的进展，从根本上讲得益于经济的发展。阿尔及利亚女性的受教育地位在很大程度上已经趋于两性平等，教育因素已经不再是衡量男女平等与否的关键。在阿尔及利亚经济发展的同时，传统经济社会男性劳动力已经无法满足市场需求，一直以来被制约于家庭中的女性得以参与到社会劳动分工中。市场对于劳动力的要求并不是简单地停留在初级原材料加工层面，男性劳动力无法完全补给国家机关、服务业、高科技行业、人才培育等领域对劳动力的需要，因

---

① Cherifa Bouatta, "Evolution of the Women's Movement in Contemporary Algeria: Organization, Objectives and Prospects," *UNU/WIDER Working Papers*, No. 124, 1997, p. 8.

此女性作为可观的劳动力逐渐受到重视。

再次，社会对就业者相关工作能力的需求，成为女性受教育的直接因素。女性受教育的人数和比例逐年增加，与此同时，接受高等教育的女性也愈益增加，反之接受高等教育的男性比例却在慢慢减少。这一趋势也使得女性受教育的观念和意识随着社会发展愈发浓厚。

从多方面的数据对比中不难发现，阿尔及利亚女性就业地位依然处于斗争有余、改善不足的状态。无论是从就业率还是失业率所呈现的状况来看，女性都远远劣于男性。

女性就业如此步履维艰的最根本影响因素是社会阶级。现如今的阿尔及利亚社会仍然是一个阶级固化的社会，长期以来进驻市场、占据经济主导权的男性，已经在社会领域形成了自己的阶级层次。随着现代化和经济全球化的到来，市场发展和自由经济为女性就业打开了一扇机会之窗，然而处于高阶级层次的男性为了保持现有的阶级固化，想尽办法限制女性的就业发展。在入职、解雇过程中存在着对女性的性别歧视和区别对待，并且女性虽然可以自由选择所从事的工作领域，但是社会对于女性就业方向也贴满了"性别标签"，这些标签直接影响了女性对于工作岗位的选择。在女性就职的岗位中，教师、护士、清洁工、纺织厂工人等岗位占多数，这符合社会对于女性"更适合从事服务业，从事稳定和处理细节的工作"的认知。

尽管没有直接的论据表明男性和女性之间有着明显的就业区别——例如，男性更适合从政经商，女性更适合教育服务——然而社会的认知和阶级固化将女性的就业身份限制在少数领域，并将就业概率和失业概率也控制在减轻男性损害的范围内。

最后，女性政治参与率低下的根本因素是男权社会意识的制约。阿尔及利亚女性对于政治运动的参与远远多过对于政治决策的参与。选举法对于女性席位的比例专门做出了规定，虽然对于女性参与政治起到了积极的条例作用，然而事实上这些条例，更多的只是流于表面的形式。

政治决策是国家建设和发展规划的重要环节，其内容还包括国家未来方向和法律法规出台等方面，这些都会影响不同公民团体的利益和权利。不妨试想一下，女性参与到政治决策的人数增多，就职高层领导人的概率增大，那么相应的国家规划和律令法规势必会在某种程度上出于对女性权益的考量而进行调整和实施，这些能够帮助女性改善相应社会地位的手段和方式，也在另一方面影响着男性长期占据的优势和获取的便利。作为依旧处于（新）男权意识下的阿尔及利亚社会，男性的利益应当优先于女性，男性对国家应当把握绝对的主导权。因此女性即使享受法律意义上的选举席位，事实上能够担任高层领导人和进入核心决策层的少之又少。女性的政治权利受到了法律意识上的保障，然而在事实层面还是无法触及男权社会的根基。

当代的阿尔及利亚先后爆发了两次全国性战争，一次是 1954 年爆发的反法战争，即阿尔及利亚独立战争；一次是 1991 年发生的内战，即政府军与"伊斯兰拯救阵线"之间的武装冲突。这两场战争对阿尔及利亚的国家建设、社会环境、经济发展和政治格局等产生了深远影响。阿尔及利亚女性既是战争的参与者，又是战争的受害者，她们致力于改善和提高其社会地位的斗争也贯穿其中。内战结束以来，阿尔及利亚女性社会的地位有了显著提高，分别表现在家庭地位、受教育程度、就业范围和参政议政四个方面，成为阿拉伯和非洲国家的成功典范。然而，作为非洲和阿拉伯世界国家，阿尔及利亚要实现男女平等，还面临着诸多制约因素，如《家庭法典》、社会风俗、伊斯兰教义、经济社会发展水平和政治体制改革方向等，阿尔及利亚女性社会地位的提高仍有很长的路要走。

阿尔及利亚长期处于战乱状态，女性既参与到战争当中而成为积极的守卫者，又受到战争的伤害和国内各种势力的攻击而成为被动的受害者。阿尔及利亚女性的社会地位因此也经历了许多变化和坎坷，在不断斗争和平等意识的觉醒下，取得了今天的成果和进步。

然而与过往的黑暗遭遇相比，阿尔及利亚女性虽已走到一个更为光明的现在，但与相同环境的男性相比，局面仍然不容乐观。从家庭地位上而言，阿尔及利亚女性还没有完全获得独立自主的权利，男性监护人享有许可权、婚姻自主受到限制、遗产继承并不能公平实施等问题，都表明阿尔及利亚女性家庭地位还需要进一步完善；从受教育地位上而言，男性和女性之间的差异已经逐渐缩小至趋同，教育不再是两性平等问题的突出方面；从就业地位上而言，巨大的就业差异性以及两性之间的数据落差说明，女性就业地位依然处于一个棘手的阶段，还有许多问题需要改善和解决；从政治地位上而言，女性的政治参与更多的是底层和表面的参与，没有触及领导高层和核心决策层，女性始终游走在政治参与外围，无法触及男权政治社会的根基。对于阿尔及利亚女性而言，就业地位是最需要得到改善和提高的，这一点的完成既需要法律保障的完善，也需要社会阶级固化的被打破。

　　总之，作为具有阿拉伯国家、非洲国家和地中海国家三重属性的国家，阿尔及利亚在未来国家建设和社会发展过程中，女性的社会地位将不断提高。其能否成为阿拉伯国家和广大非洲国家性别平等的成功典范，仍需要进一步观察。

第八章　柏柏尔问题

柏柏尔人是北非地区的土著居民，早在阿拉伯征服之前他们就在马格里布地区生活并创造了辉煌的文明。"柏柏尔"一词系外族入侵时对原土著居民的称谓，意为"野蛮人""未开化人"。由于历史的变迁，其中蔑视之意逐渐淡化而成为指代这些北非土著居民的专有词汇。在阿尔及利亚，柏柏尔人更多地被称为"卡比尔人"和"查乌亚人"①，在摩洛哥，柏柏尔人更喜欢称自己为"塔玛齐格人"（意为自由人）。需要指出的是，由于马格里布各国的历史发展以及处理民族问题的各异政策，因此柏柏尔问题在各国的表现程度也不相同。阿尔及利亚的柏柏尔人自独立起，就在为平等的民族权利而斗争，并显现出民族问题政治化的趋向，构成对现有政治秩序的挑战。

第一节　柏柏尔问题的缘起

"民族是原生的还是构建的"这一话题在近代以前的阿尔及利亚历史上从未有过相关的讨论，与其他和现代性有关的事物一样，民族及民族主义的传播是欧洲人完成殖民主义入侵双重使命的结果。对于柏柏尔问题，法国殖民者、阿拉伯民族精英有着不同的认知，这种认知上的差异形成了不同历史时期的不同民族政策，这些政策的推行使柏柏尔问题从文化历史层面不断转向政治层面，最终具体化为各种困扰阿尔及利亚政治、经济和

---

① 阿尔及利亚东部的卡比利亚山区和西部的奥雷斯山区是柏柏尔人的主要聚居区，其中奥雷斯山区的查乌亚人基本上已经实现阿拉伯化。此外，在阿尔及利亚南部山区游牧的图阿雷格人也属于柏柏尔人的一支。

社会发展的运动和事件，可以说，柏柏尔问题是阿尔及利亚独立以来最重要的民族难题。

一　殖民体系下的柏柏尔民族构建

现代意义上的柏柏尔问题要追溯到法国殖民当局制造的"卡比利亚神话"。所谓"卡比利亚神话"是法国殖民者为实现对阿尔及利亚的阿拉伯人和柏柏尔人"分而治之"政策而虚构出来的概念，它认为，柏柏尔民族具备许多"原生的"民族属性，这种民族性使其与阿拉伯人分别开来，在文化上，柏柏尔人倾向于世俗主义，他们天生就与"自由、平等、博爱"等价值联系在一起，他们接受了《古兰经》但从来不是虔诚的信徒①；在经济上，柏柏尔人厉行节俭，拥有一种有别于阿拉伯人的"商业天赋"；在政治上，柏柏尔人与生俱来的无政府状态被视为表达了一种潜在的民主特质，柏柏尔人的村落议会更是平等主义的主要标志。总的来说，法国殖民当局意在构建一个具有欧洲品质的柏柏尔民族，试图让它在阿尔及利亚土著居民中代表和体现欧洲人的价值观念，因此在法国的殖民政府中占有重要的地位，特别是在殖民体系的教育和雇员方面，殖民者有意识地偏向于卡比尔人。② 在这一政策的指导下，很多柏柏尔人接受了殖民体系下的法语教育，成为殖民者执行其"文明使命"的主要对象，除了母语以外，法语成为柏柏尔人更为常用的语言。法国殖民者从历史、宗教、文化等方面重构了一个与过去的历史迥异的柏柏尔民族，人为制造了阿拉伯人与柏柏尔人的对立，以推行使阿尔及利亚完全法国化的分而治之的殖民政策。这种殖民政策给阿尔及利亚留下了双重遗产：一方面，阿拉伯精英将卡比利亚神话与法国的殖民统治相联系，认为柏柏尔问题完全是服务于分而治之政策而虚构出来的；另一方面，该政策也确实培育了大批接受法语教育的柏柏尔精英，能够为独立后的阿尔及利亚政治、经济和社会发展提供技术支持，与识字率较低的阿拉伯人相比，他们更胜任独立后的国家建设。事实上，柏柏尔人在阿尔及利亚独立后迅速进入了经济、行

① Paul Silverstein, "Realizing Myth: Berbers in France and Algeria," *Middle East Report*, July-September 1996, pp. 11 – 15.

② World Infopaedia, Pragun Publicaion, 2007, p. 117.

政各领域，形成了一个被称之为"法语特权阶层"的集团，柏柏尔人的特殊地位招致阿拉伯人的不满。

二 民族主义语境下的柏柏尔人

尽管柏柏尔人在法国的殖民体系中享有特殊的"礼遇"，但是柏柏尔人反抗法国殖民侵略的斗争从来没有停止过，在阿尔及利亚的民族主义运动中，柏柏尔人也是积极的参与者。民族主义运动的首要任务是划分"我者"与"他者"，构建同质化的反抗共同体，但在实践中这种同质化的共同体是很难形成的，这要求对诸如领土、语言、宗教、历史等资源进行重新建构，以形成共同的民族主义话语。伊斯兰贤哲会提出的"伊斯兰是我的宗教、阿拉伯语是我的母语，阿尔及利亚是我的祖国"的口号成为阿尔及利亚民族主义斗争的旗帜以后，伊斯兰教和阿拉伯语成为民族主义认同的基础，柏柏尔人出于团结斗争的需要，对此没有提出异议。1954 年，在柏柏尔人聚居的奥雷斯山区，民族主义者打响了武装反抗法国殖民统治的第一枪，柏柏尔人为民族独立革命的最终胜利付出了巨大的代价，并涌现出多位杰出的民族解放斗争领袖。但是在革命后期争夺领导权的斗争中，柏柏尔人地区逐渐边缘化，而阿拉伯人占主导的地区逐渐成为民族主义运动的中心，特别是 1962 年以本·贝拉为首的"特雷姆森集团"与以卡比利亚地区为基础的"提济欧祖集团"在争夺领导权问题上发生分裂，最终本·贝拉在布迈丁的支持下成为阿尔及利亚的第一任政府首脑，柏柏尔人也因此失去了在政治核心领域的话语权。

三 独立后的民族国家建构

阿尔及利亚的民族主义运动没有形成统一的意识形态，各种民族主义力量在共同的斗争目标下团结起来，民族主义成为各种思想、意识的集合体并彼此竞争。在阿尔及利亚获取独立以后，完成向现代民族国家的转变成为其首要的任务，这意味着民族主义将从对抗性的反殖民斗争向建设性的国家建设转变。但民族主义的惯性使独立后的国家过度强调同质性，而忽视或否认民族主义运动本身的多元性。本·贝拉政府将阿拉伯—伊斯兰化作为恢复民族性的必要手段，特别是要恢复阿拉伯语作为"文明的语言的尊严和有效性"①，为实现统一的目的，阿尔及利亚在第一个学年就要求实现阿拉伯化。② 在突出阿拉伯语地位的同时，柏柏尔文化遭到了极大的贬低，在阿尔及利亚的文献中，柏柏尔人关于文化差异性的主张被讥讽为"封建残余"和"民族统一的障碍"。作为对此政策的回应，1963 年 9 月，卡比利亚革命领袖侯赛因·埃特·阿赫迈德领导了一场持续 10 个月之久的反抗斗争，以示对一党制的民族解放阵线政府推行的"种族法西斯主义"的抗议。③ 这场斗争遭到政府的镇压，侯赛因·埃特·阿赫迈德领导的社会主义力量阵线（Socialist Force Front）成为政府的反对派并流亡欧洲。布迈丁执政以后，更为坚定地推行阿拉伯化，将柏柏尔人妖魔化，视为落后的标志和殖民者虚构的"神话"，为此，大学里柏柏尔语的课程被取消，在公共场合及文学作品中使用柏柏尔语被认定为违法，并在柏柏尔语区设立了大量伊斯兰研究机构。在布迈丁时期，由于国家的焦点是工业化建设，民众对政治参与异常冷漠，因此柏柏尔问题没有再产生重大的影响。1976 年的《阿尔及利亚国民宪章》称：阿拉伯语是阿尔及利亚人民文化共同性的一个主要因素，对民族语言选择的问题已经成为过去，因此关于阿拉伯化只能是关于内容、手段、方法和步骤等方面的辩论。④

柏柏尔问题的产生最初源自法国殖民者和阿尔及利亚国家对柏柏尔人民族属性的双重描述：殖民者出于殖民统治的需要美化柏柏尔人以达到分而治之的目的，虽然没有造成柏柏尔人与阿拉伯人事实上的分裂，但给这一问题的产生埋下了伏笔；独立后，阿尔及利亚出于构建民族国家的需要，抹杀柏柏尔人作为一个独立民族享有平等的权利，否认柏柏尔人的民族属性。由此可见，柏柏尔问题从产生起就从属于行政当局，因而无法掌握本民族的命运，柏柏尔问题因而也被纳入了阿尔及利亚从传统社会向现代民族国家转变的过程之中，寻求独立和平等的民族地位对柏柏尔人来说仍然是一个"神话"。

---

① 《阿尔及尔宪章》，《阿尔及利亚民族解放阵线党第一次代表大会文件集》，世界知识出版社 1965 年版，第 66 页。

② 本·贝拉：《在新学年开始前的电视演说》，《本·贝拉言论集》，世界知识出版社 1965 年版，第 399 页。

③ Paul Silverstein, "States of Fragmentation in North Africa," *Middle East Report*, Winter 2005.

④ 《阿尔及利亚国民宪章》，中共中央对外联络三局，1984 年，第 70 页。

第二节　文化复兴运动

1979 年，沙德利成为国家总统，阿尔及利亚进入了一个改革的时代，在这样的背景下，柏柏尔人复兴运动开始兴起。由于国家的限制，柏柏尔人的复兴运动最初出现在法国的柏柏尔移民社区中，他们反对阿尔及利亚政府对柏柏尔语言和文字的压制政策，在法国出版柏柏尔语书刊，翻译诗歌和刻录唱片等，并将这些出版物随同人口和商品的流通散播到卡比利亚地区，很多年轻的柏柏尔人就是通过这些出版物学会了对本民族语言的读写。[1] 在这一时期，伊斯兰复兴运动也在阿尔及利亚兴起，政府为了能够将运动限制在体制内而采取了对伊斯兰运动妥协的办法，推行阿拉伯化的态度更为坚决。国家的这种政策引起了柏柏尔人的严重不满，1980 年 3 月 10 日，柏柏尔语言学家、作家马默里准备在提济欧祖大学给学生作一场关于"古代柏柏尔诗歌"的讲座，这一行为遭到了政府的禁止，于是在学生中引发了骚乱，提济欧祖的学生被逐出校园，不久骚乱便波及整个阿尔及利亚。激进的柏柏尔人控诉政府的"文化帝国主义"和阿拉伯语多数群体的"独裁"，反对教育体系和行政机构的阿拉伯化。他们要求政府承认柏柏尔语是一种主要的民族语言，尊重柏柏尔文化并对卡比利亚和其他柏柏尔人聚居区的经济发展给予更大的关注。[2] 这一运动遭到了政府的镇压，柏柏尔人借用捷克的"布拉格之春"以讽刺政府对自由的压制，称这场运动为"柏柏尔之春"（Berber Spring）。在整个 20 世纪 80 年代，柏柏尔人的抗议活动时有发生，有时甚至演化为暴力冲突。

"柏柏尔之春"开始了柏柏尔人的文化复兴运动，导致在马格里布地区出现了"泛柏柏尔主义"现象，一些柏柏尔人致力于创造规范的语言标准（塔玛齐格语，意为自由人的语言），并通过文化组织、报纸和政治歌曲等传播泛柏柏尔认同的概念[3]，阿尔及利亚的柏柏尔文化运动（Berber Cultural Movement）就是这一时期成立的组织。由于沙德利政府秉持坚

① Paul Silverstein, "Realizing Myth: Berbers in France and Algeria," *Middle East Report*, July-September 1996.

② World Infopaedia, Pragun Publicaion, 2007, p. 118.

③ Paul Silverstein, "States of Fragmentation in North Africa," *Middle East Report*, Winter 2005.

决镇压的立场，柏柏尔问题没有演变为政治上的危机，但让柏柏尔人意识到捍卫民族权利的重要性。政治上的高压使得柏柏尔问题缺乏合法的宣泄途径，教育体系问题在更多时候成为双方的战场。在阿尔及利亚，教育体系显然是同化少数民族以实现阿拉伯化的最好工具，但是，由于国家现代化建设的需要，法语在高等教育中仍占有重要地位，在卡比利亚地区，法语不仅是柏柏尔人求生的手段之一，而且深刻影响到他们日常的经济文化生活，阿拉伯语只能算是第三种语言。1987 年，阿尔及利亚政府承认公民有基于共同利益基础上组成非政治组织的权力，因此柏柏尔人的文化组织如雨后春笋般涌现，到 1989 年夏，154 个由年轻人占主导的组织得到官方认可，其中部分在城市，多数分布在山区村落。这些组织的基本目标就是推广柏柏尔语言和文化：他们开办语言课堂；油印时事通讯和语言小册子；搜集濒临灭绝的民族文化资源，如谚语、民间传说、传统药方、动植物的土语名称和已经废弃的手工艺等。① 这些恢复民族传统文化的努力帮助柏柏尔民众重新寻获了对民族历史的自豪感，推动了柏柏尔文化复兴的发展。

到了 20 世纪 80 年代末，柏柏尔问题开始出现转折并走向政治化，这主要表现在以下几个方面：第一，柏柏尔人争取平等民族权利的文化运动遭到了政府的强力镇压，使运动朝向政治暴力化方向发展；第二，随着阿尔及利亚经济改革的失败，政治改革提上日程，这就为柏柏尔人的政治表达提供了好的契机；第三，1989 年宪法修订以后，多党制成为国家政治的选择，两个主要的柏柏尔人政党——社会主义力量阵线和争取文化与民主联盟② （Rally for Culture and Democracy） ——得到了政府承认，成为合法的政治组织；第四，伊斯兰运动在选举中的胜利促使柏柏尔人意识到维护民族权利的紧迫性。在 1990 年的市镇选举中，争取文化与民主联盟获得了卡比利亚地区的大部分选票，在随后的地区选举中获得一个选区的胜利。由此可见，柏柏尔人即使参与到政治进程之中，其在政治上的影响力也是很微弱的，但是这意味着一个孕育希望的春天毕竟到来了。

---

① Jane Goodman, "Berber Associations and Cultural Change in Algeria," *Middle East Report*, July-September 1996.

② 该党强调阿尔及利亚是五种认同的统一，即阿拉伯、柏柏尔、穆斯林、非洲和地中海。

第三节　议题政治化

1992 年，阿尔及利亚即将举行的议会第二轮选举因军队发动政变而取消，在选举中稳操胜券的伊斯兰拯救阵线（Islamic Salvation Front）对这样的结果表示抗议，一部分激进分子拿起武器将国家拖入内战的深渊。在政府与伊斯兰运动对抗的过程中，柏柏尔人处于尴尬的境地，一方面它反对伊斯兰运动建立政教合一国家的主张，同时对国家的民族政策不满。其中争取文化与民主联盟与军方立场基本一致，明确反对政府与伊斯兰武装的对话，其领袖萨迪博士认为，伊斯兰武装抵抗运动将国家带入内战，这不可避免地要付出代价。温和的社会主义力量阵线的秘书长赛义德·赫利尔也表示，如果军队与伊斯兰拯救阵线之间的交易以损害柏柏尔人的利益及其愿望为代价的话，这样的交易将很难实现。① 由于柏柏尔人的斗争和政府平息国内叛乱的需要，国家在加强对柏柏尔地区控制的同时，在一定程度上对柏柏尔人的要求做出了妥协，允许在全国媒体和教育体系中使用塔玛齐格语，设立柏柏尔语最高委员会，并在 1996 年宪法中承认塔玛齐格语是民族认同的基础之一。

随着伊斯兰武装反政府暴力行为的升级，军队采取了更为坚决的打击措施，但是持续多年的内战严重影响了人们的生活状况，这就使得柏柏尔问题由文化层面演变为社会政治问题。由于失业、住房短缺以及缺乏教育机会等，柏柏尔主义和文化认同感成为年轻人发泄不满的主要途径。1998 年 6 月，著名柏柏尔歌手鲁那斯·马特布（Lounès Matoub）遭到暗杀，引发了一场持续一周的政治骚乱。马特布的音乐和诗歌在保护民族文化遗产方面做出了重大贡献，他不但反对阿拉伯化，而且认为阿拉伯语是一种无聊的、不利于知识和科学传播的语言，因而他也被视为柏柏尔人为争取柏柏尔语平等地位而斗争的象征。政府宣布这起暗杀事件是伊斯兰极端势力所为，但是柏柏尔人认为是政府当局杀害了马特布，至少当局没有能担负起保护公民的责任，并认为这起暗杀事件是对柏柏尔文化的挑衅。一个名为柏柏尔武装运动（Armed Berber Movement）的组织甚至威胁要对马特布

---

① Susan Morgan, "Berbers in Distress," *The Middle East*, July 1994.

的死进行报复，并杀死任何执行阿拉伯化法的人。① 2001 年 4 月，柏柏尔高中生马西尼萨·古尔马赫被警察枪杀，由此引发了阿尔及利亚独立以来持续时间最久的柏柏尔人暴乱事件，5 月初，卡比利亚发生了一次 40 万—50 万人有组织的抗议示威，16 个地区发生骚乱。示威者认为，政府应该对警察枪击事件负责，高呼"政府是杀人犯"的口号，袭击政府机关并与安全部队进行对抗。政府再次以铁腕手段予以回应，在不到一年的时间内 100 多卡比尔人被杀，5000 多人受伤，这次事件因此被称为"黑色的春天"（Black Spring）。

"黑色的春天"事件进一步加剧了阿尔及利亚政治的碎片化和离心倾向，此后在柏柏尔问题上出现了一些新的变化：第一，迫使柏柏尔人政党与执政者决裂，争取文化与民主联盟在第一时间退出联合政府，并与社会主义力量阵线共同致力于此事件的和平解决。第二，由于这两个政党在维护柏柏尔人权利方面的无能，新成立的"家族、州和社区"协调组织（Coordination of "Aarouch, Daïras and Communes"）逐渐超越了两者在柏柏尔人中的权威地位，它联合了众多非政府的、以村落为基础的决策机构，并成为政府唯一的谈判伙伴②，其政治要求主要是警察撤出卡比利亚地区、惩罚对示威人群开枪者、进行地区的经济改革和承认塔玛齐格语的官方语言地位。③ 第三，除上述组织外，卡比利亚自治运动（Movement for the Autonony of Kabylia）的主张在柏柏尔人中越来越具有吸引力，它鼓吹建立独立的自治机构和武装力量，以取代阿尔及利亚的地方议会和警察，在其《卡比利亚自治计划建议书》中将卡比利亚与阿尔及利亚视为两个平行的实体，本质上主张实行联邦制。第四，柏柏尔人争取合法平等权利的斗争出现了极端主义倾向。由卡比尔人哈桑·哈塔卜在 1998 年成立的萨拉夫宣教和战斗组织于 2007 年更名为伊斯兰马格里布基地组织，发动了一系列针对政府和平民的恐怖主义袭击，特别是 2010 年 7 月的一次自杀式炸弹袭击，据称是为"黑色的春天"中死去的柏柏尔人复仇。

迫于柏柏尔人的政治压力以及民众要求实现国内和平的呼声，政府不

---

① Adel Darwish, "Divisions with Divisions," *The Middle East*, August 1998.

② Paul Silverstein, "States of Fragmentation in North Africa," *Middle East Report*, Winter 2005.

③ Heba Saleh, "Algerian Insurrection," *Middle East Report*, Fall 2001.

得不对柏柏尔人的要求做出妥协，2002 年，阿尔及利亚议会确定柏柏尔语为官方语言之一，但是柏柏尔问题早已超出了语言文化的范畴，只是因为柏柏尔人内部的组织化程度不高，缺乏必要的力量整合，因而无法形成统一的、清晰的政治主张，这导致柏柏尔人的斗争始终处于一种力量分散的状态。特别是"9·11"事件以后，阿尔及利亚与美国在反恐问题上合作密切，因而使政府在处理柏柏尔问题上仍能坚持强硬态度。当前阿尔及利亚的柏柏尔问题距离最终解决还有着非常遥远的距离。

第四节 主要影响因素

柏柏尔问题是阿尔及利亚近代历史上遗留下来的问题，同时它又与每个时代的政治、经济等问题相交织，因而造成了该问题的复杂化。正因为如此，柏柏尔问题的解决需要一个历史的视野和综合分析的头脑。当前阿尔及利亚已走出内战的困境，国家的各项生活也步入正常的轨道，这些良好的趋势为柏柏尔问题的走向创造了历史的契机，然而，正如多数发展中国家所面临的问题一样，当机遇到来的时候挑战也应运而生了。

一 阿尔及利亚民族国家建构的迟滞

民族国家建构是国家在传统社会向现代社会转变的同时完成由传统的民族认同向现代国家认同转变，国家建构与民族建构是一个共时、互补的过程。阿尔及利亚由传统国家向现代国家的转变是从反抗法国132年殖民统治开始的，民族主义在其中发挥了重要的作用。但是阿尔及利亚的民族主义发展从来就没有形成过统一的意识形态，也没有占据主流地位的建国方案，所有的民族主义最终在武装反抗殖民统治的旗帜下汇集在一起。独立以后，这种长期以来的分歧表面化，最终通过建立军政体制实现了一种集中式的稳定，国家垄断资源并指导一切建设问题。柏柏尔人的民族属性被纳入应该改造的范畴，阿拉伯—伊斯兰成为国家认同的基础。但是强权能够维持短暂的稳定，却不能消除社会的碎片化，作为一个有独特历史和文化的民族，柏柏尔人在这样的过程中渐行渐远。随着20世纪80年代原有的政治体系被突破，阿尔及利亚在民族国家建构中存在的问题最终暴露出来，柏柏尔人开始公开追求平等的民族权利。经历了近十年的内战，阿尔及利亚社会的离心倾向更为明显，柏柏尔问题再次复苏就是这一倾向的表现。布特弗利卡执政以后实现民族和解成为国家的主题，但是柏柏尔人认为，国家正在利用特殊的历史时机强行推行其"民族"概念，柏柏尔人的民族权利仍然没有得到尊重。在 2005 年 7 月的一次新闻发布会上，卡比利亚自治运动发言人法哈特·梅赫尼表示，卡比尔人不会轻易忘记他们那些已经牺牲的战友，无论他们是在 1963 年的起义中被杀害的，还是在"黑色的春天"，或在这期间死去的。[①]

二　阿尔及利亚政治民主化的顿挫

独立后，阿尔及利亚经过内部的斗争，最终选择了集权式的军政体制，侯赛因·埃特·阿赫迈德以要求实现国家政治多元化为由在卡比利亚发动游击战，挑战本·贝拉的"文化法西斯主义"。在这次斗争遭到政府镇压以后，柏柏尔人对民族权利的呼声被暂时压制下来，特别是在布迈丁时期，政府利用复兴伊斯兰文化来压制柏柏尔人运动，却导致沙德利执政时期伊斯兰复兴运动发展成为强大的政治势力，对国家政权发起了挑战。此后，阿尔及利亚政府对政治体系进行调整，实行多党制，从而给柏柏尔人提供了参与政治进程的机会，但是，随后军队发动的政变表明，所谓的调整不过是延续以往军政体系的一种方式而已，并不是真正意义上的民主化变革。在军队与伊斯兰武装的长期对抗中，出于斗争形势的需要，国家不断进行各级权力的集中，因而在阿尔及利亚出现了一种奇特的现象：在首都阿尔及尔，柏柏尔人与伊斯兰拯救阵线站在一起以示对军政体制的不满；在卡比利亚地区，柏柏尔人武装与政府一道对抗伊斯兰主义者。当然，柏柏尔人在国家的政治体系中往往占据很多重要的职位[②]，但是民主的政治并不是这种个人代表的算术叠加，而是要反映出其所代表民众的政治参与内涵，从这个角度来看，柏柏尔问题的解决仍有赖于国家政治民主化进程的发展。

---

① Paul Silverstein, "States of Fragmentation in North Africa," *Middle East Report*, Winter 2005.

② Isabelle Werenfels, *Managing Instablility in Algeria: Elites and Political Change since* 1995, London and New York, 2007, p. 51.

三　阿尔及利亚社会经济现代化的曲折发展

独立后的阿尔及利亚选择了社会主义发展道路，对社会经济资源实行国家统一管理和分配，特别是在实现石油国有化以及国际油气价格升高以后，阿尔及利亚开始大力推行进口替代的工业化道路。在阿尔及利亚与不合理的国际政治经济旧秩序斗争的同时，柏柏尔人也在为国内的社会经济资源分配不合理进行斗争，他们认为，在政府推行经济现代化的进程中，他们的境遇并没有发生多少改变。① 20 世纪 80 年代初沙德利实行经济自由化改革以后，大量国有财产转移到私人手中，国家对日用品价格的开放导致通货膨胀居高不下，原有的社会福利政策的大规模削减使人们怨声载道，特别是经历了近十年的内战破坏以后，社会经济问题更是引起民众普遍的不满。1998 年和 2001 年柏柏尔人的两次抗议行动除了争取平等的民族权利以外，都有深刻的社会经济根源，正是由于社会经济上的困苦才导致全国范围内的社会不稳定，在 2001 年走上街头示威的除了柏柏尔人以外，还有阿拉伯人，他们也在表达其不满，在一些阿拉伯城镇中可以听到诸如"我们都是卡比尔人"的口号。② 当前阿尔及利亚的经济改革已经初见成效，或许可以为民族问题的解决提供一个好的基础。

四　阿尔及利亚文化多元化的艰难

阿尔及利亚独立后选择了在阿拉伯—伊斯兰文化基础上构建新的民族国家，柏柏尔文化在这一过程中被边缘化，这就意味着柏柏尔人在独立战争时期所付出的牺牲换来的只是对本民族文化的否定以及强制性的阿拉伯化，这种建立在单一文化基础上的民族国家构建遭到了柏柏尔人的反对。随着学校教育的阿拉伯化，柏柏尔人也开始其民族文化的复兴运动，并最终演变为争取平等民族权利的政治斗争：一些激进分子将在学校中所遭受的不公平待遇与歧视，视为导致柏柏尔民族意识政治化的重要因素。③ 1996 年宪法把柏柏尔语视为民族认同的因素之一，但这也只是在形式上

① James Ciment, *Algeria: The Fundamentalist Challenge*, Facts On File, Inc., 1997, p. 120.

② Heba Saleh, "Algerian Insurrection," *Middle East Report*, Fall 2001.

③ David Crawford, "How 'Berber' Matters in the Middle of Nowhere," *Middle East Report*, Summer 2001.

做出改变，阿尔及利亚距离建构多元民族文化还有很长的距离。在一些激烈的政治经济斗争之后，不平等的民族文化问题仍是难以消释的悲剧情结，每当遇到剧烈的社会转折，这种根深蒂固的民族意识都会通过新的斗争得以释放。正如一位柏柏尔诗人所言："我不是阿拉伯人，但我是阿尔及利亚人，当摆脱了一种文化帝国主义（指法国殖民者推行的文化同化政策。——作者注）以后，我们为什么还要屈从于另一种形式的文化帝国主义呢?"① 因此能否建构多元、包容的民族文化性格，将继续成为左右柏柏尔问题发展的限制性变量。

作为一个占阿尔及利亚人口约 20% 的少数民族，从反抗殖民入侵到民族独立运动，从社会主义建设到国家的痛苦转型，柏柏尔人为国家的发展做出了重要的贡献，但是，由于历史的原因，这个民族的平等权利遭到了压制，自从 20 世纪 80 年代以来，柏柏人选择了从文化复兴到要求政治自治的斗争道路，并开始挑战阿尔及利亚政府的民族定义。纵观其争取平等民族权利的斗争历程，柏柏尔问题表现出如下特点：第一，维护平等的民族文化是其斗争的主要目标，柏柏尔人从独立初期要求文化的多元化到反对阿拉伯化，再到文化问题的政治化，文化诉求始终在其斗争中处于核心地位。第二，政治斗争在柏柏尔问题中的作用越来越大，特别是 21 世纪以来，它更成为柏柏尔人斗争的主要手段，除了独立初期的武装斗争以外，柏柏尔问题经历了逐渐政治化的过程，未来民族问题的解决仍然需要政治方面制度化的保证。第三，柏柏尔问题也是一个综合性的社会经济问题，现代化与民族国家构建的交织是发展中国家通常要面对的问题，民族问题已经成为现代化进程的一部分，只有阿尔及利亚社会经济完成向现代社会的顺利转变，柏柏尔问题才可能追寻到圆满的答案。第四，柏柏尔问题往往与其他政治问题同时发生，它是阿尔及利亚政治变革临界点被突破以后，社会政治力量总迸发的一部分，比如在多种政治力量，甚至在伊斯兰拯救阵线中，都可以发现柏柏尔人的身影。第五，柏柏尔问题不是民族分裂问题，它也没有演变为跨地域的民族独立运动，柏柏尔人分布在马格里布多个国家，由于聚居地区的分散性以及柏柏尔民族的适应能力，各国的柏柏尔人基本都是在体制内寻求解决民族权利问题的途径，虽然存在柏

---

① James Ciment, *Algeria: The Fundamentalist Challenge*, Facts On File, Inc. 1997, p. 121.

柏尔文化的跨国交流,但是在柏柏尔人中并不存在分离主义运动。①

　　由于柏柏尔问题表现出综合性和复杂性的特点,因此这一问题将继续影响阿尔及利亚的未来发展:在政治上,它关系到阿尔及利亚政局的稳定和国家的民主化转型;在经济上,它将影响国家经济改革的方向和延续性;在文化上,它将影响民族国家认同感的形成,以防止统一国家内部张力的扩大。因此,柏柏尔问题是一个民族问题,也是一个综合性的社会问题,社会的整体变迁必然会影响这一问题的走势。从长远的角度来看,柏柏尔问题的最终解决取决于阿尔及利亚民族国家构建的程度和国家现代化的发展,作为一个有着独立文化特点的民族,柏柏尔人在国家中的地位终将得到承认,民族国家认同、必要的制度安排以及决策者的智慧是这一曲折过程中的关键词,唯有如此,柏柏尔人的春天才会真正到来。

---

　　① William Quant, *Between Ballots and Bullets: Algeria's Transition from Authoritarianism*, Brookings Institution Press, p. 95.

第九章 非物质文化遗产保护

阿尔及利亚是一个文化遗产大国。在文化遗产保护方面，阿尔及利亚受长期殖民统治和战争的影响，其文化遗产保护过程多有波折，但目前已建立了较为完整的文化遗产保护体系。近些年来，阿尔及利亚政府特别重视非物质文化遗产的保护，形成了从本国实际出发，对接国际非物质文化遗产保护的理念，着力实现"物质文化遗产"和"非物质文化遗产"保护不可分割的整体性思维。但中国学者对阿尔及利亚的文化遗产保护关注较少，研究成果主要集中在欧美等发达国家的遗产保护方面，这与多年前中国国内学者"文化遗产保护需要广阔的国际视野"① 的呼声存在相当大的差距。基于此，本章在简要梳理阿尔及利亚文化遗产保护史的基础上，重点阐释其保护政策法规及其理念，总结具体经验，以期为国内相关文化遗产保护工作提供借鉴。

第一节 历史渊源

阿尔及利亚属于民族走廊地区，在漫长的历史演进中先后被柏柏尔人、腓尼基人、罗马人、汪达尔人、阿拉伯人、土耳其人和法国人所统治，各异文化的交汇与碰撞为当代阿尔及利亚留下了丰厚的历史文化遗产。从有意识的文化遗产保护及其结果来看，阿尔及利亚的文化遗产保护史大致分为法国殖民时期和共和国时期两个阶段。

---

① 余悦：《非物质文化遗产研究的十年回顾与理性思考》，《江西社会科学》2010 年第 9 期。

一　法国殖民时期的文化遗产保护

法国人被称为"19 世纪全球遗产概念及之后进入联合国教科文组织文化遗产名录的开拓者"①。近现代阿尔及利亚是一个深受法国文化殖民主义影响的国家，其文化保护观念的发轫与实践主要是在法国殖民政府建立后逐渐形成的。②

1830 年法国征服阿尔及利亚。在征服战争期间，法军将古代罗马人遗址作为驻军基地和打击当地人的屏障，导致大量古建筑被毁。③ 1833年，法兰西文学院向政府提出了研究阿尔及利亚罗马人遗址的重要性，并在 1840—1842 年派遣一批专业人员进行坐地考察，编撰阿尔及利亚的古代遗址目录。④ 1845 年，法国政府任命一名公共建筑巡查官前往阿尔及利亚，负责监督历史建筑的保护工作，重点监察罗马人遗址的保护活动。19世纪晚期，法国拉丁文化界强调，有必要将当代欧洲与古代的北非地区连接起来。这种主张促使一批法国考古学家前往阿尔及利亚研究古罗马人遗址，并试图计划在巴黎建造一座庞大的"阿尔及利亚罗马人古迹博物馆"。与此相比，法国人对阿尔及利亚柏柏尔人遗产和阿拉伯—伊斯兰遗产的考古和挖掘与保护并不热衷。因此，有学者批评认为，法国殖民者所做的保护工作不是为了拯救历史，而是最终要恢复马格里布地区的欧洲文明和使法国殖民阿尔及利亚合法化。⑤ 直到 20 世纪 20 年代，法国殖民政府才将伊斯兰常用图案（经常使用西班牙风格而非阿尔及利亚风格的图案）融入当地的建筑设计之中，而此时法国人旨在马格里布地区创造一种新的混合文化以替代当地文化。⑥ 这种文化殖民主义思维及其实践一直延

① Penny Edwards, *Cambodge: The Cultivation of a Nation*, 1860 – 1945, Honolulu, 2007, p. 80.

② Abdelmajid Hannoum, "Writing Algeria: On the History and Culture of Colonialism," *The Maghreb Center Journal*, No. 1, Spring/Summer 2010, p. 1.

③ Michael Greenhalgh, *The Military and Colonial Destruction of the Roman Landscape of North Africa*, 1830 – 1900, Leiden & Boston: Koninklijke Brill, 2014, p. 14.

④ Robert Aldrich, "France and the Patrimoine of the Empire: Heritage Policy under Colonial Rule," *French History and Civilization*, 2011, Vol. 4, pp. 200 – 209.

⑤ Patricia M. E. Lorcin, "Rome and France in Africa: Recovering Colonial Algeria's Latin Past," *French Historical Studies*, Vol. 25, No. 2, 2002, pp. 295 – 329.

⑥ Roger Benjamin, *Orientalist Aesthetics: Art, Colonialism, and French North Africa*, 1880 – 1930, Berkeley: University of California Press, 2003, p. 257.

续到阿尔及利亚解放战争时期。

　　综合来看，文化遗产保护政策构成了法国殖民政策的重要内容，也反映了法国殖民者开展文化遗产保护活动的真正目的。法国对阿尔及利亚的文化遗产和自然遗产的保护多是殖民之需，甚至采取同化政策，其选择性保护十分明显。当然，不可否认的是，法国在殖民期间无意中为阿尔及利亚独立后的民族文化遗产保护意识和基础设施建设打下了基础。① 一方面，确立了文化遗产保护的意识和规范。法国人在阿尔及利亚创立了保护文物的方式和文化遗产制度化的规范，殖民政府出台了文物保护的相关法律，建立了相应的文化遗产保护机构。如1851年6月16日，法国殖民政府颁布《土地法》，将包括罗马人遗址在内的大部分土地和森林收归政府所有。② 1903年，法国殖民政府实施具体保护阿尔及利亚森林的《森林法》，这在相当程度上开启了阿尔及利亚自然遗产保护的先河。1901年，法国殖民政府设立"文化遗产办公室"负责管理阿尔及利亚全国的博物馆。另一方面，完成了部分文化遗产保护的基础设施建设，包括修筑道路、设立多处国家公园和森林保护区、引进新技术保护和修复文物（如罗马遗址），建立大学、图书馆、研究中心以及博物馆，等等。其中，图书馆和博物馆是保护文化遗产的最直接体现。1835年，殖民政府建立国家图书馆；1838年，法国人在阿尔及尔开设第一家仅有一个房间的博物馆。1840年、1852年和1857年，殖民政府分别在舍尔沙勒、君士坦丁和特莱姆森等地建立了3座至今尚存的博物馆。1897年，阿尔及尔国家文物博物馆落成。1930年，为了纪念法国征服阿尔及利亚100周年，法国人建立阿尔及利亚国家精品艺术博物馆（收藏雕塑和绘画作品）和巴尔都博物馆（收藏民族志和史前物品）。需要指出的是，政治考量和欧洲中心主义始终是法国殖民政府文化遗产保护理念及实践的逻辑起点和最终目的，如他们所建的阿尔及利亚博物馆，虽然也收藏少量伊斯兰艺术品和青铜器时代文物，但主要陈列所发掘的古罗马文物。当时的阿尔及尔艺术博物馆

---

① European Cultural Foundation, *Culture Policies in Algeria*, *Egypt*, *Jordan*, *Lebanon*, *Morocco*, *Palestine*, *Syria and Tunisia*: *A Introduction*, 2011, p. 27.

② Caroline Ford, "Reforestation, Landscape Conservation, and the Anxieties of Empire in French Colonial Algeria," *The American Historical Review*, Vol. 113, No. 2, 2008, pp. 341 – 362.

清一色陈列着欧洲印象派及后印象派的艺术品。[1] 因此，有学者批判认为，法国人的真正目的是，利用这些博物馆保存的大量古文物和古手工制品吸引欧洲游客，并期待快速找到开发殖民地经济的商人们。[2] 与法国现代艺术相比，由于阿尔及利亚远古时期的手工制品及远古画作难以展现当时的生活图景，因此逐渐受到商人们的冷落，最终消失在殖民时期的商业大潮中而未得到应有的保护。

二　独立后的文化遗产保护状况

因受意识形态的影响，在独立后的一段时期里阿尔及利亚对文化遗产保护采取了去殖民化和重建民族文化遗产保护政策。革命领导人布迈丁领导的文化革命仅认同阿拉伯伊斯兰文化，废除法国殖民时期文化遗产相关政策文件，消除大部分法国殖民时期留下来的纪念之物，如法国人在阿尔及利亚建了很多征服者人像和战争中阵亡将士的纪念碑，旨在炫耀法国在阿尔及利亚的殖民"荣耀"。在阿尔及利亚文化革命中，法国人建造的塑像和纪念碑等几乎被销毁殆尽。

重建民族文化遗产主要体现在阿尔及利亚政府修复、认定、保护和宣传文化遗产方面。阿尔及利亚历届政府已认定了500处历史遗址和文化遗迹。其中，法国殖民政府确认了259处历史文化遗址。自1962年7月独立以来，阿尔及利亚政府格外重视保护民族文化遗产，先后又确认了241处历史文化遗址。[3] 阿尔及利亚政府还积极把本国文化遗产保护的理念和实践向世界推广。独立后，阿尔及利亚是联合国教科文组织世界文化遗产活动的积极推动国，也是发展中国家历史文化遗产保护的典型代表。截至2017年7月第41届世界遗产大会结束，阿尔及利亚已有7处文化遗产被列入联合国教科文组织《世界物质文化遗产和自然遗产名录》，有6项非物质文化遗产进入联合国教科文组织世界《人类非物质文化遗产代表作名

---

[1]　Roger Benjamin, *Orientalist Aesthetics：Art, Colonialism, and French North Africa*, 1880 – 1930, Berkeley：University of California Press, 2003, pp. 249 – 274.

[2]　Ellen Furlough, "Une leçon des choses：Tourism, Empire, and the Nation in Interwar France," *French Historical Studies*, Vol. 25, No. 3, 2002, pp. 441 – 473.

[3]　Sid Ahmed Souflan, "The Strategy of Management of Cultural Heritage in Algeria," https：//papers. ssrn. com/sol3/papers. cfm? abstract_ id = 1529086.

录》和《急需保护的非物质文化遗产名录》，有 1 项非物质文化遗产进入联合国粮农组织《全球重要农业文化遗产名录》，还有图阿雷格人服饰、卡比尔人服饰和婚礼仪式等多项非物质文化遗产已被列为阿尔及利亚重要的文化遗产保护对象名录之中。

第二节　非物质文化遗产

联合国教科文组织大会 2003 年通过的《保护非物质文化遗产公约》（以下简称"公约"）第二条规定，非物质文化遗产是指"被各社区、群体，有时是个人，视为其文化遗产组成部分的各种社会实践、观念表述、表现形式、知识、技能以及相关的工具、实物、手工艺品和文化场所。这种非物质文化遗产世代相传，在各社区和群体适应周围环境以及与自然和历史的互动中，被不断地再创造，为这些社区和群体提供持续的认同感，从而增强对文化多样性和人类创造力的尊重。在本公约中，只考虑符合现有的国际人权文件，各社区、群体和个人之间相互尊重的需要和顺应可持续发展的非物质文化遗产"[①]。基于此，该公约认为非物质文化遗产应包括："口头传统和表现形式，包括作为非物质文化遗产媒介的语言；表演艺术；社会实践、仪式、节庆活动；有关自然界和宇宙的知识和实践；传统手工艺。"[②]

阿尔及利亚非物质文化遗产资源类型丰富，其资源和数量分布在全国各地。根据关于非物质文化遗产的分类，阿尔及利亚非物质文化遗产大致有：语言类（如柏柏尔语、阿拉伯语方言、卡比尔语、提菲纳格语）；文学类，包括小说（如《罗斯图姆伊玛目的故事》）、诗歌（如《珍珠与火焰》《诗歌、散文集》[③] 等）、各种民间故事与传说（如《牛角上的土地》《百日咳》）、谚语、格言、歌谣（如《美丽的法奇玛》）；表演艺术类，包括音乐（如柏柏尔音乐、安达卢西亚音乐和卡比利音乐等）、舞蹈（如

---

① 中国文化部对外文化联络局编：《保护非物质文化遗产公约》（基础文件汇编），外文出版社 2012 年版。

② 中国文化部对外文化联络局编：《保护非物质文化遗产公约》（基础文件汇编），外文出版社 2012 年版。

③ 《诗歌、散文集》收集了阿尔及利亚历史上最优秀的诗歌和散文。

婚礼舞、撒哈拉骑士舞、马舞、鸽子舞、让达利舞）；曲艺（如古拉拉吟唱诗、木偶戏、皮影戏）；杂技与竞技（如图阿雷格人武技）；传统技艺类，包括民间美术（如古建筑壁画）、传统手工艺（如传统绣品）和其他技能（如农业供水系统）；节庆民俗类，包括传统节庆日（如开斋节、圣纪节、阿舒拉节、宰牲节、伊斯兰教新年和沙漠赛马节等）、社会生活民俗（如宗教礼仪、柏柏尔人婚俗、卡比亚人婚俗、图阿雷格人婚俗以及各类禁忌等）、信仰崇拜民俗（如部分柏柏尔人古老原始信仰）等。下文分别简要介绍几类代表性的非物质文化遗产的情况。

一　古拉拉地区的阿赫里（也称"古拉拉音乐诗歌"）

古拉拉地区位于阿尔及利亚西南部，包括大约 100 个绿洲，居住着波波尔族、阿拉伯族和苏丹族，人口超过 5 万人。"阿赫里"是古拉拉地区的泽尼特民族（柏柏尔人的一个分支）在集体仪式上表演的一种诗词音乐。尤其是在古拉拉的波波尔语区，"阿赫里"常见于宗教庆典、朝圣以及一些日常的庆典仪式，如婚礼、社团活动等。"阿赫里"与泽尼特人的生活方式以及绿洲农业密切相关。它是恶劣环境中社区生活凝聚力的一种象征。

作为集诗词、圣咏、音乐和舞蹈于一体的表现形式，这一复调音乐类型在表演时由一名长笛手、一名歌手和一个由近百人组成的合唱队共同完成。合唱队的团员肩并肩，围绕站在圈中央的歌手，一边拍手一边慢慢移动。一场"阿赫里"表演，通常包括一组圣咏，其顺序由乐手或歌手确定。演出沿袭着古老的方式，时常持续一整夜。第一部分"莱姆色热"向所有人开放，表演短小的、众所周知的圣咏直到深夜。此后，有经验的表演者留下来，表演"奥格鲁特"直到凌晨。而在拂晓时结束的"特拉"，只有真正的专家才有资格参与。这三个结构层次，在带有前奏的圣咏演唱中也有所体现，由乐师为合唱队定调。合唱队则和着领唱歌手，并挑选诗歌的某些片断加以演唱。在结束部，合唱导引圣咏由弱渐强，最终趋于有力而和谐的终止。2008 年"古拉拉地区的阿赫里"被联合国教科文组织列入《人类口头和非物质文化遗产代表作名录》。

二　特莱姆森地区传统婚礼仪式及传统婚礼服饰缝制技术

在阿尔及利亚西北部特莱姆森地区，婚礼仪式通常在父母的家里举办。新娘在父母家中穿着传统手工缝制的金色丝绸礼服，新娘的朋友和已婚女性亲戚将穿戴整齐的新娘围在中间。在婚礼仪式举行期间，亲朋好友也需要穿着各自的婚礼礼服，所有女性的手都要绘制上象征性的图案（俗称"手绘"）。一位年龄较长的女性亲戚帮新娘穿上一件用丝绒缝制成的、上面绣着精美丝边的长袖婚礼礼服，然后再帮助新娘戴上珠宝和一个圆锥形的礼帽。新娘的身上要挂上数排巴洛克珍珠，以保护新娘的重要脏器免遭恶灵的侵害。当新娘离开父母住所时，会戴上金色丝质面纱。在婚宴期间，新娘至亲方的一位已婚妇女将在戴着面纱的新娘两个脸颊和下嘴唇画上红色和银色的图案，以示新娘的圣洁并得到神的保护。当所有化妆都完成并穿戴结束后，意味着新娘已得到神灵的佑护，她就可以去掉面纱，准备结婚。

特莱姆森地区的女孩子在很小的时候就开始学习这种礼服的传统制作技艺，使礼服缝制技术得以代代相传，至今仍留存下来。特莱姆森地区这种传统婚礼仪式象征着家族之间的有效联盟以及代际绵延不绝的关系，而特殊的缝制技术传承被认为在特莱姆森地区认同和族群团结中起着至关重要的作用。

三　什迪酋长陵年度朝圣仪式

阿尔及利亚不少游牧社群和定居的苏菲社群每年都会定期朝圣穆斯林神秘主义代表人物什迪·阿布德·卡德尔·本·穆罕默德（民间称"什迪酋长"）的陵墓。该陵墓位于阿尔及利亚巴亚德省的阿比奥德·什迪谢赫（El Abiodh Sidi Cheikh）地区。每年六月的最后一个星期四，当地开始举行为期三天的朝圣仪式，该仪式主要包括传统宗教仪式和世俗欢庆活动两大部分。朝圣活动意味着朝圣者之间彼此保持联系和苏菲派穆斯林兄弟间的世俗同盟，从而实现并确保游牧社群、穆斯林社区之间的和平稳定。每年的朝圣活动有助于强化苏菲主义在当地的影响力，以及促进认同友善互助、团结一致和集体协同活动（包括赞美什迪酋长、《古兰经》唱诗、世俗吟唱与舞蹈）等社区价值观。

宗教仪式起于诵读《古兰经》，之后举行黎明仪式，该仪式主要是为了加强各社区之间的苏菲穆斯林之间的兄弟情。世俗的欢庆活动包括击剑、舞蹈、骑术竞赛（每年有来自不同社区的 300 多名骑手参加比赛）。苏菲派宗教人士一般通过学校教育来教授苏菲穆斯林重要的宗教仪式和朝圣礼仪，而相关的宗教思想和精神是在家庭教育中完成和传播的。朝圣协会组织男女练习舞蹈和学习世俗游戏，并代代相传。2013 年，该非物质文化遗产被列入联合国教科文组织《人类口头和非物质文化遗产代表作名录》。

四　民间乐器"伊姆杂德"

"伊姆杂德"为阿尔及利亚南部沙漠游牧民族图瓦雷格人所使用。这种乐器已有 1000 多年历史，通常由图阿雷格妇女使用单弦的伊姆杂德演奏乐曲。在一般情况下，乐手坐着演奏，将乐器放在膝盖上，用一根木制弯曲的弓弹奏。伊姆杂德表现过去英雄们的冒险精神，其演奏内容往往由音乐和诗歌组成，至今在图阿雷格人各种场合的集体仪式上进行表演。今天，伊姆杂德经常被用于诗歌或流行歌曲的伴奏。用伊姆杂德演奏的歌曲由男人创作、吟诵或歌唱，演奏时其他男女参与表演，随着节奏和乐曲主题要求而大喊大叫。图阿雷格人认为，用伊姆杂德演奏的音乐还有治疗病痛的功能，传统上常用于驱除邪恶，舒缓患者病痛。伊姆杂德之音折射出乐手的感情和情绪。一个不合格的伊姆杂德乐手常被视为不幸之人。伊姆杂德通常由女人制作，制作的方法通过口述代代相传，流传至今。目前，在阿尔及利亚、马里、尼日尔、布基纳法索和乍得等非洲国家的图阿雷格人部落中仍然能见到伊姆杂德。2008 年，阿尔及利亚向联合国教科文组织申报将其列为人类非物质文化遗产。2013 年，民间乐器"伊姆杂德"被列入联合国教科文组织《人类口头和非物质文化遗产代表作名录》。

五　贾奈特绿洲赛佰巴仪式

联合国教科文组织总干事伊琳娜·博科娃曾称，贾奈特绿洲赛佰巴仪式体现了民族特性与语言之间的紧密联系。[①] 在伊历阴历一月的 10 天里，

---

①　Message from Irina Bokova, "On the Occasion of World Arabic Language Day," December 18, 2014.

生活在贾奈特绿洲的两个社区练习赛佰巴（Sebeiba）仪式。他们在阿尔及利亚一个叫提莫乌拉维内（Timoulawine）的地方举行为期9天的竞赛。首先是代表各自社区的男性舞者和女性歌手争夺参加仪式的代表权。在角出胜负后，被选中的获胜者将代表本社区参加第二天举行的赛佰巴仪式。通常，男性舞者扮作武士，女性歌手徒步走向一座名叫洛格亚（Loghya）的殿堂来完成整个仪式的表演。女性歌手一旦到达殿堂，男性舞者立即列队并呈上他们的"武器"。然后，按照仪式规则，男性舞者围成一圈，当女歌手随着手鼓的节奏吟唱传统歌曲时，男性舞者不停地敲打他们手中的剑。在最后一天结束时，参加仪式的人自行解散。

所有有关仪式的知识都由老一代直接传给年轻一代。当地工匠生产并修理举办仪式所需要的制服、武器、珠宝和乐器。赛佰巴仪式是生活在阿尔及利亚撒哈拉地区的图阿雷格人民族文化认同的一个最为重要的标志。它加强了社会联系，通过艺术般地模拟竞争，消除了敌对社区之间的潜在暴力冲突。2014年，赛佰巴仪式被列入联合国教科文组织《人类口头和非物质文化遗产代表作名录》。

六　斯布阿年度朝圣

阿尔及利亚撒哈拉地区西南部的哲纳塔社区（Zenata Communities）每年都会集体朝拜一个先知之墓，以纪念先知穆罕默德诞辰。斯布阿（Sbua）是一种连续七天的朝拜活动，主要是进行集体文化实践，包括伴有歌唱和舞蹈的庆祝活动。在第七天，朝圣者在古拉拉中心一个"扎维亚（社区机构）"外的广场上结束旅途，该处有什迪·哈德杰·贝卡塞姆（Sidi El Hadj Belkacem）的陵墓。

在仪式举行之前，人们象征性地围拢在一起，拿着圣人标准像，混在一起，然后再回到各自的社群队伍之中。一般来说，朝圣者中年龄最长者负责主持仪式。在仪式举行一周前，女人以哀号和接掌石磨（一种用于碾碎谷物的工具）的仪式方式参与其中。在仪式期间，女人们把新收割的谷物磨成面送给朝圣者，认为这样能够将其与圣人们联系起来。所有参加仪式的持有圣像者均自称为先知的后裔。孩子和年轻人只有正式参与不同活动（如行为、祈祷与吟唱）才能使自己逐渐成为具有这种身份之人。哲纳塔社区人认为斯布阿是其历史传统的表达方式，也是将彼此紧密联系起来的一种表达方式。2015 年，斯布阿年度朝圣仪式被列入联合国教科文组织《人类口头和非物质文化遗产代表作名录》。

七　阿尔及利亚的格豪特绿洲农业系统文化

2005 年，阿尔及利亚的格豪特（Ghout）绿洲农业系统被作为首批"全球重要农业文化遗产"（GIAHS）保护试点。该农业系统显示出非洲人民在对抗死亡沙漠过程中创造的奇迹，该系统拥有高度密集的多样化的农业生产系统，是过去 1000 年中当地人的智慧结晶。当地农民把沙地一步步变成了美丽的绿洲。沙丘下的"地下河"和遮阴环境是绿洲农业发展的必要条件，为了满足作物和树木生长用水所需，农民在沙丘中挖出深达 10—12 米的大坑种植枣椰树，枣椰树可生长至 30 米高，当地农民在枣椰树下种植谷物、果树、蔬菜、药材及矮树和灌木等，同时建立了复杂多样的灌溉系统，该系统是一个用于水的获取和分配的体系，基于横向排水廊道，能够获取至少七类水源：山脚下的地下水；间歇性河流水域；大陆中间蓄水层；春天的雨水；其他含水层；排水渗透；洪水。[①] 在历史演变中，阿尔及利亚格豪特绿洲农业逐渐形成了一个具有多层结构的农业生态系统。

第三节　政策法规

政治宣言和宪法构成了阿尔及利亚文化遗产保护理念及政策法规制定的重要来源。1954 年 11 月的《阿尔及利亚独立宣言》是最早一次涉及阿尔及利亚文化立场的宣示，声称未来的阿尔及利亚政府尊奉伊斯兰原则。1956 年索玛姆会议再次强调了这一原则。[②] 1962 年 6 月，阿尔及利亚全国革命委员会在通过的《的黎波里纲领》中明确提出"复兴民族文化"

---

① 联合国粮农组织：《非洲农业文明的珍贵遗产》，2015 年 1 月 26 日，http：//www.fao.org/home/en/；闵庆文、孙雪萍：《非洲农业文化遗产保护》，《农民日报》2013 年 9 月 6 日第 4 版。

② 索玛姆会议是解放革命领导人举行的首次正式会议，旨在建立革命组织机构，确定不同战线的知识分子在革命中的作用。

"保护人民文化的民族遗产"的社会文化目标①，1964 年《阿尔及尔宪章》强调了 1954 年宣言并聚焦于阿尔及利亚文化的民族性、革命性和科学性等特征。显然，这一系列的政治宣示旨在摒弃殖民文化色彩，重建民族文化自信。

1966 年 3 月，阿尔及利亚政府出台第 62 号令，规定旅游酒店在选址时禁止破坏历史文化遗产。1967 年 12 月，阿尔及利亚政府颁布第 67 号法令《关于挖掘与保护历史遗址和自然遗产的规定》，该法首次将保护古代遗址和自然遗址上升为政治意志，并以法律形式表现出来。根据该法的规定，阿尔及利亚政府组建了国家考古局，对境内的部分世界遗产采取了紧急修缮措施。但是，第 67 号法令的第 281 条作为遗产保护法的一部分并未上升到战略地位，对遗产的概念、定义、类别以及历史遗产与考古遗址等均没有做出明确阐释，在实践中更谈不上对大量相关遗址的有效修复。因此，有学者批评指出："该法是一部毫无灵魂的文本，也不可能为（阿尔及利亚）创立一个保护文化遗产的现实政治基础。"② 尽管第 67 号法令规定在之后的实践中并未得到真正履行，但该法令明显传递出文化遗产公法和私法兼顾管理之道，施以公法为主、兼顾私法的理念。这也为后来的《文化遗产保护法》等多部涉及文化遗产保护法律或法条的立法思想奠定了基础。

1976 年 6 月 27 日，《阿尔及利亚国民宪章》经全民公投通过，该宪章设定了文化革命、土地革命和工业革命三大革命目标。其中，在文化革命的任务中，阿尔及利亚政府提出了"肯定并巩固阿尔及利亚的民族共同性并促进各种形式的文化发展""必须摧毁或者帮助消除各种各样的有害的心理状态，反对各种错误倾向，同玷污国家名声……做斗争"③。在该宪章精神的指导下，阿尔及利亚政府在保护文化遗产方面逐渐摆脱了法国殖民时期对历史文化遗产的选择性保护政策，开始构建具有自身特色的文化遗产保护政策体系。

1982 年，阿尔及利亚修订了《遗产法》，该法在涉及历史文化遗产方

①　赵慧杰编著：《列国志·阿尔及利亚》，社会科学文献出版社 2010 年版，第 431 页。

②　Sid Ahmed Souflan, "The Strategy of Management of Cultural Heritage in Algeria," https：//papers. ssrn. com/sol3/papers. cfm? abstract_ id = 1529086.

③　赵慧杰编著：《列国志·阿尔及利亚》，社会科学文献出版社 2010 年版，第 439—440 页。

面，改变了原来仅由博物馆代替管理考古遗址和历史文化遗迹、遗址的做法，规定私人也可继承相关的历史文化遗产。1989年，《阿尔及利亚宪法》第122条第21款明确规定议会应就"保护并捍卫文化和历史遗产"立法。[①] 同期，阿尔及利亚《民法典》和《刑法典》等相继对破坏历史文化遗产和遗迹的行为进行了相关量刑修订，以配合文化遗产保护政策的落实。1991年4月27日，阿尔及利亚政府颁布《关于宗教文化财产与文化财产的归属权问题第10号令》，对长期以来清真寺和基督教堂等历史财产产权不清的问题做了法律规定。

冷战结束后，全球化步伐加快，为了适应新的国际文化遗产的保护要求，根据1998年第4号法令，阿尔及利亚全面实施《文化遗产保护法》。该法的实施标志着阿尔及利亚政府以全新的政治视角启动文化遗产保护工作，该法首次使用了"非物质文化遗产"的概念，将物质文化和非物质文化聚合在"文化"概念之中。在某种意义上，该法意味着阿尔及利亚文化遗产保护的一场真正革命。因此，有学者指出，《文化遗产保护法》使阿尔及利亚文化遗产保护实现系统化管理，给文化遗产保护提供了一种崭新的路径，即对遗产内涵进行类别区隔，首次铆定了历史变迁中文化遗产存在形式的两个方面：物质文化遗产和非物质文化遗产。[②] 《文化遗产保护法》构成了阿尔及利亚延宕至今的文化遗产保护理念和实践的基础。

在1998年《文化遗产保护法》公布实施之前，阿尔及利亚政府采取以"古文物""古遗址"和"历史文化古迹"保护为主要思路，基本沿用了法国殖民时期以修复和复原为主的保护思想。[③] 阿尔及利亚在独立后初期的文物修复工作由于受到去殖民化思维的影响，加之财力极为有限，修复工作进展缓慢，而且法国殖民时期建造的大量建筑和塑像遭毁坏严重，这在某种程度上破坏了法国殖民时期追求与古代建筑和自然景观合一的实践。事实上，文化遗产的保护从第二次世界大战后"已出现了由传统的单

---

① *Algeria's Constitution of 1989, Reinstated in 1996, with Amendments through 2008*, www. Constuteproject. org.

② Sid Ahmed Souflan, "The Strategy of Management of Cultural Heritage in Algeria," https：//papers. ssrn. com/sol3/papers. cfm? abstract_ id = 1529086.

③ Nabila Oulebsir, "From Ruins to Heritage：The Past Perfect and the Idealized Antiquity in North Africa," in *Multiple Antiquities-Multiple Modernities*, Ottó Gecser, ed. , Gábor Klaniczay, Michael Werner, Frankfurt：The Deutsche Nationalbibliothek, 2011.

体，局部的'古物'观向现代的、整体的、系统的'文化遗产观'转变
的趋势"①。在革命热情褪去之后，尤其在加入联合国教科文组织后，阿
尔及利亚受国际交流以及《保护世界文化和自然遗产公约》等的影响，
关于古遗址的修复和抢救非物质文化遗产的思想发生了原则性变化，意识
到古迹不仅包括个别建筑物，而且包括历代建筑遗址、广场、塑像、庄
园、自然保护区、国家公园等，而 1998 年《文化遗产保护法》将"非物
质文化遗产"概念写入其中，意味着非物质文化遗产也是整体文化遗产不
可或缺的组成部分②，从而逐渐形成了一种整体性保护思维。

　　这种保护思维首先体现在对保护对象的立体认知方面。阿尔及利亚政府
是最早一批对文化遗产的范围做了明确而详细界定的国家，认为阿尔及利亚
领土范围内地面上的建筑、地下和水下埋藏的一切历史遗迹和遗址均属于固
定的文化遗迹。除此以外，阿尔及利亚在历史变迁中所形成的民族文化遗产、
财产、无形的社会活动以及个人或集体创作的文化产品与表达也属于阿尔及
利亚的文化遗产。《阿尔及利亚文化遗产保护法》第 3 条和第 18 条解释，文
化遗产主要由三个方面构成：文化不动产、文化可动产以及非物质文化遗产。
该法认为，可移动文化遗产主要包括绘画、雕刻、钱币、乐器、武器、手
稿……不可移动的文化遗产有建筑物、纪念碑、考古遗址等；非物质文化遗
产包括口头传统物事、表演性的艺术、各类仪式、装饰艺术等。

　　阿尔及利亚文化遗产的整体性保护基本上建立在保护文化对象及其所处
的自然环境和人文环境的整体性保护的理念之上。文化历史与自然环境融合
是在阿尔及利亚政府为了恢复内战创伤，大力开发旅游业时提出的概念。阿
尔及利亚政府认为，在进行开发保护时必须将文化历史与自然环境相融合。
阿尔及利亚《文化遗产保护法》第 38 条规定，建立的文化公园不能仅仅符合
空间特征。城市和乡村中的穆斯林旧居区、各时代的古城堡、古村落以及具
有地方传统特色的历史遗迹和传统风俗均应置于考虑之中。③

---

① 贺云翱：《文化遗产学初论》，《南京大学学报》2007 年第 3 期。

② Djamel Boussaa, "The Casbab of Algiers, in Algeria: From an Urban Slum to a Sustainable Living Heritage," *American Transactions on Engineering & Applied Sciences*, 2012, Vol. 1, No. 3, pp. 336 – 348.

③ UNESCO, *Loi N 98 – 04 du 15 Juin 1998 Relative a La Protection du Patrimoine Culturel*, http://www.unesco.org/culture/natlaws/media/pdf/algeria/algerie_ loi9804 _ protectionpatrimoineculturel _ freorof. pdf.

阿尔及利亚族群众多，殖民统治时间长，文化传统多元以及高度集权的政治体制决定了阿尔及利亚的文化遗产保护思路，即遵循"国家保护"为主和"民间保护"为辅两个原则。按照阿尔及利亚《文化遗产保护法》的规定，国家保护涵盖国家各级政府权力机关和地方自治机构在其法律规定的职权范围内，对文化遗产进行属性鉴别、登记、管理、规划、开发和保护工作。[①] 民间保护则属于在法律范畴允准的范围之内的收藏等，它主要包括个人和集体两个层面。后者在民间保护方面尤其是在偏远地带起到了重要作用。[②]

阿尔及利亚文化遗产保护政策，体现了积极保护历史文化遗产的思想。对阿尔及利亚这个文化资源丰富和具有高度中央集权意识的国家发挥了一定的作用，使阿尔及利亚在 10 年内战之后在文化遗产保护方面有法可依，且在财政紧张状况下再度关注文化遗产的保护问题。但从实践过程来看，阿尔及利亚文化部与其他各部之间仍然协调不足，难以实现真正意义上的"国家保护"。阿尔及利亚文化政策在相当程度上超越了现实，实施起来困难重重，大量政策规划缺乏配套的实施细则，更多的政策要求不具备解决的必要条件。如卡斯巴城遗址保护就是一个典型案例。[③] 此外，在非物质文化遗产方面明显表现出"国家保护"严重不足的现实。

第四节　保护措施

《保护非物质文化遗产公约》第 3 条对何谓"保护"有着明确的定义："'保护'指采取措施，确保非物质文化遗产的生命力，包括对这种遗产各个方面的确认、立档、研究、保存、保护、宣传、弘扬、传承和振兴。"[④] 相对来说，阿尔及利亚的文化遗产保护工作在发展中国家处于领

---

① UNESCO, *Loi N 98 – 04 du 15 Juin 1998 Relative a La Protection du Patrimoine Culturel*, http：// www. unesco. org/culture/natlaws/media/pdf/algeria/algerie ＿ loi9804 ＿ protectionpatrimoineculturel ＿ freo-rof. pdf.

② Ammar Kessab & Makhlouf Boukrouh, *Country Profile*：*Algeria*, Compendium, 2005, p. 9.

③ Djamel Boussaa, "The Casbah of Algiers, in Algeria：From an Urban Slum to a Sustainable Living Heritage," *American Transactions on Engineering & Applied Sciences*, 2012, Vol. 1, No. 3, p. 339.

④ 中国文化部对外文化联络局编：《保护非物质文化遗产公约》（基础文件汇编），外文出版社 2012 年版。

先地位，对上述公约中提到的保护措施的贯彻力度也较为有力。多年来，阿尔及利亚政府在人力、物力、财力极为有限的情况下，尽其所能地采取相对有效的保护措施。

第一，立法保护并设立保护机构。以法律为核心的国家遗产保护政策是阿尔及利亚（非）物质文化遗产保护战略的核心。依据《阿尔及利亚宪法》第122条第21款的规定，阿尔及利亚议会或政府先后通过的有关文化遗产保护方面的法律或法条主要有：《关于遗址地区旅游的相关规定》（1966年第62号令）、《关于民事诉讼法的修订与补充》（1966年第154号令）、《关于刑事诉讼法的修订与补充》（1966年第155号令）、《关于挖掘与保护历史遗址和纪念碑与自然遗产》（1967年）、《关于土地法典的修正》（1975年第43号法令）、《关于民法典的修正与补充》（1975第58号法令）、《关于不动产的地籍和土地制度的修正》（1975年第74号令）、《环境保护法》（1983年）、《关于对采矿活动的修正与补充》（1984年第6号令）、《关于勘探、开发和研究等活动的规定》（1986年第14号令）、《社区规划法》（1990年）、《关于宗教文化财产与文化财产的归属权问题》（1991年第10号令）、《文化遗产保护法》（1998年）、《关于保护和提升考古遗址保护计划的执行令》（2003年第323号令）、《保护考古遗址和相关受保护地区与修复的规划》（2003年第324号令）、《非物质文化财产保护国家数据库》（2003年第325号令）、《建立国家博物馆的条件》（2007年第186号令）。

根据不同时期的立法要求，阿尔及利亚已经形成一整套有关文化遗产管理行政机构。国家文化遗产保护委员会专门负责文化遗产的管理、保护、公开和调查等制度的制定和审议；文化部旨在保护并提升国家文化遗产的价值[1]，负责文化遗产保护的行政管理和法律法规的制定工作，设有总秘书处、法律事务局、合作交流局、遗产修复局、文化产品和文化遗产升级法律保障局、文化与艺术产品宣传组织局、艺术推广发展局以及书籍与公共阅读局，实行垂直管理，各省均有其分支机构。需要指出的是，1994年阿尔及利亚政府建立省级文化厅代替原来的"文化与交通厅"，负责省级层面的文化工作，其中包括文学艺术与遗产处。文化厅厅长的职责

---

[1] Ammar Kessab & Makhlouf Boukrouh, Country Profile: Algeria, Compendium, 2005, p. 8

非常特殊，属于国家在各省主管文化的代表，通常由文化部长提名，由总统任命。此外，阿尔及利亚文化部是文化遗产保护方面的主要实施者，在国家层面文化部经常与内务部、财政部、国防部以及外交部协调关于历史文化遗迹的保护活动。

阿尔及利亚非物质文化遗产保护的相关机构和承担者可以分为四类：首先是文化部门，主要为各级博物馆和文化遗产机构；[①] 其次为各种民间创作集体和文化遗产基金会；再次为个人，主要为手工艺传承人、画家和民间乐手等民间文化的继承者；最后为民间社团。根据 2001 年的统计，有 667 家社团活跃在各类历史文化遗产保护领域。[②]

第二，确定文化遗产和遗址，实施开发性保护措施。阿尔及利亚的文化遗产的分类是国家文物委员会和文化部协同各省文化遗产委员会订立的。分类程序是，各省文化遗产常设秘书处负责整理代表国家委员会的专家调查评估记录，递交给国家文化遗产保护委员会审议认定。根据阿尔及利亚《文化遗产保护法》的规定，民众要在相当程度上支持省级文化遗产委员会的工作，民众有向该委员会提供"收集相关所需要信息的义务"。阿尔及利亚政府在确定文化遗产和遗址工作中所取得的成就有目共睹。2003—2010 年，文化部确认的国家考古遗址的数量增加一倍，达到390 个。[③] 这种归类使这些遗址免受任何城市规划或其他情况的侵蚀，并给予这些遗址修复和维护以优先权。

在内战结束后，开发性保护措施成为阿尔及利亚政府进行文化遗产保护的最重要举措。阿尔及利亚政府将文化遗产保护融入旅游开发范畴，通过市场需求进行适度的文化遗产或传统文化经济价值的开发和利用。其中，融入自然景观和历史文化遗产的旅游开发最为显著，其旅游开发大致有六类：海滨旅游、山区旅游、温泉旅游、文体旅游、撒哈拉沙漠旅游以及捕猎旅游。在这些类型的旅游中，近些年来，阿尔及利亚对本国的历史

---

① 5 个办公室是哈加尔国家公园办公室、穆扎布流域宣传办公室、塔希里国家公园办公室、国家受保护文化财富投资办公室和国家受保护文化财富管理办公室。4 个文化遗产研究中心是国家史前研究中心、人类学与历史研究中心、国家手稿研究中心、23 号城堡艺术与文化研究中心和国家考古研究中心。

② Ammar Kessab & Makhlouf Boukrouh, Country Profile: Algeria, Compendium, 2005, p. 9

③ Ammar Kessab & Makhlouf Boukrouh, Country Profile: Algeria, Compendium, 2005, p. 22

古迹进行修复后，重点开发了一批国家级自然风景园区，这些园区各具特色，但都反映出阿尔及利亚的自然生态、历史人文等独特景观，如居尔居拉（拥有雪山、森林、河谷、湖泊、高原、各类非洲动物）、特尼亚—哈德（拥有山峰、森林、野生动物、历史遗迹）、塔扎（拥有热带森林、沙滩、石洞、悬崖、礁岸）、卡拉（被列为国家遗产及联合国文化遗产保护区）、古拉亚（拥有历史古迹，有丰富的考古资源和优美的自然景观）、达西利（拥有国家级风景区，联合国世界遗产，具有独特的地理风貌，极具历史和人文考古价值）、特莱姆森（拥有阿尔及利亚柏柏尔人风俗保留地，拥有大量文化古迹，极具文化考古价值）。近年来，阿尔及利亚政府实施沿海发展计划，将阿尔及尔省和提帕萨省的文化遗址几乎囊括其中，有两个世界遗产位于该开发区内，已经收到良好的保护效果。

第三，增强民众文化遗产保护意识。为提高国民的遗产保护意识，阿尔及利亚政府把遗产保护工作列入了教育计划。除了将文化遗址和文化遗产保护的知识写入教科书外，学校还定期组织学生参观遗产地和博物馆，参与博物馆的义务文物修复活动。自 2003 年起，阿尔及利亚政府将每年 4 月定为"遗产月"。此外，阿尔及利亚在部分世界遗产地定期举办艺术和文化活动，如 2011 年阿尔及利亚政府推出年度"特莱姆森—伊斯兰文化之都"活动，而在所有文化宣传和推广中，提姆加德一年一度的国际艺术狂欢节即为重要一例。[1] 有些地方文化组织也会主办文化活动，在阿尔及尔东边的卡比勒地区，每年都会举办与柏柏尔文化相关的纪念和庆祝活动，如"柏柏尔人遗产节""柏柏尔诗歌节"和"柏柏尔戏剧节"，等等。在文化部的支持下，阿尔及利亚每年都会举办 30 场左右的国际文化节，如"阿尔及利亚图书博览会"，其口号是"向外部世界开放"；[2] 2013 年在阿尔及尔举办"阿拉伯文书法国际文化节"，旨在确认阿拉伯文不同阶段的书写形式以及鼓励并推广这种艺术形式。[3]

第四，在非物质文化保护方面，建立国家民间传统艺术博物馆，积极

---

① 哈菲达·加乌：《阿尔及利亚：文化民主化》，《光明日报》2010 年 10 月 21 日第 7 版。

② "Festivals internationaux 2013," Ministère de la Culture, http：//www. mculture. gov. dz/mc2/fr/festivalinternationaux. php.

③ European Cultural Foundation, *Current Developments of Cultural Policies in the Arab Region*, June, 2013, pp. 3 – 4.

发挥地方作用和民众智慧。目前，阿尔及利亚有 50 多个大型博物馆，分布全国。其中，在非物质文化遗产保护方面，最为有名的是阿尔及利亚的国家民间传统艺术博物馆。该博物馆原是奥斯曼土耳其统治阿尔及利亚时期的土耳其人皇宫，该馆收藏了约 3000 件反映历史和当代阿尔及利亚人民民间艺术和手工制品，包括地毯、织物、手工、编织物、家具、皮具、陶器、服装、武器、乐器、饰品、民间绘画以及含有各类民间工艺技法的手稿文本等。

在其他非物质文化保护方面，阿尔及利亚中央政府首先和地方政府积极构建共同参与机制，提高不同阶层的保护意识。通过采取组织各类基金会、部落社区，调动被边缘化的土著社区和脆弱群体（例如女性）的积极性等多种措施，鼓励乡村人员参与传统文化习俗等保护工作。其次，在探索替代产业发展和增加农牧民收入方面，阿尔及利亚当地政府积极探索农产品加工的替代性方式，包括手工艺品和妇女编织品，使之进入当地的旅游市场，通过多种渠道增加乡村人民的收入；加强旅游业的可持续管理，通过旅游业的发展提升当地居民的节庆习俗、建筑技术、手工艺品和景观等文化遗产的价值。最后，阿尔及利亚中央政府和当地政府积极加强科学研究，探寻农业文化遗产保护的科学路径。通过与大学和科研单位合作，鼓励年轻人从事文化遗产的研究工作和实践探索；开展咨询和参与式研讨，编制保护与发展规划，等等。

第五，推动国际文化遗产保护，加入相关国际公约。阿尔及利亚认为文化的多样性是各个文明乃至各种文化之间相互对话的根本条件。保护和促进文化的多样性、艺术化表达是国际上公认的两个主要方式，在这两种方式的改进过程中，阿尔及利亚起到了十分重要的作用。阿尔及利亚是国际文化遗产保护重要的推动国之一，也是各类国际文化遗产保护条约的缔约国。在国家层面，阿尔及利亚文化部及其机构与外部建立了数十个文化合作框架。1996 年，阿尔及利亚政府与联合国教科文组织和阿盟教科文组织建立了传统文化联系。阿尔及利亚参与了联合国教科文组织的《保护非物质文化遗产国际公约》的制定，也是第一个批准该公约的国家。同时，阿尔及利亚缔结并批准了《保护物质文化遗产国际公约》。阿尔及利亚加入的其他主要国际文化遗产保护条约有《班吉协定》《阿拉伯著作权公约》和《联合国教科文组织保护民间文学艺术作品，防止非法利用及其他损害性行为的国内立法示范条款》等。①

尽管阿尔及利亚政府采取了各类措施，取得了相应成果，但仍存在三个突出问题。

第一，全球化趋势使阿尔及利亚文化遗产的生存环境遭受冲击。在世界各国工业化、现代化急剧发展造成全球一体化的趋势下，阿尔及利亚的文化遗产保护受到了相当程度的冲击。文化全球化主要表现为西方工业文明框架下的"强势文化"对"弱势文化"的侵蚀。尤其是在非物质文化保护领域，西方的强势文化大举占领阿尔及利亚市场，使阿尔及利亚的文化市场逐渐被并不能反映他们生活的符号和形象所占领，从而导致反映其民族文化的非物质文化遗产的消亡。此外，科技全球化在相当层面上解构了部分非物质文化赖以生存的土壤和环境。最为突出的是，阿尔及利亚的民间文化开始变异，民俗风情开始变迁，很多传统的民间文化成为明日黄花。由于大多具有民间特色的非物质文化遗产仅留存于偏远之地，民间艺人逐年减少，制作工艺和传统技艺后继无人，加之原有的艺术或制作形式的迅速嬗变，原始题材已大为缩水，濒于消亡。

第二，资金匮乏，专业人才不足。阿尔及利亚历届政府对文化遗产保护比较重视，而且中央财政每年都投入巨额资金。② 但从具体情况来看，中央财政的投入是远远不够的，而地方财政对文化遗产保护和利用的投入则更少，造成文化遗产经济价值的开发和利用仍然相对不足。在开发中，地方政府为了开发文化遗产中的经济价值，促进地方经济发展，不断鼓励和呼吁民众积极参与开发文化遗产的建设，而作为开发文化遗产经济价值的主要力量的民众积极性却不高，尤其是在非物质文化遗产开发中表现得相当冷漠，从而导致开发效果不佳。加之，阿尔及利亚政府多关注大型物质文化项目的投资，相对忽略流传甚广的草根或市民社会高度参与的非物质文化遗产，而这些遗产仅仅依靠非政府组织募集资金来实现保护，只能是杯水车薪。近些年来，因受石油价格下跌的剧烈影响，阿尔及利亚政府一直采取削减预算、降低补贴、调低公共部门的投资和运营支出的做法，导致当前阿尔及利亚非物质文化遗产保护工作受到前所未有的影响，如阿

---

① 毛克盾：《民间文学艺术作品的特别法保护模式研究》，《知识产权》2014 年第 9 期。

② Damien Helly, "Algeria Country Report," *Culture in EU External Relations*, March 19, 2014.

尔及利亚国家博物馆文化遗产电子化工程不得不暂停。此外，由于经济萧条，就业不畅，阿尔及利亚青年人选择地质科学与土地规划专业、考古专业和历史专业的人数逐年下降，出现文化遗址保护人员的人数严重不足、专业人员青黄不接的局面。

第三，阿尔及利亚文化部与其他相关部门的交叉合作效率有待提升。文化部的有些倡议需要同其他政府部门合作完成，如文化遗产保护和修复需要同旅游部、内务部、国防部以及财政部等协作完成；为了打击非法贩运国家文化遗产，文化部需要和国家安全总局合作；在文化遗产申报和宣传过程中，文化部需要和外交部合作，等等。但这种国家层面的协调也常出现效率低下的现象，如2009年为了筹备第二届阿尔及尔泛非洲艺术节，阿尔及利亚文化部要求驻非洲所有使馆都提交可能出席活动的艺术家名单，但这一任务并未如期待的那样按时完成。此外，在非物质文化遗产方面较为突显，中央政府和48个地方政府（省）在文化遗产保护方面，工作力度同样出现打折现象。不少地方忽视了非物质文化遗产的地位和作用，如受裙带关系的深刻影响，发掘、认定非遗传人的过程不科学、不客观，只注重表面工作的现象时有发生，从而导致部分非物质文化遗产传人权益得不到保障，传承非物质文化遗产的热情不高。一些经济价值不大的非物质文化遗产仍处于无人继承甚至濒临消亡的境地。此外，由于地区发展不平衡、国家重视程度不同，阿尔及利亚地方政府非物质文化遗产保护工作在执行制度要求、保护标准和目标管理等法律法规要求方面也出现打折现象，如传统的征集、收藏手段难以实现规范、安全、快速的信息交流；调查、记录、建档、展示、利用、人员培养等工作还相当薄弱。同时，对一些非物质文化遗产还存在过度开发的现象，如为了迎合世界各地游客的偏好，完全改变了原生态内涵，如古拉拉地区的阿赫里表演就出现过这种情况。

总之，阿尔及利亚文化遗产保护历经波折，但最终形成了较为完整的国家保护体系。阿尔及利亚文化遗产保护以国家保护为基本原则，以国家立法为保护的基本依据，贯彻整体性保护理念。在具体操作层面，文化部及其与其他部门协同工作承担物质文化遗产的主要保护工作，而非物质文化遗产的保护主要由民间组织和个人承担。阿尔及利亚积极对接国际公约，接受国际文化遗产保护的理念。阿尔及利亚在文化遗产保护过程中的经验教训值得我们借鉴参考。

第十章　语言政策

从法国殖民起至今，语言政策一直是阿尔及利亚政权掌握者在制定国家政策时十分重视的内容。国家的语言政策与社会秩序和国家安危有着密切的联系，同时也影响着国家的稳定与民族和谐。研究阿尔及利亚不同历史时期的语言政策，梳理其变迁历程，分析阿尔及利亚的语言状况，可以更好地理解其民族认同与国家认同的建构及社会问题的缘起与变化。

第一节　语言与文化底色

阿尔及利亚的原住民大多数是阿马齐格人，据阿拉伯史料记载，阿马齐格人是迦南人的一支，从巴勒斯坦地区迁徙到北非地区，西方学界则大多认为阿马齐格人来自欧洲大陆以及撒哈拉以南非洲地区。① 作为原住民曾被多个外来民族征服与统治，其文化与语言经历了多次融合，形成了丰富多元的阿尔及利亚文化与语言状况。阿马齐格人曾被腓尼基人的迦太基帝国统治了约 7 个世纪，随后被罗马人又统治了约 6 个世纪，之后被汪达尔人和拜占庭帝国分别统治了约一个世纪，随后穆斯林进入北非，传播并根植了伊斯兰教，约 4 个世纪后阿尔及利亚又成为奥斯曼土耳其帝国板块中的一部分，然后在 19 世纪末，法国殖民者来到阿尔及利亚，统治其132 年。此外，1505 年到 1792 年，西班牙人也间歇性地占领过地中海沿岸地区。所以阿尔及利亚文化融合了阿马齐格文化、迦太基文化、罗马文化、阿拉伯文化、拜占庭文化、法国文化、西班牙文化等多种元素。在这样的文化历史背景下，阿尔及利亚社会语言状况必然具有多样性，在法国

---

① 黄慧：《阿尔及利亚卡比尔人问题探析》，《西亚非洲》2012 年第 1 期。

殖民者到来之前，阿尔及利亚社会使用最多的就是阿拉伯语与阿马齐格语，也就是阿尔及利亚的母语。

一　阿马齐格语与阿马齐格文化

在前 15 世纪，阿马齐格人已经在阿尔及利亚境内建立了许多国家，形成了农业和畜牧业的混合经济模式，开始了农产品商业化运作，在被阿拉伯人征服之前，他们已经在马格里布地区生活并创造了灿烂的文明。

阿马齐格一词在阿马齐格语中意为"自由民"，在早期的阿马齐格研究中，学者们更倾向于用"柏柏尔"来称呼这一族群，"柏柏尔"一词是外来侵略者对这些北非原住民的称呼，意为"野蛮人""未开化的人"。关于"柏柏尔"一词的由来，北非国家民众因反感这种歧视性叫法，便用阿马齐格取代之。阿马齐格人是北非阿拉伯国家的原住民和主要少数民族，绝大多数人口分布在东起埃及西瓦绿洲至大西洋，北起地中海南到尼日尔河流域的区域。人口主要集中在阿尔及利亚和摩洛哥，零星分布在埃及、突尼斯和利比亚。阿马齐格并非一个单一民族的概念，而是关于许多部落的统称，阿尔及利亚的阿马齐格人遍布全国各地，目前最大的阿马齐格地区是卡比利亚地区，生活着约 560 万阿马齐格人，被称作卡比尔人（Kabyle，阿拉伯语为القبائلي），是阿尔及利亚阿马齐格人中最庞大的一支；分布在阿尔及利亚境内的还有奥雷斯山脉的沙维亚人（Shawiya，阿拉伯语为الشاوي），盖尔达耶附近的莫扎比特人（Mozabites，阿拉伯语为المزابية）和霍加尔沙漠地区的图阿雷格人（Tuaregs，阿拉伯语为الطوارق）等。阿马齐格语是关于北非原住民阿马齐格人方言的统称，阿马齐格人每个族群内部都有着差异明显的阿马齐格方言。这些部落在文化、政治、经济和社会生活上具有一定程度的相似性。语言学家习惯于把所有的非洲语言归类为含米特语族，但现代研究通常认为只有五种非洲语言属于含米特语族，阿马齐格语就位列其中。有学者认为，通过两种语言的密切接触，阿马齐格语会在某种程度上趋近于阿拉伯语，然而这两种语言虽然具有一定的相似性，阿马齐格语也加入了一些阿拉伯语的借词，但是这两种语言之间的差异依然巨大，不能够相互理解。阿马齐格语代表了阿尔及利亚辉煌的历史，其存在不容忽视，在目前的主流观点中，阿马齐格语也被认为是阿尔及利亚身份认同的主要组成部分。

二 阿拉伯语与伊斯兰文化

阿拉伯语属于闪族语言，是随着阿拉伯人进入阿尔及利亚的，阿拉伯语和伊斯兰教间的紧密联系，赋予阿尔及利亚人阿拉伯伊斯兰身份认同，阿拉伯语对阿尔及利亚原住民认同的影响随着阿拉伯语的普及和伊斯兰教的传播而愈发深入。语言学家穆罕默德·本拉巴哈（Mohamed Benrabah）在其《阿尔及利亚的语言规划》（The Language Planning Situation in Algeria）一文中提出："阿拉伯语和伊斯兰教是不可分割的，正是因为阿拉伯语是古兰经和先知的语言，是世界穆斯林的文化语言和共同的语言，所以它天然享有特权。"①因此，阿拉伯语在阿尔及利亚传播和扎根的同时，也对阿尔及利亚的民族性格和身份认同产生了强势而深远的影响。在法国殖民以前，阿尔及利亚的主导语言仍然是阿拉伯语，这一点在当时的教育系统中有所体现。当时的阿尔及利亚还没有现代教育体系，教育主要是在宗教场所中用阿拉伯语完成的。

阿拉伯语在阿尔及利亚的传播也衍生出本土化的变体。语言学家艾米娜·艾兹塞尔米（Amina Aistselmi）曾经把阿尔及利亚的阿拉伯语定位为一种双语现象（diglossia），双语现象或称双言现象是指在同一语言群体中共存着不同用途的语言变体。阿尔及利亚的阿拉伯语就存在着两种变体：一种变体通常被认为是具有传统特性的古典阿拉伯语或称标准阿拉伯语，另一种则是口语性质的阿尔及利亚阿拉伯语方言（以下简称方言）。

标准阿拉伯语是《古兰经》的语言，是阿尔及利亚的国家语言和官方语言，具有严密的语法结构，在宗教等正式场合使用和在书面语言中使用，也是教育系统中的主体语言，尤其是中小学的所有科目，都使用阿拉伯语教授。而在高等教育中，标准阿拉伯语被使用于除了科学学科外的所有课程。它还是政府的、媒体的官方语言，所有官方文件都使用阿拉伯语。

阿尔及利亚的阿拉伯语方言，没有被系统化和标准化，在日常生活中

---

① Mohamed Benrabah, "The Language Planning Situation in Algeria," *Current Issues in Language Planning*, Vol. 6, No. 4, 2005, p. 25.

的口语会话中使用。它被认为是阿尔及利亚非阿马齐格方言使用者的母语。阿尔及利亚的阿拉伯语方言在不同地区也具有差别，它还吸收了大量的法语、英语和西班牙语词汇。目前，方言阿拉伯语依然被大量使用于家庭社群范围内的日常交流，在日常生活中，方言使用频率范围广，远高于标准阿拉伯语。

三 殖民者到来前的多元文化与多种语言共存

在这些外来文化中，阿拉伯伊斯兰文化根植下来，成为阿尔及利亚的主体文化。7 世纪，拜占庭人败给信仰伊斯兰教的阿拉伯人，北非成为阿拉伯帝国的一部分，阿马齐格人逐渐皈依伊斯兰教。12 世纪，大多数人成了逊尼派穆斯林。而在语言方面，随着阿拉伯语的逐渐传播，越来越多的阿马齐格人开始使用阿拉伯语，使用频率逐渐超过阿马齐格语。阿拉伯语被称为第一语言的原因之一，是阿拉伯语具有极强的宗教属性[1]，是《古兰经》的语言，代表伊斯兰教；另一方面是由于阿马齐格语没有书写体，因此阿马齐格人更青睐于可以用于书写的阿拉伯语。[2] 阿拉伯语和阿马齐格语同属于亚非语系，而且它们有着互相吸收的倾向。但是，作为一种本土语言面临着在征服和被征服人口之间的不平等接触，阿马齐格语几乎对阿拉伯语没有词汇上的影响。尽管如此，阿尔及利亚的阿拉伯语的语音学、形态学和语法都深受阿马齐格语的影响。因此，北非通用的阿拉伯语方言，尤其是阿尔及利亚阿拉伯语方言，可以被称为阿马齐格化的阿拉伯语，所以阿尔及利亚母语是阿马齐格语—阿拉伯语双语复合的，体现了阿尔及利亚的阿马齐格—阿拉伯双重属性，显示出阿尔及利亚文化是以阿马齐格文化—阿拉伯文化为根基的。

阿拉伯人到达北非约在 1300 年，阿尔及利亚人文盲率极高，标准阿拉伯语的书写与使用并未普及。在 1830 年法国殖民者到来以前，约有 50% 的阿尔及利亚人仍然只说阿马齐格语。而当时的阿尔及利亚社会以部落体系为主，在 516 个部落中，有 206 个受奥斯曼土耳其的统治，还有

---

① Ernest Gellner, "Introduction," in Ernest Gellner and Charles Micaud, eds., *Arabs and Berbers: From Tribe to Nation in North Africa*, London: Duckworth and Co., 1983, p. 19.

② Abdelali Bentahila, *Language Attitudes among Arabic-French Bilinguals in Morocco*, Clevedon: Multilingual Matters, 1983, p. 2.

200 个独立的和 86 个半独立的部落，人口数量约为 300 万人，主要分布在农村地区，仅有 5%—6% 的人口生活在城市的中心。在识字率方面，40%—50% 的人可以读写阿拉伯语。[①] 所以在法国人到来以前，阿尔及利亚的语言主要是阿马齐格语与阿拉伯语。阿拉伯语与阿马齐格语之间的关系在不同的历史时期是不同的，这两种语言之间在一段时间里能够共处，而在一段时间里则存在着冲突。

第二节　殖民时期的语言政策

法国在阿尔及利亚的殖民从 1830 年开始到 1962 年结束，大批欧洲国家尤其是法国的工人和农民定居在阿尔及利亚。在法国占领阿尔及利亚以后，法国当局为了稳固其统治，实现把阿尔及利亚纳入"法国遗产"不可分割一部分的终极目标，在占领日早晨抵达阿尔及利亚的法兰西殖民者接到指示："占领阿尔及利亚不能使它成为我们真正的一部分，只有当我们的语言成为阿尔及利亚的国家语言时，我们才能真正实现我们的目标。因此，我们应该把重点放在推广法语上，最终取代目前通行的阿拉伯语。"[②] 于是，殖民者通过制定相应的语言政策来辅助这一政治目的，这一时期的语言政策突出单语制意图，包含"法语化"与"分而治之"两方面举措。"法语化"政策，即殖民者企图通过普及法语与输出法国文化，抑制阿拉伯语的第一语言地位，削弱阿拉伯属性；"分而治之"政策，即殖民者企图从语言层面制造一个"卡比利亚神话"，强化阿马齐格人的民族诉求和民族认同，从而实现对阿拉伯人和阿马齐格人分而治之的目的。这一时期的阿尔及利亚社会同时存在着法语、阿拉伯语、阿马齐格语，殖民者通过实施"法语化"与"分而治之"的语言文化政策，提升了法语的地位，将法语与高等教育紧密相连，复兴了阿马齐格语，压低了阿拉伯语的地位，缩小其使用范围，根植法国文化，培养亲法的阿尔及利亚精英。

---

① Ambroise Queffélec, Yacine Derradji, Valéry Debov, Dalila Smaali-Dekdouk, Yasmina Cherrad-Benchefra, *Le Français en Algérie*, *Lexique et dynamique des langues*, Paris：De Boeck Supérieur, 2002, p. 23.

② ساطع الحصري (أبو خلدون)، ما هي القومية؟، أبحاث ودراسات على ضوء النظريات، بيروت، دار العلم الملايين، ١٩٥٩، ص٧٣.

一　"法语化"的语言政策助力法国文化传播

法国殖民者用暴力把"阿拉伯—阿马齐格帝国卷入西方工业文明世界。1830—1962 年，法国全面实施'法国化'的治理策略与'法语化'的语言政策，致力于将阿尔及利亚建成完全附属于法国政府的殖民地，坚持自己的殖民地人民必须完全接受法国式的生活方式和意识形态，为了压制阿拉伯文化而实施'文化灭绝'政策，旨在完成灌输法国文化的'文明使命'，强制对数百万的阿尔及利亚人实行全面的'法国化'政策"①。

在"法语化"的语言政策影响下，殖民者灌输其语言和文化的优越性，因此，他们的目标是灭绝被殖民国家的母语，使被殖民国家的精英相信他们没有历史和文明，所以法国殖民者在阿尔及利亚的语言政策目的，就是压制阿拉伯语，贬低阿拉伯文化的功绩。例如，使用诸如"方言""土语"等带有消极色彩的词语来贬低阿尔及利亚人的母语。在法国殖民阿尔及利亚一百周年庆祝会上，法国方言学家威廉·马尔维斯（William Malwitz）预测阿尔及利亚所有的本土语言都将死亡，包括阿马齐格语、阿尔及利亚阿拉伯语方言和标准阿拉伯语。他指出，一是阿马齐格语没有书写系统，所以没有未来；二是随着法语的广泛使用，阿尔及利亚阿拉伯语方言也会消失；三是标准阿拉伯语虽然是主流语言，但是因为在阿尔及利亚双语混用的情况下很难实现语言学上的统一，这不适应现代世界的发展趋势。②

法国殖民者为了抑制阿尔及利亚原有的阿拉伯穆斯林认同，极力普及法国文化，教育领域是法国殖民语言政策实施的主要阵地，戈登（Gordon）总结过这一特点，他说："葡萄牙殖民者建立了教堂，英国殖民者建立了贸易站，法国殖民者建立了学校。"③为此，殖民者制定相关政策，把学校作为改变阿尔及利亚社会的有效阵地。事实上，殖民者将新的法式

---

① C. F. Gallagher, " North African Problems and Prospects: Language and Identity," in J. A. Fishman, C. A. Ferguson, and J. Das Gupta, eds., *Language Problems of Developing Nations*, New York: John Wiley and Sons, 1968, pp. 132 – 133.

② Abdallah Mazouni, *Culture et enseignement en Algérie et au Maghreb*, Paris: Francois Maspero, 1969, p. 285.

③ David C. Gordon, *The Passing of French Algona*, London: Oxford Umversity Press, 1966, p. 7.

教育系统引入了阿尔及利亚，这套系统包括两种类型的教育机构：一种是专为殖民者子女开设的法语学校，法语是教学语言，而阿尔及利亚阿拉伯语方言被作为外语引入教学，只有极少数的阿尔及利亚人可以进入此类学校读书；另一种是以"法国穆斯林学院"为代表的法国化的伊斯兰学校，法语依然是教学语言，而阿拉伯语被作为外语来教授。至此，阿尔及利亚的教育已经全面趋向法国化了，阿拉伯语不仅从官方生活中被驱逐，也被教育系统边缘化。这也表明法国殖民政策的目的是不仅要用法语来取代阿拉伯语在教育、文化、经济和政治领域的地位，也企图通过控制《古兰经》学校和减少阿拉伯语教学来破坏国内根基深厚的伊斯兰教育体系，从而更好地全面实现法国化。"法语化"的语言政策培养了大批接受法国教育的阿马齐格精英，为阿尔及利亚独立后的政治、经济和社会发展提供技术支持。与文盲率更高的阿拉伯人相比，他们更能胜任独立后的国家建设需要。阿马齐格人在阿尔及利亚独立后，迅速进入经济和行政各个领域，形成了"法国特权阶层"，也成为阿尔及利亚政治生活中的重要力量。

除了教育领域外，法国殖民者还在其他领域实行了同化政策，比如，阿尔及利亚人的报刊发行受到限制或停止；珍贵的阿拉伯古籍被存放在法国图书馆仅供研究用，或以低价出售给法国人。与此同时，法国殖民当局在行政和媒体领域大力推行法语，试图使法语成为社会活动中的主导语言。1849年，法国当局颁布法令，将法语用于阿拉伯人的民事审判和刑事审判判决，所有的合同都用法语书写。此外，一些商店名称、街道名称和城市名称也被规定使用法语。阿拉伯语除了个人签字以外，不再用作书面语言。法语成为经济领域、官方政策、政府官员交流用语，以及非正式函电用语。① 在实施"法语化"政策的过程中，法国殖民的目标就是粉碎阿尔及利亚身份认同中的阿拉伯身份和穆斯林身份。

二　"分而治之"的语言政策激化了语言冲突与民族矛盾

法国殖民者在殖民时期对阿马齐格人和阿拉伯人"分而治之"的政策，旨在引起阿马齐格语和阿拉伯语之间的冲突，激化了阿马齐格人与阿

---

① 金荣荣：《法国殖民者语言同化政策对阿尔及利亚文化的影响》，硕士学位论文，对外经贸大学，2015年，第17页。

拉伯人的矛盾。1849 年，法国全面占领阿尔及利亚以后，主要采取两方面措施破坏阿尔及利亚的内部团结，扩大阿马齐格人和阿拉伯人的分歧。一方面广泛传播法语，以抑制阿拉伯语；另一方面着重扶持阿马齐格语，强行从地理区域上划分出阿马齐格人聚居区与阿拉伯人聚居区，"以东方主义的逻辑将阿马齐格人划分为西方世界的高贵的'我们'，将阿拉伯人划分为东方世界的粗鲁的'他们'"[①]。法国殖民当局打算建造一个具有欧洲特色的阿马齐格人来代表和反映欧洲人的价值观。[②] 为了达到分而治之的目的，法国殖民者制造了一个"卡比利亚神话"，即认为阿马齐格人有着天然优于阿拉伯人的民族属性，强化阿马齐格人有别于阿拉伯人的民族原生性，并且强调这种天性比阿拉伯人更加优秀。殖民者在创造出"卡比利亚神话"的同时，人为地建构了一个高于阿拉伯人地位的"阿马齐格法语特权阶级"。

　　"卡比利亚神话"是通过文化、政治、经济、语言等各方面塑造和建构的。在语言政策上，法国当局努力挖掘阿马齐格语和阿拉伯语的差异，他们声称卡比尔人拥有自己的语言，这种语言强化了他们是一个"民族"的概念。19 世纪，关于语言如何成为决定族群起源的一些学说和观点深刻地影响了为法国军队服务的语言学家们，他们认为，卡比尔人是雅利安人，并且他们说的语言是一种印欧语言而非亚非语言，而法国语言学家马塞尔·科恩（Marcel Cohen）曾提出"应该将阿马齐格语族、埃及语族、库施特语族和闪语族区分为四大独立的语族"[③]。1853 年，法国军官尤金·多马（Eugene Dumas）曾说："在语言学角度上，卡比尔群体可代表一个单独的国家。"[④]这两种说法都指向了同一个概念，即说同一种语言、拥有同样的文化和民族性的人，应该统一在同一个国家。阿马齐格语与阿拉伯语之间的地位争夺，有利于法国人更有效地对阿尔及利亚实施殖民统治。

　　在文化上，法国赞美阿马齐格人是世俗主义者，他们生来就有"自

---

①　黄慧：《阿尔及利亚的卡比尔人问题探析》，《西亚非洲》2012 年第 1 期。

②　慈志刚：《阿尔及利亚的柏柏尔人问题》，《阿拉伯世界研究》2005 年第 1 期。

③　黄慧：《阿尔及利亚柏柏尔主义研究》，社会科学文献出版社 2015 年版，第 27 页。

④　Eugene Dumas, *Moeurs et coutumes de l'Algérie*, Paris：Hachette, 1853, p. 152.

由、平等、爱"等价值观，他们接受《古兰经》，但绝不是愚昧的信徒①；在经济上，法国推崇阿马齐格人崇尚节俭的品性，认为其具有商业头脑，比阿拉伯人优越，更具有商业天赋；在政治上，法国宣传阿马齐格人天生的无政府状态具有一种潜在的民主思想。安东尼奥·卡拉特将军（Captain Antonio Carrate）1848 年发表的关于语言学研究的文章极大地促进了"卡比利亚神话"的发展，在他关于阿马齐格人和阿拉伯人的语言学差异的摺述中，卡拉特认为，任何社群都拥有自己的"精英"和"平民"，在他看来，阿尔及利亚的居民可以根据不同的归属感分为两类，和作为原住民的阿马齐格人相比，作为游牧民族的阿拉伯人对阿尔及利亚这片领土并无什么优先权，因而后者完全可以像法国一样成为一个"国家"，并且发展自己的语言，塑造自己民族的精英。在"卡比利亚神话"的影响下，阿马齐格人的民族意识开始觉醒。

三　殖民者的语言政策分化了阿尔及利亚人的民族认同

在现代多民族国家中，语言关乎民族的"生存、成功、象征"，首先，语言对于很多民族来讲是存在的标志，它们使用语言来定义自己的群体，区分了内部和外部群体与民族之间的界限；其次，语言政策可以产生广泛的教育、政治、经济效果，并且可以在多民族国家里决定哪个民族更有机会接受教育，进入政府管理机构，接受升职等，这样，语言政策就决定了哪些民族或者哪些个体有取得成功的平台；再次，各个民族给自己的语言赋予强烈的象征价值，他们很在意社会上的其他成员如何对待自己的语言，多民族社会通常会形成一个语言等级体系，如果一些民族认为他们的语言受到不公平的对待，语言将成为民族运动的动力。②

殖民时期的语言政策重新塑造了阿尔及利亚的民族认同。在法国殖民者到来之前，阿马齐格人与阿拉伯人并没有明显的民族认同差别。而在殖民者到来以后，阿马齐格人与阿拉伯人有了各自的民族认同。一方面，殖民时期的语言政策在一定程度上削弱了阿尔及利亚的伊斯兰属性；另一方

---

① Paul Silverstein, "Realizing Myth: Berbers in France and Algeria," *Middle East Report*, July-September 1996, p. 16.

② Michael E. Brown and Sumit Ganguly, *Fighting Words: Language Policy and Ethic Relation Asia*, Cambridge, Mass: MIT Press, 2003, pp. 3 – 6.

面，殖民者扶持阿马齐格语的政策，让阿马齐格民族认同也渐渐觉醒。因此，殖民时期的语言政策促使阿尔及利亚国内阿马齐格民族与阿拉伯民族边界的形成。另外，阿马齐格语多为口语表达，法国殖民者甚至帮助阿马齐格人创造和制定阿马齐格的字母和文字。[①] 这些政策都赋予阿马齐格语独特的象征意义，强化了阿马齐格人的认同，阿马齐格人开始关注阿马齐格语在阿尔及利亚语言等级体系中的地位，法国殖民者的思想灌输，让他们觉得自己受到了不公平的对待，在一定程度上也成为民族运动的动力。

"卡比利亚尔神话"不完全是法国殖民主义的想象，阿拉伯人和阿马齐格人之间的差异是事实上的客观存在，但是差异不一定就是分歧。法国殖民主义在阿尔及利亚的所作所为与西方殖民者在非洲的通行做法一致。他们无视阿尔及利亚的阿马齐格人与阿拉伯人在漫长的历史中所形成的共性，而是强调两个民族之间的差异，并且以语言为抓手，一方面通过推行法语和法国文化抑制阿拉伯语的发展，试图以此消除阿尔及利亚的阿拉伯伊斯兰属性，另一方面通过强调阿马齐格语的地位，挖掘阿马齐格语和阿拉伯语之间的差异，达到歧视人口占多数的阿拉伯人，抬高少数民族阿马齐格人的目的，最终实现对阿尔及利亚殖民地的有效控制。法国殖民者的目的是企图把整个阿尔及利亚纳入法国文化圈，但在此过程中，阿马齐格人的地位并没有得到实质性的提升，且在经历漫长的伊斯兰化后，阿马齐格人和阿拉伯人的共性远大于差异，阿尔及利亚民族意识和阿马齐格民族意识几乎同时觉醒。

在殖民时期，阿马齐格意识开始觉醒并且与国内的阿拉伯民族产生了权力冲突，为独立后的阿马齐格主义运动埋下了伏笔。即使在民族解放运动中，阿尔及利亚的阿拉伯民族主义依然足够强大以致可以团结阿马齐格人并取得他们的支持，但是在这一追求国家独立和反对殖民的进程中，阿马齐格人和阿拉伯人也发生了权力和派系的争斗。尽管法国殖民者和法国学者极力宣扬阿马齐格人是欧洲人，但阿马齐格人并未因此成为阿拉伯人的敌人，也没有成为法国人的盟友，而是渐渐萌发了阿马齐格人相对独立的身份认同。直到 20 世纪 20 年代阿尔及利亚民族主义兴起，卡比尔人是

---

① 金荣荣：《法国殖民者语言同化政策对阿尔及利亚文化的影响》，硕士学位论文，对外经贸大学，2015，第 17 页。

最顽强的反法力量，在阿尔及利亚民族解放运动中，卡比尔人发挥了重要作用。法国殖民主义者一直都没有放弃对阿拉伯人和阿马齐格人进行分化的努力，他们不再强调阿马齐格人的欧洲血统，转而强调阿马齐格人的独特认同。

第三节　独立后的语言政策

独立后，阿尔及利亚的社会生活与教育体制仍然深受法国殖民时期的影响，国家的首要任务由民族主义斗争向去殖民化与建设民族国家转变，国家各方面建设都遵从"一种语言、一个宗教、一个民族"原则，即强化阿拉伯语、伊斯兰教、阿拉伯民族的认同。此外，法语依然是通用语，阿马齐格语作为阿尔及利亚的原住民语言开始复兴。

一　"阿拉伯化"政策与阿拉伯语地位的提升

一方面，阿尔及利亚政府推出一系列"去殖民化"的举措，开始着手解决殖民时期遗留的语言和文化问题，致力于彻底根除殖民体系的影响，特别是法语和法国文化的影响。政府实施"阿拉伯化"政策，恢复国家的民族团结和阿拉伯身份认同，"阿拉伯化"语言政策是对殖民时期语言政策的校正，是去殖民化的有效措施。

另一方面，政府坚持"阿拉伯化"建设道路，政府把标准阿拉伯语作为国家唯一官方语言和民族语言。阿尔及利亚在 1962 年取得独立后，为了确立其阿拉伯伊斯兰属性，首先是在语言的地位规划中用宪法形式确立了阿拉伯语和伊斯兰教的地位，随后才更为细致地进行其他更多领域的"阿拉伯化"进程。在 1963 年颁布的首部宪法[①]中，其第 4 条规定"伊斯兰教为国教"，第 5 条规定"阿拉伯语是国家的民族语言和官方语言"，第 76 条规定"应尽快在全国范围内推广阿拉伯语，但是法语可以暂时和阿拉伯语一起使用"，也就是第一部宪法不仅规定了阿尔及利亚的阿拉伯伊斯兰属性，也明确了阿拉伯语的官方语言地位，同时也能看出法语的影

---

① دستور جمهورية الجزائرية الدمقراطية، ١٩٦٣، ص١

响依旧深远。从 1964 年 5 月 28 日通过的第 64—147 号法令起，"阿拉伯化"政策开始实施，其中也包括语言政策。1976 年宪法第三条被修订为"阿拉伯语是国家和官方语言，国家应致力于在官方层面推广使用"。在之后的 1989 年和 1996 年宪法修正案中，国家属性和国家语言政策都没有发生改变。

穆罕默德·本拉巴哈将"阿拉伯化"理解为"取代法国人而实施的语言政策"，该政策促进了阿拉伯语的单语化程度，改变殖民时期法语—阿马齐格语占主导的状况。"阿拉伯化"也被认为是"阿拉伯认同的一种方式"，而阿拉伯语则被认为是阿拉伯人的基本属性，也是阿拉伯主义的特征。一个国家的语言政策实施的结果，通常被国际社会视为审视和观察该国凝聚力和整合程度的窗口。所以，"阿拉伯化"语言单语制政策，为推动阿拉伯人的语言、文化与政治统一，做出了语言层面的贡献，有助于团结阿尔及利亚人，集中精力共同建设社会主义国家，建构同一的阿拉伯穆斯林身份认同和阿尔及利亚国家认同，积极实践阿拉伯国家倡导的阿拉伯民族主义建设思想。就宗教而言，把标准阿拉伯语作为阿尔及利亚的官方语言和民族语言是确认阿尔及利亚从属于阿拉伯—伊斯兰世界的先决条件，在制定国家政策中强调阿拉伯民族的同质性。

独立后的三任总统均推行"阿拉伯化"语言政策，本·贝拉政府认为，阿拉伯—伊斯兰化是恢复国民性的必要手段，尤其是恢复阿拉伯语"文明语言的尊严和效力"[1]，"阿拉伯化"进程由此开始，在布迈丁政府时期，"阿拉伯化"政策更加深化，阿马齐格语和阿马齐格文化受到忽略和压制，阿马齐格文化运动悄然兴起。沙德利总统继续深化"阿拉伯化"政策。

二　"阿拉伯化"语言政策在教育领域的应用

教育是推行"阿拉伯化"语言政策的主要阵地，政府在学校和高等教育体系中制定了一套"阿拉伯化"的教育语言政策。事实上，政府试图通过教育语言"阿拉伯化"，深化阿尔及利亚统一，建构阿拉伯认同。

---

[1] 《阿尔及尔宪章》，《阿尔及利亚民族解放阵线党第一次代表大会文件集》，世界知识出版社 1965 年版，第 66 页。

在教育领域的阿拉伯化语言政策可分为三个阶段。

第一阶段为本·贝拉执政的三年过渡期（1962—1965）。"阿拉伯化"语言政策开始在教育领域实施，但是效果有限。1962 年每周阿拉伯语课程为 7 小时，到 1964 年变成了 10 小时。为了补偿师资力量的严重短缺，大约有 1000 名埃及人被雇用为教师，尽管其中的大多数没有接受过任何正规的教师培训。到 60 年代末，法语已经完全退出小学课堂。

第二阶段是布迈丁执政时期（1965—1979）。教育领域实行全面的、系统的"阿拉伯化"语言政策。实施办法更为激进。尽管政府内部也有分歧，但是改革还是大刀阔斧地进行着。1966 年 8 月，教育部长在其起草的一份政府报告中写道："国家教育在某些方面来讲就是一家根据自己需要生产商品的公司"，还说道："学校就是沉默的革命。"① 从他的态度可以看出，尽管对于"阿拉伯化"的效果存在疑问，但是当时的政府依旧十分重视该政策的实施情况，尤其是在教育领域。1976 年 4 月 16 日颁布的"第 76—35 号法令"第八条、第九条分别规定"在各级教育和培训机构的教学和教材中使用阿拉伯语"以及"外语教学必须按照法律规定来组织"，第 22 条规定"所有学前教育都使用阿拉伯语"，第 25 条规定了基础教育时期的语言目标，即"阿拉伯语教学，达到能用口语和书面语表达的程度"。至此，标准阿拉伯语的每周教学时间已经达到 15 小时。

第三个阶段是沙德利政府时期（1979—1999），该时期经济继续发展，但是政治局势动荡，阿尔及利亚境内出现了内战，爆发了"阿马齐格之春"抗议游行运动。在语言政策方面，沙德利政府持续完善普及阿拉伯语的法律，教育系统的阿拉伯化得到进一步强化。

除了教育领域外，"阿拉伯化"政策也影响了阿尔及利亚人各个方面的生活。在公共行政领域，1968 年出台的法律规定，"所有政府官员要在1971 年 1 月前证明自己能够掌握标准阿拉伯语"，如果达不到标准就会被解雇。到 1971 年，所有的政府文件、法庭案件和工作场所都使用标准阿拉伯语。1977 年成立了阿拉伯化技术委员会，旨在加强标准阿拉伯语在政府工作中的使用情况。1990 年 12 月又通过了一条更加严格的法律，法

---

① Mohamed Benrabah, "The Language Planning Situation in Algeria," *Current Issues in Language Planning*, Vol. 6, No. 4, 2005, p. 66.

律规定，在所有公私场合举办的会议都应使用标准阿拉伯语，用其他语言编写的文件和记录将被视为无效，违者将受到至少 1000 阿尔及利亚第纳尔的重罚。1991 年 1 月，沙德利政府又通过了一系列关于各方面加强阿拉伯语普及工作的法律，阿拉伯化得到进一步强化。

三　阿马齐格人的抗议与诉求

"阿拉伯化"语言政策，必然造成对阿马齐格语与阿马齐格文化的忽视，伴随着阿拉伯语的普及，政府的法令也对阿马齐格语做出很多明确限制。阿马齐格精英在独立初期的失败不仅表明了本·贝拉政府强大的号召力，也表现出阿拉伯民族主义在当时的阿尔及利亚充满了生命力。这一局势让阿马齐格政治精英不得不重新考量和规划的阿马齐格运动路线，并最终摸索出一条文化复兴地下之路，即建立了许多阿马齐格文化组织。由于阿尔及利亚政府严格控制结社，这些组织主要在卡比尔移民聚集的法国活动。在法国建立的阿马齐格文化组织中著名的是"柏柏尔学院"（Berber Academy）和"柏柏尔研究小组"（Berber Studies Group）。这两个组织致力于加强阿马齐格文化、传统和语言的影响力，向阿尔及利亚和其他马格里布国家的政府施加压力，以实现阿马齐格人更大的政治、文化和语言自由。[①] 在实施"阿拉伯化"政策的进程中，阿马齐格语的地位被忽视了。

1965 年政府禁止阿马齐格人给孩子起阿马齐格语的名字，并将阿马齐格语的电台传输时间限制在每天 4 小时。1968 年，阿马齐格文化运动（Berber Culture Movement）在一次反布迈丁文化政策的学生活动中诞生，该组织主要开展地下秘密活动，宣传文化多元化，反对国家对阿马齐格人的种族清洗，主张阿马齐格人的文化和语言权利，反对政府的阿拉伯化政策。该组织的成立标志着卡比尔人争取语言、文化权利运动的开始。1971年，政府废止了阿尔及尔大学的阿马齐格语课程。在 20 世纪 70 年代，卡比尔无线广播频道多次受到威胁，到了 90 年代，除了用标准阿拉伯语播放的国内电台外，其他电台均被禁止。阿马齐格人的不满情绪在沙德利总统时期达到了顶点，阿马齐格运动从要求文化权利转向要求民主权利，走向政治化。1980 年，"阿马齐格之春"爆发，把长期以来的阿马齐格运动

---

① 黄慧：《阿尔及利亚柏柏尔主义研究》，社会科学文献出版社 2015 年版，第 134 页。

推向了公开化，阿马齐格人单纯的文化运动向政治化的群众运动发展，是独立以来阿马齐格种种矛盾尤其是语言矛盾的集中爆发。阿马齐格人提出重新考虑"以牺牲阿马齐格语和文化为代价"的"阿拉伯化"语言政策。作为"独立以来最严重的一次挑战阿尔及利亚政权的群众运动"①，它给阿尔及利亚的局势带来了长久的影响，阿尔及利亚的主流意识形态遭到挑战，多元化的话题被正式引入政治生活。它开启了阿尔及利亚发展道路的争鸣，也拉开了阿尔及利亚政治动荡的序幕。②

20世纪90年代末，阿马齐格人又回到了"柏柏尔之春"的运动轨迹上，反政府群众运动开始回潮，1998年因著名的阿马齐格歌手卢纳斯·马图卜（Lounés Matoub）被刺杀致死而爆发了反政府的群众大游行，这是"阿马齐格之春"爆发以来规模最大的一次游行。1998年以后，阿马齐格青年的示威活动频繁发生，新一代示威者的要求不再局限于语言、文化权利上，还抗议其被边缘化、不平等、不公正和"二等公民"的地位，批评政府在就业和住房分配上的腐败。卡比尔问题开始表现出超出阿尔及利亚民族国家范畴的倾向——卡比尔人的民族主义。从这一时期反反复复的群众运动回潮来看，阿马齐格人的语言文化权利要求并没有得到满足，反而随着"阿拉伯化"政策的深化而愈发被边缘化和忽视，所以，阿马齐格运动从地下的文化运动发展为更激进的形式——直接公开与政府发生对抗。

第四节　21世纪以来的语言政策

"阿拉伯化"语言政策实施了近三十年，经历了阿马齐格政治精英和阿尔及利亚当局的相互博弈，最终，政府把阿马齐格语定为与阿拉伯语具有同等宪法地位的民族语言和官方语言，凸显了文化多元化特性。另外，由于国家经济和法国密不可分的联系，阿尔及利亚政府对法语的态度愈发开放，也顺应了经济全球化的切实需求。

---

① Hugh Roberts, "The Unforeseen Development of the Kabyle Question in Contemporary Algeria," *Government and Opposition*, Vol. 7, No. 3, 1982, p. 312.

② 黄慧：《阿尔及利亚柏柏尔主义研究》，社会科学文献出版社2015年版，第147页。

一　国内政治危机与语言政策转变

1999 年 4 月 15 日，阿卜杜勒阿齐兹·布特弗利卡当选了阿尔及利亚新任总统。由于伊斯兰极端主义风暴在国内尚未平静，因此尽快结束内战成为新总统上任最棘手的任务。新总统在上任初期的几次公开亮相时的发言给阿马齐格人留下了不好的印象。布特弗利卡上台后，宣布"除非修宪，否则阿马齐格语永远不能被宣布为官方语言"①。之后，布特弗利卡推动通过了《民族和解法》，阿尔及利亚内战逐渐平息。尽管全国性的内战告一段落，然而，地区性的冲突依然活跃在卡比利亚地区。2001 年"黑色春天"事件爆发，2001 年 4 月 18 日，18 岁的阿马齐格少年马西尼萨·古尔玛（Massinissa Guermah）在提济乌祖附近的一个小村庄的警察局遭宪兵枪击，这件事引发了卡比利亚多个城市发生游行示威，造成社会动荡。随后，阿尔及尔发生了 10 万人大游行，截至 2001 年 6 月底，"黑色春天"事件已造成 200 余人死亡，5000 多人受伤。②

娜伊玛·马赫罗布（Naima Mehloub）在《语言和冲突——卡比尔人与阿尔及利亚国家》（Language and Conflict—Kabylian and Algerian State）一文中，对 2001 年"黑色春天"事件做出如此评价："当国家和语言身份不匹配，且大多数民众缺少政治的情况下，国家政权的合法性是会受到质疑的。阿尔及利亚正因为其语言文化问题而使得一些语言群体感到受歧视或被排除在国家之外，使其政权变得脆弱。"

在"黑色春天"事件中，阿马齐格人要求"阿马齐格人认同"和"语言权利"的呼声极高，虽然在事件开始与发展期间，政府的官方立场依旧是回避阿马齐格因素和语言文化权利等诉求，但是，这次事件反映出阿马齐格人对语言文化权利的要求已经十分激烈，并且已经对国家政权的稳定产生了严重的负面影响，所以实施多元化的语言政策是必然趋势。

采取多元化的语言政策并非布特弗利卡政府的初衷，或许是出于对阿马齐格人底线的试探，2000 年，布特弗利卡宣布加大对阿拉伯化进程的

---

①　John Ruedy, *Modern Algeria：The Origins and Development of a Nation*, Bloomington：Indiana University Press, 2005, p. 280.

②　John Ruedy, *Modern Algeria：The Origins and Development of a Nation*, Bloomington：Indiana University Press, 2005, p. 279.

财政投入。① 面对政权合法性被阿马齐格人质疑，他做出了相应的改革，与前几十年的彻底"阿拉伯化"政策相比，布特弗利卡政府从 21 世纪以来开始尝试多语制、多元化的语言政策，在语言政策上的变化体现出政府对不同语言的态度，执政者的治理思路向多元化转变，在这种思路转变的背景下，阿尔及利亚政府对阿马齐格语的态度以及对较能适应现代化的外语学习态度更加积极。

针对法语，布特弗利卡政府进行了全面的教育系统改革，恢复了法语在教育领域的教学使用，这也是全球化浪潮下不可逆转的趋势，作为法国曾经的殖民地，阿尔及利亚的经济、社会、文化不可避免地遭受法国化的冲击，也卷入了西方经济体系。因此，全面彻底的"阿拉伯化"政策试图生硬地切断这种联系，不符合阿尔及利亚国内实际的语言状况，官方改变对待法语的态度是阿尔及利亚政府在新时期的重要举措。当今的阿尔及利亚，尽管已经独立半个多世纪，但经济上仍然摆脱不了法国的影响，因此法语在日常交流和经贸活动中仍占主流地位，是行政领域仅次于阿拉伯语的第二语言，在医疗、商业等领域甚至是十分通行的语言，布特弗利卡政府在对待法语的态度上也出现了从收紧到开放的趋势。阿尔及利亚政府在将法语作为外语教学引入教育体系也投入了许多精力，比如从小学三年级一直到大学，法语都作为必修课程被纳入教育体系；创立了一些法语学校和法国研究中心之类的科研机构；建立专门的法语学术期刊，尤其是在科学、医疗等领域。在媒体领域，目前阿尔及尔广播三台和一个阿尔及利亚国家频道每天播放法语节目。值得一提的是，阿尔及利亚的医学领域，从教学到操作再到科研，全部是用法语完成的，根据语言学家娜伊玛·马赫罗布的一份关于阿尔及利亚主流医学杂志的调查发现，这些主流杂志完全以法语发行，没有一份阿拉伯语的医学杂志。可见，法语在阿尔及利亚社会的通行率依然很高。

布特弗利卡政府重视阿马齐格语的民族化和官方化，在法律层面满足了阿马齐格主义者长期以来对身份认同和语言文化权利的合理要求，在阿马齐格人的抗议威胁国家稳定之时做出了妥协。

---

① James D. Le Sueur, *Algeria since 1989：Between Terror and Democracy*, New York：Zed Books, 2010, p. 83.

二　阿马齐格语成为官方语言

在 2001 年"黑色春天"事件发生后期，阿马齐格人的自治组织"柏柏尔阿鲁奇公民运动"（Berber Arouch Citizens' Movement）向当局提出 15 项要求，其中第 8 项提到了阿马齐格语言和身份的问题，要求"不通过公民投票或者任何先决条件，满足阿马齐格人在身份、文明、文化和语言相关的所有要求，并且承认阿马齐格语是民族语言和官方语言"。经过这次事件，语言和民族问题已经直接摆到政府的谈判桌上，成为布特弗利卡政府不得不处理的社会问题。在 2002 年春季议会选举到来之前，布特弗利卡尝试过安抚阿马齐格人，保证他们可以参与到选举过程中。并且决定重新考虑宪法第三条的内容，把阿马齐格语写入宪法，使其成为第二种民族语言。当年的 4 月 8 日，议员们对这一修正案投了赞成票。

2007 年，政府建立了一个阿马齐格语电视频道并增加了阿马齐格语电视节目，从每天 15 分钟的新闻播报增加到 2006 年的每天 2 小时，并在之后达到日均 6 小时的时长。这个阿马齐格语电视频道最终在 2009 年 3 月被启用，播出时长达到了既定的 6 小时的目标。在媒体方面，2012 年 1 月 12 日通过的第 12—05 号法令第 20 条规定"自此法令颁布之后，所有出版物应用国家民族语言的一种或两种出版"。这一法令给予阿马齐格语在媒体领域的传播以合法权利。至此，阿马齐格语作为民族语言的影响力在教育和媒体等各个领域都得到了政府的重视和政策的支持。

21 世纪以来，阿尔及利亚宪法的两次修改与语言政策有着密切联系。一是 2002 年的宪法修正案把阿马齐格语列为阿尔及利亚除阿拉伯语外的第二种"民族语言"。

二是 2016 年 2 月 7 日，阿尔及利亚议会批准了一项宪法修正案，即把其第三条修改为"阿马齐格语也是国家的民族语言和官方语言；国家致力于促进和发展本国所使用的所有语言种类；在阿尔及利亚总统的领导下设立阿尔及利亚阿马齐格语学院；依靠专家工作推广阿马齐格语，使其官方地位得到具体化体现"。时任总理对这项宪法修正案评价道："除了语言之外，该修正案还有助于扩大公民的权利和自由，提供多元民主，巩固法治基础，巩固我国正义的独立性。"①至此，阿马齐格语在阿尔及利亚的地位在宪法中得到了完全的承认，尽管在实际生活中推广使用阿马齐格语依然困难重重，但这项政策代表了官方对阿马齐格人身份认同需求的满足。

从这两部宪法可见，布特弗利卡政府的语言政策制定表现出了多元化的倾向。这种多元化的变化是阿马齐格人不断争取语言文化权利和阿尔及利亚政府在复杂条件下不断努力的结果。2002 年与 2016 年两次修宪，将阿马齐格语民族化、官方化，有效地缓和了国内阿马齐格人和阿拉伯人的矛盾，稳固了社会团结的基础。布特弗利卡政府采取日趋多元化的语言政策，顺应了多元文化主义和经济全球化趋势，也在客观上增强了阿马齐格民族的国家认同感，从而促进了民族团结。自中东变局发生以来，阿尔及利亚能够取得平稳、安全的过渡和政府积极采取的多元化语言政策不无关系。事实也证明，在语言政策日渐开放之后，阿马齐格运动变得逐渐平静与平和。多元化语言政策可以取得积极效应，与阿尔及利亚深厚的多元文化历史背景以及强大的伊斯兰认同不无关系。此外，布特弗利卡政府对形势的判断和积极调整也是阿马齐格问题趋于平静的另一重要原因。

从象征意义上讲，两次宪法修订对于时代的重大意义至少体现在两方面。首先，阿马齐格语被列为民族语言，并随后建立了阿马齐格语国家规划中心和国家教育学院以及阿马齐格语教学中心，证明当局在作决定的时候并非一时兴起，而是考虑到后续的语言规划发展做出的决定。在当年通过的第 3—470 号行政法令中对阿马齐格语教学中心还做出了详细规划，其中第五条规定"作为国家教育规划的一部分，该中心负责发展阿马齐格语言研究事宜：为了在教育体系的所有阶段提高阿马齐格语教学，该中心负责设计和制订相关计划；对一切阿马齐格语的语言变体和发展进行研究和调查；参与由国家机构发起的针对阿马齐格语及其语言变体和发展的研究调查；参与有关部门专门制订的师资培训计划"②。

从阿马齐格语地位一步步获得民族化和官方化的过程中可以发现，布

---

① "Tamazight Declared Official Language Algeria, Arabic Remains Only State Language," Nationalia, February 8, 2016, https://www.nationalia.info/new/10709/rss.

② الجريدة الرسمية الجزائرية، العدد ٧٦، ٢٠٠٣، ٩ ديسمبر، ص ٦

特弗利卡政府的积极调整和努力是不可忽视的原因。他在这一进程中做出了两次重要的"让步"。第一次让步发生在 2001 年的"黑色春天"事件之后。起初，布特弗利卡政府对此事态度强硬，但随着事件的升级和矛盾的不断激化，政府承诺把阿马齐格语写入宪法，成为民族语言的一种，并于 2002 年得以实现。尽管阿马齐格语尚未成为官方语言，"但是布特弗利卡政府的让步仍然有效遏制了'黑色春天'事件以来阿马齐格主义卡比利亚地方派的发展"①。

国际性的阿马齐格主义运动蓬勃开展，让阿马齐格人的语言文化权利在国际舞台上备受关注，费尔哈特·麦赫尼在法国巴黎成立"卡比利亚临时政府"。此时，阿尔及利亚的邻国摩洛哥修改宪法承认阿马齐格语的官方地位，阿马齐格语在阿尔及利亚的地位问题再次凸显。2016 年，阿尔及利亚政府也修改宪法，把阿马齐格语定义为民族语言和官方语言，再一次提升了阿马齐格语的地位。

三 阿马齐格语的发展困境

阿马齐格语虽然获得了官方语的地位，但是其教学实践依旧困难重重，关于阿马齐格语在教育实践中的困难，学者们一般持有两个方面的批评意见，正如阿尔及利亚教育部长努丽亚·本哈布里特（Nouria Benghabrit）所指出的："阿马齐格语面临的真正问题有二：一是学习者的实际需求；二是该语言的标准化。"

首先，阿马齐格语对学生缺乏吸引力。凭着阿马齐格语很难找到工作，经过几十年的阿拉伯化政策，阿尔及利亚国家认同中的伊斯兰成分已经根植于民众内心，阿拉伯语的地位仍居首位；法语等其他外语在工作中的广泛运用，尤其是在高科技、工程、医学等行业中更是有着不可替代的重要性，来自阿马齐格最高大会的比莱克女士曾经评价阿马齐格语不是"知识的语言"，故在教育系统里无法成为知识的媒介。因此，不管从宗教信仰角度还是从工作实用性角度来比较，阿马齐格语的吸引力的确无法和其他语言相比，也就产生了阿马齐格语在课堂上无人学习的局面，提供阿马齐格语教学的学区也从 1995 年的 16 个减少到 2015 年的 8 个。除此

---

① 黄慧：《阿尔及利亚柏柏尔主义研究》，社会科学文献出版社 2015 年版，第 190 页。

之外，在阿尔及利亚教学评价体系中，阿马齐格语并未被纳入高考等国家选拔考试中。

其次，阿马齐格语教学标准化程度不高。标准化这一概念是任何语言发展必要且重要的因素，一种语言必须通过标准化其语音、形态、句法、词法等实现编纂，阿马齐格语也是如此，从口头语言到书面语言，阿马齐格语经历了几十年的标准化过程，目前通行的标准化阿马齐格语的载体是由皇家阿马齐格文化机构（IRCAM）研究并确定的，但是在阿尔及利亚阿马齐格课堂上的教学语言依旧无法达到一致。在基础教育方面，用以教授阿马齐格语的语言也不能统一。阿马齐格语教学标准化程度不高是现实中存在的问题，这也影响了阿马齐格语的教育质量。

阿尔及利亚语言状况的复杂性，源于阿尔及利亚文化的多元性和民族的多样性，语言既是民族传统文化的载体，也是人们在现实生活和工作中相互交流的工具。一方面，阿尔及利亚语言状况是多种语言并存的，从古代至今，由于阿尔及利亚复杂的历史背景，在不同的历史时代存在着多种语言和文化的接触与碰撞，形成了今天阿拉伯语、法语和阿马齐格语并存的现象。阿尔及利亚多语并存的社会现实，对执政者制定和实施语言政策提出了挑战，政府需要针对治理需要、国家发展需求和国内外环境，调整国家的语言政策。

阿尔及利亚在独立之初，为了维护国家统一，彻底摆脱法国的殖民影响，也为了防止分裂倾向的出现，对阿马齐格民族和阿马齐格文化、语言制定了同化政策。但随着矛盾的激化，阿马齐格民族争取权益的运动此起彼伏，阿尔及利亚政府逐渐采取积极应对的态度，最终在宪法中把阿马齐格语定位为与阿拉伯语拥有同样的地位。从更广阔的视角来看，阿尔及利亚文化多元化语言观的发展也是人类文化多样性宏观发展趋势的一个表现，文化的多元化发展需要能够广泛包容和均衡关照多样性的文化政策和战略。历史上，许多国家致力于追求建立单一的民族国家，在政策制定、实施过程中经常出现单一化和绝对化，尤其是在语言政策方面，很多国家都曾经强力实行过激进的语言同化政策。人类历史已经证明，过度追求单一化的语言政策乃至民族政策对于像阿尔及利亚这样的统一的多民族国家而言，极易引起社会矛盾和民族矛盾。换言之，不管是法国殖民时期的法国当局还是独立之后的政府，"同化"的语言政策是国内阿马齐格问题产生及发展的一个重要动因，这样的实践抹杀了阿马齐格文化和阿马齐格人的身份认同，是对阿尔及利亚文化多元性的一个挑战和威胁。

在经历了单语制的语言政策及其影响的阿马齐格问题升温发酵之后，阿尔及利亚政府成功找寻到了缓和国内民族形势的突破口——多元化语言政策。布特弗利卡政府审时度势，对激化的阿马齐格主义运动做出积极而理性的回应，调整语言政策，找到了应对与缓和矛盾的折中方案——以阿马齐格语民族化和官方化为代表的一系列多元化语言政策。虽然在实施过程中，阿拉伯语和法语依然备受青睐，推广阿马齐格语也存在困难与挑战，但是该政策在缓和阿马齐格人与政府的矛盾，促进民族团结和文化多样性方面还是做出了关键性的贡献。语言政策和阿马齐格问题的拉锯互动，反映出阿尔及利亚社会中纷繁复杂的民族政治博弈特征。可以说，目前所实行的多元化语言政策正是阿尔及利亚社会不同民族间各种政治力量相互博弈、妥协的历史产物。通过阿马齐格语地位的提高，阿马齐格问题得到了缓解，民族团结得到了加强。布特弗利卡政府在语言政策方面做出的有效调整，通过较为科学的语言政策加强国家内部民族团结，给马格里布地区具有相似经历的国家提供了良好的范例，也为其他多民族国家提供了有效的借鉴。

不过，多语言制政策也不是万能的，该政策主要面临以下三个困境：一是标准阿拉伯语的普及与使用范围受到影响；二是法语地位不断提升，法语与阿拉伯语地位的再调整，及阿尔及利亚认同和阿拉伯认同受到法国及欧洲思想文化的冲击；三是阿马齐格语自身发展困难、使用率不高，习得难度大。

第十一章　移民问题

　　作为法国曾经的海外省，阿尔及利亚人曾因各种原因而大批移民法国。时至今日，法国境内仍有相当数量的阿尔及利亚裔移民及其后裔以定居或旅居的方式生活在法国。他们中有的人已入法籍，较好地融入了法国社会，有着较强的法国公民身份认同；有的人即使已入法籍，也仍旧保留母国阿尔及利亚国籍，与母国维持着千丝万缕的联系，秉持法国公民和阿尔及利亚公民双重身份认同；有的人虽生活在法国，却未能很好地融入法国社会，一直处于被法国社会边缘化的尴尬境地，不认同法国主流价值观，坚持自己的阿尔及利亚身份认同，乃至诉诸伊斯兰极端思想，寻求认同。本章以 1852 年法兰西第二帝国成立至今阿尔及利亚移民融入法国的四种类型为研究对象，认为阿尔及利亚移民在融入法国社会的过程中大致形成四种类型：移民殖民同化型、双向互动融合型、移民更改国籍归化型和具有多样性的分化型。本章认为，当今法国是全球接受阿尔及利亚移民最多的国家。回顾阿尔及利亚人移民法国的一百多年历史，少数阿尔及利亚移民家庭在欧洲曾经的经济腾飞红利下成功扎根法国，融入了法国社会，成为"新法国人"，但随着经济发展的减缓，法国社会阶级流动的阻塞所带来的阶级固化给新一代的阿尔及利亚移民带来了身份认同的疏离与紧张，他们转而诉诸母国伊斯兰宗教传统寻求身份认同。阿尔及利亚移民身份认同的困惑导致法国政府的移民融入政策难以达到预期目标，乃至产生包括暴力事件等在内的因移民引发的诸多社会问题。

第一节　第一代移民的殖民同化

　　第二次世界大战结束前，从法国前殖民地阿尔及利亚移民到宗主国即法国的阿拉伯人，通常被称为第一代北非穆斯林移民。法国对这代移民实施了强制性的殖民同化政策。希望这批身体健硕的阿尔及利亚人摈弃原有的一些文化符号，全盘接受法国的语言文化和价值体系。但终因这一政策与生俱来的局限性和第一代阿尔及利亚移民组织化的移民特点，第一代阿尔及利亚移民普遍选择对法国政府采取不合作的抵制态度，并最终导致法国对第一代阿尔及利亚移民同化模式的失败。

一　第一代移民迁徙法国的背景

第一代阿尔及利亚人移民法国的历史始于 1852 年法兰西第二帝国成立，终止于 1945 年第二次世界大战结束，在 19 世纪末 20 世纪初达到高潮。第一代移民主要是季节性劳工移民和两次世界大战期间的雇佣军移民，他们是被动的、有组织的、集体性的穆斯林移民。一方面，在法国国内，因工业革命的迅速发展，国内企业对季节性劳工移民的需求不断增大，且法国经历的两次世界大战也使其迫切需要大规模引进外来人口充当雇佣军。第一次世界大战爆发后，在突如其来的战争和持续的工业化改革要求下，法国本土对劳动工人的需求更甚。在两次世界大战期间，法国的战争损失惨重，大批基础设施受损，数千支军队的军人和数以万计的平民在战争中丧生，大量犹太人被战时纳粹德国控制下的法国政府送进纳粹的杀人机器中。因此，法国急需大量引入外国劳工以支持法国的战时经济。另一方面，早在 1905 年，阿尔及利亚全境就沦为法国殖民地。法国殖民者通过不平等交换、高额赋税和关税等制度掠夺和剥削阿尔及利亚当地土著，获得可靠和丰厚的利润。阿尔及利亚农民生活艰难、食不果腹，迫切希望通过对外移民改变现有的生活状态，谋求生路。

由此，第一次世界大战前后，共有 24 万年龄在 20—40 岁的阿尔及利亚成年男性代替法国人奔赴前线，因兵役而移民的人口占同时期阿尔及利亚成年男性人口的三分之一。据文献资料记载，当时的法国政府为成功实施其在殖民地的征兵活动，刻意宣传，提出了很多诱人的招募条件。[①] 与此同时，阿尔及利亚大批强壮能干、老实忠厚且已婚配的青壮年男性农

---

① Charles-Robert Ageron, *Les Algériens Musulmans et la France* (1871 – 1919), Vol. 2, Paris: Presses Universitaires de France, 1968, p. 68.

民，在法国殖民者和当地工头的挑选和组织下，集体于农耕季节赴法国务农，随后在收获季节回国。

最初，阿尔及利亚移民的目的是让那些在家乡无足够耕地可种，且不能养家糊口的农民到另一个可以耕作的地方劳动，以此为他自己和家人换取丰足的生活所需。这种迁移是暂时性的劳动力移民，他们通常背负着家人乃至家族的期待远赴他乡。与此同时，这一迁徙也是带着特定目的在有限时间内完成的有限任务。这一迁徙还是阿尔及利亚社会经历了传统社会解体和经济变革后的新社会分工的结果：一部分善于从事家庭内部事务的劳动者留下来，专注于种田和打理家庭事务；另一部分善于对外交往的、从事家庭以外事务的劳动者被原生社会和家族派出去辛苦赚钱。在通常情况下，阿尔及利亚农民在秋末冬初耕地结束后被派往法国，然后在丰收季节回国。其间，他们也可能因结婚或其他各类家族事由而提前或推迟回国。当时的第一代移民自己、母国家族和法国雇主都希望移民尽快完成工作回国，不希望在法国长待。这是因为第一代阿尔及利亚移民个人和家庭有着独特的价值观，他们认为，如果移民不回母国，则要么是因为他们缺乏自制力，迷失了自己；要么是因为他们背离了农民价值观，喜欢上了城市；要么是因为他们太过贪婪，对金钱的欲望永远得不到满足。如果某人逾期不归，则会遭到周围人的唾骂，指责他缺乏自控力，忘记了农民的道德，爱上了城市的纸醉金迷和自己的移民身份。而他的家人也会遭到亲友和邻居的嫌弃，认为他们不能吸引亲人迷途知返，或是对亲人太过贪婪，以致迫使在法务农的亲人有家不敢回。

此后，年复一年，一批又一批的农民相继被派往法国务农，外出务工逐渐成了阿尔及利亚村子里不可避免的周期性重复活动。然而，在严格意义上，第一代迁移法国的阿尔及利亚移民个体之间并没有太大差异，他们都是经过挑选的最好的农民，都肩负着母国亲友和家族赋予的重大使命。

二　法国对第一代移民的殖民同化政策

针对这一代移民，法国采取了强制性的殖民同化政策，即以法国文化取代移民原有的马格里布殖民地文化，具体表现在政治、经济和文化三个方面。

在政治上，1830 年，法国在阿尔及尔殖民地引入同化政策，瓦解了当地部落习俗，并未引起强烈反抗，随后即在整个阿尔及利亚地区实行。在殖民时期，同化也是法国殖民政策中重要的政策之一。1895 年法国法学教授阿瑟·吉罗（Arthur Girault）在其著作《殖民和殖民地立法原则》（Principes de Colonisation et de legislation colonial）中对同化概念做出了系统性阐释。他认为，殖民地是宗主国的海外领土。因此，殖民地立法的目的是让这些海外领土逐渐和其他领土一样，服从同一套法律法规，从而成为法国真正的海外省。用阿瑟的话说就是：

> 我们希望用我们的理念和习俗教诲他们，还有人狂热地想要把他们变成法国人：让他们受教育，给他们选举权，让他们像欧洲人那样穿衣服，用我们的法律代替他们的习俗。总而言之，我们追求同化那些殖民地居民。但是如果殖民地上有人让我们失望了，或是有人不服从我们的文明，那么为了避免这些人在我们统一化的同化进程中发出不和谐的声音，就让这些人滚蛋，或是干脆从此消失。①

同化是法国整个帝国时代殖民政策中最主要的持续性特征，也体现在法国施加于第一代阿尔及利亚移民"一刀切"②的政策法规上。法国政府将同一套规则强加在阿尔及利亚穆斯林移民身上，无视他们在来源地、宗教信仰、社会背景和经济状况等方面的迥异情况。

在经济上，经济同化伴随着殖民地的出现应运而生。19 世纪末，完成了工业革命的法国迫切需要开拓商品销售市场，为了倾销剩余商品，法国殖民者撬开非洲大陆之门，在阿尔及利亚实行经济同化政策，将之作为法国本土工业政策的衍生品。即法国在阿尔及利亚制定的经济政策完全是为了满足法国本土工业发展的需求。1921 年，殖民部长萨罗为殖民帝国引入"国家计划"的概念，即要使殖民地尽可能在经济上自足，并同法国经济紧密地联系在一起。这意味着殖民地将被作为一个相关的单位得到

---

① Arthur Girault, *Principes de Colonisation et de législation colonial*, Paris. L. Larose, 1895, p. 68.

② Martin Deming Lewis, "One Hundred Million Frenchmen: The 'Assimilation' Theory in French Colonial Policy," *Comparative Studies in Society and History*, Vol. 4, No. 2, 1962, p. 131.

发展，法国公共资金将被用来促进殖民地的生产。[①] 在萨罗计划的指导下，阿尔及利亚变成了法兰西帝国的一块"出口生产的飞地"，主要出产大多数阿尔及利亚人不喝的葡萄酒。矿业开发也在有条不紊地进行中。在1929 年法国爆发经济危机时，阿尔及利亚殖民地已经是法国垄断下宗主国经济的延伸部分，成为法国最大的殖民地市场，比其他殖民地的总和还要大。在战争结束前，"战斗的法国"依赖从海外殖民地特别是非洲大陆征集来的大量金钱和资源，不仅还清了英国的全部贷款，还支持了本土的抗德解放战争。

如此这般，法国不仅对阿尔及利亚这一殖民地实行经济同化，还把殖民地经济改造成以生产和出口单一经济作物为主的畸形殖民地经济。与此同时，法国还无视殖民地对人力资源的需求，强征壮年劳动力赴法务农或参战，在第一次世界大战时，在法国本土作战的 40 万法军中约有 30 万是非洲黑人士兵，在黑人士兵的帮助下，巴黎最终得以解放。而在阿尔及利亚方面，由于本土青壮年农民的流失和殖民者的经济改造，原有的乡村经济几近解体，大批农田荒芜或被挪作他用，使得第一代移民返乡后无事可做，只能年复一年地出国务工，务工收入成为他们家庭收入的主要来源。

在文化上，法国在阿尔及利亚殖民地开设法语学校，强迫来法的阿尔及利亚穆斯林移民将法语作为工作语言[②]，拒绝他们表现出任何形式的语言和文化差异，对伊斯兰教也采取抵制态度，不允许阿尔及利亚穆斯林做礼拜，修建清真寺。法国经济学家保罗·利莱·博利厄在其著作《论现代民族的殖民》中提到，必须迫使 250 万阿尔及利亚原住民融入欧洲集体，其方式可以是舆论控制，也可以是强制这些未开化的民族接受欧洲的习惯和法律，甚至是通过欧洲的宗教，以期最终创建一个新制度。在这一制度下，欧洲人和阿尔及利亚原住民遵循同一套普通法和同一种生产方式，允许习惯和信仰不同，但经济、政治和社会利益必须保持一致。[③]

---

① P. Duignan and L. H. Gann, *Colonialism in Africa*, 1870 – 1960, Vol. 4, Cambridge University Press, 1975, p. 131.

② Martin Deming Lewis, "One Hundred Million Frenchmen: The 'Assimilation' Theory in French Colonial Policy," *Comparative Studies in Society and History*, Vol. 4, No. 2, 1962, p. 131.

③ Paul Leroy-Beaulieu, *De la colonisation chez les peuples modernes*, Paris, Guillaumin, éditeur de l'Ecole de Paris, 2010, pp. 356 – 357.

三　殖民同化政策的实践效果

在阿尔及利亚穆斯林移民看来，法国的殖民同化政策是强制性政策，是宗主国无视殖民地人民意愿的强加政策。它根植于建立在种族优越感基础上的殖民历史，本质上就是不被信任的。

尽管在面对移民问题时，法国人一再强调，殖民语境和移民语境是完全不同的。殖民同化确实带有些许强迫性质，但移民同化则应是移民主动要求被移入国在移入国的领土范围内同化，被移入国所接受。但在阿拉伯人看来，法国的同化是虚伪的同化。首先，法国人认为的移民同化基石不成立。阿拉伯人认为，如果不是法国殖民阿尔及利亚，破坏了当地的政治、经济平衡，并强征廉价劳动力赴法，根本就不会有大批阿尔及利亚移民出现在法国领土上。其次，移民同化不平等。一直以来，法国都歌颂殖民行为，认为殖民活动体现了法国倡导的普世主义①，它看重社会和政治契约，不同于德国沙文主义重视的血缘纽带，假定无论什么人，只要接受法国的价值观都可以成为法国人，享有同等公民权，假定所有人都能在理论上成为法国人。法国在这点上丝毫没有体现出沙文主义，也没有体现出帝国主义；或者说，法国或许也有沙文主义和帝国主义，但它存在于普世主义中。法国以此为荣，认为这"使法国在世界上突显人道国家的地位"。但在阿尔及利亚穆斯林移民的眼里，法国的普世主义未能触及或破解事实上的不平等难题，流于口头表达。在殖民时期，同化的本质是不让非洲人在自己的土地上享有天然资源的优先获取权，而是要同殖民者共享资源的优先分配权。而且，法国人总是以一副家长的态度，居高临下地训斥阿拉伯人思想境界不够高，或是不够开化，所以才不能被很好地同化。为此，法国人将阿拉伯人和此前移民法国的西班牙、葡萄牙和意大利人做对比，证明拉丁裔人种比阿拉伯人种高贵，所以能被同化，并享受到法国大都市的繁华生活。最后，法国执行双重标准的同化政策。站在阿拉伯人的角度来看，法国同化阿拉伯移民这一对象，而移民同意被当作一个物品

---

　　①　普世主义（universalism）是哲学上的一个分支，它强调普遍的事实能够被发现且被理解。在伦理上，普世性就是指能够应用在所有人身上的价值观或事物。这种思想存在于许多宗教或哲学体系之中。普世主义最早出现于宗教、神学和哲学概念上的普世（universal，意为适用于所有人的）。

那样被同化，本身就是不平等的。因为法国从来没有尝试过，法国自己是不是也可以被其他社会或文化形态同化，就像法国同化他者那样。既然法国能同化他者，那么也可以被他者同化。而事实上，法国一直在指责被其同化的他者，指责这些被同化者没有很好地融入，是这些被同化者的错。而良性的同化应该是有利于被同化对象的。相反，法国却一直拒绝自己被其他社会文化形态同化，法国政府和法国人民对法语的维护和坚持就是证明。[①] 那么，在实践中就有了这样的悖论：既然法国可以同化他者，那么它也可以被他者同化。因此，法国落实同化政策中的双重标准昭然若揭。

不难看出，法国同化政策具有与生俱来的局限性，又因为殖民历史所带来的罪恶感，法国对第一代阿尔及利亚穆斯林移民实践的这一政策自然会遭到这一代人的本能排斥。这代移民在法国时自我隔离，只想尽快完成工作回国，不打算长期呆下去。他们不和法国社会接触，与母国的联系十分紧密，他们聚居的地方甚至被法国人戏称为"难民世界"（Refugee World）。

简言之，法国对第一代阿尔及利亚穆斯林移民的同化模式以失败而告终，这代人基本保留了原始的阿尔及利亚农民特性，不太和法国社会接触，生活在相对封闭的同乡、同族小圈子里，思维方式和价值认同都源于母国的价值观，所有的认知也都源自母国的价值观。

第二节　第二代移民的融合模式

1945 年第二次世界大战结束后到 20 世纪 60 年代末，从阿尔及利亚自愿移民到法国的男性劳工移民通常被称为第二代北非穆斯林移民。不同于第一代移民以被迫、有组织的形式来到法国，第二代移民的迁徙大多是自发性的个人行为。法国对这代移民实施了双向选择的移民融合政策。

---

① 法国政府长期以来把保护和推广法语作为一项基本国策，并将其纳入国家文化发展战略。在不同历史时期，法国政府多次颁布法律，强制法语在国内使用，其中 1994 年的《杜邦法》最具代表性，该法律明确规定在工作、消费、广告、媒体、政府部门、教育和科研领域必须使用法语。此外，法国还设立了多个专门机构负责贯彻和实施语言政策和法律，其中的术语和新词总委员会还专门负责开发和推广新术语，保护法语纯洁性，应对外来语冲击。参见梁建生《法国想方设法维护法语》，《中国文化报》2016 年 9 月 5 日第 3 版。

一 第二代移民迁徙法国的背景

总体而言，第二代阿尔及利亚移民迁徙法国是法国和阿尔及利亚双向需求的结果。1962 年，法国本土有阿尔及利亚穆斯林移民 3.5 万人。[①] 一方面，对于法国而言，20 世纪 40 年代末到 50 年代末是法国战后实现以重工业为基础的初步工业化时期。这一时期法国经济发展的最大特点是采用劳动密集型技术设备进行生产。因为当时资金紧张，物质技术基础也比较薄弱。因此发展工作主要依靠投入大量劳动力来实现。而由于第二次世界大战，"法国人口在 1939—1945 年出现负增长（－3.4%）"[②]。尽管此后法国戴高乐政府采取鼓励生育政策，"但法国一贯的节育传统使得法国战后的人口出生率和人口自然增长率分别从 18.2‰、6.6‰下降到 15.9‰、5.3‰"[③]。据当时法国政府估计，重建战后经济需要"100 万—150 万劳动力"[④]。在军事上，法国于 1962 年结束了对阿尔及利亚的战争，减轻了军费负担，使国内经济建设有了较好的环境。由此，法国政府鼓励海外劳工移民，尤其欢迎原北非马格里布殖民地强壮、廉价的阿拉伯人来法务工。正如法国史学家阿芒戈所说："重建的需要、战争中人员的损失、两次大战中出生率下降，致使大量引进外国劳工成为必要。"另一方面，对于阿尔及利亚而言，第一代移民现象的出现在客观上带来了北非社会的"去农化"[⑤] 进程，导致农民既无田可种，也不愿意重新务农，只能选择海外务工。

二 法国对第二代移民的融合政策

针对这代移民，法国采取了双向选择的融合政策，即将以往居高临下、强迫性的同化政策改为与移民相互适应、相互受益的融合政策，具体

---

① جاكفريمو، ((فرنساواالإسلاممننابليوناإلىميتران)). ترجمةهاشمصصالح،شركةلأرضلللنشرالمحدودة،1991م، صـ

② 宋全成：《欧洲移民研究——二十世纪的欧洲移民进程与欧洲移民问题化》，山东大学出版社 2007 年版，第 137 页。

③ 宋全成：《欧洲移民研究——二十世纪的欧洲移民进程与欧洲移民问题化》，第 138 页。

④ 宋全成：《欧洲移民研究——二十世纪的欧洲移民进程与欧洲移民问题化》，第 138 页。

⑤ 去农化（depeasantization）是农村城市化进程中经济和社会转型的必然结果，原因或是新自由主义的改革，或是资本涌入带来的结构性调整，其结果都是农民被迫离开土地，发生了对农民实际的或是变相的无产阶级化。

表现在政治和文化两个方面。

在政治上，法国为百万名北非穆斯林开辟赴法政治避难和劳工移民的通道，并宣称只要认同法兰西，就可以成为法国公民，鼓励移民通过合法劳动成为法国公民。

> 1945 年 11 月 2 日，法国政府出台了第一个正式移民法案。法案主要内容有二：一是凡与法国企业签订正式雇佣合同者，即可获得进入法国的签证并在雇佣合同期内享有在法国的合法居留权；二是受法国企业雇用的外籍工人不一定就能得到在法国的长期居留权或入籍法国，即将移民的工作权与长期居留权、公民权相割裂。①

1963 年，法国制定了更为宽松的移民政策，设立了国家移民办公室，以此重建战后经济，刺激人口增长。政府规定，给予以下三种人居留权：第一种是为期一年的临时居留；第二种是为期五年的常规居留；第三种是为期十年的尊享居留。② 此外，政府还规定，出生在法国领土上的外国工人的子女可以获得法国籍，希望以此为法国经济提供储备劳动力。当时的法国政府认为，引进海外青壮年劳工和赋予本土出生的新生儿法国籍可以在此后相当长一段时间内为法国提供必要的人力资源，保证法国的经济繁荣。

在文化上，法国从理论和实践二维层面推行融合。法国首先从理论层面重新定义移民融合概念，并援引法国社会学家爱米尔·涂尔干（Émile Durkheim）的解释，提出融合代表了集体对个体的融合，象征着个体在集体范畴中的相互团结。实施融合的这一整体力量越强大，个体就越容易、越有必要融入这个整体中。对第二代移民，法国提出，应将融合政策和以前的同化政策彻底区分开来。融合在保留个体特征的前提下，将集体中的每个人都有机结合在一起。为此，在实践层面上，政府允许在法务工的阿尔及利亚劳工在遵守法国法律的前提下有条件地保留他们特殊的文化和传

---

① 宋全成：《欧洲移民研究——二十世纪的欧洲移民进程与欧洲移民问题化》，山东大学出版社 2007 年版，第 275 页。

② Eloisa Vladescu, "The Assimilation of Immigrant Groups in France—Myth or Reality?," *Jean Monnet/Robert Schuman Paper Series*, Vol. 5, No. 39, 2006, p. 3.

统，独立地对待每个移民，正视他们的差异化，不再笼统地把他们当作一个群体，同时还资助了百余个民间组织帮助不同群体的北非移民表达本部族的文化。① 1967 年出台的新移民法案的"文化推广"（promotion culturelle）② 方案就提出要尊重移民的文化身份和宗教习惯。此外，法国还允许阿尔及利亚移民保留伊斯兰信仰，并陆续批准在法国本土修建一些小型清真寺。1945 年，马赛获批修建清真寺，1977 年，城市中心原邮局所在地新建了一座更大的礼拜堂。截至 1985 年，马赛共修建了 30 所伊斯兰教礼拜堂。③

三　融合政策的实践效果

尽管基于法国融合政策在理论和实践上的单向融合，第二代阿尔及利亚移民并没有如法国政府所期待的那样成功融合进法国社会，但相较其他三代移民而言，第二代移民在法国经济腾飞的红利下，成功在法国就业，他们中的许多人也自此在法国定居，繁衍后代。

然而，在阿尔及利亚移民看来，法国的移民融合政策是"同化"政策在后殖民时代的新表述，用词不同，本质却类似。

首先，融合的语义学含义在阿拉伯语和法语中存在较大差异。在法文语境里，融合（intégration）指在共同原则的指导下相互作用，相互受益，最终构建一个整体；在阿拉伯文语境里，融合（اندماج）指同一社会的成员相互合作，互为补充，在行为和思想上达成一致，满足生活所必需的共同利益。由此可见，尽管法语和阿拉伯语两种语境都假定社会的向心力带来了被融合成员的一致性，即每个成员都被共同的目标和共有的利益团结在了一起；但阿拉伯人对融合的理解更强调融合的目的是满足共同利益，并希望被融合的个体不仅在行为上，而且在思想上达成一致。但事实上，在北非穆斯林移民看来，在法国实践融合时，各个身份之间是不平等的，融合的目的也不是实现共同利益。法国给融合添加了其他如适应性、共和

---

① Sylvia Zappi, "French Government Revives Assimilation Policy," Migration Policy Institute, http://www. migrationinformation. org/Feature/print. cfm? ID = 165.

② Gilles Kepel, *Les Banlieues de l' Islam*, Paris: Le Seuil, 1987, pp. 141 – 142.

③ Gilles Kepel, *Les Banlieues de l'Islam*, Paris: Le Seuil, 1987, p. 143.

同化等多重含义。适应性多被用于和工业劳动、机器、时间表、节奏相关的工业化劳动，与工薪阶层紧密相连，是城市生活的需求，否定了北非穆斯林移民原有的农耕社会形态，是法国民族优越性的话语体现。至于共和同化，这个话语本身就建立在信任"自我"和歧视"他者"的基础上，它结合了两种实质上冲突、看上去和谐的原则。一方面，这个共和同化通过官方认定的多个科学外部特征，自我表述为科学的和谐；另一方面，这种和谐却有着虚构的基础，因为融合是一个持续进行的过程，只能被观察，不能被预测。因此，共和同化是殖民同化在后殖民时代的代名词，它使穆斯林移民被当作物品一样被同化。而且，法国在实际操作融合的过程中采取了选择性融合，即仅融合移民的身体，不接纳移民的思想。

其次，因为融合与生俱来的历史性，阿拉伯人和法国人从不同的历史视角看待这一问题。受殖民历史的负面影响，殖民时代被广泛使用的同化一词也成了一个贬义词，这显然不适合殖民结束后的新时代。由此，阿拉伯人认为，融合这一更具时代感的替代性新词就被法国政府引入新的移民政策中。听上去，融入更中立，不带偏见，不像同化一词那样似乎天生就有针对外国人的特征。但即使法国政府极力想将融合与同化区分开来，融合的本质与同化也有许多类似之处。融合成立的先决条件是将人群整体解构成独立个体，假定每个被吸纳的人都结合在一起。而且既然融合，必然会创造相似性和同一性，否定或削弱他性，重新树立"我"的同性身份。在同一社会形态中，个人和集体都将他们的整个社会身份投入抵御阶级分层的斗争中。他们会竭尽所能将自己的身份定义为"我们"，与"他们""他者"相对应，这里主要指身体上的定义。这也解释了为什么和身份相关的东西总是最有号召力。融合这一话语必然是身份话语，涉及自己的身份和他者的身份，在融合过程中各个身份是不平等的，这已经不是一个关于真相的话题，而是一个关于真相及其影响的话题。在这个话语体系里，社会科学介于科学和迷信之间。尽管融合这个话语被声称是科学的，至少是奔着科学去的，但其实这个话语建立在信任和偏见的基础上。这个话语结合了两种实质上的冲突，但看上去反映了和谐的原则。一方面是自我表述为科学的和谐，即官方认定的多个科学外部特征，它是虚伪的技术层面或更准确地说是官僚主义层面论证的产物；另一方面是隐含的和谐，有着虚构的基础。在理想的社会模型中，融合是一个从他性完全转向同性的过程。融合的结果可以被观察，但其进程不能被抓住。因为相关人员的全部社会身份和相关社会的全部社会形态都与之密切相关。融合是一个持续进行的过程，只有开始，没有结束，影响了所有相关人员的每个存在瞬间和存在的每个行为。最好的情况是，融合不仅可以被观察到，还可以被刻意地朝着有利的方向引导。但最重要的是，理想模型小心地假设这一过程非常和谐，没有任何冲突，同时还必须坚持这一假想，因为这一过程中的每个相关方面都会不遗余力地在社会学词典和政治学词典中找出符合这一假想的词。因为融合创造了身份，或者换句话说，融合创造了相似性和同一性，否定或减弱了他性。因此，在社会假想中，融合体现的规则和协议过程都是彼此符合的，是达成共识的，不存在任何冲突，甚至还可以被刻意朝着有利的方向引导。

由此，站在法国的角度，它对这一代阿尔及利亚移民的融合模式是失败的，因为这一代人并没有如法国所期望的那样只融入"身体"，不融入"精神"。相比第一代移民，第二代移民尽管不再如此前那般时时处处以集体的方式参与法国社会生活，而开始尝试以个体的独立方式融入法国主流社会，但因为他们教育程度相对较低，经济收入相对较少，他们在法国社会的融入仅停留在社会最底层，并被资本主义这只看不见的大手无形和有形地固定在这一阶层，依旧过着聚居生活，并呈现出与社会底层体力工作相对一致的精神面貌，甚至当面对突如其来的疾病时，他们都不由自主地选择在面对残酷社会现实时所产生出的一种刻意为之的病症——爆炸性精神异常。

第三节　第三代移民的归化模式

从 19 世纪法国因在非洲殖民而造成阿尔及利亚人移民法国开始到 20 世纪末，已有 200 多年的历史，历经三代人。第三代阿尔及利亚移民指 20 世纪 70 年代以后通过家庭团聚政策移民到法国的穆斯林和此前两代穆斯林移民的子女。第三代移民或希望加入法国国籍，或出生时就已经拥有了法国国籍。

一　第三代移民迁徙法国的背景

第三代北非穆斯林移民法国是全球化和移民生态发展的自然选择，也是法国和北非穆斯林双方斗争、妥协的结果。20 世纪 50 年代末戴高乐执政以后，法国经济开始进入战后持续的快速发展时期，一直到 1973 年，前后持续 15 年。这一时期法国经济发展的显著特点是进行大规模的技术更新，充分利用国际先进科技成果和发展中国家廉价能源和其他原材料，以资本集约型产业结构发展经济。15 年经济高速发展的同时也带来了法国社会经济各部门比例关系的严重失调，生产与市场的矛盾日益尖锐。1973 年第一次石油危机所导致的石油价格暴涨，使法国经济的内在矛盾更加激化，并在 1974—1975 年爆发经济危机，随后法国经济转入调整和缓慢发展阶段。在这一阶段，法国政府财政赤字严重，通货膨胀率一度居高不下，失业问题日趋恶化。为摆脱困境，法国在对外关系方面，强调对发展中国家的投资和援助，以确保原料供应和商品销售市场。在工业方面，调整经济结构，淘汰劳动密集型工业部门，发展以电子技术为基础的知识密集型工业部门。在劳动力市场方面，"融不进、回不去"的阿尔及利亚移民与当地劳动力开始构成敌对的竞争关系，并在一定程度上造成了劳动力过剩，失业率逐年攀升的局面。

二　法国对第三代移民的归化模式

随着第三代北非穆斯林移民法国的模式从个人移民转向家庭移民，移民和移入国的关系更为紧密，和移出国的关系则更为疏远。针对这一代移民的特点，法国在制定移民政策时，更关注如何让阿尔及利亚移民真正成为法国公民，具体表现在政治、经济和文化三个方面。

在政治上，政治归化突出表现在阿尔及利亚移民的国籍归属上。现代法国国籍法的改革始于 1973 年，并在 20 世纪 80 年代和 90 年代多次修订，目的是让法国境内数百万"回不去"的非法籍阿尔及利亚移民融入法国的政治和文化政体。据法国内政部统计，截至 1974 年，在法国的外

国人总数高达400万人，有846000人来自阿尔及利亚。^① 在法律上，1973
年《国籍法》放宽了对移民子女入籍的要求。第23条规定，移民的后代
一出生就自动拥有公民权（父母没有法国国籍，但至少一方需出生在法国
本土、海外领土或法国前殖民地）；第44条还规定，出生于法国的移民后
代（父母没有法国国籍），如果从13岁到18岁居住在法国，不主动声明
放弃法国公民身份权利，而且没有任何犯罪记录，成年后可以自动获得法
国国籍；^② 第52条、第55条补充规定，出生于法国的移民后代（父母不
出生在法国，也没有法国国籍），只要其父母完成相关声明手续，就可以
在成年前获得法国国籍。此外，1973年《国籍法》还对入籍手续中所涉
及的婚配和再次入籍做出了相关调整。其中第37—1条规定，和法国人结
婚的人可以自动获得法国国籍，第153条、第155条允许法国前殖民地领
土上的公民重新申请加入法国籍。^③ 根据该法第23条，得益于阿尔及利亚
独立前曾是法国海外领土的一部分，许多在法的阿尔及利亚移民后代由此
获得法国国籍。1985年，共有约15184名阿尔及利亚裔青年因此成功加
入法国国籍。^④

　　在经济上，面临20世纪70年代中叶的经济衰退，法国政府表示，虽
然它在短期内无法解决大面积的失业问题，但可以为促进社会关系的良性
发展提供帮助，随即启动城市发展计划（Urban Development Program）。^⑤
1945—1975年是法国战后经济高速发展时期，时任政府启动了大规模城
市改造工程，修建了许多房地产，也建造了一些新城，重点支持建造标准
化的大型集体住宅。法国大城市郊区成片的大众住房即是这一计划的典型
代表，这些F4型的单元房（四间卧室）是为法国主流核心家庭设计修建
的，旨在满足一家四口的基本生活所需。截至20世纪70年代，一方面，

① Françoise Fregnac-Clave, "The Headscarf Affair (1989 – 2004)," in Fazia Aitel and Michel Valentin, eds., *The Veil in all its States*, Montana: The University of Montana, 2008, p. 13.
② 张莉：《西欧民主制度的幽灵——右翼民粹主义政党研究》，中央编译出版社2011年版，第119页。
③ Miriam Feldblum, *Reconstructing Citizenship*, NY: State University of New York Press, 1999, p. 80.
④ André Lebon, "Attribution et Perte de la Nationalité Française: Un Bilan 1973 – 1986," *Revue Europeene des Migrations Internationales* 3 (1 and 2), 1987.
⑤ John P. Murphy, *Yearning to Labor: Youth, Unemployment, and Social Destiny in Urban France*, Lincoln: University of Nebraska Press, 2017, pp. 50 – 51.

这些战后修建的房屋有些已经老化；另一方面，经过战后经济快速发展，许多法国本土白人再次完成原始资本积累，成为新的中产阶级。他们离开原先的集体住房，搬至郊区独栋别墅。于是这些空出来的房子就在政府的支持下逐渐被来自阿尔及利亚的移民占据。

在文化上，帮助移民融入的官方机构——共和国中心（la République du centre）——应运而生。该中心试图建立一个符合共和国融入方式的法国移民模式，首创以国家和移民签署协议的方式规定双方的权利和义务，让移民和国家实现互利共惠。在当时法国工作、社会凝聚和居住部写给移民的公开信件中，政府声明：签署移民融入合同旨在帮助移民融入法兰西共和国。

> 请签署移民接待与融入合同，你将会亲眼见证你是如何坚定地希望融入法国社会。你将从这一免费的公民项目中获益，因为它会帮助你更好地理解法兰西共和国的价值、原则、机构运行方式，并且在必要的情况下，你还需要学习我们的语言。①

合同规定了国家对移民的责任和移民对国家的承诺：国家应帮助移民融入法国社会，在必要的时候提供免费的语言课程，必修的公民教育课程和选修的法国生活课程，同时还应支持移民获得应有的法律权益。与此同时，移民承诺适应现有的法国价值，达到一定的法语语言能力。若移民不能完成该协议的要求，即若没有参加语言课程和公民教育课程，法国有权不发给他们长期居留卡。

根据《外国人入境和居留法》（CESEDA）2003 年 11 月 26 日第 1119 条的要求②，法国移民局（OFII：Office Français de l'Immigration et de l'Intégration）推出《移民接待与融入合同》（CAI：Le contrat d'accueil et d'intégration），要求申请入籍者与法国政府以签署该份合同的形式做出彼此间的相互承诺，合同时效一年，可续签一次。合同内容主要包括：学习

---

① The Power Point Presentation on the Day of Welcome（PPDW），www. travail-solidarite. gouv. fr and www. anaem. social. fr.

② Projet de loi relatif à l'immigration et à l'intégration：（rapport），Un Site au service des Citoyens，https：//www. senat. fr/rap/l05-371-1/l05-371-127. html.

法语、遵守法兰西共和国的法律法规、尊重法兰西共和国的价值、具备一定的法国文化知识、让儿童上学、参加职业培训、参与当地社交生活。2006 年后，随着《移民与社会融入法律》（Les principales dispositions du projet de loi sur l'immigration et l'intégration）的通过和实施，签署《移民接待与融入合同》成了对新进合法移民必须履行的强制性义务，并将其与是否给予 10 年长期居留证相联系。此外，新法律还增加了对此前合同中所规定的法语学习的考核措施，即新移民必须在完成了合同规定的语言学习之后参加考试，通过考核获得初级法语资格证书。2016 年，法国推出新的《共和国融入协议》（CIR：Le contrat d'intégration républicain），取代此前的《移民接待与融入合同》，计划投入更多的资源，为合法移民提供包括法语语言在内的培训。同时，它对移民的语言水平提出了更高的要求：达到法语"初步认识水平"〔相当于《欧盟语言教学与评估框架性共同标准》的入门级（A1）〕的外国人，可获得两年或四年居留证；达到"一般交流水平"〔相当于欧盟的基础级（A2）〕的外国人，可获得十年居留证。①

三　归化模式的实践效果

就第三代北非穆斯林移民的身份认同而言，法国没有成功归化他们，没有使他们成为真正的法国人。一方面，他们认为自己只是改变了法律文件的"纸上的法国人"。他们在就业、教育、医疗、文化等诸多领域备受歧视，生活在"平行社会"②。如此一来，这一代"出生即归化"或"有条件归化"的阿拉伯移民不可能、也不会对法国产生出强烈的爱国情感，在他们眼里，法国籍只是"防止被驱逐的疫苗"，因为这一法律身份在理论上保护他们不被驱逐。除此之外，什么也没有改变，既没有改变阿拉伯移民在法国生存的本质，也没有改变他们个人的实际身份。另一方面，他们也不愿意成为完全意义上的法国人。只是出于功利心态利用归化，他们认为自己只是改变了国籍文件，却没有改变实际身份。与此同时，他们也

---

① 周文仪：《新"融入共和国契约"开始实行法国向合法移民提供培训》，《欧洲时报》，http：//www. oushinet. com/europe/france/20160707/235234. html。

② 胡雨：《欧洲穆斯林问题研究：边缘化还是整合》，《宁夏社会科学》2008 年第 4 期。

没有对新的法国国籍表现出极大的热情，认为法国给予他们国籍只是偿还殖民时期的罪孽。

第四节　第四代移民的分化模式

第四代移民通常是指 21 世纪后出生在法国的阿尔及利亚移民家庭的后裔。这批"新法国人"从小就在法国接受现代法国教育，和法国人一样熟悉法国文化和语言。20 世纪下半叶，他们的祖辈在欧洲经济腾飞的红利下扎根法国，但随着经济的停滞，法国社会阶级流动的阻塞所带来的阶级固化给第四代移民带来了社会认同的疏离。与此同时，在宗教主义复兴的背景下，阿尔及利亚传统的伊斯兰教认同迅速填补了这一认同空白，进一步加强了千禧一代阿尔及利亚移民身份认同的内在紧张。而这种认同的内在紧张又加剧了个体与整个法国社会的紧张关系和冲突。对于阿尔及利亚的第四代移民来说，除了少部分得以通过教育跻身于中产阶级的幸运儿之列外，大部分阿尔及利亚裔青年依然被困在城市的郊区与边缘，是法国社会的"局外人"，难以成为真正的法国人——这种边缘感极大地压缩其法国公民身份认同，同时趋向于回归伊斯兰教认同。

一　第四代移民定居法国的背景

对第四代具有移民家庭背景的阿尔及利亚移民而言，法国的社会环境发生了新的变化。一方面，法国经济持续低迷，失业率居高不下，民众排外情绪严重；另一方面，受 2001 年"9·11"事件后全球反伊斯兰思潮高涨以及近年来法国本土频繁遭遇恐怖袭击的影响，以勒庞（Marine Le Pen）为首的右翼势力在政坛上崛起，法国社会伊斯兰恐惧症日渐加剧，对北非穆斯林移民的恐惧与仇视情绪正在上升，对恪守传统的穆斯林提出了更多的限制。2004 年，法国国民议会以 494 票赞成、36 票反对表决通过了禁止在公立学校佩戴头巾的提案，之后这一颇具争议的提案在参议院以 276 票赞成、20 票反对的绝对优势通过并正式成为法律。① 2016 年 8

---

① 宋全成：《欧洲移民研究——二十世纪的欧洲移民进程与欧洲移民问题化》，山东大学出版社 2007 年版，第 310 页。

月，法国20多个沿海城市颁布了"布基尼"（burkini）[①] 禁令。

二　法国对第四代移民的世俗主义教育

当代法国对阿尔及利亚移民等北非移民的吸纳模式是"共和同化"模式，在这种模式下"法国将'国家公民'身份视作最重要的认同，远胜于族群认同"。自法国大革命到1905年《政教分离法案》确认的政教分离（Laïcité）原则和世俗主义原则也逐渐被融入这一"共和同化"的模式中，法国的中学教育在其中作为共和价值观培养制度的一部分发挥着重要作用。

法国青少年价值观教育呈"一体两翼"结构，即以"价值观教育"为主体，以"公民教育"和"道德教育"为双翼。近代共和国价值观教育始于第二次世界大战结束，当时抵抗派法国教育家在中学教育大纲中设立了专门的公民价值观教育计划。随后，受自由主义、个人主义等意识形态的影响，这一计划在20世纪六七十年代曾一度搁浅，直至1985年才重新被拾起。自此之后，法国校园内的共和国价值观教育层层加码、备受重视。

在现行的价值观教育中，教学的方法和内容集中在法律和历史两个领域。在法律领域，各学区解释法律条文，让老师和学生明晰践行世俗主义的范畴；在历史领域，各学区追溯历史，让老师和学生理解法国实施世俗主义原则的意义和重要性。具体而言，各学区都做了如下五项工作：一是将学生家长纳入世俗教育教学团队，措施包括直接培训家长；定期与家长沟通协商、合作完成世俗教育；为家长提供与世俗主义相关的文本和网络资料。二是设立《公民之旅》（Parcours Citoyen）系列课程，该课程自小学阶段开始设立，贯穿学生的整个学习生涯。教学重点是让学生理解，遵循世俗主义原则是法国公民的义务。教学内容以政教分离宪章为基础，并在每学年开始时反复强调。三是开设《公民道德教育》课程，并在媒体、信息技术教学课上增加世俗主义教学内容。四是完善网络教学平台，提供

---

① 布基尼是一些保守派穆斯林妇女穿戴的遮盖肌肤的泳衣。布基尼禁令颁布后不久，在穆斯林和法国人权组织的强烈抗议下，法国最高行政法院裁定暂时停止实施该禁令，随后法国多个城市取消了该禁令。

更为丰富的网络电子教学资源，佐证政教分离宪章 。五是主办"世俗主义学习日"或规定地区督学和教师参加其他机构主办的"世俗主义学习日"活动。

除了课堂教育外，课外教育也被纳入了价值观教育之中。学校组织学生到课堂外参加包括听讲座、参观博物馆、参与非政府组织的公益活动、徒步露营等各类集体活动，旨在消除偏见，增进交流，实现树立正确价值观教育的目的。

从历史上看，法国价值观教育中占比极高的世俗主义倾向来源于其在启蒙运动时期反天主教教权传统，经受过伏尔泰思想洗礼的法国人认为，"国家需要得到保护，免受宗教的干扰"，换言之，这种"世俗性"意味着"宗教在公共领域的缺席"。在基督教诸教派在宗教改革中适应了政教分离的传统之后，法国的世俗性价值观教育事实上具有普遍意义，并未特意针对某一宗教。但是，作为"外来宗教"的伊斯兰教并没有在教义上如基督宗教一般经历过宗教改革，难以真正融入法国的世俗模式，因此法国的世俗主义与伊斯兰教义间产生的冲突逐渐演变成社会冲突，最后甚至变成主流社会对穆斯林的歧视：以 2004 年法国"头巾法案"作为分界，政教分离的法规和措施越来越带有对穆斯林的歧视色彩。

三　第四代移民的社会困境："局外人"

对第四代阿尔及利亚裔青年来说，他们出生在法国，母语为法语，从小就接受着共和主义思想的熏陶，在法国政府的设想中本应该是进行共和模式社会整合的最佳对象。然而，无论是在认同上将自己当成"百分之百的法国人"、穆斯林认同薄弱的第四代移民还是在认同上保留着阿尔及利亚认同、有一定穆斯林认同的第四代移民，对这种整合的反应都趋向负面。

首先是在认同上只认为自己是法国人的第四代移民，对他们而言，"我们不是移民"是其认同的基础，因此，共和同化语境下对他们的"整合"是一种羞辱，那些所谓的"纯粹的法国人"都忘记了共和精神中核心的"自由、平等和博爱"。从小在法国长大的阿尔及利亚裔作家阿哈迈德·吉德尔（Ahmed Djouder）在其带有传记意味的著作《移民子女：不安的根源》中便一次次强调对这种"整合"叙事的拒斥："你们说的'整合’是可笑的，是低劣的笑话，我们不需要它。我们既不需要社会整合，也不会接受社会整合。我们一直在等待你们的回应，等待你们像看待其他法国人一样平等看待我们。”他认为，他们受到这种歧视的根源不在于文化上的不同，而在于他们的母国是阿尔及利亚而非美国、英国这种强国：“我们在法国的命运就被阿尔及利亚的 GDP 决定了——同时也跟现在阿拉伯世界的虚弱紧密相连。”

对那些仍保留着穆斯林信仰和伊斯兰认同的第四代移民而言，公民价值观教育和共和同化同样意味着歧视。笔者在法国进行实地调研时与当地中学教师进行过交流，他们普遍反映穆斯林学生认为教师缺乏伊斯兰教知识、在进行世俗主义教学时缺乏客观性。同时，用宗教知识表达自己想法，尤其是政治观点已经成为穆斯林学生的生活习惯，禁止在课堂上谈论宗教在一定程度上剥夺了其言论自由的权利。最后，这一批第四代移民保留着对阿尔及利亚的部分认同，并且关于法国对阿尔及利亚殖民的记忆依然存在。但在接受共和国历史的教育时，他们会感到“不是我的历史”，从而更加抗拒这种教育。

家庭的影响同样会影响阿尔及利亚裔青年对共和同化的价值观教育的接受程度。很多从阿尔及利亚移民到法国的父母会从小教育他们的孩子，他们不是法国人而是阿尔及利亚人，学习阿尔及利亚的文化传统、学习阿拉伯语比接受任何形式的法国认同都重要。很多移民会将法国特性视作“对孩子阿尔及利亚及宗教认同的威胁”，从而拒绝配合学校进行世俗主义教育，这进一步加强了年轻的阿尔及利亚裔青年对法国价值观教育的拒斥。

最后，法国政客和整个穆斯林群体之间的认知偏差也同样会使其对价值观教育持负面评价。法国政客不了解、也不想了解伊斯兰，这使他们制定的措施和计划无法契合法国穆斯林的关注点和需求。在穆斯林看来，法国政客只关心法国国内数起由极个别萨拉菲或瓦哈比极端伊斯兰分子制造的暴力恐怖事件，并就此错误地将萨拉菲或瓦哈比等同于伊斯兰，至于伊斯兰是什么，政客们并不关心，也不想关心，电视访谈从不邀请真正懂伊斯兰的学者，在大众媒体上谈论伊斯兰的人都是一群不懂伊斯兰的人。而在价值观教育直指全体穆斯林时，阿尔及利亚裔青年会将自己视作偏见的受害者，将这种教育视作针对全体穆斯林的“阴谋”。

　　由此，无论是在认同上完全接受法国价值观、选择成为法国人的年轻人还是同时保留着阿尔及利亚认同和伊斯林认同的年轻人，对法国的世俗主义教育模式都是消极的。其不仅没有带来预想的整合效果，反而加强了阿尔及利亚裔青年认同上的疏离感。

　　此外，阿尔及利亚裔青年作为少数族裔在社会、经济上感受到的歧视同样给他们带来了对法国认同的疏离感。尤其是随着法国经济低迷、失业率居高不下，国内右翼政治势力高涨，他们受到的限制进一步加深。

　　首先是他们的居住境况。上一代来法务工的阿尔及利亚移民主要居住在低租金住宅里，而这些住宅大多集中在郊区。在法国政府政策的导向下，这些低租金住宅区成为马格里布移民的主要聚居地：到1990年，仅有13.7%的传统家庭居住在低租金住房中，而居住在低租金住房中的阿尔及利亚家庭占比高达43.4%。[①]

　　对移民来说，郊区的低租金住宅比起原本大多数移民被安置的贫民窟（bidonville）是更好的选择——后者甚至没有稳定的供电和供水——在传统上法国家庭也会乐于居住在郊区，阿尔及利亚移民感到他们打破了与社会隔离的感觉，在这里他们不再是外国人。同时，由于郊区的居住成员更加多元，整个社区也更加包容，在这里"个人的特征（即阿尔及利亚的符号）不会与共和国价值相冲突"[②]。

　　然而，随着经济低迷，社区内年轻人失业率激增，犯罪率也居高不下，使得传统法国家庭对之避而远之，郊区变成了又一个打在阿尔及利亚裔青年身上的污名化烙印，使其进一步遭受歧视。"郊区"这个符号本应该是阿尔及利亚裔青年破除其在社会的边缘感，融入法国社会的重要途径（譬如在郊区生活他们能接受更好的教育），但却又变成了一个新的边缘性符号。

　　北非裔移民在郊区低租金住房的聚集在法国学区制度下又带来了受教育权的不平等：学区根据教育部门给定的地图进行划分，事实上将郊区的

　　① A. G. Hargreaved, *Immigration*, *"Race" and Ethnicity in Contemporary France*, London and New York：Routledge, 1995, p.71. 转引自刘冬《法国穆斯林移民问题的原因剖析》,《阿拉伯世界研究》2016年第1期。

　　② Jacek Kubera, *Identifications of French People of Algerian Origin*, Cham：Palgrave Macmillan, 2020, pp.278-281.

边缘感用学区的方式再次加于教育之上，而优质的教师又不愿意流向这些郊区学区，阿尔及利亚裔青年难以得到与其他法国人同等的教育条件，更难考入大学，从而实现阶级的跨越。[1]

不能实现阶级跨越的结果是，阿尔及利亚裔家庭聚集的社区将一代代挣扎在贫穷之中，形成阶级固化的恶性循环。2016 年至 2017 年，笔者在法国访学时曾采访一名出生在法国阿尔及利亚移民家庭的职业摄影师努尔丁。努尔丁的父亲在第二次世界大战结束后从阿尔及利亚山区到法国北部农场务农，后在瓦朗谢纳（Valenciennes）煤矿工作；母亲因家庭团聚政策到法国后一直是家庭主妇。努尔丁在家里 7 个孩子中排行第四，幼年时因颇具足球天赋而受到过一个法国家庭的慷慨资助，从而完成了大学学业，获得了经济学学士学位。在采访中，努尔丁表示，他的成功在他居住的社区是奇迹，因为在他所有的朋友、街坊、小学和中学同学中，他是唯一考入高中，取得高中毕业会考文凭，进而拿到大学文凭的人。他朋友的命运几乎无一例外是辍学、失业、蹲监，甚至吸毒或染上艾滋病。[2]

由于法国禁止以族裔、宗教为依据进行人口统计，阿尔及利亚裔青年确切的受教育程度难以估算，但一些关于法国穆斯林总体受教育情况的研究数据可以作为本章论点的佐证：根据欧盟在 2007 年发布的《法国穆斯林生存报告》，法国的穆斯林学生取得更高学历的比例远低于社会平均水平。

表 II - 11 - 1　　　　　　法国穆斯林学历水平

学历水平	在调查者中占比（%）	
	法国穆斯林	法国总人口
小学学历或没有学历	16	8
职业高级中学或职业教育文凭（BEP，CAP）	38	34
普通高中学历	21	20
大专学历	15	20
大学学历	10	18
总计	100	100

资料来源：《法国穆斯林生存报告（2007）》。

---

[1]　刘冬：《法国穆斯林移民问题的原因剖析》，《阿拉伯世界研究》2016 年第 1 期。
[2]　廖静：《北非穆斯林移民融入法国社会的类型分析》，《阿拉伯世界研究》2017 年第 6 期。

　　除了学区制度带来的受教育权不平等外，阿尔及利亚裔青年的少数族裔身份——尤其是其肤色同样成为其在受教育阶段受到歧视的原因。在法国隐秘地存在着带有等级制色彩的种族主义，很多传统法国人认为不是白人的人不可能成为真正的法国人。出生于法国的阿尔及利亚裔青年阿卜杜勒克里姆回忆说，在他成长的过程中，他一直将自己当成纯正的法国人，跟身边的人没有什么不同。但当他离开自己居住的街区去上中学时，周围的同学几乎全是白人，到了大学，这种情况变得更普遍，他甚至会"受到人身攻击并被用带有种族歧视意味的称呼相称"①。

　　最后，在对年轻人而言最重要的就业问题上，阿尔及利亚裔青年也面临着比其他人更严峻的挑战。据法国统计局（INSEE）的一项研究，2002年，来自北非的移民失业率在20%左右——相较而言，来自中南欧的移民的失业率是6%。②经济下行和阿尔及利亚裔相对较低的受教育水平都是高失业率的重要成因。而普遍存在的或显性或隐性的歧视同样会加剧其在劳动市场上的不利处境。超过40%的北非裔青年认为自己在就业时遭到过歧视——其带有马格里布属性的名字在雇主那里成了一个污名化标签、一个"促使歧视发生"的东西。③

　　更严峻的问题是，就业问题和受教育带来的问题在认同上造成了一种固化的阶级认同，即将就业的不稳定、贫困视作家庭和自己这一族裔的"命运"，任何试图挣脱其中的努力最后都会失败。在阿尔及利亚裔法国作家卡里姆·阿麦拉（Karim Amellal）的小说《法庭上的传唤》中，叙述者在经历阶级跨越的失败后有一段这样的独白：

　　　　……我想我的老师们可能没有弄错，学校对我来说是无用的，我最终会被他们赶出去——就像其他跟我一样的"垃圾桶"阶级的孩子一样。我们最终都会被扔进垃圾桶里。我就是这样被街道上的各种诱惑所引诱——我终究不像尤利西斯一样坚强……我有时会想起我的老

---

　　① Jean Beaman, *Citizen Outsider: Children of North African Immigrants in France*, Oakland: University of California Press, 2017, pp. 1 – 3.

　　② Tavan, Chloé, "Les immigrés en France: Une situation qui évolue," Insee Premiere 1042, September 2005, Retrieved from: http://www.insee.fr.

　　③ Muslims in the EU-Cities Report: France 2007, pp. 47 – 48.

学校，它实在太可悲了，就像布尔热（Bourget）那些处理旧飞机的旧机库一样。它像一栋房子中央的两块巨大的胶合板一样摇摇欲坠……我无法理解，他们为什么要在老鼠洞中间建起学校呢？它所能做的只是吸引老鼠罢了，所有人都知道，在族群中，老鼠们会像保时捷一般迅速地将尸体分掉。但是，那些关心这栋房子的部长们依然制造了这些老鼠洞里的学校，然后开始尖叫——老鼠们在他的喉咙里跳起舞来了。①

阿尔及利亚裔青年在社会、经济上的"边缘感"带给他们一个可被称作"公民局外人"（Citizen Outsider）的自我感知。这些感知由受教育时遇到的不平等以及受教育机会的不平等、就业上的困境和居住环境的恶化共同构成。他们受到的来自其他法国公民群体的歧视意味着一种资格的否定，这促使他们转向阿尔及利亚裔这一标签并将其作为主要认同。

① Karim Amellal, 2006: *Cités à comparaître*, Paris: Stock, pp. 17 – 19.

第三篇
双边关系研究

第一章 中阿关系的历史变迁

中国和阿尔及利亚两国在历史上没有重大现实利益矛盾和冲突，两国建交 60 多年来，历经国际风云变幻，始终相互同情、相互支持。中阿战略关系可追溯到 20 世纪 50 年代初。当时，在阿尔及利亚民族独立斗争最困难的时候，中国给予阿方大量的无私援助，帮助阿尔及利亚克服重重困难，实现国家独立，并在阿尔及利亚独立后长期帮助其加快国内经济建设，摆脱对法国和其他西方大国在技术、资金和管理人才方面的依赖。[①]阿尔及利亚则在 1971 年新中国恢复在联合国合法席位的斗争中做出了巨大贡献，是著名的"两阿提案"国之一，并在"台湾问题""西藏问题"等涉及中国核心利益的重大问题上始终给予中国坚定的支持。习近平主席在 2015 年 4 月会见到访的阿尔及利亚总理塞拉勒时对 60 多年来两国关系作了高度评价："中国同阿尔及利亚是兄弟，是朋友。在争取民族独立和捍卫国家主权斗争中，在推进国家建设和促进世界和平发展事业中，两国始终相互支持，结下深厚友谊，建立牢固互信。"[②]

第一节 冷战时期的反帝反殖合作（1949—1979）

新中国成立之初，北非地区的许多左翼政党对中华人民共和国的成立表示欢迎。例如，当时尚处于法国殖民统治下的阿尔及利亚共产党就向毛

[①] African Development Bank, "Chinese Investments and Employment Creation in Algeria and E-gypt," *Economic Brief*, 2012, p. 8, 2012, www. afdb. org .

[②] 《习近平会见阿尔及利亚总理塞拉勒》，《人民日报》2015 年 4 月 30 日第 1 版。

泽东主席发来贺电，祝贺新中国的诞生。① 中国也是除阿拉伯国家外最早坚定地支持阿尔及利亚人民反对法国殖民统治、争取民族独立斗争的国家。在反帝、反殖和争取民族解放的时代背景下，中国和阿尔及利亚拥有共同的政治利益诉求。

　　1954 年 11 月 1 日，在阿尔及利亚民族解放阵线的领导下，阿尔及利亚人民正式掀起了反抗法国殖民统治的武装斗争，遭到了法国的残酷镇压。② 从 19 世纪中期到冷战结束前，非洲一直被法国视为"后院"和"势力范围"，地中海被法国视为"内湖"而不是"边界"，它将北岸的法国本土和南岸的非洲大陆殖民地连为一体，北岸的法国本土和南岸的非洲殖民地均被视为法国领土不可分割的组成部分，即法国是横跨欧洲和非洲大陆的帝国，"地中海穿过法国就像塞纳河流过巴黎"③。此后中国不顾法国的反对，曾多次在国内、国际场合对阿尔及利亚人民反对法国殖民统治的正义斗争表示支持，并给予阿方大量的物质援助。1955 年 4 月 18 日，在万隆会议上，在中国代表团和其他与会国代表团的共同努力下，大会最终通过了明确支持阿尔及利亚人民自决权和独立权利的决议，受到阿尔及利亚民族解放阵线的高度赞赏。④ 同年 10 月 20 日，中国外交部在答复叙利亚外交部呼吁支持阿尔及利亚自决权的照会中强调：北非局势的紧张是殖民主义者对北非人民的暴力镇压所造成。中国政府和人民坚决维护亚非会议（万隆会议）关于附属地人民问题的决议，已采取并将继续采取步骤，在道义上支持阿尔及利亚人民的自决和独立权利。1956 年 6 月 28 日，周恩来总理在第一届全国人大第三次会议上的讲话中指出：中国人民支持阿尔及利亚人民的正义斗争，同时对于阿尔及利亚的紧张局势，也不

---

　　① Al-Adab, *Pages of the History of the Algerian Communist Party after Independence*, Baghdad: Baghdad University Press, 2015, pp. 238 – 245.

　　② Benjamin Stora, *Algeria: 1830 – 2000 a Short History*, Translated by Jane Marie Todd, Ithaca, New York : Cornell University Press, 2004, p. 105; Robert Mortimer, *Algerian War for Independence*, New York: Oxford University Press, 1993, pp. 6 – 7.

　　③ Christopher M. Andrew & A. S. Kanya-Forstner, *France Overseas: The Great War and the Climax of French Imperial Expansion*, London: Thames and Hudson, 1981, p. 250; Igor S. Oleynik, *France: Foreign Policy & Government Guide*, Washington D. C. : International Business Publications, 2001, p. 165; 孙德刚：《冷战后欧美大国在中东的军事基地研究》，世界知识出版社 2015 年版，第 244 页。

　　④ A. Appadorai, "The Bandung Conference," *India Quarterly*, Vol. 11, No. 3, 1955, pp. 213 – 228. 《亚非会议各国代表团团长会议发表公报》，《人民日报》1955 年 4 月 22 日。

能不深切关注。同时周恩来对美国的冷战政策和实力政策给其他国家人民带来的负担和苦难进行了批评。随后，中国政府根据周恩来总理讲话精神答复了"阿拉伯国家联盟呼吁亚非会议参加国执行关于阿尔及利亚决议的照会"①。同年 8 月 26 日，中国伊斯兰教协会也致函阿拉伯国家联盟秘书处，表示中国的千万穆斯林坚决支持阿尔及利亚人民的正义斗争。②

1958 年 9 月 19 日，当阿尔及利亚临时政府在埃及首都开罗宣告成立后，毛泽东即通过周恩来总理作出指示："同意对承认阿尔及利亚临时政府的处理，中国必须早日宣布承认它，并着手商谈建立外交关系问题。"③1958 年 9 月 22 日，中国政府即致电阿尔及利亚临时政府，对其成立表示祝贺，并给予外交承认。④中国是第一个承认阿尔及利亚临时政府的非阿拉伯国家，对处于困难时期的阿尔及利亚临时政府来说无疑是重要的政治支持。⑤此后，中国和阿尔及利亚各领域交流日益频繁，尤其是在政治和军事合作领域，两国友好合作关系发展迅速。1958 年 12 月 11 日，毛泽东主席接见了来访的阿尔及利亚临时政府社会事务部长优素福·本·赫达、军备和供应部长马哈茂德·谢里夫、宣传部办公室主任沙阿德·达列伯等代表团成员。阿尔及利亚代表团对中国承认阿尔及利亚临时政府表示感谢，毛泽东回应："应该如此，应该表示支持，因为你们反对帝国主义，跟我们的斗争一样，这是我们的国际义务。"⑥中国领导人认为，阿尔及利亚在北非争取民族独立，与中国在亚洲反对西方大国的封锁和制裁

---

① 《周恩来总理兼外交部长关于目前国际形势、我国外交政策和解放台湾问题的发言》，《人民日报》1956 年 6 月 29 日第 1 版。

② 裴坚章：《中华人民共和国外交史：1949—1956》，世界知识出版社 1994 年版，第 290—291 页。

③ 李潜虞：《试论阿尔及利亚争取民族独立斗争期间的中阿关系（1958—1962）》，《冷战国际史研究》2012 年第 1 期，第 93 页；毛泽东：《关于承认阿尔及利亚临时政府等问题给周恩来的电报》，中共中央文献研究室编：《建国以来毛泽东文稿》（第七册），中央文献出版社 1992 年版，第 424—425 页。

④ 《中国人民坚决支持反对殖民主义的斗争！我承认阿尔及利亚临时政府 毛主席周总理陈外长致电热烈祝贺》，《人民日报》1958 年 9 月 23 日第 1 版。

⑤ African Development Bank, "Chinese Investments and Employment Creation in Algeria and E-gypt," *Economic Brief*, 2012, p. 8.

⑥ 《毛主席接见阿尔及利亚贵宾 同日接见匈牙利军事代表团》，《人民日报》1958 年 12 月 12 日第 1 版；陆苗耕：《毛泽东的非洲情缘——纪念中非建交五十周年》，《党史纵横》2006 年第 9 期。

在政治目标上是一致的。

在新中国成立后 22 年时间里，由于受东西方意识形态竞争，西方国家对华采取敌对、封闭和孤立政策的影响，新中国将几乎所有的国际组织视作西方操纵的工具，被迫游离于国际体系之外。在恢复联合国的合法席位之前，除加入一些社会主义国家建立的区域性或功能型国际组织之外，新中国与当时的阿尔及利亚一样，受到排挤和边缘化。① 中国将阿尔及利亚视为反对帝国主义和殖民主义统一战线的重要一环，是亚非拉发展中国家大联合的重要组成部分，显示了中国对阿尔及利亚在反帝、反殖统一战线中重要地位和作用的重视。中国认为，对阿尔及利亚民族解放斗争的支持将有力地支援非洲大陆其他国家和人民反对帝国主义与争取民族解放的斗争，有力地打击了帝国主义势力。周恩来在 1962 年 2 月会见阿尔及利亚驻华使团团长时表示：

> 阿尔及利亚人民的胜利也是中国人民的胜利，也是亚非人民的共同胜利。中国人民和中国政府十分关心阿尔及利亚人民争取民族独立斗争的每一个胜利和每一步发展，我们一贯支持你们的正义斗争，支持你们在武装斗争的同时采取不拒绝谈判的立场。我们衷心希望你们的武装斗争以及在此基础上进行的谈判斗争取得新的、更大的胜利，实现阿尔及利亚的完全独立、主权和领土完整、人民的统一和团结。②

1962 年 3 月 18 日，经过了近八年的艰苦斗争，阿尔及利亚临时政府代表与法国代表终于签订了《埃维昂协议》，该协议规定法国立即撤军，正式承认阿尔及利亚的民族自决权和国家主权。③ 1962 年 7 月 3 日，阿尔及利亚正式宣告独立，而此时新中国承认阿尔及利亚已达四年之久。④ 特别是在三年自然灾害期间，中国对阿尔及利亚的经济和政治支持显得更加

---

① 孙德刚、韦进深：《中国在国际组织中的规范塑造评析》，《国际展望》2016 年第 4 期。

② 中华人民共和国外交部、中共中央文献研究室编：《周恩来外交文选》，中央文献出版社 1990 年版，第 325—326 页。

③ Patricia M. E. Lorcin, ed. , *Algeria and France*, 1800 - 2000 : *Identity*, *Memory*, *Nostalgia*, New York : Syracuse University Press, 2006, pp. 178 - 180.

④ Benjamin Stora, *Algeria* : 1830 - 2000 *A Short History*, Translated by Jane Marie Todd, Ithaca and New York : Cornell University Press, 2004, p. 105.

可贵。可以说，中国的大力援助和支持是阿尔及利亚民族独立的重要推动力。在数年的时间里，阿尔及利亚民族解放军由武装起义初期的 3000 名游击战士和 500 支猎枪，发展壮大到拥有十几万人的庞大队伍，最终打败强大的法国殖民军并建立了阿尔及利亚民主人民共和国。①

为了进一步巩固与发展与广大亚非拉新兴民族国家的友好关系，1963年 12 月至 1964 年 2 月，周恩来总理先后访问了亚非 14 国。② 在访问阿尔及利亚时，中国领导人受到了阿尔及利亚政府和人民的热烈欢迎。阿尔及利亚总统本·贝拉亲自到机场迎接周恩来总理的到来，代表团在从机场前往下榻宾馆的路途中，受到了 30 万阿尔及利亚各界群众的夹道欢迎。阿尔及利亚人民用这种方式表达对中国访问代表团的欢迎和对中国人民在阿尔及利亚民族解放事业中给予的无私帮助的深深谢意。③

阿尔及利亚在争取民族独立斗争时期得到中国大力支援，双方政治关系很好，阿尔及利亚在独立后同苏联关系日渐密切，在一定程度上制约中阿关系的发展，但在反帝、反殖、争取亚非拉民族解放的大背景下，中国和阿尔及利亚作为新兴民族独立国家，形成了重要的意识形态共同体。1966 年中国爆发"文化大革命"，受"左"倾思想的干扰，中阿两国关系出现了一些零星问题，但很快又回到了友好合作的轨道上。

随着中国逐步从"文化大革命"时期的"极左"外交中走出来，加上尼克松访华后一系列国家承认新中国，掀起了中国建交高潮，中国和阿尔及利亚的关系也迎来了新的发展阶段。1974 年 2 月，阿尔及利亚革命委员会主席胡阿里·布迈丁访华，毛泽东主席会见布迈丁，双方就美苏争夺、战争与和平问题、欧洲和地中海形势以及阿尔及利亚的石油贸易等问题进行了广泛的谈话。布迈丁试图与美苏两大阵营搞好关系，同时强调发展中国家的团结与统一，积极促进南南合作。布迈丁主席对毛泽东说："只要哪里有美国人、苏联人，哪里就有分歧。"他认为，20 世纪最伟大的一件事就是中国站了起来，第三世界国家对中国抱有很大希望；中阿友谊是在阿尔及利亚解放战争时期形成和密切起来的，从那时就知道中国的

① Robert Mortimer, *Algerian War for Independence*, New York: Oxford University Press, 1993, pp. 216 - 228.

② 《周恩来总理启程去阿联访问》，《人民日报》1963 年 12 月 14 日第 1 版。

③ 陆苗耕：《陈毅情系非洲》，《百年潮》2005 年第 8 期。

援助是无私的。① 在与周恩来的会谈中，布迈丁表示，中国革命是第三世界战斗着的各国人民的希望和革命的源泉。周恩来总理感谢阿尔及利亚对恢复中国在联合国合法席位问题上的支持，表示阿尔及利亚革命的成功对中国是很大的支持。② 在之后的两国政府《联合公报》中，双方对涉及彼此核心利益或重大关切的事情也相互表达支持。③ 1976 年朱德委员长、周恩来总理和毛泽东主席逝世后，布迈丁主席向中国人民发来唁电，表达哀思，阿尔及利亚全国下半旗为毛泽东主席逝世志哀。1978 年，布迈丁病重，中国派医疗小组为布迈丁治病。布迈丁逝世后，耿飚副总理赴阿尔及利亚参加了葬礼。④ 中阿两国通过各自的"葬礼外交"，延续两国前任领导人之间建立的互信与合作关系。

20 世纪 70 年代后期，中国逐步打开国门，开始对美国、日本和其他西方国家开放，国家的主要任务实现了从"以阶级斗争为纲"向"以经济建设为中心"的重大转型。与此同时，阿尔及利亚陷于同摩洛哥的外交和政治纠纷中。特别是西撒哈拉问题日益突出，牵涉到阿尔及利亚、摩洛哥、毛里塔尼亚之间的争端。⑤ 中国恪守不干涉内政、不介入的态度，呼吁各方通过和平谈判的方式解决问题，对阿尔及利亚支持的西撒哈拉民主共和国不予承认，这一态度引起阿尔及利亚一定程度的失望，但两国关系的主流仍是友好的。

中国是阿尔及利亚民族解放运动的坚定支持者。阿尔及利亚在涉及中国核心利益的问题上也给予了坚定支持，早在 1965 年阿尔及利亚在第 20 届联合国大会上就提出了恢复中国在联合国合法席位的提案，此后在联合国多次提出相似的提案。⑥ 此后，中国进入了"文化大革命"十年动乱时期，中国外交受到很大挫折，这一时期的中阿关系也面临一些困难，但阿

---

① 《毛泽东主席会见布迈丁主席等贵宾》，《人民日报》1974 年 2 月 26 日第 1 版。

② 《在周恩来总理举行的欢迎宴会上布迈丁主席的讲话》，《人民日报》1974 年 2 月 27 日第 2 版。

③ 《中国和阿尔及利亚政府联合公报》，《人民日报》1974 年 3 月 4 日第 1 版。

④ 《参加布迈丁总统葬礼 耿飚副总理率政府代表团抵阿尔及尔》，《人民日报》1978 年 12 月 30 日第 6 版。

⑤ Surendra Bhutani, "Conflict on Western Sahara," *Strategic Analysis*, 1754 - 0054, Vol. 2, No. 7, 1978, pp. 251 - 256.

⑥ 梁晓蕾：《"两阿提案"的提出对中国恢复联合国席位所起的影响——中非友谊的见证》，《黑龙江史志》2010 年总第 240 期。

尔及利亚支持恢复中国在联合国合法席位的立场始终不曾改变。

　　1971 年 7 月，就在基辛格秘密访华前，阿尔及利亚外长布特弗利卡率政府代表团访华。周恩来总理在会见布特弗利卡时指出："这是阿尔及利亚独立后第一个高级代表团访问，现在我们可以把两国关系重新在更好的基础上逐步发展起来，所谓基础就是我们一贯主张的和平共处、不干涉别国内政的原则。"布特弗利卡则表示，阿尔及利亚永远与中国站在一起，阿尔及利亚同一些人来往（意指苏联）绝不影响阿尔及利亚与中国人民的友谊。双方发表《联合公报》，并签订了《双边经济技术合作协定》，中国还向阿尔及利亚提供 1 亿元人民币贷款。[①]

　　3 个月后，即 1971 年 10 月 25 日，阿尔及利亚和阿尔巴尼亚等国联合提交一份提案，要求联大恢复中华人民共和国在联合国的一切合法权利，并立即把中国台湾国民党集团的代表从联合国及其所属一切机构中驱逐出去（即第 2758 号决议）。[②] 在此次（第 26 届）联合国大会上，由阿尔及利亚、阿尔巴尼亚提出的"两阿提案"经过大会表决，最终以 76 票赞成、36 票反对、17 票弃权的压倒多数通过了恢复中国在联合国的合法权利，阿尔及利亚为中国恢复在联合国的这一历史性权利做出重大贡献。[③] 正是中阿在革命与战争时期的患难与共、互帮互助为如今的中阿战略合作关系的建立奠定了深厚的民意和情谊基础。

　　中国支持阿尔及利亚反抗法国殖民统治的民族独立斗争，不仅是因为阿尔及利亚人民的斗争是正义的，中阿有着相似的历史遭遇，中国人民对阿尔及利亚人民的斗争行为表示同情，也和当时的国际环境有关，有着政治意识形态方面的原因。两国彼此视对方为"同志 + 兄弟"的伙伴关系，不是因为两国在经贸或者能源领域互有需求，而是因为两国都把社会主义道路、反帝、反殖民主义作为共同的政治追求，这种相似的意识形态追求成为双方战略合作的基础。[④]

---

　　① 王泰平：《中华人民共和国外交史（1970—1978）》，世界知识出版社 1999 年版，第 155 页。

　　② 谢益显主编：《中国当代外交史》，中国青年出版社 1997 年版，第 292 页。

　　③ Scarlett Cornelissen, "China in North Africa: Oil & Diplomacy in the Maghreb Region," *The China Monitor*, 2010, pp. 4 – 6.

　　④ Younger Sam, "Ideology and Pragmatism in Algerian Foreign Policy," *The World Today: Chatham House Review*, Vol. 34, No. 3, 1978, pp. 107 – 111.

20 世纪 50 年代，正值以美苏为首的东西方两大阵营激烈对抗的冷战时期，美国对社会主义中国采取军事封锁、政治孤立、经济制裁的敌对政策，中美在朝鲜、台湾地区和越南问题上激烈对抗，双方互以敌国相待，美国甚至将中国排除在国际体系之外，拒绝恢复新中国在联合国的合法席位，中美关系在这一背景下具有强烈的意识形态色彩。中国和阿尔及利亚在这一时期的关系发展受到中美冷战对抗的意识形态的影响。中国认为帝国主义是社会主义国家和新兴民族独立国家的共同敌人，双方要相互支持、相互帮助，中国支持和帮助阿尔及利亚的民族解放运动就是帮助自己。毛泽东说："非洲当前的革命是反对帝国主义，搞民族解放运动，不是共产主义问题，而是民族解放问题。这点我们的意见是一致的。""各国人民，特别是社会主义国家，已经独立了的国家，一定要帮助、支持你们。你们需要支持，我们也需要支持，而且所有的社会主义国家都需要支持。谁来支持我们？还不是亚洲、非洲、拉丁美洲的民族解放运动，这是支持我们的最主要力量。"[①]

进入 20 世纪 60 年代后，中国的外交形势变得愈发严峻。一方面，中苏两党之间的意识形态分歧扩大到两国关系上，中苏关系不断恶化；另一方面，美国依然坚持孤立、封锁中国的敌视政策。为了应对美苏的敌视政策，毛泽东提出了"两个中间地带理论"，在他看来，广大亚非拉国家是"第一中间地带"，它们都在寻求民族独立解放，因而是反对美苏争霸的重要力量。毛泽东看到了中国外交在中间地带可以大有作为，所以这一时期中国着重发展与亚非拉民族独立国家的关系。[②] 阿尔及利亚自独立后就走上了社会主义道路，又是非洲新兴民族独立大国，具有双重身份，自然受到中国政府的高度重视。

1967 年 6 月 5 日"六五"战争（第三次中东战争）爆发后，美国对以色列侵略行为的偏袒激起了包括阿尔及利亚在内的所有阿拉伯国家的强烈反对，阿尔及利亚更是宣布与美国断交，直至 1974 年才恢复了外交关系，但是布迈丁表示"阿尔及利亚与美国的关系纯粹是贸易往来"，阿尔

---

① 中华人民共和国外交部、中共中央文献研究室编：《毛泽东外交文选》，中央文献出版社1994 年版，第 369—370 页。

② 颜声毅：《当代中国外交》，复旦大学出版社 2011 年版，第 169—171 页。

及利亚坚决反对美国帝国主义。① 20 世纪 70 年代后，布迈丁以不结盟运动为舞台，高举反对"帝国主义"和"殖民主义"的旗帜，布迈丁甚至公开批评苏联在非洲的霸权主义行径，这引起了苏联的不满，两国关系出现裂痕。② 这一时期美—苏—中三角关系基本形成，阿尔及利亚总体上站在中国一边，同时与美苏两大阵营谨慎地保持着一种平衡。阿尔及利亚与中国一度都站在了反对美苏"帝国主义"和"霸权主义"的"前线"③，成为事实上的政治意识形态"盟友"，形成了意识形态共同体。

第二节　改革开放初期的经贸合作（1979—1999）

1979—1999 年是中国和阿尔及利亚关系发展承上启下的 20 年。在这一历史阶段，两国国内都出现了从意识形态利益到现实经济利益转型的过程，对外政策也都实现了从建立反帝反殖统一战线到扩大海外贸易与投资合作的转型，中阿关系从意识形态共同体转变为利益共同体。利益共同体指中阿两国在和平与发展的大背景下，基于平等合作、互利共赢的理念，在经济上形成的合作伙伴关系。

一　中国的改革开放战略

1978 年中国共产党十一届三中全会后，中国进入改革开放时期，将国家中心任务转移到经济建设上来。中国的对外开放是一种全方位的对外开放，包括三个方面：第一是面向西方发达国家的开放；第二是面向苏联和东欧国家的开放；第三则是对第三世界发展中国家的开放。④ 在发展中国家之间进行密切的、有效的经济合作，可以加强发展中国家的政治和经济独立，加快经济发展的速度，加强发展中国家集体经济的力量，以摆脱

---

① Younger Sam, "Ideology and Pragmatism in Algerian Foreign Policy," *The World Today*: *Chatham House Review*, Vol. 34, No. 3, 1978, pp. 107 – 111.

② Robert A. Mortimer, "Algerian Foreign Policy: from Revolution to National Interest," *The Journal of North African Studies*, Vol. 20, No. 3, 2015, pp. 466 – 470; Benjamin Stora, *Algeria*: 1830 – 2000 *A Short History*, Translated by Jane Marie Todd, Ithaca, New York: Cornell University Press, 2004, pp. 145 – 149.

③ Younger Sam, "Ideology and Pragmatism in Algerian Foreign Policy," *The World Today*: *Chatham House Review*, Vol. 34, No. 3, 1978, p. 107.

④ 《邓小平文选》（第三卷），人民出版社 1993 年版，第 102 页。

发达国家对某些发展中国家经济命脉的控制，实现建立国际经济新秩序的目标，还可以加强第三世界发展中国家之间的团结。[1]

从 1979 年开始，外交领域的"拨乱反正"使中国外交重新走上务实主义和理性主义正轨，基于对"和平与发展是当前主旋律"的认识[2]，中国也适时改变了外交战略，将之前的"以美划线""以苏划线"的意识形态外交调整为不结盟、外交服务于改革开放和经济建设。这一时期，中国也更加重视发展中国家普遍要求改善经济的愿望，希望同亚非拉广大发展中国家加强团结和合作，共同推动建立国际经济新秩序。1982 年，阿尔及利亚沙德利总统访华，两国高层交流频繁。当年中阿两国贸易额达 1.7 亿美元[3]，使中阿双方开始从追求意识形态利益转向追求互利共赢的经贸利益，两国也从意识形态共同体转型为利益共同体。

1982 年 12 月 20 日至 1983 年 1 月 17 日，中国国务院总理访问了 11 个非洲国家，包括埃及、阿尔及利亚、摩洛哥、几内亚、加蓬、扎伊尔、刚果、赞比亚、津巴布韦、坦桑尼亚、肯尼亚，其中北非阿拉伯国家占了三个，这也是继 20 世纪 60 年代周恩来访问非洲之后，中国总理再次访问非洲多个国家。在此次访问非洲期间，中国总理在坦桑尼亚宣布了中国同非洲国家经济技术合作的四原则——平等互利、讲求实效、形式多样、共同发展。[4] 从这一原则可以看出，在改革开放时期，中国的主要任务是经济发展与国际经济合作，中阿两国战略合作的基础是互利共赢的利益共同体。

二　阿尔及利亚的"改革开放"战略

20 世纪 70 年代末，随着中国社会进入转型期，阿尔及利亚也面临着深刻的社会变化。1978 年布迈丁总统逝世，标志着布迈丁时代的结束，阿尔及利亚国内出现了权力争斗局面，随后得到军方支持的沙德利当选阿尔及利亚总统。[5] 面对日益僵化的经济、政治体制，沙德利毅然进行经

---

① 倪翌风：《邓小平文选第三卷注释本》，中共中央党校出版社 1993 年版，第 28 页。

② 《邓小平文选》（第三卷），人民出版社 1993 年版，第 146 页。

③ 徐伟忠：《中国与阿尔及利亚友好关系回顾》，中国网（http://www.china.com.cn/chinese/2004/Feb/490765.htm）。

④ 李承为：《我国对外援助的形式》，《国际经济合作》1987 年第 12 期。

⑤ Youcef Bouandel, "Political Parties and the Transition from Authoritarianism: the Case of Algeria," *The Journal of Modern African Studies*, Vol. 41, No. 1, March 2003, p. 4.

济、政治改革，由此进入了阿尔及利亚的"改革开放时期"。在经济领域
实行新经济政策，积极调整国民经济结构，将私营经济纳入国家经济发展
计划之中，私营经济成为国有经济的重要补充。阿尔及利亚政府还颁布实
施了《私人投资法》，国家通过提供贷款、减免税收等方式扶持私营企业
的发展。① 新政府改变了以往的重工业优先发展战略，将农业、水利、住
房建设等放在了优先位置，加大了对这些领域的投入力度。调整轻重工业
发展结构，强调建立科学的工业体系。为缓和国内紧张的政治气氛，营造
和谐、稳定的政治局面，沙德利总统通过释放政治犯来团结各方力量。针
对执政党内出现的日益严重的贪污、腐败现象，沙德利总统则进行了一场
官僚系统的"净化运动"②。沙德利总统这一时期的改革成效显著，促进
了阿尔及利亚经济的发展，团结了各派力量，赢得了民心。

　　20 世纪 80 年代中期，在国际民主化浪潮和世界石油价格暴跌的冲击
下，阿尔及利亚经济形势不断恶化并引发了一场严重的政治危机。为平息
民怨、安抚民众，沙德利政府进行了进一步的政治与经济改革，这次改革
的幅度之大、影响之深，让阿尔及利亚社会始料不及，也让阿尔及利亚人
民付出了惨重的代价。1989 年 2 月 23 日，阿尔及利亚全民公投通过了
《新宪法》，《新宪法》获得了很高的民意支持率，高达 92.27% 的阿尔及
利亚选民在公投中投下了赞成票，③《新宪法》的实施标志着阿尔及利亚
进入了政治全面改革的阶段。《新宪法》对 1976 年宪法做出了一些重大
修改，这些修改为之后伊斯兰拯救阵线的出现和膨胀埋下了隐患。如《新
宪法》放弃了阿尔及利亚"社会主义"的国家性质，将阿尔及利亚改为
"民主人民共和国"；放弃了阿尔及利亚民族解放阵线在国家中的领导地
位；承认公民建立政治性组织的权利；明确了伊斯兰教在国家中的地位和
作用，宣称"阿尔及利亚是伊斯兰的土地"④。随后，在苏联解体东欧剧

---

① Bradford Dillman, *State and Private Sector in Algeria: The Politics of Rent-Seeking and Failed Development*, Boulder: Westview Press, 2000, pp. 78 – 82.

② James McDougall, "Savage Wars? Codes of Violence in Algeria, 1830s—1990s," *The Journal of Third World Quarterly*, Vol. 26, No. 1, 2005, pp. 121 – 136.

③ Youcef Bouandel, Political Parties and the Transition from Authoritarianism: the Case of Algeria," *The Journal of Modern African Studies*, Vol. 41, No. 1, March 2003, p. 8.

④ Benjamin Stora, *Algeria: 1830 – 2000 A Short History*, Translated by Jane Marie Todd, Ithaca, New York: Cornell University Press, 2004, pp. 212 – 236.

变的大背景下，沙德利政府宣布放弃自阿尔及利亚独立以来一直坚持的一党制，实行多党制，允许执政党以外的候选人参加全国及地方各级议会选举，允许公民组建政党并参加竞选，这一政治改革是对布迈丁时期阿尔及利亚政治路线的彻底修改。① 而多党制就如同"潘多拉魔盒"一般，在沙德利政府宣布废弃一党制不久，阿尔及利亚国内便涌现出 60 多个不同类型的政党，除了世俗主义政党外，还有不少伊斯兰政党，阿巴斯·迈达尼和阿里·贝勒哈吉领导的"伊斯兰拯救阵线"便是其中一个。②

1991 年 12 月 26 日，阿尔及利亚举行全国大选，共有 49 个政党参加竞选，在首轮议会选举中，"伊斯兰拯救阵线"赢得 188 个议席，获得了绝对多数，遥遥领先于执政党阿尔及利亚民族解放阵线，从根本上动摇了民族解放阵线的执政地位。执政党和军方大为震惊，为阻止"伊斯兰拯救阵线"成为执政党，在阿尔及利亚军方的压力下，沙德利总统被迫辞职，阿尔及利亚全国最高安全委员会宣布取消第二轮议会选举，并宣布成立全国最高国务委员会接替总统职权。③ "伊斯兰拯救阵线"不甘心退出政治舞台，进行了一系列反政府活动，政府宣布取缔"伊斯兰拯救阵线"，并逮捕了"伊斯兰拯救阵线"领导人，"伊斯拯救阵线"遂转入地下，以恐怖暴力活动手段对抗政府，恐怖暴力活动不断升级，范围不断扩大，几乎波及全国④，阿尔及利亚由此陷入长达十年的内乱泥潭。这场内战使阿尔及利亚元气大伤，内战共造成了数十万人丧生，经济损失达数百亿美元。阿尔及利亚在国际上的处境也愈加孤立，西方国家一方面指责阿尔及利亚不尊重民主、人权，阻挠阿尔及利亚与外部世界的联系，给阿尔及利亚造成了巨大的外部压力。

沙德利总统被迫辞职后，泽鲁阿勒担任了阿尔及利亚新总统。上台后，泽鲁阿勒一方面继续加强对伊斯兰极端分子的打击力度，另一方面积

---

① Stone Martin, *The Agony of Algeria*, New York: Columbia University Press, 1997, pp. 106 – 117.

② Youcef Bouandel, Political Parties and the Transition from Authoritarianism: the Case of Algeria," *The Journal of Modern African Studies*, Vol. 41, No. 1, March 2003, pp. 6 – 7.

③ Hugh Roberts, *The Battlefield: Algeria 1988 – 2002*, London: Verso, 2003, pp. 18 – 21.

④ Michael Willis, *The Islamist Challenge in Algeria: A Political History*, New York: New York University Press, 1999, pp. 126 – 130; Addi, Lahouari, "Algeria's Army, Algeria's Agony," *Foreign Affairs*, Vol. 77, No. 4, 1998, pp. 45 – 46.

极推动与全国反对派的对话，以求实现全国政治和解。政府向"伊斯兰拯救阵线"释放善意，释放了"伊斯兰拯救阵线"领导人并与之进行了多次会谈，但双方在恢复"伊斯兰拯救阵线"合法地位等问题上依然分歧明显，谈判无果而终。① 受其影响，阿尔及利亚经济衰退，中阿两国贸易额也连续下跌。

1999 年布特弗利卡总统上台后即宣布将致力于恢复国家和平，结束暴力行动。为肃清恐怖主义，布特弗利卡政府倡导通过了《全国和解法》，对恐怖分子采取了分化瓦解的策略，对那些愿意放弃暴力并尚无血案者既往不咎，并帮助其重返社会。这一政策收效明显，许多恐怖分子放下武器，重新融入了社会，国家形势明显好转。② 但多年内战使得阿尔及利亚经济百废待兴，阿尔及利亚原有的经济结构和体制也脆弱不堪。布特弗利卡政府在促成全国和解后，将工作重心放在了恢复经济发展和实现外交突破的工作上，与中国的改革开放和经济发展战略重新实现了对接。③

三　中阿经贸合作的新进展

邓小平主持中央工作后，中国对内进行拨乱反正，对外实施开放经济。从 20 世纪 80 年代开始，考虑到高额的对外援助对中国经济的沉重负担，中国适度削减了对外无偿援助规模，开始在对外援助领域引入市场机制，并提出了同非洲国际经济技术合作的四项原则：平等互利、讲求实效、形式多样、共同发展。④ 在这样的背景下，中国也减少了对阿尔及利亚的援助，但中阿关系并没有因此而受到干扰。

这一时期的中国和阿尔及利亚都将国家工作的重心放在了发展经济、维护社会稳定上。中国在 1978 年底开始了改革开放，而阿尔及利亚则掀起了经济改革，开始进行大规模的经济调整。沙德利政府将农业放在了国家经济调整的重要位置，希望建成阿尔及利亚自给自足的农业体系。如前

---

① Hugh Roberts, *The Battlefield: Algeria* 1988–2002, London: Verso, 2003, pp. 26–31.

② Robert Mortimer, *Algeria in Transition: Reforms and Development Prospects*, London: Routledge, 2004. pp. 16–35.

③ 安惠侯等主编：《丝路新韵——新中国与阿拉伯国家五十年的外交历程》，世界知识出版社 2006 年版，第 161 页。

④ 钱国安：《我国同非洲国家开展经济技术合作的四项原则》，《国际贸易》1984 年第 5 期。

所述，1982 年 12 月，中华人民共和国总理访问了阿尔及利亚，在同阿尔及利亚总统沙德利举行的双边会谈中，两国领导人分享了各自国家在经济建设方面的成就和经验，以及促进本国经济发展的政策和措施。中国总理提到中国在发展工农业中坚持社会主义原则、搞活经济的政策，并谈到了中国到 20 世纪末的经济战略部署。沙德利总统则强调，今后阿尔及利亚将把农业作为经济发展的重点，调动农民的积极性，逐步把经济上单纯依靠石油变为主要依靠发展农业，以改变阿尔及利亚农民生活水平较低的状况，并消除财政方面的债务。① 从此次会谈中可以看出，中国和阿尔及利亚两国合作的重点在经济发展建设上而不是意识形态上的反帝反殖，特别是农业的发展问题，都是两国需要面对和解决的现实经济发展问题。

这一时期中国也十分重视南南互利合作，阿尔及利亚作为非洲和阿拉伯世界的发展中大国，希望与中国加强在国际层面的紧密经济合作，以推动建立一个公平合理的国际经济新秩序。1982 年 4 月，阿尔及利亚总统沙德利对中国进行了访问，中国总理在与沙德利的会谈中认为，当前许多获得民族独立的广大亚非拉国家在经济发展方面依然困难重重，仍受到不平等、不公正的国际经济关系的严重束缚，直接影响到这些国家政治独立的进一步巩固。第三世界国家必须加强团结，有效发展南南合作，以推动全球谈判，建立国际经济新秩序。② 但是，与 20 世纪 50—60 年代不同，中阿两国在 20 世纪 80 年代建立的所谓公平合理的国际经济新秩序更多地停留在政策宣誓层面，并未上升为军事与安全合作。

巩固和发展两国在历史上形成的传统友谊和战略合作关系是这一时期中阿关系的另一主题。中阿两国是传统友好国家，两国人民早在阿尔及利亚民族解放战争时期就建立了深厚的友谊，这种友谊经受住了历史的考验。两国在许多重大国际问题上都有一致或相似的看法，两国人民也一直相互信任，相互支持，并在广泛的领域进行真诚和有效的合作。1982 年中国总理在与来访的阿尔及利亚政府总统沙德利会谈时表示："中国人民将永远铭记和感谢阿尔及利亚政府和人民在联合国及其所属机构中一贯主

---

① 《赵总理同沙德利总统举行首次会谈》，《人民日报》1982 年 12 月 26 日第 1 版。
② 《赵紫阳总理举行盛大宴会欢迎沙德利总统》，《人民日报》1982 年 4 月 27 日第 1 版。

持正义，为恢复中国合法席位所做出的坚持不渝的努力。"①沙德利也回应道：

> 阿中两国人民的友谊不是权宜之计，也不取决于主观的和暂时的因素，这一友谊是阿中两国人民在为争取自由和尊严而进行艰苦卓绝的斗争和在为建立一个进步和正义的世界而作出牺牲的过程中诞生的。阿尔及利亚没有忘记，中国是最早向战斗的阿尔及利亚提供物质、军事援助以及政治和道义支持的国家之一。阿尔及利亚同中国的合作可以扩大到各个领域。阿中的友好合作建立在两国政治相互信任的基础上，是符合两国人民利益的。这不仅是经济贸易方面的关系，也是一种战略合作关系。阿尔及利亚珍视自己经过斗争取得的独立，中国也珍视自己的独立，这是我们两国扩大合作的基础。②

之后的泽鲁阿勒总统也对中阿两国关系进行了确认，并进一步加以巩固。泽鲁阿勒是阿尔及利亚独立后的首位民选总统，他就任总统后十分重视对华关系。1996 年 10 月 17 日，泽鲁阿勒首次出访亚洲就选择中国，显示了泽鲁阿勒总统对继续加强和发展中阿友谊与友好合作关系的重视。在与江泽民主席会谈时，他回顾了中阿两国在消除殖民主义、建立公正的国际政治经济新秩序以及维护本国尊严等方面的合作和友谊。泽鲁阿勒还对中国经济领域的改革发展政策表现出极大的兴趣，对中国改革开放后经济领域所取得的成就表示赞赏，并希望通过这次访问为阿尔及利亚经济改革借鉴中国经验。③

1999 年 10 月 30 日，中国国家主席江泽民访问了阿尔及利亚，这是中国国家主席第一次访问阿尔及利亚，这次访问也是中阿建交以来两国关系史上的一件大事。江泽民主席表示不断巩固和发展与阿尔及利亚的友好合作关系，是中国政府的既定方针，两国签署了《中阿经济、技术合作协

---

① 《赵紫阳总理举行盛大宴会欢迎沙德利总统》，《人民日报》1982 年 4 月 27 日第 1 版。

② 《赵紫阳总理举行盛大宴会欢迎沙德利总统》，《人民日报》1982 年 4 月 27 日第 1 版。

③ 《江泽民与泽鲁阿勒会谈 两国元首希望不断加强中阿友好合作关系》，《人民日报》1996 年 10 月 17 日第 1 版。

定》《中阿贸易协定》等一系列合作文件。① 江泽民主席的访问加强了中阿在经济领域的务实合作水平，巩固了传统友谊，提升了中阿政治互信水平，也为构筑面向 21 世纪的中阿互利共赢关系指明了方向。

总之，自 20 世纪 70 年代末开始，中国外交在经历了"文化大革命"的干扰后，在改革开放后逐渐恢复正常；阿尔及利亚在 70 年代末 80 年代初和中国一样也实行公有制基础上的多元经济。这一时期中阿关系的主题是"继承发展"。继承主要是指两国都希望继续保持中阿传统友谊，"发展"则是指加强两国在经济领域的务实合作，实现各自经济发展。然而，到了 20 世纪 90 年代，中国改革开放开始全面升级，形成了全方位的对外开放格局，而阿尔及利亚却陷入了长达十年的内战，丧失了发展的战略机遇期。中阿双方贸易额从 1982 年的 1.7 亿美元下降至 1992 年的 3004 万美元。直到布特弗利卡总统上台，阿尔及利亚才实现民族和解，两国才重新回到了建立利益共同体的正确轨道上。

第三节　21 世纪以来的全方位合作（2000 年至今）

21 世纪以来，中阿两国关系进入了全面发展的战略合作时期。尤其是 2000 年中非合作论坛和 2004 年中阿合作论坛的成立，为中阿两国关系发展提供了重要平台。党的十八大以来，新一代领导集体提出了"一带一路"倡议，向西开放成为中国对外战略的重点，阿尔及利亚成为中国"一带一路"沿线的重要节点国家。而阿尔及利亚也重新把经济发展和民生改善放在首位，在保持同西方国家友好合作的同时，开始奉行"向东看"战略，把对华关系放在东向战略的重要位置，两国形成了命运共同体。命运共同体系指中国和阿尔及利亚在世界高度相互依存的大背景下，两国实现各自战略的对接，在追求本国利益时兼顾他国合理关切，在谋求本国发展时，促进对象国共同发展，从而形成共同进步。

---

① 《布特弗利卡总统举行盛大宴会欢迎江泽民主席 江主席就中阿关系发表重要讲话》，《人民日报》1999 年 11 月 1 日第 1 版。

一　中国的"向西看"战略

当前，在后金融危机下全球经济复苏缓慢，加强国际和区域合作是推进世界经济发展的重要动力，这已经成为一种趋势。但是，美国和欧洲却采取贸易保护主义措施，逆全球化思潮推波助澜。从中国自身来看，"一带一路"倡议的实施，有助于产业转型升级、经济社会可持续发展目标的实现。近年来，中国经济经过30多年的持续高速增长，已经进入了产能过剩、增速放缓、亟待转型升级的"新常态"[①]。中国经济要想保持可持续发展，实现产业转型升级，需要与外部世界建立起更加紧密的经济联系，在更大范围内实现市场和资源的优化组合配置。阿尔及利亚是中国"一带一路"倡议在北非马格里布地区实施的重要推动者。自"一带一路"倡议提出以来，阿尔及利亚各界对这一倡议下的中阿双边合作充满期待。阿尔及利亚希望以"一带一路"倡议为纽带，深化双方在农业、能源、铁路、港口、基础设施投资等领域的合作，提升双边贸易额。中国希望在中阿合作论坛和中非合作论坛双重框架下与阿尔及利亚保持紧密合作，希望阿尔及利亚能够充分发挥自身的地缘优势，成为加强中国—阿拉伯国家和非洲国家合作的重要推动者，助力"一带一路"倡议的实施。

2015年4月，阿尔及利亚总理阿卜杜勒马利克塞拉勒在访华时重申了阿尔及利亚对"一带一路"倡议的希冀，认为阿中合作同中国的"一带一路"构想高度契合，前景广阔，愿意积极参与中非合作论坛和"一带一路"框架下同中国的合作，阿尔及利亚对两国全面战略伙伴关系发展充满信心。他强调阿中友谊的深厚，这在阿尔及利亚已深入人心，两国对许多重大国际问题看法相近，保持着密切的沟通协调。阿尔及利亚坚持万隆精神，将与中国一道致力于促进世界和地区的和平、稳定、公正与发展。[②]同样，"一带一路"倡议的实施也将带动两国在政治、经济、文化等各领域的交流与合作，加深两国人民相互了解和友谊，增强双方政治互信，密切彼此在重大国际和地区问题上的协调与合作，维护中阿双方共同

---

① Cheng Lin, "China's New Normal of Economy and the Optimization and Upgrading of the Economic Structure," *International Conference on Logistics Engineering*, *Management and Computer Science*, (*LEMCS*), August 2015, pp. 1810 – 1813.

② 《习近平会见阿尔及利亚总理塞拉勒》，《人民日报》2015年4月30日第1版。

利益，进一步提升中阿战略伙伴关系水平。

二　阿尔及利亚的"向东看"战略

阿拉伯国家"向东看"，并不仅仅是向中国看，也不意味着阿拉伯国家将战略重心转向东方。"向东看"作为 21 世纪以来的一个国际现象，反映的是阿拉伯国家对包括中国在内的东方国家发展道路的关注和认可。[①] 21 世纪初，阿尔及利亚强化了"四环外交"：一是在非盟框架下加强与非洲国家的合作；二是加强在阿盟框架下的合作；三是与美国加强反恐合作，与欧洲加强经贸往来；四是加强与中、日、韩、印等亚洲经济体的经贸合作。"向东看"实际上是阿尔及利亚对外关系发展的重要一环，而延续和提升中阿战略关系是阿尔及利"向东看"的重要举措。李鹏委员长和朱镕基总理分别于 2001 年和 2002 年访问阿尔及利亚，为两国建立战略伙伴关系奠定了基础。[②]

21 世纪以来，随着美国和欧洲大国对中东能源依存度的降低，加上页岩气和页岩油技术的升级，美国开始在能源供应上做到自给自足，甚至在未来将成为能源出口国。欧美大国对中东地区，尤其是北非的关注度降低。与此同时，中国、印度、日本、韩国、印尼和马来西亚对中东的能源、市场和投资依存度增加。中国经济的快速发展，综合国力的迅速提升，特别是近年来随着"金砖国家"的崛起，中国"一带一路"倡议的提出和实施，丝路基金和亚洲基础设施投资银行的面世，中国的国际影响力不断增强，"中国模式"正日益成为阿拉伯世界借鉴的对象。

中国和阿尔及利亚有着友好交往的历史，中阿在经贸、能源、投资领域的合作不断增强。中国在阿尔及利亚的基础设施等领域有着较多的投资；随着中国的快速发展，中国的能源需求扩大，阿尔及利亚的石化产品正源源不断地销往中国市场，中国成为阿尔及利亚第一大进口来源国，阿尔及利亚从中国进口大量的机械设备、机电产品、钢铁制品、运输设

---

① 《阿拉伯国家"向东看"与中阿经贸发展》，《国际经济分析与展望（2011—2012）》，2012 年 1 月 31 日。

② 《李鹏访问阿尔及利亚 抵阿尔及尔》，《人民日报》2001 年 11 月 1 日第 1 版；《朱镕基对阿尔及利亚进行正式访问》，《人民日报》2002 年 8 月 26 日第 1 版。

备等。①

从政治角度来看，在"阿拉伯之春"中，阿尔及利亚虽没有发生政权更迭，但不少民众也表达了对国家和自身现状的不满，游行示威时有发生。② "阿拉伯之春"揭示了中东国家推动社会发展、改善民生、实现政治民主化的重要性。③ 同时，阿拉伯国家在经历"阿拉伯之春"的西式民主转型失败之后，认识到无视国情地照搬西方政治模式只会给国家、社会带来混乱和分裂，因而阿尔及利亚不再迷信西方的民主，而是把维护社会稳定视为第一要务。阿尔及利亚政府也认识到本国社会发展所面临的许多问题，正在寻求保持国家稳定，实现社会发展的解决之道，找到一条适合本国国情的发展之路。④

中国自改革开放后所取得的发展成就让世界瞩目，1978 年，中国人均国内生产总值仅为 381 元人民币，2012 年人均国内生产总值达到了 38420 元人民币，成功实现从低收入国家向上中等收入国家的跨越。国内生产总值由 1978 年的 3645 亿人民币元跃升至 2012 年的 518942 亿元人民币，成为仅次于美国的世界第二大经济体，国际社会将中国的成功发展模式称为"中国模式"。中国与西方国家的非洲外交政策不同，中国的文化讲求和而不同，中国的外交坚持"正确义利观，义利并举，以义为先"，中国在与非洲国家交往时，有原则、讲情谊、讲道义，向它们提供了力所能及的帮助。⑤ 西方国家则是以价值观为导向，谋求推进西方式民主化，甚至无视西亚北非国家的国情，将推进西方民主作为提供援助的条件，干涉受援国内政，西亚北非地区出现的"阿拉伯之春"就有西方的影子。在此背景下，阿尔及利亚出现了"向东看"的趋势，这种趋势正日益成为阿尔及利亚的一种国家战略。

阿尔及利亚选择"向东看"政策，一方面是因为它希望搭乘亚洲国

---

① Khalid Hilal, "China's Relations with North Africa," CCS the China Monitor, May 2010, pp. 5 – 8.

② Boutheina Cheriet, "The Arab Spring Exception: Algeria's Political Ambiguities and Citizenship Rights," *The Journal of North African Studies*, Vol. 19, No. 2, 2014, pp. 143 – 146.

③ Michael Willis, *Politics and Power in the Maghreb: Algeria, Tunisia, and Morocco from Independence to the Arab Spring*, London: Oxford University Press, 2014, pp. 406 – 411.

④ Boutheina Cheriet, "The Arab Spring Exception: Algeria's Political Ambiguities and Citizenship Rights," *The Journal of North African Studies*, Vol. 19, No. 2, 2014, pp. 149 – 153.

⑤ 《中国外交的一面旗帜：正确义利观》，《人民日报海外版》2016 年 8 月 11 日。

家群体性崛起的发展快车，另一方面是因为它对中国等亚洲国家奉行"发展优先"的治国方略表示赞赏。

从经济角度来看，因欧洲深受经济危机的影响，阿尔及利亚的主要贸易伙伴——欧洲对其产品需求不断减少，阿尔及利亚为了促进贸易发展，摆脱对欧洲市场的过度依赖，实现贸易多元化，将目光转向了以中国为代表的金砖国家和其他新兴经济体。① 根据阿尔及利亚财政部统计数据，2012 年一季度阿尔及利亚对亚洲出口额较 2011 年同期约翻了一番，达20.3 亿美元。2012 年初，阿尔及利亚出口产品的十分之一流向了亚洲，亚洲正成为阿尔及利亚第三大出口市场。2010 年，印阿双边贸易额为 19亿欧元，2011 年增长至 27 亿欧元，印度已成为阿尔及利亚第 11 大贸易合作伙伴。2011 年，阿尔及利亚和巴西双边贸易额达近 50 亿美元，巴西是阿尔及利亚第八大出口市场，巴阿两国还于 2012 年 2 月签订了自由贸易协定，将进一步推动双边贸易发展。阿尔及利亚和俄罗斯的贸易潜力也十分巨大，俄阿合作主要集中在石油天然气的开采和运输领域。2015 年，中阿双边货物进出口额为 88 亿美元，阿尔及利亚对中国出口 5.6 亿美元，占阿尔及利亚出口总额的 1.6%，阿尔及利亚自中国进口 82.4 亿美元，占阿尔及利亚进口总额的 15.9%。截至 2020 年底，阿尔及利亚已经成为中国在非洲的第五大贸易伙伴。

三　中阿合作的多边机制

如前所述，1999 年，布特弗利卡当选阿尔及利亚第五任总统，采取了一系列维护社会稳定、促进经济改革的举措，如通过了《全民和解法》等，使得持续十多年的阿尔及利亚内战逐渐平息，阿尔及利亚国内社会秩序逐步恢复，为其社会经济发展创造了相对稳定的国内环境。② 中国和阿尔及利亚有着颇为相似的历史，两国都经历了摆脱殖民统治的艰苦斗争，都实行过计划经济体制。随着中国经济的高速发展，综合国力不断提升，中国在中东地区和非洲的影响力也不断增强。经历内战并逐渐稳定的阿尔

① V. Castel, P. X. Mejia and J. Kolster, "The BRICs in North Africa: Changing the Name of the Game?" *North Africa Quarterly Analytical*, No. 1, 2011, pp. 12 – 16.

② Robert Mortimer, *Algeria in Transition: Reforms and Development Prospects*, London: Routledgen, 2004, pp. 29 – 35.

及利亚重新将目光转向快速发展的东方，加强了与中国的交往，中阿两国的高层互访和政治往来频繁。

进入 21 世纪，为了进一步加强中国与非洲国家在新形势下的友好合作关系，中国同非洲各国协商建立一个双边多层次对话合作机制以共同应对经济全球化挑战，实现共同发展，在中非双方共同倡议下，中非合作论坛——北京 2000 年部长级会议于 2000 年 10 月 10—12 日在北京召开，中非合作论坛正式宣告成立。① 中非合作论坛为新时期的中非关系提供了方向合作平台。② 2006 年 11 月，中非合作论坛北京峰会暨第三届部长级会议在北京召开，这是中非合作论坛成立以来的第一次峰会，来自非洲 48 个国家的领导人齐聚北京。③ 时任国家主席胡锦涛在峰会上宣布旨在加强中非务实合作、支持非洲国家发展的八项政策措施，包括增加对非援助、提供优惠贷款和优惠出口买方信贷、设立中非发展基金、援建非盟会议中心、免债、免关税等。④ 中非合作论坛第二次峰会于 2015 年 12 月 4 日在南非约翰内斯堡召开，此次峰会成果丰硕，中国国家主席习近平在会上提出做强和夯实中非关系的"五大支柱"，以及未来三年内中非"十大合作计划"。中国也将为这项计划向非洲国家提供 600 亿美元的资金支持。⑤ 这充分体现了中国加强与非洲国家合作的诚意，体现了中非合作共赢、共同发展的理念。

中非合作论坛由中国外交部非洲司负责，其成员国包括了北非和东非的 10 个阿拉伯国家。在这一论坛框架下，中非双方先后召开了农业、科技、金融、文化、青年、民间、媒体和地方政府等分论坛，机制化程度不断提高。⑥ 在中非双方的共同努力下，中非合作论坛已成为中非集体对话

① 《中非合作论坛——北京 2000 年部长级会议开幕》，《人民日报》2000 年 10 月 11 日第 1 版。

② 周玉渊：《中非合作论坛 15 年：成就、挑战与展望》，《西亚非洲》2016 年第 1 期。

③ 《中非合作论坛北京峰会开幕》，《人民日报》2006 年 11 月 5 日第 1 版。

④ 《胡锦涛在中非合作论坛北京峰会开幕式上讲话》，新华网（http://news.xinhuanet.com/world/2006-11/04/content_5289040.htm）。

⑤ 《习近平在中非合作论坛约翰内斯堡峰会开幕式上的致辞（全文）》，新华网（http://news.xinhuanet.com/world/2015-12/04/c_1117363197.htm）。

⑥ 《中非合作论坛介绍》，中华人民共和国外交部网站（http://www.focac.org/chn/ltda/ltjj/t933521.htm）；另可参见孙德刚《论新时期中国对中东国家的整体外交》，《国际展望》2017 年第 2 期。

的主要平台和互利合作的有效机制。它在设计和运作中，充分体现了中非共商、共建、共有、共赢的特色，在国际上高高竖起合作共赢的旗帜，释放平等相待和务实高效的正能量，并对国际对非合作起到一定的示范和引领作用。[1]

中国同所有 22 个阿拉伯国家均建立了友好合作关系，进入 21 世纪，中阿双方为提升中阿友好合作关系水平，发掘中阿合作潜力，都希望建立有利于加强双边合作的机制。2004 年 1 月 30 日，胡锦涛主席访问埃及，并在开罗会见了阿盟秘书长穆萨和阿盟 22 个成员国代表，当天，中阿宣布成立"中国—阿拉伯国家合作论坛"[2]。中阿合作论坛是中阿双边合作机制化建设的重要成果，为新时期中阿双边对话与合作搭建了一个崭新的平台，有利于加强中阿各领域务实合作，深化政治互信；密切在国际事务中的沟通与协调，维护发展中国家整体利益。[3]

中非合作论坛和中阿合作论坛既是中国发展与非洲国家、阿拉伯国家整体友好合作关系的重要纽带，也是深化中国与广大亚非发展中国家双边务实合作、实现共同发展的重要平台。阿尔及利亚既是中非合作论坛又是中阿合作论坛的重要成员，在南苏丹独立后成为非洲大陆面积最大的国家，成为中国在非洲和中东外交格局中的重要支点国家。中国和阿尔及利亚双边关系以中非合作论坛和中阿合作论坛的创建为契机，在 21 世纪新形势下取得了新的突破和发展。

阿尔及利亚对中非合作论坛和中阿合作论坛高度重视，将其视为发展中阿双边友好合作的重要契机。2000 年 10 月，布特弗利卡总统专程来华参加中非合作论坛——北京 2000 年部长级会议并访问中国，布特弗利卡总统表示，阿尔及利亚十分重视与中国的关系，希望两国在新形势下能够加强各个领域的友好合作，并表达了与中国建立战略合作关系的希冀，以

---

① 《中非合作论坛峰会开启合作共赢新时代》，人民网（http://world. people. com. cn/n/2015/1203/c1002-27887413. html）。

② 《胡锦涛会见阿盟秘书长萨穆和 2 个成员国代表》，《人民日报》2004 年 1 月 30 日第 1 版。

③ 安惠侯：《阿拉伯国家"向东看"政策评析》，《阿拉伯世界研究》2011 年第 1 期。

共同应对国际社会出现的各种挑战。① 江泽民主席表达了中国也十分珍视两国在阿尔及利亚民族独立解放战争中结下的深厚友谊。中阿两国传统友好关系历经风雨，无论国际形势如何变幻，中阿始终相互理解、相互支持，并在许多领域取得了丰硕成果。中国希望继续加强中阿各领域友好合作，特别是经贸领域的合作，巩固传统友谊。② 2004 年 2 月，中国国家主席胡锦涛访问阿尔及利亚③，双方达成了中阿建立战略合作关系的共识④，这是中阿关系发展历程中的一个重要里程碑，中阿关系也由此迈上一个新台阶。随着中阿战略合作关系的建立和中非合作论坛框架下中非各领域合作的展开，阿尔及利亚希望成为中非关系引领者的意愿愈加强烈。2006 年 11 月 6 日，布特弗利卡总统率团来华出席中非合作论坛北京峰会并对中国进行国事访问，布特弗利卡总统在与中国领导人的会谈中高度评价了中非合作论坛北京峰会所取得的一系列成果，明确表示阿尔及利亚希望在中非关系中走在前列，将中国视为特殊的朋友和伙伴。两国还签署了《中国和阿尔及利亚关于发展两国战略合作关系的声明》，在政治、贸易投资、军事安全、民间交流等许多领域达成了广泛共识，进一步充实和深化了两国战略合作关系的内涵。⑤

"一带"的全称是"丝绸之路经济带"，它是通过中亚和西亚连接中国与欧洲的陆地路线；"一路"是指"21 世纪海上丝绸之路"，是连接中国与东南亚国家，非洲和欧洲的海洋路线。"丝绸之路经济带"和"21 世纪海上丝绸之路"是习近平主席在 2013 年秋天访问哈萨克斯坦和印度尼西亚时首次分别提出的倡议⑥，中国将其视为促进自身及全球发展的关键

① 汪勤梅：《中国向非洲郑重承诺——"中非合作论坛——北京 2000 年部长级会议"侧记》，《国际展望》2000 年第 2 期。

② 《江泽民同布特弗利卡会谈表示中国愿与阿尔及利亚共同致力于建立两国间的战略合作关系》，《人民日报》2000 年 10 月 13 日第 1 版。

③ 《胡锦涛开始对阿尔及利亚进行国事访问》，《人民日报》2004 年 2 月 4 日第 1 版。

④ 《中国和阿尔及利亚发表新闻公报》，《人民日报》2004 年 2 月 5 日第 1 版。

⑤ 《中国同阿尔及利亚的关系》，中华人民共和国外交部网站（http：//www.fmprc.gov.cn/web/gjhdq_ 676201/gj_ 676203/fz_ 677316/1206_ 677318/sbgx_ 677322/）。

⑥ 《弘扬人民友谊 共同建设"丝绸之路经济带"》，《人民日报》2013 年 9 月 8 日第 1 版；《共同谱写中国印尼关系新篇章 携手开创中国—东盟命运共同体美好未来》，《人民日报》2004 年 2 月 5 日第 1 版。

举措。中国还倡导成立亚洲基础设施投资银行，设立了丝路基金，为"一带一路"建设项目提供资金支持。2013 年，中国与阿尔及利亚贸易额增加至 66 亿美元，超过了第二位的法国（不足 50 亿美元），2019 年，中阿双边贸易额达到 91 亿美元，中国的经济发展和对外贸易有力地拉动了阿尔及利亚的经济发展。自新冠疫情暴发以来，中阿双方在卫生、安全、经济等领域进行了多项合作，彰显了中阿关系的雄厚底蕴。

第二章 阿尔及利亚的中国观与 "一带一路" 舆情

中国同阿尔及利亚建交 60 多年以来,国际局势、双方的内政外交都发生了变化,但中阿关系从未出现过大的波折。中国在阿尔及利亚官方和民间均保持着良好的形象。自"一带一路"倡议提出以来,阿尔及利亚给予积极回应。阿方的产业结构调整正处于关键时期,"一带一路"倡议与阿方的经济社会改革进程相契合。2014 年,阿尔及利亚成为首个中国与之建立全面战略伙伴关系的阿拉伯国家。优越的地理位置、丰富的资源以及理性的外交政策使阿尔及利亚在非洲长期保持着重要地位。中东动荡十年来,阿尔及利亚经受住了考验,至今仍保持相对稳定。这为阿尔及利亚再次成为中东具有较大影响力的国家创造了可能。

鉴于中国与阿尔及利亚良好的双边关系和阿尔及利亚在地缘政治上的特殊性,阿尔及利亚可以在中国与非洲国家、阿拉伯国家共建"一带一路"中发挥更大的作用。由此,对阿尔及利亚媒体有关"一带一路"的报道进行追踪、分析,有利于及时把握阿尔及利亚对"一带一路"倡议的态度,了解阿方在"一带一路"倡议框架内期望开展合作的重点领域,并通过适当回应,维护和巩固中国在阿尔及利亚的良好形象,助力两国以及中国同非洲和中东国家共建"一带一路"。

本章以 2013 年 9 月"一带一路"倡议提出的时间为起点,以 2020 年 5 月为终点,借助道·琼斯公司的媒体数据库(Factiva),对以阿尔及利亚国家通讯社(Algeria Press Service)、《消息报》(El Khabar)、《曙光报》(Echorouk)为代表的 12 家主要阿文媒体和以《祖国报》(El Watan)、《圣战者报》(El Moudjahid)、《表达报》(L'Expression)为代表的 25 家法文媒体所涉及的关于中国的报道内容进行综合,并据此分析中国在阿尔及利亚的形象。在此基础上，通过定量与定性相结合的研究方法，对关于"一带一路"建设的报道进行案例研究，分析阿方对"一带一路"倡议的态度。在设定检索关键词时，选择相关主题中具有代表性的阿拉伯文和法文词汇，并考虑到其变化形式，以最大限度地实现样本全覆盖。在数据库检索的过程中，使用不同的检索条件，并对检索结果进行比对，在此基础上确定最有效的检索条件，尽可能减小搜索的误差范围。根据检索所得数据，设定体现变量关系的指数，通过对广泛样本的比照研究，得出变化规律，研判发展趋势。

第一节　阿尔及利亚媒体涉华报道的总体特征

2013—2020 年，阿尔及利亚媒体关于"中国"报道的数量总体上呈显著增长之势。在 Factiva 数据库中输入"中国""中国人""中国的"各词汇在阿拉伯语和法语中的各种变化形式，以及阿尔及利亚媒体上常出现的"北京""上海""广东""天津""宁夏"等关键词进行检索，最终得出阿尔及利亚媒体 8 年间关于"中国"报道的总量为 12829 篇。[①]在考察期间，阿尔及利亚媒体每月关于"中国"的报道量总体稳定，2020 年新型冠状病毒流行引发了一次报道量的高峰。从报道倾向上看，以中性报道为主，其次是正面报道，负面报道相对较少。

一　阿尔及利亚媒体关于"中国"的报道数量逐年增加

搜索数据显示，2013 年 9—12 月阿尔及利亚媒体关于"中国"的报道文章为 436 篇，2014 年为 1091 篇，2015 年为 1253 篇，2016 年为 1141 篇，2017 年为 1516 篇，2018 年为 1814 篇，2019 年为 2154 篇，2020 年 1—5 月为 3424 篇（参见图 III - 2 - 1）。

2013 年至 2019 年，阿尔及利亚媒体涉华报道量呈现逐年上升的趋势。阿尔及利亚媒体每月关于"中国"的报道量基本维持在 250 篇左右，没有明显的高峰和低谷。仅从报道数量角度考量，阿尔及利亚对中国的关注度较为恒定。2020 年 5 月报道量达到 8 年来的峰值，为 996 篇。

---

① 本章未注释的统计数据和新闻报道均来自道·琼斯公司数据库（Factiva）。

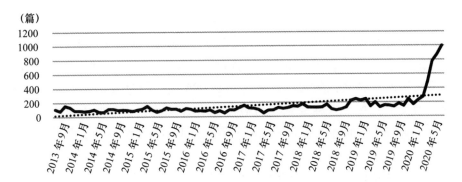

（篇）

图 III – 2 – 1　2013 年 9 月至 2020 年 5 月阿尔及利亚媒体关于"中国"报道量（按月）

资料来源：道·琼斯公司数据库（Factiva）。

从报道内容来看，在考察期间内阿尔及利亚媒体颇为关注的话题包括政治、外交、经济三个方面。其中阿文媒体的报道主要关注经济、外交关系、原油，法文报道则主要关注中国国内政治和外交关系。

政治和外交方面的报道涉及中阿合作、中国与国际社会的政治交往、以及中国国内政治等话题，其中中阿关系发展中的重大事件是报道的重点。例如，2014 年 2 月中阿宣布建立全面战略伙伴关系，2018 年 9 月阿方加入"一带一路"倡议并签订相关谅解备忘录等事件均引发了一波媒体报道的高潮。

经济关系领域的报道与阿尔及利亚国内经济发展的诉求相关，关注中阿经贸领域的合作。2018 年，阿尔及利亚国内经济增长放缓，导致进出口贸易赤字扩大，世界银行统计数据显示，2018 年，阿尔及利亚财政赤字达到 GDP 的 4.9%[①]，失业率高企。在国内经济下行压力之下，阿尔及利亚媒体对"一带一路"倡议，特别是中阿在经贸领域合作的关注度明显上升。2019 年 2 月，阿尔及利亚爆发大规模民众示威游行，民众抗议政府腐败，呼吁政府改善民生。4 月，阿尔及利亚总统布特弗利卡辞职，2019 年 12 月新总统上任。在这一动荡时期里，如何发展经济、改善民生，从而实现政治稳定成为阿尔及利亚媒体关注的重点。与中国的战略伙伴关系受到高度重视，阿尔及利亚媒体主要探讨了中阿合作对于阿尔及利

---

① "Algeria Overview," *World Bank*, http://www.worldbank.org/en/country/algeria/overview.

亚经济发展的作用。

2020 年报道量出现了较大提升。1 月是 2020 年报道量的低谷，但与 1 月报道量第二高的 2019 年相比，仍增长了 10%。2020 年 4 月、5 月出现了两次报道量高峰，分别达到 873 篇和 996 篇，与过去 7 年的平均值相比，增长了 12%。这种变化与新冠疫情有直接的关系。报道内容涉及中国抗击新冠疫情的方方面面，体现了阿方对中国抗击疫情的关注。

二 新冠疫情引发阿尔及利亚媒体高度关注

2020 年，阿尔及利亚媒体关于中国新冠疫情的报道量为 1996 篇，其中，1 月为 82 篇，2 月为 294 篇，3 月为 427 篇，4 月为 554 篇，5 月为 637 篇。阿文报道为 785 篇，《消息报》、阿尔及利亚国家通讯社、《阿尔及利亚哈达斯报》（El Hadath）、《新阿尔及利亚报》（Eldjazair Eldjadida）四家媒体的报道占阿文报道总量的 71%。法文报道为 1211 篇，主要来自《表达报》和《圣战者报》。报道量峰值出现在 5 月，原因可归结为三个方面：其一，中国的疫情防控形势好转，于当月开始研发新冠疫苗并承诺与国际社会共享研发成果；其二，美国于 5 月宣布终止与世界卫生组织的关系；其三，中阿合作抗疫取得有效成果。

从报道倾向上看，阿尔及利亚媒体有关疫情的正面报道合计为 686 篇，负面报道合计为 414 篇。正面报道主要反映了对中国在疫情期间做法的肯定，以及对中阿合作抗疫的期待，并对一些不利于中国的报道进行了驳斥。负面报道主要源自对一些西方报道的引述，部分文章提到疫情对中国经济所造成的负面影响，认为或将影响中国的对外贸易。

阿尔及利亚媒体的正面报道认为，在新冠疫情暴发后，中国及时采取坚决措施，保护了中国人民以及世界人民的生命安全和身体健康。例如《消息报》2020 年 4 月 2 日刊发的《中国口罩拯救世界》一文认为，中国在控制新冠疫情后，向美国、俄罗斯以及意大利等欧洲国家提供了援助，中国像巨人一样帮助世界各国抗击疫情，通过此次疫情，中国将在国际社会中扮演更重要的角色。[①]

《圣战者报》2020 年 4 月 5 日刊发的《封城考验》一文认为，阿尔及

---

① 《中国的口罩拯救世界》，《消息报》2020 年 4 月 2 日。

利亚与中国之间的伙伴关系拥有光明的未来。该文还指出，法国广播电台公共频道播出的不实言论是破坏阿尔及利亚与中国合作的阴谋，注定会失败。①《表达报》2020 年 5 月 19 日的评论文章《世卫组织与现实问题》认为，特朗普对世卫组织以及中国的指责更多的是出于政治目的，并为美国总统大选做准备。该文还指出，美国的这种做法几乎不可能获得国际的普遍支持。②《消息报》2020 年 5 月 25 日刊发的《美国感染了"政治病毒"》一文指出，由于贸易战等问题，中美关系处于紧张状态，自新冠疫情发生以来，中美关系的紧张程度升级。该文认为，在疫情暴发初期，美国和澳大利亚指责中国为病毒的源头，要求调查病毒来源地，然而事实上，中国政府迅速采取措施，遏制病毒的传播，并在国际社会层面保护了人类公共健康。③

自 2020 年 4 月以来，阿尔及利亚媒体有关新冠疫情的正面报道量达到峰值。报道的主要内容是中阿合作抗疫。中国向阿尔及利亚提供医疗援助、中国抗击疫情的成功经验是促使正面报道量达至高峰的主要原因。此外，阿尔及利亚媒体还对中国驻阿尔及利亚大使李连和进行了专访，并刊发他的署名文章，向阿尔及利亚民众传递了来自中国的权威声音。

2020 年 3 月底，阿尔及利亚收到首批中国医疗援助物资，包括特殊防护设备和人工呼吸器。对此，《消息报》于 3 月 31 日刊发《阿尔及利亚期待中国简化购置医疗设备流程》一文，指出阿尔及利亚总理阿卜杜勒阿齐兹·贾拉德（Abdelaziz Djerad）在会见李克强总理时，称赞中阿两国人民间的深厚友谊和真诚团结的精神，并表示阿尔及利亚非常感谢中国对阿尔及利亚人民的援助，呼吁两国在公共卫生领域加强合作。④ 4 月 15 日，阿方接收第二批中国援助的医用口罩和医用防护服，4 月 17 日，医疗援助物资送达阿尔及利亚。阿尔及利亚国家通讯社于 4 月 22 日刊发的《抗击新冠病毒：阿尔及利亚收到中国的医疗援助》援引了阿尔及利亚总

①　《封城考验》，《圣战者报》2020 年 4 月 5 日。
②　恰班·本萨奇：《世卫组织与实际问题》，《表达报》2020 年 5 月 19 日。
③　《中国：美国感染了"政治病毒"》，《消息报》2020 年 5 月 25 日。
④　《阿尔及利亚期待中国简化购置医疗设备流程》，《消息报》2020 年 3 月 31 日。

理阿卜杜勒阿齐兹·贾拉德对中国政府和人民的感谢。①

2020 年 5 月 28 日，中国赴阿尔及利亚抗疫医疗专家组结束在阿尔及利亚的工作。阿尔及利亚外交部亚太总司司长布迈丁表示："感谢中国赴阿尔及利亚抗疫医疗专家组在阿尔及利亚的辛勤工作，阿中是全面战略伙伴，两国一贯相互支持，此次医疗专家组来阿尔及利亚，为两国合作提供了新的宝贵契机，对阿方早日战胜疫情具有重要意义。"②

自疫情暴发以来，阿尔及利亚媒体对中国驻阿尔及利亚大使李连和进行了多次采访。阿尔及利亚通讯社 2020 年 4 月 20 日的报道《中国为阿尔及利亚提供医疗用品》指出，中国在遏制新冠疫情的同时，积极帮助其他国家抗击疫情。该文引述了李连和大使的讲话。该文提到，自从新冠疫情在阿尔及利亚暴发以来，作为亲密的朋友以及可靠的合作伙伴，中国向阿尔及利亚提供了援助。截至目前，包括中央政府、地方政府、企业以及社区均已获得来自中方的多批次医疗援助。尽管医疗用品严重短缺，但基于两国特殊的传统友谊，中国将在其能力范围内继续为阿尔及利亚提供援助。③

2020 年 4 月 26 日，阿尔及利亚通讯社和《阿拉伯晚报》（El Massar El Arabi）刊登李连和大使署名文章《中阿并肩，携手抗疫》。李大使强调，两国是同呼吸、共命运的"人类命运共同体"，同时驳斥部分西方国家罔顾事实，对中国污名化。李连和大使表示，中国坚信阿尔及利亚一定能早日战胜新冠疫情。④ 同日，《消息报》刊登的评论文章《中国支持阿尔及利亚抗击新冠疫情》提到，李连和大使表示，阿尔及利亚人民是勇敢的，强调中阿两国在抗击新冠疫情的框架内将继续合作与团结，并表示中国和阿尔及利亚是有着非凡友谊的战略伙伴。⑤ 2020 年 5 月 7 日，《消息报》在报道中国防疫物资抵达阿尔及利亚时，引述了李连和大使的发言："中方珍视两国人民友谊，高度重视中阿两国关系。这批物资中还包括中

---

① 《抗击新冠病毒：阿尔及利亚收到中国的医疗援助》，阿尔及利亚国家通讯社，2020 年 4 月 22 日。

② 《抗击新冠病毒：中国医疗专家组完成赴阿尔及利亚任务》，阿尔及利亚国家通讯社，2020 年 5 月 28 日。

③ 《中国为阿尔及利亚提供医疗用品》，阿尔及利亚国家通讯社，2020 年 4 月 20 日。

④ 《中阿并肩，携手抗疫》，阿尔及利亚国家通讯社，2020 年 4 月 26 日。

⑤ 《中国支持阿尔及利亚抗击新冠疫情》，《消息报》2020 年 4 月 26 日。

国驻阿使馆捐赠的物资，在支持阿方抗击疫情的行列中，中国使馆不会缺席。中国政府和人民将始终同兄弟的阿尔及利亚政府和人民站在一起，相信阿尔及利亚人民一定能够早日战胜疫情。"①

　　阿尔及利亚媒体有关中国新冠疫情的负面报道大多来自对西方媒体报道的引述。例如《祖国报》3 月 30 日刊登的文章《新冠病毒：联合国与教皇呼吁全球停火》援引了一位法国官员的讲话："中国在疫情期间对其他国家提供帮助的行为有宣扬其权力模式的嫌疑。"② 阿尔及利亚媒体的负面声音还体现在中国新冠疫情对世界经济以及石油贸易的影响上。例如《哈达斯报》于 2020 年 1 月 28 日发布的题为"欧佩克对新冠疫情发展表示担忧"一文指出，欧佩克有关人士认为："中国病毒"对石油需求的影响将会越来越明显，在中国和其他国家出现的新冠病毒可能损害经济增长和对石油的需求。③《表达报》2 月 10 日的评论文章《石油可否拯救我们？》认为，"中国是世界第二大经济体，也是世界上第二大进口国和最大的石油消费国，新冠病毒已严重影响了中国的经济。"④《圣战者报》3 月 30 日的报道《全球投资下降 40％》提到，联合国贸易和发展会议于 3 月 27 日发表的关于新冠病毒流行的经济影响的研究结果显示，冠状病毒对中国的影响使全球价值链损失约 500 亿美元的出口，并将导致全球 530 万左右的人失业。⑤

　　阿尔及利亚媒体有关中国新冠疫情负面报道量的高峰出现在 2020 年 5 月，这与当月美国宣布将退出世卫组织，终止对世卫组织的资助，指责世卫组织偏袒中国有关。《表达报》2020 年 5 月 21 日的评论文章《新型冠状病毒大流行病迅速发展》提到："特朗普指责中国政府在疫情初期反应迟缓，从而造成疫情在全球的蔓延，疫情肆虐的根本原因在于中国的无能。"⑥《消息报》2020 年 5 月 30 日刊发的《特朗普结束美国与世界卫生组织的关系》一文指出："特朗普声称世卫组织已成为中国的傀儡。中国

①　《阿尔及利亚收到新一批中国援助》，《消息报》2020 年 5 月 8 日。
②　《新冠病毒：联合国与教皇呼吁全球停火》，《祖国报》2020 年 3 月 30 日。
③　《欧佩克对新冠疫情发展表示担忧》，《哈达斯报》2020 年 1 月 28 日。
④　达尔·阿萨巴：《石油可否拯救我们？》，《表达报》2020 年 2 月 10 日。
⑤　阿基拉：《全球投资：下降 40％》，《圣战者报》2020 年 3 月 30 日。
⑥　达尔·阿萨巴：《新型冠状病毒大流行病迅速发展》，《表达报》2020 年 5 月 21 日。

每年仅向世卫组织提供 4000 万美元的资金,却拥有对世卫组织的控制权,
而美国每年向世卫组织提供将近 4.5 亿美元,世卫组织却不听从美国的建
议,实施迫在眉睫的改革。因此,美国将终止与世卫组织的关系,并将这
些资金用于满足世界其他地区的紧急公共卫生需求。”①

三　报道倾向以中性偏积极为主

从报道内容来看,阿尔及利亚媒体有关中国的报道集中在政治和经济
两大领域,其中政治和国际关系的报道合计为 3495 篇,经济类报道合计
为 3869 篇,卫生医药报道因新冠疫情的流行也占据了较高的比例,占总
量的 29% (参见图 III-2-2)。

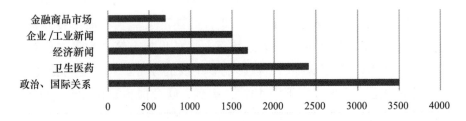

图III-2-2　2013 年 9 月至 2020 年 5 月阿尔及利亚媒体关于中国报道的主题 (篇)
资料来源:道·琼斯公司数据库 (Factiva)。

对数据库搜索结果的二次筛选显示,报道中国最多的 5 家媒体是《祖
国报》、阿尔及利亚国家通讯社、《圣战者报》《消息报》《表达报》,分
别达到 2646 篇、2082 篇、1836 篇、1576 篇和 1527 篇。由此可见,阿尔
及利亚的主流媒体是中国报道的主力,地方媒体和小众媒体较少涉及中国
主题。从积极的角度来看,在阿尔及利亚的媒体话语中,中国是相对宏大
的主题,这在一定程度上有利于巩固中国在阿尔及利亚民众中的正面形
象。从消极的角度来看,中国主题深入阿尔及利亚民间的程度有待进一步
加强,以推动民心相通,使两国关系走深走实。

对报道中出现的高频词进行梳理的结果显示,“改善”“发展”“增
长”“积极的”“增强”“成就”等词汇是出现频率较高的积极词汇。以

① 《特朗普结束美国与世界卫生组织的关系》,《消息报》2020 年 5 月 30 日。

此为关键词进行二次检索，得出 2013 年 9 月至 2020 年 5 月阿尔及利亚媒体有关中国的正面报道量为 2809 篇。"放缓""衰退""挑战""危急""泡沫""风险""腐败"和"恶化"，则是出现频率较高的消极词汇。以此进行二次检索，得出负面报道为 2527 篇。其他 7493 篇报道以客观的描述性报道为主，倾向于中性。积极报道和消极报道的峰值同步出现在 2018 年、2019 年、2020 年，两者的高峰与报道量的增长趋势一致（参见图 III - 2 - 3）。

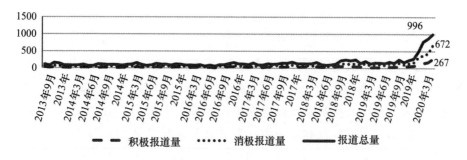

图 III - 2 - 3　阿尔及利亚媒体关于中国的报道量（按月）

资料来源：道·琼斯数据库（Factiva）。

图 III - 2 - 3 显示，2013 年至 2020 年，阿尔及利亚媒体关于"中国"的正面报道峰值集中在每年的 12 月，负面报道的峰值则出现在 2019 年 10 月。正面报道出现在 12 月，与中阿在 1958 年 12 月 20 日正式建交密切相关，2019 年 10 月的负面报道峰值则与当月 11 日中美进行新一轮经贸磋商相关。

积极报道主要聚焦中国同阿尔及利亚的双边关系以及双方在经贸领域的合作。例如，2013 年 12 月 28 日，阿通社的评论文章《阿中友好协会强调加强两国战略关系的重要性》指出，加强阿尔及利亚与中国在各个领域的战略合作意义非凡。该文援引了阿中友好协会会长伊斯梅尔·迪布什（Ismail Dabbash）的观点，阿尔及利亚同中国具有特殊友好关系，双方关系历史久远，可追溯至 50 多年前。即使在阿尔及利亚最黑暗的时期，阿中仍然保持着友好合作关系。① 2015 年 4 月 28 日，阿尔及利亚国家通讯社刊发评论文章《阿尔及利亚鼓励中国投资者在阿经济项目领域做出更多贡献》指出，阿尔及利亚总理阿卜杜·马立克·塞拉尔（Abdel Malek Sallal）在阿尔及利亚—中国经济论坛上发表讲话强调，中国已连续第二年成为阿尔及利亚第一大贸易伙伴，在此背景下，应大力鼓励中国企业在阿尔及利亚投资，确保双方伙伴关系的可持续发展，在中阿合作 2015—2019 年五年计划框架下，双方将在住房和基本设施领域以及工业、农业、旅游、能源、空间技术、数字化和培训等领域建立双赢伙伴关系。②

从具体的领域来看，阿方媒体积极报道关注基础设施、农业等领域的双边合作。例如，阿尔及利亚国家通讯社 2013 年 10 月 9 日的报道《塔布恩强调中阿在建筑领域进行技术转让的重要性》提到："阿尔及利亚住房与城市规划部部长阿卜杜·马吉德·塔布恩（Abdel Majid Taboun）与中国驻阿尔及利亚大使刘玉和在建筑和公共基础设施领域达成共识，中方将鼓励中国企业在阿尔及利亚投资，提升其技术转让能力。"③ 2020 年 3 月 11 日，阿尔及利亚公共工程和交通部交通司司长穆拉德·胡希（Murād Khūkhiy）表示，阿尔及利亚着手实施与中国合作的现代化交通运输项目，包括南北铁路网、港口与东西高速公路对接、海运合作等。④

农业是阿尔及利亚产业多样化的优先发展领域。因此，阿尔及利亚媒体非常关注中阿在该领域的合作。例如，阿尔及利亚国家通讯社 2016 年 9 月 15 日的报道《阿中有关埃利赞省盐碱地项目的协议》详细介绍了中国帮助阿尔及利亚开展埃利赞省盐碱地治理的情况。⑤《圣战者报》2017 年 9 月 23 日刊登的《阿尔及利亚与中国农业合作的强大动力》对阿尔及利亚农业农村发展和渔业部部长阿卜杜·卡德尔·布阿兹基（Abdel Kader Bouazghi）访华进行了报道。该文认为，双方签署《中华人民共和国政府

---

① 《阿中友好协会强调加强和支持两国战略关系的重要性》，阿尔及利亚国家通讯社，2013 年 12 月 28 日。

② 《阿尔及利亚鼓励中国投资者在阿经济项目领域做出更大贡献》，阿尔及利亚国家通讯社，2015 年 4 月 28 日。

③ 《塔布恩强调中阿在建筑领域进行技术转让的重要性》，阿尔及利亚国家通讯社，2013 年 10 月 9 日。

④ 《2030 年愿景中的交通运输》，阿尔及利亚国家通讯社，2020 年 3 月 11 日。

⑤ 《阿中有关赫利赞省盐碱地项目的协议》，阿尔及利亚国家通讯社，2016 年 9 月 15 日。

与阿尔及利亚民主人民共和国政府关于动物卫生和检疫的合作协定》和《中华人民共和国政府与阿尔及利亚民主人民共和国政府关于植物保护和植物检疫的合作协定》有助于中阿两国加强农业领域合作，促使中国投资者发现阿尔及利亚农业方面的潜力。[①] 2019 年 10 月 23 日，阿尔及利亚国家通讯社报道了湖南经贸代表团赴阿尔及利亚开展经贸促进活动的相关情况，提及双方在粮食、土豆等农产品进出口方面的合作。[②]

第二节 阿尔及利亚媒体关于"一带一路"报道的指数分析

自 2013 年中国提出"一带一路"倡议以来，阿尔及利亚给予积极回应。阿尔及利亚媒体有关"一带一路"倡议的报道是阿方对"一带一路"倡议态度的直接反映。对这些报道进行定量基础上的定性分析，可以进一步明确阿方对中国"一带一路"倡议的态度、期望和忧虑。

阿尔及利亚媒体关于"一带一路"倡议报道强度指数特征

以"一带一路"为关键词，对阿尔及利亚媒体关于中国的报道进行二次检索，共获得 57 篇阿文报道和 130 篇法文报道，累计 187 篇，其中 2013 年 2 篇，2014 年 5 篇，2015 年 6 篇，2016 年 6 篇，2017 年 15 篇，2018 年 75 篇，2019 年 59 篇，2020 年 19 篇（见图 III - 2 - 4）。2018 年，阿尔及利亚媒体关于"一带一路"倡议报道量显著增长，其中 7 月和 9 月报道量是考察区间的峰值，分别达到 16 篇和 20 篇。2019 年至 2020 年，因阿尔及利亚国内政局动荡和新冠疫情暴发，阿尔及利亚媒体对"一带一路"倡议的关注有所下降，但仍高于 2017 年之前的水平。

以阿尔及利亚媒体关于中国的报道量为分母，以其中的"一带一路"倡议报道量为分子，设定阿尔及利亚媒体关于"一带一路"倡议报道强度指数（Belt and Road Report Index-Strength-Algeria，BARRI-SA）。强度指

---

① 《阿尔及利亚与中国农业合作的强大动力》，《圣战者报》2017 年 9 月 23 日。
② 《奥马里向中国经销商展示阿尔及利亚农业领域的机遇》，阿尔及利亚国家通讯社，2019年 10 月 23 日。

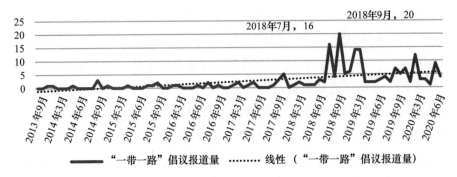

图 III - 2 - 4　阿尔及利亚媒体关于"一带一路"倡议报道量（按月，篇）

资料来源：道·琼斯数据库（Factiva）。

数所反映的阿尔及利亚媒体对"一带一路"倡议关注度的变化动态呈现出以下几个特点。

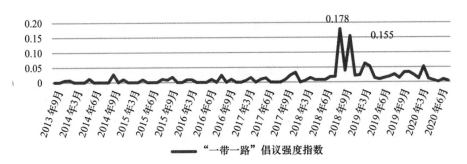

图 III - 2 - 5　阿尔及利亚媒体关于"一带一路"倡议报道强度指数（按月）

资料来源：道·琼斯数据库（Factiva）。

　　第一，自 2017 年以来，阿尔及利亚媒体关于"一带一路"倡议报道的强度指数开始增长。在考察期间，阿尔及利亚媒体关于"一带一路"倡议报道的强度指数的平均值为 0.013。其中，2013 年的月均强度指数为 0.003，2014 年为 0.004，2015 年、2016 年两年均为 0.005，2017 年为 0.009，2018 年为 0.046，2019 年为 0.025，2020 年为 0.006（见图 III - 2 - 5）。2013 年至 2016 年，强度指数一直处于较低水平，平均值仅为 0.004，有多个月份的指数为零。这表明在"一带一路"倡议提出后的一个时期内，阿尔及利亚媒体对该议题的关注很少。同期，阿尔及利亚媒体关于中国报道的内容显示,其主要的关注点仍是中阿合作的传统话题。在这一时期,阿尔及利亚媒体仅对"一带一路"倡议进行了介绍性报道,较少涉及"一带一路"倡议与中阿合作关系的深度分析。2017 年,强度指数显著升高,平均值较上一年增长了 80%,10 月的峰值达到了 0.024。

第二,阿尔及利亚经济发展的需求助推指数升高。2016 年,国际油价低迷,阿尔及利亚经济下行,经济结构不平衡的弊端凸显。在此背景下,阿方与中国产业合作的意愿增强,双方于当年 10 月签署了政府间关于加强产能合作的协议。阿尔及利亚媒体对"一带一路"倡议的关注度有所提高,由此促成了 2017 年强度指数的显著提高。在阿尔及利亚媒体的报道中,阿方官员提出要抓住中国发起的"一带一路"倡议所提供的机遇,重视中阿之间的战略伙伴关系。[①] 2017 年 9 月,"一带一路"倡议中非合作发展论坛、"一带一路"倡议媒体合作论坛的召开是促成 10 月阿尔及利亚媒体关于"一带一路"倡议报道强度指数显著提升的关键因素。

第三,中方主导的合作机制是影响指数的重要因素。如图 III – 2 – 5 所示,报道强度指数与"一带一路"倡议报道量变化趋势基本一致,总体呈上升趋势。2017 年 10 月,强度指数出现第一次高峰。2018 年是强度指数平均值最高的年份,当年 7 月和 9 月则是考察期间强度指数的两个高值。7 月出现高值的原因在于中非合作论坛第八届部长级会议的召开,9 月则是因为阿尔及利亚外交部长梅萨赫勒与中国国家发展和改革委员会主任何立峰在中非合作论坛峰会期间就中国"一带一路"倡议签署了谅解备忘录。阿尔及利亚媒体对此高度关注,例如《圣战者报》的评论文章《丝绸之路:更合理的资金配置》一文指出,自 2014 年中阿建立全面战略伙伴关系以来,双方已完成 5 个大型投资项目,其中包括泰贝萨省磷酸盐一体化综合项目和切尔切尔港(Cherchell)建设项目。该文认为,"丝绸之路经济带"正在改变世界金融体系,阿方应进一步研究如何与之对接。[②] 由此可见,中方主导的合作机制,对提升阿尔及利亚媒体对"一带

---

① 亚齐德·塔勒布:《阿尔及利亚期待更多中国投资》,《阿尔及利亚焦点》2017 年 10 月 11 日。

② 谢里夫·贾利勒:《丝绸之路:更合理的资金配置》,《圣战者报》2018 年 9 月 20 日。

一路"倡议的关注具有显著的作用。

第三节　阿尔及利亚媒体关于"一带一路"
报道的内容解读

上述定量分析结果显示，自"一带一路"倡议提出以来，尽管阿尔及利亚媒体相关报道的数量不多，但以正面积极为主，占报道总量的71%，中性报道占28%，仅有2%左右的报道为负面。关于"一带一路"倡议报道主要集中在阿尔及利亚国家通讯社、《消息报》《圣战者报》《表达报》四家媒体，其报道量占报道总量的79%。正面报道从宏观角度肯定了"一带一路"倡议对中国同阿尔及利亚关系发展的意义，负面报道则反映了阿方对"一带一路"倡议的忧虑，集中在债务、就业、大国关系等方面。

一　阿尔及利亚对"一带一路"倡议正面报道的关注点

第一，中国同阿尔及利亚建立新型战略合作关系。"一带一路"倡议与中阿关系发展的结合点是阿尔及利亚报道的焦点之一。其报道指出，"一带一路"倡议旨在建设一条现代化的丝绸之路，通过陆路和海路将中国与东南亚、中亚、中东、欧洲和非洲相连，并通过向各个国家提供市场准入，支持可持续发展目标。[①] 阿尔及利亚外交部长梅萨赫尔（Abdelkader Messahel）指出，过去几年来，阿尔及利亚与中国的关系发展迅速，中国已成为阿尔及利亚第一大贸易伙伴，近年来，双边贸易额维持在80亿美元左右。谈及两国之间的合作，梅萨赫尔表示，中阿合作涉及各个领域，包括基础设施、农业、能源、自然资源、科技等。[②]

媒体的报道指出，中国和阿尔及利亚各自制定新的五年发展规划后，新丝绸之路计划将给阿尔及利亚带来机遇。[③] 阿尔及利亚经济学家阿卜杜

---

① 《中阿合作论坛：两个文明间交往中的一环》，阿尔及利亚国家通讯社，2018年7月9日。
② 《中阿建交六十周年：梅萨赫尔强调两国特殊关系》，阿尔及利亚国家通讯社，2018年7月8日。
③ 《阿尔及利亚—中国：从新丝绸之路中受益的长期发展蓝图》，阿尔及利亚国家通讯社，2019年12月27日。

勒·努尔·卡什（Abdel Nour Kashi）认为，阿尔及利亚必须制定长期发展战略，以抓住中国"一带一路"倡议的机遇，并在中国的全球再分配中寻求优先权，以进一步加强两国关系。[①]

阿尔及利亚媒体就"一带一路"倡议提出了提升中阿关系的具体建议，即两国应共同努力，在互信协商、繁荣共赢的基础上，按照"扩大协商、共同参与、互惠互利"的原则，开展"一带一路"建设，巩固两国政治关系，加强经济和人文交流，充分利用现有的双边合作机制，实现共同发展目标。[②]

第二，扩大中国同阿尔及利亚经贸合作的领域。阿尔及利亚媒体的相关报道论及中阿在基础设施、能源、科技、制造业和旅游业等多个领域的合作期待。媒体的报道指出，阿尔及利亚与中国的关系不应仅限于贸易领域，两国还可以在生产性投资、技术转让方面加强合作。[③]

阿媒体报道着眼其历届政府高度重视的基础设施建设领域，表达了在这一领域实现深度合作的期望。报道指出，中方提供 33 亿美元贷款实施阿尔及利亚汉达尼亚港（Port of El Hamdania）项目，对阿尔及利亚和北非地区均具有战略意义，该项目与撒哈拉以南道路相衔接，能够将中国市场与非洲市场连接起来，从而吸引全球投资者的投资兴业，并通往地中海和非洲地区。[④] 2018 年 11 月 26 日，阿尔及利亚国家油气公司（Sonatrach）、阿斯米达勒化肥公司（Asmidal）和马纳勒矿业公司（Manal）与中国中信公司签署了综合磷酸盐转化项目协议。该项目是阿尔及利亚近十年来发起的首个重大工业项目，预期年净收益为 15 亿美元。其中的基础设施投资将超过 7000 亿第纳尔，有望创造 14000 个就业机会。相关报道指出，该项目反映了中阿双边关系已从项目换资金的关系升级为真正的

---

① 《阿尔及利亚—中国：从新丝绸之路中受益的长期发展蓝图》，阿尔及利亚国家通讯社，2019 年 12 月 27 日。

② 《阿尔及利亚通过与"丝绸之路经济带倡议"有关的谅解备忘录》，阿尔及利亚国家通讯社，2019 年 7 月 8 日。

③ 《自布特弗利卡总统上台以来，阿中关系发展显著》，阿尔及利亚国家通讯社，2016 年 7 月 29 日。

④ 《中阿建交六十周年：梅萨赫尔强调两国特殊关系》，阿尔及利亚国家通讯社，2018 年 7 月 8 日。

伙伴关系。①

中阿产能合作亦是阿尔及利亚媒体关注的焦点。2016 年 10 月，中国同阿尔及利亚签署政府间关于加强产能合作的协议。阿尔及利亚媒体对此进行了报道，回应了协议的内容，强调了中阿在制造业、矿产开采、机械工业、铁路、钢铁工业、基础设施、石化工业、可再生能源、建筑材料等领域拓展合作的必要性。② 阿尔及利亚媒体高度关注"一带一路"倡议对阿尔及利亚产业多样化的促进效应。报道认为，阿尔及利亚的高能耗工业、人口增长、国内消费指数高等因素是阻碍阿尔及利亚产业多样化的不利因素，"一带一路"倡议将有助于阿尔及利亚开发太阳能、建设洲际电网。③ 阿尔及利亚媒体报道对通信领域的中阿合作亦充满期待，例如，2017 年中国成功发射阿尔及利亚的第一颗通信卫星等。

阿尔及利亚媒体报道还论及双方在教育、旅游以及艺术领域的产业合作。报道认为，增强两国高校之间的交流有利于加深两国在人力资源领域的合作。④ 此外，双方还挖掘在旅游资源开放领域合作的潜力，并加强人员交流和培训，鼓励中国公民赴阿尔及利亚旅游，以促进两国旅游业的繁荣，开发阿尔及利亚旅游文化多样性。⑤

第三，重视采纳中国主渠道观点。以阿尔及利亚国家通讯社为代表的阿尔及利亚官方媒体对中国主渠道观点的引述呈逐年上升的态势，尤其是关于中阿关系定位的报道和评论文章。共有 43 篇阿尔及利亚媒体关于"一带一路"倡议的报道引述了中国国家领导人、驻外使节的观点。

例如《圣战者报》的评论文章《中非合作论坛：向前发展的共同意愿》曾援引中国人民政治协商会议全国委员会主席汪洋的观点。⑥ 该报的另一篇评论文章《中国正在大胆思考……并希望走得更远》则引述了张

---

① 《阿尔及利亚—中国磷酸盐开采大型项目启动》，《地平线报》2018 年 11 月 26 日。

② 《中阿建交六十周年：梅萨赫尔强调两国特殊关系》，阿尔及利亚国家通讯社，2018 年 7 月 8 日。

③ 《阿尔及利亚—中国：从新丝绸之路中受益的长期发展蓝图》，阿尔及利亚国家通讯社，2019 年 12 月 27 日。

④ 《阿尔及利亚和中国致力于在旅游领域合作》，阿尔及利亚国家通讯社，2016 年 9 月 19 日。

⑤ 《阿尔及利亚和中国致力于在旅游领域合作》，阿尔及利亚国家通讯社，2016 年 9 月 19 日。

⑥ 《中非合作论坛：向前发展的共同意愿》，《圣战者报》2018 年 9 月 6 日。

高丽副总理的讲话内容。①

2018 年阿尔及利亚国家通讯社的评论文章《阿尔及利亚是第一个与中国建立全面战略伙伴关系的阿拉伯国家》大篇幅引述了时任中国驻阿尔及利亚大使杨广玉的观点，包括中阿关系 60 周年是一个"新起点"，中国将以两国人民的利益为出发点，发展与阿尔及利亚的伙伴关系，随着阿方金融和商业环境的改善以及经济多元化的发展，中国将加快在阿尔及利亚投资的步伐，等等。②

2019 年 1 月 8—10 日中国国家国际发展合作署署长王晓涛对阿尔及利亚进行为期 3 天的工作访问。阿尔及利亚媒体认为，此次访问正值中阿建交 60 周年之际，此举证明了阿中两国在各领域的合作不断发展，特别是在两国关系提升为全面战略伙伴关系之后。③

在阿尔及利亚媒体关于"一带一路"倡议的报道中，共有 16 篇关于中国驻阿尔及利亚现任大使李连和的报道。例如，阿尔及利亚国家通讯社 2019 年 6 月 19 日的评论文章《"丝绸之路经济带"：阿尔及利亚已成为中国第五大非洲贸易伙伴》肯定了李连和大使关于中阿关系的论断："中阿关系在持续不断发展，中国愿意与阿尔及利亚合作，为两国人民创造福祉。"④

2019 年 5 月 2 日，《圣战者报》的评论文章《阿尔及利亚—中国：共建"一带一路"》，报道了 2019 年 4 月 25—27 日在北京召开的第二届"一带一路"国际合作论坛。该文对李连和大使进行了采访，他表示：

> 第二届论坛比第一届论坛取得了更丰富的成果。包括阿尔及利亚在内的 127 个国家和 29 个国际组织已与中国签署了"一带一路"合作文件。政府间合作协议和项目总计已达 283 个，参加论坛企业家会议的中外公司共签署了总额超过 640 亿美元的合作协议。这说明"一

---

① 《中国正在大胆思考……并希望走得更远》，《圣战者报》2017 年 10 月 3 日。

② 《阿尔及利亚是第一个与中国建立全面战略伙伴关系的阿拉伯国家》，阿尔及利亚国家通讯社，2018 年 5 月 7 日。

③ 《中国国家国际发展合作署署长对阿尔及利亚进行工作访问》，《圣战者报》2019 年 1 月 9 日。

④ 《"丝绸之路经济带"：阿尔及利亚已成为中国第五大非洲贸易伙伴》，阿尔及利亚国家通讯社，2019 年 6 月 19 日。

带一路"倡议为世界各国提供了诸多贸易机会。①

二   对"一带一路"建设的忧虑

第一,"一带一路"建设是否会加剧阿尔及利亚的债务风险。自 2018 年 4 月起,国际货币基金组织和国际上的一些专家表示,中国的丝绸之路或将导致许多国家面临借贷螺旋式上升的风险。这一观点引起了阿方的关注。2019 年,阿尔及利亚对中国的进口总额约为 77 亿美元,出口额仅为 16 亿美元。② 双方贸易不平衡的状况对给阿方带来一定的顾虑。阿尔及利亚国家通讯社 2020 年 2 月 3 日刊发的《阿尔及利亚外汇储备为 620 亿美元》的报道指出,阿尔及利亚央行行长贝纳德拉曼(Aï men Benabderrahmane)表示,2017 年,阿尔及利亚的外汇储备达 973 亿美元,2018 年底为 799 亿美元,截至 2019 年 4 月,阿尔及利亚的外汇储备为 726 亿美元,2020 年 2 月已降至 620 亿美元。③ 根据现有数据预测,阿尔及利亚外汇储备至 2020 年底将缩减至 516 亿美元。因此,阿尔及利亚国内担忧中阿进出口贸易的失衡将加重阿尔及利亚外汇储备紧缺的状况,并导致外债上升。④

第二,"一带一路"建设是否会加剧阿尔及利亚就业困境。阿尔及利亚是中国在海外重要的工程承包市场之一,2017 年,中国在阿尔及利亚签订工程承包合同总额近 770 亿美元。⑤ 中国企业在阿尔及利亚的投资主要集中在房建、铁路、公路、水利等基础设施建设项目以及能源、电信等领域。截至 2017 年底,中国对阿尔及利亚直接投资额累计为 25 亿美元,主要集中在石油和矿业开发领域。⑥ 中国劳务工人数量从 2013 年的 2 万人

① 《阿尔及利亚—中国:共建"一带一路"》,《圣战者报》2019 年 5 月 12 日。

② 中华人民共和国驻阿尔及利亚大使馆经济商务处:《阿海关外贸数据(2019 年 1—12 月)》,http://dz.mofcom.gov.cn/article/ztdy/202002/20200202936414.shtml。

③ 《阿尔及利亚外汇储备为 620 亿美元》,阿尔及利亚国家通讯社,2020 年 2 月 3 日。

④ 《阿尔及利亚外汇储备为 620 亿美元》,阿尔及利亚国家通讯社,2020 年 2 月 3 日。

⑤ 中华人民共和国商务部中国对外承包工程商会:《中国对外劳务合作发展报告 2017—2018》,http://fec.mofcom.gov.cn/article/tzhzcj/tzhz/upload/dwlwhz2017-2018.pdf。

⑥ 中华人民共和国商务部中国对外承包工程商会:《中国对外劳务合作发展报告 2017—2018》,http://fec.mofcom.gov.cn/article/tzhzcj/tzhz/upload/dwlwhz2017-2018.pdf。

增加至 2015 年的 5 万人。① 截至 2018 年底,非洲的中国劳务工人数量约为 20 万人,在阿尔及利亚的中国劳工数量占其总数的 30%。② 截至 2018 年 10 月,阿尔及利亚失业率达到 11.7%,其中大学毕业生约占失业总人数的 19%。③ 鉴于这样的情况,阿方担忧"一带一路"倡议实施后,中国劳工人数将进一步增加,可能会加重阿尔及利亚严峻的就业形势。例如 2018 年 1 月 31 日,《祖国报》刊文《汉达尼亚港:新丝绸之路》指出,中国制造的产品消耗了大量的原材料、能源以及廉价劳动力,更无须提及其对环境的影响了。中国人并未在阿尔及利亚创造工作机会,而是从阿尔及利亚人手中获取工作。④

第三,"一带一路"建设可能不利于中美关系。在中国推进"一带一路"建设的过程中,中美政治、经济关系的走向是阿尔及利亚媒体的重要关注点。从政治角度来看,阿尔及利亚媒体认为,中国"一带一路"倡议的提出,代表着中国外交的"西进"倾向。在推进"一带一路"建设的过程中,中美关系无论是对阿拉伯国家还是非洲国家都有重要影响。阿尔及利亚媒体认为,中美之间能否形成和谐且有利于地区稳定与发展的关系,是有待回答的问题。

例如《消息报》2019 年 4 月 3 日刊文指出,"一带一路"倡议已将中国的经济和科技力量影响扩大到世界各国,中国政府和科技研发公司已向许多国家提供了电信基础设施建设和人工智能产品等。报道认为,该倡议旨在加强中国与亚洲、非洲、欧洲和美洲之间的投资、贸易和基础设施等领域的联系。中国通过"一带一路"倡议,为非洲提供贷款并出口技术。在基础设施方面,中国华为公司已在拉丁美洲创建了最大的公共无线网络,还在欧洲推广第五代电信网络。⑤ 这使美国开始忌惮中国的科技力量,美国对中国华为的制裁也未停止。因此,中美在此问题上如何相互协调也是"一带一路"建设所面临的问题之一。

---

① Dalia Ghanem, "The China Syndrome," *Carnegie Endowment for International Peace*, November 18, 2016, https://carnegie-mec.org/diwan/66145, 登录时间: 2020 年 6 月 22 日。

② "Date: Chinese Workers in Africa," *The Paul H. Nitze School of Advanced International Studies*, http://www.sais-cari.org/data-chinese-workers-in-africa.

③ "Algeria Overview," *World Bank*, http://www.worldbank.org/en/country/algeria/overview.

④ 《汉达尼亚港:新丝绸之路》,《祖国报》2018 年 1 月 31 日。

⑤ 《美国担心中国的技术优势》,《消息报》2019 年 4 月 3 日。

第四节　加强对阿尔及利亚公共外交的对策建议

"一带一路"倡议顺应经济全球化、区域经济一体化发展趋势，为阿尔及利亚经济发展提供了新的机遇。首先，阿尔及利亚媒体肯定中方对"丝绸之路"历史价值的定位，赞赏"一带一路"倡议促进沿线国家共同发展的良好愿望，认可"一带一路"是和平之路、发展之路。自2013年以来，阿尔及利亚媒体有关中国的报道倾向总体上呈积极趋势。与此同时，由于中阿经济发展的互补性仍有待进一步深挖，双方之间的贸易不平衡客观存在，导致阿方对两国间"一带一路"合作的前景产生忧虑。其次，以法国为代表的西方媒体对阿尔及利亚舆论的传统影响力仍然较大，一些来自西方的反华声音或多或少地影响了阿尔及利亚媒体对华报道的倾向。最后，自新冠疫情暴发以来，国际舆论对中国的态度多有不逊，当前疫情的发展方向仍不明朗，这也对阿尔及利亚阿媒体的对华态度产生了影响。基于这些情况，建议从以下方面着手改善两国交往的舆论环境，提升中国形象，增进阿尔及利亚民众对中国的好感，从而助力两国"一带一路"建设合作。

一　改善中阿贸易不平衡状况，优化贸易结构

从阿尔及利亚媒体有关"一带一路"倡议报道的变化规律来看，经贸合作是阿尔及利亚媒体对"一带一路"倡议高度关注的话题。因此，中方在未来的宣传中仍可突出上述主题，特别是改善中阿贸易不平衡状况，优化中阿贸易结构等。首先，调整中阿贸易中的商品结构，使出口产品更贴近阿尔及利亚市场的需求，同时为阿尔及利亚优势产品进入中国市场提供机会。其次，进一步推进双方贸易便利化，为阿尔及利亚某些优势产品提供关税优惠，促进中阿贸易平衡，消除阿方疑虑。最后，合理参与阿尔及利亚资源开发，帮助阿尔及利亚发展资源加工业，提高资源附加值，将资源优势转化为社会经济发展的动力，保持阿尔及利亚对"一带一路"倡议的积极态度和期待。

二　提高中阿合作对阿尔及利亚经济社会发展的贡献度

阿尔及利亚媒体关于"一带一路"倡议的报道非常关注中阿合作对阿尔及利亚经济社会发展的贡献度。提升中国在阿尔及利亚民众中的形象和美誉度，需要从根源上着手，通过实实在在的合作成效，提高阿尔及利亚媒体对"一带一路"倡议报道的正面倾向。具体而言，可从三方面助力阿尔及利亚经济社会发展。

首先，进一步扩大对阿尔及利亚的投资规模。据中国商务部统计，截至 2018 年末，中国对阿尔及利亚直接投资存量为 21 亿美元。中国企业在阿尔及利亚的投资主要集中在油气、矿业领域，主要项目有油气区块风险勘探以及矿业勘探开发项目。钢铁生产、软木生产、饭店、纺织、贸易等方面仅有少量私人投资。[①]"一带一路"倡议为拓宽投资领域创造了契机，中方可以参考阿尔及利亚经济发展规划，丰富投资领域，扩大投资规模，更深入地参与阿尔及利亚经济发展进程，实现更大范围的互利共赢。例如，参与石油天然气上游领域招投标项目，开展新能源合作，抓住阿尔及利亚油品升级换代的契机，与阿方合作建设二次加工装置和扩建项目，加强港口等基础设施建设。

其次，提高员工本地化率。就业率低下是长期困扰阿尔及利亚经济社会发展的痼疾之一。可以从人力资源结构调整着手，努力提高属地化管理水平，通过与当地人力资源公司合作，合理雇用当地员工，密切与当地劳动力市场的联系，推动中资企业融入当地社会，在阿尔及利亚保持良好的社会关系。

最后，推动中国对阿尔及利亚劳务输出转型升级。推动由低端劳动密集型劳务向中高端知识型劳务输出转型。培育和储备大中专毕业生、职业技术学校毕业生等中高端劳务资源；加强对输出劳务的语言培训、劳务技术培训并提高这类人群的人文、宗教、历史、法律等方面的知识水平。

---

① 中国商务部国际贸易经济合作研究院、中国驻阿尔及利亚大使馆经济商务处、中国商务部对外投资和经济合作司：《对外投资合作国别（地区）指南——阿尔及利亚（2019 年）》，第 28 页。

三   拓宽对阿尔及利亚宣传渠道，传递中国声音

通过对阿尔及利亚媒体关于中国报道和"一带一路"倡议报道的全面分析，可以发现，西方媒体对阿尔及利亚的对华态度仍有不小影响。因此还应进一步拓展对阿尔及利亚的宣传渠道，传递中国声音。

首先，进一步增进两国人文领域的交流。阿尔及利亚媒体所反映的对中国的态度和立场在一定程度上是阿尔及利亚民心民意的体现。因此，通过加深两国人文交流，增强两国民众之间的民心相通是保持和提升中国形象的关键所在。可以通过开办孔子学院、文学作品互译、影视作品交流、文化产品输出、新媒体合作等多种渠道，多维度加深阿尔及利亚民众对中国的认知。

其次，在对阿尔及利亚媒体宣传中应突出重点，及时释疑。当前中国媒体对阿拉伯国家的外宣工作仍以整体宣传为主，对各个阿拉伯国家的不同诉求关注不足。在阿尔及利亚媒体有关"一带一路"倡议的报道中，采纳中方观点的大多是中国主流媒体的通稿，对于两国间合作的深度报道较少。由此可见，在对阿尔及利亚的外宣中，也应逐步实现"一国一策"，以切实提升阿尔及利亚媒体对中国报道的深度，为两国间的全方位合作营造有利的媒体环境。

第三章　中阿全面战略伙伴关系的前景

20 世纪 50 年代以来，中国和阿尔及利亚战略伙伴关系可以分为三个发展阶段——政治共同体（1958—1979）、利益共同体（1979—2014）和命运共同体（2014 年以来）。在命运共同体建设阶段，中阿建立了全面战略伙伴关系，阿尔及利亚也是西亚北非地区和阿拉伯世界第一个与华建立全面战略伙伴关系的国家。中阿两国在历史上的相互同情、相互支持，两国在经贸领域的互补性，两国在油气资源上的深度合作，以及两国在高新技术领域的拓展，是支撑其全面战略合作关系的重要动因。

第一节　中阿全面战略伙伴关系的基础

尽管近年来阿尔及利亚国内发生了一些罢工和抗议示威活动，但是远没有达到像"阿拉伯之春"期间突尼斯、埃及、利比亚、叙利亚和也门等阿拉伯国家民众抗议的激烈程度。[①] 由于阿尔及利亚国内缺乏可信的、具有广泛号召力的反对力量，十年内战的惨痛历史教训使得民众摒弃暴力示威，加上军方对政府的强烈支持，使得阿尔及利亚在可以预见的未来仍可以保持国家的整体稳定。[②] 在此背景下，中国和阿尔及利亚都把改革、发展和稳定作为国家的首要任务，两国全面战略伙伴关系建立的主要动因包括历史因素、经济因素、能源因素、地缘因素和政策因素五个层面。

---

① 参见：علي بن لقرع الجزائر في والمجتمع الدولة بين الثقة أزمة . http://democraticac.de/? p = 44289.

② Boutheina Cheriet, "The Arab Spring Exception: Algeria's Political Ambiguities and Citizenship Rights," *The Journal of North African Studies*, Vol. 19, No. 2, 2014, pp. 148 – 152.

一　历史因素

中国和阿尔及利亚在几十年的外交关系中，始终奉行务实主义和现实主义政策。两国传统友谊深厚，在各自独立和发展时期始终相互支持。历史上中国和阿尔及利亚传统友谊深厚、政治互信水平高，甚至超过了中国与东欧社会主义阵营国家的关系。在阿尔及利亚民族独立斗争最困难的时候，中国给予阿方大量的无私援助，帮助阿尔及利亚克服重重困难，实现国家独立，并在阿尔及利亚独立后帮助其进行国内经济建设。① 中阿战略关系的维持与发展，与共同的历史记忆有很大关系。第二次世界大战结束后，中国摆脱西方大国的阻挠，最终实现民族独立；阿尔及利亚在民族独立过程中，尤其是在摆脱法国的殖民统治过程中也付出了沉重代价，帝国主义、殖民主义成为双方共同的敌人；追求独立自主、自力更生、国家独立和民族振兴是作为发展中国家的中国和阿尔及利亚共同追求的目标。中阿全面战略伙伴关系的建立与发展，与共同的历史记忆有很大关系。共同的历史记忆和"政治共同体"成为双方全方位合作的基础。

阿尔及利亚则在中国恢复联合国合法席位的斗争中做出了巨大贡献，是著名的"两阿提案"国之一，并在"台湾问题""西藏问题""人权问题"以及2016年中国南海问题等涉及中国核心利益和重大关切的问题上始终给予中国坚定支持。② 中阿两国历史上没有发生过重大的现实利益矛盾和冲突，两国建交60多年来，历经国际风云变幻，始终相互同情、相互支持、相互依存，正如中国全国政协前主席俞正声在2014年11月访问阿尔及利亚时所表示的那样："中方高度重视同阿尔及利亚的友好合作关系，始终视阿为好兄弟、好朋友、好伙伴。"③ 中阿在革命与战争时期结成的深厚友谊为新时代中阿战略合作提供了坚实的基础。

---

① African Development Bank, "Chinese Investments and Employment Creation in Algeria and E-gypt," *Economic Brief*, 2012, p. 8.

② Chris Zambelis, "China's Inroads into North Africa: An Assessment of Sino-Algerian Relations," *China Brief*, Vol. 10, No. 1, 2010, p. 13.

③ 《俞正声对阿尔及利亚进行正式友好访问》，《人民日报》2014年11月4日第1版。

二　经济因素

在经济方面，两国经贸领域发展迅速，经济互补性强。中阿双方均认为，作为亚洲和非洲面积最大的发展中国家，促进经济和社会发展、改善民生、拉动就业、提高人民生活水平是摆在中国和阿尔及利亚两国政府面前长期的艰巨任务。中国拥有丰富的国内基础设施建设经验，在建筑、高铁、石油勘探和开发、新能源开发、航空航天等领域拥有成熟、先进的技术，而阿尔及利亚则缺乏先进技术和独立开展上述重大项目的能力，并对这些领域的需求巨大，两国合作前景广阔。[①] 阿尔及利亚五年发展规划（2015—2019）提出，阿尔及利亚将大力发展农业、能源、旅游、信息技术、可再生能源等产业，促进国家经济发展；将加大在建筑和住房、基础设施建设、卫生、水资源利用、科学和技术培训等领域的投入力度，以改善民生，为此将拨出 2800 亿美元用于国内投资，并鼓励外国在上述领域进行投资，加强与其他国家的经济技术合作。阿尔及利亚将建造 60 座电站（含燃气、光伏、风力）。届时，阿尔及利亚太阳能发电将占总发电量的 3%，国内电力需求的 40% 来自可再生能源。可再生能源发电量将达2.2 万兆瓦，其中 1.2 万兆瓦用于满足国内需求，1 万兆瓦供出口。根据阿尔及利亚能源发展规划，预计到 2030 年，阿尔及利亚政府将制定相关投资鼓励政策，吸引国内外投资者积极投资新能源领域。[②] 中国本着"商务优先"的务实外交原则，在与广大马格里布地区国家经济合作过程中，不干涉他国内政，不附加政治条件，以双边经济合作推动经济治理。[③] 中国历届政府抓住机遇，充分发挥自身的技术成本效率优势，加强与阿尔及利亚政府和企业的合作，拓宽在阿尔及利亚市场上的份额，实现自身更大的发展。

在阿尔及利亚独立后中阿就建立了贸易联系。1970 年，两国贸易总额为 17721 万美元，其中，中国出口额为 11200 万美元，阿尔及利亚出口额为 6521 万美元，贸易额逐渐上升，1978 年贸易总额达到 76499 万美

---

① Chris Zambelis, "China's Inroads into North Africa: An Assessment of Sino-Algerian Relations," *China Brief*, Vol. 10, No. 1, 2010, p. 11.

② 阿尔及利亚驻华大使馆网站（http://www.algeriaembassychina.net）。

③ 孙德刚：《中国参与中东地区冲突治理的理论与实践》，《西亚非洲》2015 年第 4 期。

元，其中，中国出口额为 47349 万美元，阿尔及利亚出口额为 29150 万美元。① 进入 90 年代后，由于内战爆发，阿尔及利亚国内社会动荡不安，经济出现困难，外汇紧缺，导致中阿双边贸易额显著下降。随着阿尔及利亚取消国家垄断贸易的做法，并适度放宽了外汇管制，阿尔及利亚国有大公司占贸易主导地位的局面被打破，一大批具有进出口权的阿尔及利亚私营企业加入中阿贸易的队伍中来。② 至 20 世纪 90 年代后期，中阿双边贸易较 90 年代初有所回升。

进入 21 世纪以来，随着阿尔及利亚国内局势趋于稳定，阿尔及利亚经济恢复发展，中阿贸易进入快速发展时期。根据中国海关的统计，2001年中阿双边贸易额为 29234 万美元，同比增长 47%，增长率居中东、北非国家之首。其中，中国向阿尔及利亚出口额为 22235 万美元，增长28.6%；从阿尔及利亚进口额为 6999 万美元，增长 169.8%。2002 年，中阿双边贸易额达到 43380 万美元，同比增长 48.4%。其中，中国向阿尔及利亚出口额为 35190 万美元，增长 58.3%；从阿尔及利亚进口额为8190 万美元，增长 17%。进出口额均创历史最高纪录。2002 年比 2000年 1986 万美元增长 118%，在两年内实现翻一番有余。③

2006 年 11 月，阿尔及利亚承认中国市场经济地位。④ 这对于中国企业和商品进入阿尔及利亚市场具有重要意义，此后中阿贸易迅速增长。随着两国经贸关系的不断升入，两国贸易额不断创造新高，阿尔及利亚政府承诺今后在双边贸易中将逐步使用人民币进行结算。2014 年阿尔及利亚自中国进口额为 81.97 亿美元，相比上年增长 20.2%，中阿双边货物进出口总额为 100.14 亿美元，中国超越法国，成为阿尔及利亚第一大进口来源国和第一大贸易伙伴，越来越多的 "中国制造" 进入了阿尔及利亚市场。⑤ 受 2014 年国际油价下跌的影响，阿尔及利亚外汇收入减少，2015

---

① 阿尔及利亚海关网（http：//www. douane. gov. dz）。

② 张良军：《阿尔及利亚经商指南》，中国经济出版社 2005 年版，第 68—74、146—149 页。

③ 《中国和阿尔及利亚双边贸易统计》，中国贸易促进网（http：//www. tdb. org. cn/news/21856）。

④ 马珂珂：《中国—阿尔及利亚经贸关系》，中国国际贸易促进委员会网站（http：//www. ccpit. org/Contents/Channel_ 3362/2015/0129/444305/content_ 444305. htm）。

⑤ 中华人民共和国商务部网站（http：//countryreport. mofcom. gov. cn/record/view110209. asp? news_ id＝43033）。

年和 2016 年中阿贸易受到不利影响，双边贸易总额相较 2014 年出现了下滑。2020 年，受全球新冠疫情影响，中阿双边货物进出口总额为 65.94 亿美元。

表 III - 3 - 1　　　2014—2020 年中国与阿尔及利亚进出口贸易额　　　（千万美元）

年 份	2014	2015	2016	2017	2018	2019	2020
中国自阿进口额	181.7	77.4	33.2	44.7	117.8	78.2	99.7
中国向阿出口额	819.7	759.8	765.4	678.4	792.7	447.8	559.7
双边贸易总额	1001.4	837.2	798.6	723.1	910.5	556	659.4

资料来源：中国海关信息网（http：//www. haiguan. info）。

中国和阿尔及利亚经济互补性强，经贸领域发展迅速，中阿两国在经贸领域签订了一系列双边协定。同时，中阿还建立了经贸混委会会议机制，以协调两国经贸合作事宜。[1] 这一系列双边协议的签订和中阿经贸混委会会议的成功召开将有力地促进双边贸易发展，为中国企业进入阿尔及利亚市场提供政策支持。

近年来，中国经济社会发展迅速，综合国力不断提升，阿方瞄准以中国为代表的新兴大国群体性崛起所带来的机遇，希望加强和深化与中国的全方位合作，以带动自身经济可持续发展，而中国则希望进一步增加在阿尔及利亚市场上的份额，服务于正在进行的经济结构转型升级。随着中国"一带一路"倡议的提出，阿尔及利亚因其重要战略地位而成为实施"一带一路"倡议的中东和非洲支点国家之一，中阿战略合作的重要性和必要性进一步提升，两国各领域合作前景广阔，而"一带一路"倡议背景下中阿两国战略合作所面临的风险和挑战也亟待认真研究和应对。

在建筑工程方面，阿尔及利亚是中国在中东和北非地区最大的海外建

----

[1]　《中国、阿尔及利亚经贸合作简况》，中国驻阿尔及利亚大使馆网站（http：//dz. mofcom. gov. cn/article/zxhz/200706/20070604791610. shtml）。

筑承包市场，而这个市场还有着巨大的发展潜力和合作机会。① 阿尔及利亚国土绝大部分是沙漠，绝大部分人口集中在地中海沿岸，人口压力大，社会建设任务繁重。据阿尔及利亚住房、城市规划和城市部称，阿尔及利亚在五年（2015—2019）里投资约 560 亿美元建造各类住房 160 万套。② 中国企业进入阿尔及利亚国内建筑承包市场时间早，具有丰富的承包建设经验和熟练的技术人员。2006 年 5 月，中国中信集团有限公司（CICTC）和中国铁建公司（CRCC）共同获得阿尔及利亚东西高速公路项目中的中段和西端建设工程，该项目是目前世界上最大的道路工程建设项目，将贯通阿尔及利亚的东部和西部，并将阿尔及利亚与突尼斯、摩洛哥的公路连接起来。③ 2017 年 3 月，中国驻阿尔及利亚大使杨广玉前往阿尔及利亚贝贾亚省，出席由中铁建阿尔及利亚分公司承建的贝贾亚高速公路连接线项目阿玛鲁—阿克布（Amalou Akbou）互通至东西高速公路 42 千米一期工程通车典礼。阿尔及利亚公共工程和交通部长塔莱以及贝贾亚省省长、项目所在地阿玛鲁市市长一同出席典礼。④ 此项目是中国参与"一带一路"沿线国家基础设施建设的重要工程，对于两国发展战略对接、促进阿尔及利亚国内铁路线互联互通具有重要意义。

三　能源因素

中国是世界上重要的能源进口国，阿尔及利亚是世界上重要的能源出口国，两国互补性较强，且互为重要的能源合作伙伴。阿尔及利亚拥有丰富的油气资源，是非洲石油天然气的重要生产国。2020 年，阿尔及利亚石油探明储量约为 15 亿吨，居非洲国家第三位，石油产量为 5760 万吨，在非洲国家中居第三位，仅次于尼日利亚和安哥拉。天然气探明储量约为

① Chris Zambelis, "China's Inroads into North Africa: An Assessment of Sino-Algerian Relations," *China Brief*, Vol. 10, No. 1, 2010, pp. 11 – 12.

② 《阿尔及利亚 2015—2019 年计划实施 160 万套住房》，中国驻阿尔及利亚大使馆经济参赞处，http：//dz. mofcom. cn/article/jmxw/201404/20140400544051. shtml。

③ Chris Zambelis, "China's Inroads into North Africa: An Assessment of Sino-Algerian Relations," *China Brief*, Vol. 10, No. 1, 2010, p. 12.

④ 《驻阿尔及利亚大使杨广玉出席阿贝贾亚高速公路连接线项目通车典礼》，中华人民共和国驻阿尔及利亚民主人民共和国大使馆，2017 年 3 月 5 日，http：//dz. china-embassy. org/chn/xw/t1443287. htm。

2.3 万亿立方米，占世界总储量的 1.2%，居非洲国家第二位，而天然气产量为 815 亿立方米，排名非洲国家第一。[①]

中国石油主要进口来源地分别是沙特、俄罗斯、安哥拉、伊拉克、阿曼、委内瑞拉、科威特、巴西和阿联酋，海湾地区是中国石油进口的主要地区，北非地区，如利比亚和阿尔及利亚所占比例较小，但是中国从这些国家进口的石油在这些国家国民经济中的占比却很大。值得注意的是，近年来，中阿两国天然气合作水平不断提升。2002 年 10 月，中国石化与阿尔及利亚国有独资公司同时也是非洲最大、世界第十二大的油气集团 Sonatrach 共同开发位于阿尔及利亚东南部 Zarzaitine 的油田，项目总金额约为 5.25 亿美元。2009 年 10 月，阿尔及利亚国家油气公司 Sonatrach 对外宣布，包括中石化在内的四家国际公司，将在阿尔及利亚西部 Tairet 设计和建造一座新的炼油厂，项目总投资约 60 亿美元。[②] 2017 年 2 月，中国驻阿尔及利亚大使杨广玉会见阿尔及利亚国家油气公司总经理齐图尼，对方充分赞赏两国在能源领域的合作，并称阿尔及利亚政府对两国企业在能源领域的合作充满信心，欢迎中资企业积极参与阿尔及利亚能源项目开发，推动阿尔及利亚经济多元化进程。[③]

四　地缘因素

长期以来，中国和阿尔及利亚两国互为地区战略的"支点"国家——阿尔及利亚借助中国平衡美国和欧洲大国支持下的摩洛哥对西撒哈拉的占领；中国利用阿尔及利亚拥有的中阿合作论坛、中非合作论坛和阿拉伯马格里布联盟成员的三重身份，打开通往非洲的门户。

阿尔及利亚位于非洲西北部，隔地中海与欧洲相望，是具有阿拉伯马格里布国家联盟、阿拉伯国家联盟与非洲国家联盟三重身份的成员国，还

---

①　《BP 世界能源统计年鉴 2021》。

②　Chris Zambelis, "China's Inroads into North Africa: An Assessment of Sino-Algerian Relations," *China Brief*, Vol. 10, No. 1, 2010, p. 11.

③　《驻阿尔及利亚大使杨广玉会见阿国家天然气公司总经理齐图尼》，中华人民共和国驻阿尔及利亚民主人民共和国大使馆，2017 年 2 月 15 日，http://dz.china-embassy.org/chn/xw/t1438823.htm。

是非洲国家通往欧洲的门户，战略地位十分显要。^① 早在 2004 年，中阿合作论坛成立之初，中国和阿尔及利亚两国就率先建立了战略合作关系，阿尔及利亚成为中国开展对阿拉伯马格里布组织、阿拉伯国家联盟和非洲联盟开展全方位合作的"三环外交"的支点。同样，中国是安理会常任理事国中唯一的发展中国家和亚非拉新兴经济体的代表，在东亚地区发挥着关键作用，是阿尔及利亚开展东亚外交、平衡西方大国所谓政治民主化改革压力的依靠力量。中国是世界上第二大经济体，也是亚洲第一大经济体，还是最大的发展中国家和重要的海外投资国，更是阿尔及利亚全球第一大贸易伙伴国。^② 阿尔及利亚也把中国作为其亚洲外交的重中之重和支点国家。在西方大国普遍支持摩洛哥的背景下，争取中国的支持，有助于阿尔及利亚与摩洛哥在地缘政治博弈中保持一种战略平衡。

阿尔及利亚是中国在北非可以信赖的好朋友和好伙伴，是北非阿拉伯国家中政治相对稳定的国家，秉持对华友好的外交政策。2016 年 5 月，中阿合作论坛第七届部长级会议在卡塔尔首都多哈举行，在随后双方达成的《多哈宣言》中，阿盟作为地区组织一致支持中国在中国南海问题上的立场。在会议期间，中国外长王毅会见阿尔及利亚外交与国际合作部非盟和阿盟事务部部长梅萨赫尔，梅萨赫尔强调，阿方非常清楚国际法的内容和规定，完全理解并支持中方在南海问题上的立场和权益，支持通过直接对话谈判解决有关争议。^③ 在有关南海问题上，阿尔及利亚和众多阿拉伯国家奉行的立场受到中方的高度赞赏，为新时代中阿两国战略合作发展奠定了重要基础。

五　政策因素

中国和阿尔及利亚都是新兴的民族独立国家，都把经济发展、社会稳定和改善民生作为国家的重点任务。中国共产党十一届三中全会以来，

---

① 中华人民共和国外交部网站（http：//www.fmprc.gov.cn/mfa_ chn/gjhdq_ 603914/gj_ 603916/fz_ 605026/1206_ 605028/）。

② Thierry Pairault, "China's Economic Presence in Algeria," *Economic* & Finances, No. 1, January, 2015, p. 4.

③ 《又有 3 个阿拉伯国家表态支持中国南海问题立场》，观察者网（http：// www.guancha.cn/Neighbors/2016_ 05_ 12_ 360114. shtml）。

"以经济建设为中心"代替"以阶级斗争为纲",改革开放与现代化建设成为党和政府的中心任务。

　　和中国一样,阿尔及利亚也把经济发展、社会稳定和改善民生作为政府工作的重中之重。尽管阿尔及利亚国内依然存在着发生内乱的土壤[①],但阿尔及利亚在 2011 年成功地避免了遭受"阿拉伯之春"的剧烈波及。邻国突尼斯和利比亚发生局势动荡后,阿尔及利亚国内仅出现零星抗议活动,且很快就得到平息,局势得以稳定。[②] 究其原因,首先是阿尔及利亚民众缺乏"继续革命"的热情。20 世纪 90 年代初开始,伊斯兰拯救阵线与政府发生了长达十年的冲突,在此期间,阿尔及利亚抗议事件不断,民众对此已经厌倦,更加珍惜和平与稳定的国内环境。[③] 即便出现示威活动,抗议者的诉求也是集中在社会问题而非政治议题上。[④] 在阿尔及利亚很多抗议事件中的抗议者往往没有要实现的明确的政治目标,而且他们关注更多的是失业率上升、物价上涨等社会问题[⑤],政治问题并非普通民众的主要关切。

　　其次是阿尔及利亚政府和军方在抗议事件中的快速反应和紧密合作。当 2011 年 1 月 5 日阿尔及利亚发生民众抗议事件时,阿尔及利亚政府迅速采取了一些措施平息大众的愤怒,如降低食品价格,特别是油和糖类,以保持民众购买力水平。尽管阿尔及利亚国内经济形势严峻,政府依然在 2017 年财政预算中划拨 100 亿美元用于改善民生。在"阿拉伯之春"中发生政权更迭的突尼斯、利比亚、埃及等国家,军方在政权更迭中发挥了重要作用。尤其是在突尼斯和埃及,军方由最初的政权保护者变成了革命的支持者,使得政府失去了军方的支持和保护,而抗议民众则获得了军队的支撑。这种情形在阿尔及利亚却未发生。相反,

---

　　① 参见 http：//democraticac. de/？ p = 43994。

　　② Boutheina Cheriet，"The Arab Spring Exception：Algeria's Political Ambiguities and Citizenship Rights，" *The Journal of North African Studies*，Vol. 19，No. 2，2014，pp. 144 – 146.

　　③ Norman R. Larson，"Islamic Resurgence in Algeria：The Rise of the Islamic Salvation Front，" *Government and Political Science*，Vol. 4，1993，pp. 29 – 31；Emad Edin Shahin，"The Foreign Policy of the Islamic Salvation Front in Algeria，" *Islam and Christian-Muslim Relations*，Vol. 14，No. 2，2003，pp. 122 – 126.

　　④ 参见 http：//democraticac. de/？ p = 44289。

　　⑤ 参见 A. Lahcen，Substituer des emplois précaires à un chômage élevé. Les défis de l'emploi au Maghreb，*Carnegie Middle East Center Paper*，No. 23，November，2010.

阿尔及利亚军方与政府紧密合作维护社会稳定，布特弗利卡总统也受到军方的拥护。

最后则是阿尔及利亚人心中挥之不去的内战痛苦记忆。[①] 1992 年至 2002 年长达十年的阿尔及利亚内战，使超过 20 万人失去了生命，许多人流离失所，这一痛苦不堪的恐怖历史记忆成为阿尔及利亚民族的"创伤性事件"，使得大多数阿尔及利亚人排斥激进、厌弃暴力。[②] 从前具有强大号召力和感染力的阿尔及利亚伊斯兰政党（如伊斯兰拯救阵线）失去了对民众的吸引力，一些伊斯兰政党变成了人数有限的小党，而有些则解散了。这些也是阿尔及利亚成功避免遭受"阿拉伯之春"波及的重要因素。[③]

第二节　中阿全面战略伙伴关系的特点

自 20 世纪 50 年代开始，中国和阿尔及利亚就形成了"特殊伙伴关系"，大致可分为三个阶段。1954—1979 年，在反帝、反殖、民族解放运动的背景下，中国和阿尔及利亚拥有相似的共产主义意识形态和价值观，在阿尔及利亚民族独立和新中国恢复在联合国合法席位方面，两国形成了"政治共同体"，此为两国战略关系发展的第一阶段。1979—2014 年，随着中国的改革开放和阿尔及利亚经济改革政策相继推出，两国均把国内经济发展作为首要任务，在互利共赢的基础上，两国形成了"利益共同体"，此为两国战略关系发展的第二阶段。2014 年以来，阿尔及利亚奉行"向东看"政策，中国在"一带一路"倡议下开始"向西看"，两国建立全面战略伙伴关系并形成了"命运共同体"，此为两国战略关系的第三阶段。中阿两国在历史上形成了"同志＋兄弟"关系，两国在经贸和能源领域具有一定的互补性，中国和阿尔及利亚互视对方为北非和东亚的"支点"国家，两国均把改革与发展作为政府的首要任务。

---

① 参见 http：//democraticac. de/？ p ＝44289.

② Luis Martínez, *The Algerian Civil War*, 1990 – 1998, London：Hurst , 2000, pp. 205 – 227.

③ Future Assessments, "Why the Protests in Algeria Have Not Transformed into a Popular Revolt," *Future for Advanced Research and Studies*, Abu Dhabi, No. 154, 2017, pp. 1 – 2.

表 III-3-2　　　　　　中阿两国战略合作关系发展的三个阶段

	第一阶段	第二阶段	第三阶段
时代背景	战争与革命	和平与发展	相互依存
合作理念	具有共同的反殖民主义意识形态和价值理念	平等合作、互利共赢	兼顾他国合理关切
追求目标	在反帝、反殖、民族解放运动中相互支持	经济上形成合作伙伴关系	共同进步
合作领域	政治与安全	经济与贸易	全方位合作
战略关系	政治共同体	利益共同体	命运共同体

资料来源：作者自制。

2014 年中阿两国确立全面战略伙伴关系以来，政治互信更加牢固、经贸往来、文化交流更加频繁。

首先，在政治合作方面，两国战略互信更加牢固。2014 年是中阿建交 55 周年和中阿战略合作关系建立十周年：

> 双方高度评价各领域双边关系取得的卓越成就，认为有必要不断发展、提升双边合作水平，实现互利共赢，使友好的两国和两国人民取得更大的进步、繁荣和发展。双方强调，面对当前国际和地区形势的发展，以及发展中国家面临的挑战，两国应继续开展协调与磋商，为维护世界和平与安全，推动建立公正、合理的国际秩序发挥关键作用。为此，两国决定建立中阿全面战略伙伴关系。这一伙伴关系旨在通过制度化机制，密切各层次政治对话，对双边各领域合作进行协调、规划和评估，深化两国经济、科技、军事、安全及航天技术等各领域合作，扩大两国人民之间的人文和社会交流，实现两国人民的期待，服务于两国的共同利益。①

近年来，中阿政治交流不断发展。2017 年，布特弗利卡总统分别就

---

① 《中华人民共和国和阿尔及利亚民主人民共和国关于建立全面战略伙伴关系的联合公报》，《人民日报》2014 年 2 月 25 日第 3 版。

四川茂县山体滑坡事件和中南部洪灾向习近平主席致慰问信。2018 年 4 月，习近平主席、李克强总理、王毅国务委员兼外交部长分别就阿尔及利亚军机坠毁事故向阿尔及利亚总统、总理和外长致慰问电。12 月，习近平主席、李克强总理、王毅国务委员兼外交部长分别同阿尔及利亚总统、总理和外长就两国建交 60 周年互致贺电。2019 年 9 月，阿尔及利亚国家元首本萨拉赫、总理贝都伊和外长布卡杜姆分别向习近平主席、李克强总理、王毅国务委员兼外交部长就中华人民共和国成立 70 周年致贺电。2019 年 10 月，习近平主席、李克强总理、王毅国务委员兼外交部长分别向阿尔及利亚国家元首、总理和外长就阿尔及利亚独立革命爆发 65 周年致贺电。① 2021 年 9 月 20 日，习近平主席就阿尔及利亚前总统布特弗利卡逝世向阿尔及利亚总统特本致唁电。习近平在唁电中指出，布特弗利卡先生是阿尔及利亚、阿拉伯世界、非洲杰出的政治家和民族解放运动领导人，曾为恢复中国在联合国合法席位做出重大贡献。他在担任总统期间，积极推动中阿关系发展，深化两国友好合作，增进两国人民友谊。他的逝世使中国人民失去了一位老朋友。中方珍视中阿传统友谊，愿同阿尔及利亚政府和人民一道努力，扩大和深化双方各领域合作，推动中阿全面战略伙伴关系不断发展。

其次，在经贸合作方面，两国取得了重大进步。2018 年，中阿双边贸易额为 91.05 亿美元，同比增长 25.9%，其中，中国对阿尔及利亚出口额为 79.27 亿美元，同比增长 16.85%；自阿尔及利亚进口额为 11.78 亿美元，同比增长 163.32%。中国向阿尔及利亚出口的主要是机电产品、计算机与通信产品、服装、纺织品、家电、钢铁制品、汽车等；从阿尔及利亚进口的主要是原油、液化天然气、软木及软木制品等。据中国商务部发布的《2017 年度中国对外直接投资统计公报》，截至 2017 年底，中国对阿尔及利亚直接投资存量为 18.33 亿美元，阿尔及利亚对华直接投资存量为 3288 万美元。中国企业积极参与阿尔及利亚各类工程项目的建设，先后承揽了阿尔及利亚东西高速路、外交部大楼、国际会展中心、阿尔及尔大清真寺、阿尔及尔机场新航站楼等多个重大项目，阿尔及利亚是中国

① 中华人民共和国驻阿尔及利亚民主人民共和国大使馆：《政治往来》，http：//dz. china-embassy. org/chn/zagx/zzwl/t1713105. htm。

在非洲重要的工程承包市场之一。目前，中国在阿尔及利亚工程项目企业有 60 多家，管理、工程技术及劳务人员有近 3 万人。[1]

最后，在人文交流方面，中阿合作形式多样。其中包括"欢乐春节"系列活动、"意会中国"系列活动、文博专家研修班、阿尔及利亚各类文化艺术节等。每年阿方都会邀请中国文化艺术团去阿尔及利亚参加各类文化艺术节，中方已多次派团参加"阿尔及尔国际交响音乐节""阿尔及尔国际现代舞艺术节""阿尔及尔国际书展"等，特别是 2018 年中国作为"主宾国"参加阿尔及尔国际书展，诺贝尔文学奖获得者莫言等中国知名作家前往阿尔及利亚交流。每年中国政府都会向阿尔及利亚提供 30 个中国政府奖学金名额，中方每年派遣 30 名中国留学生去阿尔及尔第二大学和特雷姆森大学，举办"汉语桥"世界大学生中文比赛。目前，由孔子学院/国家汉办选派的汉语教师分别在阿尔及尔第一大学、第二大学，奥兰大学、君士坦丁大学、安纳巴大学语言中心教授汉语。[2]

2020 年，新冠疫情在阿尔及利亚暴发后，中国政府向阿尔及利亚政府捐赠包括 N95 和医用口罩、核酸检测试剂盒、呼吸机等在内的医用物资。中国派出的医疗专家组于 5 月 14 日抵阿尔及利亚，在阿尔及利亚期间开展了密集的工作，同阿尔及利亚卫生部、新冠疫情跟踪科学委员会、巴斯德研究院、阿尔及利亚全国公共卫生研究院等部门专家进行了多次交流座谈，同阿尔及利亚全国四所定点收治医院举行视频交流会议。[3] 这也是中国向北非地区派出的第一个抗疫援助小组。

第三节　中阿全面战略伙伴关系的内容

在"一带一路"倡议背景下中国和阿尔及利亚全面战略伙伴关系合作潜力巨大，双方在能源、基建、人文、科技和卫生等领域的合作前景广

---

① 中华人民共和国驻阿尔及利亚民主人民共和国大使馆：《经贸合作》，http：//dz. china-embassy. org/chn/zagx/jmhz/t1713106. htm。

② 中华人民共和国驻阿尔及利亚民主人民共和国大使馆：《人文交流》，http：//dz. china-embassy. org/chn/zagx/whjl/t1713107. htm。

③ 中华人民共和国驻阿尔及利亚民主人民共和国大使馆：《中国政府赴阿尔及利亚抗疫医疗专家组圆满结束在阿工作》，http：//dz. china-embassy. org/chn/xw/t1783801. htm。

阔，这些既包括传统合作领域，又包括高新技术领域。

一　能源合作

西亚和北非地区油气资源丰富，产量巨大，中国的石油进口对该地区的依存度很高。截至 2015 年，中东地区石油探明储量为 1087 亿吨，约占世界总探明储量的 47.3%；年产量为 14.12 亿吨，约占世界总产量的 32.4%。天然气探明储量为 80 万亿立方米，约占世界总探明储量的 42.8%；年产量为 6179 亿立方米，约占世界总产量的 17.4%。[1] 2016 年，中东国家在中国前 10 大石油进口来源国中占据六席，分别是阿曼、沙特阿拉伯、伊拉克、伊朗、阿联酋、科威特。[2]

虽然中国经济正经历结构性调整，增速有所放缓，但对油气资源的需求只会进一步增大，中东地区依然是中国确保自身能源安全的重要地区。然而，环视西亚北非阿拉伯国家，自 2011 年中东剧变发生以来，突尼斯、利比亚、埃及、叙利亚、也门等西亚北非国家纷纷爆发游行示威甚至动乱活动，导致国家政权更迭，就连中东地区重要产油富国沙特阿拉伯也未能幸免，一度发生街头政治，要求国王推行政治改革。2015 年 7 月，伊朗核协议的达成虽然缓和了紧张的美伊关系，但特朗普上台后宣布退出伊朗核协议，两国关系一度剑拔弩张。伊拉克国内局势依然动荡不安，"伊斯兰国"在中东的肆虐以及库尔德问题使伊拉克四分五裂，恐怖袭击不断，社会动荡不安。[3]

与西亚地区相比，北非地区尤其是出口大国如阿尔及利亚则相对稳定。自布特弗利卡执政以来，阿尔及利亚政局基本平稳，经济社会发展迅速，受到"阿拉伯之春"的影响也很小。阿尔及利亚拥有丰富的油气资源，是非洲石油天然气的重要生产国。2015 年，阿尔及利亚石油探明储量约为 15 亿吨，居非洲国家第四位，石油产量为 6850 万吨，在非洲国家中居第三位，仅次于尼日利亚和安哥拉。天然气探明储量约为 4.5 万亿立

---

① 《BP 世界能源统计年鉴》，2016 年 6 月。

② 参见殷冬青、吴秉辉《中东北非动荡与中国石油进口安全》，《国际石油经济》2012 年第 10 期。

③ 戴晓琦、王林聪：《叙利亚危机：逐步迈向政治解决》，杨光主编：《中东发展报告 2015—2016》，社会科学文献出版社 2016 年版，第 246—259 页。

方米，占世界总储量的 2.4%，居非洲国家第二位，而天然气产量为 830
亿立方米，居非洲国家第一位。[①] 由于发展历史较早和国家重点扶持，阿
尔及利亚的油气基础设施比较完善，油气管道网络建设更是非洲最发达的
国家。一直以来，阿尔及利亚油气主要出口至欧洲市场，已建成三条连接
欧洲的天然气出口管道，包括跨地中海输气管线（Enrico Mattei 或
TransMed）、马格里布—欧洲输气管线（Pedro Duran Farell 或 MEG）和经
地中海直接到达西班牙阿尔梅里亚（MEDGAZ）管线。[②] 受国际金融危机
和欧债危机的影响，近年来，欧洲市场的天然气需求下降，阿方正积极寻
求开拓亚洲市场，丰富的石油天然气资源储量和相对完善的油气基础设施
条件，为中国企业投资阿尔及利亚石化产业和以阿尔及利亚为跳板进军欧
洲市场提供了重要机遇。相对稳定的政治局势，丰富的油气储量和产量，
使得阿尔及利亚成为未来中国值得信赖的重要能源合作伙伴，是中国能源
多元化战略中的重要一环。

二　基础设施建设

自 2009 年以来，中国一直是非洲第一大贸易伙伴，其中南非、尼日
利亚、埃及、阿尔及利亚等都是中国在非洲的重要贸易伙伴。到 2014 年
底，中国对非直接投资存量已达 324 亿美元，年均增速超过 30%。[③] 2014
年 5 月，李克强总理在访问非洲期间提出，中国将继续把基础设施建设放
在对非合作的重要位置，与非洲合作打造非洲高速铁路网络、高速公路网
络、区域航空网络。中方愿为此提供金融、人员、技术支持。[④] 2015 年，
中国与非盟签署推动非洲"三网一化"建设谅解备忘录。"三网一化"是
指建设非洲高速铁路、高速公路和区域航空"三大网络"及基础设施工
业化。阿尔及利亚是中国在北非推动"三网一化"的重要国家，2017 年
中铁承建并完成的阿尔及利亚东西铁路就是其中的一例。

近年来，中国基础设施发展迅速，铁路、公路、航空、管道运输、信息

---

① 《BP 世界能源统计年鉴》，2016 年 6 月。
② 茅启平、郑炯、王忠桥：《阿尔及利亚油气合作机会》，《国际石油经济》2013 年第 5 期。
③ 《中国连续六年稳居非洲第一大贸易伙伴国》，《人民日报》2015 年 11 月 27 日。
④ 《共同推动非洲发展迈上新台阶——在第二十四届世界经济论坛非洲峰会上的致辞》，
《人民日报》2014 年 5 月 9 日第 1 版。

通信等基础设施建设进步巨大，已经基本形成技术成熟、功能配套、安全高效的现代化基础设施服务体系。根据国家统计局数据，截至 2015 年，中国铁路营运里程为 12.1 万千米，其中高速铁路运营总里程超过 1.9 万千米，相当于世界上其他国家总量之和，排名世界第一。公路通车里程为 457.73 万千米，其中高速公路为 12.35 万千米。民用航空运输线路长度为 287 万千米。中国在核电和风电等清洁能源建设方面也有长足发展。[①] 中国具有丰富的国内基础设施建设经验，技术水平也日渐成熟完善，中国的高铁、港口、桥梁、高速公路、太阳能利用等技术更是处于国际领先水平，中国已经具备了在国际市场上大显身手的能力和意愿。改革开放四十多年来，中国不仅建立了独立完整的工业体系，而且在工业装备、农业机械化等方面拥有丰富产能，性价比优、建设速度快，能够适合阿尔及利亚发展需求。[②]

阿尔及利亚的基础设施建设相对落后，落后的基础设施已经成为阿尔及利亚经济社会发展的重大制约因素，因此阿方对加强基础设施建设的需求非常巨大。2016 年 1 月，中建集团和中国港湾工程公司共同中标了阿尔及利亚最大港口哈姆达尼耶港的建设工程，目标是让该港口在 7 年内具备装卸 650 万集装箱的能力，建成后将是环地中海地区和非洲内地国家的重要中转地和海上丝绸之路的重要节点。[③] 中建集团和中国港湾公司承建的哈姆达尼耶港有望成为未来地中海沿岸贸易的枢纽。阿尔及利亚交通部长阿马尔古勒表示，2017 年，阿尔及利亚将新增铁路里程近 2000 千米，将来全国电气化铁路网络总长将达到 1.25 万千米，贯穿阿尔及利亚地中海沿岸和南部高原地带，平均时速将从目前的每小时 80—160 千米提升到 220 千米，最终将达到每小时 350 千米的高铁标准。将来铁路货运线路将连接机场、码头和货物集散地，这有助于阿尔及利亚制造业发展。此外，建设现代化和电气化的铁路网络将缓解大城市交通拥挤状况，同时也给铁路沿线地区带来发展机遇。[④]

---

① 国家统计局年度数据（能源），2015 年 5 月 15 日，http：//www.stats.gov.cn。

② 《李克强同阿尔及利亚总理塞拉勒会谈》，《人民日报》2015 年 4 月 30 日第 1 版。

③ 《外媒：中国帮阿尔及利亚建港口 巩固地中海存在》，凤凰军事网，2016 年 2 月 2 日，http：//news.ifeng.com/a/20160202/47334007_0.shtml。

④ 《阿尔及利亚将掀铁路建设热潮》，新华网，2015 年 5 月 10 日，http：//news.xinhuanet.com/2015-05/10/c_1115233885.htm。

阿尔及利亚正在掀起一股铁路建设的热潮。阿尔及利亚能源部的报告显示，阿尔及利亚是世界上太阳能资源储量十分丰富的国家之一，可利用太阳能发电时间每年达到 2000 小时以上。由于阿尔及利亚地广人稀，南部属热带沙漠气候，气候炎热干燥，80% 以上的国土面积无人居住，适合进行新能源开发活动。阿尔及利亚正采取各种措施鼓励对新能源领域的投资和开发，预计在 2030 年前，阿尔及利亚将投资 600 亿美元用于新能源开发，新能源将为阿尔及利亚提供 40% 的电力需求。[①] 在基础设施建设领域，中国的技术和产能优势与阿尔及利亚的资源和市场优势不谋而合，它们的结合不仅有利于中国企业"走出去"，而且有利于转移和消化过剩优势产能，将更有力地促进阿尔及利亚经济社会发展，实现优势互补、互利共赢。

三　高新技术合作

中阿全面战略伙伴关系的"新边疆"主要是指两国在高新技术领域拓展合作新领域，如核能、航空航天、太阳能等。

中国与阿尔及利亚国家开展核能合作，旨在复制中国核电"走出去"的"巴基斯坦模式"和"英国模式"。前者是中国第一次实现核能"走出去"，是南南合作的典范；后者是中国与发达经济体进行核能合作的典范。2015 年 4 月，习近平总书记与巴基斯坦总统签署了出口 5 台"华龙一号"的协议，核能合作成为中国外交的重要手段；2015 年 10 月，习近平主席对英国进行国事访问，拉开了中英关系"黄金时代"的序幕。在双方签订的约 400 亿英镑的大单中，最引人瞩目的无疑是英国新建核电项目欣克利角 C；2016 年 11 月，由中国核工业集团公司和英国国家核实验室共同设立的"中英联合核研发与创新中心"揭牌，标志着中英在投资、科研、技术、核工业全产业链等领域展开了全方位合作。[②] 通过帮助巴基斯坦、阿根廷和英国修建核电站，中国已经实现了核能外交的第一步和第二步，接下来中东和其他发展中国家，如阿尔及利亚、伊朗、约旦、肯尼

---

① 《阿尔及利亚今年新建 20 座太阳能发电站》，新华网，2014 年 7 月 28 日，http：// news. xinhuanet. com/2014 - 07/28/c_ 1111819953. htm。

② 杨阿卓：《中英核能合作"黄金时代"全解读》，《中国核工业》2017 年第 5 期。

亚、罗马尼亚、沙特、南非、土耳其和阿联酋等将成为中国核能与核技术
出口的第三步。① 2015 年伊朗核协议签订以来，埃及、以色列、伊朗、约
旦、沙特、土耳其、阿联酋、阿尔及利亚等成为民用核能开发十分积极的
国家，也成为国际核能大国产能输出的重点国家。中国核能"走出去"
的机遇与挑战并存。中国与阿尔及利亚的核能合作项目主要是比林和平
堆。比林和平堆是阿尔及利亚唯一一座多用途重水反应堆，主要用于进行
基础科学研究、民用核能应用、医用同位素生产，由中核集团独立设计。
2008 年是中东核能"元年"，埃及与俄罗斯、巴林与美国、中国与阿尔及
利亚几乎同期签订核能合作协议，阿联酋也于当年成立自己的核能开发机
构。2008 年 3 月，中国与阿尔及利亚签订一份和平开发核能协议，中国
国家原子能机构与阿尔及利亚能源与矿产部还签订一份核能培训协定。②
在此后 10 年里，由于阿尔及利亚经济增长乏力，加上决策层思想保守、
缺乏改革力度，阿尔及利亚核能项目进展不大。

展望未来，中国与阿尔及利亚的核能合作仍然面临资金来源不足、阿
尔及利亚发展民用核能的政策模糊等问题。与沙特、阿联酋和土耳其等国
家相比，阿尔及利亚缺乏中长期发展规划和执行力，限制了两国的核能
合作。

技术转移、航空航天、船舶建造、生物医药成为中国与阿尔及利亚高
新技术合作的新领域。截至 2018 年，埃及、摩洛哥、阿尔及利亚、沙特、
约旦、突尼斯、利比亚 7 国与中国签订了科技合作协定，埃及、摩洛哥、
沙特 3 国还与中国科技部建立了科技合作机制。③ 阿尔及利亚、埃及、苏
丹、沙特和突尼斯是中国开展航空航天合作的主要国家。2007 年和 2013
年，中国与阿尔及利亚在对地观测、通信、卫星导航、空间科学等领域签
订合作备忘录，成立两国航天合作联合委员会，并于 2017 年成功发射阿
尔及利亚一号通信卫星。2017 年 12 月，习近平主席与布特弗利卡总统互

---

① Mark Hibbs, "The Future of Nuclear Power in China," Carnegie Endowment for International Peace, 2018, p. 90.

② 常冰：《中东国家纷纷签署核能合作协议》，《国外核新闻》2008 年第 5 期。

③ 上海外国语大学中东研究所、中阿合作论坛研究中心：《共建"一带一路"，推动中阿集体合作站上新起点——"中国—阿拉伯国家合作论坛"成就与展望》，2018 年，http://www.chinaarabcf.org/chn/zagx/ltdt/P020180614580301500634.pdf。

致贺电，庆祝阿尔及利亚一号通信卫星在西昌卫星发射中心成功发射。
2021 年 10 月 28 日，由中国船舶集团旗下广船国际有限公司与中国船舶
工业贸易有限公司联合建造的"巴吉—穆赫塔尔 3 号"在阿尔及利亚正式
启用，这艘总造价达 10 亿元人民币的豪华邮轮是中国和阿尔及利亚合作
的首个客滚船项目。该船于中阿建交 60 周年之际的 2018 年启动建造，属
于阿尔及利亚总统计划框架下项目，是中阿在发展海洋经济及海运事业领
域的一次重要合作。

　　新冠疫情暴发以来，中阿两国开展了紧密的抗疫合作，堪称国际团结
抗疫的典范。中国是最早向阿尔及利亚捐赠疫苗并是迄今为止向阿尔及利
亚捐赠疫苗最多的国家，也是向阿尔及利亚提供疫苗数量最多的国家。
2021 年 9 月 29 日，在阿尔及利亚东部城市君士坦丁，由中国科兴公司和
阿尔及利亚赛达尔医药集团合作的新冠疫苗项目正式投产。该项目目标年
产为 9600 万剂科兴新冠疫苗，可满足阿尔及利亚国内需要并出口到国际
市场。该项目极大地提高了阿尔及利亚疫苗自主生产能力，将有力地保障
阿尔及利亚国民的健康安全，也为中阿全面战略合作伙伴关系增添了浓墨
重彩的一笔。

四　人文交流

　　国之交在于民相亲，中阿民众之间的相互交流、交往能增进彼此的亲
近感。中国历来十分重视与阿拉伯国家民众间的人文交流。早在 1953 年
3 月，中国青年代表团在维也纳举行的国际保卫青年权利大会期间，就同
埃及、阿尔及利亚等非洲国家的青年代表举行联欢，增进了友谊。[①] 阿尔
及利亚独立后中阿两国人文交流逐渐增多，特别是近些年来，中阿人文交
流日趋活跃，两国签订了一系列人文交流协定，内容涉及艺术、科技、教
育、文化、卫生、青年等。中国在阿尔及利亚还举办了众多的中国电影
周、摄影展、中阿建交知识竞赛等活动。包括中国青年民族艺术团、河南
艺术团 、黑龙江京剧艺术团、宁夏银川艺术剧院歌舞团等在内的许多中
国优秀艺术团体先后前往阿尔及利亚访问演出，受到阿尔及利亚各界的热

---

　　① 刘维楚：《中国与非洲国家友好合作关系的回顾与展望》，《湘潭大学学报》1990 年第
2 期。

烈欢迎和喜爱。由中国文化部主办的"意会中国"活动迄今为止已成功举办七届，邀请了包括阿尔及利亚在内的许多阿拉伯国家的艺术家们来中国进行采风创作，让众多的阿拉伯艺术家对中国的悠久历史和秀美山川有了更加细致和深入的了解，阿拉伯艺术家们的精彩作品将一个友好、现代而文明的中国呈现在中阿民众的眼前，为中阿人文交流添上了浓墨重彩的一笔。①

　　孔子学院是对外推广汉语言文字、传播中国文化、讲好中国故事的重要载体，是中国文化软实力的重要组成部分。2015 年 3 月，首届"汉语桥"阿尔及利亚全国大学生汉语选拔赛在阿尔及尔成功举办，这是汉语桥比赛首次走进阿尔及利亚，截至 2015 年，阿尔及利亚全国共有近 10 所大学的语言中心开设了中文短期培训班，在校学生人数为 300 人左右，有五个汉语教学点。② 阿尔及利亚民众对中国文化和汉语学习的兴趣十分浓厚，如今越来越多的阿尔及利亚青年学子前往中国留学。青年是国家和世界的未来，是中阿友好合作的希望。中国也十分重视与阿尔及利亚在高等教育领域的交流与合作，加强中阿青年学生的交流有助于加深相互了解，传承两国深厚的传统友谊。③ 2015 年，中国和阿尔及利亚共同签署了《中华人民共和国政府和阿尔及利亚民主人民共和国政府文化协定 2015 年至 2019 年执行计划》，新的中阿文化协定计划涵盖文化、文物、电影、新闻出版等众多领域，对两国未来五年文化交流与合作的发展方向进行了规划，中国和阿尔及利亚文化联委会第一次会议也于 2015 年在阿尔及尔举行。④ 人文交流与合作是中阿全面战略伙伴关系的重要内涵，也是中国推进"一带一路"倡议的内在要求。

　　医疗卫生领域的交流是中国与阿尔及利亚交流的重要组成部分，中国的医疗队在非洲享有盛誉。中国在 1963 年向国外派遣了第一支援外医疗队，而被派往的国家就是阿尔及利亚，可见中国对阿尔及利亚人民的深情

---

　　① 中华人民共和国文化部网官网（http：//www. mcprc. gov. cn）。

　　② 中国国家汉办官网（http：//www. hanban. org/index. html）。

　　③ 《中国大使欢送阿尔及利亚赴华留学生》，中国国务院新闻办公室网站（http：//www. scio. gov. cn/hzjl/zxbd/wz/Document/969694/969694. htm）。

　　④ 《中国和阿尔及利亚文化联委会第一次会议在阿尔及尔召开》，文化部网站（http：//www. mcprc. gov. cn/whzx/whyw/201505/t20150515_ 440851. html）。

厚谊。在恶劣的自然条件和卫生条件下，中国医疗队队员不畏艰辛，克服重重困难，为许许多多阿尔及利亚患者解除病痛，带去健康，赢得了广泛赞誉，在阿尔及利亚民众心中播下了中阿友谊的种子。作为非洲的朋友，中国一直十分重视对非洲医疗卫生事业的支持，向包括阿尔及利亚在内的非洲国家派遣医疗队是中国对外援助的一个组成部分。在中非合作论坛第四届部长级会议上，中国政府承诺今后将继续向非洲派遣医疗队，并增加了对援外医疗队的资金投入。在此背景下，2010 年 3 月 4 日，中阿两国签署了《中华人民共和国政府和阿尔及利亚民主人民共和国政府关于中国派遣医疗队赴阿尔及利亚工作的议定书》，中国援阿医疗队自 1963 年起，截至 2010 年已派出共 22 期，总计约 2700 人次，目前由湖北省卫生厅承派。① 中国与阿尔及利亚的医疗卫生交流与合作也持续开展，为表达中国人民对阿尔及利亚人民的友好情谊，中国政府向阿尔及利亚政府赠送了一批价值 50 余万美元的眼科设备，并派遣由 4 名眼科专家组成的短期医疗小组赴艾因迪夫拉省开展为期 10 天的万里送光明活动，为艾因迪夫拉省患者开展白内障复明义诊手术，受到了当地老百姓的热烈欢迎和诚挚感谢。②

做好"一带一路"建设工作，必须得到沿线各国人民的支持，必须加强各国人民的友好往来，增进相互了解和传统友谊，为开展区域合作奠定坚实的民意基础和社会基础。③ 中国应以"一带一路"倡议下的人文交流为载体，加强中阿两国传统友谊的宣传，在中阿两国人民之间架起一座友谊的桥梁，让中阿友好世代相传。

第四节　中阿全面战略伙伴关系的前景展望

中国和阿尔及利亚关系历经 60 多年的风风雨雨，经受了两国国内政

---

① 《我国与阿尔及利亚续签关于中国派遣医疗队议定书》，中国国务院官网（http://www. gov. cn/gzdt/2010-03/09/content_ 1551304. htm）。

② 《万里送光明——阿尔及利亚之行》，中国驻阿尔及利亚大使馆网站（http://dz. mofcom. gov. cn/article/zxhz/201110/20111007802151. shtml）。

③ 郭宪纲、姜志达：《"民心相通"：认知误区与推进思路——试论"一带一路"建设之思想认识》，《和平与发展》2015 年第 5 期。

治转型、冷战结束、"阿拉伯之春"和地区局势动荡的各种考验，取得了重要突破。同时，在新的国际形势下，中国和阿尔及利亚全面战略伙伴关系的发展也面临着新任务和新挑战，如地区恐怖主义、西撒哈拉问题和阿尔及利亚国内投资环境恶化等，亟待两国政府积极应对。

一 地区恐怖主义

阿尔及利亚是遭受恐怖势力袭击比较严重的国家，如何处理好国内的极端势力威胁的问题，是阿尔及利亚也是中国海外利益保护面临的一个重要挑战。1999年，阿卜杜勒阿齐兹·布特弗利卡当选总统以来，阿尔及利亚政府虽然将伊斯兰极端势力的暴力活动限制在一个总体可控的范围里，但不时的暴力恐怖活动依然困扰着阿尔及利亚社会。[1] 其中影响最大的就是"基地"组织马格里布分支（al-Qaeda in the Islamic Maghreb, AQIM），该组织成立于2007年1月，其前身是阿尔及利亚极端组织"萨拉菲战斗与呼声组织"（Groupe Salafiste pour la Prédication et le Combat, GSPC）[2]，而该组织亦是由阿尔及利亚内战中成立的伊斯兰极端组织"武装伊斯兰团"（Groupe Islamique Armé, GIA）分化而来。"武装伊斯兰团"于1992年1月成立于阿尔及利亚，其成员主要是在阿富汗和巴基斯坦抗击苏联的阿尔及利亚籍"圣战者"，它们返回阿尔及利亚的主要目的是在阿尔及利亚内战中夺取政权，建立政教合一的神权体制。[3] "武装伊斯兰团"在与阿尔及利亚政府军的对抗中手段残忍，它们的袭击目标不仅是军人和公务人员，还包括平民和居住在阿尔及利亚的外国人。[4] "武装伊斯兰团"的残暴行为激起了阿尔及利亚人民的强烈反感，也加剧了该组织内部的矛盾，最终该组织内部反对针对平民的成员宣布脱离"武装伊斯兰

---

① Volpi Frederic, "Algeria versus the Arab Spring," *Journal of Democracy*, Vol. 24, No. 3, July 2013, p. 106.

② Z. Laub, J. Masters, "Al-Qaeda in the Islamic Maghreb (AQIM)," Council on Foreign Relations, 2014, pp. 2 – 3, http://www.cfr.org/terrorist-organizations-and-networks/al-qaeda-islamic-maghreb-%20aqim/p12717? goback = . gde_ 140068_ member_ 205277544.

③ Guido Steinberg & Isabelle Werenfels, "Between the 'Near' and the 'Far' Enemy: Al-Qaeda in the Islamic Maghreb," *Mediterranean Politics*, Vol. 12, No 3, November 2007, pp. 407 – 411.

④ Lahouari, Addi, "Algeria's Army, Algeria's Agony," *Foreign Affairs*, Vol. 77, No. 4, 1998, p. 46.

团"并于1998年9月成立了"萨拉菲战斗与呼声组织"①。根据"基地"组织马格里布分支的活动范围可以将其分为南北两支，北部分支主要活跃于阿尔及利亚北部和摩洛哥，袭击目标主要是警察和军人，采用的袭击方式是自杀式爆炸。2007年12月11日，阿尔及利亚发生了两起分别针对联合国难民署驻阿尔及尔办事处和阿尔及利亚宪法法院的汽车炸弹袭击，袭击共造成包括17名联合国工作人员在内的41人死亡，170多人受伤。②南部分支主要分布在阿尔及利亚南部、马里北部、毛里塔尼亚、尼日尔等国的偏远地区，它们的袭击目标不仅包括军警，还包括在阿尔及利亚工作或旅行的外国人，它们还参与贩毒、绑架人质以获取赎金等犯罪活动。

"基地"组织马格里布分支宣称其在2003—2012年共获得人质绑架赎金8900万美元。它们利用这些赎金征召新成员，维持训练营的运行，购买武器和通信工具以及组织和执行恐怖主义袭击等，绑架人质以获取赎金已成为其"重要业务"。该恐怖组织也时常袭击在这一地区的外国机构或人员。如2015年11月20日，"基地"组织马格里布分支袭击了位于马里首都巴马科的丽笙酒店，该事件共造成包括中国铁建国际集团3名工作人员在内的27人死亡。③此外，还有一些独立于"基地"组织马格里布分支的北非恐怖组织在阿尔及利亚境内活动，如"蒙面旅"，它们宣称隶属于马里的"基地"组织，通过绑架人质、进行自杀式恐怖袭击来获得影响。2013年1月16日，"蒙面旅"袭击了位于阿尔及利亚东部伊利济省艾因阿迈纳斯市的一个合资油气田，并劫持41名外籍员工，该事件共造成来自8个国家的37名人质死亡，震惊世界。随后，美国于2013年12月将"蒙面旅"组织列入恐怖主义名单，并对其实施制裁。④近年来，随着"伊斯兰国"组织在伊拉克和叙利亚战场上接连失利，其部分力量开始将利比亚和马格里布其他地区作为新的大本营。作为邻国，阿尔及利亚

---

① Ricardo Rene Lare Mont, "Al Qaeda in the Islamic Maghreb: Terrorism and Counterterrorism in the Sahel," *African Security*, November 29, 2011, p. 243.

② "Alta Grobbelaar & Hussein Solomon," The Origins, Ideology and Development of Al-Qaeda in the Islamic Maghreb," *Africa Review*, Vol. 7, No. 2, 2015, p. 151.

③ Sergei Boeke, "Al Qaeda in the Islamic Maghreb: Terrorism, Insurgency, or Organized Crime?," *Small Wars & Insurgencies*, Vol. 27, No. 5, 2016, pp. 914–915.

④ Bradley & Jane, "Profile: One-Eyed Terrorist Behind 'Masked Brigade'," *The Scotsman*, January 18, 2013, pp. 2–3.

的安全环境也持续恶化，极端分子从利比亚潜入阿尔及利亚实施破坏活动、危害中国在阿尔及利亚投资和工程项目，值得警惕。

以马格里布基地组织为代表的伊斯兰极端势力在阿尔及利亚活动频繁，对中国在阿尔及利亚人员、投资项目等构成了威胁。2009年，中国新疆"7·5"事件后，"基地"组织马格里布分支机构宣称要报复在阿尔及利亚等地的中国工人。[①] 在新时代，中国应对"一带一路"沿线国家的安全形势做出及时有效的评估，形成安全防范预警机制，并对中国企业和人员提供科学的避险信息和方案，在必要时促进私人安保人员走出去，保护中国在阿尔及利亚的合法权益。[②] 中国在阿尔及利亚企业和人员也需要增强防范意识，科学合理地规划和实施经济等各项活动，确保自身安全，维护自身利益，以更好地实现中国"一带一路"倡议的利益。

二　西撒哈拉问题

西撒哈拉位于非洲西北部，地处撒哈拉沙漠西部，西濒大西洋，北邻摩洛哥，东南与阿尔及利亚和毛里塔尼亚接壤。西撒哈拉问题的实质是西撒哈拉人民的自决权问题。[③] 1884年，西撒哈拉遭到西班牙殖民者的入侵，1958年被划为西班牙的海外省。[④] 早在20世纪50年代，西撒哈拉地区就掀起了反对西班牙殖民统治的独立运动，西撒哈拉民族解放组织——波利萨里奥阵线（简称"波萨阵线"，又叫"西撒人阵"）也在阿尔及利亚等国的支持下建立，成为西撒哈拉反抗西班牙殖民者的主要武装力量。[⑤] 1965年12月，联合国通过了要求西撒哈拉非殖民化的决议，但邻国摩洛哥、毛里塔尼亚对西撒哈拉均提出了领土要求。[⑥] 1975年，西班牙

---

① Chris Zambelis, "China's Inroads into North Africa: An Assessment of Sino-Algerian Relations," *China Brief*, Vol. 10, No. 1, 2010, p. 10.

② 辛田：《中国海外利益保护私营化初探》，《国际展望》2016年第4期。

③ Andreu Solà-Martín, "Conflict Resolution in Western Sahara," *African Journal on Conflict Resolution*, Vol 9, No. 3, January 2009, pp. 118 – 119.

④ Macharia Munene, *History of Western Sahara and Spanish Colonization*, Gauteng: University of South Africa Press, 2010, pp. 89 – 96.

⑤ George Joffe, "Sovereignty and the Western Sahara," *The Journal of North African Studies*, Vol. 15, No. 3, 2010, pp. 375 – 376.

⑥ Yahia Zoubir, "Western Sahara: War, Nationalism and Conflict Irresolution," *Mediterranean Politics*, Vol. 17, No. 2, pp. 255 – 257.

面对内忧外患的国内外形势，被迫宣布撤离西撒哈拉，并同摩洛哥和毛里塔尼亚签订《马德里协议》，该协议规定西班牙将于 1976 年 2 月 26 日完全撤出西撒哈拉地区，承认摩洛哥和毛里塔尼亚两国对西撒哈拉的领土所有权。摩洛哥、毛里塔尼亚两国随即对西撒哈拉进行分区占领，摩方占领西撒哈拉北部 17 万平方千米土地，毛方则占领了西撒哈拉南部 9 万多平方千米的土地。① 西班牙殖民者的撤离并没有让西撒哈拉成立自己的民族国家，而是变成了摩洛哥和毛里塔尼亚分占的"领土"，由此引发了西撒人阵与摩毛两国的武装冲突。阿尔及利亚对摩毛两国的占领行为感到强烈不满，认为西撒人阵才是西撒哈拉人民的代表。② 与此同时，西撒哈拉民族主义力量——西撒人阵在其控制的地区立即宣布建立"阿拉伯撒哈拉民主共和国"③。

　　阿尔及利亚对西撒人阵的支持是全方位的，对西撒人阵的发展壮大至关重要。在《马德里协议》签订后，阿尔及利亚就明确指出："阿尔及利亚将不会坐视摩洛哥和毛里塔尼亚瓜分西撒哈拉的新殖民主义行为，会继续支持'西撒人阵'的独立解放运动。"为阻止摩洛哥军队对西撒哈拉平民百姓的驱赶、搜剿，阿尔及利亚还在 1976 年初派出军队与摩洛哥军队在西撒哈拉的安加拉绿洲兵戎相见。④ 在"阿拉伯撒哈拉民主共和国"宣告成立的当天，阿尔及利亚就予以了承认，并向"西撒国"提供了所需武器和其他物质援助，阿尔及利亚还将其境内的廷杜夫地区辟为"西撒人阵"的根据地和西撒哈拉难民营，这一地区也成为新生的"西撒国"的行政中心。⑤ 1979 年 8 月，毛里塔尼亚与"西撒人阵"签订和平协议，正式承认"西撒人阵"为西撒哈拉合法代表并撤出其所占领的西撒哈拉领土，西撒哈拉问题由此演变成对立冲突的两方，

　　① Natasha White, "Conflict Stalemate in Morocco and Western Sahara: Natural Resources, Legitimacy and Political Recognition," *British Journal of Middle Eastern Studies*, Vol. 42, No. 3, 2015, pp. 340 – 348.

　　② Macharia Munene, *History of Western Sahara and Spanish Colonization*, Gauteng: University of South Africa Press, 2010, pp. 100 – 102.

　　③ 赵慧杰：《西撒哈拉问题与马格里布一体化》，《西亚非洲》2010 年第 8 期。

　　④ Luis Martinez, "Algeria, the Arab Maghreb Union and Regional Integration," *Euromesco*, No. 59, October 2006, p. 8.

　　⑤ Khadija Mohsen-Finan, "The Western Sahara Dispute and UN Pressure," *Mediterranean Politics*, Vol. 7, No. 2, 2002, pp. 2 – 3.

一方是摩洛哥，另一方则是阿尔及利亚及其支持的"西撒人阵"。阿尔及利亚与摩洛哥也因西撒哈拉问题的争端而导致两国关系摩擦不断，不仅因此断交十余年，甚至还在战场上兵戎相见、关闭边界。西撒哈拉问题不仅成为影响摩阿两国关系正常化的症结所在，也是实现北非马格里布地区政治经济一体化的最大障碍。作为马格里布联盟内的两个重要国家，摩阿两国的紧张关系也阻滞了马盟的正常运行，影响了两国同中国的战略伙伴关系。

目前，解决西撒哈拉问题的最大难点是西撒哈拉公民自决投票问题，双方在这一问题上争执不下。中国一直关注西撒哈拉问题，在该问题上主要有三点立场：第一，希望有关各方摒弃暴力，以和平方式解决西撒哈拉问题；第二，中国支持联合国和有关各方为和平解决西撒哈拉问题所做的积极努力，支持该问题在联合国有关决议的框架内得到公正、合理解决；第三，希望有关各方能够继续采取积极务实的态度，通过对话与合作，实现西撒哈拉公投，从而使旷日持久的西撒哈拉问题早日获得妥善解决，实现马格里布地区的和平、稳定和发展。在西撒哈拉问题上，中国在摩洛哥和阿尔及利亚之间奉行"不选边站"政策，而阿尔及利亚希望得到中国的政治支持。久拖不决的西撒哈拉问题影响了北非地区的稳定与发展，对马格里布地区一体化建设以及本地区乃至全球反恐合作都有不利影响。摩阿关系因西撒哈拉问题激化而对中国与阿尔及利亚全面战略伙伴关系必然会产生干扰。

三　阿尔及利亚国内经济环境

阿尔及利亚经济存在的主要问题是产业结构单一，国民经济发展和外汇来源过分依赖石化产业，对国际能源价格的波动十分敏感，经济体系比较脆弱，存在较大的不稳定性和不确定性，致使中国对阿尔及利亚投资不确定性因素较多。阿尔及利亚独立后采用苏联式的社会主义计划经济模式，重点发展重工业，尤其是石油化工产业，忽视轻工业的投入，造成严重的经济失调。虽然经过布特弗利卡总统的经济改革，政府加大对农业和服务业的投入力度，经济结构失调状况有所改善，但是国民经济严重依赖碳氢产品出口的问题依然突出，阿尔及利亚碳氢产品出口额常年占出口总额的 90% 以上。①

2014 年，国际原油价格大幅下跌，阿尔及利亚对外贸易受到了不小的冲击。据阿尔及利亚海关统计，2015 年第一季度阿尔及利亚贸易总额为 243.5 亿美元，其中出口额为 113.1 亿美元，同比下降 30.1%；进口额为 130.4 亿美元，同比下降 9.06%。贸易赤字为 17.3 亿美元。其中碳氢产品出口额为 106.2 亿美元，同比下降 31.75%。② 碳氢产品出口额的大幅下滑进一步影响了阿尔及利亚的财政收入，阿尔及利亚总理塞拉勒在 2015 年 6 月的一次国家能源工作会议上指出，如果按照目前的财政支出及进口额衡量，至 2019 年，阿尔及利亚将陷入严重的经济危机。如果油价维持在 55—60 美元每桶，在"2015—2019 年五年计划"末年，国家外汇储备将基本耗尽。至那时，政府或有可能将被迫举债或申请国际金融机构的援助。③ 随着国际能源商品价格下跌，阿尔及利亚近年来面临着较为严重的财政危机，势必会削减在公共工程、基础设施等领域的支出，使中国在阿尔及利亚企业的发展面临困难和不确定性。

阿尔及利亚贸易关税壁垒依然较多，商业环境也亟须改善。在达沃斯世界经济论坛公布的《2016 年全球贸易报告》中，关于贸易便利指数阿尔及利亚排第 121 位，在被评估的 136 个国家中几乎垫底。④ 外贸关税壁垒以及繁杂的海关手续则是阿尔及利亚排名落后的主要原因。另外，收费缺乏透明度、服务质量差、运输基础设施不完善也是阻碍贸易增长的重要原因。阿尔及利亚法律规定，外国企业或个人在阿尔及利亚投资需由阿方企业控股至少 51%，在内部压力下，阿尔及利亚才修改了外资在碳化氢领域投资所占比例，但其规定仍不能超过 50%。据世界银行公布的最新的《2017 年全球营商环境报告》，阿尔及利亚营商环境在 190 个国家和地区中排第 156 位，企业经营环境不容乐观。⑤

---

① Boualem Chebira, "Algerian Economic Structure: Opportunities or Threats in a Crisis Situation," *Ovidius University Annals Economic Sciences*, Vol. 11, No. 2, 2011, pp. 112 – 119.

② 阿尔及利亚海关网（http://www.douane.gov.dz）。

③ 王金岩：《低油价致阿尔及利亚经济前景堪忧》，《中国石油报》2015 年 6 月 9 日。

④ 世界经济论坛网站（https://cn.weforum.org）；达沃斯《全球贸易报告》由全球经济专家评定，用于衡量一个国家的贸易开放和促进程度，主要考察被评定国的贸易便利度，包括海关管理和政策。

⑤ The Word Bank, http://data.worldbank.org.

此外，阿尔及利亚的黑市经济仍然猖獗，行政机构官僚作风和腐败现象比较普遍，行政办事效率较低，经济政策欠稳定、多变；贫富差距也不断增大，内地落后状况未见根本改观；地方保护主义亦比较严重，外国企业的正常投资经营活动经常受到阻碍；阿尔及利亚政府对外汇流动实行严格管控，资金流动受限；市场经济法律体系不完善，存在诸多弊端。① 所有这些都影响了投资者的投资信心。

2019 年 4 月，执政 20 年之久的阿卜杜勒阿齐兹·布特弗利卡宣布辞职。2019 年 12 月 13 日，阿尔及利亚独立选举委员会宣布选举初步结果，阿布杜勒马吉德·特本以 58.15% 的支持率赢得总统大选。12 月 19 日，特本在阿尔及利亚首都阿尔及尔万国宫会议中心宣誓就职。尽管阿尔及利亚政权改组，但商业环境还亟待改善，法律法规建设也有待完善。这样的投资限制和商业环境对中国企业进军阿尔及利亚市场也提出了挑战，中国企业需要加强对阿尔及利亚各项法律法规的学习和研究，增强风险防范意识，对阿尔及利亚市场可能出现的各种问题做出预估预判。中阿全面战略伙伴关系还受到阿尔及利亚国内局势走向的影响。

① 《阿尔及利亚投资环境》，http：//www. visaun. com/aerjiliyaqianzheng/touzi/25333. html。

第四章　中阿经贸关系的发展阶段

为促进中阿关系，中国在 1958 年 9 月 22 日就承认了阿尔及利亚共和国临时政府，中国改变了向阿尔及利亚提供援助的方式。1958 年 9 月 3 日，在阿尔及利亚军备和供应部部长马哈茂德·谢里夫以及社会事务部部长本·优素福·本·哈达访华期间，两位部长与中国国防部长彭德怀会见，并参观了由 196 名中国人民解放军组成的军事演习①，这表明中国在承诺向阿尔及利亚共和国临时政府提供援助这一时期的立场发生了明显变化，这是由于中国对阿尔及利亚革命的政策因中美关系的变化和中国建立反帝国主义的统一战线而发生改变。这就肯定了中国和阿尔及利亚的关系是建立在军事政治合作之上的，之后才是发展经济合作。在考察中国和阿尔及利亚关系的进程中，我们发现有一点十分有特色，即自 1962 年阿尔及利亚独立以来，阿尔及利亚的所有总统都访问过中国，同时除毛泽东主席之外，中国的所有领导人都访问过阿尔及利亚。中国的第一批医疗队前往的国家是阿尔及利亚。中国是首批承认阿尔及利亚临时政府的国家之一，同时阿尔及利亚是中国保持安理会永久席位的有力捍卫者之一。阿尔及利亚与中国的关系在历史、政治、经济和文化上都显示出一定的深度。

第一节　中阿经贸关系发展阶段（1991—1999）

一　阿尔及利亚经济发展

20 世纪 80 年代和 90 年代阿尔及利亚经济取得重大发展，1987 年阿

---

①　法伊萨于 2016 年 10 月 31 日在《人民网》发表题为"中国人眼中的阿尔及利亚革命（1954—1962）"，http：//arabic. people. com. cn/n/2015/0427/c31660-8884115. html。

尔及利亚进入改革新阶段，改革修订案从 1990 年开始实行，同年阿尔及利亚出现了快速的体制变革，有人曾将其描述为"最严厉的方案"，该方案取得的成效比预期得多。① 该方案中特别是与阿尔及利亚劳动力市场有关的最重要的调整是许多严格的措施被适用于工人，是人力资源管理新方式框架内的一部分。阿尔及利亚在 1988 年开始进行经济改革，实施了许多法律，这些法律致力于改革国家机构，因而那个时期国家机构是服从于商贸法的。"但是这些正确的措施没有使阿尔及利亚经济发展达到预期的要求"②，这导致阿尔及利亚除燃料商品外其余产品的国内生产总值在 20 世纪 90 年代下降了 1.5%。

　　20 世纪 90 年代阿尔及利亚的主要特点就是政治、经济、安全不稳定，这是因为 90 年代恐怖主义在大半个阿尔及利亚肆虐，导致了债务上涨，中和掉 80% 的燃料收入利润。国际货币基金组织和世界银行所支持的"结构调整"改革方案致力于恢复金融平衡，以减少阿尔及利亚的通货膨胀，提高阿尔及利亚的国内生产总值。我们可以发现 20 世纪 90 年代阿尔及利亚经济改革成果：1991 年，阿尔及利亚国内生产总值为 4571500 万美元，1993 年增长至 4994600 万美元，这可归功于阿尔及利亚在 90 年代实施的"结构调整"政策。1993 年 4 月到 1994 年 4 月，阿尔及利亚开始着手实施稳定经济方案。在国际方面，一些重要部门采取措施，改善阿尔及利亚的经济问题，这些问题深受国际油价下跌和外部融资短缺的影响。阿尔及利亚通货膨胀和债务居高不下导致投资者失去信心，从而导致外部融资短缺。因此这一阶段阿尔及利亚实施经济改革，通过取消外贸限制、减少政府对大部分基本产品的补贴，努力实现价格自由，同时阿尔及利亚政府寻求通过 90 年代的经济改革将阿尔及利亚货币价格下降 50%，并将阿尔及利亚第纳尔调整为可以兑换任意货币。

---

　　① Djillali Liabes, *L'entreprise entre L'économie Politique et Société Industrielle*, Edition Codesrai, 1989.

　　② A. Kerbali Baghded, "Overview of the Economic Transformation in Algeria," *Wahran University*, *Human Science Review*, No. 8, January 2005.

表 III - 4 - 1　　　　1991—1999 年阿尔及利亚国内生产总值（GDP）　　　（千美元）

	GDP
1991	45715000
1992	48003000
1993	49946000
1994	42543000
1995	41764000
1996	46941000
1997	48178000
1998	48188000
1999	48641000

资料来源：世界银行。

经济改革还致力于实现私企独立，阿尔及利亚于 1995 年 10 月 5 日首次制定投资法。[1] 其中，重要的措施之一是清理疏通有关的工作，主要是针对阿尔及利亚公共部门，彻底改变了阿尔及利亚公共部门。由于阿尔及利亚经济进入市场经济阶段所发生的变化，阿尔及利亚公共部门开始重视销售与购买的生产过程并且完全放弃工人的社会性。根据市场规律，坚持刺激私人投资、鼓励海外投资并使价格自由化，提高国家对外贸和大多数经济活动的垄断地位，从而实现与经济伙伴的竞争，对私营部门开设更加宽阔的领域，同时也改革金融银行体系，目的是在国家机构的直接融资中增加对公共财政的补贴，并允许建立一些私人银行。[2]

20 世纪 90 年代，阿尔及利亚成功地进行了第一次经济结构改革，比较成功地稳定了阿尔及利亚的经济。1993 年，国内生产总值有了增加，预算赤字从 1993 年的 8.7% 减少到 1994 年的 4.4%。[3] 阿尔及利亚于 1995 年开始实施私有化方案，将先进的资本和技术引入工业部门。必须指出的是，1994 年至 1999 年，阿尔及利亚为重组公共部门而进行的机构

---

[1]　Benissad Hocine，"Algérie：Restructurations et Réformes Economiques（1979 - 1993），" Office des Publications Universitaires，Algérie，1994，p. 140.

[2]　1998 年 11 月第 12 届例会，（CNES）国家经济和社会理事会关于结构调整方案的经济和社会影响初步报告草案。

[3]　Behidli Kamel，" Ajustement Structurel et Nouvelle politique Industrielle：Rupture ou Perpétuation?，" *Revue Algérienne d'économie et gestion*，N°2，Mai 1998，pp. 57，66.

清理过程使阿尔及利亚在此期间耗费了约 130 亿美元。但阿尔及利亚国家经济和社会理事会在 1998 年的报告中指出，工业活动所取得的成效不稳定，没有明确地取得任何积极成果。这也解释了阿尔及利亚国内生产总值在 1991 年的 457.2 亿美元和 1999 年的 486.4 亿美元之间徘徊的原因。20世纪 90 年代阿尔及利亚最主要的特征就是经济和结构改革，阿尔及利亚致力于通过经济改革改善投资环境，颁布多部法律刺激投资以及维护金融和货币价格稳定。阿尔及利亚也实行了其他措施，旨在放宽限制并增强外国投资的信心。

二　中国在阿尔及利亚外贸关系中的地位

1986 年，阿尔及利亚经历了石油危机，凸显了阿尔及利亚发展方式的弊端。1989 年底，阿尔及利亚经济在由于油价下跌而导致的经济危机中跌入谷底。阿尔及利亚国内生产总值出现负增长，为 -1.3%。根据物价与收入委员会的数据，阿尔及利亚的预算赤字为 1.7%。阿尔及利亚财政出现 18250 亿阿尔及利亚第纳尔的赤字，其负债额达到 253.2 亿美元。在外贸方面，这一时期被认为是逐步自由化或限制自由化时期。1990 年的《金融法（补充）》被认为是这一变革的真正核心，其第 40 条和第 41条提到对外贸易实现了部分自由化。1992 年的《金融法》规定大幅降低关税。在 1986 年的《金融法》中，商品关税达到了 120%，导致海关逃税和外贸活力下降。1986 年之后关税降至最低 60%。

阿尔及利亚在 1992 年初再次面临严重的结构性失衡，主要体现在三个基本方面，即外债、预算赤字、财政通胀，这导致阿尔及利亚所有部门都进行深入的经济改革，特别是外贸方面。1994 年 4 月，阿尔及利亚取消了所有的进口限制，并分批实施以下措施，包括向使用硬通货结算的进口消费品提供资金；限制进口工业设备；取消对进口商信贷支付期限的限制；允许进口所有货物（在禁止名单中的货物除外）。在经济开放和区域一体化的框架内，海关保护已经放开，1996 年阿尔及利亚最高关税税率从 60% 降至 50%，1997 年 1 月 1 日降至 45%。仅有三项商品被列入进口禁止物品清单中，并于 1995 年年中被取消。在出口方面，阿尔及利亚取消了禁止出口的 20 个项目清单。到 1996 年 6 月，阿尔及利亚的对外贸易已经没有数量限制。

自 1991 年开始，阿中合作几乎涉及全部领域：1999 年，中国国家主席江泽民访问阿尔及利亚；2000 年，阿尔及利亚担任非盟轮值主席，在北京举办了中非合作论坛，阿尔及利亚总统出席了此次论坛，并且提到了中国的投资。同年，阿尔及利亚总统访华，中国和阿尔及利亚的经贸关系在这之后有了巨大的发展。中国曾多次表示有意发展两国关系，这体现在阿尔及利亚与中国建交 55 周年发表的声明中。在该声明中，中国重申了加强与阿尔及利亚战略合作的决心，推动加强各领域的伙伴关系，特别是阿尔及利亚是第一个与中国建立"一般战略伙伴"的阿拉伯国家，这旨在加强各领域的合作（见表 III - 4 - 2）。

表 III - 4 - 2　　　1991—1998 年中国对阿尔及利亚的货物进出口额　　　（千美元）

年份	出口总额	进口总额	进出口总额
1991	31463	8524	39987
1992	27342	2697	30039
1993	33540	6650	40190
1994	59800	3770	63570
1995	57500	22030	79530
1996	54520	10	54530
1997	112965	19	112984
1998	116678	124	116802

资料来源：《中国统计年鉴》。

一方面，从 20 世纪 90 年代初到 1998 年，中国与阿尔及利亚的贸易关系逐年发展，中国向阿尔及利亚的出口额从 1991 年的 3146.3 万美元提高到 1998 年的 11667.8 万美元；同期阿尔及利亚向中国的出口额从 1991 年的 852.4 万美元提高到 1998 年的 6998.8 万美元。阿尔及利亚对中国出口的发展速度与中国对阿尔及利亚出口的发展速度相比，显得十分微小。从这一时期双方的进出口贸易额可以肯定，中国在中阿双边贸易中处于优势地位。然而，20 世纪 90 年代中国在阿尔及利亚对外贸易往来中处于相对劣势地位，1993 年，阿尔及利亚对中国的出口额在阿尔及利亚出口总额中的比例为该时期最高，为 0.42%，1993 年这一比例仅为 0.11%。随着时间的推移,阿尔及利亚对中国的出口额在阿尔及利亚出口总额中的比例依然十分小。

另一方面,中国对阿尔及利亚的出口额高于阿尔及利亚对中国的出口额,1992 年,中国对阿尔及利亚的出口额占中国出口总额的 1.82%,达到 2734.2 万美元,1993 年下降到 1.37%,1995 年上升到 2.74%,达到 5750 万美元。1999 年该比例为 2.5%。需要强调的是在那个时期,阿尔及利亚对中国商品需求并不处于强大的贸易关系框架内,因为阿尔及利亚对中国产品的需求仅限于纺织品和普通产品。

根据世界银行的统计数据,阿尔及利亚 1991 年至 2000 年贸易往来主要是与欧洲国家展开的,与阿尔及利亚贸易往来重要的五个国家均为欧洲国家。在此期间,1993 年,法国对阿尔及利亚进出口总额均占 25.5%,达到 22.4 亿美元。欧洲国家也十分关注和阿尔及利亚的贸易往来。就进口而言,阿尔及利亚的主要贸易伙伴是法国、美国、意大利、西班牙和德国;在出口方面,阿尔及利亚的主要贸易伙伴是意大利、法国、美国、荷兰和西班牙。

表 III-4-3　　　　　　1993—1999 年阿尔及利亚与
主要贸易伙伴国进出口情况一览　　　　（千美元;%）

		1993	1994	1995	1996	1997	1998	1999
突尼斯	出口额	62175.67	113059.29	108295.46	101838.78	59505.07	32883.68	60874.82
	占比	0.62	1.32	1.16	0.92	0.43	0.33	0.49
	进口额	122470.34	138464.35	142789.78	79516.40	15514.17	12622.50	25049.74
	占比	1.39	1.44	1.32	0.87	0.18	0.13	0.27
摩洛哥	出口额	70657.06	101344.44	81169.17	82748.70	94268.26	59620.72	93307.85
	占比	0.70	1.18	0.87	0.75	0.68	0.61	0.75
	进口额	84771.55	120582.52	51480.67	41292.25	6532.57	9328.41	7487.46
	占比	0.96	1.26	0.48	0.45	0.08	0.10	0.08

续表

		1993	1994	1995	1996	1997	1998	1999
毛里塔尼亚	出口额	31319.24	15809.25	19768.59	23178.23	52035.44	28790.82	17179.03
	占比	0.31	0.18	0.21	0.21	0.37	0.29	0.14
	进口额	0.00	0.00	2476.40	1986.65	129.23	440.10	1637.28
	占比	0.00	0.00	0.02	0.02	0.00	0.00	0.02
利比亚	出口额	2539.74	7437.47	2041.37	1930.60	2943.36	1869.01	187.51
	占比	0.03	0.09	0.02	0.02	0.02	0.02	0.00
	进口额	5600.00	5142.24	1992.80	1608.47	1831.41	1649.46	1575.78
	占比	0.06	0.05	0.02	0.02	0.02	0.02	0.02
中东与北非国家	出口额	165825.63	231922.70	253162.32	218747.43	180804.96	118602.63	245736.69
	占比	1.64	2.70	2.71	1.97	1.30	1.21	1.96
	进口额	298848.41	393107.17	330708.83	254610.57	362825.03	289294.47	204012.06
	占比	3.40	4.10	3.07	2.80	4.18	3.08	2.23
欧洲与中亚国家	出口额	6691524.25	5778538.43	6401433.59	7579957.54	9283530.95	6567942.57	8727194.95
	占比	66.27	67.24	68.42	68.29	66.82	66.76	69.68
	进口额	5541742.31	6051961.13	6876628.73	6110331.16	5519563.87	6084084.56	6105650.17
	占比	63.08	63.05	63.78	67.11	63.53	64.70	66.64
法国	出口额	1688563.20	1326221.31	1315629.31	1457776.26	2189062.91	1675908.61	1719056.22
	占比	16.72	15.43	14.06	13.13	15.76	17.03	13.72
	进口额	2240585.47	2376239.87	2686828.80	2227099.65	2009463.17	2241280.26	2086053.00
	占比	25.50	24.76	24.92	24.46	23.13	23.83	22.77
西班牙	出口额	679232.32	650174.02	625057.02	846223.74	1247204.61	960312.26	1328966.31
	占比	6.73	7.57	6.68	7.62	8.98	9.76	10.61
	进口额	926172.22	901204.74	923387.97	1115937.92	603635.26	547276.16	507513.56
	占比	10.54	9.39	8.56	12.26	6.95	5.82	5.54
德国	出口额	504190.56	524843.81	171457.42	275830.11	309471.30	166696.59	198383.72
	占比	4.99	6.11	1.83	2.49	2.23	1.69	1.58
	进口额	469042.14	517074.24	737266.62	597147.46	482550.18	645045.18	678627.12
	占比	5.34	5.39	6.84	6.56	5.55	6.86	7.41
意大利	进口额	2219705.86	1535127.04	2098695.04	2208786.69	2866273.02	1841583.10	2942145.63
	占比	21.98	17.86	22.43	19.90	20.63	18.72	23.49
	进口额	952024.45	931377.09	1039005.31	834988.80	750602.11	845756.29	907341.43
	占比	10.84	9.70	9.64	9.17	8.64	8.99	9.90

续表

		1993	1994	1995	1996	1997	1998	1999
土耳其	出口额	7216.14	49502.24	314394.11	575445.44	810922.75	579324.80	605334.38
	占比	0.07	0.58	3.36	5.18	5.84	5.89	4.83
	进口额	108460.40	250386.13	305008.42	318344.38	313896.80	410783.62	337602.40
	占比	1.23	2.61	2.83	3.50	3.61	4.37	3.68
美国	出口额	1608690.18	1414038.27	1563237.25	1701749.38	2221847.04	1520024.96	1755048.13
	占比	15.93	16.45	16.71	15.33	15.99	15.45	14.01
	进口额	1311398.02	1371808.64	1417904.64	931218.69	920965.38	991635.46	769604.05
	占比	14.93	14.29	13.15	10.23	10.60	10.55	8.40
印度	出口额	1633.42	26828.99	2883.63	973.88	4144.92	0.00	16538.13
	占比	0.02	0.31	0.03	0.01	0.03	0.00	0.13
	进口额	20282.66	28474.03	16199.28	23220.99	19333.10	35658.35	29351.72
	占比	0.23	0.30	0.15	0.26	0.22	0.38	0.32

资料来源：世界银行。

第二节　中阿经贸关系的繁荣阶段（2000—2010）

一　阿尔及利亚经济发展

2000 年以来，阿尔及利亚国内生产总值取得了显著增长。2000 年阿尔及利亚国内生产总值为 547.9 亿美元，2005 年上升到 103.2 亿美元，2010 年实现大幅增长，达到 1622.1 亿美元，我们可以看出阿尔及利亚从 2000 年到 2010 年国内生产总值增长了两倍，这是由于国家专门的公共投资推动了经济的增长。2000 年到 2010 年，阿尔及利亚国内生产总值的年平均增长率达到 4.2%，2000 年为 3.8%，2003 年达到 7.2%，2010 年降至 3.6%。[①]

---

① Algerian National Bureau of Statistics：Office National des Statistiques（ONS）.

表 III – 4 – 4　　　　　2000—2010 年阿尔及利亚国内总产值　　　　（千美元）

	GDP
2000	54790000
2001	54745000
2002	56760000
2003	67864000
2004	85325000
2005	103198000
2006	117027000
2007	134977000
2008	171001000
2009	137211000
2010	161207000

资料来源：世界银行。

　　阿尔及利亚经济在 2000 年之后发生了重大转变，油价变化是这一时期影响阿尔及利亚经济状况的直接原因。[1] 此外，货币变革和社会变革也对阿尔及利亚经济产生了重要影响。阿尔及利亚国内生产总值与石油价格直接相连。2000 年石油价格出现明显变动，2007 年石油价格从每桶 27.6 美元上升至 69.08 美元，增长了 4%，其中，2005 年石油价格增长率最高，为 41%。[2] 中国和印度的经济发展以及世界经济状况的改善，导致中国和印度对石油出现大量需求，因而使油价空前上涨。[3] 同时，石油价格的上升也引起石油市场的恐慌，这是因为国际产能无法满足需求，特别是欧佩克组织外的石油产区（其中最重要的是北海产区），由于自然灾害，石油产量大幅降低。2008 年全球金融危机对油价造成了很大的影响，2008 年平均每月下降 11.71%[4]，2009 年为每桶 61.1 美元。

---

①　Boujrada Souhayla, "The Relation between the GDP and Oil Prices in Algeria in the Period between 1980 – 2013," *The Journal of Economic and Developments*, June 2016.

②　Algerian National Bureau of Statistics: Office National des Statistiques (ONS) .

③　Fatih Karan, "Energy Consumption and Economic Growth Revisited in African Countries," *Energy Policy*, Vol. 39, No. 11, 2008, p. 7221.

④　National Bank of Algeria, www. bank-of-algeria. dz.

2000—2010 年，阿尔及利亚国内生产总值一方面受石油价格的影响，另一方面受到阿尔及利亚为改善经济而进行的国内经济改革的影响。在21 世纪的第一个 10 年里，阿尔及利亚在所有的经济领域都进行了改革。2001 年底，阿尔及利亚和欧盟签署建立合作伙伴关系的协议。这一时期，阿尔及利亚致力于加入全球贸易系统中，鼓励国有企业和私营企业到国内外市场上竞争，阿尔及利亚政府通过经济措施为其经济营造适宜的发展氛围，恢复阿尔及利亚企业的活力，进而为国家企业的竞争助力。竞争性经济环境被认为是国家企业竞争力的决定性因素之一。阿尔及利亚工业和体制改革部从 2000 年到 2008 年制定了一系列国家方案来恢复阿尔及利亚国有企业和私营企业的活力，同时还旨在调节和更新生产系统，以便赶上发达国家的先进水平。"阿尔及利亚工业和体制改革部所进行的企业现代化改革的另外一个原因是阿尔及利亚国有企业重组的失败。"[1] 需要指出的是，阿尔及利亚企业恢复计划包括三个阶段。第一阶段，即 2000 年到2002 年，要恢复 150 家企业；第二阶段，即 2003 年到 2005 年，有 200 家企业要恢复，第三阶段，即 2006 年到 2008 年，要恢复 300 家企业。企业恢复计划首先是从两个国有企业、八个私营企业开始的，涉及纺织、玻璃、塑料和食品等行业。

二 中国在阿尔及利亚外贸关系中的地位

2000—2010 年，阿尔及利亚对外贸易的特点是促进除燃料以外产品的贸易往来，这是 2000 年后阿尔及利亚积极追寻的目标。中非论坛为中阿贸易关系的发展做出了贡献。2001 年，两国的贸易进出口额为 29234.1万美元，阿尔及利亚从中国进口的产品占阿尔及利亚进口产品总量的2.3%，阿尔及利亚向中国出口的产品占阿尔及利亚出口产品总量的0.05%。2007 年，阿尔及利亚向中国的出口额占阿尔及利亚出口总额的2.33%，阿尔及利亚从中国的进口额占阿尔及利亚进口总额的 8.6%。2010 年两国贸易往来实现重大发展，总额达到 517732 万美元。

---

[1] Bujrada Souhayla, "The Relation between the GDP and Oil Prices in Algeria in the Period between 1980 – 2013," *The Journal of Economics and Developments*, June 2016.

表 III - 4 - 5　　　2001—2010 年中国对阿尔及利亚的货物进出口额　　　（千美元）

年份	出口总额	进口总额	进出口总额
2001	222353	69988	292341
2002	351901	81897	433798
2003	645937	99217	745154
2004	980787	259078	1239865
2005	1405249	363733	1768982
2008	3685242	849219	4534461
2009	4180000	950000	5130000
2010	4000000	1177320	5177320

资料来源：世界银行。2006 年和 2007 年数据缺失。

2001—2010 年，中阿两国的贸易往来实现良好发展。从 III - 4 - 5 中我们可以看出中阿两国进出口总额持续提高。这证实了阿尔及利亚在 20 世纪 90 年代没有利用国际新兴市场，但是中国和阿尔及利亚的进出口总量与法国和阿尔及利亚进出口总量相比还是较低的。

欧盟与阿尔及利亚签订的贸易合作伙伴协议于 2005 年 9 月生效，对支持和发展阿尔及利亚与欧洲国家之间的贸易往来产生了很大的影响。2001 年到 2010 年，阿尔及利亚出口商品基本上为燃料，占阿尔及利亚出口总额的 97%，由于燃料产品出口不在贸易自由化进程中，因此阿尔及利亚从产品出口中获益受到了限制，其中仅有一些行业可以从中获益，比如在欧洲市场上需求弹性大，并且阿尔及利亚在欧洲市场上优势相对大的行业。阿尔及利亚的出口商品在自由贸易区不会受到消极影响，其主要可归因于以下两点：一方面，阿尔及利亚出口产品与其他地中海国家对欧盟的出口产品相似性较低，另一方面阿尔及利亚向即将加入欧盟的国家出口产品。地中海国家向欧盟国家出口产品极有可能遭受不利影响的是土耳其、突尼斯、摩洛哥和以色列，因为这些国家的出口产品遭受了双重影响。

至于进口，阿尔及利亚与欧盟之间协定的生效意味着逐步取消对阿尔及利亚从欧盟进口工业产品的关税，取消关税的产品达到阿尔及利亚进口产品总量的53%。毫无疑问，对进口的预期会产生两种影响：第一，来自欧盟的进口产品增加。也就是说，欧洲产品受贸易转移的影响，其关税低于来自其他国家产品的关税。第二，由于欧洲农民补贴的减少，一些进口产品（主要是食品）的价格上涨。2000年之后，阿尔及利亚开始实施刺激除燃料以外的产品出口的政策，提高了经济效率，为阿尔及利亚国内经济机构创造了更多的竞争机会。[①] 这一时期，阿尔及利亚开始重视市场，并鼓励对外开放，比如阿尔及利亚重视向邻国出口更多的产品，尤其重视橄榄业和渔业产品的出口。这一时期，阿尔及利亚致力于与欧洲国家在传统工业方面的合作，使得阿尔及利亚开始转向非石油经济产业。[②]

　　阿尔及利亚的大多数贸易伙伴都是欧洲国家，因此欧盟对于阿尔及利亚商贸的影响很大。阿尔及利亚的主要贸易伙伴国是欧元区的主导力量，其对贸易伙伴的预期影响仍然取决于欧元的强健和稳定。2000—2010年，欧洲国家以牺牲美国、加拿大和土耳其等其他合作伙伴为代价控制贸易量，使得这些合作伙伴在中短期内无法与欧元国家竞争。

　　欧洲国家在这一时期基本上控制着阿尔及利亚的贸易往来。2000年，欧洲国家和中亚国家占阿尔及利亚出口总额的69.73%，同年阿尔及利亚从欧洲国家和中亚国家的进口额占阿尔及利亚进口总额的68%。其中，阿尔及利亚向法国的出口额占阿尔及利亚出口总额的13.25%，是阿尔及利亚出口产品最多的国家；阿尔及利亚从法国的进口产品占阿尔及利亚进口产品总额的23.59%。但是，这一时期，阿拉伯国家与阿尔及利亚的贸易往来份额不是很大。2000年，阿拉伯国家在阿尔及利亚出口中的份额仅为1.76%，而进口份额仅为2.11%。与欧洲国家相比，即使是阿尔及利亚的邻国阿拉伯马格里布国家与阿尔及利亚的贸易份额也不大。

---

① Ammar, "A Quand une Economie Diversifiée ?," *L'Actuel*, N°116, juin 2010, p. 15.

② SAAD OUALI,《les exportations hors hydrocarbures peinent à décoller》, L'ACTUEL N° 86 , décembre 2007, les nouvelles revues algériennes, ANEP régie Presse Alger, décembre 2007, page 46.

表 III - 4 - 6　2000—2010 年阿尔及利亚的主要贸易伙伴国进出口情况一览

（千美元）

		2000	2001	2002	2003	2004	2005	2006	2007	2008	2009	2010
突尼斯	出口	74430.40	87129.96	84239.92	80602.73	163718.31	99808.26	106243.08	85699.84	859068.28	450996.67	536251.62
	占比(%)	0.34	0.46	0.45	0.33	0.51	0.22	0.19	0.14	1.08	1.00	0.94
	进口	42667.15	51528.21	102347.65	91418.91	110503.64	144037.03	171579.92	212898.81	294277.25	354448.92	392174.53
	占比(%)	0.47	0.52	0.85	0.67	0.60	0.71	0.80	0.77	0.75	0.90	0.96
摩洛哥	出口	169188.19	175376.73	145417.76	167801.01	222616.66	303939.51	387797.09	612831.83	712737.83	392244.19	713200.68
	占比(%)	0.77	0.92	0.77	0.68	0.69	0.66	0.71	1.02	0.90	0.87	1.25
	进口	4070.96	6096.69	17466.28	19664.58	37271.70	49793.10	49880.16	66022.71	86627.14	123165.67	135914.55
	占比(%)	0.04	0.06	0.15	0.15	0.20	0.24	0.23	0.24	0.22	0.31	0.33
毛里塔尼亚	出口	11347.69	12464.36	10741.33	2095.98	4314.66	149.22	1391.69	51800.75	2554.76	2015.34	1064.99
	占比(%)	0.05	0.07	0.06	0.01	0.01	0	0	0.09	0	0	0
	进口	1053.70	3292.85	5486.64	6974.22	19838.87	20154.00	13816.66	4094.16	13217.55	57.02	3.13
	占比(%)	0.01	0.03	0.05	0.05	0.11	0.10	0.06	0.01	0.03	0	0
利比亚	出口	183.58	565.14	9143.78	10656.38	15939.86	13851.35	19342.83	10214.67	51792.60	12242.16	30741.23
	占比(%)	0	0	0.05	0.04	0.05	0.03	0.04	0.02	0.07	0.03	0.05
	进口	1703.06	3245.83	1767.63	2247.24	3779.31	2704.03	209.02	773.72	747.35	787.92	25632.73
	占比(%)	0.02	0.03	0.01	0.02	0.02	0.01	0	0	0	0	0.06
中东与北非国家	出口	387123.95	595292.27	501381.40	680781.45	953190.60	1046485.57	1123488.99	1238847.27	2501641.75	1567067.16	2074921.85
	占比(%)	1.76	3.11	2.66	2.76	2.97	2.27	2.06	2.06	3.15	3.47	3.64
	进口	192766.19	241327.34	591382.33	538634.21	671884.34	622151.21	720461.94	925422.61	1113004.12	1588125.30	1883410.76
	占比(%)	2.11	2.43	4.92	3.98	3.67	3.06	3.36	3.35	2.82	4.05	4.59

续表

		2000	2001	2002	2003	2004	2005	2006	2007	2008	2009	2010
欧洲与中亚国家	出口	15363130.97	13420519.18	13201009.15	15801631.84	18914293.81	27580825.48	30679600.15	28358498.23	44398099.26	25286586.76	31170536.63
	占比(%)	69.73	70.09	70.10	64.09	58.97	59.96	56.18	47.14	55.99	55.95	54.64
	进口	6261003.47	7012368.30	7921225.89	9267706.80	11716040.61	12678594.96	13417861.18	16361171.41	23286531.44	23662825.67	23164720.13
	占比(%)	68.41	70.51	65.96	68.42	64.01	62.28	62.54	59.21	58.99	60.27	56.50
法国	出口	2919955.31	2913475.03	2554279.12	3113228.07	3656188.63	4595318.75	4569913.51	4099710.83	6370446.22	4424345.43	3776057.29
	占比(%)	13.25	15.22	13.56	12.63	11.40	9.99	8.37	6.81	8.03	9.79	6.62
	进口	2159369.30	2381841.20	2697461.83	3236498.98	4124341.43	4472291.14	4370250.35	4613612.97	6503786.18	6159889.27	6119685.66
	占比(%)	23.59	23.95	22.46	23.89	22.53	21.97	20.37	16.70	16.48	15.69	14.93
西班牙	出口	2329067.64	2302487.20	2247427.37	2998137.19	3608081.63	5047957.13	5982906.17	5338352.11	9093339.58	5402419.07	5908645.49
	占比(%)	10.57	12.02	11.93	12.16	11.25	10.97	10.96	8.87	11.47	11.95	10.36
	进口	546064.26	522175.81	623027.04	743125.03	885901.76	967548.25	1026782.68	1587922.41	2914794.74	2971492.52	2643621.51
	占比(%)	5.97	5.25	5.19	5.49	4.84	4.75	4.79	5.75	7.38	7.57	6.45
德国	出口	732741.80	216772.43	42624.95	276032.91	239099.29	1255036.37	396268.83	244267.41	316515.18	334240.34	383904.26
	占比(%)	3.33	1.13	2.25	1.12	0.75	2.73	0.73	0.41	0.40	0.74	0.67
	进口	709582.58	784051.10	853076.25	880428.44	1209014.09	1277589.86	1476529.58	1788173.76	2411405.71	2765393.53	2381965.40
	占比(%)	7.75	7.88	7.10	6.50	6.61	6.28	6.88	6.47	6.11	7.04	5.81
意大利	出口	4417173.19	4308271.54	3911253.89	4725645.73	5165201.92	7531539.53	9314360.58	7967151.80	12293916.00	5701581.09	8779264.88
	占比(%)	20.05	22.50	20.77	19.17	16.10	16.37	17.06	13.24	15.50	12.62	15.39
	进口	810932.12	1038127.51	1139101.25	1274373.46	1547139.76	1523817.87	1881183.72	2406875.36	4308610.44	3659740.71	4113167.67
	占比(%)	8.86	10.44	9.43	9.41	8.45	7.49	8.77	8.71	10.91	9.32	10.03

续表

		2000	2001	2002	2003	2004	2005	2006	2007	2008	2009	2010
土耳其	出口	1332097.56	940890.23	967032.33	1065741.45	1356224.35	1725234.15	1864363.98	2043206.20	2919721.10	2002347.51	2703621.67
	占比(%)	6.05	4.91	5.13	4.32	4.23	3.75	3.41	3.40	3.68	4.43	4.74
	进口	286158.57	380714.71	392403.52	438195.39	583812.41	605857.08	710850.38	921358.48	1345751.55	1746343.31	1522258.01
	占比(%)	3.13	3.83	3.27	3.24	3.19	2.98	3.31	3.33	3.41	4.45	3.71
美国	出口	3424842.71	2673738.18	2591752.14	4908020.80	7576592.11	10597617.77	14856773.39	18090635.83	18952458.94	10365200.86	13827316.22
	占比(%)	15.55	13.96	13.76	19.91	23.62	23.04	27.20	30.07	23.90	22.93	24.24
	进口	1045083.16	1031502.01	1163299.16	709312.34	1087847.32	1367347.88	1425739.21	2134757.68	2197573.10	2013728.54	2125529.70
	占比(%)	11.42	10.37	9.69	5.24	5.94	6.72	6.65	7.73	5.57	5.13	5.18
印度	出口	46067.56	18098.74	66808.05	15114.45	63096.51	136808.57	651106.58	1550498.02	1166180.17	506947.21	1565148.77
	占比(%)	0.21	0.09	0.35	0.06	0.20	0.30	1.19	2.58	1.47	1.12	2.74
	进口	28233.73	38900.19	83135.65	137072.22	216941.29	294891.61	422889.13	444352.55	749377.60	805383.47	777530.36
	占比(%)	0.31	0.39	0.69	1.01	1.19	1.45	1.97	1.61	1.90	2.05	1.90%

2004 年，中国向阿尔及利亚出口额约为 9.8 亿美元，阿尔及利亚向中国出口额为 2.6 亿美元，两国贸易往来持续增多；2006 年 11 月，中阿两国签署战略合作协议；2008 年成立中国—阿尔及利亚科学技术和国防工业合作与伙伴关系委员会。几年来，中国劳工从事公共工作，同时也从事其他的基层建设，如从东部延伸到西部的公路，还作为个人或私人承包商从事公共和私人建筑项目。这体现了阿尔及利亚人对中国建筑行业经验的认可。基于此，撒哈拉研究和咨询中心指出，随着中国政府在阿尔及利亚主办的公共工程研讨会的启动，数千名中国工人会涌进阿尔及利亚，从事该领域的工作。2000 年到 2010 年阿尔及利亚和法国之间的经贸关系发展迅速，双边贸易额增长了三倍。但是，2000 年阿尔及利亚 29% 的进口产品来自法国，2005 年，阿尔及利亚仍有 27% 的进口产品来自法国。到了 2010 年，这个数字下降到了 18% 。与此对应的是，2000 年，阿尔及利亚所有出口产品中有 10% 是出口到法国的，到了 2010 年，出口到法国的产品仅占 5.1% 。

这一时期，阿尔及利亚与法国贸易额占比的下降是因为欧洲各国在阿尔及利亚市场上的竞争日益激烈。我们可以从表Ⅲ - 4 - 6 中看到，2010 年，阿尔及利亚从美国进口 5.18% 的商品，这些数据都来自法国驻阿尔及利亚大使馆网站上一篇关于法国与阿尔及利亚交往的文章。① 但笔者认为，来自欧洲国家的竞争并不能对阿尔及利亚与法国的经贸交往构成威胁。我们可以肯定的是，法国已经开始失去第一的位置，而这是由于中国加入了竞争，中国与阿尔及利亚双边关系提升到了战略伙伴地位。

2000 年之后，阿尔及利亚开始实施刺激除燃料以外的产品出口的政策，提高了经济效率，为阿尔及利亚国内经济机构创造了更多的竞争机会。② 这一时期，阿尔及利亚开始重视市场，并鼓励对外开放，比如阿尔及利亚重视向邻国出口更多的产品，阿尔及利亚尤其重视橄榄业和渔业产品的出口。这一时期，阿尔及利亚致力于与欧洲国家在传统工业方面的合作，使得阿尔及利亚开始转向非石油经济产业。③

---

① "Les Relations Economiques," https：//dz. ambafrance. org/Les-relations-economiques-2462.

② Ammar, "A Quand une Economie Diversifiée ?," *L'Actuel*, N°116, juin 2010, p. 15.

③ Saad Ouali, "Les Exportations hors Hydrocarbures Peinent à Décoller," *L'Actuel*, N° 86, décembre 2007, p. 46.

第三节　中阿经贸关系的升级阶段（2011 年以来）

一　阿尔及利亚经济发展

2000—2010 年阿尔及利亚经济受到国际油价变化的影响。在这 10 年里由于石油价格发生变化，阿尔及利亚实行扩张型金融政策。即使是在石油价格极具优势的 2015 年，阿尔及利亚财政依然出现了赤字。同时，2010 年突尼斯爆发的"茉莉花革命"使包括阿尔及利亚在内的北非国家经济受到了直接影响，导致地区政治动荡、石油价格不稳。这就是阿尔及利亚国内生产总值从 2011 年的 2000.2 亿美元降至 2015 年的 1658.7 亿美元、2016 年的 1590.5 亿美元的原因。

表 III - 4 - 7　　　　　2011—2018 年阿尔及利亚国内总产值　　　　（千美元）

	GDP
2011	200019000
2012	209059000
2013	209755000
2014	213810000
2015	165874000
2016	159049000
2017	167390000
2018	173758000

资料来源：世界银行。

2011 年阿尔及利亚国内生产总值开始下滑，导致阿尔及利亚国内生产总值下降的突出因素是石油价格的降低，致使其石油能源出口收入降低；还有就是阿拉伯地区持续的政治社会动荡。石油价格大幅下跌导致除利比亚外的阿拉伯石油出口国的平均经济增长率从 2013 年的 4% 降至 2014 年的 2.7%。[1]

同时，非石油部门在经济增长方面没有发挥出基本作用。此外，阿尔及利亚公共支出持续高涨。其经济受到汇率下降的影响，导致石油价格从

---

[1]　经济合作与发展组织。

2014 年的每桶 99 美元降为 2015 年的每桶 53 美元，并在 2016 年继续下降至每桶 45 美元。[①] 石油价格的下跌对于阿尔及利亚经济而言是一种"打击"，导致阿尔及利亚国内生产总值下降和财政预算赤字出现。2016 年，阿尔及利亚政府制订了新的经济发展计划（2016—2030），该计划主要针对私营企业，并实行"三年战略"以稳定财政预算，重视燃料行业的生产与加工。但是阿尔及利亚经济增长主要依靠燃料行业，2016 年，阿尔及利亚除石油和天然气以外的部门产生的收入不超过国内生产总值的5%，而这一比例在 20 世纪 80 年代后期达到 35%，这使得阿尔及利亚进行再工业化，将重点更多地转向工业部门。[②]

二　2011 年以来中国在阿尔及利亚外贸关系中的地位

中国和阿尔及利亚的关系具有以下两个特点：（1）从时间上讲中国和阿尔及利亚的关系诞生于阿尔及利亚反抗法国殖民统治的解放革命时期[③]，并通过政治和军事胜利有力地夯实了这一关系，同时两国关系也在中国支持反殖民解放运动中得到加强；（2）中国很早就认识到阿尔及利亚地理战略位置和地缘经济的重要性，阿尔及利亚独立之后在政治、经济、科学和军事方面加强了中阿两国关系。

在阿尔及利亚"黑色十年"间，对于阿尔及利亚打击恐怖主义，中国与西方国家的立场不同。20 世纪 90 年代，很多西方国家撤离了在阿尔及利亚的外交代表，而这一时期中国在经济领域对阿尔及利亚给予支持，并且加强两国之间的合作。在解决地区问题和面对国际挑战上，特别是在"阿拉伯之春"之后的地区政治变革中，中国和阿尔及利亚的国际立场相对一致，两国对国际公平和正义框架内的民主、人权以及人道主义和国际问题拥有共同立场，其中包括联合国改革和根据国际法支持殖民地人民选择自己命运的权利。中国和阿尔及利亚在反对干涉他国内政、维护国家稳定和统一上立场一致。无论恐怖主义的来源如何，中国和阿尔及利亚在打击恐怖主义上的立场一致，恐怖主义危害全人类，无论目标如何，中国和

---

① 非洲发展银行。

② 非洲银行和联合国发展署的报告。

③ 伊斯梅尔·达布什：《中国外交政策中的共同利益：阿尔及利亚与中国关系的个案研究》（阿拉伯文），《人民》2016 年 5 月 12 日。

阿尔及利亚认为，任何单独或集体的武装供给和支持都应被拒绝，即使是打着民主和人权的旗帜，这类似于西方国家向反对叙利亚政权或其他政权的成员提供武器和金钱支持。暴力和武器的使用导致国家和人民的不稳定，并会影响所有人的利益。

截至 2014 年，中国与阿尔及利亚贸易总额为 87 亿美元，两国的贸易进出口额实现了前所未有的增长，同时两国在投资领域的关系也得到发展。阿尔及利亚和中国将双边关系上升到全面战略伙伴关系，双方合作涵盖诸多领域，其中重要的是能源、农业、建筑、科学研究、文化和畜牧业、预防沙漠化、灌溉、水资源、工业、军事合作、核能领域、健康业和航空业。中国公司掌控着阿尔及利亚大部分投资，累计投资额达到 200 亿美元，其中包括基础设施建设。活跃在阿尔及利亚建筑行业的中国公司投资额达到 140 亿美元，使阿尔及利亚在那个时期成为继尼日利亚之后中国在非洲建筑承包公司的第二大重要市场。阿尔及利亚的建筑业吸引了中国商人的关注。同年，中国时任国家主席胡锦涛访问阿尔及利亚，更加促进了两国经济、贸易、科技和文化之间的交流。值得一提的是，中国终于赶超法国，从第 28 位上升到第 1 位，凭借上亿美元成为阿尔及利亚第一大贸易伙伴，笔者认为，这在阿中贸易合作中具有重要的历史意义。

表 III-4-8　　　2011 年至今中国与阿尔及利亚的货物进出口额　　　（千美元）

年份	出口额	进口额	进出口总额
2011	4478810	1960540	6439350
2012	5416367	2313782	7730149
2013	6023900	2164550	8188450
2014	7395180	1314680	8709860
2015	7583347	767363	8350710
2016	7648110	331890	7980000
2017	447269	6783988	7231257
2018	1177744	7927112	9104856
2019	1140928	6941831	8082759

资料来源：《中国统计年鉴》。

2016 年 10 月，中国商务部长率团访问阿尔及利亚，10 月 17 日，在首都阿尔及尔，中国商务部副部长与阿尔及利亚工业与资源部长阿卜杜拉·萨拉姆签署了诸多包括项目合作和中国对阿尔及利亚投资在内的协议以增强两国间的工业合作，之后将此协议命名为"阿中加强产能协议"，双方重建经济关系框架，发展贸易关系，增加投资和共同生产，从而巩固两国工业和科技伙伴关系。中国和阿尔及利亚的经贸往来在2016年达到80多亿美元，如果按照这个速度，在未来几年里，将会达到150多亿美元①，尤其是中国在阿尔及利亚的投资也会大幅增加。此外，双方同意成立专门委员会跟进研究两国间的合作关系，此协议致力于改善公司产能，特别是要通过现代工业科技提高阿尔及利亚的产能，阿尔及利亚工业部长强调，此协议将加深两国间友好关系，中国已经成为阿尔及利亚最重要的贸易伙伴，之后会成立更大的公司，增加两国利益，为促进两国间的经贸合作开启新的篇章。中方认为，阿尔及利亚是地中海地区和阿拉伯国家中最重要的经济伙伴。中国已表示愿意通过发展和现代化加强与阿尔及利亚的合作，通过全面战略伙伴关系使两国奋勇向前。

从2013年起，法国丧失其作为阿尔及利亚最大的经济贸易商的地位，该地位开始由中国占据，这是从阿尔及利亚海关数据中发现的。中国已超过法国，成为阿尔及利亚最大的商品供应国，2014年，其份额占阿尔及利亚进口额的14%以上。同年，两国签署了一项五年计划，中国在阿拉伯世界首次建立全面战略伙伴关系。在此框架下中国和阿尔及利亚签署了数个合作协定，合作涉及大多数经济项目，如建筑、水坝和水资源、农业和灌溉、公路和铁路、获取炼油技术，与中国交易项目的重要部分已于2016年10月完成，项目包括在阿尔及利亚多个地区建设炼油厂。

阿尔及利亚是中国在阿拉伯马格里布地区的第一个贸易伙伴，也是中国在该地区最大的出口市场。两国之间的交易占中国与马格里布国家往来的40%以上，约为210亿美元，2006年的投资额达到140亿美元，中国公司在阿尔及利亚各行业尤其是建筑和公共服务行业的投资额达到200多亿美元。据美国智库报道，中国企业在阿尔及利亚的投资（2005

---

① 此为艾曼纽乐·兰考特就中阿关系接受法国一个电视节目采访时的说法，https://www.youtube.com/watch? v = FlYR6DxzztE。

年至 2013 年）达到 140 亿美元。2014 年，阿尔及利亚成为继尼日利亚之后中国建筑公司的非洲第二大市场，并且成为中国全球前 15 大合作伙伴。

表 III - 4 - 9　　　　　　2011—2016 年阿尔及利亚与
主要贸易伙伴国进出口情况一览　　　（千美元）

		2011	2012	2013	2014	2015	2016
突尼斯	出口	650330.03	1018686.72	1649046.54	1574586.18	846023.23	603483.13
	占比（%）	0.89	1.42	2.50	2.61	2.43	2.01
	进口	440438.55	434305.81	489215.64	517007.24	457605.80	430990.69
	占比（%）	0.93	0.86	0.89	0.88	0.88	0.92
摩洛哥	出口	922068.26	993264.47	1051845.89	1131065.64	629897.47	499056.20
	占比（%）	1.26	1.38	1.59	1.87	1.81	1.66
	进口	241745.64	283606.86	217534.54	217082.74	215180.72	269640.56
	占比（%）	0.51	0.56	0.40	0.37	0.42	0.57
毛里塔尼亚	出口	659.89	54345.80	29199.56	247895.97	57054.88	38522.39
	占比（%）	0	0.08	0.04	0.41	0.16	0.13
	进口	209.87	117.24	675.06	597.52	32.77	231.43
	占比（%）	0	0	0	0	0	0
利比亚	出口	11377.18	6549.34	22443.03	36426.72	22514.53	31053.24
	占比（%）	0.02	0.01	0.03	0.06	0.06	0.10
	进口	7800.88	88539.56	316585.23	3626.15	8131.79	0.18
	占比（%）	0.02	0.18	0.58	0.01	0.02	0
中东与北非国家	出口	2405266.38	2993239.67	3855035.75	3541320.77	2344690.86	1585585.68
	占比（%）	3.28	4.17	5.84	5.86	6.74	5.29
	进口	2463267.36	2425099.99	3518205.50	2743370.74	2621625.17	2670942.02
	占比（%）	5.22	4.81	6.41	4.68	5.06	5.67
欧洲与中亚国家	出口	41558946.39	43156390.84	45404048.99	41181847.56	24664280.67	18605907.13
	占比（%）	56.59	60.05	68.80	68.20	70.88	62.04
	进口	27238888.23	30308969.72	32484549.98	33896508.80	29350235.97	25709324.21
	占比（%）	57.69	60.17	59.16	57.83	56.66	54.60

续表

		2011	2012	2013	2014	2015	2016
法国	出口	6533567.26	6124176.49	6786095.50	6455944.89	4578427.21	3424138.89
	占比（%）	8.90	8.52	10.28	10.69	13.16	11.42
	进口	7115359.73	6433334.35	6257797.67	6336384.70	5439034.24	4773926.39
	占比（%）	15.07	12.77	11.40	10.81	10.50	10.14
西班牙	出口	7186050.99	7809365.01	10344327.90	9253437.33	6164468.41	3879164.21
	占比（%）	9.79	10.87	15.67	15.32	17.72	12.93
	进口	3427159.33	4343276.53	5084228.73	5028207.32	3952592.91	3566098.16
	占比（%）	7.26	8.62	9.26	8.58	7.63	7.57
德国	出口	498130.68	238172.93	21053.23	414781.75	71395.80	63438.40
	占比（%）	0.68	0.33	0.03	0.69	0.21	0.21
	进口	2558046.06	2591175.00	2861288.65	3802362.08	3430803.32	3024539.11
	占比（%）	5.42	5.14	5.21	6.49	6.62	6.42
意大利	进口	10440846.89	11512554.74	9016807.30	8189920.53	5263622.12	5208346.00
	占比（%）	14.22	16.02	13.66	13.56	15.13	17.37
	进口	4674954.33	5191037.42	5652696.29	5044027.03	4859897.97	4645652.70
	占比（%）	9.90	10.31	10.29	8.60	9.38	9.87
土耳其	出口	2524921.75	2624563.34	2660820.36	2652467.03	1806689.18	1344187.41
	占比（%）	3.44	3.65	4.03	4.39	5.19	4.48
	进口	1398424.75	1798327.65	2077240.22	2134238.73	2043770.63	1935230.61
	占比（%）	2.96	3.57	3.78	3.64	3.95	4.11
美国	出口	15127342.48	10778213.65	5340528.66	4779498.52	2210645.39	3866104.44
	占比（%）	20.60	15.00	8.09	7.91	6.35	12.89
	进口	2176828.17	1769703.46	2370396.62	2881412.29	2741281.83	2317414.04
	占比（%）	4.61	3.51	4.32	4.92	5.29	4.92
印度	出口	2236777.66	1067141.76	816232.51	682753.66	260067.05	479791.37
	占比（%）	3.05	1.48	1.24	1.13	0.75	1.60
	进口	1092576.77	1107591.28	1306679.18	1196004.92	1117153.30	940504.05
	占比（%）	2.31	2.20	2.38	2.04	2.16	2.00

资料来源：世界银行。

2011 年到 2016 年，中国是阿尔及利亚重要的贸易伙伴国，这是这一时期阿尔及利亚对外贸易的一大亮点。中国是阿尔及利亚海外商品第一大进口国。2011 年，阿尔及利亚从中国进口的商品额占进口商品总额的 10.3%，阿尔及利亚从法国进口的商品额占进口商品总额的 15.07%；

2012 年，法国进口商品额占比下降至 12.77%，2013 年继续下降至
11.4%，与此同时，中国在阿尔及利亚海外进口商品国中的地位发生重大
转变，同年，阿尔及利亚从中国进口的商品额占进口商品总额的
12.43%。从该年起中国成为阿尔及利亚最重要的贸易伙伴国，然后是法
国（占 11.4%）、意大利（占 10.29%），接下来是西班牙和德国。

自 2013 年以来，中国与阿尔及利亚贸易往来发生明显转变，两国贸
易往来额大幅提高，中国成为阿尔及利亚最重要的合作伙伴，也是第一大
贸易伙伴。2016 年，阿尔及利亚从中国进口的商品额占进口商品总额的
17.86%。这一时期阿尔及利亚和以前的重要贸易伙伴国的关系开始出现
倒退，2016 年，阿尔及利亚从法国进口的商品额占进口商品总额的
10.14%。然而，2011 年到 2016 年，中国在阿尔及利亚商品出口中所占
份额仍然较弱，2012 年，阿尔及利亚出口到中国的商品额占出口总额的
2.96%，2016 年又降至 1.11%。虽然欧美国家在阿尔及利亚商品出口中
占有很大的份额，其中，2011 年阿尔及利亚出口到美国的商品额占出口
总额的 20.60%，但在接下来的几年中这一比例开始下降，2015 年降至
2.35%。相对于美国在阿尔及利亚出口中占比的降低，意大利和西班牙占
比却逐渐上升，2016 年，阿尔及利亚出口到意大利的商品额占出口总额
的 17.37%。

三　阿尔及利亚最重要的投资伙伴国

为了更多地了解和更深入地分析阿尔及利亚经济以及评估阿尔及利亚
与中国之间的经济关系，我们必须讨论阿尔及利亚重要的投资者以及中国
在阿尔及利亚投资领域的存在程度。根据联合国贸易和发展会议估计，
2014 年，阿尔及利亚成功吸引了 1.488 亿美元的外国直接投资，占同期
阿拉伯外商投资总额的 3.4%。截至 2014 年底，流入阿尔及利亚的外国
直接投资约为 268 亿美元，占同期阿拉伯外商投资总额的 3.6%。根据英
国《金融时报》2003 年 1 月至 2015 年 5 月发布的外国直接投资市场数
据，阿尔及利亚在新的外国直接投资（绿地投资）方面的活动情况如下：
（1）306 个阿拉伯和外国公司正在阿尔及利亚实施 375 个外国直接投资项
目。据估计，这些项目总投资约为 680 亿美元，雇用了大约 9.3 万名工
人。（2）在项目投资方面，阿联酋、西班牙、法国、越南、瑞士、埃及、

英国、美国、中国和卢森堡分别成为投资阿尔及利亚的重要国家。阿联酋、西班牙和法国的份额约占总额的43%。（3）进入阿尔及利亚的阿拉伯和外国投资集中在煤炭、石油和天然气行业，占28.1%，矿产行业占21.1%，房地产行业占19.6%。（4）阿联酋国际投资有限责任公司在阿尔及利亚投资的10家重要公司中名列榜首，该公司开展了一项巨额投资项目，投资额估计约为50亿美元。

表 III - 4 - 10　2003—2015 年阿尔及利亚吸引外商投资情况一览

序号	出口国	公司数量（家）	项目数量（个）	创造的工作岗位量（个）	创造的总价值（百万美元）
1	阿联酋	25	26	11561	1528
2	西班牙	20	24	6702	786
3	法国	62	81	10011	595
4	越南	2	2	1999	4743
5	瑞士	7	12	5874	4538
6	埃及	9	11	735	4178
7	英国	18	24	2033	3738
8	美国	31	34	321	3303
9	中国	12	12	9566	2658
10	卢森堡	1	3	4349	2447
11	卡塔尔	2	2	3089	215
12	土耳其	5	5	4628	1941
13	俄罗斯	3	4	580	1346
14	突尼斯	17	22	2018	1132
15	沙特	8	13	3464	933
16	德国	14	17	4922	669
17	加拿大	7	7	597	645
18	爱尔兰	4	4	354	478
19	新加坡	1	1	425	468
20	百慕大	1	1	214	443
21	巴西	1	1	214	443
22	巴哈马	1	1	214	443
23	南非	1	1	638	350
24	利比亚	1	1	819	321
25	澳大利亚	1	1	1012	270

续表

序号	出口国	公司数量（家）	项目数量（个）	创造的工作岗位量（个）	创造的总价值（百万美元）
26	韩国	7	10	2651	234
27	意大利	6	6	815	219
28	缅甸	1	1	342	160
29	伊朗	4	4	1268	152
30	摩洛哥	6	7	437	129
31	其他	28	37	1797	422
	总计	306	375	93153	6804

资料来源：联合国贸发会。

截至 2014 年底，阿尔及利亚对外直接投资额约为 17 亿美元，占同期阿拉伯国家对外直接投资总额的 0.2%。据 2003 年 1 月至 2015 年 5 月外国直接投资市场数据，阿尔及利亚在海外的投资活动情况如下：（1）阿尔及利亚的对外直接投资项目达 15 个，并由阿尔及利亚公司运营。据估计，这些项目总投资接近 17 亿美元，雇用了大约 3000 名工人。（2）就项目投资成本而言，也门、科特迪瓦、多米尼加共和国、突尼斯、西班牙、伊拉克、美国、斯里兰卡和意大利分别处于接受阿尔及利亚投资重要国家之列。也门、科特迪瓦和多米尼加共和国约占总数的 75%。（3）Sonatrach 油气公司是阿尔及利亚重要的海外投资公司之一，该公司正在实施 6 个项目，投资约为 12 亿美元。

表 III - 4 - 11　2003—2015 年阿尔及利亚对外投资情况一览

序号	出口国	公司数量（家）	项目数量（个）	创造的工作岗位数量（个）	创造的总价值（百万美元）
1	也门	1	1	214	850
2	科特迪瓦	1	1	1147	200
3	多米尼加	1	1	36	200
4	突尼斯	1	2	858	117
5	西班牙	2	2	209	86
6	伊拉克	1	1	270	45
7	美国	1	1	106	35
8	斯里兰卡	1	1	64	35

续表

序号	出口国	公司数量（家）	项目数量（个）	创造的工作岗位数量（个）	创造的总价值（百万美元）
9	意大利	1	1	6	31
10	英国	1	1	91	22
11	法国	1	1	24	22
12	尼日利亚	1	2	36	2
总计			15	3061	1665

资料来源：联合国贸发会。

尽管如此，法国仍是阿尔及利亚主要的非能源类投资者和最大的外国经营者。在阿尔及利亚的法国公司为阿尔及利亚提供了大约4000个工作机会，如果算上约500家在阿尔及利亚的法国公司下属的一些公司的话，那么提供的岗位总共达到10000个。法国公司提供的工作机会主要集中在服务行业：金融服务（例如法国兴业银行和法国巴黎银行），交通运输行业（例如法国航空），海运（SamaSigm公司有400多名员工，在阿尔及利亚是行业领头者），酒店餐饮行业（雅高集团、索迪斯集团、Newrest集团），汽车零售行业（雷诺、雷诺卡车）。2014年，法国对阿尔及利亚出口额达到69亿美元，但是同年中国对阿尔及利亚的出口额达到了73.9亿美元，中国连续几年成为阿尔及利亚最大的贸易伙伴，超过了阿尔及利亚的传统贸易伙伴——法国。

在这方面，阿尔及利亚很多经济学家都认为，鉴于2013年以来中国与阿尔及利亚贸易投资关系的重要性，法国很难恢复其在阿尔及利亚市场上的地位。2016年，中阿两国贸易额达到79亿美元，在未来几年内中国在阿尔及利亚的投资有望达到250亿美元。[1]

但笔者认为，法国仍将保持在阿尔及利亚消费和服务领域的投资，阿尔及利亚总体上仍将是法国的一个消费市场。法国在阿尔及利亚只建立了一些轻工业工厂。很多经济学家表示，法国在阿尔及利亚的投资集中在某些领域，这是为了避免与中国、韩国、日本和土耳其的竞争。[2] 法国的企

---

① 阿尔及利亚国家通讯社对法国驻阿尔及利亚前大使伯纳德·艾美的采访（2016年4月14日）。

② 《马格里布之声》杂志对穆罕默德·海迪尔的采访。

业大多集中在服务业，因为服务业给法国企业带来了利润。

在这方面，阿尔及利亚前总统经济顾问穆巴拉克·马利克·萨雷①曾说，法国在阿尔及利亚的经济影响力体现在那些不善谈判的阿尔及利亚官员身上，他们软弱、倾向于法国、从法国获得好处，法国将阿尔及利亚视为一个贸易市场而不是投资市场，法国仅仅把商品卖到阿尔及利亚，对就业贡献有限，在工业、农业和技术领域，法国并没有将真正的知识传授给阿尔及利亚。法国仅仅在阿尔及利亚修建了汽车组装厂而不是汽车生产厂，法国每年从组装服务中获利近 40 亿美元。阿尔及利亚应该改变这种法语国家体系，摆脱对法国的依赖。

我们发现，近年来，阿尔及利亚的官员们多次表示要拒绝对法国的依赖，他们之中很多人认为阿尔及利亚必须寻找新的力量，走向中国市场。这使得中国与阿尔及利亚的关系自 2013 年以来发展迅速。相应地，我们看到法国开始担心其在阿尔及利亚市场上地位的下降。为此，法国前总理曼努埃尔在 2016 年 4 月访问阿尔及利亚，试图恢复法国作为阿尔及利亚最大贸易伙伴的地位。曼努埃尔这次访问的随行人员包括 10 个部长和很多法国公司代表，最终签署了 12 个法国与阿尔及利亚公司之间的协议以及 26 个两国政府间协议。最终签署了 12 个法国与阿尔及利亚公司之间协议以及 26 个两国政府间协议。

表 III‑4‑12　　2003—2015 年在阿尔及利亚投资的前 10 家公司

序号	公司	项目数量（个）	创造的就业岗位量（个）	创造的价值（百万美元）
1	阿联酋国际投资公司	1	3	5
2	越南石油和天然气公司	2	1999	4743
3	雷普索尔公司	2	839	3565
4	苏黎世 Jelmoli 集团	5	45	3539
5	道达尔集团	3	961	3465
6	奥拉斯康集团	6	3541	2814
7	阿塞洛米塔尔钢铁集团	3	4349	2447
8	英国石油公司	3	485	2384

---

① 《马格里布之声》杂志对穆巴拉克·马利克·萨雷的专访。

续表

序号	公司	项目数量（个）	创造的就业岗位量（个）	创造的价值（百万美元）
9	西班牙 ACS 集团	4	2434	2049
10	中国石油天然气集团公司	2	291	1991
	其他	344	70754	36043
	总计	375	93153	6804

资料来源：FDI Intelligence from the Financial Times.

　　尽管曼努埃尔在此次访问中承诺要恢复法国作为阿尔及利亚第一贸易伙伴的地位，但是在中国与阿尔及利亚重要的战略关系面前，这是一件很难的事。阿尔及利亚市场曾是法国商品的重要出口地，但是在阿尔及利亚政府宣布对其他国家开放市场，特别是向中国开放市场后，事情就不一样了。[①] 阿尔及尔大学经济学教授米西达表示，法国要恢复其阿尔及利亚最大贸易伙伴地位是一件很难的事情，因为两国的经济状况都发生了改变。在 2016 年阿尔及利亚—法国高级混合委员会第三次会议闭幕后，曼努埃尔十分生气，他在其推特账号上发布了一张他与阿尔及利亚总统布特弗利卡的合影，在这张照片中布特弗利卡形象不佳，显得健康状况很坏。这件事引起了阿尔及利亚官方的强烈反应，阿方强烈谴责这一事件。而这一事件也使得双方关系十分紧张，因为在这次会议之前，法国就对阿尔及利亚进行勒索，要求阿方在经济上做出最大程度的让步。但是阿尔及利亚没有让步，法国只获得了 12 个不重要的投资协议，阿尔及利亚拒绝签订一个关于建立标致雪铁龙集团汽车组装厂的合同，当时法国十分重视这个合同，在此之前的两年里，法国曾获得一个类似的项目。关注阿尔及利亚与法国经济关系的人会发现，由于中国的影响，雷诺汽车在阿尔及利亚市场上的份额自 1999 年开始下降。同时还出现了如英国、西班牙、德国、土耳其在内的其他竞争者。阿尔及利亚从与法国的贸易关系中受益，并建立了一些其他的伙伴关系，而这些关系是法国不想看到的。

　　因此，三年前法国商务部承认法国公司在阿尔及利亚的投资放缓，特

---

　　① 2016 年 4 月 12 日，半岛电视台对阿尔及尔大学经济学教授阿卜杜·卡德尔·米西达的采访，http：//www.aljazeera.net/portal。

别是在汽车、医药和建筑领域。阿尔及利亚的经济进入了新轨道，远离了法国。由于新的竞争对手的介入，法国在阿尔及利亚的投资量下降，法国感受到了困扰。

阿尔及利亚海关统计中心数据显示，2009 年，阿尔及利亚从法国进口的产品占阿尔及利亚进口总额的比例从 22.8% 下降到 15.7%。① 2013 年，法国被中国超过，失去了阿尔及利亚最大投资者的地位。这一阿尔及利亚经济趋势的改变显示出阿尔及利亚开始逐渐从对法国的经济依赖中解放出来。阿尔及利亚的很多经济学家认为，双方的关系应该建立在互利原则之上，而不是像法国与阿尔及利亚的关系那样，一方获利而另一方受损，多年来，阿尔及利亚一直没有从和法国的经济伙伴关系中获得太多利益，阿尔及利亚与欧盟签订的协议使法国受益匪浅，因为阿尔及利亚从法国进口的产品总额是其对法国出口额的数倍。阿尔及利亚与法国贸易额的下降还体现在其他方面，例如法国在教育、科技转换等领域计划的很多项目都被阿尔及利亚拒绝了，因为法国人提出了很多让阿尔及利亚不能接受的条件。②

但笔者认为，法国在阿尔及利亚经济中占主导地位这种现象不仅仅出现在阿尔及利亚，这是一个大部分非洲国家都有的现象。导致这种现象的原因是法国经济实力及其在欧盟中的地位和在世贸组织中所拥有的地位。同时北非国家都曾是法国的殖民地，与法国有着深远的联系，这些国家无法直接摆脱法国，因为一些过去与法国签订的协议至今还是有效的。

尽管如此，可以肯定的是，阿尔及利亚的外交和经贸政策正在发生改变。阿尔及利亚正在寻找新的市场和互利的伙伴。阿尔及利亚政府频繁与德国、俄罗斯、英国、卡塔尔、中国和土耳其高层进行经济方面的会晤，这都是为了增加阿尔及利亚经济的多样性。③

重要的是，我们发现外国企业在阿尔及利亚的投资集中于燃料行业，

---

① 阿尔及利亚海关网站（http://www.douane.gov.dz/）。

② 半岛电视台网站报道，阿尔及利亚经济学家阿卜杜·萨拉姆·马赫鲁非表示，阿尔及利亚已经受够了法国的政治和经济"托管"，在经济全球化的背景下，阿尔及利亚应该放眼亚洲和美洲国家。他对法国对阿尔及利亚经济的控制和对很多项目的垄断提出质疑，认为必须结束法国的经济"托管"。

③ 布鲁西夫：《阿尔及利亚摆脱法国》，https://www.alaraby.co.uk/supplementeconomy/2016/6/6/。

其中重要的是石油行业和天然气行业。2003 年到 2015 年，外国公司在阿尔及利亚石油天然气行业中的投资占外国总投资的 28%，金属行业占 21%，房地产行业占 20%，化学行业占 11%。这表明外国投资者更倾向于新兴行业，而不是传统行业，其中纺织业仅占 1%。

表 III－4－13　　2003—2015 年阿尔及利亚各行业接受外资情况

序号	部门	公司数量（家）	项目数量（个）	创造的就业岗位数量（个）	创造的价值（百万美元）	百分比（%）
1	煤、石油和天然气	22	28	6489	1913	28
2	金属	17	21	16486	14371	21
3	房地产	14	19	14199	13371	20
4	化学制品	12	14	3863	13343	11
5	酒店和旅游	8	12	5826	7294	4
6	建筑和建筑材料	9	14	3726	26782238	3
7	商业服务	39	39	1814	1599	2
8	汽车	20	28	14728	1252	2
9	纺织品	9	9	3678	997	1
10	（贷款）库存	2	3	1786	858	1
	其他	159	188	20558	4282	6

资料来源：联合国贸发会。

中国人在阿尔及利亚几乎所有的公共工程、建筑、旅游、燃料和通信等领域工作。中国在阿尔及利亚的存在史可以追溯到 2000 年初，当时随着阿尔及利亚一些重大发展项目的启动，中国已经能够赢得项目最重要的部分，并通过提供竞争优惠而获得大批项目。

中国和阿尔及利亚在政治、经济、军事和文化领域的合作逐渐加深。中国加强了对阿尔及利亚农业、工业和旅游业方面的投资，中方投资了 30 多亿美元与阿尔及利亚共同参与位于阿尔及利亚首都西北部的舍尔沙勒港口的建设，该港口将成为非洲和阿拉伯国家较大的进出口港之一。

近年来，建筑行业一直引起中国企业的关注，比如中国企业赢得了从阿尔及利亚东部至西部的公路修建项目，外交部新总部修建项目、住房项目和首都大清真寺修建项目。这为阿尔及利亚与中国未来的合作提供了前景。中国公司已经掌控了阿尔及利亚的住建行业，担负着完成租赁住宅房项目建设的重要责任，同时中国公司也掌管着阿尔及利亚东西部汽车道路项目建设的最大一部分。虽然法国和美国公司竞争这一战略项目，但是最后中国中信 SRCC 公司和日本公司赢得了该项目。同时中国公司在水资源行业也拥有很多合同项目。公共配置是中国在阿尔及利亚投资急剧增加的一个因素。中国和阿尔及利亚经济合作发展十分重要的领域之一是磷酸盐工业，阿尔及利亚拥有近 20 亿吨的磷酸盐储备量，使其成为地中海地区重要的肥料生产国之一，通过中国代表团于 2018 年 2 月对阿尔及利亚塔帕萨省高原上磷矿的参观，该行业对于两国关系发展的重要性显现出来。

目前，有数十家中国大企业在阿尔及利亚投资、经贸、道路、住房、电信、能源、灌溉和通信等领域运作，中国在阿尔及利亚援助建设的酒店是现代阿尔及利亚首都的标志，连接阿尔及利亚东西部的高速公路是阿尔及利亚交通的主动脉，同时也是北非国家的重点战略道路。

中国人民和阿尔及利亚人民在宗教、语言、习俗和传统上不同，但这并不妨碍两者的兼容性。中国和阿尔及利亚的关系由于两国领导人互相连续的访问而变得十分紧密，两国经贸增长步伐加快，贸易额增加，两国合作达到历史新高，双方合作已包含农业、水利、酒店、餐饮、道路和港口等领域，两国的合作不仅仅限于经济和政治领域，也包括科学、文化、教育、体育和媒体的所有领域。中国向阿尔及利亚国家图书馆赠送了 766 本与中国、中国文化和媒体相关的书籍。

当前，中国和阿尔及利亚的关系在两国的对外政策上具有坚定的原则，即尊重统一、尊重彼此的国家主权、不干涉他国内政、加强公平的商贸合作尤其是获得经验和技术类的投资、支持可持续发展基础设施战略经济项目。"中国已经向阿尔及利亚表明，在各领域的经济项目和大多数领域中，中国会遵循这一方向、目标和战略追求。"[1]

我认为，两国双边关系发展的高潮是两国的共同项目，即发射中国—阿尔及利亚人造卫星，该卫星是阿尔及利亚第一颗用于有线和无线电通

---

[1]　伊哈卜·绍基：《阿尔及利亚与中国关系发展的背后是什么？》（阿拉伯文），2014 年 5 月 22 日，阿拉伯新闻网（http://www.anntv.tv/new/showsubject.aspx？id=87693）。

信、广播电视、中国太空基地网络的卫星。① 该人造卫星的名字为"库姆·萨特 1 号",这是阿尔及利亚第一颗人造卫星,并且是借助中国火箭发射的。该卫星将覆盖北非地区和萨赫勒地区,还将用于改善电信设施,接收各种广播和电视节目,提供语音传输服务,提供高速互联网,进行远程教育和远程医疗。根据阿尔及利亚总统阿卜杜勒阿齐兹·布特弗利卡的描述,该成就即表征着中国与阿尔及利亚强有力关系的高潮。

中国与阿尔及利亚的关系由于在历史、政治、经济和文化上的深度和耐力而显得十分独特。中国和阿尔及利亚在国际立场和政治上相容。"政治上,中国和阿尔及利亚的国际地位相一致。"尽管两国在宗教、语言和传统上各不相同,但是中国和阿尔及利亚的关系因两国领导人的接连访问而更加坚实,经贸合作交流步伐加快,两国贸易额增加。两国合作文件的签署历史至今已有 30 多年,合作项目领域包括农业、水资源、酒店和餐厅。在中国总统访问阿尔及利亚后两国经贸往来创历史新高。

两国之间的合作不仅仅局限于经济和政治领域,也包含其他各领域。在科技领域中两国最先进行交流,中国从 1963 年开始向阿尔及利亚派出医疗队,中国和阿尔及利亚签署了多个交流项目,也签署了涉及文化、教育、体育和新闻等领域的合作协议。中国和阿尔及利亚的军事关系诞生于革命时期,中国打开了培训阿尔及利亚人军事学堂的大门。

阿尔及利亚拥有丰富的资源,同时金融状况相对良好以及近十年来政治稳定,曾经预计中国在阿尔及利亚的投资和经贸往来将继续上升。但是这一预期并没有实现。

中国努力加深在非洲的影响,在国际上获得非洲大陆的政治支持,使中国进一步进入非洲市场,并且使中国的出口达到一个新的水平。中国正在努力确保其石油和矿物质的供应。为了实现这些目标,中国公司参与了阿尔及利亚的建筑行业项目。近年来,中国和阿尔及利亚在各个领域的合作经受住了时间的考验,两国合作持续不断加深,迈入了奠定兄弟情谊的真正繁荣阶段。

---

① 伊斯梅尔·达布什:《中国外交政策中的共同利益:阿尔及利亚与中国关系的个案研究》(阿拉伯文),《人民》2016 年 5 月 12 日。

"中国似乎从与阿尔及利亚的合作中获得了巨大利益。"① 第一，中国的贸易平衡出现倾斜，阿尔及利亚资助中国参与的大多数项目，中国在阿尔及利亚直接投资的份额不超过中国投资总额的6%。阿尔及利亚需要外国投资，但是严格的投资程序使投资进程缓慢。

第二，中国的经验和技术转让十分有限，很少有阿尔及利亚人担任管理职位。这是因为职位分配方式不能够确定合资企业中阿尔及利亚人的职位。因此，阿尔及利亚人通常被雇用做简单工作，例如守门人、保安人员、司机等。同时中国大型国有企业的存在阻碍了阿尔及利亚私营企业的发展，因为中小企业从根本上讲难以与中国大型国有企业竞争。中国大型国有企业最终都成功进行投标，签署了大多数的合同。

第三，总体而言，中国公司进行的建筑行业项目在就业方面对经济的影响有限。尽管存在必须要雇用阿尔及利亚人的规定，但是企业中的大多数员工还是中国人。阿尔及利亚政府因20世纪90年代爆发的住房危机而迫切寻求解决该危机的方案，但却缺乏对工作职能政策的监管。

在国际市场油价提高后，阿尔及利亚开始实施经济复兴政策，这些政策围绕三个方面进行：（1）吸引外资；（2）学习技术；（3）建设基础设施。因此，阿尔及利亚制定了一些法律条款以使其国民更多地参与到中国公司的项目中去。

笔者认为，中国应该总结法国与阿尔及利亚伙伴关系的经验，必须与阿尔及利亚发展一种与法国不同的新型伙伴关系，因为法国的模式近年来已经衰退了。而且很多阿尔及利亚的官员和经济学家表示法国与阿尔及利亚建立的关系不是互利型的，法国注重服务业，因为服务业能给其带来利润。因此中国应该注重与阿尔及利亚加强互利共赢的合作关系，不要重复法国的错误。中国应该与阿尔及利亚在多个领域进行合作，而不仅仅局限于某些领域。

鉴于上述观点，笔者认为，中国与阿尔及利亚的关系分为三个重要阶段：第一阶段，20世纪50年代到冷战结束。这一阶段，中国给阿尔及利亚提供了很多援助，与阿尔及利亚站在一起，支持阿尔及利亚的革命斗争。20世纪60年代之后，法国进入阿尔及利亚市场，试图尽可能利用阿

---

① 丽娜·本·阿卜杜拉：《中国—阿尔及利亚关系》，http://carnegie-mec.org/diwan/66211。

尔及利亚的资源，同时也开始在阿尔及利亚进行投资。同一时期，中国加强了对阿尔及利亚的投资。从 1991 年开始到 1999 年，中国与阿尔及利亚的关系相对有所降温，这一时期，中国不仅仅和阿尔及利亚关系有所回落，而是和所有马格里布阿拉伯国家的关系都有所回落。中国将重心转移到海湾国家和资源丰富的国家。中国与也门、埃及等国的关系曾是中国与阿拉伯国家之间十分重要的关系，在这一时期也有所回落。中国开始支持与加强与其他国家特别是海湾国家的经贸战略关系。中国与几个之前没有建立关系的海湾国家都建立了新的双边关系。例如，1988 年卡塔尔与中国建立了正式关系。1990 年沙特与中国建立了外交关系。而中国与马格里布地区阿拉伯国家的关系则有所回落，尽管这些国家相比海湾国家很早就与中国建交了。

在对非政策上，中国和阿尔及利亚的关系十分重要。自 20 世纪 90 年代以来，非洲已成为中国外交的重要地区，为中国和阿尔及利亚关系的发展提供了更大的空间。中国和阿尔及利亚关系发展的一个重要机制就是中国针对中非关系发展而制定的，其中最重要的就是中非合作论坛。中国在非洲的政治、经济、贸易和投资措施对中国在非洲大多数领域的存在发挥了巨大作用。从中国与非洲国家的经贸数据中，我们不禁要问：为什么中国十分重视阿尔及利亚？我们可以肯定，中国和阿尔及利亚两国关系已超越了简单的两国关系阶段，而上升到通过发展各领域的两国关系实现共同利益的阶段。①

第二阶段，从 2000 年开始到 2010 年。这一阶段，由于石油价格的波动，阿尔及利亚国内生产总值严重下降，这是由于阿尔及利亚经济依赖燃料行业，因此这一行业出现的危机将会给阿尔及利亚经济产生重要影响。这使得阿尔及利亚开始寻找其他市场，寻找其他投资行业。阿尔及利亚逐渐找到中国，尝试和中国发展双边关系，摆脱欧洲的影响，同样在金融危机期间欧洲最重要的行业也出现了衰退，因此阿尔及利亚将注意力更多地转向中国市场。

第三阶段，从 2011 年至今。在这一阶段，中国重新加强了与阿尔

---

① 经济研究员穆罕默德·库雷什博士在阿尔及利亚国家电视台发表的一份题为"阿尔及利亚最重要的数据"的声明。

及利亚的关系。中国改变其外交政策，提出了很多重要的倡议，其中就包括"一带一路"倡议。中国在这一阶段开始重新加强与那些曾经长期与中国站在一条战线上的国家，这其中就包括阿尔及利亚。自20世纪60年代起，阿尔及利亚就是中国的重要伙伴。中国认识到也许能源是阿尔及利亚最重要的领域，但也许在其他领域还有更重要的关系，中国与阿尔及利亚的关系不能仅仅集中在一个领域，这样才能建立全面的战略伙伴关系。

至于中阿关系的未来，中国必须考虑一个重要的方面，那就是重视民间社会组织，因为中国只注重加强与阿尔及利亚政府所属的机构和领域的关系是不够的，特别是我们看到中国希望成为一个可以被人效仿的国家，那么合作就不能只限于政府部门，而是要加强中国在马格里布阿拉伯国家各个领域各个方面的影响力。中国可以通过加强与阿尔及利亚各个经济政治势力、各个政党和组织的关系来加强它的影响力。中国还应该重视与阿尔及利亚当地社会和阿尔及利亚人有关的项目，中国作为阿尔及利亚的一个重要盟友，不能忽视当地人的利益，应该努力加强与他们的关系。例如可以与更多的阿尔及利亚工人加强关系，还可以通过软实力，与阿尔及利亚人进行语言文化方面的交流。中国必须在文化和战略层面与阿尔及利亚建立更强有力的关系。中国在阿尔及利亚的项目必须考虑到当地人的利益和关切。

中国和阿尔及利亚的关系十分重要，有着非常光明的未来。阿尔及利亚在"黑暗十年"后，自20世纪90年代起，包括中国在内的新的伙伴国对阿尔及利亚的支持使其在这一阶段的经贸得到了进一步的发展。其后，中国更加重视阿尔及利亚，并与其建立了战略合作伙伴关系。在这个阶段，欧洲国家的实力在很多方面有所下降，特别是在经济方面受到2008年全球金融危机的影响。这其中就包括法国这个阿尔及利亚的重要伙伴。欧洲国家无法与中国在阿尔及利亚竞争，欧洲企业甚至无法与中国企业和产品在欧洲竞争。阿尔及利亚许多知识分子认为，阿尔及利亚与法国的经济关系是"依赖"型的，而不是互利的合作伙伴关系，因此阿尔及利亚支持中国自2013年以来加强双边关系的呼吁，但中国必须与阿尔及利亚建立不同于法国的新型关系，这种关系应保证双方的共同利益，这样，这种关系才能长久持续下去。虽然阿尔及利亚有着超过50年与法国经贸往来的经验，但阿尔及利亚已经放弃了与法国的经贸关系，并大力支持由中国代替法国，建立一个互利的新模式。

第五章　中阿能源合作

　　阿尔及利亚能源资源丰富，素有"北非油库"之称，中国与之开展能源合作虽起步较晚，却已取得较大成就，主要包括中石化的扎尔扎亭（Zarzaitine）油田提高采收率工程、中石油的阿德拉尔（Adrar）上下游一体化项目、谢里夫（Cheliff）盆地112/102A区块和乌埃德姆亚（Oued Mya）盆地350区块的油气勘探项目、438B区块油气勘探项目、Octouat油田设计服务项目和斯基克达（Skikda）凝析油炼油厂建设项目等。中阿能源合作机遇与挑战并存，随着中阿两国政治关系和经贸合作的日益加强，两国能源合作的互补性亦趋强，且阿尔及利亚国内政治经济形势的持续改善及其《新油气法》的出台均为双方的能源合作提供了有利条件，但由于阿尔及利亚产业结构单一，经济发展存在不稳定性，且阿尔及利亚政府对投资本国油气产业的外国公司设限增税，双方的能源合作面临严峻的挑战。

第一节　能源资源概述

　　阿尔及利亚素有"北非油库"之称，是非洲石油天然气的重要生产国，是石油输出国组织中第二大天然气生产国。长期以来，石油天然气工业一直是阿尔及利亚的支柱产业，油气产值占其国内生产总值的35%，税收占其国家财政收入的60%以上，出口额占其国家出口总额的90%以上。[1]

---

[1]　Enerdata, Country Energy Report：Algeria, September 2019, p. 6.

表Ⅲ-5-1 2011—2019年阿尔及利亚油气产量

年份	石油产量（万吨）	天然气产量（亿立方米）	年份	石油产量（万吨）	天然气产量（亿立方米）
2011	7170	796	2016	6840	914
2012	6720	784	2017	6660	930
2013	6480	793	2018	6530	938
2014	6880	802	2019	6430	870
2015	6720	814	2020	5760	815

资料来源：根据 BP（*Statistical Review of World Energy*，June，2021）数据制作。

阿尔及利亚的石油储量约为15亿吨[1]，主要为撒哈拉轻质油，开采成本约4美元/桶，以现在的开采速度可开采40年。其中，陆上含油面积为155万平方千米，海上含油面积为11万平方千米，可开采储量约430亿桶，占世界总储量的1%，石油产量占世界总产量的1.6%，而石油消费量却仅占世界总消费量的0.2%。2007年至2013年，石油产量下降了约25%，从8600万吨下降至6480万吨。2016年，由于 Hassi Messaoud 油田和 Ourhoud 油田的产量增加（47万桶/天，增长12%）以及乌尔胡德油田的产量增加（为2.5万桶/天增长25%），石油产量回升至6840万吨。自2016年以来，由于油价下跌，投资不足，再加上基础设施落后等原因，产量再次下降（见图Ⅲ-5-1），2018年的产量为6530万吨，2020年的产量降为5760万吨，占世界石油总产量的1.4%。[2]

阿尔及利亚主要有五个炼油厂：Skikda（472000桶/天）、Arzew（75000桶/天）、Algiers（72000桶/天）、Hassi Messaoud（22000桶/天）和 Sbaa（12000桶/天）。2018年，炼油能力为650800桶/天。阿尔及利亚用于出口的原油和液化天然气超过40%，原油出口份额逐年下降，2005年原油出口占产量的68%，2013年占产量的51%，2018年降为39%。[3]

阿尔及利亚的天然气储量约为2.3万亿立方米，占世界总量的

---

[1] BP, *Statistical Review of World Energy*, June, 2021, p. 16.

[2] BP, *Statistical Review of World Energy*, June, 2021, p. 19.

[3] Enerdata, Country Energy Report：Algeria, September 2019, p. 18.

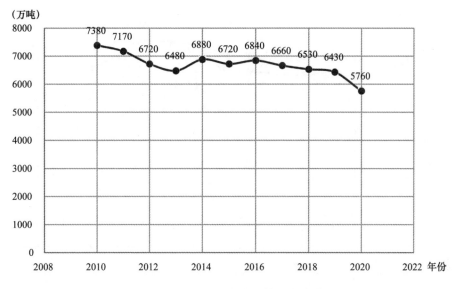

（万吨）

图 III - 5 - 1　阿尔及利亚的石油产量

资料来源：根据 BP 的数据制成。

1.2%，天然气产量为 815 亿立方米，约占世界总产量的 2.1%[1]，消费量占世界消费量的 1%，出口量占世界出口量的 10%，其中，液化天然气（LNG）出口量占世界总量的 20%，居世界第二位。[2] 阿尔及利亚的主要油气田为 Hassi R'Mel，是世界上较大的气田之一，可采储量约为 2.5 万亿立方米。2010 年至 2015 年，陆续发现 115 个油气田，储量增加了 5%。2016 年，阿尔及利亚国家油气公司发现了 32 个新油气田，2017 年新发现 32 个油气田，由于西南天然气新项目的开发，天然气产量有所上升（见图 III - 5 - 2）。阿尔及利亚加快了油气勘探开发步伐，随着新油田的发现，将进一步实施勘探钻井计划和老油田挖潜，并不断提高采收率技术，未来几年探明石油储量将不断增加。

阿尔及利亚的非常规油气资源丰富、增长潜力大。阿尔及利亚的页岩油储量为 20 万亿立方米，居世界第三位，仅次于美国和中国。主要分布

---

①　BP, *Statistical Review of World Energy*, June, 2021, p. 34.

②　刘伟：《加强中国与阿尔及利亚能源合作的建议》，http：//ccn. mofcom. gov. cn/spbg/ show. php？id = 3813&I ds = 4。

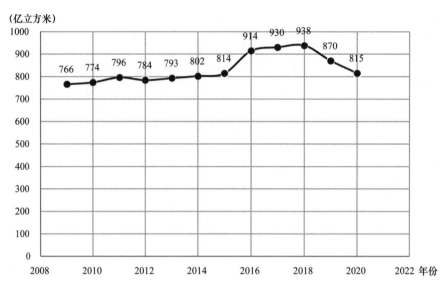

图 III - 5 - 2　近年来阿尔及利亚的天然气产量

资料来源：根据 BP 的数据制成。

于 Mouydir、Ahnet、Berkine-Ghadames、Timmoun、Reggane 和 Tindouf 地区，页岩油可采储量估计为 8.2 亿吨。[①]

在可再生能源方面，阿尔及利亚的太阳能丰富，阿尔及利亚政府发布《可再生能源发展计划框架（2015 年）》，计划到 2030 年可再生能源产能达 22 千兆瓦，可再生能源将占装机容量的 37%，以满足全国 27% 的电力供应。可再生能源大部分来自太阳能光伏发电（13.6 千兆瓦），其次是风力发电（5 千兆瓦）、太阳能聚光发电（2 千兆瓦）、生物量（1 千兆瓦）、热电联产（0.4 千兆瓦）和地热发电（15 兆瓦）。到 2030 年，可再生能源的开发与利用将节省 300 亿立方米的天然气（是 2014 年天然气消耗量的 8 倍）。政府利用石油税成立国家可再生能源和热电联产基金（FNERC）以支持新能源开发。政府计划在 2015—2020 年安装了 3 千兆瓦太阳能发电机组，不过，到 2018 年底仅安装 400 兆瓦，远未达到预计目标。2018 年，政府启动了 150 兆瓦的招标项目。到 2030 年可再生能源发电量目标为 22 千兆瓦，其中 62% 来自太阳能光伏发电，23% 来自风

---

① Enerdata, Country Energy Report: Algeria, September 2019, p. 14.

能。政府还颁布了一项法令以推广可再生能源发电的使用，确保使用可再生能源发电的企业可获得额外补贴。[①]

阿尔及利亚曾于 1986 年和 1991 年两次修改《石油天然气法》，允许外国资本涉足阿尔及利亚石油天然气领域，与阿尔及利亚国家石油天然气公司（Sonatrach）合作勘探、开发和生产其境内的石油天然气并得到油气分成。2013 年，阿尔及利亚修订了《石油天然气法》。阿尔及利亚国家油气公司在所有勘探、开采和再开采合同中必须持有至少 51% 的股份，同时保留唯一一家通过管道运输的公司。2019 年，阿尔及利亚通过了新法规，以吸引更多的外国投资进入石油和天然气领域。这项新法案仍然确保阿尔及利亚国家油气公司在上游石油部门和炼油活动中占据主导地位。这项新法规规定了三种类型的合同：产品共享协议（PSA）、参与合同和风险服务合同。产品共享协议合同自 2005 年起已经被特许经营权合约所取代。此外，阿尔及利亚还修订了石油生产和税收激励的财政框架，以鼓励更具挑战性的勘探和生产活动。[②]

迄今为止，阿尔及利亚已先后与美国、英国、法国、日本、意大利、西班牙、中国、挪威、韩国等 30 个国家签署了近 70 项合作协定，近 50 家国际石油公司参与其境内的油气勘探开发。美国瓦莱罗能源公司（Valero）、意大利埃尼集团（Ente Nazionale Idrocarburi，ENI）与法国煤气公司（Gaz de France）分别是阿尔及利亚在石油、天然气和液化天然气领域内的重要合作伙伴。[③] 参与阿尔及利亚能源市场合作的主要的中国石油公司是中国石油化工集团（Sinopec，简称"中石化"）和中国石油天然气集团（CNPC，简称"中石油"）。

第二节　能源合作现状

中国和阿尔及利亚于 1958 年建交，建交以来两国相互支持，在平等

---

① Enerdata, Country Energy Report：Algeria, September 2019，p. 8.

② Enerdata, Country Energy Report：Algeria, September 2019，p. 7.

③ 贾法尔·K. 艾哈迈德：《中阿能源领域里的伙伴关系展望：中阿天然气领域里的关系、目前的形势和挑战》，《国际能源安全与合作——国际研讨会论文集》，上海国际问题研究所，2004 年。

互惠的基础上一直保持着良好的外交关系。20 世纪 90 年代以来，两国的政治往来和经贸关系一直处于较好的水平。1996 年，中阿两国签署双边投资保护协定。随着经济的发展，中国对能源的需求不断增长，中国石油企业开始实行"走出去"，到国外寻找石油供应途径。中石化和中石油自 2000 年和 2001 年以来相继进入阿尔及利亚，积极开发能源市场，并先后成功夺标。2004 年，中阿两国建立战略合作关系，两国政府签署了《关于在能源矿产领域展开合作的框架协议》，采取有效措施推动双方在油气领域的合作。2006 年，两国签署《关于对所得和财产避免双重征税和防止偷税漏税的协定》，中阿能源合作得到进一步发展。

从 2014 年起，中国连续成为阿尔及利亚第一大进口来源国，同时阿尔及利亚也成为中国在阿拉伯地区第八大贸易伙伴。中国出口阿尔及利亚的主要产品为机械器具及零件、钢铁制品、服装、橡胶及其制品等，从阿尔及利亚进口的主要产品为原油和液化天然气、软木及木制品和皮革等。2016 年，中阿两国签署了《关于加强产能合作的框架协议》。阿尔及利亚积极参与"一带一路"倡议建设，与中方进行了诸多合作，阿尔及尔国际机场项目竣工并启用，首颗通信卫星成功发射，南北高速项目逐渐成形，中心港项目、磷酸盐开发项目不断推进。[1]

目前，中国石油公司在阿尔及利亚石油合作项目已达到十余个，这不仅是中国石油企业贯彻"走出去"战略的重要成果，也为中阿两国未来的能源合作奠定了坚实的基础。2017 年，中国从阿尔及利亚进口原油 26.88 万吨，占中国从全球进口原油的 0.1%，进口液化石油气 24.11 万吨，占中国从全球进口液化石油气的 1.3%。[2] 2018 年，中国对阿尔及利亚非金融类直接投资约为 3000 万美元，累计投资金额超过 26 亿美元，主要集中在油气领域。[3] 中阿能源合作使中国成为阿尔及利亚重要的外资来源国之一，中阿能源合作成为中阿关系的压舱石。现将中阿能源合作现状分述如下。

---

① 赵董良：《把握机遇 合作共赢 务实推进中阿经贸关系发展》，《国际商报》2019 年 6 月 27 日第 A28 版。

② 田春荣：《2017 年中国石油进出口状况分析》，《国际石油经济》2018 年第 3 期。

③ 赵董良：《把握机遇 合作共赢 务实推进中阿经贸关系发展》，《国际商报》2019 年 6 月 27 日第 A28 版。

一　中石化在阿尔及利亚

扎尔扎亭（Zarzaitine）油田提高采收率工程是中石化开拓阿尔及利亚石油天然气市场所获得的第一个石油开发合作项目。该油田位于撒哈拉沙漠东部与利比亚边境毗邻的伊利奇（Illizi）盆地，距阿尔及利亚首都1500千米。扎尔扎亭油田自1957年投产以来，随着油气的不断开采，其产量已逐渐下降。2001年10月14日，中石化击败了西班牙雷普索尔（Repsol）公司，与Sonatrach公司签署了提高扎尔扎亭油田采收率项目的合作合同，表明中阿双边经济合作已从传统的建筑、水利等领域扩展到阿尔及利亚的支柱性产业——石油业，是中阿经贸关系的一次重大突破。根据合同规定，该项目的合同期限为20年，分两期进行，总投资额为5.25亿美元。中石化首期（5年）投资为1.68亿美元，通过向地下注水和注气的方式，将原油采收率从40%提高到50%。经改造后的油田产量的51%上缴阿尔及利亚政府，其余的49%按中方75%、阿方25%的投资比例进行分成，且中方要保证该油田在合同期内的累计产量至少达到1.62亿桶。2005年，中方在该项目上"所获得的分成油已达到104.26万桶，实现原油销售收入近5亿元"[①]。随着海外勘探开发业务的顺利开展，扎尔扎亭油田开发项目已成为中石化海外勘探开发的重点，标志着中石化海外战略取得了重大突破。

二　中石油在阿尔及利亚

自2003年正式进入阿尔及利亚石油天然气市场以来，中石油凭借先进的勘探开发技术和卓越的组织管理经验，与阿方开展了卓有成效的石油合作，为阿尔及利亚油气工业的发展做出了积极贡献。双方的合作具体表现在以下五个项目上。

（一）阿德拉尔上下游一体化项目

阿德拉尔（Adrar）油田位于阿尔及利亚西南部的阿德拉尔省，现已发现石油达6亿桶。2003年7月14日，中石油集团与Sonatrach公司签署

[①] 《中石化公司将在2006年在阿销售油气炼化产品》，http://dz.mofcom.gov.cn/aarticle/jmxw/200603/200603017 23657.html。

了阿德拉尔油田开发、炼油厂建设和经营、销售一体化项目合同，这是阿尔及利亚自石油天然气领域对外开放、引进外资以来与外国公司合作的第一个一体化项目。合同规定，项目合同期限为 23 年，总投资约 3.7 亿美元，其中，上游投资为 1.864 亿美元，下游投资约为 1.866 亿美元，中方投资占 70%，阿方占 30%；中方收益分配占 49%，阿方占 51%。该项目分为油田开发、炼油厂建设和经营以及炼制产品销售三个部分。油田开发部分为合作开发萨巴（Sba）油田（位于阿尔及利亚西部大沙漠南缘的萨巴盆地，距地中海约 1000 千米），合同期为 23 年，油田生产规模为 60 万吨/年；炼油厂建设部分包括 60 万吨/年常压蒸馏、30 万吨/年重油催化、15 万吨/年催化重整等装置建设，建设期为 36 个月，产品包括丙烷（propane）、丁烷（butane）、高级和普通汽油、柴油、航空煤油；与阿方组建合资销售公司，负责在阿尔及利亚南方四个省区国内市场上销售炼制产品。2006 年 1 月，阿尔及利亚国家油气销售公司（Naftal）与中国和阿尔及利亚的合资公司（Soralchin）签署了创建合资公司的协议。新合资公司名为 Naftachin，主要任务是在阿德拉尔、贝沙尔、廷杜夫和塔曼哈塞特等阿尔及利亚南部省份销售阿德拉尔炼油厂炼化的各类油气产品。Naftachin 的注册资金为 1 亿第纳尔，其中，Naftal 和 Soralchin 分别持有 49% 和 51% 的股份。[①] 新公司已于 2006 年 6 月正式投入运营。2007 年 4 月，Soralchin 炼油厂竣工投产，原油加工能力为 60 万吨/年。2013 年，Soralchin 炼厂顺利完成检修，实现全年原油加工目标。[②]

阿德拉尔上下游一体化项目是继中石化中标扎尔扎亭油田改造项目后中国公司在阿尔及利亚获得的第二个石油项目，既为中阿两国未来能源合作奠定了坚实的基础，也对中石油全面参与阿尔及利亚石油资源开发、进一步拓展北非石油开发战略区具有重要意义。

（二）谢里夫盆地 112/102A 区块和乌埃德姆亚盆地 350 区块油气勘探项目

谢里夫盆地 112/102A 区块位于阿尔及尔与奥兰之间的沿海地区，面

---

① 王勇、郭立杰：《中国石油集团中标阿尔及利亚 500 万吨凝析油炼厂 EPC 项目》，《中国石油报》2005 年 5 月 12 日第 8 版。

② 中国石油网站（http://www.cnpc.com.cn/cnpc/Algeria/country_index.shtml）。

积为 9923 平方千米。乌埃德姆亚盆地 350 区块位于阿尔及利亚中部，紧靠阿尔及利亚最大的天然气田——哈西鲁迈勒（Hassi-R'mel），面积为 8666.1 平方千米。2003 年 12 月 22 日，中石油集团所属勘探开发公司与 Sonatrach 签署了谢里夫盆地 112/102A 区块和乌埃德姆亚（Oued Mya）盆地 350 区块的油气勘探协议，中石油拥有 75% 的权益，并在 3 年勘探期内投资约 3100 万美元。一旦发现油气，中方将从事开发并获得一定份额的油气分成，这是中国石油公司首次进入阿尔及利亚石油天然气风险勘探领域。

（三）438B 区块油气勘探项目

2004 年 7 月 29 日，中石油在阿尔及利亚第五轮勘探区块的招标中正式中标 438B 区块。该区块面积达 4354 平方千米，合同模式为产品分成（Production Sharing Agreement，PSA）。项目勘探期为 7 年，开发期为 25 年，中石油拥有 100% 权益。2007 年 2 月 26 日，公司在阿尔及利亚 438B 区块部署的首口勘探评价井——HEB – A – 1 井获得日产 700 立方米轻质原油、22 万立方米天然气的高产油气流。[①]

（四）Octouat 油田产能建设总体设计服务项目

2004 年 9 月，在由英国、意大利、法国、荷兰、印度、马来西亚等 9 家国际知名工程公司参与竞标的阿尔及利亚 Octouat 油田产能建设总体设计服务项目投标中，中石油工程设计公司（CNPC Project & Engineering Company，CPE）以技术标准评分、综合评分两项第一的绝对优势成功中标。该项目为 60 万吨油田产能建设的总体设计服务，包括工程勘察、基本设计、采办支持服务和 PMC（Project Management Contractor，即"项目管理承包商"）服务，合同额超过 300 万美元。

（五）斯基克达凝析油炼厂建设项目

2005 年 5 月 10 日，中石油集团所属的中国石油工程建设公司（China Petroleum Engineering & Construction Corporation，CPECC）与 Sonatrach 公司正式签署了斯基克达（Skikda）凝析油（condensate oil）炼厂建设项目，总投资为 281 亿第纳尔（1 美元约等于 80 第纳尔），约合 3.85 亿美元，其中，中方出资 70%，阿方为 30%。该项目由两部分组成：建造一个年

---

① 中国石油网站（http：//www.cnpc.com.cn/cnpc/Algeria/country_ index.shtml）。

产量为 500 万吨的凝析油炼厂，安装用来提高丁烷和石脑油（naphtha）储存能力的设备，勘探斯基克达炼油厂的燃料油（fuel oil）和丁烷。这是中国石油公司在阿尔及利亚开展工程承包以来所获得的金额最大的项目。据标书规定，该项目于 2005 年 7 月 1 日动工，工期为 32 个月，于 2009 年投入使用，开发年限为 17 年。新厂以凝析油为原料，年炼凝析油 500 万吨，并可生产石脑油 370 万—400 万吨，航空煤油 45 万—68 万吨，丁烷 11 万吨，轻柴油（light diesel）和重柴油（heavy diesel）32 万—85 万吨。阿尔及利亚年产凝析油约 1600 万吨，大部分销往欧洲和美国，斯基克达炼厂建设将有利于进一步提升阿尔及利亚凝析油及其衍生品的生产能力，在项目建成后，每年可为中国输入价值 12 亿美元的高质量成品油。[①]

三　中曼集团在阿尔及利亚

2020 年 3 月 21 日，中曼集团与 GROUPEMENT BIR SEBA 签订了阿尔及利亚 BIR SEBA 油田钻井工程项目合同，合同总金额约合人民币 2.58 亿元，期限为 3 年，这标志着中曼集团首次进入阿尔及利亚钻井工程服务市场。该项目于 2017 年进行公开招标，纳伯斯、威德福、中石化等国内外多家知名油服公司参与竞标，中曼集团凭借过硬的技术实力一举胜出，于 2020 年 3 月 21 日正式签订合同，按照合同要求，此次将配套两台 2000HP 钻机开展服务，在 2020 年 8 月开始动迁，预期第三季度达到开钻水平。GROUPEMENT BIR SEBA 是一家由越南国家石油公司、泰国国家石油公司和阿尔及利亚国家石油公司共同持股的合资企业。[②]

第三节　能源合作挑战

中阿两国有着传统的政治关系，经贸合作不断加强，能源资源互补，阿尔及利亚油气资源丰富，66% 的矿区还没有进行初步勘探，未来油气储量还有上升空间。阿尔及利亚政治环境较为稳定，其油气立法进一步完

[①]　安惠侯：《丝路新韵——新中国和阿拉伯国家 50 年外交历程》，世界知识出版社 2006 年版，第 149 页。

[②]　中曼石油网站（http://www.zpec.com/cn/news/detail/? id = 2032）。

善，鼓励外商投资，加强对外合作等举措纷纷出台。近年来，阿尔及利亚政府通过一系列政策支持，吸引大量的国内外资本进入本国油气工业领域。还针对非常规资源提出鼓励措施，其中包括税收优惠政策和成本风险分担机制。此外，为吸引更多的外国投资者，阿尔及利亚正在努力建设与商贸活动相关的技术设施，并在软件条件上积极做好准备，如简化投资程序、努力解决影响其经济发展的官僚作风等。[①] 当前中阿能源合作面临较多的机遇。

一　中国与阿尔及利亚能源合作面临的机遇

（一）两国政治关系和经贸合作日益加强

中阿两国人民有着深厚的传统友谊，阿尔及利亚是非洲较早与中国建交的国家之一，长期以来在国际事务中给予中国大力支持，是中国可信赖的好兄弟、好朋友和好伙伴。1958 年 9 月，阿尔及利亚临时政府成立后，中国即予以承认，成为第一个承认阿尔及利亚临时政府的非阿拉伯国家。同年 12 月 20 日，两国正式建交。阿尔及利亚曾为中国恢复在联合国的合法席位做出过重要贡献，是两阿（阿尔及利亚、阿尔巴尼亚）提案国之一。冷战结束后，阿尔及利亚在人权、台湾等问题上给予中国很大支持。诚如布特弗利卡总统所说："阿尔及利亚外交政策是讲原则的，我们在任何情况下都绝不接受'一中一台'或'两个中国'，中国只有一个，中国永远不容分裂。"[②] 冷战后，中阿关系进一步密切，中国领导人访阿尔及利亚的频率大大提高，两国外交部还于 1997 年 4 月签署了《定期政治磋商协定》。中国领导人曾多次表示，愿与阿方共同致力于建立两国间的战略合作关系，加强与阿方的磋商与协调，为维护广大发展中国家的正当权益和进一步巩固与加强双边合作做出不懈努力。阿方领导人也多次表示，愿继续巩固和发展与中国业已存在的友好关系，为南南合作注入新的内涵。

1999 年 10 月，中国国家主席江泽民对阿尔及利亚进行国事访问，在提出构筑面向新世纪中阿关系的四点建议时指出："站在战略高度，从两

---

① 高理华：《阿尔及利亚油气工业现状及合作前景》，《当代石油石化》2017 年第 5 期。
② 赵慧杰：《列国志——阿尔及利亚》，社会科学文献出版社 2006 年版，第 392—393 页。

国人民长远利益出发，坚定不移地推动两国关系的全面发展，不断扩大共同利益，而且也为中阿关系在新世纪的发展培育坚实的基础。"① 21 世纪以来，两国高层领导互访不断。2000 年 10 月，布特弗利卡总统对中国进行国事访问，签署了《中华人民共和国和阿尔及利亚民主人民共和国联合公报》，并以特邀嘉宾身份出席在北京召开的首届"中非合作论坛"；2004 年 2 月，时任国家主席胡锦涛对阿尔及利亚进行国事访问，提出发展双边战略合作关系的四点建议，其中包括"进一步加强经贸合作，在巩固传统合作领域的同时，拓展在油气开发、基础设施建设、通信、农业和人力资源开发等方面的合作"②。2015 年 4 月，习近平主席会见阿尔及利亚总理塞拉勒。2018 年 9 月，习近平会在人民大会堂会见阿尔及利亚总理乌叶海亚，习近平指出，中阿传统友谊深厚，全面战略伙伴关系快速发展，各领域交流合作成果丰硕。中阿加强战略互信和相互协调符合两国共同利益。2018 年是中阿建交 60 周年，中方愿同阿方以落实中非合作论坛北京峰会成果为契机，在共建"一带一路"框架内，继续深化基础设施建设等领域的合作。③

　　良好的政治关系为中阿双方开展经贸合作奠定了坚实基础。近年来，两国经贸合作呈现出良好发展态势，在双方政府的大力支持和企业的共同努力下，贸易、能源、基础设施建设以及太阳能利用等领域的合作进展顺利。2005 年，中阿贸易额达到 17.69 亿美元，同比增长 42.7%，2006 年 1—8 月，双边贸易额达 13.9 亿美元，同比增长 17%。2006 年 11 月 7 日，由中国商务部与阿尔及利亚投资参股部共同主办的"中国—阿尔及利亚双边经济合作论坛"在北京召开，这为中阿两国企业家提供了良好的契机，将双边经贸合作不断推向深入。

　　（二）中阿两国的能源合作具有互补性

　　正如布特弗利卡总统在"中国—阿尔及利亚双边经济合作论坛"上的发言中所说："阿中两国在经济上互补性强，双边经贸合作潜力巨大、前景广阔。"作为石油进口国，中国关注进口安全，既需要引进投资，建立

　　① 赵慧杰：《列国志——阿尔及利亚》，社会科学文献出版社 2006 年版，第 393 页。
　　② 柳正：《阿尔及利亚矿业投资环境》，《资源市场》2002 年第 4 期。
　　③ 孙奕：《习近平会见阿尔及利亚总理乌叶海亚》，新华网（http://www.xinhuanet.com/ 2018-09/05/c_ 1123385433. htm）。

战略石油储备，改造和建设炼油厂，建设石油运输销售设施，也需要对外投资，建立海外石油供应基地；作为石油输出国，阿尔及利亚则关注出口安全，既需要为控制市场份额而投资于进口国的石油工业下游领域，也需要为保持和扩大市场而引进投资，提高石油生产能力。因此，双方在石油领域的相互投资和联合投资均符合双方的战略利益，可以实现互利多赢，对双方都具有重要的战略意义。因此，在 2004 年 2 月 3 日时任胡锦涛主席访问阿尔及利亚期间，中阿两国政府签署了《中华人民共和国国家发展和改革委员会与阿尔及利亚民主人民共和国能源矿产部关于在能源矿产领域开展合作的框架协议》，认为中阿两国在能源矿产领域的合作具有很强的互补性，继续扩大两国在该领域的合作，对双方均具有重要的战略意义；双方同意采取有效措施以推动两国在油气领域的合作并进一步加强能源矿产政策、法规、发展战略、新技术等方面的信息交流与技术培训，推动两国企业发挥各自竞争优势，共同参与在中国、阿尔及利亚和第三国的项目开发建设。2004 年 2 月 4 日，中石油与阿尔及利亚国家油气公司签署了《中国石油天然气集团公司与阿尔及利亚国家石油公司关于在石油领域开展双边合作议定书》，表示将进一步加强双方在包括油田勘探与开发、炼厂建设、工程技术服务、设备制造及人员培训等各领域的合作。

（三）阿尔及利亚国内的政治、经济形势较为稳定

"布特弗利卡任总统后，励精图治，锐意改革，采取一系列措施，恢复国内和平与安定。执政之初，即着手制定全国和解法，对恐怖团伙起到了有效的威慑、分化、瓦解作用，同时与伊斯兰极端势力进行对话，使伊斯兰拯救军承诺放下武器。"[1] 2005 年，阿尔及利亚社会政治形势持续稳定，全民和解取得重大进展，经全民公决高票通过了《和平与全国和解宪章》，阿尔及利亚政府完全掌控了局势，国内恐怖活动进一步减少，这为经济建设提供了良好的国内环境。作为重要的产油国及欧佩克成员之一的阿尔及利亚因世界经济稳步增长、国际市场原油需求旺盛及其价格的继续走高而颇受其益。阿尔及利亚政府不仅继续投入巨资进行一系列重点工程项目建设，而且加快了市场经济转型的步伐：对内加强国有企业和银行金融体系的改革，增加对中小企业发展的资金投入；对外进一步提升经济开

---

① 柳正：《阿尔及利亚矿业投资环境》，《资源市场》2002 年第 4 期。

放层次，降低双边关税水平，积极吸引外国投资，开展加入世贸组织的谈判。由此可见，阿尔及利亚国内政治、经济形势好转，为中国石油企业进行工程项目投标、参与经济建设提供了必要的保障。

（四）阿尔及利亚政府进一步完善油气立法，加强对外合作和油气领域投资

在几经周折后，阿尔及利亚《新油气法》终于在 2005 年 5 月颁布实施，具体内容包括：（1）明确划分政府职能和企业行为，由 Sonatrach 公司具体负责油气领域商业运作；（2）建立油气产品贮藏管理局和油气产品运输管理局，强化对油气资源市场流通管理；（3）建立更加简洁有效的油气税收体系，以吸引外来投资并为国民经济建设服务；（4）开放炼化、运输、贮藏、配售等下游油气领域，鼓励企业投资参与建设；（5）在保障国内需求基础之上，扩大天然气出口，合理使用油气资源；（6）制定油气产品价格政策，鼓励消费者使用低污染产品。[1]《新油气法》旨在改善阿尔及利亚油气领域生产管理水平、吸引外来资金和技术支持、提升阿尔及利亚油气产品在国际市场上的竞争力、完善 1986 年和 1991 年修订的《油气法》，深化油气领域改革与发展。尤其是新法设立的税收体系极大地促进了阿中小油气矿的勘探开发，增设的油气管理部门又进一步规范了油气市场的经营行为，提高了行业部门的工作效率，有利于扩大油气领域引资规模。2019 年，阿尔及利亚通过了新法规，以吸引更多的外国投资进入石油和天然气领域。这项新法案仍然确保阿尔及利亚国家油气公司在上游石油部门和炼油活动中占据主导地位。此外，阿尔及利亚还修订了石油生产和税收激励的财政框架，以鼓励更具挑战性的勘探和生产活动。[2]

阿尔及利亚政府在 2005 年初还全面废除了油气供应合同中的有关销售限制条款，该条款禁止进口商从阿尔及利亚购置油气后再转售他国。此外，2005 年阿尔及利亚出台了"碳化氢工业地带不可抗风险区声明"。根据此声明，政府禁止相关部门或企业在不可抗风险区进行住房和各类生活

① 《阿尔及利亚部长会议审议通过新油气法草案》，http：//std. china-drilling. com/vi. php？id =22355，2005 年 7 月 20 日。

② Enerdata, Country Energy Report：Algeria, September 2019, p. 7.

设施建设以及碳化氢领域外的其他投资，在不可抗风险区进行油气勘探开发作业的企业将自行承担业务经营风险。此举旨在结束部分碳化氢工业区的无政府管理状态，保护工业设施和生产环境。[①]

二　中国与阿尔及利亚能源合作所面临的挑战

同时，中国与阿尔及利亚能源合作面临着一系列挑战，欧盟与阿尔及利亚的历史渊源深厚，政治经济往来密切，美国加大对阿尔及利亚能源领域的投资，阿尔及利亚的产业结构单一，经济发展存在不稳定性，阿尔及利亚政府对投资阿尔及利亚油气产业的外国公司设限增税，使得中国对阿尔及利亚能源投资面临一些变数。

（一）欧盟与阿尔及利亚的历史渊源深厚，政治经济往来密切

中阿未来能源合作的首要挑战来自欧盟与阿尔及利亚之间的地缘优势、深厚的历史渊源和密切的政治经济往来。长期以来，欧盟一直是阿尔及利亚最大的贸易伙伴，阿尔及利亚对外贸易的60%是与欧盟合作完成的，大部分油气产品销往欧盟，且成为其最大的天然气供应国。据阿尔及利亚官方报纸公布的消息，意大利、法国、德国、英国、西班牙等欧洲国家吸收了阿尔及利亚90%的石油出口。2005年，阿欧贸易总额为352.5亿美元，占阿尔及利亚对外贸易总额（644.3亿美元）的54.7%。其中，阿尔及利亚从欧盟进口额为110.7亿美元，较2004年增长9.61%；向欧盟出口额为241.8亿美元，同比增长38.99%。阿尔及利亚向欧盟主要出口石油及原材料类产品，其中天然气出口占欧盟天然气市场的30%。欧盟对阿尔及利亚出口产品主要为工农业机械设备及食品和农副产品等。"2005年9月1日，酝酿多年的阿尔及利亚与欧盟联系国协议（EU－Algeria Association Agreement）在经各有关成员国议会批准后正式实施。根据该协议的规定，自其实施之日起，阿欧双方将在12年内，即在2017年前分阶段、有步骤地削减并取消进口关税，最终实现双边自由贸易。"[②]从经济层面考虑，欧盟无疑是该协议的最大赢家。因为取消阿方油气产品

---

① 刘伟：《加强中国与阿尔及利亚能源合作的建议》，http://ccn.mofcom.gov.cn/spbg/show.php? id=3813&ids=4，2006年4月20日。

② 刘伟：《阿尔及利亚与欧盟联系国协议对中阿经贸关系的影响》，http://www.mofcom.gov.cn/aarticle/s/200505/20050500092072.html，2006年4月13日。

及原材料类产品的进口关税，可以使欧盟获得长期稳定的油气供应，更多地攫取阿方的能源与资源，控制对方的经济命脉，使其更大程度地依赖欧盟；削减并最终取消欧盟全部产品的进口关税，可使欧盟工业产品及各类农产品等更多地进入阿方市场，提升产品的竞争力，且拓展了欧洲产品的销售空间。因此，中国对阿尔及利亚能源合作所受到的冲击亦将随着阿尔及利亚与欧盟联系国协议的实施而逐渐显现。

（二）美国加大对阿尔及利亚能源领域的投资

美国与阿尔及利亚开展能源合作起步于 20 世纪 90 年代。1997 年，美国多家石油公司先后派团访问阿尔及利亚，共同签订了合作开发油气合同数十个，投资金额达数亿美元；1998 年 9 月，美国政府向阿尔及利亚正式递交了《美国—马格里布合作计划备忘录》，旨在通过美国资金与技术援助来推动马格里布三国（即摩洛哥、阿尔及利亚和突尼斯）的经济自由化，建立美国—马格里布自由贸易区，而阿尔及利亚也因其在马格里布三国的领先地位而被美国视为"实现美国—马格里布经济伙伴关系的轴心国"；2000 年 4 月，美国的阿美拉达·赫斯（Amerada Hess）石油公司与 Sonatrach 公司签署了两项关于合作开采和勘探石油的合同，总投资为 5.785 亿美元；2005 年，美国瓦莱罗能源公司与 Sonatrach 公司签署了总价值约 56 亿美元的巨额原油购销合同。自 1990 年以来，美国瓦莱罗能源公司无论是在数量上还是在金额上，始终是阿尔及利亚原油的最大买家。2004 年和 2005 年，该公司又分别从阿尔及利亚购进了 822 万吨和 555 万吨原油。目前，美国对阿尔及利亚投资的 95% 以上都集中在石油领域，直接投资总额为 30 多亿美元，占阿尔及利亚石油天然气外国公司投资的一半以上。在阿尔及利亚的 30 多家外国石油天然气公司中，有 13 家美国公司，包括其参股公司在内，其产量约占阿尔及利亚石油天然气生产总量的 40%。[①] 阿尔及利亚已成为美国在非洲的重要石油投资地。因此，如果中国石油公司加大对阿尔及利亚油气资源的风险勘探和开采，势必令美国感到紧张，唯恐中国公司侵占其"势力范围"。

（三）阿尔及利亚的产业结构单一，经济发展存在不稳定性

阿尔及利亚的产业结构单一，油气工业是其国民经济的支柱产业。

---

① 赵慧杰：《列国志——阿尔及利亚》，社会科学文献出版社 2006 年版，第 384—385 页。

国民经济过分依赖油气工业，因而造成其经济体系脆弱。2005 年，阿尔及利亚油气工业产值占国内生产总值的 45%，出口占国家出口总额的 98%。阿尔及利亚的建设资金主要来源于石油出口收入，国民经济发展易受国际市场原油价格波动的影响，存在较大的不确定和不稳定性。阿尔及利亚政府曾对自身的投资举措和发展战略做出评估，结果表明，工业用地不足、融资服务欠缺和经济结构单一是影响外商投资阿尔及利亚的三大主要因素。尽管阿尔及利亚经济发展潜力巨大、发展前景广阔，但上述问题若得不到妥善及时解决，阿尔及利亚的既定引资目标则难以实现。因此，中国石油公司在大力拓展阿尔及利亚能源市场的同时，应努力规避因其经济发展不稳定而引发的诸多风险。

（四）阿尔及利亚政府对投资其油气产业的外国公司设限增税

2005 年，出于寻求市场自由化和吸引投资的考虑，阿尔及利亚政府允许外国公司在本国市场上自由竞争，不强迫外国公司与阿尔及利亚国家油气公司合作，允许外国公司在矿产开发合资公司中拥有 70%—100% 的股权。但为保护本国石油与天然气公司的利益，阿尔及利亚政府于 2006 年 10 月通过了一项法律，对投资本国石油和天然气产业的外国公司设限并增税，规定在北海布伦特（Brent）原油标准价格超过 30 美元/桶的情况下，外国投资公司将被征收 5%—50% 的附加税，且 Sonatrach 在与外国公司缔结的所有合同中有权拥有 51% 的股权。这些设限增税的法律条款对包括中国公司在内的外国石油公司在阿尔及利亚的投资构成相当的制约。

第六章　中企在阿尔及利亚跨国经营

阿尔及利亚是中国的传统友好国家，近年来，两国间经贸合作发展迅速，阿尔及利亚已发展成为中资企业开展海外跨国经营的重要目的地之一，同时也是中资企业"走出去"的重要舞台。中资企业在阿尔及利亚的跨国经营始于 20 世纪 80 年代，经过三十多年的发展，中资企业已成为当地经济建设的重要力量。当前中资企业在阿尔及利亚的跨国经营形式以对外工程承包为主，此外还涉及油气、通信、汽车、商贸、农业等诸多领域。大规模的跨国经营活动带动越来越多的中国人群体涌向阿尔及利亚。可以说，中国在阿尔及利亚拥有大量的海外利益。但与此同时，阿尔及利亚位于世界政治冲突和不稳定的热点地区，国内政治环境不稳定因素多，是政治风险较大的国家。中资企业在阿尔及利亚开展跨国经营所面临的政治风险也呈现出越来越复杂的态势，政治风险已成为中资企业在阿尔及利亚扩大经营的一大瓶颈。

第一节　跨国经营概况

1963 年，中阿两国签订经济技术合作协定，标志着两国经贸合作的开始，两国间的经贸合作在互利共赢的基础上取得了丰硕成果，是南南合作的典范。根据中国驻阿尔及利亚经济商务参赞处统计，目前在阿尔及利亚工商局登记注册的中资企业有 100 余家，其中大型国有企业超过 70 家，分布在阿尔及利亚约 40 个省（阿尔及利亚全国有 48 个省），这些企业在阿尔及利亚开展跨国经营的模式主要是对外工程承包合作。而这一数据仅仅是在经商处备案的企业数量，在阿尔及利亚还有大量私营企业尚未备案，实际上，中资企业数量远远高于 100 家。根据阿尔及利亚一媒体的报

道，目前在阿尔及利亚的中资企业数量约为 633 家①，阿尔及利亚总理于
2015 年访华时也指出，目前约有 790 家中国企业与阿尔及利亚在经贸领
域签订了合同。② 两国间企业合作的深入，带动了越来越多的中国公民涌
入阿尔及利亚务工、经商、定居。目前中国人群体已经发展成为阿尔及利
亚国内最大的外国人群体③，在阿尔及利亚首都东郊的巴布祖瓦（Bab Ez-
zouar）地区，形成了阿拉伯国家最大的华人社区。

一　中资企业在阿尔及利亚开展跨国经营的历程

中阿两国间的经贸合作始于 20 世纪 60 年代，中资企业在阿尔及利亚
的跨国经营活动始于 20 世纪 80 年代，笔者将其发展历程分为五个阶段进
行分析。

（一）20 世纪 80 年代以前

20 世纪六七十年代这一阶段，两国间的经贸合作以政府间的经济援
助为主。两国间的合作最早是在医疗卫生领域展开的，1963 年，中国开
始向阿尔及利亚派遣医疗队，为当地的医疗卫生事业做出巨大贡献。这一
时期，中国在当地援建的重要项目包括盖勒马日用陶瓷厂、苏克阿赫拉斯
砖厂、阿尔及利亚展览馆、斯基克达碾米厂、阿贝斯蚕种繁殖中心等。④

（二）20 世纪 80 年代

伴随着国际石油价格的上涨，作为产油国的阿尔及利亚赚取了大量外
汇，迫切需要改善国内薄弱的基础设施。同时，以国有建筑企业为首的中
资承包商在"改革开放"政策的推动下率先开拓海外市场，进入阿尔及
利亚市场。1982 年，中国建筑阿尔及利亚项目经理部正式挂牌，标志着
两国企业间经贸合作的开始。1986 年，中国与阿尔及利亚签订了易货贸
易协定书，作为两国现汇贸易的补充，以支持中阿企业间的经贸合作。这
一时期，中资承包商在当地承建了部分房屋、医院和学校项目，主要包括
鲁伊巴 200 套住房项目、艾因奥瑟新城规划项目、阿尔及尔八个水塔项
目等。

---

①　موعد، "مدارس خاصة تستحدث دروسا في اللغة الصينية للتواصل مع الجنس الأصفر في الجزائر" صحيفة السفير .2015/09/17

②　Farid Alilat, "Qui sont les Chinois d'Algérie?" *jeuneafrique*, Juin 2015.

③　موعد، "مدارس خاصة تستحدث دروسا في اللغة الصينية للتواصل مع الجنس الأصفر في الجزائر" صحيفة السفير .2015/09/17

④　赵慧杰：《列国志——阿尔及利亚》，社会科学文献出版社 2006 年版，第 395 页。

（三）20 世纪 90 年代

1991 年，阿尔及利亚伊斯兰拯救阵线（简称"伊阵"）在第一次多党制选举中获胜，遭到军方的强烈反对，由此拉开了恐怖主义泛滥的"黑色十年"。面对日益猖獗的恐怖袭击，当地外资企业被迫停止经营活动，大部分外资企业相继撤出阿尔及利亚，但仍有部分中资企业虽被迫停止经营活动，但依旧坚守在阿尔及利亚。当时中资企业已开工的两个农田灌溉项目（阿姆拉·阿巴迪亚 8000 公顷农田灌溉项目与西米迪加 14000 公顷农田灌溉项目），皆因战乱而停工。即便如此，中资企业仍坚持"守约"的精神，与业主进行友好协商，不因战乱而放弃阿尔及利亚市场，依旧驻守在阿尔及利亚。在西方建筑企业相继撤出阿尔及利亚市场时，中资企业用良好的履约能力与坚守赢得阿尔及利亚政府与人民的信任，同时也赢得了当地市场。1997 年，阿尔及利亚政府为将于 1999 年召开的非洲统一组织首脑会议（简称"非统会"），需要建造一座五星级酒店。但当时阿尔及利亚国内安全局势仍不稳定，恐怖袭击频发，同时，在经历了多年内战后，阿尔及利亚当地建筑材料严重短缺，要赶在非统会议召开前完工，工期紧迫，欧洲建筑企业皆不愿承包这一项目。在这一情况下，一中资国有企业接下了这一任务，在艰苦的条件下如期完成松树喜来登五星级酒店项目。这一项目不仅仅是一次简单的工程承包项目，而且具有重要的政治意义，确保了非统会的顺利召开，为中资企业树立起高效、优质、负责任的企业形象，也为中资企业打开了阿尔及利亚市场。除了松树喜来登项目外，中资企业这一时期承接的项目还包括马哈拉马镇 400 套住房项目、穆哈迈迪娅 370 套住房项目、军官俱乐部设计项目、马扎弗朗四星级酒店装修项目等。

（四）21 世纪初至 2014 年

进入 21 世纪以来，一方面，阿尔及利亚国内局势逐渐稳定，百废待兴。另一方面，受益于国际油价的上涨，阿尔及利亚国内经济实现了较快发展，国家财力雄厚。此外，政府也通过各种途径改善投资环境，出台一系列优惠措施鼓励外资进入。从 21 世纪初至 2014 年，中资企业在当地迎来了全面发展的重要时期。

工程承包领域：布特弗利卡总统上任以来提出 2001—2004 年的经济振兴计划和 2005—2009 年与 2010—2014 年两个五年经济发展计划，实施大量基础设施项目，以满足对基础设施的刚性需求，阿尔及利亚国内迎来建设高潮。同时在中国"走出去"战略的指引下，越来越多的中资建筑企业开始开拓阿尔及利亚市场，包括中国建筑、中国地质工程、中鼎国际、浙建投、中航建、中信建设、中铁建、中国港湾、北新建工、青建集团等多家大型国有建筑企业在阿尔及利亚当地承建了大量住房、公路、港口、学校、酒店等项目，并参与建设了包括东西高速公路、阿尔及尔布迈丁国际机场、国家会议中心、特莱姆森万丽酒店、外交部新办公大楼等在内的重点项目。尤其是在房建领域，中资承包商在当地承建了大量住房项目，为缓解当地住房问题做出巨大贡献。2001 年和 2002 年政府计划建设的 5.5 万套住房项目中有超过一半的住房由中国建筑阿尔及利亚分公司承建，由此可以看出阿尔及利亚政府对中资企业在房建领域的信任。在 2003 年阿尔及利亚"5·21"大地震中，大量房屋倒塌，但中国公司承建的住房无一损坏，"中国建造"的住房在当地树立起良好口碑。随着大型国有承包商在阿尔及利亚工程承包领域的发展，越来越多的私人承包商进入阿尔及利亚，分包部分标块。

油气领域：21 世纪初，为满足中国国内经济发展对能源不断增长的需求，并贯彻国家"走出去"战略，以中石化和中石油为首的中国石油企业，相继进入阿尔及利亚油气市场。中石化最早进入阿尔及利亚市场，于 2001 年成功中标扎尔扎亭油田项目，该项目合同期为 20 年，预计 20 年内产量至少达到 1.62 亿桶。中石油于 2003 年正式进入阿尔及利亚市场，目前是阿尔及利亚获得油气项目最多的中资企业，并带动勘探、测井、钻井、油田基础设施建设、设备进出口、炼厂建设运行以及后勤服务七家专业服务公司进入阿尔及利亚。目前中石油在阿尔及利亚的项目主要包括阿德拉尔上下游一体化项目，谢里夫盆地 112/102a 区块、乌埃德姆亚盆地 350 区块和 438b 区块的勘探开发项目、Octouat 油田产能建设总体设计服务项目、斯基克达凝析油炼厂建设项目等。

通信行业：中国的通信企业自 1999 年进入阿尔及利亚市场以来，与阿尔及利亚电信和移动公司均有合作，积极为阿尔及利亚各大公司提供网络设备、通信服务。同时中国智能手机在阿尔及利亚市场也有很大的占有量。以华为为例。截至 2014 年，华为智能手机在阿尔及利亚市场上的占有率达到 6.9%，仅次于三星和苹果公司。[①]

（五）2014 年以来

2014 年以来，国际原油价格震荡下跌，对经济结构单一、严重依赖石油天然气出口的阿尔及利亚造成严重冲击，外汇储备持续减少，政府公共支出缩减。从 2014 年以来，公共工程发标量大幅回落，2015 年五年规划中计划新建的许多项目因受经济形势恶化的影响而暂缓，传统建筑承包市场进一步探底，在建项目也面临着巨大的资金压力。根据某大型国有建筑企业估计，2016 年，政府对公共工程领域的投入比 2015 年减少 28%。发标项目减少，已完成项目的未结金额巨大，中资建筑企业如何坚守住中国在非洲最大的工程承包市场——阿尔及利亚市场，面临着巨大挑战。在油气领域，受国际油价低迷的影响，国际上大部分石油企业都在压缩成本，减少投资，目前在阿外国油气项目也多是 2000 年初的投资项目，新接项目少。与建筑企业和石油企业不同的是，近几年来，随着阿尔及利亚通信以及移动互联网的发展，以华为、中兴、OPPO、联想为代表的中国通信企业在阿尔及利亚实现了较快发展，而这也是在阿中资企业由低端到高端，由传统行业到新兴行业的一个典范。

二 中资企业在阿尔及利亚开展跨国经营存在的问题

（一）属地化管理水平低

目前中资企业在阿尔及利亚面临着属地化程度低、属地化人力资源管理水平低、管理模式过于粗放等问题，这些问题已成为制约中资企业在当地扩大发展规模的"瓶颈"。一方面，阿尔及利亚当地劳动力资源虽总量丰富、劳动力成本低，但国民素质相对不高，特别是缺乏高技术人才。中资企业在当地开展跨国经营同时带动大量中国劳务输入阿尔及利亚，沿用国内管理模式。目前在阿中资企业招聘的当地雇员，大多是技术含量低的司机、秘书、保洁、保安以及部分施工现场小工，管理人员绝大多数为中国雇员。据悉，目前在阿尔及利亚的中国员工初步估计有 3.5 万—4 万人，占阿尔及利亚外国总雇员的一半以上。[②] 部分企业意识到属地化经营

---

① منير ركاب، "هواوي تطلق مجموعة هواتف سمارت فون جديدة بالجزائر" صحيفة الشروق 2015/02/27.

② موعد، "مدارس خاصة تستحدث دروسا في اللغة الصينية للتواصل مع الجنس الأصفر في الجزائر" صحيفة السفير 2015/09/17.

的重要性，近几年来开始增加当地工人数量，但同时也暴露出诸多问题，比如当地员工工作效率低下、缺乏时间观念、技术水平低、社保程序复杂、社保比例高、劳工纠纷频发等。另一方面，大量使用中国管理人员与中国工人也使中资企业遭到来自当地政府、就业局以及业主的不满，使中资企业背负着"不负责"的罪名，尤其是在阿尔及利亚这样一个高失业率的国家，当地青壮年认为是中国人抢走了他们的工作，由此引发了对中国公民以及中国企业的怨恨。

（二）处于低端产业链

经过30多年的发展，中资企业在阿尔及利亚的市场占有率不断提升，但却面临着"大而不强"的问题，大部分企业仍处于低端产业链，在"走出去"的同时，提升企业"走上去"的能力迫在眉睫。以工程承包为例。中国承包商经历了劳务分包、施工分包、施工管理总承包、"设计—采购—施工"总承包，承包的模式不断提升，但"上游"的工程咨询设计环节仍由西方企业主导。目前大部分项目的设计、咨询、监理等工作，中资企业较少涉及，这使得中资企业市场面相对狭窄，灵活性不足，利润空间有限。在石油行业，中资企业在地质资料的分析和综合解释方面的能力太低，与英美发达国家的差距大。在某一项目竞标过程中，中国一家大型石油企业处理中心的报价仅为美国公司的十分之一，但却未能中标。

（三）追求低成本、短工期

在过去几年里，中资企业凭借"低成本、短工期"在阿尔及利亚市场上占据较大份额，而阿尔及利亚政府对中资企业的支持也是鉴于中资企业能在一个相对合理的时间、相对低的成本内，保质保量地完成合同交付。2001年，阿尔及利亚国家体育馆——哈莎体育馆在一场大火中变为废墟，当地政府要求承建该项目的承包商在最短的工期内修复该体育馆，这一项目当时被许多专家认为是不可能完成的项目，中资承包商又一次临危受命，仅用10个月便竣工，在当地成为一段佳话。中资承包商良好的履约能力，中国人的勤劳能干，备受当地政府与民众的赞赏。一名阿尔及利亚培训中心的退休主任在接受媒体采访时说道："中国人就像蚂蚁，勤劳又能干，他们好像建设自己的祖国一样建设着阿尔及利亚。"① 但如果

---

① Farid Alilat, "Qui sont les Chinois d'Algérie", *Jeune Afrique*, 2015/06/02.

一味追求"低成本、短工期",不计后果地压低成本,只会损坏中资企业在阿尔及利亚的信誉。2009 年,阿尔及利亚当地最大的阿拉伯语日报《东方报》揭露了一中资承包商的丑闻,称在一次抽样调查中,中资承包商承建的多处住房出现了框架柱混凝土不达标的现象,而在检测不合格后,该中资承包商竟找了另一家实验室申请重新检查,试图掩盖之前的抽样检查结果。① 在实现高效与低成本的同时,中资企业更应保证工程的质量,切不可以一味追求"低成本、短工期"。

第二节　跨国经营风险

世界银行跨国投资担保机构 MIGA 对全球 300 家跨国公司的一项调查显示,政治风险是跨国公司面临的最重要的约束条件,因为这些由于政治因素引起的企业经营环境的改变,对企业来说往往是影响深刻的,而且是企业依靠自身的力量难以扭转或改变的。因此,对中资企业在阿尔及利亚开展跨国经营所面临的政治风险进行研究显得尤其迫切并具有重大意义。根据杰夫雷·西蒙的政治风险评估理论,政治风险是由政府的或社会的行动与政策引发的,起源于东道国内部或外部,会从负面影响一个选定的团体或大多数外国商业运作与投资。② 从政治风险性质、起源地、作用面三个维度,可将政治风险划分为八大类五十余种(详见表Ⅲ-6-1)。

按照政治风险的作用面,可以将其划分为宏观政治风险和微观政治风险。宏观政治风险是指对所有的外国投资或外国经营活动都会产生潜在影响的风险,这一风险不会因为该外资企业的国别、所在行业、投资类型的不同而改变。微观政治风险是指仅对特定外资企业产生潜在影响的风险,这种风险会因该企业的国别、所在行业以及投资类型的不同而不同。本节将根据中资企业在阿尔及利亚开展跨国经营所面临的政治风险的性质和作用面,从社会面宏观政治风险、政府面宏观政治风险、社会面微观政治风险、政府面微观政治风险四个角度展开分析。

---

① سامر رياض، سكنات صينية مغشوشة تهدّد حياة آلاف الجزائريين، صحيفة الشروق ،2009/10/20، 13.

② Jeffery D. Simen, "Political Risk Assessment: Past Trends and Future Prospects," *Columbia Journal of World Business*, Vol. 17, 1982, p. 62.

表 III - 6 - 1 政治风险评估总框架

	宏观		微观	
	社会面	政府面	社会面	政府面
国内	革命	国有化或征用	选择性罢工	选择性当地化
	内乱	政体剧变	选择性恐怖主义	合资经营压力
	政变	官僚政治	选择性抵抗	差别税收
	派系冲突	外汇管制	国别企业抵制	违约
	恐怖主义	逐渐国有化		选择性国有化
	罢工、抗议	领导人斗争		价格控制
	民族和宗教骚乱	高利贷		地方要求或法律
	舆论导向	高通货膨胀		某种产业管制
	联合行动主义			地方竞争补贴
国外	跨国游击战争	核战争	国际行动集团	两国外交关系紧张
	国际恐怖主义	边界冲突	外国跨国公司竞争	双边贸易协定
	世界舆论	联盟变化	国际企业抑制	外国政府干预
	撤资压力	高外债偿还比率	选择性恐怖主义	多边贸易协定
		常规战争		进口或出口限制
		禁运与国际抵制		
		国际经济不稳定		

资料来源：Jeffery D. Simen, "A Theoretical Perspective on Political Risk," *Journal of International Business Study*, Vol. 15. 1984, p. 123.

一 社会面宏观政治风险

社会面宏观政治风险起源于社会不稳定因素，并对当地所有国别、行业、投资类型的外资企业都会造成潜在的负面影响。根据中资企业在阿尔及利亚开展跨国经营的实际情况，其面临的社会面宏观政治风险主要体现在三个方面：内乱风险、恐怖主义风险、劳工骚乱风险。

（一）内乱风险

内乱风险指的是在一些社会局势不稳定的国家，由于国内矛盾错综复杂，容易发生战争、骚乱、革命等事件，导致该国的跨国企业遭受损失的风险。总体而言，阿尔及利亚目前国内社会局势相对稳定，发生大规模内乱的风险较小，但国内的不稳定因素仍然存在。

2016 年 2 月，阿尔及利亚《东方报》报道了阿尔及利亚人权捍卫组织关于 2015 年社会稳定性的报道，称在 2015 年一年里，阿尔及利亚共计发生 1.4 万起民众游行示威事件，该组织提醒阿尔及利亚政府注意防范大规模社会暴乱的发生。[①] 阿尔及利亚国民经济增长严重依赖石油和天然气收入，而 2015 年以来，国际原油价格下跌对阿尔及利亚的经济产生了严重的负面影响，国内经济增速放缓，失业率居高不下，特别是青年失业率高达 29.6%，造成城市边缘群体的暴力抗议，影响社会治安。除此之外，阿尔及利亚当前面临着住房短缺、物价上涨、社会不平等、腐败等社会矛盾，政府的紧缩性财政政策又进一步加剧了民众的不满。在社会矛盾突出的国家中，当地民众往往会将这种不满与愤怒转化为对当地外资企业的敌意。在采访的过程中，接受采访的大多数中资企业代表向笔者抱怨说，近几年来，阿尔及利亚当地无业青年针对外国人特别是中国人群体的抢劫、偷盗等犯罪事件增多，社会治安明显下滑。阿尔及利亚社会局势中的不稳定因素使在阿中资企业的投资面临考验。2014 年，阿尔及利亚国家石油公司拿出 38 个区块进行公开招标，但是大部分外国石油公司都持谨慎态度，导致最后只有四个区块中标，因为油田区块的投资回报往往需要 20 年到 30 年这样一个漫长的过程，而大部分国际石油公司对阿尔及利亚的国内局势都保持着观望的态度，即使在这 38 个区块中，有好几个区块的条件十分诱人，但最终出于对阿尔及利亚国内局势的担忧，大部分国际石油公司不敢贸然投资，因而使得此次公开招标的大部分区块以流标告终。

（二）恐怖主义风险

阿尔及利亚作为受恐怖袭击较为严重的国家，在 20 世纪 90 年代，经历了恐怖主义泛滥的“黑色十年”。在这十年期间，数十万人成为恐怖袭击的牺牲者，包括中资企业在内的大部分外资企业也在这一场灾难中损失惨重，绝大多数外资企业在这期间被迫撤出阿尔及利亚市场，即使少数坚守阿尔及利亚市场的企业也被迫停止经营活动。以某中资大型建筑企业为例。该企业于 1990 年同阿方签署了两个农田灌溉项目，其中一个农田灌溉项目在停工数年后，于 1996 年与业主解除合同，而另一个农田灌溉项目在停工六年之后，于 2002 年复工。不稳定的局势与恐怖活动的频发，给当地的外资企业造成巨大的人力、物力损失。1999 年，布特弗利卡当

---

① إلهام بوثلجي،"ألف 14 احتجاج في الجزائر سنويا"صحيفة الشروق، ١٩/٠٢/٢٠١٦.

选总统后，通过全国范围内大赦以及出台《民族和解法》，为结束国内恐怖暴力事件创造了条件。目前，阿尔及利亚国内大部分城市治安情况较好，但依旧有部分效忠或隶属于"伊斯兰马格里布基地组织"等其他恐怖组织的恐怖分子在当地发动零星的恐怖暴力事件，恐怖袭击对象主要是军队、警察、宪兵、外国人群体。恐怖组织活动地区主要分布在阿尔及利亚南部和东部，尤其是阿尔及利亚同利比亚、马里、尼日尔交界的边境地区受恐怖主义威胁严重。[①] 由于边境管理较为松散、周边地区国家安全局势恶化、极端思想泛滥，该地区形成了著名的西非"恐怖主义之弧"。在采访过程中，当地的中资企业人员表示，在阿尔及利亚东部山区、阿尔及利亚同利比亚边境地区，频繁发生军方与恐怖分子交火的事件，给当地的外资企业造成极大威胁。例如，2017 年 2 月 25 日，在阿尔及利亚东部泰贝萨，一恐怖分子枪杀了当地一名平民，在宪兵同恐怖分子交火的过程中，一中资企业驻地的阿尔及利亚当地安保负责人牺牲，在当地中资企业内部引起较大恐慌。阿尔及利亚国内的恐怖主义风险，增加了外资企业在当地参与跨国经营中的安全支出，同时也给外资企业在当地的人员与财产带来极大的威胁。

总体而言，近几年来，阿尔及利亚的恐怖主义风险有减少趋势，但仍高于世界平均水平，恐怖主义风险仍为阿尔及利亚国家安全的首患[②]，对营商环境的稳定造成一定的冲击，是外资企业在开展跨国经营过程中需要长期面对的挑战。

（三）劳工骚乱风险

劳工骚乱风险是指外资企业在东道国开展跨国经营的过程中所引发的劳资纠纷、合同纠纷、经济纠纷、生活习惯冲突、文化冲突、宗教冲突等问题，甚至会在劳工中引发群体骚乱的风险。在阿尔及利亚开展跨国经营的过程中，外资企业劳工管理不善、对劳工领域的法律法规的忽视、不尊重当地文化宗教等行为都可能引发劳工纠纷，甚至发展为大规模的劳工骚乱，从而给企业带来损失。

不少企业为了减少劳动力成本，并且其属地化人力资源管理水平较

---

① محمدبنأحمد،"٢٠١٦ أصعبأمنياواجتماعياعلىالجزائر"صحيفةالشروق، ١٥/١٢/٢٠١٥

② 中国信保：《全球投资风险分析报告》，中国财政经济出版社 2016 年版，第 272 页。

低，因此在开展跨国经营时，携带大量本国劳动力甚至以非法雇用非洲难民等方式开展项目建设。而这一行为严重违背《90—11 号阿尔及利亚劳动关系法》，给企业在海外的劳工管理带来极大的隐患。尤其是在阿尔及利亚这样一个有着 132 年殖民历史的国家中，违背当地劳动法的侵犯行为，容易被冠以"新殖民主义"的罪名，从而引发民众对外资企业的排斥。2015 年 8 月，阿尔及利亚赛伊达省一中资承包商承建的 4000 套公共廉租房项目工人因中资承包商违背劳动法而集体罢工，导致该住房项目停工数月。包括《东方报》《通知报》在内的多家阿尔及利亚媒体多次报道此次罢工事件，罢工严重拖延了项目工期，从而延误了这 4000 套公共廉租房的交付，招致当地民众与政府的强烈谴责，极大地损害了该中资企业在当地的形象。这一类关于中资企业劳工纠纷的报道频繁出现在阿尔及利亚的媒体，中资企业在处理劳工关系上的笨拙不仅给自己的企业形象蒙上了阴影，同时也增加了企业的劳务成本。此外，企业在外派人员前应对其进行东道国文化、宗教、习俗等方面的培训，减少因生活习惯冲突、文化冲突、宗教冲突而与当地雇员发生矛盾的风险。例如，外资企业在当地开展项目过程中，阿尔及利亚业主、监理常会要求外资企业在项目处安排专门的礼拜室、穆斯林专用厕所（带洗大小净的地方）、清真厨房。甚至一些中国雇员无视当地的宗教文化，出现突破当地文化和道德底线的行为，公开喝酒、吃狗肉、驴肉，从而引发与当地雇员的劳工冲突。

二　政府面宏观政治风险

政府面宏观政治风险起源于政策与政权的不稳定因素，并对当地所有国别、行业、投资类型的外资企业都会造成潜在的负面影响。中资企业在阿尔及利亚开展跨国经营所面临的政府面宏观政治风险主要体现在三个方面：外汇管制风险、官僚政治风险、政策变动风险。

（一）外汇管制风险

外汇管制风险指的是东道国政府为平衡国际收支和维持本国货币汇率而通过法令对国际结算、外汇买卖、资本流动和外汇汇率等进行限制①，导致外资企业在东道国投资的外汇资本回流不足，加剧企业资金压力甚至

---

① 孙小清、尹晶：《从跨国企业的角度谈外汇管制及应对》，《现代企业》2012 年第 12 期。

造成严重损失的风险。外汇管制风险是企业在海外开展跨国经营过程中需要研究的重要课题，也是跨国经营中面临的重要财务问题。

阿尔及利亚是外汇管制严格的国家，从境外汇外汇到阿尔及利亚不受限制，但对资本、利润、红利汇出则设置了严格限制[①]，阿尔及利亚央行对外汇实行严格的管制，目前外资企业在当地开展跨国经营面临着较大的外汇管制风险。我们可将其分为三点进行讨论：

一是限制合同中的外汇比例，限制外汇资本回流。外资企业在阿尔及利亚开展跨国经营的过程中，在签订的合同里往往以两种货币进行结算以限制外汇资本的外流。一为当地货币；二为外汇（美元与欧元为主要对外结算货币），不同行业合同中所规定的外汇比例也存在差别。例如，在石油行业，其外汇比例较高，近几年来虽略有下降，但也能保持在60%—70%。而在房建项目中，近几年来外汇比例不断削减，从原本的32%削减至25%，甚至低到0，而其余的额度则由当地货币第纳尔进行结算。较低的外汇比例导致收支两方面上存在严重的外汇额度不平衡，一方面，大量的中国管理人员与中国工人，其劳务费用与差旅费用需要通过外汇支出，还有部分短缺建筑材料以及设计工作需要使用大量的人民币或者硬通外币。另一方面受限于合同中较低的外汇比例，项目合同金额中仅有少部分能通过外汇支付，致使项目外汇收支不平衡，而第纳尔又大量囤积而无法转化为硬通外币。部分第纳尔通过黑市进行换汇，然而，外汇银行的外汇挂牌价和市场上的黑市价差高达50%，造成了企业资金损失，并且黑市换汇作为非正规渠道还要受到当地法律的制约。

二是外汇结算办理程序复杂，审核难，外汇收款遭拖欠。外资企业的汇出利润必须得到阿尔及利亚中央银行外汇总署的审批，外汇申报和汇出程序相当复杂，且存在严重的拖延现象。虽然阿尔及利亚法律保障在阿尔及利亚的外资企业经营过程中产生的净收入在申报后可汇出境外，然而，阿尔及利亚法律对可汇出资金范围的规定缺乏透明度，审核工作长，甚至审批常常无法通过，从而增加了企业的资金压力。

三是第纳尔兑美元汇率持续贬值。阿尔及利亚的汇率制为浮动汇率制度，中央银行允许第纳尔同美元、欧元等硬通货币的汇率在一定范围内波

---

① 中国信保：《全球投资风险分析报告》，中国财政经济出版社2016年版，第271页。

动。但自 2012 年以来，尤其是 2014 年以来，第纳尔兑美元汇率直线下降。2015 年，本币第纳尔兑美元年均汇率为 1∶100.69，较 2014 年下降了 18.75%[1]，而且第纳尔兑美元的汇率仍在持续下降过程中，到 2017 年第纳尔兑美元汇率已跌破 1∶110。美元的持续走高增加了企业运营成本，压缩企业收益，使企业蒙受损失或丧失预期收益。以某中资企业在当地承建的一大型房建项目为例。该项目合同结算货币由第纳尔与美元构成，其中可转汇回国的美金部分为合同额的 28%，签约时第纳尔兑美元汇率为 1∶78，而项目进行过程中汇率持续下跌，到 2016 年下跌至 1∶107.2，预计在项目完工时，汇兑损失将达 760 万美元。

（二）官僚政治风险

官僚政治风险指的是由于东道国法律制度的不完善而导致的政府官员的贪污腐败或不作为，从而造成企业成本上升所带来损失的风险。中国出口信用保险公司对全国多个省市投保企业的一份调查报告显示，企业在参与对外投资过程中考虑的主要风险——政府效率与腐败排名第九[2]，东道国政府机构的腐败以及效能低下，将损害跨国企业的营商环境，这里将从政府机构的工作效率与腐败程度两方面对外资企业在阿尔及利亚开展跨国经营所面临的官僚政治风险进行分析。

一是政府机构办事效率较低。一方面，阿尔及利亚政府行政机构臃肿庞大，层次过多，人员庞杂，企业进行商业活动面临的审批程序较多；另一方面，政府办事效率低，致使企业的经营活动常因此而拖延。以世界银行 2017 年营商环境指数中开办企业、获得建筑许可和获得电力的情况来衡量阿尔及利亚政府的行政效率，阿尔及利亚 2017 年这三项指标在全球 189 个参与评分的国家和地区中的排名情况分别是第 142 位、第 77 位、第 118 位，仍处于全球中下游，由此反映出当地政府机构的办事效率仍较为低下。以水泥申请为例。水泥作为阿尔及利亚战略性资源，从申请到审批再到取得水泥提货单这一过程长达数月。申请水泥前需由设计院计算水泥用量，再交由监理方审核，监理审核通过后需要交至业主处审批，而这一审批工作通常需要花费 2 个月以上，审批通过后需要将审批单交给水泥

---

[1]　中国信保:《全球投资风险分析报告》，中国财政经济出版社 2016 年版，第 275 页。
[2]　中国信保:《全球投资风险分析报告》，第 733 页。

厂，并等待取货通知，这期间需要花费一个半月以上的等待时间。在接到水泥厂通知后需提交支票，方可拿到水泥厂提货单，之后才可联系运输商安排取水泥。阿尔及利亚国内水泥缺口较大，国内的水泥生产难以满足国内大规模基础设施建设的需要，作为一个典型的卖方市场，在申请水泥的过程中常遇到水泥厂工作人员拖延的情况，常常为取得提货单需往返水泥厂数次，严重影响了项目的进度。

二是腐败程度较高。根据透明国际 2019 年清廉指数，阿尔及利亚在 168 个国家和地区中排第 106 位，得分为 35 分，位于全球中下游，腐败现象较为严重。面对国内官员较为严重的腐败现象，阿尔及利亚政府积极开展打击腐败行动，但收效不大。当地企业对阿尔及利亚国内的腐败问题有不少抱怨，官员、业主、监理仍存在"不收到好处不办事"的想法。2010 年突尼斯发生革命之后，阿尔及利亚政府吸取教训，出台了数项旨在打击腐败的法律法规，并在法律框架内建立了专门的反腐机构，同时要求企业在参与公共合同竞标时，需提供"廉洁声明"。然而，这一反腐工作的成效仍较小，严重的腐败问题给外资企业造成重大的人力、财力浪费。面对阿尔及利亚国内较为严重的官僚政治风险，中资企业在进入阿尔及利亚市场前需充分了解当地投资环境、法律与风俗习惯，以确保企业的经营活动合法合规，同时与阿尔及利亚当地政府保持良好的沟通交流。另外，中资企业可以与当地有实力的企业联营，或者在当地聘请代理人，加强同政府的联系。为了防止政府机构效能低下延误项目进度，凡事要早作计划安排，在运作过程中留有充足的时间。

（三）政策变动风险

政策变动风险指的是东道国相关政策立法的变更调整给跨国公司带来的难以规避的风险。当东道国目标与跨国企业目标存在差异时，东道国政府将通过政策、法律对外资企业实行歧视性措施，从而给外资企业带来损失，打击跨国企业的投资信心。尤其是在一些处于经济转型期的发展中国家，其经济政策、投资政策和市场法规有待完善，各项政策仍处于不断调整的过程中。在这样的国家中，外资企业经营环境的稳定性较低，容易遭受政策变动风险，特别是东道国的政策调整，可能使事先制定的优惠政策不复存在，之前受欢迎的行业遭受限制，从而给外资企业带来损失。

以房建领域为例。在 21 世纪初，经过十年内战，阿尔及利亚政府对国民的福利待遇欠债过多，为解决民众生活福利以及加快国家建设，布特弗利卡总统于 2004 年提出在其 2005—2009 年五年任期内建设百万套住房的目标，以缓解当地严重的住房危机。但阿尔及利亚本土建筑企业施工能力不足以实现这一宏伟目标，为此政府鼓励外国建筑企业积极参与阿尔及利亚房建项目，并出台一系列优惠政策以吸引外资企业。例如，2004 年阿尔及利亚财政预算法案规定，从次年起对住房建设等非油气行业实行新优惠政策，优惠政策包含免征社会住房、商品房以及农民住房建设的企业总收入所得税及公司利润税；2004—2009 年，对阿尔及利亚高原地区、南部地区从事非油气行业的中小企业分别减免 15% 和 20% 的公司利润税等。阿尔及利亚宏伟的住房项目以及政府对房建领域的优惠政策，吸引了大量外资企业参与当地房建项目，这些外资企业主要来自中国、埃及、土耳其等，其中以中资企业承建的住房数量规模最大，占了发包总量的一半以上。① 根据一中资承包商回忆，当时在阿尔及利亚参与房建项目利润可观，工程款支付及时并且利润率高。但从 2014 年起，受阿尔及利亚经济形势恶化的影响，2015 年新五年规划中计划新建的住房项目暂缓启动，已启动项目存在严重延期情况，房建领域处于"寒冬"期。加之国际油价持续下跌，阿尔及利亚国家收入大幅减少，外汇储备锐减。阿尔及利亚业主在同外资建筑企业签署合同时，不断降低房建合同的外汇比例。例如，阿尔及利亚住建部住房改善及发展局（AADL）的房建项目，其合同规定的外汇比例已降至 12.5%，而往年其外汇比例可达到 32%，如此大幅降低外汇比例，导致外资企业在阿尔及利亚开展国际工程承包的利润大受影响。阿尔及利亚房产促进与管理局（OPGI）的房建项目受资金的影响，许多项目处于停工状态，或者依靠国内母公司垫资维持。再以油气领域为例，阿尔及利亚油气政策的频繁变动也降低了阿尔及利亚油气领域对外资企业的吸引力，尤其是这一类能源型投资，其回报周期长，投资具有不可撤回性，政策的变动对其影响极大。2005 年，阿尔及利亚政府颁布了新《石油法》，这部《石油法》给予外资企业一定的优惠。然而，仅过

---

① 中华人民共和国驻阿尔及利亚使馆经商参处：《积极稳妥开拓阿尔及利亚住房市场》，2005 年 9 月，中华人民共和国商务部官网（http：//dz. mofcom. gov. cn/article/ztdy/200509/20050900346725. shtml）。

了一年，为保护本国经济安全，阿尔及利亚政府即对该法案进行修正，取消了对外资企业的部分优惠政策，同时强调国家对石油天然气资源的拥有权，在所有石油天然气项目中必须给予阿尔及利亚国家油气公司51%的控股权。此外，该修正案还要求外国石油企业在阿尔及利亚开展经营活动时需缴纳包括权利金、地表税等多种附加税，同时对其征收高额暴利税。尤其是暴利税这一条引起众多外国石油企业的抗议，阿纳达科石油公司在2007年第一季度的财报中称，暴利税致使2007年第一季度所缴纳的税收是去年同期的3倍多。政策的频繁变动降低了阿尔及利亚油气领域对外资企业的吸引力，该修正案颁布后，阿尔及利亚国家油气资源管理局组织的数次招标均未取得理想的结果。据悉，2008年至2010年的三次油田招标，参与的外资企业甚少，且大量油气区块以流标告终。

总而言之，外资企业的跨国经营依赖东道国政策的稳定性与连续性，而缺乏连贯性的制度与政策、处于"转型期"的政治环境，将对跨国企业在阿尔及利亚的经营活动带来极大挑战。

三　社会面微观政治风险

社会面微观政治风险指的是起源于社会层面，对东道国特定外国投资与外国经营活动产生潜在影响的风险。这一类风险与社会面宏观政治风险的区别在于，其影响范围仅针对东道国内特定国别、行业、投资类型的外资企业，而不是对所有企业都有作用。鉴于中资企业在阿尔及利亚开展跨国经营的实际情况，其面临的社会面微观政治风险主要体现在三个方面：选择性抵抗风险、外国跨国公司竞争风险、选择性恐怖主义风险。

（一）选择性抵抗风险

选择性抵抗风险指的是某个国别、某个行业或某种类的跨国企业在东道国受到来自民众、工会抵制的风险。这一类风险容易演变成企业间或民众间的矛盾与冲突，甚至会影响到两国间的政治关系，一旦冲突爆发，可能形成针对某国公民在阿尔及利亚的暴力事件，也有可能会使当地政府采取针对某些国家一些企业或者这些国家个别企业的限制政策等。近几年来，随着中国与阿尔及利亚经贸关系的不断深入，越来越多的"中国制造"商品、中国务工人员以及中资企业进入阿尔及利亚。日益庞大的中国人群体，也引发了部分阿尔及利亚民众的恐慌以及排斥，形成针对中资企业的选择性抵抗风险。而这些选择性抵抗风险背后的原因复杂多样，有些是由大国干预产生的矛盾，有些是来源于"中国威胁论"、媒体舆论导向、文化冲突以及自身的行为失范等。

首先，随着中国经济的快速发展，中国在国际上的地位日益增强，西方国家利用其舆论优势，炮制和散播"中国威胁论"，而这些"中国威胁论"也使包括阿尔及利亚在内的非洲国家担心中国强大之后，会效仿当年西方殖民统治者，抢夺非洲大陆的能源矿产，担心"中国制造"控制当地市场，中国崛起会威胁到其国家的安全。尤其是21世纪以来，大量中国人涌入阿尔及利亚务工、经商，与阿尔及利亚社会面临的住房与失业两个紧迫问题相冲突。一方面，阿尔及利亚社会不得不依靠包括中资企业在内的外国建筑企业来加快国内的住房建设，而另一方面中国企业的经济参与带来大量中国劳动力，被当地民众、政府冠以"加剧失业"的罪名，最终引发了年轻失业者对中国企业乃至在阿华人的愤怒与敌意。中资企业在阿尔及利亚大规模的经济参与与其所创造的就业机会存在严重不平衡，由此引发了当地民众对"中国入侵""中国威胁论"的恐惧，从而演变成部分民众的"排华情绪"。此外，中资企业在当地的营地、经理处建设常常过于扎眼，容易招致当地民众以及政府部门的不满，引发对"中国入侵"的恐惧。甚至有媒体报道称："阿尔及利亚的'中国帝国'这一说法一点都不为过。"①

其次，在阿尔及利亚媒体上关于中资企业以及中国人群体的负面报道也频频出现，使得一部分阿尔及利亚民众在舆论引导下，产生了对中国的抵触情绪。以阿尔及利亚《东方报》为例。笔者以"中国企业"为关键词，搜索在2008—2017年十年里《东方报》的相关报道，共计33篇，其中正面报道10篇，负面报道23篇，《东方报》对"中国企业"报道的关键词也多带有贬义。这些谴责中国企业的负面报道主要围绕几点展开：（1）拖延工期（出现频率：7次）；（2）工作环境恶劣（出现频率：5次）；（3）行贿受贿（出现频率：5次）；（4）质量差（出现频率：3次）。这些报道频频用带有"敌视"的情绪言语，语气十分强烈，例如使用"欺骗""玩弄""忍受""失望"等动词，甚至将中资企业与曾经的

---

① 2014/06/04. ‏جون أفريك ، "تعرّف على صينيي الجزائر، نون بوست" صحيفة الشروق،

西方殖民者相联系，痛斥中国人扮演了当年欧洲人在非洲的角色。[①] 阿尔及利亚主流阿拉伯媒体对中国企业一边倒的负面报道，向阿尔及利亚民众传递了"中国企业不尊重劳工权益、行贿受贿、不遵守合同条款、不负责"的负面形象，对中资企业形象带来负面影响，从而引发民众对中资企业的抵抗行为。

目前，在阿尔及利亚尤其是华人聚集较为集中的地区，这一"排华"情绪表现得较为明显。以中国人在其首都的聚集地巴布祖瓦为例。该地区治安环境较差，经常发生针对中国公民的抢劫、偷盗行为。2009年8月3日，该地区发生针对华人商铺的打、砸、抢暴力事件，造成多名华人受伤，多家中国商店遭抢。此次打砸抢事件也是近几年来发生在阿尔及利亚的最为激烈的一次"排华"事件，类似的恶性"排华"事件在阿尔及利亚尤其是其首都接连发生，对当地的中国人群体、中资企业造成负面影响。

（二）选择性恐怖主义风险

选择性恐怖主义风险是指在东道国发生的有针对性的恐怖袭击事件，使特定国别、行业、区域的外商及其财产蒙受重大损失，甚至无法继续经营的风险。

随着中国在阿尔及利亚的经济参与增多，中资企业在阿尔及利亚遭到选择性恐怖主义风险的威胁也越来越大。例如，2007年12月11日，"伊斯兰马格里布基地组织"在阿尔及利亚首都制造了两起汽车炸弹袭击事件，其中一起发生在中资企业承建的阿尔及利亚宪法委员会新办公大楼附近，另一起发生在联合国难民事务高级专员公署和开发计划署驻阿尔及尔办事处附近，这两起爆炸共造成37人死亡，100余人受伤，其中包括1名中国员工遇难，另有12名中国员工受伤。该中资企业立即启动应急预案，负责海外工作的总公司领导迅速抵达阿尔及利亚指挥相关善后工作，这一次爆炸事件给这一中资企业造成恶劣影响。在事故发生后，该中资企业的项目现场以及营地都配备了24小时保安，并禁止外来人员进入企业，中国员工未经批准不得外出，在公司内部以及当地中资企业圈子内，造成极大恐慌。近几年来，虽然阿尔及利亚并未再次发生针对中国公民或中资

---

① مايكل مارتن،"الشركات الصينية العاملة في الجزائر في قفص الاتهام" صحيفة المجلة، 2010/12/23.

企业的恐怖袭击，但出现了中国公民在恐怖袭击中不幸遇难的事件。例如2010年6月，阿尔及利亚布维拉省一宪兵检查站遭到自杀式汽车炸弹袭击，当时，一中资企业的运输车辆正好途经该检查站，车上一名中国管理人员不幸遇难身亡。近几年来，随着中国在阿尔及利亚经济参与规模的不断扩大，正所谓"树大招风"，如此大规模的中国人群体以及中资企业容易引起一些恐怖分子的仇视。

四 政府面微观政治风险

政府面微观政治风险指的是某个国别、某个行业的外资企业在东道国遭受的来自政府的针对性干预措施的风险。目前，阿尔及利亚政府对中资企业的态度总体上是友好的，国别歧视上的政府面微观政治风险较小，但行业限制上的微观政治风险较为突出。这里，笔者将以阿尔及利亚公共工程行业为例，从招标限制方面分析公共工程行业的外资企业在阿尔及利亚开展跨国经营所面临的政府面微观政治风险

招标限制风险指的是国家的政府或公共工程行业的主管部门对国际建筑企业参与本国公共工程投标所采取的带有限制性的措施，例如，给予本国建筑企业更高的优惠额、减少公共工程领域的国际招标、提高外资企业投标承接项目的门槛等。外资企业在阿尔及利亚参与投标承接项目受到的限制性措施较多。

（一）国民优惠政策

阿尔及利亚政府在公共工程领域对外资企业设立一定的投标壁垒以保护本国企业。2010年，《阿尔及利亚公共合同法修订案》通过，该修订案将国际招标中阿尔及利亚本国企业的国民优惠从原本的15%提高至25%，即阿尔及利亚本国企业可以高于外国企业25%的合同金额与外资企业竞争①，从而大大提高了本国企业的竞争力。合资企业中由阿方控股的企业可根据阿尔及利亚合资方所持比例的多少享受这一政策，外方控股的企业不享有这一优惠政策，这一壁垒虽非阿尔及利亚独创，但25%的国民优惠比例在世界各国中都属于十分高的。除此之外，新颁布的《阿尔及利亚公共合同法》明确鼓励本国企业更多地参与到公共合同项目中，并表示以

---

① 《阿尔及利亚公共合同法》第一编第三章第23条。

后将减少国际招标次数，绝大多数的公共项目仅限于国内招标。2014 年 8
月，阿尔及利亚内阁会议在对多个公共工程项目的议标中，规定 90% 的
项目由阿尔及利亚当地企业实施，其中国有企业、大中型企业与外国企业
的联合体占了多项。阿尔及利亚公共工程部部长阿卜德勒卡德·瓦里也在
多个场合强调将减少公共工程领域的国际招标，将更多的项目交由本国企
业完成。例如，2015 年 12 月，瓦里部长在一次高速公路领域的负责人会
议上表示，将取消所有公共工程领域的国际招标，并将其全部交由本国工
程企业完成。① 2016 年 5 月，瓦里部长在奥兰巡视工作时又一次强调，以
后会将所有的高速公路项目都交由阿尔及利亚本国承包商。② 阿尔及利亚
是中国建筑企业在海外较大的市场之一，阿尔及利亚政府在公共工程招标
领域对外资企业的限制，将给中国建筑企业在阿尔及利亚的发展带来巨大
挑战。为此，中资企业也开始积极同阿尔及利亚本国企业联合，组建合资
企业参与投标，以提高中资企业在当地的竞争力。例如，2016 年 1 月，
中国建筑、中国港湾同阿尔及尔港务集团联合，组建合资企业，共同投资
兴建阿尔及利亚中部新港项目。③

（二）保函风险

《阿尔及利亚公共合同法》规定，外国企业参与阿尔及利亚公共合同
签约，需要取得履约保函。该履约保函必须由阿尔及利亚国有银行开具，
阿尔及利亚业主不接受外国银行开具的保函，并且需取得一家一级外国银
行提供的反担保保函④，从而增加了外国企业的保函成本。另外，根据阿
尔及利亚中央银行的规定，该履约保函不可设置有效期，并且见索即付，
从而增加了保函风险，变相提高了外资企业参与阿尔及利亚公共合同签署
的风险。

---

① عب，"المناقصات الوطنية ستفتح للمقاولات الجزائرية فقط"، المحور، ٠٥/١٢/٢٠١٥.
② الوطني، "سيتم جميع أشغال الطرق السيار تصنطر فمؤسسات جزائرية"، المحور، ١١/٠٥/٢٠١٦.
③ 中国驻阿尔及利亚使馆经商处：《我中资企业将与阿尔及利亚共建阿最大港口》，2016 年
1 月，中华人民共和国商务部官网（http：//dz. mofcom. gov. cn/article/jmxw/201601/
20160101237075. shtml）。
④ 《阿尔及利亚公共合同法》第四编第四章第 95 条。

第三节　经营风险防范

如何有效规避政治风险对企业带来的威胁，是企业开展跨国经营过程中的一个重要课题。企业作为政治风险的主要承受体，政治风险将导致企业经营环境的深刻变化。但与此同时，我们也需要意识到，政治风险源于政治，政治风险所带来的影响往往是企业依靠自身力量难以扭转或改变的。因此，在政治风险规避策略中，政府与企业都扮演着至关重要的角色。

一　完善领事保护制度

一是增派驻阿外交人员。当前，中国驻阿外交人员相较于当地数以万计的中国公民而言，数量十分有限，从而在一定程度上制约着中国当地领事保护能力的发挥。尤其是在阿尔及利亚这样的国土面积广阔的国家，目前，中国仅在其首都阿尔及尔设有大使馆，在阿尔及利亚其他城市尚未设立领事馆，加大了使馆工作的难度。

二是完善当地中国公民与中资企业的登记制度。目前中国驻阿使馆登记在案的中资企业仅占在阿中资企业的一小部分，还有大量的中小型私营企业尚未在驻阿使馆备案。侨民登记制度与境外企业登记制度对中国政府更好地开展领事保护起着重要作用，特别是在阿尔及利亚这样一个幅员辽阔的国家中，一个完善的海外侨民、企业资料库，能为后期各项工作的开展提供必要信息，增强当地华人、中资企业与使馆的对接能力。此外，一旦发生大规模的政治动荡或恐怖袭击等重大突发事件，这一登记制度也能极大地提升应急处理能力，在最短的时间内调动各地区华人做出及时反应。

三是完善领事保护预警机制，为境外的中资企业提供风险预警与安全援助服务。目前，中国领事服务网中的"安全提醒"所包含的信息相对较为陈旧且内容匮乏，无法为在阿华人、中资企业提供太大帮助。此外，目前在阿尔及利亚的大部分公民为劳工，其受教育水平较低，很难获取这类网络信息，且鉴于其语言能力，也无法在阿尔及利亚通过当地人与当地媒体了解阿尔及利亚的形势。因此，除了要完善安全预警信息外，还应该增加预警信息的投放渠道，例如通过短信、微信、报刊读物或宣传手册来发布这一类预警信息。

二　加强行业协会在协调企业跨国经营活动中的作用

行业协会作为政府与企业间的重要桥梁，在引导行业健康规范发展，维护企业权益，提供咨询服务等方面发挥着企业与政府无法替代的关键作用，行业协会的健康发展将有力地推动行业的健康有序发展。2009年，由阿尔及利亚使馆经商参处牵头，在阿尔及利亚成立了中资企业协会。经过十余年的发展，该协会有会员单位70余家，是阿尔及利亚最大的中资企业行业协会。从建会以来，该协会一直备受中国驻阿尔及利亚大使馆的重视，是中资企业与中国政府之间的重要桥梁，也是中资企业统筹协调的重要平台。但该协会也暴露出一些问题，在中资企业间所发挥的作用仍然有限，实质性作用较小。首先，该协会的会员单位多是大型国有企业和部分大型私营企业，会员单位只占在阿中资企业的少数，大量中小型私营企业并没有机会参与协会的活动，协会缺乏民间色彩，"官办"色彩重。而且该协会的管理人员多是兼职，专职人员偏少，自身建设能力不足。笔者询问了多家私营企业，皆对阿尔及利亚中资企业协会缺乏了解，误以为其是使馆下属机构，对中资企业协会的职能更是知之甚少。当企业遇到问题时，主要还是经过使馆或经商参处协调解决。笔者在阿尔及利亚首都东郊华人聚集地巴布祖瓦采访了数名福建商人，了解到当地福建商人数量庞大，仅在巴布祖瓦地区经商的福建商人便超过1000人，除此之外，在阿尔及利亚全国各地都有福建商人从事小商品买卖、分包工程、开设工厂等业务，然而，目前尚未出现成规模成体系的阿尔及利亚福建商会或福建老乡会等组织，这些中小型私营企业主之间信息交流多为口耳相传以及不定期的老乡聚会，缺乏系统与组织。鉴于此，应加快各行业协会、地区商会、华人华侨协会组建工作，引导民间协会有序发展，让民间协会真正发挥政府与企业间桥梁的作用。

三　加强企业自身管理和形象建设

加强中资企业自身管理和企业形象建设，能有效规避阿尔及利亚部分政治势力及民众对中资企业的误解与歧视，增进当地民众、政府对中资企业的理解与支持。

一是加强属地化管理。以阿尔及利亚当地某大型中资建筑企业为例。该企业在当地开展跨国经营的过程中不断探索属地化经营方式，目前，该中资企业已经发展成为阿尔及利亚最大的建筑承包商，承建了当地大量的地标性建筑。该企业在阿尔及利亚雇用当地劳务人员超过5000人，为当地提供了大量的就业机会，获得民众的好评。该企业还将人力资源属地化水平作为各项目考核的硬性指标，在几年前便启动当地工程师、应届毕业生培养计划。通过加强属地化管理，让当地民众更多地参与到企业的经营活动中，一方面为缓和当地的失业状况做出贡献，赢得当地民众与政府的支持；另一方面在突发事件发生时，当地雇员的参与能提高企业应对能力和转移能力，从而减少企业的损失。此外，属地化管理能大大降低企业运营管理成本，于企业于社会助益良多。

二是尊重当地法律、文化习俗。中资企业在阿尔及利亚面临的一部分政治风险，源于部分中资企业对当地文化、习俗、法律的轻视，从而使企业遭受风险。针对这一情况，一大型中资企业法律部将阿尔及利亚当地的法律知识进行整合，形成《阿工管理法律知识手册》一书。这本法律知识小册子阐述了阿尔及利亚劳工管理相关的法律知识，并在中资企业容易触犯的法律知识后面配有相关案例。该知识小册子通俗易懂，是中资企业在普及法律意识上的一个尝试。除此之外，中资企业在外派管理人员、劳务人员前，应开展关于阿尔及利亚当地风俗习惯、文化、法律等方面的培训，防止因中国员工行为失德、失范而在当地造成不良影响。

三是积极承担社会责任，在当地开展公益事业。目前中国企业仍处于国际化探索的初级阶段，部分企业在开展跨国经营的过程中片面强调经济效益，而忽视对社会责任的承担。在阿尔及利亚这样一个经历过132年殖民统治的国家里，片面强调经济效益容易引发当地民众的恐惧与抵触，甚至被冠以"殖民主义"的罪名。以某在阿大型国有企业为例。该企业在阿尔及利亚当地开展跨国经营30多年，积极参与公益事业，比如在斋月期间举行公益捐赠活动；每年在阿尔及尔中阿友谊园开展植树活动；加强与当地材料供货商的联系，并与其建立起合作关系，减少材料进口；与当地慈善机构联合，举办残疾人运动会，帮助当地弱势群体等。通过参与当地公益事业，有效减少企业与当地社会、民众、政府间的冲突，从而助力企业形象建设。

四是加强政治风险评估、防范和应急机制建设。企业应加强政治风险评估工作，对未来可能遭遇的风险进行预判，使政治风险处于可控状态。在政治风险评估方面，综合利用国内外政府部门、媒体、专业风险评估机构发布的预警信息，建立完善的信息收集网络与政治风险评估体系，对企业在阿尔及利亚开展跨国经营所面临的政治风险进行全面、深入的分析，同时有计划地发布阿尔及利亚当地政治风险周报、月报、年报，确保信息共享。在防范和应急机制建设方面，中资企业应结合在阿尔及利亚经营的实际情况，建立高效的安全管理体系，制定符合企业所在地、所处行业的安全管理制度与境外突发事件应急预案，收集风险信息，发布安全预警信息，在风险发生后迅速实施应急措施。以某中资大型石油企业为例。该企业项目主要分布在阿尔及利亚五个地区，对此，该企业安全管理部门根据各项目所处的不同区域制定五种安全应急预案、撤离方案，并根据阿尔及利亚局势的变化，对安全体系进行调整，增强其可操作性和有效性。在政治风险发生前，进行风险预防教育与指导。在风险爆发时，快速开展应急措施、紧急救援与撤退工作，尽可能减少政治风险对企业所造成的损失。

第七章　宗教风险

阿尔及利亚是中国在非洲、地中海和阿拉伯国家推进"一带一路"倡议的重要战略合作伙伴。本章简要梳理阿尔及利亚宗教发展的历史与现状，围绕宗教法治、政教关系、宗教极端主义及恐怖袭击等对阿尔及利亚宗教风险进行分析与评估。阿尔及利亚是一个以伊斯兰教为国教的国家，对阿尔及利亚宗教风险的研究有利于规避"一带一路"倡议实施中的可能风险。

阿尔及利亚是非洲第四大经济体（仅次于尼日利亚、南非和埃及），也是南地中海地区有影响力的区域性大国，它在地区冲突的调解中扮演着重要角色。阿尔及利亚拥有丰富的油气资源，截至2018年初，其石油和天然气探明储量分别达到122亿桶和159万亿立方英尺，分别居非洲第三位和第二位。[1] 1958年建交后，中阿两国就成为事实上的战略伙伴关系。在此后的半个多世纪里，中阿两国在诸多领域互相帮助，结下了深厚的友谊。进入21世纪后，面对新的机遇与挑战，中阿两国关系继续发展。在政治方面，2014年2月，阿尔及利亚成为第一个与中国建立全面战略伙伴关系的阿拉伯国家。2018年9月，阿尔及利亚和中国签署了关于"一带一路"倡议的合作备忘录，并确定在该倡议框架下就不同领域展开合作。在经济方面，2014年，中国超越法国成为阿尔及利亚最大的贸易伙伴，2018年，中阿双边贸易额达到91亿美元，阿尔及利亚已成为中国在非洲的第五大贸易伙伴。[2] 作为中国在中东北非外交格局中重要的支点国

---

① "Algeria：Oil & Gas Regulation 2019," https：//iclg. com/practice-areas/oil-and-gas-laws-and-regulations/algeria.

② 《阿国已成为中国在非洲第五大贸易伙伴》，中华人民共和国商务部（http：//www. mofcom. gov. cn/article/i/jyjl/k/201906/20190602874597. shtml）。

家，阿尔及利亚在共建"一带一路"中可发挥示范和引领作用[1]，中阿共建"一带一路"前景广阔。值得注意的是，阿尔及利亚虽然是以阿拉伯—伊斯兰文明为主的国家，但其境内依然存在着以柏柏尔人为主的民族问题和伊斯兰教内部的教派问题，加之受国内、地区和国际因素的综合影响，宗教极端主义也成为阿尔及利亚重要的安全风险之一。鉴于此，本章拟从阿尔及利亚宗教发展的历史与现实入手，剖析阿尔及利亚的宗教风险。

第一节 历史与现状

阿尔及利亚地处地中海南岸的北非马格里布地区，在长期的历史发展中，深受欧洲文明、阿拉伯—伊斯兰文明以及犹太文明等的影响。除了与其他马格里布国家——突尼斯、利比亚和摩洛哥相邻外，阿尔及利亚还与位于萨赫勒地区的尼日尔、马里和毛里塔尼亚接壤。截至 2018 年 7 月，阿尔及利亚总人口约为 4170 万人，大多数为阿拉伯—柏柏尔族裔，90% 的人口居住在北部沿海地区。据 2019 年美国国务院《国际宗教自由报告》的数据，99% 的阿尔及利亚人信仰伊斯兰教，伊斯兰教被宪法定为国教。

除了伊斯兰教外，阿尔及利亚境内还有少量犹太教和基督教信仰者。犹太人在阿尔及利亚的存在可以追溯至 2 世纪，彼时他们主要定居在君士坦丁、阿尔及尔、奥兰和特莱姆森等沿海城市。在独立战争结束后，大量犹太人离开阿尔及利亚前往法国（13 万—15 万人）和以色列（2.4 万人）。[2] 据弗雷德里克·贝拉伊奇（Frederic Belaïche）的统计，2014 年，阿尔及利亚境内的犹太人大约有 300 人。[3] 目前，阿尔及利亚依然存在着

---

[1] 黄灵：《专访：阿国在共建"一带一路"中可发挥示范和引领作用——访中国驻阿国大使杨广玉》，新华网（http://www.xinhuanet.com/world/2018-09/03/c_1123371969.htm）。

[2] Nancy Wood, "Remembering the Jews of Algeria, in Tyler Edward Stovall," in Georges Van den Abbeele, ed., *French Civilization and its Discontents*: *Nationalism*, *Colonialism*, *Race*, New York: Lexington Books 2003, pp. 251 – 265

[3] "1962, Ils Ont Décidé de Rester," Le Point, https://www.lepoint.fr/societe/1962-ils-ont-decide-de-rester-15-03-2012-1699513_23.php.

松散的犹太社区。①

相较于犹太教，基督教在阿尔及利亚则拥有更为广泛的信徒。总体而言，基督教在马格里布地区经历了波浪式的发展：罗马化时期的开启与繁荣阶段、阿拉伯征服以及奥斯曼帝国时期的第一次衰落阶段、法国殖民时期的第一次复兴阶段、独立后及"黑色十年"期间的第二次衰落阶段以及21世纪后的第二次复兴阶段。②

据阿尔及利亚宗教事务部统计数据，2002年，基督教信徒占比为0.06%。不过，根据联合国和国际基督教组织的数据，基督教徒在阿尔及利亚占比达到0.2%，即有超过7万多名基督教信徒，其中大多数为福音派新教徒和天主教徒。③从地域来看，基督教主要活跃于阿尔及尔和提济乌祖（Tizi Ouzou）之间。2008年，阿尔及利亚新教教会（l'Église protestante d'Algérie）得到官方正式承认，其中包含25座改革教会、路德教会和福音派原住民教会。④虽然阿尔及利亚基督教徒总数很少，但从2002年起，皈依基督教的人数保持着总体上升趋势，2009年，联合国统计称，阿尔及利亚有4.5万天主教徒和5万—10万名新教徒。新增信徒主要来自柏柏尔人居住的卡比利亚地区，尤其是在提济乌祖省（Tizi Ouzou），该地区基督教徒占比在1%—5%。⑤

尽管如此，阿尔及利亚的宗教发展还是以伊斯兰教为核心。早在1961年12月阿尔及利亚爆发大规模反法殖民统治游行示威时，示威者高喊的口号就是"穆斯林阿尔及利亚！"（Algérie musulmane！）而不是"阿尔及利亚人的阿尔及利亚！"（Algérie algérienne！）⑥可以看出，在长达百年的殖民时期，纵使法国殖民政府采取了诸多去宗教化的政策，但阿尔及

---

① "Roger Saïd est Mort dans l'Anonymat," El Watan, https：//www. elwatan. com/archives/actualites/roger-said-est-mort-dans-lanonymat-13-08-2012.

② Cyril Garcia, "Chrétiens d'Algérie：une histoire tumultueuse, causeur," https：//www. causeur. fr/chretiens-algerie- – beatification-moines-157323.

③ 2002年，联合国另一数据显示，阿尔及利亚有10万名天主教徒和2万—5万名清教徒。

④ Joanne O'Brien et Martin Palmer, Atlas des religions dans le monde, Paris：Autrement, Édition 2015, pp. 136 – 137.

⑤ Sadek Lekdja, Le christianisme en Kabylie, http：//matoub. kabylie. free. fr/kabylie/article. php3？id_ article = 174.

⑥ Henri Sanson, "Le savoir religieux en Algérie," Cahiers de la Méditerranée, Année 1983, H-S7, p. 103.

利亚人的身份认同依然有强烈的伊斯兰性。因此，"阿尔及利亚人就是穆斯林"已经成为一种共识与规范。

伊斯兰教最初是由伍麦叶王朝于 7 世纪在奥卡巴·本·纳菲（Uqba ibn Nafi）入侵后传入的。在漫长的征服过程中，大部分阿尔及利亚当地柏柏尔人很快就皈依了伊斯兰教，同时伊斯兰教也成为抵抗伍麦叶王朝入侵的思想武器。[1] 8 世纪，在鲁斯塔母王朝（Rustamid Dynasty）统治阿尔及利亚后，伊斯兰教的伊巴迪亚派成为该地区的主要宗教流派。伊巴迪亚派是伊斯兰教中的古老教派，其秉持严格的伊斯兰教义和温和的政治思想。[2] 9 世纪，虽然鲁斯塔母王朝被法蒂玛王朝取代，但是伊巴迪亚派学说被阿尔及利亚南部的姆扎卜人（Mozabites）保留了下来。

虽然阿尔及利亚东部的库塔马（Kutama）部落皈依了什叶派，并接受了法蒂玛王朝的伊斯玛仪学说，但其在大部分地区仍不受欢迎。因此，在法蒂玛王朝离开阿尔及利亚以及阿巴斯王朝灭亡后，阿尔及利亚人很快回到了逊尼派伊斯兰教。在中世纪两大柏柏尔帝国——穆拉比特（1055—1147）和穆瓦希德（1147—1269）统治下，逊尼派的马利克（Le rite sunnite malékite）学说在阿尔及利亚成为主流教派。值得注意的是，阿尔及利亚南部沙漠地区由于长期游离于帝国之外，因此，直到 15 世纪，该地区的图阿雷格人才皈依伊斯兰教。

16 世纪，进入奥斯曼帝国的摄政国时期，奥斯曼人信奉的哈乃斐派随之在阿尔及利亚发展起来。阿尔及尔摄政国的司法系统由一名穆夫提领导，代表摄政时期的每一个教派（Madhhabs）。因此，在阿尔及利亚的主要城镇同时存着哈乃斐派清真寺、马利克派清真寺和少数的伊巴迪亚派清真寺。根据美国詹姆斯·麦克杜格尔（James McDougall）的研究，哈乃斐派/马利克派双重教派制度一直沿用到法国殖民时期。[3]

1830 年，法国占领阿尔及尔后，殖民政权制定了严苛的宗教政策，其目的是减少伊斯兰教势力对殖民统治的冲击。在殖民初期，阿尔及利亚境内的宗教人士，如苏菲派战士阿米尔·阿卜德·卡迪尔（Amir Abd al-

---

① ［美］菲利普·C. 内勒：《北非史》，韩志斌、郭子林、李铁译，大百科全书出版社 2013 年版，第 61 页。

② ［美］菲利普·C. 内勒：《北非史》，韩志斌、郭子林、李铁译，第 69—74 页。

③ James McDougall, *A History of Algeria*, New York：Cambridge University Press, 2017, p. 346.

Qadir)①、卡比利亚地区的谢里夫布·巴加拉（Bu Baghla）和女隐士拉拉·法蒂玛·娜苏梅尔（Lalla Fatima N'Soumer）发起了多起抵抗运动。②为此，法国殖民政权规定，穆斯林不得在未经允许的情况下举行公开集会、携带枪支或离开家园或村庄。另外还规定，阿尔及利亚人在法律上皆为法国"臣民"（French Subjects），但要成为拥有完全权利的法国公民就必须放弃伊斯兰教。同时，阿尔及利亚境内的伊斯兰慈善基金（Habous）也被当作前政府财产而被没收。一系列宗教政策导致的社会后果是，包括古兰经学校和扎维亚（Zaouias）在内的大多数宗教社会网络被迫解散。③

20 世纪初，随着殖民政府同化政策的加强，阿尔及利亚穆斯林受歧视的现象也随之加深。在这一背景下，阿尔及利亚宗教学者和改革家阿卜杜勒哈米德·本·巴迪斯（Abdelhamid Ben Badis）提出了开创性的观点，即支持伊斯兰改革主义和反对阿尔及利亚传统的隐士主义④，转而强调其伊斯兰的正统性和国家性。1931 年和 1936 年，巴迪斯相继建立了伊斯兰贤哲会（Association of Algerian Muslim Ulema）和阿尔及利亚穆斯林大会（Algerian Muslim Congress），以此作为工具传播巴迪斯派宗教思想和反对法国同化政策。1956 年之后，虽然这两大宗教组织均被取缔，但其思想对独立后阿尔及利亚伊斯兰的发展产生了深远影响。⑤

1962 年独立后，伊斯兰教成为阿尔及利亚国教并被写入宪法。受历史因素和独立后政策的影响，阿尔及利亚宗教以逊尼派伊斯兰中的马利克派为主，还有伊巴迪亚派、艾哈迈迪亚派（Ahmadiyya）、什叶派和苏菲派。此外，在非伊斯兰宗教中，阿尔及利亚还存在着基督教和犹太教。

---

① James McDougall, *A History of Algeria*, pp. 58 – 72.

② James McDougall, *A History of Algeria*, p. 74.

③ Charles-Robert Ageron, *Modern Algeria：A History from 1830 to the Present*, London：Hurst, 1991, pp. 70 – 74.

④ 关于隐士主义，慈志刚认为，隐士主义也即苏菲主义，它是早期伊斯兰教传播过程中与柏柏尔人部落文化相结合而产生的一种特殊宗教活动，具有直接与真主建立联系的神秘力量的隐士在宗教活动中发挥了重要作用。参考慈志刚《阿国政治转型过程时期的伊斯兰运动》，《内蒙古民族大学学报》（社会科学版）2015 年第 6 期。

⑤ Michael Willis, *The Islamist Challenge in Algeria：A Political History*, New York：NYU Press, 1999, p. 41

第二节 宗教风险分析

一 宗教法治风险

伊斯兰教是阿尔及利亚民主人民共和国的重要组成部分。虽然从政治制度安排上，它强调现代性与世俗性，但在政治与宗教分离原则上，它具有强烈的模糊性。阿尔及利亚设有宗教与募捐事务部来管理宗教事务，主要处理伊斯兰教的相关事务，如《古兰经》出版授权、伊斯兰教学制定、朝觐管理等。此外，该部门也负责管理境内的犹太教和基督教，如犹太社区代表的任命。2016 年《阿尔及利亚宪法》明确规定公民享有道德自由（Freedom of Conscience）、意见自由（Freedom of Opinion）和祷告自由（Freedom of Worship）。[1] 阿尔及利亚法律赋予所有个人拥有信仰的权利，只要他们尊重公共秩序和规章制度，具体而言，法律保障了阿尔及利亚非穆斯林在规定范围内举行宗教仪式的权利。[2]

尽管阿尔及利亚法律对公民的各项自由都有详细的规定，如宪法中"自由"一词就出现 38 次，但并未提到"宗教自由"。由此也给外界造成了阿尔及利亚是一个宗教保守国家的印象。事实上，阿尔及利亚法律确实规定了诸多"宗教禁忌"。

第一，禁止在公共场合做任何违背伊斯兰道德的行为。[3] 第二，任何人触犯先知穆罕默德或诋毁伊斯兰教的教义或戒律，不论以书面或口头或任何其他方式，均可被判处 3—5 年监禁和/或罚款 5 万—10 万第纳尔（合 360—720 欧元）。[4] 例如，2016 年 7 月，萨勒曼·布哈夫斯（Slimane Bouhafs）因在社交网络上发布信息"侮辱伊斯兰教和先知穆罕默德"而

---

① 参考《阿尔及利亚宪法》（2016 年）第 42 条，http：//www. conseil-constitutionnel. dz/pdf/Constitutioneng. pdf（登录时间：2019 年 8 月 7 日）。

② "Algeria 2018 International Religious Freedom：Algeria，" U. S. Department of State，https：//www. state. gov/wp-content/uploads/2019/05/ALGERIA-2018-INTERNATIONAL-RELIGIOUS-FREE-DOM-REPORT. pdf（登录时间：2019 年 8 月 7 日）

③ 参考《阿尔及利亚宪法》（2016 年）第 10 条，http：//www. conseil-constitutionnel. dz/pdf/Constitutioneng. pdf（登录时间：2019 年 8 月 7 日）。

④ 参考《阿尔及利亚刑法》第 144 条之二。

被捕。[①] 第三，非穆斯林使穆斯林改宗是一种犯罪行为。阿尔及利亚法律规定，任何"煽动、限制或利用引诱手段意图使穆斯林皈依另一种宗教"的人，或为此目的利用教学、教育、保健、社会、文化、培训……或任何财政手段，最高刑罚为罚款 100 万第纳尔（8500 美元）和 5 年监禁；为了"动摇穆斯林的信仰"而制作、储存或分发印刷文件或视听材料也是非法的，会受到同样的惩罚。据此法令，从伊斯兰教改信其他宗教的个人没有资格通过继承获得遗产。[②] 例如，据媒体报道，2018 年 12 月 8 日，阿尔及利亚政府指控来自布维拉省的 5 名基督徒"煽动穆斯林改变宗教信仰"和"在未经授权的地方进行宗教礼拜"，其中 3 人属于同一个家庭。[③]第四，《家庭法》禁止穆斯林妇女嫁给非穆斯林男子，除非该男子皈依伊斯兰教。第五，禁止宗教协会接受政党或外国实体的资助，宪法禁止建立基于宗教性的政党。

除了这些"禁忌"外，阿尔及利亚在宗教管理上还有着严格的"授权原则"，主要包括伊玛目授权、祈祷场所授权、宗教协会授权、筹集资金授权以及印刷授权等。该原则的主要影响群体是境内的少数宗教或教派，如艾哈迈迪亚派与基督教。艾哈迈迪亚社区领导人报告说，阿尔及利亚政府在 2018 年对至少 85 名艾哈迈迪亚穆斯林进行了调查。指控罪名包括经营一个未经注册的宗教协会，未经授权筹集资金，以及在未经授权的地点举行祈祷。以同样的理由，阿尔及利亚当局关闭了 8 所教堂和一所与阿尔及利亚新教教堂有关的托儿所。由此可以看出，因宗教法令而导致的宗教风险不容忽视。

二　政教关系风险

阿尔及利亚政教关系风险主要体现在民间与政府通过伊斯兰主义开展

---

① "Jailed Algerian Christian Receives Partial Presidential Pardon," *World Watch Monitor*, July 12, 2017, https：//wwrn. org/articles/47075/（登录时间：2019 年 8 月 7 日）.

② "Algeria 2018 International Religious Freedom：Algeria," U. S. Department of State, https：//www. state. gov/wp-content/uploads/2019/05/ALGERIA-2018-INTERNATIONAL-RELIGIOUS-FREEDOM-REPORT. pdf（登录时间：2019 年 8 月 7 日）.

③ Algeria：Four Christians face proselytism charges, Middle East Concern, October 12, 2018, https：//meconcern. org/2018/10/12/algeria-four-christians-face-proselytism-charges/（登录时间：2019 年 8 月 7 日）.

的政治博弈上。据张楚楚的研究，伊斯兰主义不是某个阶层或群体所专属的意识形态，当伊斯兰主义为统治阶层所占有时，它就表现为国家主导的官方伊斯兰主义，而当以中产阶级与社会贫苦大众为代表的新社会阶层动用伊斯兰主义反抗当权者时，它就表现为民间伊斯兰主义。[①]

阿尔及利亚独立后，政教关系经历了三个过程：

第一，伊斯兰的官方化过程。由于伊斯兰因素在独立运动期间发挥了极大的作用，所以独立后的阿尔及利亚政府将伊斯兰教作为国族认同的核心标志。在伊斯兰政策上，阿尔及利亚政府沿用了殖民政权的思想，即对包括宗教基金、清真寺等在内的伊斯兰事务进行全面控制。[②] 与此同时，在宗教与国家关系上，总统本·贝拉（1963—1965）充分结合社会的"世俗需求"和"神圣需求"，提出了"伊斯兰社会主义"国家发展模式，将社会主义作为工具来实现"真主革命"。

第二，民间伊斯兰主义兴起与发展。在布迈丁时期（1965—1978），虽然"伊斯兰社会主义"在经济上取得了较好的成果，但由于国家对宗教原则的偏离与裙带资本主义的发展，引起了民间宗教学者与新兴阶层的反感，推动了民间伊斯兰主义的兴起。随着1990年伊斯兰拯救阵线在全国选举中的胜利，民间伊斯兰主义达到巅峰。

第三，在内战阶段。官民伊斯兰主义的紧张关系主要体现在双方对清真寺的竞争、对文化教育资源的竞争以及对社会生活的改造方面。[③] 在政教关系上，本杰里·沙德利总统（1979—1992）提倡的"宗教服务于国家"原则与民间伊斯兰主义信奉的"伊斯兰是一切"原则出现了结构上的矛盾关系。在意识形态博弈与竞争中，沙德利政府逐渐处于下风，进而促使政府动用军事力量与拯救阵线展开战争，导致长达十年的阿尔及利亚内战。[④]

---

　　① 张楚楚：《现代化语境下阿国官民伊斯兰主义的政治博弈》，《四川大学学报》（哲学社会科学版）2016年第2期。

　　② Stéphane Papi, "Le contrôle étatique de l'islam en Algérie : un héritage de l'époque colonial," *L'Année du Magbreb*, Vol. VI, 2010, pp. 491 – 503.

　　③ 慈志刚：《阿国政治转型过程时期的伊斯兰运动》，《内蒙古民族大学学报》（社会科学版）2015年第6期。

　　④ 参考：Michael Willis, *The Islamist Challenge in Algeria : A Political History*, New York : NYU Press, 1999.

　　"黑色十年"（1991—2002）是阿尔及利亚政教关系发展过程中由于矛盾激化而引发的惨痛事件。1999 年，通过民选上台后，布特弗利卡政府采取了软硬兼施的办法，成功消除了伊斯兰主义中极端圣战主义分子。在通过军事力量打击武装团体的同时，阿尔及利亚政府还采取了旨在解除武装、遣散和使前极端分子重新融入社会的和解措施。① 经历过十年内战的阿尔及利亚人民对伊斯兰主义者的态度变得极为冷漠，即使是在 2018 年爆发的大规模民众抗议中，伊斯兰主义者的参与也不被认可。相反，这些伊斯兰主义政党可能继续在被动"吸收"和主动"参与"的策略上与政府保持"合作"关系，在转型时期，它也试图主动接受阿尔及利亚政府的监督，以便赢得更大的生存空间。

　　在内战之后，阿尔及利亚政府处理与民间伊斯兰主义关系的主要策略是对有参政意图的伊斯兰主义者采取"吸收"政策，对一些非参政伊斯兰主义者采取可控范围内的不干涉策略。② 从政教关系的风险角度来看，随着后布特弗利卡时代的到来，军方支持的领导人很可能继续以压倒性优势左右阿尔及利亚政治的走向，民间伊斯兰主义势力的政治空间依然有限。然而，政治伊斯兰在阿尔及利亚并未消亡，而以达瓦萨拉菲（Dawa Salafiya）为主的非参政伊斯兰主义组织正在重塑阿尔及利亚民间伊斯兰，并会继续成为阿尔及利亚公共生活的一个重要特征。③

三　宗教极端势力与恐怖袭击的风险

　　受内战的影响，2001—2012 年阿尔及利亚遭受了马格里布—萨勒赫地区最严重的恐怖袭击。④ 即使从 2013 年开始恐怖袭击次数锐减，从 2012 年的 132 次降到 2017 年的 14 次，但是这一期间阿尔及利亚遭受的恐袭强度也不小。例如，2013 年由"伊斯兰马格里布基地组织"制造的"因阿迈纳斯人质

---

① Dalia Ghanem, "The Shifting Foundations of Political Islam in Algeria," Carnegie Middle East Center, *Series on Political Islam*, April 3, 2019, p. 2

② Séverine Labat, "L'islamisme Agérien, Vingt Ans Après," *Confluences Méditerranée*, Vol. 76, No. 1, 2011, pp. 137 – 153.

③ Dalia Ghanem, "The Shifting Foundations of Political Islam in Algeria," Carnegie Middle East Center, *Series on Political Islam*, April 3, 2019, p. 20.

④ Yonah Alexander, "Terrorism in North Africa and the Sahel in 2016," Inter-University Center for Terrorism Studies, March 2017, pp. 5 – 8.

危机"（Ain Amenas Hostage Crisis），就造成了至少 38 名外籍人质死亡，他们是来自日本、菲律宾、挪威、英国、美国、法国等 10 个国家的公民。这是自 2002 年以来该组织在马格里布发动的强度较大的一次恐怖袭击之一，还有证据表明，此次事件对该地区的外籍员工或专家构成了直接威胁。①

2001—2017 年阿尔及利亚的宗教极端势力与恐怖袭击风险主要来自五个极端组织："伊斯兰武装集团"（Groupe Islamique Armé，GIA）、"萨拉菲宣教与战斗组织"（Le Groupe Salafiste Pour la Prédication et le Combat，GSPC）、"伊斯兰马格里布基地组织"（Al-Qaida in the Islamic Maghreb，AQIM）、"西非统一与圣战运动"（Movement for Oneness and Jihad in West Africa，MUJAO）、"伊斯兰国"组织（Islamic State，IS）。此外，还有一些无组织的极端分子"个体户"也是恐怖袭击的主要组成部分。

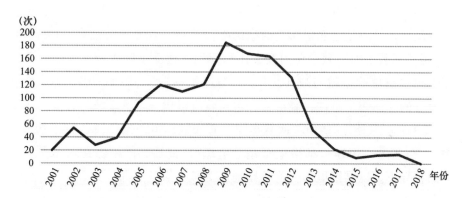

图 III - 7 - 1 2001—2018 年阿尔及利亚境内发生恐怖袭击的趋势

资料来源：全球恐怖主义数据库（Global Terrorism Database）。

表 III - 7 - 1 2003—2017 年阿尔及利亚恐怖袭击情况

恐怖袭击实施者	次数（次）	最近一次袭击时间
GIA	17	2016 年 5 月 8 日
GSPC	163	2008 年 6 月 1 日

---

① Angelique Chrisafis, Julian Borger, Justin McCurry and Terry Macalister, "Algeria Hostage Crisis: The Full Story of the Kidnapping in the Desert," *The Guardian*, https://www.theguardian.com/world/2013/jan/25/in-amenas-timeline-siege-algeria.

续表

恐怖袭击实施者	次数（次）	最近一次袭击时间
AQIM	180	2016 年 3 月 18 日
IS	10	2017 年 8 月 31 日
极端分子（国籍未知）	13	2017 年 6 月 3 日
阿尔及利亚极端分子	253	2008 年 12 月 27 日
MUJAO	3	2012 年 6 月 29 日
其他组织	34	——
未知组织或个人	298	2017 年 9 月 22 日

资料来源：笔者根据全球恐怖主义数据库资料整理。

阿尔及利亚第一个恐怖组织"伊斯兰武装集团"诞生于内战期间，其主要是由"阿富汗人"[1] 和一些激进的民间伊斯兰主义者组成的，他们一致认为，圣战是建立伊斯兰国家的唯一途径。随着内战结束，1998 年，"伊斯兰武装集团"残余势力在卡比利亚地区建立了阿尔及利亚第二个极端组织"萨拉菲宣教与战斗组织"，该组织制造了 1998—2016 年境内几乎所有的恐怖袭击事件，袭击目标包括政府机构、军事设施与警察。[2]

2007 年 1 月，"伊斯兰武装集团"宣布效忠本·拉登领导的"基地组织"，改名为"伊斯兰马格里布基地组织"。此后，该组织在阿尔及利亚人的领导下，以马格里布—萨赫勒地区为核心袭击地带，采用"专业化"的袭击手段，攻击政府和军事目标。随着 2011 年"阿拉伯之春"和 2012 年马里战争的爆发，出于对阿尔及利亚政府默许法国干预马里事务的报复，2013 年，"伊斯兰马格里布基地组织"首次将袭击目标投向了外籍人士。此次事件直接促使布特弗利卡政府展开了大规模军事围剿行动（2014—2018）。[3] 尽管 2014 年"伊斯兰国"组织崛起后宣称要建立"伊

---

[1] "阿富汗人"是指参与 20 世纪 80 年代阿富汗反苏圣战运动的阿尔及利亚志愿者。参考王涛、曹峰毓《伊斯兰马格里布基地组织产生的背景、特点及影响》，《西亚非洲》2016 年第 3 期。

[2] Lianne Kennedy Boudali, "The GSPC: Newest Franchise in al-Qa'ida's Global Jihad," The North Africa Project of the Combating Terrorism Center, April 2007, pp. 3 - 4；王涛、曹峰毓：《伊斯兰马格里布基地组织产生的背景、特点及影响》，《西亚非洲》2016 年第 3 期。

[3] Djallil Lounnas, "Jihadist Groups in North Africa and the Sahel: Between Disintegration, Reconfiguration and Resilience," *MENARA Working Papers*, No. 16, October 2018, p. 6.

斯兰国阿尔及利亚省"，也制造了零散的恐怖袭击，但影响力不大。据媒体报道，2018 年，阿尔及利亚政府取得了零恐怖袭击的傲人成绩。[①]

但是，从风险管控的角度来看，阿尔及利亚未来的恐袭危险还体现在这样几个方面：第一，阿尔及利亚周边安全形势严峻。在其东部，突尼斯—阿尔及利亚边境存在着若干个小型恐怖组织，其中"奥卡巴·本·纳菲旅"（Uqba Ibn Nafi brigade）[②] 近年来已制造多起恐怖袭击事件；在其南部，马里—尼日尔—阿尔及利亚交界处一直属于近乎"无主之地"，绑架和走私活动猖獗，加之马里政局不稳，恐怖组织多次跨界渗透到阿尔及利亚南部进行活动。第二，阿尔及利亚国内仍存在流动的恐怖组织窝点，主要集中在东南部图阿雷格人居住地塔曼拉塞特市（Tamanrasset）、港口城市吉杰利市（Jijel）、大卡比利亚地区西南部布维拉（Bouira）以及东北部的巴特纳市（Batna）。第三，自 2019 年 4 月布特弗利卡被迫辞职后，在经济社会发展本就缓慢的背景下，国内外伊斯兰极端主义者利用转型时期阿尔及利亚的机会之窗寻求复兴机会。

经分析可知，与其他伊斯兰国家一样，虽然阿尔及利亚也存在着宗教法治风险、政教关系风险以及极端势力与恐怖袭击风险，但自 2017 年以来，阿尔及利亚极端主义势力与恐怖袭击风险开始降低。具体而言，阿尔及利亚宗教风险主要表现在这样几个方面：首先，在宗教法治方面，阿尔及利亚对宗教事务有着严格的法律规定。在国教伊斯兰教方面，阿尔及利亚存在着"禁忌"规定与"授权"原则，前者对从事不符合伊斯兰规定的行为有着法律上的惩戒，而后者对从事宗教相关事务的行为进行严格管理与控制。对待除伊斯兰教以外的宗教，虽然阿尔及利亚在法律上提倡"自由"，但在实际操作中则面临诸多阻力，其他宗教的生存空间较小。其次，在政教关系方面，阿尔及利亚官民伊斯兰主义之间在 20 世纪后 20 年里曾爆发激烈的矛盾。近年来，虽然后者处于式微状态，但未来两者之间的政治博弈仍不可小觑。最后，在过去 20 年里，阿尔及利亚是马格里

[①] "Algeria Suffers No Terrorist Bombings in 2018, First Time in 26 Years," *Middle East Monitor*, https://www.middleeastmonitor.com/20190111-algeria-suffers-no-terrorist-bombings-in-2018-first-time-in-26-years/.

[②] 该组织为"伊斯兰马格里布基地组织"分支。

布—萨赫勒地区恐怖袭击的重灾区，未来也是重点关注的风险之一。阿尔及利亚作为中国在非洲、阿拉伯国家和地中海地区重要的战略合作伙伴，对其宗教风险进行充分研究与评估是中阿两国开展"一带一路"合作的重要智力保障。

第八章　中阿农业合作

农业是与粮食安全、可持续发展、国家治理等关乎国家长治久安的重要议题密切相关的产业，也是一国对内谋发展和对外促合作的重要领域，还是国家实施外交战略的重要工具。在相互依赖的全球化时代，农业之于国家、地区和全球的意义已不再仅仅局限于解决人民的吃饭问题，而是关系到国家政权的合法性、地区秩序的稳定和全球大宗商品定价权等高政治议题。农业的重要性愈益提升，促使其成为双多边合作的重要领域。

中国和阿尔及利亚于2004年宣布建立战略合作关系，并在2014年将双边关系提升为全面战略伙伴关系，这是中国同阿拉伯国家建立的第一个全面战略伙伴关系。中阿双边关系的提升和发展助力两国多领域务实合作。农业作为两国发展的重要产业，逐渐成为中阿合作的主要领域之一。

第一节　农业发展概况

阿尔及利亚农业发展历史悠久，曾被称为罗马帝国时期的"谷仓"。在法国殖民统治时期，农业是其最重要的经济部门，农产品是殖民者掠夺的主要对象。以法国人为主的欧洲移民占据了阿尔及利亚沿海地区最肥沃的耕地270万公顷，约占耕地总面积的35%，殖民者雇用阿尔及利亚农业工人从事现代资本主义农场式的商品生产，主要向宗主国供应蔬菜、水果、葡萄酒等，其生产总值占产品总值的55%。[①] 独立后的阿尔及利亚也积极改变对农业的进口依赖，努力提升粮食自给率，但由于阿尔及利亚农

---

① 陈宗德、姚桂梅、范志书主编：《非洲各国农业概况》，中国财政经济出版社2000年版，第589页。

业生产属于靠天吃饭，不利的自然条件导致阿尔及利亚农业发展缓慢。

一　农业发展的资源禀赋

（一）农业生产的自然资源

阿尔及利亚大致可分为三个地区，由于每个地区的地形地貌和气候条件不同，其农业生产也呈现出不同的特征。

第一，阿尔及利亚北部沿海地区。该地区北起狭长的沿海平原，南到泰勒阿特拉斯山北麓，属于地中海气候，夏季高温少雨，冬季温和多雨，年平均气温为17℃，年降水量从东部1000毫米向西逐渐减少到130毫米。[①] 该地区土壤肥沃且主要灌溉水流都途经此处，使其成为全国最发达的农业耕种地区。除粮食作物之外，该地区也是阿尔及利亚传统的经济作物区，主要生产葡萄、蔬菜、柑橘类水果、烟草、甜菜、棉花等。[②]

第二，阿尔及利亚中部的山地高原区。该地区位于泰勒阿特拉斯山以南，撒哈拉阿特拉斯山以北，属于大陆性气候，夏季干旱常持续5—6个月，冬季寒冷且干燥，降水量自东向西、自北向南逐渐减少，年降水量介于200毫米和400毫米之间，且多集中在春季和秋季。[③] 该地区的耕地面积占全国总耕地面积近2/3，但土壤肥力低于东部沿海平原区，是阿尔及利亚的主要谷物产区，春季作物包括燕麦和豆类，冬季作物包括硬粒小麦、软粒小麦和大麦，同时，该地区还是油橄榄种植区、主要牧区和阿尔法草产区，畜牧业以饲养山羊为主，还有绵羊和牛等。[④]

第三，阿尔及利亚南部的沙漠地区。该地区位于撒哈拉阿特拉斯山以南，沙漠面积超过200万平方千米，约占国土总面积的85%，属于热带沙漠气候，5—9月最高气温可达55℃，昼夜温差大。[⑤] 由于气候条件的局

[①] Christopher Matthews et al. eds., *The Middle East and North Africa* 2018，New York：Routledge，2018，p.77.

[②] 陈宗德、姚桂梅、范志书主编：《非洲各国农业概况》，中国财政经济出版社2000年版，第589页。

[③] Christopher Matthews et al. eds., *The Middle East and North Africa* 2018，New York：Routledge，2018，p.77.

[④] 陈宗德、姚桂梅、范志书主编：《非洲各国农业概况》，第588—589页。

[⑤] 中国商务部国际贸易经济合作研究院、中国驻阿尔及利亚大使馆经济商务处、中国商务部对外投资和经济合作司：《对外投资合作国别（地区）指南：阿尔及利亚（2019年）》，第5页。

限性，该地区只有少量的绿洲农业区和游牧区，主要作物为椰枣、蔬菜和饲草，畜牧业以饲养山羊和骆驼为主。[1]

综合来看，阿尔及利亚农业生产的自然禀赋较弱，耕地面积约为800万公顷，占国土面积的比例较低（见表Ⅲ-8-1），且伴随着总人口的持续增加，人均耕地面积持续下降（见表Ⅲ-8-2）。此外，耕地"非农化"现象较为严重。阿尔及利亚农业农村发展和渔业部部长拉希德·贝奈萨表示，尽管政府制定了禁止占有农业耕地的法规，但自1962年国家独立以来，仍有15万公顷甚至更多的农耕地被占用[2]，加剧了农业负担。2017年10月，阿尔及利亚当地媒体报道，自2008年阿尔及利亚政府同意将国有土地租给个人发展农业以来，已经有85.3万公顷的土地被租赁给个人，但只有31%的土地被用于农业耕种[3]，既浪费了国家的土地资源，也限制了农作物产量的提升。同时，阿尔及利亚还面临着水资源利用率低的问题。阿尔及利亚水资源部部长阿里·哈曼表示，农民在灌溉中的中水使用不足，仅15%的中水被用于灌溉，他认为有必要鼓励农业部门使用经处理过的废水，并开发节水灌溉系统，继续扩大在农业中使用现代灌溉技术，使国家可以节约当前农业用水量的30%。[4]

表Ⅲ-8-1　　　　　　阿尔及利亚耕地面积占国土面积的比例　　　　　（%）

年份	2009	2010	2011	2012	2013	2014	2015	2016	2017	2018
比例	3.146	3.15	3.15	3.152	3.147	3.136	3.133	3.109	3.137	3.151

资料来源：The World Bank, "Arable Land（% of Land Area）—Algeria," https：//data. world bank. org/indicator/AG. LND. ARBL. ZS？view = chart&locations = DZ.

---

[1]　陈宗德、姚桂梅、范志书主编：《非洲各国农业概况》，中国财政经济出版社2000年版，第588—589页。

[2]　中国驻阿尔及利亚民主人民共和国大使馆经济商务处：《阿尔及利亚独立50年来15万公顷农业耕地流失》，http：//dz. mofcom. gov. cn/article/jmxw/201302/20130200031210. shtml。

[3]　Oxofrd Business Group, *The Report Algeria* 2017, 2018, p. 106.

[4]　中国驻阿尔及利亚民主人民共和国大使馆经济商务处：《农业灌溉中中水使用不足》，http：//dz. mofcom. gov. cn/article/jmxw/201908/20190802887863. shtml。

表Ⅲ-8-2　　　　　　　　阿尔及利亚人均耕地面积　　　　　　　（公顷）

年份	2009	2010	2011	2012	2013	2014	2015	2016	2017	2018
人均耕地面积	0.212	0.209	0.205	0.201	0.197	0.192	0.188	0.183	0.181	0.178

资料来源: The World Bank, "Arable Land (Hectares Per Person) —Algeria," https://data. worldbank. org/indicator/AG. LND. ARBL. HA. PC? view = chart&locations = DZ.

除种植业之外，渔业和水产养殖业也是阿尔及利亚农业发展的重要组成部分。在阿尔及利亚1280千米的海岸线上分布着20个重要渔港。2016年，这些港口的运营船只共5024艘，其中，拖网捕鱼船有552艘，围网渔船有1295艘。[1]从2010年到2016年，海洋捕捞产品基本稳定在9.35万吨到10.56万吨，2017年约为9.44万吨，捕捞水产品多以小的浮游物种为主。相比之下，水产养殖的产品较少，2017年仅为1400吨，主要包括淡水养殖的鲤鱼、微咸水养殖的金头鲷和石斑鱼以及一小部分蚌。[2]阿尔及利亚的多数海产品主要在国内市场上销售，同时阿尔及利亚也和亚洲国家合作培育虾苗。对于海外销售市场而言，从2008年到2013年，由于捕鱼量的下降，出口的鱼及鱼类制品减少了57%。从2014年起，鱼及鱼类制品的出口量再度上升，2017年出口额达到950万美元。与此同时，进口额也始终保持上升趋势，2008年到2016年，鱼及鱼类制品进口增加了250%，2017年进口额达1.23亿美元，远高于出口额。[3]此外，阿尔及利亚鱼及鱼类制品的年人均消费量较低，2017年约为3.9公斤。

（二）农业生产的人力资源

除自然禀赋外，农业从业人员也是促进农业发展的主要因素。从表Ⅲ-8-3可以看出，阿尔及利亚男性农业就业人数占男性就业人数比高于

---

[1]　FAO, "Fishery and Aquaculture Country Profile: The People's Democratic Republic of Algeria," http://www. fao. org/fishery/facp/DZA/en.

[2]　FAO, "Fishery and Aquaculture Country Profile: The People's Democratic Republic of Algeria," http://www. fao. org/fishery/facp/DZA/en.

[3]　FAO, "Fishery and Aquaculture Country Profile: The People's Democratic Republic of Algeria," http://www. fao. org/fishery/facp/DZA/en.

女性农业就业人数占女性就业人数比，但男性农业就业者的人数始终呈下降趋势，女性农业就业人数从 2017 年到 2019 年也逐渐减少。这种现象的产生主要基于两方面原因：其一，农业创造的收入相对较低，对年轻就业者的吸引力较弱；其二，与农村相比，城市拥有较好的生活环境、卫生条件和更多的教育资源，吸引着更多的农村人从乡村迁往城市，造成农业劳动力减少。

　　不利的自然环境和农业劳动力的减少制约着阿尔及利亚农业的可持续发展，导致国内粮食产量无法满足消费需求，使得阿尔及利亚逐渐成为地中海地区乃至世界上主要的粮食进口国。[1] 据美国农业部公布的数据，2019 年，阿尔及利亚农产品和粮食进口额占总进口额的 19.25%；[2] 2020 年第一季度，阿尔及利亚粮食进口总额上涨了 2.46%，共计为 6.29 亿美元，其中普通小麦和硬质小麦进口额为 3.46 亿美元，玉米进口额为 2.23 亿美元。[3] 据经济学人发布的《2019 全球粮食安全指数》，阿尔及利亚的粮食安全指数得分为 59.8 分，与 2018 年相比，下降了 0.8 分，若将自然资源和承载力指数得分（48.3 分）纳入粮食安全指数的最终得分，阿尔及利亚该数值将下降到 52.1 分。[4] 粮食安全是阿尔及利亚经济发展和国家治理的重要议题，关系到社会秩序的稳定和国民生活的安定。如 2011 年阿尔及利亚暴动与粮价上涨紧密相关。如何保障粮食安全已成为衡量阿尔及利亚政府政权合法性的主要标准之一。这也是 2020 年新冠疫情在阿尔及利亚蔓延期间，阿尔及利亚政府将粮食安全视为优先预防领域的重要原因。

---

　　① Zoubir Sahli, "Agriculture and Rural Development in Algeria: Status, Risks and Challenges," *Bulletin UASVM Horticulture*, Vol. 67, No. 2, 2010, p. 215.

　　② United States Department of Agriculture, *Food and Agricultural Import Regulations and Standards Country Report*, January 24, 2021, p. 4.

　　③ United States Department of Agriculture, *Report of Grain and Feed Update: Algeria*, July 26, 2020, p. 2.

　　④ 满分为 100 分，分值越低，粮食安全度越低。参见 The Economist Intelligence Unit, *Global Food Security Index* 2019: *Strengthening Food Systems and the Environment through Innovation and Investment*, London: The Economist, 2019, pp. 31 – 34.

表Ⅲ－8－3　　　　　阿尔及利亚男性和女性农业就业人员

占男性和女性就业人员的百分比　　　　　　（%）

年份	2010	2011	2012	2013	2014	2015	2016	2017	2018	2019
农业男性就业人员占男性就业人员比例	13.34	12.30	12.29	12.19	11.97	11.74	11.53	11.36	11.21	11.03
农业女性就业人员占女性就业人员比例	3.51	2.96	3.17	3.33	3.45	3.57	3.69	3.84	3.64	3.53

资料来源：The World Bank，https：//data. worldbank. org/indic ator/SL. AGR. EMPL. FE. ZS? view = chart&locations = DZ.

二　农业发展政策

为提升农业发展动力，减少对进口粮食的依赖，阿尔及利亚政府制定了一系列发展政策，以期改善阿尔及利亚农业生产现状。2000 年，阿尔及利亚政府实施了国家农业发展规划，并在 2002 年将农村发展纳入规划当中，实施国家农业农村发展规划。该政策实施的目的在于发展现代农业，强化并扩展农业灌溉面积，通过大量投资和自然资源的可持续使用发展农业生产和提高农业生产率。根据规划，从 2000 年到 2006 年，阿尔及利亚政府对农业的总投资额为 2840 亿第纳尔，但由于政策实施缺乏透明性和公平性，加之土地所有权问题对政府投资偏好的影响，导致规划的实施并未达到既定目标，其所获得的成就相对有限。[1] 2008 年，阿尔及利亚政府又实施了农业农村复兴政策（Politique de Renouveau Agricole et Rural，PRAR），将农业作为国家发展的优先选项，旨在吸引外商投资、提高农业产量、保护自然资源、促进水资源的合理利用和保障粮食安全，阿尔及利亚政府计划在粮食领域引导农业发展，建立现代综合的农业设施，促进公共农业用地的使用，以期增加农业耕地面积。[2] 2010 年，阿尔及利亚总

---

① Laoubl Khaled and Yamao Masahiro, "The Challenge of Agriculture in Algeria: Are Policies Effective?," *Agricultural and Fisheries Economics of Hiroshima University*, Vol. 3, No. 12, 2012, pp. 70 – 71.

② "The Development of Sustainable Agriculture in Algeria," https：//borgenproject. org/sustainable-agriculture-in-algeria/#: ~ : text = The% 20Development% 20of% 20Sustainable% 20Agriculture% 20in% 20Algeria. % 20Sustainable，and% 20represents% 2014% 20percent% 20of% 20the% 20labor% 20force.

统布特弗利卡表示，要继续大力支持农业发展，促使农业逐步成为替代碳化氢业的收入来源，从而实现国家经济可持续发展的宏伟目标。为此，在2010—2014 年的五年规划中，阿尔及利亚政府将投资 120 亿美元，以保持农业增长率、大力发展农业机械化、进行土地施肥和提高温室种植技术，并扩大农产品消费。此外，阿尔及利亚政府还计划大力发展灌溉装备技术，进一步发展良种和苗圃，并在 2174 个县实施 10200 个农业项目，开发和保护 800 万公顷山区土地耕种面积，以满足农民需求，推动农业发展和粮食产量的提升。[1]

2016 年，阿尔及利亚农业农村发展和渔业部出台新的农业发展政策（Felaha 2019 倡议），旨在鼓励私人投资，提升农业发展动能。[2] 根据该倡议，阿尔及利亚谷物产量 2019 年达到 698 百万吨，减少了硬质小麦的进口，将灌溉面积从 25 万公顷提升至 60 万公顷。[3] 与提升农业产量相配套的是阿尔及利亚仓储设施的改善，2017 年已建成 10 个金属筒仓，2018 年也有两个混凝土筒仓交付使用。除种植业之外，阿尔及利亚政府还制定了渔业和水产业发展政策，一方面是为了保护渔业资源，另一方面是为了发展海洋和陆地水产业。阿尔及利亚农业农村发展和渔业部部长表示，2016年，阿尔及利亚共开展水产项目 38 项，2017 年又加了 51 项，水产品年产量达 5.8 万吨。[4] 同时，为实现经济的多元化发展，阿尔及利亚政府还公布了"新经济增长模式"改革文件，其所包含的 2016—2019 年国家预算战略和 2016—2030 年国家级经济多元化和转型战略都将农业作为重要的发展领域之一，以期提高农业对国家经济发展的贡献。一系列发展政策的实施促进了阿尔及利亚农业发展水平的提高，它对 GDP 的贡献值逐渐提升（见表Ⅲ - 8 - 4），从 2010 年的 10153 亿第纳尔[5]增加到 2019 年的24294 亿第纳尔。

---

① 中国驻阿尔及利亚民主人民共和国大使馆经济商务处：《阿 2010—2014 五年规划中将加大农业投入》，http://dz. mofcom. gov. cn/article/jmxw/201009/20100907134311. shtml。

② Oxofrd Business Group, *The Report Algeria* 2017, 2018, p. 104.

③ Oxofrd Business Group, *The Report Algeria* 2017, 2018, p. 106.

④ Oxofrd Business Group, *The Report Algeria* 2017, 2018, p. 108.

⑤ 1 第纳尔等于 0. 0078 美元。

表Ⅲ-8-4　　　　　阿尔及利亚农业生产对 GDP 的贡献值　　　（十亿第纳尔）

年份	2010	2011	2012	2013	2014	2015	2016	2017	2018	2019
农业贡献值	1015.3	1183.2	1421.7	1640	1772.2	1935.1	2140.3	2219.1	2426.9	2429.4

资料来源："Algeria GDP from Agriculture," https：//tradingeconomics. com/ algeria/gdp-from-agriculture.

三　农作物结构

阿尔及利亚农作物主要包括谷类作物、薯类作物、豆类作物、糖料作物、果蔬等，其中，前三类属粮食作物，后两类属经济作物。据联合国粮农组织数据库数据（见表Ⅲ-8-5），在粮食作物中，小麦的种植面积最大，这主要是因为小麦是阿尔及利亚最主要的口粮，也是阿尔及利亚进口最多的粮食，政府为减少对进口小麦的依赖，在农耕过程中始终给予小麦高度重视。但同时也应看到，小麦的单产量相对较低，2016—2018 年，其产量整体低于玉米、稻谷、高粱、马铃薯等。在经济作物中，橄榄和椰枣的种植面积居前两位，橄榄油和椰枣也是阿尔及利亚主要的出口产品。在全球十大生产橄榄油的国家中，阿尔及利亚排名第八，其每年橄榄油产量约为 5.63 万吨，橄榄油出口既是阿尔及利亚发展外向型经济的主要领域，也是阿尔及利亚经济收入的主要来源之一。[1] 阿尔及利亚约有 180 万株椰枣树，遍布阿尔及利亚整个南部地区，椰枣出口额约占阿尔及利亚农产品出口总额的 40%。[2] 此外，为提高阿尔及利亚椰枣的国际知名度，阿尔及利亚还在 2016 年举办了第二届国际椰枣展。此外，从表Ⅲ-8-5 中也可以看出，阿尔及利亚种植面积较大的粮食作物和经济作物，其单产量并不是最高的，单产量最高的粮食作物和经济作物分别是马铃薯和番茄。如何提高小麦等主粮和橄榄、椰枣等主要出口农产品的单产量，将是阿尔及利亚农业发展的重要着力点。

---

[1] "Top 10 Largest Olive Oil Producing Countries in the World," https：//countrydetail. com/top-ten-olive-oil-producing-countries-in-the-world/.

[2] 《阿尔及利亚：椰枣成功打入印尼市场》，禾本摘译，《中国果业信息》2015 年第 4 期。

表Ⅲ-8-5　阿尔及利亚主要农作物的种植面积、单产量和总产量

年份	种植面积（公顷）			单产量（吨/公顷）			总产量（万吨）		
	小麦	玉米	大米	小麦	玉米	大米	小麦	玉米	大米
2017	2118469	2025	155	11501	13007	20179	2436503	2634	313
2018	2087003	2250	150	19076	18407	20817	3981219	4142	313
2019	1974987	1533	115	19630	41539	19913	3876876	6368	229
年份	大麦	高粱	苹果	大麦	高粱	苹果	大麦	高粱	苹果
2017	1303149	312	44620	7441	159391	110767	969696	4973	494239
2018	1277512	265	39034	15321	136660	124969	1957327	3622	487808
2019	1133005	132	32989	14543	70227	169399	1647746	927	558830
年份	柑橘	橄榄	葡萄	柑橘	橄榄	葡萄	柑橘	橄榄	葡萄
2017	472	432959	69569	12970	15809	81441	612	684461	566579
2018	476	431009	69376	13158	19971	72500	627	860784	502978
2019	46071	431634	61676	260367	20127	89149	1199535	868754	549833
年份	椰枣	燕麦	烟草*	椰枣	燕麦	烟草	椰枣	燕麦	烟草
2017	167643	87816	4852	63143	7290	21212	1058559	64018	10292
2018	168855	81140	5097	64831	14545	20967	1094700	118018	10686
2019	170082	77626	4790	66793	13050	31658	1136025	101305	15164
年份	梨	西瓜	番茄	梨	西瓜	番茄	梨	西瓜	番茄
2017	26090	57343	23977	90833	329818	536467	236982	1891274	1286286
2018	22592	60400	22323	88603	346978	586729	200176	2095757	1309745
2019	20240	62673	24996	110409	352124	591246	223467	2206866	1477878
年份	马铃薯	茄子	豆类**	马铃薯	茄子	豆类	马铃薯	茄子	豆类
2017	148822	5506	13336	309524	283106	93493	4606402	155878	99483
2018	149665	5978	14453	310916	303825	90149	4653322	181618	95995
2019	157864	6047	14618	318011	304523	84142	5020249	184145	96811

＊指尚未加工的烟草。

＊＊不包括豌豆。

资料来源：Food and Agriculture Organization of the United States, "FAOSTAT," http://www. fao. org/faostat/zh/#data/QC.

四　农产品及其制成品进出口市场

从表Ⅲ-8-6中可以看出，若按地区划分的话，阿尔及利亚农产品及其制成品的进口市场主要集中在西欧（小麦、大麦）、南美（玉米）、

东南亚（大米），出口市场主要集中在西欧（包括阿尔及利亚所有主要出口的农产品及其制成品）、中东（蔬菜、橄榄油）；若按国家划分的话，阿尔及利亚农产品及其制成品的进口市场主要集中在法国（小麦、大麦、奶粉）、阿根廷（小麦、玉米）、乌克兰（大麦、玉米）等国，出口市场主要集中在法国（椰枣、橄榄油、葡萄酒、水果及坚果等）、加拿大（橄榄油、葡萄酒）、俄罗斯（椰枣、水果及坚果等）等国。可以看出，阿尔及利亚与西欧国家，尤其是法国，开展农产品贸易最多，一是因为阿尔及利亚在历史上为法属殖民地，在殖民时期就向法国供应农产品；二是因为阿尔及利亚与法国同属于环地中海国家，具有地缘优势，便于农产品进出口。但在维护西欧市场的同时，阿尔及利亚也需要开拓其他市场，以实现农产品出口市场的多元化，如阿尔及利亚工业家和生产者联合会主席贾尼（Ziani）所言，阿尔及利亚农产品出口不仅要瞄准欧洲市场，也要考虑非洲市场，非洲大陆每年农产品出口额为 1.5 万亿美元，阿尔及利亚所占比例甚至不到 1%。[1]

表Ⅲ-8-6　　阿尔及利亚主要农产品及其制成品进出口市场

年份	农产品	进口前三的国家		
2017	小麦	法国（38.9%）	加拿大（20.2%）	阿根廷（19.0%）
2018		法国（64.9%）	阿根廷（13.3%）	加拿大（12.2%）
2019		法国（62.8%）	加拿大（17.8%）	美国（8.2%）
2017	大麦	英国（28.3%）	乌克兰（26.2%）	法国（20.5%）
2018		法国（49.5%）	乌克兰（16.1%）	俄罗斯（15.8%）
2019		法国（98.8%）		
2017	玉米	阿根廷（78.9%）	巴西（12.0%）	乌克兰（3.0%）
2018		阿根廷（83.1%）	巴西（14.9%）	美国（1.1%）
2019		阿根廷（86.1%）	巴西（12.2%）	罗马尼亚（0.7%）
2017	大米	泰国（33.8%）	印度（32.7%）	越南（15.1%）
2018		印度（45.8%）	泰国（42.7%）	西班牙（5.3%）
2019		印度（55.6%）	泰国（27.7%）	波兰（10.8%）

---

[1] Oxofrd Business Group, *The Report Algeria* 2017, 2018, p. 110.

年份	农产品	出口前三的国家		
2017	奶粉*	法国（28.3%）	比利时（21.3%）	波兰（20.4%）
2018		波兰（34.5%）	比利时（21.6%）	法国（19.1%）
2019		法国（20.2%）	波兰（19.6%）	比利时（18.3%）
2017	椰枣	法国（38.8%）	俄罗斯（9.58%）	摩洛哥（7.8%）
2018		法国（32.8%）	美国（22.5%）	摩洛哥（9.3%）
2019		法国（31.9%）	摩洛哥（17.3%）	美国（13.9%）
2017	蔬菜**	卡塔尔（26.9%）	科威特（23.9%）	意大利（21.1%）
2018		意大利（57.6%）	突尼斯（9.88%）	卡塔尔（7.0%）
2019		意大利（48.2%）	突尼斯（9.5%）	西班牙（8.2%）
2017	橄榄油（纯）	法国（44.8%）	加拿大（12.8%）	中国香港（11.5%）
2018		法国（53.1%）	加拿大（27.0%）	罗马尼亚（6.8%）
2019		加拿大（60.1%）	法国（28.1%）	沙特（5.4%）
2017	葡萄酒	法国（86.7%）	中国（10.9%）	加拿大（1.1%）
2018		法国（97.1%）	加拿大（1.1%）	日本（0.8%）
2019		法国（62.5%）	中国（33.6%）	日本（2.1%）
2017	水果、坚果以及柑橘类、柠檬类果皮干	法国（38.3%）	俄罗斯（9.5%）	摩洛哥（8.1%）
2018		法国（32.5%）	美国（22.3%）	摩洛哥（9.2%）
2019		法国（31.7%）	摩洛哥（17.2%）	美国（13.8%）

　　* 奶粉是阿尔及利亚除粮食之外进口的主要农业制成品，阿尔及利亚每年大约消费50亿升牛奶，但当地的产量大约为10亿升，需要进口牛奶，尤其是奶粉，满足国内需求。详见 Oxford Business Group, *The Report Algeria* 2017, 2018, p. 107.

　　** 包括根类蔬菜和块茎类蔬菜。

　　资料来源："Where Does Algeria Import Products from," "Where Does Algeria Export Productsto," https://oec. world/en/visualize/tree_ map/hs92/export/dza/show/422 04/2016/.

第二节　农业国际合作

　　农业国际合作是一国对外合作的重要组成部分，包括国家间农业合作、国家和国际组织间农业合作。在国家间农业合作方面，阿尔及利亚与美国、西欧国家、中东国家、中国等在多个领域开展双边合作，中阿农业合作将在下节论述，此处不予赘述。

　　首先，阿尔及利亚与美国农业合作，既包括农业科技合作，也包括农业经济合作。2016年2月1—3日，美国农业部主持、由美国联邦调查局和专家顾问组成的团队在阿尔及尔围绕粮食安全等相关议题与阿尔及利亚开展了为期三天的研讨会，重点帮助阿尔及利亚解决农业生产的短板问题。美国专家团队主要针对农药的使用向阿尔及利亚提出建议，以期使阿尔及利亚的农药达到国际安全标准。此外，该专家团队还帮助阿尔及利亚制订具体的计划，以减少农药中化学要素对粮食供应链的威胁。此次研讨会促使阿尔及利亚与美国农业合作进一步加强，对阿尔及利亚提高粮食产量、保障粮食安全和实现经济发展的多元化，发挥了积极作用。[1]

除政府间农业合作外，阿尔及利亚企业还积极和美国的农企开展合作。2015 年，美国国际农业集团与阿尔及利亚 Lachab 集团签署合作协议，投入 1 亿美元建立农业合资企业。[2] 该合资企业涉及灌溉、种子进口、畜牧业、乳产品等多个领域，能够帮助阿尔及利亚在公私领域提高农业产量，创造就业机会。事实上，在该协议签署之前，美国国际农业集团和一些美国农业公司就已经到阿尔及利亚的奥兰（Oran）、莫斯塔加涅姆（Mostaganem）、蒂莫尼蒙（Timomoune）和阿德拉尔（Adrar）等地开展调研，拓展合作领域。[3] 美国驻阿尔及利亚大使在上述协议签署仪式上表示，农业合作是美阿双边关系的重要领域，美国希望与阿尔及利亚在农业领域开展更多的合作，美国驻阿尔及利亚大使馆的农业机构可与美国农企和组织建立联系，以推动美国农业技术在阿尔及利亚转移并提高阿尔及利亚农业生产水平，实现美阿双赢。[4] 2017 年初，美国国际农业集团又与阿尔及利亚 Tifra Lati 签署了 3 亿美元的协议，旨在建立一个涵盖谷物、土豆、奶制品和动物饲料等的农业合资企业。此外，美国和阿尔及利亚在

---

① Embassy of the United Sates of America to Algeria, "U. S. – Algeria Agricultural Cooperation Workshop on Chemical Security and Food Defense Systems in Algeria," https：//photos. state. gov/libraries/algeria/401501/ pdf2016/2016-02-01_ Chemical_ security_ and_ food_ defense_ systems_ EN. pdf.

② Oxofrd Business Group, *The Report Algeria* 2017, 2018, p. 109.

③ Embassy of the United Sates of America to Algeria, "Creation of a U. S. -Algeria Agricultural Joint Venture," https：//photos. state. gov/libraries/algeria/401501/pdf2015/2015118_ Press% 20 Release-US-Algeria AgricultureJointVenture_ EN. pdf.

④ Embassy of the United Sates of America to Algeria, "Creation of a U. S. -Algeria Agricultural Joint Venture," https：//photos. state. gov/libraries/algeria/401501/pdf2015/2015118_ Press% 20 Release-US-Algeria AgricultureJointVenture_ EN. pdf.

2002 年成立的美阿商业委员会① （US-Algeria Business Council，USABC）也积极推动两国农企合作，并为双方农业合作指明了发展方向。该委员会主席兼首席执行官 Chikhoune 表示，应该用大规模的农业项目替代传统小规模的农耕，以应对人口持续膨胀和粮食需求量的增加。② 美阿联合成立农业合资企业就是对该提议的响应。

其次，阿尔及利亚与西欧国家的农业合作，包括农业经贸合作、农业人员培训、农业生产经验交流等诸多方面。法国是阿尔及利亚对外开展经贸合作的重要伙伴，成立于 2013 年的阿法联合经济委员会（French-Algerian Joint Economic Committee）是两国开展经贸合作的重要平台，阿法双边农业合作也得益于此。在 2017 年第四届阿法联合经济委员会会议上，阿尔及利亚和法国签署了三份经贸合作协议，农产品输出就是其中之一；③ 在 2018 年第五届阿法联合经济委员会会议召开期间，阿法两国签署了一系列合作协议，农业合作仍是重要领域之一。④ 除法国之外，阿尔及利亚也和西班牙开展了多项农业合作。2015 年，西班牙和阿尔及利亚两国政府签署了两项农业合作协议，旨在拓展两国在农业领域的合作议题。其一，两国有关农业、畜牧业和农村发展的合作协议重点关注农业技术和农业科技领域，在可持续发展观的指导下保护人类健康、动物健康和植被。同时，该协议还强调在农业制度和农业立法等方面的合作，促进两国在现代灌溉技术方面的经验和信息交流。此外，为推动两国畜牧业发展，根据协议的规定，阿西两国将在传染病监测、动物疾病预防与治疗等方面开展合作。为更好地落实有关农业、畜牧业和农村发展的合作协议，阿西两国计划共同成立监督委员会，并规定每两年召开一次会议。⑤ 其二，两

---

① 详见 US-Algeria Business Council，"USABC Overview，" https：//www. us-algeria. org/about-us. html#：~：text = Founded% 20in% 202002% 2C% 20the% 20US-Algeria% 20Business% 20Council% 20% 28USABC% 29，business% 20association% 20composed% 20of% 20Algerian% 20and% 20US% 20companies.

② Oxford Business Group，*The Report Algeria* 2017，2018，p. 109.

③ 《阿尔及利亚与法国签署经贸合作协议》，新华网（http：//www. xinhuanet. com/world/2017-11/13/c_ 1121947102. htm）。

④ The Maghreb Times，"France，Algeria Seek Closer Ties at Joint Economic Committee，" https：//themaghrebtimes. com/10/30/france-algeria-seek-closer-ties-at-joint-economic-committee/.

⑤ Alice Mitchell，"Spain，Algeria Reinforce Cooperation on Agriculture，Fisheries，" https：//thefishsite. com/ articles/spain-algeria-reinforce-cooperation-on-agriculture-fisheries.

国有关渔业和水产业的合作协议将促进双方在渔业资源可持续管理方面的信息交流、推动有关渔业信息追踪机制的建立等。根据该项协议，两国将加强专业人员的培训和学术会议的召开，推动双方水产业发展，增进两国相关从业者之间的互动与合作。为有效落实渔业和水产业合作协议，阿西两国同意建立联合技术委员会（Joint Technical Committee），并规定每两年召开一次会议。[①]

最后，阿尔及利亚与中东国家的农业合作包括种植业、渔业以及与农业相关的生态领域的合作。2010 年 6 月，阿尔及利亚—科威特第六届混委会在科威特召开，其中农业合作协议是双方签署的六项合作协议之一，推动两国在双边合作框架下，探讨农业多领域合作。[②] 2010 年 11 月，阿尔及利亚与伊朗高级联合委员会第一次会议在德黑兰召开，旨在交流两国在各领域的合作经验，并加强双边合作伙伴关系。在农业合作领域，此次会议探讨建立双边农业合作框架，重点强调农作物产量提高、灌溉技术合作、荒漠化防治等议题，体现了阿伊农业合作的多元化。[③] 2018 年，阿尔及利亚和土耳其两国农业部长签署农业合作谅解备忘录，两国将秉承互利平等的原则，积极推动双边农业科技、农业经贸合作、粮食加工等领域的合作。[④] 2018 年 11 月，埃及负责动物健康、渔业和家禽的农业部副部长莫娜·迈赫雷兹（Mona Mehrez）会见阿尔及利亚农业农村发展和渔业部代表团，共同探讨埃阿渔业合作，并讨论在阿尔及利亚建立埃阿鱼场。迈赫雷兹表示，埃阿在发展海洋资源方面加强沟通和经验分享有助于改善两国的粮食安全；阿尔及利亚代表团也承诺将为埃及投资者在阿尔及利亚投资渔业创造良好的环境，双方一致同意建立埃—阿论坛，以推动双方在渔业和鱼类资源领域的投资、研究以及经验交流与分享。[⑤]

---

① Alice Mitchell, "Spain, Algeria Reinforce Cooperation on Agriculture, Fisheries," https：//the-fishsite. com/ articles/spain-algeria-reinforce-cooperation-on-agriculture-fisheries.

② 中国驻阿尔及利亚民主人民共和国大使馆经济商务处：《阿尔及利亚与科威特召开混委会并签署六项协议》，http：//dz. mofcom. gov. cn/article/jmxw/201006/20100606948881. shtml。

③ 中国驻阿尔及利亚民主人民共和国大使馆经济商务处：《阿尔及利亚将加强与伊朗的合作伙伴关系》，http：//dz. mofcom. gov. cn/article/jmxw/201011/20101107259901. shtml。

④ "Algeria-Turkey: Agricultural Cooperation MoU Comes into Force," https：//ambalg-sofia. org/2020/05/algeria-turkey-agricultural-cooperation-mou-comes-into-force/.

⑤ "Egypt, Algeria Discuss Cooperation in Field of Fisheries," https：//businessafricaonline. com/egypt-algeria-discuss-cooperation-in-field-of-fisheries/.

通过以上论述可以看出，阿尔及利亚对外农业合作属于大农业的合作范畴，既包括与粮食安全密切相关的种植业，也包括助力阿尔及利亚实现经济发展多元化的渔业和畜牧业，还涵盖与农业生产相关的荒漠化治理等生态议题。这种以大农业为主的对外合作有益于阿尔及利亚在安全和经济领域同步发展。在安全领域，如上文所述，粮食安全是阿尔及利亚国家治理的重要议题，也是人民生存的基本保障。于国家粮食安全而言，阿尔及利亚与美国等农业强国在科技领域开展合作有助于阿尔及利亚学习借鉴域外国家的农业生产经验，从而提高阿尔及利亚粮食生产率，帮助其缓解粮食供应压力；于家庭和个人粮食安全而言，阿尔及利亚在渔业、畜牧业、乳产品等领域开展对外合作，并与域外国家积极开展大型农业项目、探讨建立渔场等，有益于创造就业岗位，提升阿尔及利亚人民的经济收入，从而提高人民的粮食购买力。在经济领域，由于大农业包括农林牧副渔等诸多领域，阿尔及利亚在多个领域同步推进对外农业合作，开拓了经济发展的多元化渠道，有利于促进国家经济的整体发展。

在国家和国际组织间农业合作方面，阿尔及利亚主要和联合国粮农组织、世界粮食计划署、国际农发基金、世界银行等国际组织开展合作。2012 年 3 月，联合国粮农组织与阿尔及利亚签署了关于在阿尔及利亚以现代化通信技术推广农业技术的合作项目，旨在帮助阿尔及利亚改善当前农业现代化通信系统，进而推动农业技术的推广。根据协议，粮农组织将向阿尔及利亚提供 23.7 万美元开展农业技术合作，资助公共和私人机构，对农民开展的农业活动给予支持和指导，并积极参与农业培训。[①] 2019 年6 月，阿尔及利亚农业农村发展和渔业部与联合国粮农组织签署了第二个国家规划框架（Country Programming Framework，CPF），CPF 的预算为1000 万美元，并根据"2030 可持续发展计划"确立 2019—2022 年粮农组织和阿尔及利亚间的产权合作规划。阿尔及利亚农业农村发展和渔业部部长谢里夫·奥马里（Cherif Omari）表示，该规划框架将通过农业发展、农业产量的提升和可持续的农业生产力实现农业可持续发展，同时，该规划也注重农业价值链的改善和自然资源、渔业资源的可持续利用，并根据

---

① 中国驻阿尔及利亚民主人民共和国大使馆经济商务处：《阿尔及利亚与联合国粮农组织签订合作项目协议》，http://dz.mofcom.gov.cn/article/jmxw/201203/20120308041091.shtml。

气候变化对阿尔及利亚农业发展缓慢地区给予特别关注。① 此外，奥马里还强调，在国际框架下实施该项规划，将有助于提升农民、渔民、商人等农业发展主体的经济收入，以期保障粮食安全、减少贫困。

国际农发基金侧重于对阿尔及利亚实施农业发展提供资金支持。2016年4月，国际农发基金副主席米歇尔·莫大西尼（Michel Mordasini）到访阿尔及利亚，与阿方共同探讨农业发展、粮食安全、水安全、缓解农村贫困等议题。为支持阿尔及利亚在中东北非建立一个推动农业和农村发展的南南合作卓越中心，国际农发基金向阿尔及利亚国家农业研究所拨款150亿美元，用于该中心的建设。据统计，从1987年到2006年，国际农发基金和阿尔及利亚政府共同资助了阿尔及利亚国内6个项目和发展规划，共计1.645亿美元，其中包括国际农发基金提供的7740万美元贷款，这些项目直接帮助了3.5万农村家庭。② 此外，国际农发基金还拨款6560万美元用于阿尔及利亚灌溉设施的改善、水土保持、筒仓—牧区生态系统管理、畜牧业和农村发展等诸多农业项目。③

世界粮食计划署和世界银行侧重于对阿尔及利亚实施农业援助。世界粮食计划署发布的2019—2022年阿尔及利亚临时国家战略计划（Algeria Interim Country Strategic Plan）旨在帮助阿尔及利亚解决其境内难民区居民的粮食和营养问题，以期推动联合国"2030可持续发展计划"零饥饿目标的实现。根据该计划，世界粮食计划署不仅通过粮食援助、学校喂养计划和补充生计活动满足阿尔及利亚境内难民区居民的基本粮食需求，也通过治疗孕妇、哺乳期妇女和女孩、6—59个月大的孩子、女孩和男孩的中度急性营养不良和预防孕妇、哺乳期妇女和女孩的营养不良，有针对性地改善难民区居民的营养状况。④ 在世界银行与阿尔及利亚农业农村发展和渔业部2011—2014年战略合作框架下，世界银行将帮助阿尔及利亚成立

① "Agriculture：Algeria, FAO seal Country Programming Framework," https：//ambalg-sofia. org/2019/06/ agriculture-algeria-fao-seal-country-programming-framework/.

② International Fund for Agricultural Development, "IFAD Vice President to Visit Algeria to Meet Government Officials," https：//www. ifad. org/en/web/latest/news-detail/asset/39069166.

③ Katarina Schrag, "Five Important Development Projects in Algeria," https：//borgenproject. org/five-development-projects-in-algeria/.

④ World Food Programme, "Algeria Interim Country Strategic Plan（2019 – 2022），" https：//www. wfp. org/ operations/dz02-algeria-interim-country-strategic-plan-2019-2022.

农业技术支持中心，该中心将向农业数据统计、农业信息系统、技术支持跟踪评估项目等提供技术支持，并助力农产品加工一体化中心的建立和振兴农村支持计划的实施。[①]

与国家间农业合作不同，阿尔及利亚与国际组织间农业合作并非以实现双边经济利益为主要目标，它更侧重于在国际机制下保障阿尔及利亚粮食安全、促进阿尔及利亚农业可持续发展。在国际机制下，阿尔及利亚充分利用国际组织在资金、技术、人才等方面的优势，对其填补农业生产短板、推动农业多领域发展、减少农村贫困起到了极大的帮助作用。除与国家、国际组织开展农业合作外，阿尔及利亚还积极主办国际农业展览会，该展览会受到阿尔及利亚农业农村发展和渔业部的大力支持，每年举办一次，截至 2019 年底已举办 19 届，是为非洲地区著名的农业展，为阿尔及利亚开展对外农业合作搭建了平台。

第三节 中阿农业合作路径

阿尔及利亚是中国恢复在联合国合法席位的重要提案国，在阿盟、非盟、地中海联盟等多个区域组织中都坚定地支持中国，中阿双边关系已从战略合作关系（2004 年）升级为全面战略伙伴关系（2014 年），这是中国同阿拉伯国家建立的第一个全面战略伙伴关系，阿尔及利亚已成为中国中东伙伴关系网中的支点国家。[②] 在中阿战略伙伴关系框架下，双边合作议题不断拓展，合作领域不断深入。农业作为与民生息息相关的产业，已成为中阿合作的主要领域之一。

第一，部级对话助推中阿政府间农业合作。部级对话是推进双边农业合作的重要方式，既有益于明确双边农业合作领域以及各领域合作的发展方向，又有助于建立健全双边农业合作机制，还能够为两国农业合作创造良好的社会环境。2014 年 6 月 6 日，中国外长王毅在北京会见了参加中阿合作论坛第六届部长级会议的阿尔及利亚外长拉马拉，中阿

---

① 中国驻阿尔及利亚民主人民共和国大使馆经济商务处：《世界银行向阿提供农业技术援助》，http：//dz. mofcom. gov. cn/article/jmxw/201204/20120408049560. shtml。

② 孙德刚：《论 21 世纪中国对中东国家的伙伴外交》，《世界经济与政治》2019 年第 7 期。

双方根据两国元首签署的关于中阿建立全面战略伙伴关系的联合宣言，制定了《中阿全面战略合作五年规划》，旨在推动两国在经贸、投资、基础设施建设、能源、农业、科技、航天、人文等各领域，尤其是阿方急需、中国具有优势领域的具体合作，实现优势互补和互利共赢。① 可见，农业已成为中阿两国战略合作的重要领域，是两国深化双边伙伴关系的重要外交资源，逐渐形成了中阿农业合作和中阿外交关系的双向互动。

　　农业部作为中阿农业合作的主管部门，农业高层对话对两国扩展合作领域、塑造新议题发挥了极为重要的作用。2013 年 8 月 22 日，中国原农业部②副部长牛盾在阿尔及利亚首都阿尔及尔会见了阿尔及利亚渔业和水产资源部部长希德·艾哈迈德·法鲁基。牛盾表示，中国水产养殖业发展迅猛，不断推出新的养殖技术和水产品种，进一步拓展了养殖领域，不仅满足了市场需求，还为优化农业产业结构，改善居民膳食结构，提高营养水平，增加渔民收入做出了重要贡献。牛盾认为，在渔业和水产养殖领域，中阿双方资源互补性强，合作潜力较大，双方可在远洋捕捞、水产养殖等领域开展合作，并鼓励实力强、信誉好的中方企业赴阿尔及利亚投资渔业。法鲁基表示，愿与中方在远洋捕捞和水产养殖等方面开展合作，并为中国远洋渔业和水产养殖企业赴阿尔及利亚投资提供便利条件。③ 同时，牛盾还会见了阿尔及利亚农业和乡村发展部部长拉希德·本纳伊萨。牛盾指出，中阿农业合作不断取得新成果，通过为阿方官员举办土地管理培训班，增进了双方了解并加深了中阿友谊，中阿土壤改良项目成为两国农业合作的典范。此外，阿尔及利亚已成为中国在非洲地区的重要农产品贸易伙伴。针对双边农业合作，牛盾认为，中阿应在五个方面加强合作：一是建立和完善两国农业部门合作机制；二是加强农业科技合作；三是进一步促进农业领域能力建设；四是推动农业经贸合作；五是鼓励企业合作和投资。本纳伊萨也表示，阿方愿与中方一道，共同努力，全面提升双边

---

① 中国驻阿尔及利亚民主人民共和国大使馆经济商务处：《中阿两国签署全面战略合作五年规划》，http://dz. mofcom. gov. cn/article/jmxw/201406/20140600616226. shtml。

② 2018 年 3 月，农业部改为农业农村部，故将该时间之前的农业部统称为原农业部。

③ 原中国农业部：《农业部副部长牛盾会见阿尔及利亚渔业和水产资源部部长希德·艾哈迈德·法鲁基》，http：//www. moa. gov. cn/xw/gjjl/201308/t20130823＿3585251. htm。

农业合作水平，并感谢中方在农业领域给予阿方的帮助和支持。[①] 2017 年
9 月 21 日，中国原农业部长韩长赋在会见来华访问的阿尔及利亚农业农
村发展和渔业部部长布阿兹基时表示，中阿两国政府高度重视农业发展，
这为双方加强农业合作奠定了坚实基础。针对如何推动双方农业进一步发
展，韩长赋建议，中阿应进一步加强在农业投资贸易、农业科技、水产养
殖、农产品加工和人力资源开发等领域的合作，促进两国农业共同发展。
布阿兹基表示，阿方迫切希望加强阿中农业合作，引进中方企业、资金和
技术，促进阿尔及利亚农业发展，维护粮食安全。中阿双方草签了《中华
人民共和国政府与阿尔及利亚民主人民共和国政府关于动物卫生和检疫的
合作协定》和《中华人民共和国政府与阿尔及利亚民主人民共和国政府
关于植物保护和植物检疫的合作协定》。[②]

　　中阿农业部级对话促使两国农业合作层层推进，从两国农业部长上述对
话中可以看出，中国和阿尔及利亚的农业合作规模不断扩大，包括了动物卫
生和检疫、植物保护和检疫等非传统农业领域。同时，从两国农业部长级对
话中也可以看出，中阿两国更加注重在农业科技、人力资源开发、农业领域
能力建设等促进农业可持续发展的领域开展合作，以期为两国农业发展提供
可持续动力。中阿农业部级对话还体现了阿尔及利亚对中国农业技术的认可
以及对深化中阿农业合作的期待，这为中国以农业为资源加强中阿关系、深
化中阿全面战略伙伴关系创造了条件。此外，农业高层对话是助推两国农企
合作的重要平台，有利于通过政策沟通带动民心相通和民间合作。

　　第二，以中阿农企、农业研究机构和农技专家为主体开展民间合作，
加深了两国在农业经济和农业智力等领域的发展和交流。与农业部级对话
相比，农企和农业研究机构是项目的执行者，既落实了两国农业高层达成
的合作共识，又根据各自的经济和智力需求与对象国开展合作。

　　土壤改良是在中阿两国政府的高度关注下，中国农企和农业研究机构
在阿尔及利亚开展的重要示范性项目，对深化两国农业务实合作和加强中
阿双边关系发挥了重要作用。2011 年 12 月 19 日，吕义峰参赞代表中农

---

　　① 原中国农业部：《农业部副部长会见阿尔及利亚农业和乡村发展部部长》，http：//
www. moa. gov. cn/xw/ gjjl/201308/t20130822_ 3584079. htm。
　　② 原中国农业部：《韩长赋会见阿尔及利亚农业农村发展和渔业部部长布阿兹基》，http：//
www. gjs. moa. gov. cn/dongtai/201709/t201709215822396. htm。

发集团国际农业合作开发有限公司与阿尔及利亚农业科学研究院签署了援阿盐渍土治理示范项目实施合同。中国将向阿方派遣专家进行盐渍土治理工作，并为阿方提供实验设备、农机等，同时接受阿方官员和技术人员赴华接受短期培训。① 2012 年 7 月，阿尔及利亚农业代表团参加中国盐碱地改良技术和实务考察培训活动，项目实施单位——中农发集团国际农业合作开发有限公司及其技术合作单位——山西省农科院积极组织，既和阿方开展了经验交流，又带阿方人员走访参观了中国林业大学温室大棚基地、山西农科院农业环境与资源研究所在天镇县和山阴县设立的盐碱改良基地、山东寿光市蔬菜博览园、东营市盐生植物园、东营暗管排水改良盐碱基地、天津大港盐生植物园等地，加深了两国民间农业主体的交流与合作。② 由于阿尔及利亚盐碱地主要是由咸水灌溉所致，土壤盐分含量过高，土质极其黏重。中国山西省农科院环境与资源研究所采用盐碱地综合改良技术，结合阿尔及利亚实际情况，围绕改善土壤结构和改良土壤离子组成的思路，实施了化学改良，秸秆、牛粪还田，膜下滴灌、漫灌和苜蓿、豆类草粮轮作等一系列试验。经过一年多的盐碱地改良示范，该项目效果初步显现，已在当初的不毛之地上成功种植了大麦、小麦、苜蓿、玉米、高粱、蚕豆等作物，且作物长势良好，其中大麦、小麦的生长显著好于在试验站中的种植情况，受到了阿尔及利亚科技人员的高度赞赏。③ 为提升该项目在阿尔及利亚的影响力和推广力，2014 年 3 月 24 日，山西省农科院环境与资源研究所在阿尔及利亚国家农科院哈马德纳试验站举办了"中阿合作盐渍土治理示范项目现场观摩会"，阿尔及利亚国家农科院研究员、埃利赞省农业厅官员、阿尔及利亚农业大学教授、当地农技推广人员、农民代表、中阿双方项目人员等共 50 多人参加了这次观摩会，了解并学习中国在阿尔及利亚实施的盐渍土治理综合改良举措。④

---

① 中国驻阿尔及利亚民主人民共和国大使馆经济商务处：《我援阿盐渍土治理示范项目实施合同签署》，http：//dz. mofcom. gov. cn/article/zxhz/201112/20111207889487. shtml。

② 中国商务部：《援阿土壤改良项目农业官员来华接受培训》，http：//www. mofcom. gov. cn/article/shang wubangzhu/201208/20120808274829. shtml。

③ 山西省农业科学院：《中阿合作盐渍示范项目取得阶段性成果》，http：//www. sxagri. ac. cn/newsby. asp？id =55351&n = % B1% BE% D4% BA% D0% C2% CE% C5。

④ 山西省农业科学院：《中阿合作盐渍土治理示范项目现场观摩会在阿成功举办》，http：//www. sxagri. ac. cn/newsby. asp？id = 53153&n = % B1% BE% D4% BA% D0% C2% CE% C5。

土壤改良项目所取得的显著成效不仅受到阿尔及利亚政府的高度赞扬，也在阿尔及利亚民间产生了广泛影响。2014年2月5日，阿尔及利亚当地较大的报纸之一 EL Watan（《祖国报》）用了两个整版对山西省农科院农业环境与资源研究所参与的"援助阿尔及利亚盐渍土改良示范项目"进行了专题报道，报道强调，中国在阿尔及利亚开展的盐渍土改良项目，改善了当地的实验室条件，提高了技术人员的综合能力，实现了当地农业可持续发展，进一步加强了中阿两国的传统友谊。[①] 得益于首次合作产生的丰硕成果和良好的社会效应，2016年9月15日，中国驻阿尔及利亚大使杨广玉和阿尔及利亚农业农村发展和渔业部秘书长卡迈勒·沙迪分别代表各自政府签署了土壤改良项目二期技术合作议定书。根据协议，技术合作期限为三年，将在一期所取得的阶段性成果基础上，进一步开展相关试验并加以拓展，同时在盐渍土开发利用方面开展一定规模的示范和推广。[②] 2018年5月9日，中国援阿尔及利亚土壤改良二期技术合作项目实施协议在阿尔及利亚首都阿尔及尔正式签署[③]，以推动项目实施与试验示范。

除土壤改良项目外，中企还在粮食危机预防领域给予阿尔及利亚帮助与支持。2018年6月4日，由中资企业承建的阿尔及利亚最大的粮仓建设项目工程在阿尔及利亚东部城市君士坦丁顺利竣工，受到阿尔及利亚官方的高度好评。由中国电建集团承建的阿尔及利亚35万吨混凝土粮仓建设项目分布在阿尔及利亚9个省，6月4日竣工的5万吨粮仓是目前为止阿尔及利亚最大的粮食储存设施。35万吨混凝土粮仓是阿尔及利亚近40年来启动的首批大型粮仓建设项目。君士坦丁5万吨粮仓包括16个54米高的圆形筒仓，采用中国技术，完全实现粮食自动化处理。阿尔及利亚农业农村和渔业部部长布阿兹基说，这项工程将为解决阿尔及利亚粮食自给提供强有力的保障。阿尔及利亚是世界上主要粮食进口国之一，为实现粮

---

① 山西省农业科学院：《环资所盐碱地改良技术受到阿尔及利亚媒体高度关注》，http://www. sxagri. ac. cn/newsby. asp? id =52008&n = % B1% BE% D4% BA% D0% C2% CE% C5。

② 中国驻阿尔及利亚民主人民共和国大使馆经济商务处：《土壤改良项目二期技术合作议定书顺利签署》，http://dz. mofcom. gov. cn/article/zxhz/201609/20160901397270. shtml。

③ 中国驻阿尔及利亚民主人民共和国大使馆经济商务处：《土壤改良项目二期技术合作议定书顺利签署》，http://dz. mofcom. gov. cn/article/zxhz/201609/ 20160901397270. shtml。

食自给，阿尔及利亚自 2009 年起启动了"百万公顷"粮食种植计划，充足的粮食仓储设施将对其农业发展和粮食自给发挥重要作用。①

农企、农业研究机构和农机专家作为中阿农业合作的民间主体，是中国故事的讲述者、中国理念的传播者和中国经验的分享者，对实现两国民心相通和加强两国传统友谊发挥了重要作用。首先，项目的实施是两国农业从业者相互沟通和协调的结果，在阿尔及利亚开展试验示范和技术推广的中国农业专家属于阿尔及利亚人眼中的"他者"，其言行影响着阿方对中国的认知。中国农业专家所具有的专业素养和吃苦耐劳精神以及友善真诚的态度往往会给对象国农业从业者留下深刻的印象，这种印象常转化为对中国的积极认知，是两国以民间交流促双边关系加强的典范。其次，如果说中国在阿尔及利亚开展项目是以"话语传递"来加深阿尔及利亚对中国的了解，那么在华开展培训和考察则会促使阿尔及利亚置身其中，既用耳听，又用眼看，切实加深对中国的了解。在这一过程中，中国传统文化所蕴含的"有朋自远方来，不亦说乎"的情感和作为礼仪之邦的待客之道，常会使阿尔及利亚人员加深对中国的情感，这从上文论述的阿尔及利亚人员来华培训和考察中即可管窥一斑。正如有的学者所言，中国为非洲国家开展农业培训，是中国提高软实力和加强双边伙伴关系的重要路径。②

第四节　中阿农业合作前景

中阿农业合作已取得了显著成果，中国的农业技术和农业治理经验受到阿尔及利亚的高度赞扬和认可，为深化双边关系和加强两国友谊奠定了坚实的社会基础。但同时也应看到，中阿农业合作仍有一些领域需要拓展，其合作路径也需创新。

第一，中阿两国宜加强在粮食危机预防领域的合作。预防性农业合作的重要性突出反映在国家在面临战争、冲突、重大疾病、自然灾害等威胁

① 《中企承建阿尔及利亚最大粮仓建设项目首个工程竣工》，新华社，http：//m. xinhuanet. com/ 2018-06/06/c_ 129887836. htm.

② Henry Tugendhat and Dawit Alemu, "Chinese Agricultural Training Courses for African Officials: Between Power and Partnerhips," *World Development*, Vol. 81, 2016, pp. 71 – 81.

时仍能保障国内所需的粮食供应，它反映了执政者"居安思危"的治理理念和国家管理意识。如上文所述，中阿两国已经在粮仓建设领域开展合作，助力阿尔及利亚"百万公顷"粮食种植计划的实施和粮食仓容量的提高。除在粮食仓储领域开展合作之外，中国与阿尔及利亚还应加强在粮食信息共享领域的合作。对粮食信息的掌握既有助于国家在危机时期做出正确的决策，也有助于确保两国在危机管控时期的通力合作，这在新冠疫情蔓延期间表现得尤为明显。因此，在后疫情时期，中阿两国需借助互联网等科技手段，建立双边粮食信息共享平台，以期通过信息传递和沟通加强两国的危机应对能力。

第二，中阿两国可考虑召开粮农治理经验交流会。治国理政经验分享是中国与阿拉伯和非洲国家在论坛机制下开展双边合作与交流的重要议题。《中国—阿拉伯国家合作论坛2020年至2022年行动执行计划》强调，双方应继续加强治国理政经验交流，促进改革发展理念互鉴[1]，《中非合作论坛——北京行动计划（2019—2021年）》指出，中方愿同非方分享改革开放的成功做法和经验，举办中非治国理政论坛，在中非合作中不断加强发展思路和理念对接。[2]《关于构建更加紧密的中非命运共同体的北京宣言》也指出，中方承诺同非洲国家加强发展战略对接，加强治国理政经验交流。[3] 粮农治理是中国治国理政的精华之一，其多项治理经验对阿拉伯和非洲国家的农业发展具有重要的借鉴意义。阿尔及利亚拥有阿拉伯和非洲国家的双重身份，中阿两国开展粮农治理经验交流既是对论坛机制下合作共识的落实，也是进一步拓展两国农业合作的举措。中阿粮农治理经验交流会应由两国农业部牵头，两国农企、农业研究机构、农技专家、农民等选派代表参加，以期使经验分享涵盖农业生产的各个主体。同时，粮农经验交流宜突出重点，有所侧重，将我者（中国）优势和他者（阿尔及利亚）需求紧密结合，既要讲述也要倾听，防止将经验交流会举办成中

---

[1]　中阿合作论坛：《中国—阿拉伯国家合作论坛2020年至2022年行动执行计划》，http://www.chinaarabcf.org/chn/lthyjwx/bzjhywj/djjbzjhy/t1805170.htm。

[2]　中非合作论坛：《中非合作论坛—北京行动计划（2019—2021年）》，http://www.focac.org/chn/zywx/zywj/t1592247.htm。

[3]　《关于构建更加紧密的中非命运共同体的北京宣言》，新华网（http://www.xinhuanet.com/world/2018-09/05/c_1123379952.htm）。

国成果展示会。

第三，中国对阿尔及利亚人员培训可考虑将培训群体扩大到农民。农民是城市用粮的主要供给者，也是国家农业生产体系中最庞大的群体，农业若要实现可持续发展，则必须重视农民的作用。从当前中国为阿尔及利亚培训的农业人员构成来看，主要以阿尔及利亚官员和农业科研人员为主，农民相对较少。中国可考虑在阿尔及利亚开设针对农民的培训班，培训班可以村庄为大集体，以每户为一个单元，从每户家庭中选取代表参加培训，以期提高小农的农业生产率，从而带动阿尔及利亚农业的整体发展。

第四，中国宜和域外国家积极探索在阿尔及利亚的第三方市场农业合作。第三方市场农业合作是未来中国农业外交的主要发展方向，也是一种正在塑造的新的农业合作模式，将促使双边合作向三边合作范式转换，有益于实现"1+1+1>3"的规模效应。[1] 中国可考虑将法国作为在阿尔及利亚开展第三方市场合作的重要伙伴。一是因为法阿之间在农业领域已开展了诸多合作，积累了合作经验，二是因为中国与法国已联合发布了第三方市场合作声明，其中农业是重要的合作领域，并将"帮助发展中国家提高农业生产水平，实现农业和农业食品行业的可持续发展"作为第三方市场农业合作的主要目标。[2] 除法国之外，西班牙等与阿尔及利亚有过农业合作项目的国家也可作为合作伙伴，积极探索与阿尔及利亚的农业合作领域。此外，中国与域外国家在阿尔及利亚开展第三方市场农业合作，还需明确合作原则、三方职责、资源投入、利益分配、问题解决等相关议题，以期将农业合作塑造成中国在阿尔及利亚开展第三方市场合作的重要典范。

中阿农业合作是两国强化双边关系、增进民间交流的重要领域，也是实现两国政策沟通和民心相通的重要路径。新冠疫情的暴发更加凸显了农业之于国家发展与稳定的重要性，各国对粮食安全治理的重视度也将日益提升。中阿两国应在后疫情时期更加积极主动地拓展合作领域和创新合作议题，以期推动中阿农业合作全方位多领域高质量发展。

---

① 张帅：《"走出去"战略提出以来的中国农业外交——核心特征、机制创新与战略塑造》，《国际展望》2019 年第 5 期。

② 外交部：《中华人民共和国政府和法兰西共和国政府关于第三方市场合作的联合声明》，https：//www. fmprc. gov. cn/web/ziliao_ 674904/1179_ 674909/t1277670. shtml。

第九章　中阿旅游合作

　　阿尔及利亚的近代旅游业始自法国殖民时期。尤其是自国家独立以来，政府大力推动本国旅游业发展，至当前取得显著成效。但政府对旅游业发展的重视程度不足使得阿尔及利亚旅游业总体竞争力薄弱，在旅游投资、客源结构、发展环境和历史文化资源保护等方面存在不足。在后石油时代背景下，阿尔及利亚进行多元化经济建设，并注重本国旅游业发展。新时代中国提出"一带一路"合作倡议也为阿尔及利亚旅游业发展带来契机。在"一带一路"倡议和阿尔及利亚经济多元化政策的推动下，中国与阿尔及利亚的旅游合作不断加快。

第一节　旅游业发展概况

一　旅游业发展的资源禀赋

　　阿尔及利亚全国气候类型多样，地形地貌特征明显，具备发展旅游的自然优势。阿尔及利亚北部具有狭长的海岸，海岸线长达 1200 千米，沿海岸形成滨海平原。北部属地中海气候，全年气候湿润，景色宜人。以全国来说，北部地区城镇化水平最高，全国大部分人口居住于此；中部地区属热带草原气候，地形以高原为主。高原上山峰广布，山峰上被大片森林覆盖，山峰间穿插着可耕作平原；南部地区属热带沙漠气候，绝大部分地区为各种形态的沙漠所覆盖。沙漠面积占国土总面积的 84%，全国大部分石油和矿产资源集中分布在沙漠地区。

阿尔及利亚拥有温泉 202 处，其中，国家级温泉有 11 处[1]，得天独厚的温泉资源为开展温泉旅游创造了条件。此外也拥有众多湿地。截至 2003 年，阿尔及利亚被列入国际湿地公约（拉姆萨尔公约）的各类湿地（河流、湖泊、池塘、沼泽、水库、盐湖等）共有 26 处，总面积为 2791372 公顷。[2]

历史上，阿尔及利亚历经柏柏尔人、腓尼基人、罗马人、汪达尔人、阿拉伯人、土耳其人和法国人的统治，不同种族的统治为阿尔及利亚留下了丰富多元的历史文化资源。多种文明留存下来的历史遗迹，使其成为阿尔及利亚发展旅游业的有利条件。阿尔及利亚共有 7 处景观被联合国教科文组织列入世界遗产名录，其中提帕萨考古遗址、阿尔及尔城堡、贝尼哈迈德城堡、杰米拉古罗马遗址、蒂姆加德古罗马遗址均属于历史文化遗迹。在众多的历史文化遗迹中，最闻名遐迩的要数杰米拉古城。

杰米拉古城位于塞提夫境内，城内有广场、神庙、长方形会堂、凯旋门和民居遗址，被认为是在山区进行罗马式城市建筑设计的典型范例。1982 年 12 月，杰米拉被联合国教科文组织列入《世界遗产名录》。[3] 尽管这个遗址本身的占地面积并不是最大的，但它却保存完好，而且与之相邻的博物馆里藏有极其精美的镶嵌壁画。杰米拉因拥有北非保存最完好无缺的古罗马遗址而为万众所瞩目。

阿尔及利亚设立了众多国家级旅游景区。卡拉景区占地面积为 78000 公顷，位于阿尔及利亚北部，与地中海相对，拥有众多美丽的海滩和自然保护区；居尔居拉景区面积为 18500 公顷，位于泰勒阿特拉斯山的中心，距离首都阿尔及尔 50 千米，每年有长达三个月（12 月，1 月，2 月）的时间为积雪覆盖；达西利景区面积为 100000 公顷，拥有众多考古遗址、铭文和岩石壁画；雪松森林景区面积为 616.3 公顷，位于萨尼尔哈德城 3 千米处，泰勒阿特拉斯山脉温彻斯山边缘；霍加尔景区建立于 1987 年，被联合国教科文组织列为世界遗产，包含阿塔库尔丘陵、植物园和动物

---

[1] 阿维纳·阿卜杜·卡迪尔：《在新的旅游战略（SDAT2025）下阿尔及利亚旅游业的潜力和障碍（2000—2025 年）》（阿拉伯文），博士学位论文，阿尔及尔大学，2013 年，第 143—144 页。

[2] 阿尔及利亚国家统计局，http：//www.ons.dz/-Tourisme-.html。

[3] 阿尔及利亚驻中国大使馆，http：//www.algeriaembassychina.net/culture.php。

园，以及可追溯到 12000 年前的考古雕像，周边还分布着巴提娜、塔扎和吉吉拉等景区；里亚德·法特景区由烈士陵墓和阿卡德森林等多个区域组成；本·阿克侬游乐园面积为 304 公顷，由植物园区和动物园区构成；贝纳姆游乐园面积为 500 公顷，位于首都阿尔及尔西北部，园区内可进行多种体育游乐活动。[①]

依据阿尔及利亚的地形地貌和气候特征，全国主要旅游地可划分为六大区：（1）海岸—北部平原—阿特拉斯北部高原区；（2）阿特拉斯山脉区；（3）高原区；（4）阿特拉斯沙漠地区；（5）撒哈拉北部绿洲区；（6）大撒哈拉地区。海岸—北部平原—阿特拉斯北部高原区拥有最长的海岸线（1200 千米）和众多罗马、阿拉伯和穆斯林时代的历史遗址；阿特拉斯山区最高的山峰——拉拉哈蒂嘉山，海拔 2308 米，此外还有奥勒斯山和温彻斯山，山脉与海岸线平行，可开展冬季滑雪、登山及垂钓活动；高原区属大陆性气候，以传统手工艺产业和考古遗址而闻名；阿特拉斯沙漠地区属于高原和撒哈拉沙漠之间的区域，环境独特；撒哈拉北部绿洲区气温适中，景色宜人，椰枣树和湖泊广布，传统手工艺产业发达；大撒哈拉地区是南部面积最广的区域，拥有独特的沙漠风情。[②]

二 旅游业发展历程及其成就

1830 年，法国入侵阿尔及利亚。此后阿尔及利亚沦为法国殖民地，法国殖民当局在本国利益的驱使下，注重发展阿尔及利亚旅游业。1897 年，法国殖民当局成立了阿尔及利亚冬季委员会，并成功组织欧洲旅游团体到阿尔及利亚旅游，其后欧洲游客日渐增多。为进一步满足欧洲游客的旅游需求，法国殖民当局出台政策，完善旅游管理机构，增建旅游宾馆设施。1914 年和 1916 年，法国在奥兰城和君士坦丁城相继成立以组织旅游活动为目的的旅游工会。为统一协调各旅游工会事务，法国政府于 1919

---

① 葆法斯·谢里夫、伊本·赫蒂哲·蒙塞夫：《提升阿尔及利亚旅游产品营销：现实和挑战》（阿拉伯文），"承包与促进阿尔及利亚旅游营销"全国首届论坛，2014 年 4 月 23 日，第 4 页。

② 葆法斯·谢里夫、伊本·赫蒂哲·蒙塞夫：《提升阿尔及利亚旅游产品营销：现实和挑战》（阿拉伯文），"承包与促进阿尔及利亚旅游营销"全国首届论坛，2014 年 4 月 23 日，第 3 页。

年支持成立了包含 20 个旅游工会的旅游工会联盟。同年，法国政府同意提供宾馆财政补贴，并成立阿尔及利亚宾馆联盟。1928 年，法国设立专项银行贷款，为旅游投资者提供资金支持，推动宾馆发展。1931 年，法国推动成立国家旅游和经济事务局，旅游管理机构体系日渐完善。此后，国家旅游和经济事务局进行旅游事务管理工作，直至阿尔及利亚独立。[①]

　　1962 年，阿尔及利亚获得独立。在此之后，阿尔及利亚开始自主发展本国旅游业。建国初，阿尔及利亚旅游业基础薄弱，只有从法国那里继承的约 5922 张床位的旅游接待能力。[②] 1964 年，政府成立旅游部，专门指导旅游业发展。1966 年 3 月 26 日，阿尔及利亚发布了第 62—66 号命令，政府更加注重本国旅游业发展。该号命令确定了阿尔及利亚旅游业发展的基本方向，强调注重保护旅游资源，积极扩展旅游区，丰富旅游的文化内涵，并致力于解决居住、交通和通信等基础设施问题。与此同时，国家陆续制定了一系列国民经济发展规划，旅游业相继被纳入国民经济规划之中。在 1967—1969 年的三年经济规划中，阿尔及利亚政府决定为旅游业注资 2.82 亿第纳尔。[③] 20 世纪 70 年代初，阿尔及利亚实行了两个四年经济发展规划。第一个四年规划（1970—1973）决定向旅游业投资 7 亿第纳尔，第二个四年规划（1974—1977 年）决定向旅游业投资 15 亿第纳尔。这两个四年规划计划增加 15680 张床位，其中 13764 张床位由公共部门完成，其余床位由私营部门完成。[④] 80 年代以来，阿尔及利亚制定了两个新的五年经济规划。在第一个五年规划（1980—1984）中，政府向旅游业投资 34 亿第纳尔，计划将床位总容量增加到 51000 张。在第二个五年规划（1985—1989）中，政府重视发展国内旅游，注重提升外国游客接待能力，并计划完成一系列带有多床位的宾馆设施。其中，准备在奥兰

---

　　① 阿卜杜·格迪尔·阿维纳：《阿尔及利亚旅游业的现状与前景》（阿拉伯文），2010 年 5 月阿尔及利亚全国学术论坛论文，http：//www.univ-bouira.dz/fr/images/uamob/fichiers/publications%20nationales/902.doc。

　　② 萨玛尔纳·努塞贝：《旅游业在阿尔及利亚经济和社会发展中的作用》（阿拉伯文），硕士学位论文，奥兰大学，2014 年，第 65 页。

　　③ 萨玛尔纳·努塞贝：《旅游业在阿尔及利亚经济和社会发展中的作用》（阿拉伯文），硕士学位论文，奥兰大学，2014 年，第 70 页。

　　④ 卡瓦什·哈立德：《阿尔及利亚旅游业在经济转型中的重要性》（阿拉伯文），博士学位论文，阿尔及尔大学，2004 年，第 141—144 页。

城建造拥有 600 张床位的沙托纳芙宾馆；在盖尔达耶城建造拥有 600 张床位的宾馆；在吉杰尔城、阿尔泽城和瓦迪城分别建成拥有 300 张床位的宾馆。此外还包括提克迪德的 1000 张私人床位项目。①

在国家经济规划的主导下，阿尔及利亚旅游业持续发展。与此同时，为了促进经济投资并给予旅游活动以新的支持，1988 年 7 月 12 日，阿尔及利亚颁布了与指导私营经济投资有关的第 25—88 号法令，该法令使得私人开始投资旅游业，阿尔及利亚旅游业由此获得较快发展。在外国游客数量方面，阿尔及利亚的外国游客人数从 1978 年的 26 万人次增长到了 1989 年的 66 万人次；在旅游收入方面，从 1976 年的 8800 万美元增长到了 1986 年的 10400 万美元。② 在宾馆床位方面，从独立后的大约 6000 张床位增加至 1989 年的 5 万张床位。截至 1989 年底，私人部门完成了 22160 张床位的增设工作，占国家床位接待能力的 46%；1989 年底，沙漠旅游区接待能力达到大约 6331 张床位，其中 2250 张床位属于私营部门；在城市宾馆床位上私营部门占 46.87%。③

20 世纪 90 年代，阿尔及利亚实行自由市场经济体制，国家积极改善投资环境，并颁布新的投资法，这为阿尔及利亚旅游业发展提供了新的机遇。但鉴于阿尔及利亚国内爆发政治危机，旅游业发展受其影响。1991 年底，在阿尔及利亚首次举行的多党议会选举中，极端宗教组织伊斯兰拯救阵线（简称"伊阵"）获得胜利。在阿尔及利亚军队的干预下，伊阵企图通过选举上台的计划落空。此举引起伊阵及其支持者的严重不满，全国出现骚乱。在整个政治动荡时期，暴力现象大幅增加，外国游客最基本的人身安全得不到保障。在这种社会状况之下，阿尔及利亚旅游业发展出现停滞和倒退现象。1990 年，阿尔及利亚入境旅游人数为 1136918 人次，到 1995 年末减少到 519576 人次，入境旅游人数在五年内减少了 617342 人次。在旅游收入方面，1990 年，阿尔及利亚旅游收入为 10500 万美元，

---

① 卡瓦什·哈立德：《阿尔及利亚旅游业在经济转型中的重要性》（阿拉伯文），博士学位论文，阿尔及尔大学，2004 年，第 152—154 页。

② 萨玛尔纳·努塞贝：《旅游业在阿尔及利亚经济和社会发展中的作用》（阿拉伯文），硕士学位论文，奥兰大学，2014 年，第 75—79 页。

③ 萨玛尔纳·努塞贝：《旅游业在阿尔及利亚经济和社会发展中的作用》（阿拉伯文），硕士学位论文，奥兰大学，2014 年，第 78 页。

到 1995 年旅游收入减少至 3270 万美元，平均每年减少近 1446 万美元。①

　　1995 年 11 月 16 日，阿尔及利亚举行总统选举，泽鲁阿勒当选总统，国家政治形势逐步好转。在此情况下，阿尔及利亚旅游业慢慢复苏，并得到稳步发展。2000 年，阿尔及利亚制定了面向 2013 年的旅游发展战略，确定了促进旅游产品多样化，发展新的旅游活动的战略选择。着重发展的主要旅游产品包括沙漠旅游、海滨旅游、工作和峰会旅游、温泉和海水疗养旅游、文化旅游和体育、休闲娱乐旅游。② 在这些旅游产品中，沙漠旅游是政府重点支持和发展的旅游项目。2009 年的财政补充法案为了刺激沙漠旅游投资，将专门投资南部旅游的地价比例降低了 80%。与此同时，为了完成一系列旅游项目，财政补充法案降低了 5.4% 的银行贷款利率。③ 通过这些举措的实施，沙漠旅游取得了一定的发展。2013 年，沙漠旅游人数为 126713 人。2014 年 11 月末，沙漠旅游人数达到 246238 人，旅游人数增长近一倍。④

　　作为产油国的阿尔及利亚日趋重视发展旅游业。目前，阿尔及利亚出台了面向 2025 年的旅游发展规划。该规划提出了全面振兴旅游发展的具体计划，包括阿尔及利亚目的地计划、专属旅游区计划、旅游质量计划、旅游融资计划和公私合营计划。阿尔及利亚企图以此为契机，全面振兴本国旅游业发展。此外，旅游开发区建设也是阿尔及利亚重点支持发展的对象。阿尔及利亚政府已设立 174 个旅游开发区。国家旅游开发局正对 22 个重点开发区进行规划研究，其中 7 个已完成规划，其他的也将陆续完成。这些重点开发区面积总和达 144383 公顷，涉及投资建立 144 家旅馆、550 套别墅、3000 套平房、8 个海滨游乐场所、4 个海水浴疗中心、15 个商业中心和 4 个体育中心。这些项目将实现 50000 个床位的接待能力。⑤

　　当前，阿尔及利亚旅游业获得显著发展，旅游业各项指标实现增长。

---

　　① 阿尔及利亚旅游和传统产业部网（http：//www. matta. gov. dz/Index. php/ar/）；阿尔及利亚国家统计局网（http：//www. ons. dz/-Tourisme-. html）。

　　② 侯赛因·阿卜杜·卡德尔：《2025 旅游规划下的阿尔及利亚旅游业可持续发展战略》（阿拉伯文），《企业导向杂志》2013 年第 2 期。

　　③ 哈伊夫赛·哈伊夫色拉兹、伯日卡·德利莱：《推动沙漠旅游的旅游营销活动——以比斯克拉省为例》（阿拉伯文），《工商管理学杂志》2013 年第 10 期。

　　④ 阿尔及利亚旅游和传统产业部（http：//www. matta. gov. dz/index. php/ar/）。

　　⑤ 中国驻阿尔及利亚使馆经商处：《阿尔及利亚将大力发展旅游业》，http：//dz. mofcom. gov. cn/aarticle/ztdy/200505/20050500096650. html。

（1）出入境旅游人数。阿尔及利亚旅游人数实现显著增长。2012 年旅游人数为 4544614 人次，2018 年和 2019 年均突破 800 万人次大关。在入境旅游方面，自 2015 年以来，入境旅游人数出现回升。在出境旅游方面，2012—2019 年出境旅游人数均保持着逐年递增的快速增长态势。在 2014 年之后，出境旅游人数开始大幅超越入境旅游人数（见表 III‑9‑1）。

表 III‑9‑1　　　　　2012—2019 年阿尔及利亚出入境旅游人数　　　　（人次）

年份 旅游人数	2012	2013	2014	2015	2016	2017	2018	2019
入境 旅游人数	2634056	2732731	2301373	1709994	2039444	2450785	2657113	2371056
出境 旅游人数	1910558	2135523	2839104	3638140	4529524	5058404	5609947	5731814

资料来源：根据阿尔及利亚旅游和传统产业部数据整理。

（2）宾馆和床位数。阿尔及利亚加大旅游投资，宾馆和床位数稳步增长。2012 年各类宾馆总数为 1155 家，宾馆床位数为 96898 张。至 2020 年，各类宾馆总数增长到 1449 家，宾馆床位数达到 127614 张。宾馆数量增加 294 家，宾馆床位数增加 30716 张。在各类宾馆中，私立宾馆成为宾馆主体。2020 年私立宾馆数量占宾馆总数的 90%，床位数占宾馆总床位数的 79%（见表 III‑9‑2）。

表 III‑9‑2　　　　　2012—2020 年阿尔及利亚的宾馆和床位数

年份	宾馆数量（家）	床位数量（张）
2012	1155	96898
2013	1176	98804
2014	1185	99605
2015	1195	102244
2016	1231	107420
2017	1289	112264

续表

年份	宾馆数量（家）	床位数量（张）
2018	—	119155
2019	1417	125676
2020	1449	127614

资料来源：根据阿尔及利亚旅游和传统产业部数据整理。

（3）过夜游客数量。伴随着旅游人数的增加，过夜游客数量持续增长。2012 年阿尔及利亚的过夜游客人数为 6640181 人次，到 2018 年过夜游客总量达到 7565733 人次，过夜游客人数增加 925552 人次。对于在阿尔及利亚过夜旅游而言，其中大部分过夜旅游为居住过夜旅游，居住过夜旅游占总过夜旅游的 80% 以上（见表 III‑9‑3）。

表 III‑9‑3　　2012—2018 年阿尔及利亚宾馆中的过夜游客数量　　（人次）

年份 游客数量	2012	2013	2014	2015	2016	2017	2018
过夜游客数量	6640181	6921234	7053744	7146572	7276521	7406470	7565733
居住过夜游客数量	5703550	5926968	6215932	6307411	6283910	6260409	6220730

资料来源：根据阿尔及利亚旅游和传统产业部数据整理。

三　旅游业在国民经济中的作用

旅游业已发展成为一种独立的经济产业，尤其是进入大众旅游时代以来，旅游业在国民经济中的作用日益突出。在经济方面，旅游在增加外汇收入，拉动内需及带动相关产业发展方面具有重要作用。在社会方面，旅游能够创造更多的就业机会，提升国民生活水平，促进不同地区、不同民族之间的交流，进而影响旅游目的地人们的价值观念、习俗民风和生活方式等。对于阿尔及利亚来说，旅游业在其国民经济中的作用不容忽视。

（一）旅游收支

从表 III‑9‑4 中可以看出，自 2012 年以来，阿尔及利亚旅游收支连续 6 年呈现入不敷出的局面。2012—2017 年，阿尔及利亚的年最高旅游收入为 3.04 亿美元，最低旅游支出达到 4.1 亿美元，差额为 1.06 亿美元。2018 年，旅游收支出现反超，实现盈利（见表 III‑9‑4）。

表III-9-4　　　2012—2018 年阿尔及利亚的旅游业收支　　（百万美元）

年份 游客数量	2012	2013	2014	2015	2016	2017	2018
旅游支出	428	410	611	677	475	580	212
旅游收入	196	230	258	304	209	140	250
差额	-232	-180	-253	-373	-266	-440	38

资料来源：根据阿尔及利亚旅游和传统产业部数据整理。

（二）旅游业在国内生产总值方面的贡献

旅游业是构成国民生产总值的部门之一，旅游业在促进国内生产总值增长方面具有重要作用。与邻国突尼斯和摩洛哥相比，阿尔及利亚旅游业在国内生产总值中的贡献相对有限。2012—2018 年，旅游业对阿尔及利亚国内生产总值的最高贡献率没有超过1.7%（见表III-9-5）。

表III-9-5　2012—2018 年阿尔及利亚旅游业对国内生产总值的贡献　（%）

年份	2012	2013	2014	2015	2016	2017	2018
GDP 占比	1.4	1.5	1.5	1.3	1.4	1.6	1.7

资料来源：根据阿尔及利亚旅游和传统产业部数据整理。

（三）就业人数

旅游业是一种综合性经济产业，同时也是劳动密集型产业，在吸纳剩余劳动力及其创造就业机会方面具有重要作用。阿尔及利亚旅游业的快速发展，为其创造了大量就业机会，有效缓解了国家的就业压力。自2012年以来，阿尔及利亚旅游业就业人数稳步增长。2012 年阿尔及利亚旅游业就业人数为224028 人，2018 年增长到了308027 人。2012—2018 年阿尔及利亚旅游业就业人数增加约83999 人（见表III-9-6）。

表III-9-6　　　2012—2018 年阿尔及利亚旅游业就业人数　　　（人）

年份	2012	2013	2014	2015	2016	2017	2018
就业人数	224028	256775	261289	265803	270317	300000	308027

资料来源：根据阿尔及利亚旅游和传统产业部数据整理。

第二节　旅游业发展挑战

阿尔及利亚旅游业发展取得了重大成就，但在旅游投资力度、旅游发展环境、旅游客源结构和历史文化资源保护等方面仍存在不足。

一　旅游投资力度不足

建国后，阿尔及利亚政府主导本国经济发展，制定出台一系列发展规划。在国家的历次规划中，国家都对旅游业进行了相应的投资。从历次投资中可以看出，阿尔及利亚对旅游业的投资不足，国家投资主要集中于工业，其次是农业、基础设施、教育和食品工业，旅游业位居其后。

1967—1969 年的三年经济规划是阿尔及利亚独立后实施的第一个经济发展规划。鉴于当时国力有限，阿尔及利亚对各部门的投资力度不足。该规划的总投资额为 110.78 亿第纳尔，工业投资额为 54 亿第纳尔，占投资总额的 48.74%；农业投资额为 18.69 亿第纳尔，占投资总额的 16.87%；基础设施投资额为 11.24 亿第纳尔，占投资总额的 10.14%；教育投资额为 9.12 亿第纳尔，占投资总额的 8.23%；食品投资额为 4.13 亿第纳尔，占投资总额的 3.72%；旅游位列第六，投资额为 2.82 亿第纳尔，占投资总额的 2.54%。[①]

20 世纪 70 年代以来，阿尔及利亚实施了两个四年经济规划，即 1970—1973 年的第一个四年规划和 1974—1977 年的第二个四年规划。这一时期阿尔及利亚国力有所增强，国家对各部门的投资力度有所增大。其中第一个四年规划的总投资额为 277.36 亿第纳尔，各部门投资额占总投资额的比重依次为：工业占 44.7%；农业占 14.9%；基础设施占 8.3%；教育占 9.8%；食品占 5.5%；旅游位列第六，投资额为 7 亿第纳尔，占投资总额的 2.5%[②]。在第二个四年规划期间，由于石油价格提高，国家投资总额大幅度增加，旅游投资总额得到相应增长，但旅游投资额占总投

---

① 布迪·阿卜杜·卡迪尔：《旅游市场化在阿尔及利亚西南旅游发展中的重要性》（阿拉伯文），博士学位论文，阿尔及尔大学，2006 年，第 99 页。

② 萨玛尔纳·努塞贝：《旅游在阿尔及利亚经济和社会发展中的作用》（阿拉伯文），硕士学位论文，奥兰大学，2014 年，第 72 页。

资额的比重有所下降。第二个四年规划的总投资额为 1102.36 亿第纳尔，工业投资额为 480 亿第纳尔；农业投资额为 120.05 亿第纳尔；饮用水投资额为 46 亿第纳尔；旅游上升至第四位，投资额为 15 亿第纳尔，占总投资额的 1.4%。[①]

20 世纪 80 年代以来，阿尔及利亚继续实施经济发展规划政策。经济规划中国家对旅游业投资有限。在第一个五年规划（1980—1984）中，旅游业投资额为 34 亿第纳尔；在第二个五年规划（1985—1989）中，阿尔及利亚处于经济改革初期，同时恰逢石油价格下跌，石油化工部门萎靡不振，对旅游业投资额减少，仅为 18 亿第纳尔。在不考虑通货膨胀的情况下，第二个五年规划中的旅游投资额比第一个五年规划时期减少近一半。

20 世纪 90 年代以来，阿尔及利亚向市场经济转变，国家对旅游业的投资缓慢增长。其中，1995 年阿尔及利亚的旅游投资额为 1.88 亿美元，到 2005 年增长到 3.7 亿美元，2011 年达到 5.02 亿美元。[②] 在整个国民经济中，国家对旅游业的投资处于次要地位。在国家不重视旅游业发展的情况下，阿尔及利亚旅游业基础设施薄弱。2015 年 5 月世界经济论坛发布的《2015 年全球旅游及旅游业竞争力报告》显示，在旅游基础设施（空中交通基础设施、地面和港口基础设施等）指标方面，阿尔及利亚在全球 141 个国家和地区中居第 133 位。[③]

二　旅游发展环境不完善

2015 年 5 月 6 日，世界经济论坛发布了《2015 年全球旅游及旅游业竞争力报告》。依据该报告，在全球 141 个国家和地区中，阿尔及利亚在旅游人力资源、旅游安全和保障及旅游商业环境等各项旅游指标排名中，分别居第 107 位、第 95 位和第 121 位。[④] 阿尔及利亚的旅游发展环境有待

---

① 布迪·阿卜杜·卡迪尔：《旅游市场化在阿尔及利亚西南旅游发展中的重要性》（阿拉伯文），博士学位论文，阿尔及尔大学，2006 年，第 100 页。

② 参见阿尔及利亚国家统计局网（http：//www. ons. dz/-Tourisme-. html）。

③ World Economic Forum, *The Travel & Tourism Competitiveness Report* 2015, http：// www3. weforum. org/doc s/TT15/WEF_ Global_ Travel&Tourism_ Report_ 2015. pdf, p. 33.

④ World Economic Forum, *The Travel & Tourism Competitiveness Report* 2015, http：// www3. weforum. org/docs /TT15/WEF_ Global_ Travel&Tourism_ Report_ 2015. pdf, p. 5.

改善。

第一，在旅游人力资源方面，管理人员综合素质偏低。近年来，阿尔及利亚旅游业领域内就业人数显著增长，有效缓解了阿尔及利亚的就业压力。与此同时，旅游领域内工作人员的综合素质偏低。许多工作人员没有经过良好的旅游专业培训，导致在旅游吸引力方面具有重要意义的旅游服务产品恶化。阿尔及利亚旅游行业中工作人员综合素质偏低，其主要原因在于，旅游培训机构的数量和种类不能满足旅游行业的需求。此外也与旅游宾馆领域内的培训机构缺乏质量有关。[①] 在阿尔及利亚的经济机构中，包括酒店在内，对工作人员培训的投入较少。政府在旅游人力资源方面缺乏投入，加之宾馆行业自身不重视，致使宾馆行业缺乏合格的人力资源。在当前阿尔及利亚加大对外开放的格局下，包括希尔顿等在内的国际连锁酒店抢占阿尔及利亚市场，阿尔及利亚本国宾馆行业的发展处于不利地位。

第二，在旅游安全方面，周边局势不稳定。阿尔及利亚的旅游安全形势不容乐观，政治动荡和恐怖主义日益威胁着阿尔及利亚旅游业的发展。继20世纪90年代阿尔及利亚国内政局动荡后，中东地区又引发新的安全问题。2010年底，"中东剧变"爆发，中东地区陷入动荡。北非国家突尼斯、埃及、利比亚先后发生政权更迭，国内社会秩序陷入混乱。在"中东剧变"过后，利比亚军阀割据，内乱加剧，成为极端势力与恐怖组织发展的"温床"。2015年2月18日，ISIS成功接管利比亚中北部的苏尔特市及周边地区。在苏尔特市"伊斯兰国"确立其领土中心，宣布建立的黎波里省，直接隶属于伊拉克和叙利亚的"伊斯兰国"领导。[②] 动荡的利比亚为恐怖主义的发展提供了沃土，尤其是在当前中东处于后"伊斯兰国"时代，在西亚的"伊斯兰国"势力基本被肃清的情况下，"伊斯兰国"残余势力有可能逃窜至北非，并有可能继续扎根于动荡的利比亚，这对与之相邻的阿尔及利亚来说，终将是个巨大的安全隐患。另外，2020年1月16日，土耳其总统埃尔多安宣布出兵利比亚，这使得阿尔及利亚周边局

---

① 哈德·麦特勒福：《人力资源在阿尔及利亚旅游业中的作用——巴特纳省旅游机构的实地考察》（阿拉伯文），博士学位论文，哈吉·拉赫达尔大学，2015年，第257页。

② "ISIS in Libya: A Major Regional and International Threat," http://www.terrorism-info.org.il/Data/articles/Art_ 20943/E_ 209_ 15_ 1076923854.pdf.

势面临严峻挑战。

　　"伊斯兰国"在北非扩张以来，阿尔及利亚国内和周边安全形势更加严峻。2013 年 1 月，阿尔及利亚境内的一名阿尔及利亚人和 37 名外国人被杀。据阿尔及利亚总理阿卜杜勒·马利克·塞拉勒所说，此次杀人事件是从利比亚进入阿尔及利亚的伊斯兰武装分子和萨莱菲民兵组织所为。[1]与此同时，大批利比亚部落武装分子长期活跃于阿尔及利亚边境地带，威胁着阿尔及利亚边境安全。此外"马格里布基地组织"也是影响阿尔及利亚国家安全的重要隐患。2015 年 7 月 18 日，阿尔及利亚西南部的艾因迪夫拉省发生恐怖袭击事件，"马格里布基地组织"采用恐怖袭击形式，杀害了 14 名阿尔及利亚士兵。[2]

　　第三，在旅游商业环境方面，投资环境不健全。阿尔及利亚投资者在旅游投资事务方面面临诸多困境，其中重要的是行政手续烦琐，腐败盛行。在创建旅游公司流程方面，与摩洛哥和突尼斯相比，阿尔及利亚需要更多的行政程序。在一般情况下，在阿尔及利亚创建一家旅游公司需要14 道程序，而邻国突尼斯和摩洛哥只需要 5—9 道行政程序。除此之外，关于投资的法律不完善，以及法律实施过程中投机现象较多。[3] 旅游投资中的这些阻碍因素，滋生出大量腐败现象。在现实中，许多投资者为了获取行政上的便利，躲避烦琐的行政程序，经常运用非法手段行贿行政人员。[4] 在烦琐的行政程序之下官僚腐败盛行，投资者对此抱怨不断，他们更愿意到投资条件较好的邻国投资。2000 年，阿联酋的投资者打算在阿尔及利亚的旅游和建筑领域进行投资，总投资额约为 180 亿美元，其中90 亿美元投资于旅游领域，包括在卡萨布兰卡、马拉喀什、拉巴特和丹吉尔建立宾馆和旅游中心。但由于遇到投资障碍，他们最终将投资项目转

---

　　① 谢里夫·尤西里：《利比亚危机对阿尔及利亚安全的影响》（阿拉伯文），硕士学位论文，穆哈默德·黑德尔大学，2015 年，第 211 页。

　　② "基地组织"在阿尔及利亚组织恐怖袭击，使 14 人被杀，纳布卢斯电视网（https：//www. nablustv. net/internal. as p？page = details&newsID = 213270&cat = 15）。

　　③ 阿维纳·阿卜杜·卡迪尔：《新旅游战略（旅游指导性规划 SDAT2025）下阿尔及利亚旅游业的潜力和障碍（2000—2025 年）》（阿拉伯文），博士学位论文，阿尔及尔大学，2013 年，第 221 页。

　　④ 巴鲁之·布莱德：《阿尔及利亚的投资障碍》（阿拉伯文），《北非经济杂志》2006 年第 4 期。

移到了政策相对优惠的摩洛哥。①

三　旅游客源结构单一

20世纪90年代的政治动乱过后，阿尔及利亚旅游业稳步发展，来阿尔及利亚旅游的游客数量持续增长。2004年阿尔及利亚入境旅游人数为1112518人次，到2014年底入境旅游人数增长到2301373人次，10年间入境旅游人数翻了一番。② 然而，针对1995—2014年的历年入境旅游人数而言，侨民游客数量均多于外国游客。1995年，阿尔及利亚侨民游客为421928人次，外国游客为97648人次，侨民游客数量是外国游客数量的4.3倍。到1997年，阿尔及利亚侨民游客达到539920人次，外国游客为94832人次，侨民游客数量是外国游客数量的5.7倍。1997年过后，阿尔及利亚侨民游客与外国游客间的人次差距逐年缩小。至2014年，阿尔及利亚侨民游客数量占外国游客数量的倍数缩小至1.4倍。③ 2015年以来，外国游客数量首次超过侨民游客。

除侨民游客外，外国游客成为阿尔及利亚入境旅游客源的重要组成部分。在入境的外国游客客源中，欧洲国家游客占据主体地位。以2013年的入境外国游客为例。在2013年阿尔及利亚入境游客中，法国游客为118726人次；西班牙游客为34455人次；意大利游客为22460人次；德国游客为10188人次。除欧洲游客外，广大阿拉伯国家游客在阿尔及利亚入境旅游客源中占据重要地位，其中以北非国家游客居多。在2013年阿尔及利亚的入境游客中，突尼斯游客为533222人次，利比亚游客为31110人次，摩洛哥游客为26760人次，其余各中东国家游客为41415人次。④

阿尔及利亚入境游客在客源上呈现出的这种格局具有多方面原因。在地理位置方面，阿尔及利亚与欧洲隔海相望，与阿拉伯各国共同环绕于地

---

① 阿维纳·阿卜杜·卡迪尔：《在新的旅游战略（SDAT2025）下阿尔及利亚旅游业的潜力和障碍（2000—2025年）》（阿拉伯文），博士学位论文，阿尔及尔大学，2013年，第221页。

② 参见阿尔及利亚旅游和传统产业部网（http://www.matta.gov.dz/index.php/ar/）。

③ 参见阿尔及利亚旅游和传统产业部网（http://www.matta.gov.dz/Index.php/ar/）。

④ 哈德·麦特勒夫：《人力资源在阿尔及利亚旅游业中的作用——巴特纳省旅游机构的实地考察》（阿拉伯文），博士学位论文，哈吉·拉赫达尔大学，2015年，第237页。

中海沿岸；在历史交往方面，继阿拉伯帝国对阿尔及利亚实行统治后，欧洲国家尤其是法国成为近代阿尔及利亚的殖民统治国，这进一步加深了阿尔及利亚与阿拉伯各国及欧洲，尤其是法国间的天然联系；在经济方面，欧洲国家和阿拉伯国家是阿尔及利亚的重要贸易伙伴，双方在阿尔及利亚的投资中占据重要地位。

对阿尔及利亚入境旅游而言，总体旅游人数有限，旅游客源结构单一。在这种客源格局下，阿尔及利亚传统客源市场既没有得到巩固和加强，同时新的客源市场又没有得到有效开发和扩展，这种旅游客源状态阻碍了阿尔及利亚入境旅游的进一步发展。

四　历史文化资源保护欠佳

阿尔及利亚历史文化资源丰富，但对其保护力度相对薄弱。阿尔及利亚沙漠地带生活着图阿雷格等游牧民，他们的生存之地多位于文物区周围。由于缺乏文物保护意识，游牧民经常拿刻有文字的石板用于建造房屋。许多居民还将新旧石器时代的锋利石器当作削磨东西的器具，或用作日常生活的装饰品。①除本地居民对历史文化遗迹所造成的损坏外，外国游客也对阿尔及利亚历史文化遗迹造成了影响。近年来，随着入境旅游人数的增长，越来越多的游客到阿尔及利亚旅游，游客的行为对历史文化遗迹造成破坏。在一般情况下，大多数游客在游玩过程中，遇到有名的历史文化遗迹都会拍照留念，拍照时有些游客故意靠近古迹，使古迹因遭摩擦而受损。拍照往往伴随着光源反射，对古迹产生光污染。此外，有些不负责任的游客直接在古迹上涂鸦，猖獗地亵渎古迹。这些不文明行为造成历史文化遗迹的损坏，联合国教科文组织曾将阿尔及利亚提帕萨考古遗址列入《世界濒临遗产名录》之中。

第三节　中阿旅游合作前景

推动旅游业发展符合中阿两国的双方利益，中国与阿尔及利亚需要进

---

① Jeremy Keenani, *Tourism, Development and Conservation: A Saharan Perspective*, http: // www. psi. org. uk/ehb/ docs/keenan-tourism-200302. pdf.

一步加强和深化旅游合作。当前，阿尔及利亚的多元化经济政策和中国的"一带一路"倡议为中阿旅游合作带来了新的机遇。

一 旅游成为阿尔及利亚多元化经济时代的重要产业

阿尔及利亚是传统石油国，油气产业是阿尔及利亚的国民经济支柱，其产值占阿尔及利亚 GDP 的 30%，税收占国家财政收入的 60%，出口占国家出口总额的 97% 以上。[①] 从一般意义上讲，石油是全世界最为重要的宝贵资源，石油经济也能创造出巨大的经济效益。因此，相对于石油资源较丰富的阿尔及利亚来说，在较长时期内完全依赖石油资源具有现实可行性。但事实与之相反，当前世界正快速迈入后石油时代，世界能源结构转型及其新能源的开发利用成为常态。根据《BP 世界能源统计年鉴（2017）》，2016 年全球可再生能源增长 12%，而全球一次性能源消费仅增长 1%，约为过去 10 年平均增长率的一半。[②] 美国页岩气等非常规能源的开发利用，进一步挤占了传统石油国的市场份额。受这种形势的影响，阿尔及利亚的石油价格震荡走低。在此背景下，阿尔及利亚的经济形势更加严峻。阿尔及利亚总理乌叶海亚于 2017 年 9 月 17 日对媒体表示，阿尔及利亚正面临着非常严峻的财政危机。由于近年来油价下跌，以出口油气资源为主要收入来源的阿尔及利亚遇到较大的财政困难，外汇储备从 2014 年的近 2000 亿美元缩减到约 1000 亿美元，阿尔及利亚本国货币第纳尔也贬值 20% 以上。由于财政收入迅速减少，阿尔及利亚政府用于调节财政赤字的收入调节基金已见底。[③] 目前，阿尔及利亚正面临着自 20 世纪 90 年代内战以来最大的经济挑战，引用阿尔及利亚前总理阿卜杜勒·马利克·塞拉勒的话说就是国家处于"危机状态"[④]。

面对经济困境，阿尔及利亚在减少公共支出的同时，致力于油气领域

---

① 《阿尔及利亚国家概况》，中国外交部网站（https://www.fmprc.gov.cn/web/gjhdq_676201/gj_676203/fz_677316/120 6_677318/1206x0_677320/t422037.shtml）。

② 《BP 世界能源统计年鉴：中国成全球最大可再生能源消费国》，人民网（http://energy.people.com.cn/n1/201 7/0706/c71661-29386897.html）。

③ 《阿尔及利亚总理承认国家面临财政危机》，新华网（http://www.xinhuanet.com/world/2017-09/18/c_ 1121681 006.htm）。

④ 《能源价格下跌：阿尔及利亚经济改革的机遇与挑战》，http://studies.aljazeera.net/ar/reports/2015/09/2015921 10610822275.html。

的改革，政府已出台新的措施吸引外部投资，扩大国家的石油天然气生产能力，并开始注重页岩气开发。但这不足以解决最根本的经济问题，也无力改变国际市场的低油价状态。在此情形之下，阿尔及利亚开始注重非石油经济的发展，并致力于促进经济多元化。阿尔及利亚前总统布特弗利卡曾强调："经济改革已成为摆脱当前石油市场波动和打开国民经济前景的必然事务，改革应努力实现具有国际竞争力优势的多元化经济。"①

现阶段，阿尔及利亚在进行经济改革，促进发展多元化经济的影响下，更加注重旅游业发展，并决心推动旅游业成为多元化经济中的重要产业。2016 年 9 月 4 日，中国驻阿尔及利亚大使杨广玉在会见阿尔及利亚旅游和手工业部部长阿卜杜勒·瓦哈卜·努里时，努里部长表示，阿尔及利亚旅游资源丰富，具备旅游业的发展优势。当前，阿尔及利亚已将旅游业作为摆脱油气资源依赖和实现经济多元化的重要产业。② 在 2025 年旅游发展总体规划（SDAT）中，阿尔及利亚决定发展非油气型经济，并积极改善阿尔及利亚的国际形象，使之成为重要的旅游胜地。2016 年 8 月，阿尔及利亚出台新投资促进法，重新制定各项投资优惠政策，并决定对工业、农业、旅游业等特定行业提供额外优惠。③

从实际出发，阿尔及利亚发展旅游业具有现实可行性，也是较为正确的选择。一方面，阿尔及利亚地理位置优越，旅游资源丰富，具备发展旅游业的天然条件。另一方面，对于作为传统产业的旅游业而言，对科技的依赖性并不突出，是大多数国家都有能力发展的产业。阿尔及利亚本身经济结构单一，发展旅游业可带动其他相关产业的发展，从而有利于改善阿尔及利亚不利的经济形势。近年来，通过政府的努力，阿尔及利亚的旅游业整体水平有所提升，但与邻国摩洛哥等国相比，仍存在较大差距。当务之急是，阿尔及利亚需要改善旅游业的发展困境，并对其给予应有的重视。阿尔及利亚想要全面推动本国旅游业发展，不仅需要克服产油国的食利惯性，而且需要以实际行动助推旅游业发展。

---

① 《阿尔及利亚总统强调经济改革已成为必然》，http：//www.egynews.net。

② 驻阿尔及利亚大使杨广玉拜会阿尔及利亚新任旅游部长，中国驻阿尔及利亚大使馆，http：//www.fmprc.gov.cn/ce/cedz/chn/xw/t1394736.htm。

③ 中国商务部国际贸易经济合作研究院、中国驻阿尔及利亚大使馆经商处、中国商务部对外投资和经济合作司：《对外投资合作国别（地区）指南：阿尔及利亚（2019 年）》，第 17 页。

二 "一带一路"倡议为中阿旅游合作带来新的契机

中国与阿尔及利亚开展旅游合作具有良好的政治基础。1958 年 12 月 20 日，中国同阿尔及利亚宣布建交。自中阿建交以来，双方各领域友好合作关系不断发展。2004 年 2 月，在胡锦涛主席访问阿尔及利亚期间，两国发表《中阿新闻公报》，宣布建立中阿战略合作关系，两国关系实现质的提升。2006 年 11 月，布特弗利卡总统出席中非合作论坛北京峰会并访华，两国元首签署了《中阿关于发展两国战略合作关系的声明》。该声明表达了促进中阿政治互信，加强经贸和旅游合作的愿望，中国政府批准阿尔及利亚为中国公民组团出境旅游目的地。① 2014 年 2 月，正值中阿建交 55 周年和中阿战略合作关系建立十周年之际，两国发表《关于建立全面战略伙伴关系的联合公报》，正式宣布建立中阿全面战略伙伴关系。这一伙伴关系旨在通过制度化机制，密切各层次政治对话，深化各领域合作，扩大两国人民之间的人文和社会交流，服务于两国的共同利益。② 这是中国同阿拉伯国家建立的第一个全面战略伙伴关系，充分体现了中阿关系的重要性及双边合作的广度与深度。③ 5 月，习近平主席和布特弗利卡总统共同签署《关于建立全面战略伙伴关系的联合宣言》。

新时代中国的"一带一路"倡议为中阿旅游合作注入了新的活力。2013 年 9 月 7 日，中国国家主席习近平在哈萨克斯坦纳扎尔巴耶夫大学发表演讲，提出共同建设"丝绸之路经济带"的倡议。同年 10 月 3 日，习近平在印度尼西亚国会发表演讲，提出共同建设"21 世纪海上丝绸之路"倡议。这二者共同构成中国的"一带一路"合作倡议。该倡议旨在依靠中国与有关国家既有的双多边机制，借助行之有效的区域合作平台，高举和平发展的旗帜，积极发展与沿线国家的经济合作伙伴关系，共同打造政治互信、经济融合、文化包容的利益共同体、命运共同体和责任共同

---

① 《中阿关于发展两国战略合作关系的声明》，中国政府网（http：//www.gov.cn/gongbao/content/2006/content_ 4 64350. htm）。

② 《中国与阿尔及利亚发表联合公报建立战略伙伴关系》，人民网（http：//world. people. com. cn/n/2014/0224/c1002-24448461. html）。

③ 《外交部：以全面战略伙伴关系为新起点推动中阿关系》，中新网（http：//www. chinanews. com/gn/2014/02-24/ 5876455. shtml）。

体。"一带一路"倡议在推进基础设施建设，加强产能合作与发展战略对接的同时，将"民心相通"作为工作重心之一。"民心相通"是"一带一路"建设的坚强社会根基，加强旅游合作成为促进"民心相通"的重要内容。2015 年 3 月 28 日，中国国家发展改革委、外交部、商务部联合发布了《推动共建丝绸之路经济带和 21 世纪海上丝绸之路的愿景与行动》。该愿景指出了加强旅游合作的明确意向及其相应的路径依赖，"加强旅游合作，扩大旅游规模，互办旅游推广周、宣传月等活动，联合打造具有丝绸之路特色的国际精品旅游线路和旅游产品，提高沿线各国游客签证便利化水平。推动 21 世纪海上丝绸之路邮轮旅游合作。积极开展体育交流活动，支持沿线国家申办重大国际体育赛事"①。

阿尔及利亚对中国的"一带一路"倡议具有浓厚兴趣，在该倡议的推动下双方旅游合作不断向前推进。2018 年 9 月，阿尔及利亚和中国签署了关于"一带一路"倡议合作备忘录，并确定在该倡议框架下就不同领域展开合作。通过这一协议，两国"致力于巩固政治关系，加强经济联系，加强人际交往和文化交流，为实现共同发展目标做出贡献"②。2018 年 7 月，中阿合作论坛第八届部长级会议在北京召开，习近平主席提出关于建立中阿旅游合作机制的建议。2019 年 11 月，"2019 中阿旅游合作论坛"在京成功举办，来自中国与阿尔及利亚等阿拉伯国家的旅游主管部门负责人、旅游业界、学界代表以及驻华使节共同探讨中阿文化和旅游机制性合作，在现场签署了"中阿文化和旅游高等教育联盟"倡议书。③ 2018 年 7 月，中国国务委员兼外交部长王毅与阿尔及利亚外长梅萨赫尔代表两国政府在京签署《中阿政府关于互免持外交、公务护照人员签证的协定》。根据该协定，中国公民持有效的中国外交、公务护照在阿尔及利亚停留不超过 90 天，免办签证。④ 2018 年 11 月，中青旅遨游网携手阿尔及

---

① 《推动共建丝绸之路经济带和 21 世纪海上丝绸之路的愿景与行动》，新华网（http：//www. xinhuanet. com/worl d/2015-03/28/c_ 1114793986_ 2. htm）。

② 《丝绸之路：阿尔及利亚批准与中国的合作备忘录》，中国商务部网站（http：//www. mofcom. gov. cn/article/i/jyjl/k/2 01907/20190702880707. shtml）。

③ 《2019 中阿旅游合作论坛在京成功举办》，北京第二外国语学院网站（http：//www. bisu. edu. cn/art/2019/11/25/a rt_ 9922_ 236200. html）。

④ 《中国与阿尔及利亚签署互免签证协定》，中国领事服务网（http：//cs. mfa. gov. cn/gyls/lsgz/fwxx/t1577412. sht ml）。

利亚航空公司、突尼斯国家旅游局和摩洛哥国家旅游局在京召开"一半海水、一半火焰"全家北非过大年 2019 中青旅春节北非包机推介会，这是新近推出的 2019 年春节北非独家包机旅游项目。①

"一带一路"倡议背景下中阿旅游合作发展势头良好，但同海湾和北非旅游业发达的其他阿拉伯国家相比，中国与阿尔及利亚的旅游合作相对有限，仍存在持续向前推进的广阔空间。对于阿尔及利亚来说，经济多元化的利益诉求成为持续推进中阿旅游合作与发展的现实动力。作为全球出境旅游大国的中国，是阿尔及利亚重要的天然客源市场。在"一带一路"倡议的推动下，阿尔及利亚与中国的旅游合作可能会持续深化。对于中国来说，当前"一带一路"倡议的落实和推进需要加强中阿旅游合作。中国在"一带一路"倡议下提出了明确的旅游战略，表达了推进旅游合作的重要愿望。"民心相通"是深入推进"一带一路"建设的坚实社会基础，旅游成为促进"民心相通"的重要抓手。从某种程度上讲，"一带一路"倡议推进的广度和深度决定着中阿旅游合作的限度。未来，中阿旅游合作存在持续推进的可能性，但也存在不确定性。后石油时代阿尔及利亚经济困境的大小和政府对经济多元化政策的重视程度，是影响中阿旅游合作的重要因素。

---

① 《中青旅遨游网开启 2019 年春节北非独家包机》，Travel Weekly China，https：//www. travelweekly-china. com/71515？ ct = ota。

第十章　中阿医疗卫生合作

中国与阿尔及利亚的关系在中国外交史上具有特殊的意义，60 多年来，两国在政治、经济和外交领域的相互协调与合作已经成为第三世界国家合作的典范，特别是在医疗卫生领域的合作将中阿之间的深厚友谊推进到新的高度。自新冠疫情暴发以来，中阿两国在疫情防治上相互援助，成功地保护了两国人民的生命健康。此次疫情大流行表明，世界各国在面对公共卫生威胁时，无法单独解决问题，这就更加凸显了国际团结与协调在全球健康治理中的价值。因此，通过对中国与阿尔及利亚医疗卫生合作模式的研究，有助于更全面地理解中国公共卫生外交的演变及其本质内涵，也对探索以团结合作为特征的全球卫生治理体系具有借鉴意义。

第一节　发展历程

1955 年的万隆会议是中国与非洲正式交往的里程碑，也是阿尔及利亚问题首次被介绍给中国的地方。[①] 此后，中国在不同场合，以不同方式表达对阿尔及利亚民族解放事业的支持。1958 年 9 月 19 日，阿尔及利亚临时政府成立，中国在 22 日便给予其外交承认[②]，成为第一个承认阿尔及利亚独立的非阿拉伯国家。中国对阿尔及利亚的解放斗争给予了全方位的援助，这奠定了中阿友好合作的基础。

---

① Lina Benabdallah, "Frozen in Time: China-Algeria Relations from Socialist Friendship to Pandemic Opportunism," in Jonathan Fulton ed., *Routledge Handbook on China-Middle East Relations*, London and New York: Routledge, 2022, p. 193.

② 《中国人民坚决支持反对殖民主义的斗争！我承认阿尔及利亚临时政府 毛主席周总理陈外长致电热烈祝贺》，《人民日报》1958 年 9 月 23 日第 1 版。

一　国际主义原则下的中阿医疗合作（1963—1978）

独立初期的阿尔及利亚面临严重的公共卫生危机，缺医少药直接影响着阿尔及利亚人的生命健康，而各种传染病的传播也造成了较高的死亡率。这一时期医疗卫生状况恶化的原因有三：第一，法国殖民统治有计划地破坏阿尔及利亚传统医学。在殖民时期，法国在阿尔及利亚推行其"文明化使命"（Civilization Mission），试图用"进步的"西方文明改造阿尔及利亚的传统文化，阿尔及利亚本土传统医学亦被贴上"野蛮"与"落后"的标签。埃克塞特大学的威廉·加卢瓦（William Gallois）教授认为，对土著居民的屠杀就是建立在这种医学种族制度基础之上的。[①]在法国"医学帝国主义"（Medical Imperialism）[②]之下，医学成为殖民统治的工具。直到 20 世纪，北非殖民地的医生们仍继续从事体质人类学的研究，为种族差异寻找证据。[③]这种制度性的破坏导致阿尔及利亚应对本土疾病的传统医学消失殆尽。第二，法国医生的撤离造成医疗人才短缺。19 世纪，法国医生到达阿尔及利亚是服务于法国殖民征服的，到 19 世纪末殖民者开始创办医疗学校，培养医务人员，其学生主要以法国人为主，因此，到阿尔及利亚独立前夕，法国医生在医疗卫生领域居于绝对的主导地位。在《埃维昂协议》签订以后，法国医生陆续撤离阿尔及利亚。独立后的阿尔及利亚只有 600 名医生，却要给 1200 万居民提供医疗保健，这对他们来说是杯水车薪。[④]第三，独立后人口的大规模流动加速了医疗卫生状况的恶化。随着殖民统治的结束，阿尔及利亚出现了两种人口流动的趋向：其一是战时避居国外的阿尔及利亚人迁回国内，其二是农村人口向城市转移。除了国内遍布的雷区每日造成的伤亡以外，迁移人口的营养不良是阿

①　William Gallois, *The Administration of Sickness: Medicine and Ethics in Nineteenth-Century Algeria*, Palgrave Macmillan, 2008, p. 13.

②　William Gallois, "Local Responses to French Medical Imperialism in Late Nineteenth-Century Algeria," *Social History of Medicine*, Vol. 20, No. 2, 2007, pp. 315 – 331.

③　Patricia M. E. Lorcin, "Imperialism, Colonial Identity, and Race in Algeria, 1830 – 1870: The Role of the French Medical Corps," *Isis*, Vol. 90, No. 4, 1999, p. 675.

④　Max Ha BC 等：《阿尔及利亚人民民主共和国的保健事业》，《国外医学》1988 年第 3 期。

尔及利亚人疾病发生率居高不下的主因。① 总体来看，在阿尔及利亚独立初期公共卫生领域的危机是 130 余年殖民统治负面影响的集中爆发，对新生政权的生存构成了最直接的挑战。

阿尔及利亚政府无力应对这一危机，被迫向国际社会求援。"1962 年12 月，阿尔及利亚卫生部长穆罕默德·纳卡叙致函中国卫生部，请求中国派医疗卫生代表团访阿，并希望中国派出医疗队长期在阿工作，提供具体的医疗援助。"② 1963 年 1 月，周恩来总理做出向阿尔及利亚派遣医疗队的决定，这是国际社会对阿尔及利亚求援呼声的最早回应，也是新中国历史上第一次向国外进行医疗援助。在派代表团对阿尔及利亚医疗卫生情况进行了初步考察后，中国派出了一支以湖北省医生为主的援助医疗队奔赴阿尔及利亚。③ 中国医疗队到达阿尔及利亚以后，被派到条件最为艰苦的赛伊达省医院。医疗队除了负责省医院的住院和门诊任务以外，还在农牧区建立了 14 个门诊点，定时在"撒哈拉之门"的辽阔草原上进行巡回医疗。

医疗队直接由中国驻阿尔及利亚大使馆党委领导，具体工作管理由使馆文化处负责，医疗队内设队部和党支部，分别负责对外和对内的日常工作，而医疗队的开销则由国内供给。中国医疗队从国际主义精神出发，跋山涉水到达遥远的北非，帮助阿尔及利亚渡过独立初期的医疗危机。为此，一方面不断增加中国医疗组的数量。考虑到阿方医疗方面的需要，中国派遣到阿尔及利亚的医疗队员不断增加，到 1977 年，医疗队员人数达到 161 人，共分为 8 个医疗组，负责 8 个医院和若干农村门诊；另一方面医疗队积极开展医疗培训，为当地培养合格的医疗工作者。医疗队在赛伊达省医院通过临床见习，专题讲课，临床讨论会等方式，为赛伊达医院培养了一批初、中级卫生人员。④ 1976 年 3 月，医疗队在麦迪亚省培训的第一批针灸学员毕业，进一步推广了中国的传统医学。总体来看，这一时期中国医疗队的国际主义精神得到了阿尔及利亚政府的高度评价，更得到了

① Colin McDougall, "Medical Work in Algeria," *British Medical Journal*, Vol. 2, No. 5359, Sep. 21, 1963, p. 751.

② 杨正莲、郭凌鹤：《首支援外医疗队的北非岁月》，《中国新闻周刊》2012 年第 13 期。

③ 《我医疗队十名成员赴阿尔及利亚》，《人民日报》1963 年 4 月 7 日第 4 版。

④ 湖北卫生厅主编：《名医风流在北非》，新华出版社 1993 年版，第 316 页。

阿尔及利亚民众的赞扬，这种援助式的医疗卫生合作模式拉近了两国人民的情感距离，为中阿两国在医疗领域更深层次的合作奠定了坚实的基础。美国情报部门将这一时期的中阿关系描述为一种远距离的情谊。[①]

二　调整与改革时期的中阿医疗合作（1979—2012）

在经历了独立初期的混乱局面以后，阿尔及利亚开始进入国家建设阶段。特别是 1965 年布迈丁执政以后，阿尔及利亚开展了雄心勃勃的社会主义建设工程[②]，对医疗卫生的关注是布迈丁政府施政的重要内容。20 世纪 70 年代以后，随着国际原油价格上涨，阿尔及利亚政府能够为改善医疗卫生状况提供足够的资金，这极大地缓解了阿尔及利亚面临的医疗卫生难题。阿尔及利亚医生数量也从 1965 年前的 1319 名增加到 1979 年的 4561 名，但医生密度仍然较低，为每 29600 人拥有 1 名医生。[③] 为此，阿尔及利亚决心改善公共卫生工作，并将其视为国家经济发展的一个重要因素。[④] 综合来看，阿尔及利亚政府新的医疗卫生政策主要涉及三方面内容：第一是从 1974 年 1 月起实行免费医疗，以体现"全民健康"的口号；第二是调整医疗教育体制，提升医生培养的数量和质量；第三是对所有基层医疗单位实施统一管理，组建国家卫生体系。阿尔及利亚的医疗卫生制度改革，客观上要求中国对阿尔及利亚的医疗援助做出适应性调整，以更好地满足阿方的需求。

这一时期中国与阿尔及利亚的医疗卫生合作仍然以中方的医疗援助为主，但援助模式发生了一些重要变化，特别是随着阿方医疗队伍的成长，中阿双方在医疗卫生领域的合作内容逐渐增加，这表明中阿医疗卫生合作开始进入了一个调整和改革的新阶段。首先，中国医疗队的性质发生了变化。1974 年以后，阿尔及利亚开始实行免费医疗制度，中国医疗队所在的医院就诊人数成倍增加，为此，阿方提出向中国医疗队提供一定的酬

---

① "National Intelligence Estimate: Algeria's International Relations," 31 July, 1971, https://2001-2009. state. gov/r/pa/ho/frus/nixon/e5 part2/89622. htm.

② 邵丽英、慈志刚：《阿尔及利亚史》，商务印书馆 2022 年版，第 207 页。

③ Hayat Tahri, "The Health Situation in Algeria during the Period 1990-2018," *The Journal of El-Ryssala for Studies and Research in Humanities*, Vol. 7, No. 4, 2022, p. 852.

④ 《阿尔及利亚国民宪章》，中共中央对外联络三局，1984 年，第 185 页。

金。在随后几年里，阿方支付的酬金不断增加。到1983年11月，中阿两国正式签订了"关于在阿尔及利亚聘用中国专家及其酬金的协议"，这标志着中国医疗队从原来的经济援助性质转变为聘任制。阿方可以按照其医疗需求来决定是否聘请中国医疗队的相关专家。例如，1988年3月，阿尔及利亚卫生部下达了终止聘请中国40名队员的名单，停聘内科、针灸科、检验科以及普外以外的外科专业医生。① 除此以外，还对赴阿医生的资格提出了新的要求。到2010年3月，中国与阿方续签关于中国派遣医疗队议定书，原来由阿方承担的医疗队员工资等费用改由中方承担，从而减轻了对方的负担。

其次，对医疗队的管理制度进行了调整。由于阿尔及利亚的医疗卫生状况以及中国医疗队的性质发生了变化，对医疗队的管理制度也随之进行了改革。从1975年1月起，医疗队隶属部门从中国驻阿尔及利亚使馆文化处改为经济参赞处。1982年3月，中国国务院成立对外经济贸易部以后，后者成为对外医疗援助的归口机构。到1984年底，国务院批准了卫生部、对外经贸部、外交部和财政部"关于改革援外医疗队管理体制的报告"，从1985年1月起，援外医疗队归口卫生部管理，这一制度在此后一个时期里未发生变动。对阿中国医疗队内部组织管理机构也进行了调整，医疗队队部改称"医疗队总队部"，各医疗组改称医疗分队。过去由党支部负责对内管理的制度也发生了变化，医疗队设立队委会，负责管理在阿人员的医疗业务和工作生活。各医疗分队建立党支部，负责分队的组织和管理工作。

最后，对具体医疗合作方式进行了改革。随着阿尔及利亚新医疗卫生政策的调整，它在医疗服务和医疗人才培养方面均取得了长足的进步，有效改善了人民群众的医疗卫生状况。在新医院建设上，阿方也加大投入，并计划由中国医疗队进驻部分医院。1985年7月，盖勒马医疗分队进驻新建医院，该医院陆续增加了阿方的专科和一般内科医生，这是中阿医生首次在同一医院相互协作。此后，各合作医院的科室主任也先后交由阿方医生担任，这表明阿尔及利亚在医疗卫生领域的自主能力正在提高，也在客观上要求中阿医疗合作向更深层次发展。到20世纪90年代以后，阿尔

---

① 湖北卫生厅主编：《名医风流在北非》，新华出版社1993年版，第362页。

及利亚政局陷入动荡，内战恶化了安全环境，因此，中国在 1995 年至 1997 年停止派遣医疗队赴阿尔及利亚。到 1997 年 2 月，中阿签订医疗卫生合作协议，除了应阿方请求，中国继续向阿尔及利亚派遣医疗队以外，双方同意在制药、药检方面开展合作，合作生产医疗需要的药品，开展传统医学方面的合作，并在阿尔及尔设立针灸中心。该协议既延续了中阿医疗合作的传统，又不断开拓新的合作领域。

三 卫生健康共同体倡议下的中阿医疗合作（2012 年至今）

进入 21 世纪，阿尔及利亚的医疗卫生事业取得了一定程度的发展，特别是医生数量在 2000 年至 2017 年增加了 64.26%。[①] 但阿尔及利亚的医疗卫生领域仍存在很多问题，一方面表现为医疗资源分布的不平衡，另一方面则表现为尖端医疗人员的匮乏和人才流失。特别是阿尔及利亚每年有 100 余名医生移居国外[②]，进一步加剧了此前存在的问题。为此，阿尔及利亚卫生部政策法规与国际合作司司长伊索拉赫·撒阿迪亚（Issolah Saadia）在接受采访时谈到了阿尔及利亚医疗体系建设的主要目标：第一是公共卫生服务的普及性；第二是医疗资源利用的可持续性；第三是追求现代医疗技术的高质量。[③] 2020 年 2 月，阿尔及利亚出现了北非地区的第一个新冠确诊病例。截至 2022 年 9 月 30 日，根据世界卫生组织实时统计数据，阿尔及利亚新冠累计确诊病例达到 270660 例，累计死亡病例为 6879 例。[④] 新冠疫情的反复发生是阿尔及利亚医疗卫生体系面临的重要挑战。

2016 年，中国政府制定了对阿拉伯国家政策文件，详细阐述了中国与阿拉伯国家在"一带一路"倡议下合作的各项政策举措。[⑤] 这一时期中国与阿尔及利亚的医疗卫生合作内容与此大体一致。首先，提升医疗队的

---

① Hayat Tahri, "The Health Situation in Algeria during the Period 1990 – 2018," *The Journal of El-Ryssala for Studies and Research in Humanities*, Vol. 7, No. 4, 2022, p. 853.

② Ahcene Zehnati, "The Emigration of Algerian Doctors: A Normal Phenomenon or a Real Exodus?" *International Development Policy*, Vol. 13, No. 1, p. 9.

③ 伍昌力：《阿尔及利亚医疗卫生体制与发展现状》，《中国投资》2022 年第 13 期。

④ 参见世界卫生组织网站（https://covid19.who.int/region/afro/country/dz）。

⑤ 《中国对阿拉伯国家政策文件（全文）》，http://www.gov.cn/xinwen/2016-01/13/content_5032647.htm。

援助工作。自 2010 年中阿两国签订新的医疗合作议定书以后，中阿两国又于 2014 年和 2019 年重新签订关于派遣医疗队的议定书，这成为中阿两国医疗卫生合作项目中持续时间最久的一个，也成为中阿两国传统友谊的最好见证。特别是在 2021 年 9 月新冠疫情最为严重的时期，第 27 批中国援阿医疗队抵达阿尔及利亚。至此，中国在过去 60 年中，先后向阿尔及利亚派遣 27 批医疗队，共有 3516 人（次）队员到阿尔及利亚，承担医疗援助和培训等方面的工作。除此以外，中国还派遣医疗专家组，通过"万里送光明"等创新项目，改善了阿尔及利亚民众的身体健康状况。

其次，加强医疗卫生人才交流与培训。虽然派遣医疗队的援助式医疗合作仍在继续，但这一时期以提升阿尔及利亚公共卫生能力的合作方式所占的比重增长较快。为了增强阿尔及利亚的医疗卫生自主能力，中国加强了对阿方医务人员的培训，其途径主要有二：其一是在阿尔及利亚举办培训班。随着中阿医疗卫生合作的发展，中国在阿尔及利亚的对口医院建立了合作医疗中心，开展人才培训和医疗技术交流等工作。根据中阿相关协议，中国湖北省中医院和同济医院分别与阿尔及利亚的本·阿克隆医院和穆斯塔法医院签署合作备忘录，在阿尔及利亚建立了"中阿中医中心"和"中阿妇产中心"，以提高阿尔及利亚的医疗服务水平。其二是在华举办研修班。在华举办的研修班分为两种类型：一种是为了提高阿方的医疗卫生管理水平，另一种是为了提升阿方的医疗专业知识和技能。2018 年和 2019 年，中国商务部在长沙主办了公共卫生、医药产业研修班和重大传染病防治研修班，向阿方分享了中国的相关经验。

最后，抗击新冠疫情方面的合作。2019 年 12 月，中国暴发新冠疫情并蔓延至全国，构成了对中国公共卫生体系的一次重大挑战。阿尔及利亚政府在第一时间向中国提供医疗物资支援，2020 年 2 月 2 日，阿方提供的 50 万只医用口罩、3 万个防护镜和 30 万双医用手套运抵湖北省武汉市，以示对中国疫情防控工作的全力支持。但随后新冠疫情出现全球大流行的趋势，阿尔及利亚的疫情防控压力骤增。中国分批次向阿尔及利亚提供了包括口罩、防护服和呼吸机等在内的各类医疗物资，帮助阿方抗击疫情。同年 5 月，中国还从重庆和澳门选派 20 名医疗专家到阿尔及利亚进行疫情防控等方面的交流和合作，为阿方提供了最为直接的疫情防控经验。2021 年 9 月 29 日，中国科兴公司和阿尔及利亚赛达尔医药集团合作的新冠疫苗项目在阿尔及利亚的君士坦丁正式投产。李连和大使称，这个项目的投产是中阿合作抗疫进程中具有里程碑意义的事件，标志着两国合作抗疫进入新阶段。①

第二节　基本特征

60多年来，中国与阿尔及利亚的医疗卫生合作始终保持着历史的延续性，特别是援阿医疗队成为中阿两国分享医疗知识和技术的重要纽带。同时，双方也会根据形势的变化，对合作模式进行创新性调整，体现了中阿医疗合作模式所具有的鲜明特征。

一　中阿医疗合作开拓了中国对外医疗合作的模式

在殖民统治时期，医疗援助被纳入法国在阿尔及利亚殖民当局的公共卫生体系，并在1893年通过社会立法的方式予以规范化。但需要注意的是，这种医疗援助仅面向在阿尔及利亚贫困的欧洲定居者，而面向土著居民的援助医疗概念到1904年才出现。② 就其本质而言，这种医疗援助是法国建立殖民统治的工具，带有强烈的政治色彩。阿尔及利亚在独立以后，摒弃了这种具有殖民特征的医疗援助，并向国际社会求助。中国从国际主义立场出发，对万里之外的求援之声率先予以回应。如前文所述，这也是新中国成立后，第一次向其他国家派遣医疗队，开启了中国对外医疗援助的先河。中国医生通过高尚的职业道德和精湛的医疗技术，赢得了阿尔及利亚民众的赞誉。中国对阿尔及利亚医疗援助所积累的经验为后来向其他国家派遣医疗队提供了经验借鉴。此外，由于在阿尔及利亚的杰出工作，中国医疗队声名远播，一些国家的领导人慕名到阿尔及利亚求医。如马里总统特拉奥雷、扎伊尔总统蒙博托以及沙特阿拉伯的公主和阿联酋王子都接受过医疗队的诊治，并取得了较好的效果。摩洛哥阿卜杜拉亲王也曾邀

① 《阿尔及利亚与中国合作生产新冠疫苗项目正式投产》，http：//www. news. cn/world/2021-09/30/c_ 1127921998. htm。

② Hannah-Louise Clark, "Expressing Entitlement in Colonial Algeria Villagers, Medical Doctors, and the State in the Early 20th Century," *International Journal of Middle East Studies*, Vol. 48, No. 3, 2016, p.449.

请医疗队赴拉巴特为王室成员治病，扩大了中国医疗队的影响。随后应摩洛哥和扎伊尔的请求，中国分别向这两个国家派遣了援助医疗队。马里总统除了向中方表达感谢外，还请求中国再多派一支医疗队到马里工作。因此可以说，中国对阿尔及利亚的援助医疗开启了新中国成立后对外医疗合作的最初模式。同时，由于对阿尔及利亚医疗援助工作主要由湖北省负责，这种集中高效的组织管理形式的成效显著，对中国对其他国家的医疗援助也产生了影响，并形成了"一省援一国"的对外医疗援助模式。中国对阿尔及利亚的医疗援助还开创了中非合作新的框架，古巴等国亦效仿这一模式，向亚非拉等贫困地区派遣医疗队[①]，这使得中国医疗队在阿尔及利亚的工作具有了更为广泛的国际意义。

到 2020 年 2 月，阿尔及利亚出现了第一例新冠确诊病例，随后阿尔及利亚采取了关闭边境、限制经济活动和保持社交距离等措施，有效控制了病毒的传播，并使疫情的影响降低到最低。为了有效应对疫情，阿尔及利亚还邀请中国医疗专家组到当地协助开展疫情防控工作。5 月 14 日，中国专家组到达阿尔及利亚，与阿尔及利亚政府官员、专家和医生分享重庆和澳门等地在疫情防治等方面的经验，并就当地疫情防控的具体措施给出建议。这是新冠疫情暴发后，中国第一次向其他国家派遣医疗专家组，是一次将疫情防治的"中国方案"与当地疫情防治的具体实际相结合的直接实践。在各方面的协同努力下，截至同年 7 月，包括阿尔及利亚在内的北非国家新冠病毒感染率和死亡率等数据都远低于欧洲、南亚、北美和拉丁美洲等地区。但受到具有高度传染性的奥密克戎变异毒株的影响，阿尔及利亚在 9—12 月疫情发展达到最严重阶段，特别是死亡人数增加了 3 倍之多。[②] 在这种背景下，第 27 批中国援阿医疗队的 81 名队员逆行出征，被分配到 8 个地区的 14 家公立医院，守护着阿尔及利亚民众的健康。除此以外，中国还是最早向阿尔及利亚提供疫苗的国家，也是提供疫苗数量最多的国家，还是第一个与阿尔及利亚合作本土化生产新冠疫苗的国

---

①　Muhamad S. Olimat, *China and the Middle East: From Silk Road to Arab Spring*, Routledge, 2013, p. 180.

②　Sami Khedhiri, A Spatiotemporal Analysis of the COVID-19 Pandemic in North Africa, *GeoHealth*, Vol. 6, Issue 7, 2022, p. 3.

家。① 到 2021 年 9 月，随着中阿合作的疫苗生产线的投产，中国与阿尔及利亚在抗击新冠疫情的合作上形成了物资、人员、经验和技术在内的全方位合作模式，为中国参与全球公共卫生治理，打造人类卫生健康共同体开拓了实践路径。

二 中阿医疗卫生合作体现了强烈的国际人道主义精神

近代法国对阿尔及利亚的医疗卫生援助被纳入殖民主义框架之下，是以宗主国与殖民地之间的不平等形式进行的。在挣脱了殖民统治的枷锁以后，旧有的国际政治经济秩序成为延续这种不平等关系新的庇护所。阿尔及利亚认为，在这种秩序下，"在制定和执行'发展援助'中，富国的漠不关心和轻蔑态度清楚地暴露出来了。实际给予的总是附加政治条件的援助，仅占富国国民生产总值的百分之零点二一"②。赞比亚裔经济学家丹比萨·莫约也认为，援助成为英、法等国的一种手段，依靠援助可以将其打造的新利他主义和为自我获得更多利益结合起来——维持其对地缘政治的战略控制。③ 与西方国家相比较，中国与阿尔及利亚的医疗卫生合作是建立在反抗外来侵略和维护民族独立基础之上的，它是一种建立在相似命运基础上的革命友谊。周恩来总理在提及阿尔及利亚民族解放斗争时说道，阿尔及利亚人民的胜利也是中国人民的胜利，也是亚非人民的共同胜利。④ 由此可见，中国与阿尔及利亚的关系，从最初阶段就超越了具体的政治和经济利益，特别是医疗卫生援助更加体现了新中国对外援助的国际主义精神。在阿尔及利亚独立初期最困难的时刻，中国医疗队担负起为阿尔及利亚人民防治疾病和协助政府建设公共卫生体系的重任。在阿尔及利亚工作的中国医生克服各种困难，以强烈的责任感，救治城市、山村和沙漠地区的病患。

1963 年 12 月，周恩来总理访问阿尔及利亚，指示医疗队"把阿尔及

---

① Dons médicaux chinois à l'Algérie, https：//www. jeune-independant. net/85453-2/.

② 《石油、原料和发展：阿尔及利亚提交联合国大会特别会议的备忘录》，生活·读书·新知三联书店 1975 年版，第 11 页。

③ 丹比萨·莫约：《援助的死亡》，世界知识出版社 2010 年版，第 10 页。

④ 中华人民共和国外交部中共中央文献研究室编：《周恩来外交文选》，中央文献出版社 1990 年版，第 325 页。

利亚人民的健康当作中国人民的健康一样对待""你们要发扬白求恩精神"①。中国医疗队在阿尔及利亚工作的 60 年中，始终将服务于当地人民的健康作为自己最大的责任，甚至有人为此献出了宝贵的生命。1977 年 4 月，中国医疗队眼科医生曾俊珍同志患黄疸型肝炎仍坚持带病为患者做手术，直至医院关闭眼科病房，她才被迫停止工作。后经抢救无效而牺牲，曾俊珍同志永远长眠在了阿尔及利亚的土地上。美国大学研究中国与中东关系的专家约翰·卡拉布雷斯（John Calabrese）博士认为，在整个冷战时期，中国与阿尔及利亚的关系仅是一种权宜之计，更多地具有象征意义，而不具有任何的具体联系。② 这一观点显然忽视了中国援阿医疗队在此期间与阿尔及利亚人民的朝夕相处，增进了中阿两国人民的彼此了解，这种关系超越了"利相投"的层面，真正做到了"人相交、心相通"。到 2014 年，中阿两国将双边关系升级为全面战略伙伴关系，这使阿尔及利亚成为北非乃至中东地区第一个和中国建立全面战略伙伴关系的国家。特别是在新冠疫情肆虐之时，中阿两国的相互支援，将两国之间的医疗卫生合作推进到了一个新的高度。总的来说，中国与阿尔及利亚的医疗卫生合作与西方在殖民主义和霸权主义主导下的合作有着本质上的区别，中阿的合作关系属于"南南合作"的范畴。这种合作是在政治互信和经济互利的基础上，不附加任何政治条件，是追求共同发展，这也是人类卫生健康共同体的应有之义。也可以说，从国际人道主义援助到合力打造人类卫生健康共同体，标志着中阿医疗卫生合作得到不断深化和升华。

三　中医药合作是中阿医疗合作的重点领域

阿尔及利亚的民族传统医学在殖民统治时期被彻底摧毁，并确立起宗主国医学在殖民地的主导地位。传统医学发展的缺失使阿尔及利亚本土医疗资源无法填充殖民者撤离留下的真空，这是导致独立初期阿尔及利亚公共卫生危机的重要原因。为了帮助阿尔及利亚应对危机，中国派遣医疗队万里驰援，并迅速赢得了阿尔及利亚人民的信任。中国医疗队所收获的赞

---

① 湖北卫生厅主编：《名医风流在北非》，新华出版社 1993 年版，第 23 页。

② John Calabrese, " ' The New Algeria' and China," https：//www. mei. edu/publications/new-algeria-and-china.

誉与队员的奉献精神和精湛技艺相关，也与中国传统医学的神奇疗效密不可分，这表明中阿医疗合作从初始阶段就具有鲜明的中国特色。从中阿医疗卫生合作的发展历程来看，中医药始终占据着非常重要的地位，这可以划分为两个阶段。第一个阶段是1963年至2012年，针灸技术是中医在阿尔及利亚发展的突破点。1963年4月，中国医疗队进驻赛义达医院，这成为中医援外医疗的开端。进驻不久，医疗队就通过针灸治好了一名转业军人的"幻肢痛"病。此后，很多病人久治不愈的顽疾，经针灸治疗而痊愈，使针灸的良好疗效在阿尔及利亚迅速传播开来。甚至阿尔及利亚领导人和邻国政要都慕名前来寻医，进一步扩大了以针灸为代表的中国传统医学的影响力。为了更好地服务于当地患者，医疗队在每一个医疗点都配备了针灸医生，并通过开办针灸培训班，培养掌握针灸疗法的当地医务人员，这进一步推动了中医疗法在阿尔及利亚的发展。到1997年，中阿签订了新的医疗卫生合作协议，应阿方请求，中国增派了一支针灸分队，这是在援阿医疗队中唯一一支以中医类针灸专业学科组建的医疗分队，在中国援外医疗队中十分鲜见。①

第二个阶段是2012年至今，中阿在中医药领域进行全面合作。随着中医药在阿尔及利亚影响的扩大，中阿医疗卫生合作也逐渐获得更多的认可。2006年5月，湖南中医药大学熊继柏教授就曾到阿尔及利亚，使用中医方案为布特弗利卡总统治疗胃炎。在2014年中阿签订新的医疗队派遣议定书以后，中阿扩大中医领域的合作提上了日程。2017年，湖北省卫计委与阿方达成共识，在本·阿克隆医院建立中医中心。该中医中心由湖北省中医院牵头实施，在针灸专业基础上，开设推拿康复、骨伤诊疗专科项目，并逐渐扩展至中医各临床专业。合作形式由单纯诊疗服务扩展至人员培训、学者互访和建立阿尔及利亚中医从业人员资格认证制度等。双方明确，由中心承担对阿尔及利亚中医从业人员的资格认证工作。② 该中心在2019年和2022年举办了两届中医培训班，提升了当地医生的医疗服务水平。在2022年5月医疗队举办的线上学术沙龙上，阿方也表达了在传统医学领域进一步合作的意愿。阿尔及利亚卫生部国际合作司司长伊斯

---

① 黄移生：《中国针灸在阿尔及利亚的现状与进展》，《中国针灸》2015年第10期。
② 胡梦：《湖北将在阿尔及利亚建中医中心》，《中国中医药报》2018年11月15日第1版。

索拉特别指出，与中国一样，阿尔及利亚也拥有本国传统医药和医学，但一直没有得到开发，目前阿尔及利亚卫生部制定出开发本国传统医药和医学的初步规划，期待中国同行能够参与到阿尔及利亚传统医药和医学的建设之中。[①] 在新冠疫情防治方面，中国与阿尔及利亚的合作也体现了中国特色。2020 年 4 月和 6 月，中国分别通过组织专家视频会议和派遣医学专家组的方式，与阿方就新冠疫情防控和临床诊治进行直接交流，而中国专家的价值不仅仅体现在援助治疗上，而且更为重要的是分享"中国经验"与"中国方案"[②]。2021 年，中国国家中医药管理局发布了《推进中医药高质量融入共建"一带一路"发展规划（2021—2025 年）》[③]，充分肯定了"中医方案"在抗击新冠疫情和推动构建人类卫生健康共同体方面的重要作用，这成为中阿全面推进医疗卫生合作的新契机。

四 中阿医疗合作从单向度的援助向双向互助转变

中国与阿尔及利亚的医疗卫生合作经过 60 年的历程，从其发展趋势来看，正在不断走向深化。在中阿医疗卫生合作的第一阶段，双方合作的主要内容是中国对阿尔及利亚单向度的应急援助。阿尔及利亚处于独立后百废待兴的过渡时期，在公共卫生体系方面尚无自主能力，因此，中国通过向阿方派遣医疗队，以解其燃眉之急。在中阿医疗卫生合作的第二阶段，随着阿方公共卫生体系的发展，应急援助让位于应需援助。阿方对中国医疗队所提供的具体援助内容可以进行自主选择，但从整体来看，这种援助从形式上讲仍然是单向度的。在中阿医疗卫生合作的第三阶段，提高医疗服务质量，深化两国医疗卫生领域的互利合作成为共同的主题。随着健康丝绸之路的提出，它很快就成为中国推进国际医疗卫生合作的新平台。特别是 2019 年以来，"一带一路"建设更加强调高质量的发展合作，优化走廊的联通性以为商品和服务的交换创造条件，阿尔及利亚能够在其

---

① 《中国援阿尔及利亚医疗队举办学术沙龙以提升对阿医疗服务水平》，人民网（http://world. people. com. cn/n1/2022/0526/c1002-32431476. html）。

② 周林：《大国担当 守望相助——中国医疗专家组援助阿尔及利亚、苏丹抗疫纪实》，《当代党员》2020 年第 18 期。

③ 国家中医药管理局：《推进"一带一路"建设工作领导小组办公室关于印发〈推进中医药高质量融入共建"一带一路"发展规划（2021—2025 年）〉的通知》，http://www. satcm. gov. cn/guohesi/zhengcewenjian/2022-01-15/24182. html。

中发挥重要的作用。如前文所述，中阿在医疗卫生合作上取得了丰硕的成果。李连和大使认为，加强双方在医疗卫生等各领域的交流与合作，不断丰富两国全面战略伙伴关系内涵，能够更好地造福两国人民。[①]

新冠疫情的暴发使中阿在医疗卫生领域的合作达到了新的高度。这一方面表现为中阿两国在医疗物质、人员和技术等有形层面的相互支援，帮助对方有效应对疫情的冲击；另一方面则表现为双方在国际舞台上无形层面的相互支持，特别是在以美国为首的西方国家罔顾事实，对中国人民的抗疫斗争进行大肆歪曲时，这种通过相互支持所表现出来的团结抗疫精神才是人类走出新冠病毒大流行的必由之路。正如李连和大使所言，中阿两国守望相助、共克时艰，以实际行动诠释了中阿两国的特殊友好关系，为国际社会团结合作抗击疫情树立了榜样。[②] 新冠疫情期间的团结与协作，不仅会推动中阿医疗卫生合作朝更加深入和全面的方向发展，还会进一步巩固两国间的深厚友谊，共同推动人类卫生健康共同体的构建。

第三节 现实意义

中国与阿尔及利亚的医疗卫生合作是在两国传统友谊基础上，坚持和平合作、开放包容、互学互鉴、互利共赢的核心价值理念，秉持共商、共建、共赢的合作前提，并取得了富有成效的合作成果。

一 救死扶伤，谱写健康丝路华章

1963 年中国响应阿尔及利亚的求援呼声，派遣医疗队奔赴这个北非国家。对中国援阿医疗队来说，这是新中国对外医疗援助的开创之举，兼具政治和外交意义，因此，医疗队员的选拔工作非常严格，不仅要求医生具备精湛的医术，还要具备过硬的政治素质。正是如此，中国医生在阿尔及利亚工作期间，以忘我的精神为阿尔及利亚人民提供高效的医疗服务，

---

① 《中国同阿尔及利亚新签关于中国派遣医疗队赴阿尔及利亚工作的议定书》，中国驻阿尔及利亚大使馆网站（http：//dz. china-embassy. gov. cn/xw/201905/t20190531_ 6860109. htm）。

② Li Lianhe, Walking the Development Road together, *China Daily*, March 22, 2021, p. 13.

开展了外科、妇产科、眼科、儿科和针灸科等一系列常见疾病的治疗和手术，并创造了断肢再植和心包剥脱术等医学奇迹，在阿尔及利亚引发强烈的反响。到 2019 年，中国医疗队已经成功治疗了 2370 万阿尔及利亚人，并参与了约 160 万名新生儿的接生。同时，有 3 名中国医生为此献出了生命，并长眠在阿尔及利亚的土地上。① 黎巴嫩《世界报》曾赞扬中国医疗队说："从他们身上，我们看到了中国人民献身于人类的无私精神。中国医生是真正的治病救人的天使。"②

此外，中国还通过医疗卫生培训，为阿尔及利亚培养医疗卫生工作人员，进一步完善了阿尔及利亚的公共卫生体系。中国医疗队赴阿尔及利亚初期，阿尔及利亚缺乏专业的医疗工作人员，中国医疗队通过举办培训班，帮助培养当地的医务工作者，弥补阿方在这些方面的不足。后来随着阿方医疗卫生体系的逐步建立，中方对阿方的培训从医疗辅助人员转向针灸等科室的专科医生，以满足当地社会的需求。进入新世纪以后，两国在医疗卫生领域开展了更为全面的合作，中国对阿方的医疗卫生培训形式也更为多样化。特别是在新冠疫情期间，阿方在第一时间向中国紧急援助医疗物资，中国疫情稳定后，也通过在线视频会议的方式向阿尔及利亚介绍相关情况，并派遣了规模庞大的医疗专家组进行现场防疫经验交流，从而有效提升了阿方应对新冠疫情的能力。因此，中阿在医疗卫生领域的合作，既改善了阿尔及利亚人民的健康状况，也帮助阿尔及利亚政府完善了公共卫生体系的自主能力。两国在应对新冠疫情上的团结与协调，将进一步推动双方在"健康丝绸之路"框架下的合作水平。

二　促进民心相通，夯实传统友谊

中国与阿尔及利亚传统友谊的基础是两国相似的反对帝国主义的斗争经历以及对国际秩序相近的看法，这推动了中阿两国在其他领域更为密切的合作。在中阿两国建交前，阿尔及利亚人就通过阅读毛泽东同志的《论

---

① Lilia Aït Akli, L'ambassadeur de Chine au Jeune Indépendant : 23 millions d'Algériens ont été soignés par des médecins chinois, https：//www. jeune-independant. net/lambassadeur-de-chine-au-jeune-independant-23-millions-dalgeriens-ont-ete-soignes-par-des-medecins-chinois/.

② 转引自湖北卫生厅主编《名医风流在北非》，新华出版社 1993 年版，第 156 页。

游击战》和《论持久战》，对中国这个遥远的东方国度有了一定程度的了解。① 中国医疗队援阿 60 多年来，始终坚守在阿尔及利亚东部和西部条件最为艰苦的地方，甚至还承担了到农牧区门诊点进行巡回医疗的任务。中国医疗队通过在城市和乡村的医疗活动，进一步在阿尔及利亚人民心中塑造了中国的友好形象，也拉近了两国人民之间的距离。1971 年 10 月，联合国通过了阿尔及利亚和阿尔巴尼亚等国发起的提案，恢复了中华人民共和国的合法权利。在阿尔及利亚陷入内战的"黑暗十年"里，西方国家对其进行外交孤立，中国则通过加强双边合作以表达对困境中的阿尔及利亚的支持，1997 年，中阿签署了复派医疗队的议定书，进一步凸显了两国间的兄弟情谊。阿尔及尔大学政治学和国际关系学院教授、阿尔及利亚—中国友好协会主席斯梅尔·蒂不什（Smail Debeche）也肯定了中阿两国的传统友谊，认为中国从未停止倾听阿尔及利亚在各个领域（卫生、工业和技术等领域）的需求。②

　　进入 21 世纪以后，中阿两国在政治、经济和外交等层面的合作不断增强，医疗卫生合作也取得了较大进步。相较而言，阿尔及利亚在医疗设备、技术和人才培养等方面与中国还存在差距，但阿尔及利亚在免费医疗制度的探索等方面所积累的经验也值得中国借鉴，中阿双方在医疗卫生领域仍有广阔的合作空间。在新冠疫情暴发以后，中阿两国在抗击疫情方面的合作使两国政府和民间层面的互信和理解进一步增强。根据美国普林斯顿大学"阿拉伯晴雨表"对阿尔及利亚进行的民意调查，2019 年 8 月，有 36% 的受访阿尔及利亚人愿意与中国建立更牢固的关系，仅次于土耳其，排在第二位。在 2020 年至 2021 年的调查中，至少有 60% 的阿尔及利亚人表示，他们更看好中国的外交政策。③ 这表明中阿两国人民的友谊不但没有受到疫情的影响，反而由于抗击疫情期间中国作为负责任大国的外交政策，得到了更多阿尔及利亚人民的信赖与支持。正如阿尔及利亚驻华

① Kyle Haddad-Fonda, An Illusory Alliance Revolutionary Legitimacy and Sino-Algerian Relations, 1958 – 1962, *The Journal of North African Studies*, Vol. 19, No. 3, 2014, p. 347.

② Smail Debeche, La Chine, la Ceinture et la Route : Le modèle exemplaire de coopération avec l'Algérie, https://www.jeune-independant.net/la-chine-la-ceinture-et-la-route-le-modele-exemplaire-de-cooperation-avec-lalgerie/.

③ Algeria：Country Report-2019 and Algeria Country Report—2021, https：//www.arabbarometer.org/countries/algeria/.

大使艾哈桑·布哈利法（Ahcène Boukhelfa）所言，中国在抗击新冠疫情上的严谨态度是值得效仿的典范。[①]

三　树立医疗合作典范，提升国际话语权

阿尔及利亚在地缘上兼具阿拉伯和非洲双重属性，在这两个区域事务上都具有重要的影响力，从这个角度来看，中国与阿尔及利亚的医疗卫生合作在中国对外医疗卫生合作中占有特殊地位。中国与阿尔及利亚 60 年的医疗卫生合作，在为阿尔及利亚人民提供优质医疗服务的同时，也将中阿两国医疗合作的模式传播到非洲和阿拉伯世界，这就使得两国间的合作具有了更广泛的跨区域合作内涵。西方国家往往通过"威胁驱动"（Threat-driven）来发展与阿拉伯国家的关系，而中国则强调在平等互利、相互尊重和相互理解的基础上，通过"目标驱动"（Goal-driven）来开展与该地区国家之间的合作关系。[②] 2015 年，中国国家卫计委通过了《国家卫生计生委关于推进"一带一路"卫生交流合作三年实施方案（2015—2017）》，在确立卫生交流合作的总体思路、目标和原则的同时，提出了打造"健康丝绸之路"的主张[③]，推动了中阿医疗卫生合作走向深入。尤其是在抗击新冠疫情方面，中阿两国更是携手应对突如其来的挑战，用实际行动向全世界讲述和传播团结抗击疫情的故事，为国际社会加强抗疫合作树立了光辉的典范。这种典范作用不仅会加速新冠防治的医疗专业知识共享，还会推动团结抗疫实践模式在国际社会的广泛传播。相反，个别西方国家在疫情大流行期间，奉行单边主义和疫苗"民族主义"，致使全球抗疫局势失序，就更需要建构团结合作、协商共治的全球公共卫生治理话语。例如法国 24 新闻台的评论员巴塞罗那国际关系研究中心研究员弗朗西斯·吉尔斯（Francis Giles）将中国建筑集团向阿尔及利亚政府提供的医疗物资援助歪曲为私人行为，恶意抹黑中阿医疗卫生合作，中方对此进

---

① L'ambassadeur d'Algérie en Chine：La rigueur chinoise est un modèle à suivre，https：//www.jeune-independant.net/lambassadeur-dalgerie-en-chine-la-rigueur-chinoise-est-un-modele-a-suivre/.

② Xuchuan Yuan, Hui Nee Au Yong and Linda Low，*China's Belt and Road Initiative：Going Global and Transformation in the Global Arena*，World Scientific，2021，p.272.

③ 《国家卫生计生委办公厅关于印发〈国家卫生计生委关于推进"一带一路"卫生交流合作三年实施方案（2015—2017）〉的通知》，http：//www.nhc.gov.cn/gjhzs/s7951/201510/7c6079e5164c4e14b06a48340bd0588a.shtml。

行了严厉谴责。① 为了推动抗击新冠疫情的国际合作，2020 年 3 月，习近平总书记首次提出了构建"人类卫生健康共同体"的新倡议，这是中国为完善全球卫生治理体系提出的中国方案。中阿两国在"健康丝绸之路"框架下的医疗卫生合作，就是构建人类健康卫生共同体的具体化和实践化。显然，中国的抗疫模式在阿尔及利亚以及中东和非洲地区得到了广泛的认可，这表明中国在阶段性战胜疫情的同时，也赢得了抗疫的国际话语权。通过这一时期的医疗援助所展现出来的软实力，使中国与中东和非洲国家建立起更加积极的国家间和跨区域关系成为可能。因此，有学者认为，中国通过新冠疫情大流行时期的医疗外交，既巩固了与"一带一路"沿线"枢轴国"和"节点国"的双边经济关系，也在地缘政治上将中国的影响延伸到地中海边缘，而中国所绘就的路线可能会大大削弱美国和欧洲在中东和北非地区的霸权，这将对该地区的未来产生巨大影响。②

中国与阿尔及利亚 60 年的医疗卫生合作是中阿深厚友谊的一个缩影，两国从最初的相识与相知发展到新冠疫情时期的命运与共，从政治上的相互支持发展到全方位的交流合作，中阿合作的领域与内涵获得不断丰富和拓展。中阿两国远隔万里，但却通过包括医疗卫生在内的各领域合作，拉近了彼此之间的距离，成为中国与阿拉伯和非洲友好关系的最佳范例。正如时任阿尔及利亚临时政府副总统的克里姆·贝尔卡西姆（Krim Belkacem）在 1960 年率团访问中国时所言，能使中阿两国分隔的只有地理因素。③ 中国江泽民主席在访问阿尔及利亚时，也曾引用唐代诗人张九龄的诗句"相知无远近，万里尚为邻"来表达相同的情感。中阿两国的医疗卫生合作更是跨越了地域的阻隔，实现了两国人民的近距离接触和交流。但是也应注意到，中阿两国的合作也存在一定的局限，比如政府间的交流合作较为频繁，而民间交流较少；政治和经济关系蓬勃发展，而社会人文

① Boualem Rabah, Polemique Suscite par France 24 : L'ambassade de Chine en Algerie Repond a Francisghiles, https：//www. algerieinfos. com/polemique-suscite-par-france-24-lambassade-de-chine-en-algerie-repond-a-francis-ghiles/.

② Jemima Baar, "The Health Silk Road：China's Engagement with the Middle East during the Covid-19 Pandemic," https：//manaramagazine. org/2020/08/the-health-silk-road-chinas-engagement-with-the-middle-east-during-the-covid-19-pandemic/.

③ Jonathan Fulton, ed. , *The Routledge Handbook of China-Middle East Relations*, Routledge, 2022, p. 200.

领域仍有巨大潜力可以挖掘等。医疗卫生合作作为一种从政府到民间的立体化合作模式，可以为中国与阿尔及利亚发展全方位的合作关系提供一定的借鉴。

附　录　中国与阿尔及利亚大事记

1952 年 2 月 27 日　中国共产党中央委员会致电祝贺阿尔及利亚共产党举行第六次全国代表大会

1956 年 9 月 25 日　阿尔及利亚共产党中央委员会代表布哈利同志参加中国共产党第八次全国代表大会

1957 年 7 月 2 日　周恩来总理接见阿尔及利亚学生代表团

1958 年 4 月 2 日　周恩来总理接见阿尔及利亚民族解放阵线代表卜拉欣·加法和阿拉伯人民大会代表阿德夫·达尼尔

1958 年 9 月 22 日　中国宣布承认阿尔及利亚临时政府

1958 年 10 月 19 日　阿尔及利亚工人总联合会代表访华

1958 年 12 月 3—6 日、16—20 日　阿尔及利亚共和国临时政府代表团访华

1958 年 12 月 20 日　中华人民共和国政府与阿尔及利亚临时政府发布联合公报

1960 年 4 月 30 日　阿尔及利亚共和国临时政府代表团访华

1960 年 5 月 18 日　毛泽东主席接见阿尔及利亚共和国临时政府代表团

1960 年 5 月 20 日　中华人民共和国政府和阿尔及利亚共和国临时政府发布联合公报

1960 年 7 月 31 日　穆斯塔法·菲鲁基被任命为阿尔及利亚共和国临时政府驻中华人民共和国代表团团长

1960 年 9 月 2 日—10 月 6 日　阿尔及利亚共和国临时政府阿巴斯·费尔哈特总理率领代表团访华

1960 年 10 月 5 日　中华人民共和国政府和阿尔及利亚共和国临时政

府发布联合公报

1961 年 5 月 16 日　阿尔及利亚共和国临时政府首任驻华外交使团团长基万·阿卜杜勒·拉赫曼访华

1962 年 7 月 3 日，阿尔及利亚共和国宣布独立，中国承认阿尔及利亚共和国

1962 年 8 月 31 日　中国政府赠送给阿尔及利亚人民的 9000 吨小麦由船运到阿尔及利亚东北部的波尼港

1962 年 9 月 25 日　阿尔及利亚民主人民共和国宣布成立

1962 年 11 月 13 日　曾涛任中国驻阿尔及利亚首任特命全权大使

1962 年 12 月 3 日　中国政府和中华全国总工会赠送给阿尔及利亚政府和阿尔及利亚工人总联合会的 53 吨药品和其他物品，抵达阿尔及尔港

1963 年 1 月 15 日　中华全国总工会主席团委员、书记处书记狄子才率领的中国工会代表团访问阿尔及利亚

1963 年 4 月 6 日和 6 月 29 日　中国先后向阿尔及利亚派出两批医疗队

1963 年 9 月 9 日　阿尔及利亚公民投票通过第一部宪法，民族解放阵线提名本·贝拉总理为总统候选人

1963 年 9 月 11 日　中国、阿尔及利亚签订文化合作协定

1963 年 9 月 29 日　以阿尔及利亚国务部长阿马尔·乌兹加尼为首的阿尔及利亚政府代表团访华

1963 年 11 月 13 日　阿尔及利亚国民议会通过中阿经济技术合作协定

1963 年 12 月 21 日　中国总理周恩来和副总理兼外交部长陈毅元帅访问阿尔及利亚

1963 年 12 月 27 日　中阿签署联合公报

1964 年 7 月 15 日　新华通讯社和阿尔及利亚新闻社签署友好合作协定

1964 年 9 月 15 日　阿尔及利亚国民经济部长、民族解放阵线政治局委员巴希尔·布马扎和由他率领的阿尔及利亚政府经济代表团访华

1965 年 2 月 11 日　中国和阿尔及利亚签订议定书向阿尔及利亚民兵提供装备

1965 年 3 月 13 日　周恩来总理访问阿尔及利亚

1965 年 8 月 28 日　毛泽东主席和刘少奇主席接待阿尔及利亚代表团

1972 年 11 月 6 日　中阿签署贸易议定书

1973 年 5 月 4 日　中国人民保险公司和阿尔及利亚保险再保险公司、阿尔及利亚保险公司在阿尔及尔签订中阿两国贸易海运货物分保合同

1975 年 10 月 2 日　中阿签署海运协定

1979 年 2 月 7 日　阿尔及利亚民族解放阵线总书记沙德利·本杰迪德当选为总统

1979 年 5 月 20 日　中阿签署长期贸易协定

1982 年 1 月 2 日　中阿签署成立中国—阿尔及利亚经济、贸易和技术合作混合委员会

1982 年 1 月 2 日　中阿签署三份合作文件：两国政府 1982—1983 年文化交流计划；两国政府铁路合作协定；两国政府科学技术合作协定

1982 年 4 月 25 日　阿尔及利亚总统、阿尔及利亚民族解放阵线党总书记沙德利·本杰迪德访华

1982 年 12 月 25 日　中国总理赵紫阳访问阿尔及利亚

1994 年 1 月 30 日　阿尔及利亚最高安全委员会任命利亚米纳·泽鲁阿勒为阿尔及利亚总统

1996 年 10 月 17—21 日　阿尔及利亚总统利亚米纳·泽鲁阿勒访华

1999 年 4 月 15 日　阿卜杜勒阿齐兹·布特弗利卡当选阿尔及利亚总统

1999 年 10 月 30—31 日　中国国家主席江泽民访问阿尔及利亚

2000 年 10 月 10—15 日　阿尔及利亚总统布特弗利卡出席在北京举行的"中非合作论坛——北京 2000 年部长级会议"并访华

2004 年 2 月 3 日　中国国家主席胡锦涛访问阿尔及利亚

2004 年 2 月 3 日，中阿两国发表《新闻公报》，宣布建立战略合作关系

2006 年 11 月 6—8 日　阿尔及利亚总统布特弗利卡访华

2006 年 11 月 6 日　中阿签署《关于发展两国战略合作关系的声明》

2008 年 6 月 27 日　全国人民代表大会常务委员会第三次会议批准 2006 年 11 月 6 日由时任外交部长李肇星代表中华人民共和国在北京签署的《中华人民共和国和阿尔及利亚民主人民共和国引渡条约》

2008 年 8 月 8 日　阿尔及利亚总统布特弗利卡出席北京奥运会开幕式

2008 年 11 月 4 日　中国全国人大常委会委员长吴邦国访问阿尔及利亚

2010 年 1 月和 7 月　中国外交部长杨洁篪、国务委员戴秉国先后访问阿尔及利亚

2010 年 4 月　阿尔及利亚民族院议长本·萨拉赫作为总统代表出席上海世博会开幕式

2011 年 7 月 1 日　中国第十一届全国人民代表大会常务委员会第二十一次会议批准 2010 年 1 月 10 日由外交部长杨洁篪代表中华人民共和国在阿尔及尔签署的《中华人民共和国和阿尔及利亚民主人民共和国关于民事和商事司法协助的条约》

2011 年 9 月　全国政协副主席、中国经社理事会主席王刚访问阿尔及利亚

2012 年 7 月　阿尔及利亚外交部部长级代表梅萨赫尔来华出席中非合作论坛第五届部长级会议

2012 年 11 月 24 日　中国全国人大常委会副委员长、全国妇联主席陈至立访问阿尔及利亚

2013 年 4 月 7 日　阿尔及利亚民族院议长本·萨拉赫作为总统代表来华出席博鳌亚洲论坛 2013 年年会

2013 年 12 月　中国外交部长王毅访问阿尔及利亚

2014 年 6 月　阿尔及利亚外长拉马拉来华出席中阿合作论坛第六届部长级会议，王毅会见拉马拉并共同签署《中阿全面战略合作五年规划》

2014 年 11 月 1—3 日　中国全国政协主席俞正声访问阿尔及利亚

2015 年 2 月 7 日　中国国务委员杨洁篪访问阿尔及利亚

2015 年 4 月 11 日　中国商务部长高虎城访问阿尔及利亚，与阿尔及利亚贸易部长本尤奈斯共同主持两国第七届经贸联委会

2015 年 4 月 28 日　阿尔及利亚总理萨拉勒访华

2015 年 9 月 1 日　阿尔及利亚民族院议长本·萨拉赫访华并出席世界反法西斯战争暨中国人民抗日战争胜利 70 周年活动

2016 年 4 月 5 日　阿尔及利亚民族解放阵线党代表团访华

2016 年 5 月 29 日　中国国务委员王勇访问阿尔及利亚

2016 年 12 月 1 日　阿尔及利亚国民议会议长哈利法访华

2017 年 2 月 28 日　中国中央文献研究室副主任陈晋率中国共产党十八届六中全会精神对外宣讲团访问阿尔及利亚

2017 年 12 月　中国全国政协副主席陈元访问阿尔及利亚

2018 年 7 月　阿尔及利亚外长梅萨赫勒来华出席中阿合作论坛第八届部长级会议并访华

2018 年 9 月　阿尔及利亚总理乌叶海亚来华出席中非合作论坛北京峰会

2019 年 6 月　阿尔及利亚外交部秘书长布拉德汗来华出席中非合作论坛北京峰会成果落实协调人会议，并于 11 月来华进行两国外交部政治磋商

2019 年 12 月 12 日　阿卜杜勒马吉德·特本赢得阿尔及利亚总统大选

2020 年 3 月　中国李克强总理应约同阿尔及利亚总理杰拉德通电话

2020 年 4 月 21 日　中国援助阿尔及利亚的新一批医疗物资运抵阿尔及尔国际机场，阿尔及利亚总理杰拉德及部分政府工作人员到机场迎接

2020 年 10 月 11 日　中国国务委员杨洁篪访阿尔及利亚并会见特本总统

2020 年 11 月 6 日　中国国家主席习近平致电阿尔及利亚总统特本，就特本感染新冠病毒致以慰问

参考文献

一　中文类

（一）著作

B. A. 奥戈特主编：《非洲通史：十六世纪至十八世纪的非洲》（第 5 卷），中国对外翻译出版社 2001 年版。

［阿尔及利亚］本·贝拉：《本·贝拉言论集》，世界知识出版社 1965 年版。

［阿尔及利亚］卡迪尔·阿里：《阿尔及利亚地理》，唐裕生、吴永华和顾正龙译，商务印书馆 1978 年版。

［法］马赛尔·艾格利多：《阿尔及利亚民族真相》，世界知识出版社 1958 年版。

［美］菲利普·内勒：《北非史》，韩志斌、郭子林、李铁译，中国大百科全书出版社 2013 年版。

［突尼斯］伊本·赫勒敦：《历史绪论》（上卷），李振中译，宁夏人民出版社 2015 年版。

《阿尔及尔宪章》，载《阿尔及利亚民族解放阵线党第一次代表大会文件集》，世界知识出版社 1965 年版。

陈宗德、姚桂梅、范志书主编：《非洲各国农业概况》，中国财政经济出版社 2000 年版。

黄慧：《阿尔及利亚柏柏尔主义研究》，社会科学文献出版社 2015 年版。

金荣荣：《法国殖民者语言同化政策对阿尔及利亚文化的影响》，对外经贸大学出版社 2015 年版。

金宜久主编：《伊斯兰教辞典》，上海辞书出版社 1997 年版。

金宜久主编：《伊斯兰教史》，江苏人民出版社 2006 年版。

康绍邦主编：《社会主义通史》（第 7 卷），人民出版社 2011 年版。

宋全成：《欧洲移民研究——二十世纪的欧洲移民进程与欧洲移民问题化》，山东大学出版社 2007 年版。

（二）论文

《阿尔及利亚：椰枣成功打入印尼市场》，禾本摘译，《中国果业信息》2015 年第 4 期。

丁隆：《去极端化：概念、范畴、路径》，《中国宗教》2018 年第 10 期。

董漫远：《"伊斯兰国"外线扩张：影响及前景》，《国际问题研究》2016 年第 5 期。

胡雨：《国际反恐斗争中的去极端化研究》，《国际论坛》2012 年第 5 期。

黄慧：《阿尔及利亚卡比尔人问题探析》，《西亚非洲》2012 年第 1 期。

李潜虞：《试论阿尔及利亚争取民族独立斗争期间的中阿关系（1958—1962）》，《冷战国际史研究》2012 年第 1 期。

李意：《"伊斯兰马格里布基地组织"萨赫勒化及其对阿尔及利亚的影响》，《国际论坛》2011 年第 6 期。

刘冬：《法国穆斯林移民问题的原因剖析》，《阿拉伯世界研究》2016 年第 1 期。

裴长洪、王镭：《试论国际竞争力的理论概念与分析方法》，《中国工业经济》2002 年第 4 期。

孙德刚：《论 21 世纪中国对中东国家的伙伴外交》，《世界经济与政治》2019 年第 7 期。

涂龙德：《阿尔及利亚原教旨主义组织研究》，《阿拉伯世界研究》2008 年第 3 期。

王铁铮：《古代北非多元文明的流变及其特色》，《光明日报》（理论版）2020 年 6 月 1 日第 14 版。

张楚楚：《政治过程理论视角下的突尼斯"定叛"主义运动》，《阿拉伯世界研究》2017 年第 2 期。

张帅：《"走出去"战略提出以来的中国农业外交——核心特征、机制创新与战略塑造》，《国际展望》2019 年第 5 期。

张小会：《阿尔及利亚布特弗利卡改革研究》，硕士学位论文，外交学院，2011 年。

赵济鸿:《阿尔及利亚阿拉伯人与柏柏尔人族际问题中的法国因素》,《法语国家与地区研究》2019 年第 1 期。

庄晨燕:《北非"阿拉伯之春"对民族国家建构之启示》,《中央民族大学学报》(哲学社会科学版) 2015 年第 1 期。

二 英文类

Aghrout, Ahmed and Redha M. Bougherira eds. , *Algeria in Transition*: *Reforms and Development Prospects*, New York: Routledge, 2004.

Anne, Lippert , "Algerian Women's Access to Power," in Irving L. Markovitz, ed. , *Studies in Power and Class in Africa*, New York: Oxford University Press, 1987.

Ashour, Omar, *The De-Radicalization of Jihadists*: *Transforming Armed Islamist Movements*, London & New York: Routledge, 2009.

Beaman, Jean, *Citizen Outsider*: *Children of North African Immigrants in France*, Oakland: University of California Press, 2017.

Beaman, Jean, *Citizen Outsider*: *Children of North African Immigrants in France*, University of California Press, 2017.

Benjamin, Roger, *Orientalist Aesthetics*: *Art, Colonialism, and French North Africa*, 1880 – 1930, Berkeley: University of California Press, 2003.

Benrabah, Mohamed, "The Language Planning Situation in Algeria," Current Issues in Language Planning, Vol. 6, No. 4, 2005.

Bouandel, Youcef , "Political Parties and the Transition from Authoritarianism: the Case of Algeria," *The Journal of Modern African Studies*, Vol. 41, No. 1, March 2003.

Bouandel, Youcef, "Political Parties and the Transition from Authoritarianism: The Case of Algeria," *The Journal of Modern African Studies*, Vol. 41, No. 1, 2003.

Boussaa, Djamel, "The Casbab of Algiers, in Algeria: From an Urban Slum to a Sustainable Living Heritage," *American Transactions on Engineering & Applied Sciences*, 2012.

Charef, Abed, *Algérie*: *Le Grand Dérapage*, Paris: Éditions de l'Aube, 1994.

Cheriet, Boutheina , "The Arab Spring Exception: Algeria's Political Ambigui-
ties and Citizenship Rights," *The Journal of North African Studies*, Vol. 19,
No. 2, 2014.

Dillman, Bradford, *State and Private Sector in Algeria: The Politics of Rent-See-
king and Failed Development*, Boulder: Westview Press, 2000.

Dufour, Roger, "Les Ressorts Psychologiques de l'Éfficacité Publicitaire du
Terrorisme," *Études Polemologiques*, No. 1, 1986.

Duignan, P. , and L. H. Gann, *Colonialism in Africa*, 1870 – 1960, Vol. 4,
Cambridge University Press, 1975.

Feldblum, Miriam, *Reconstructing Citizenship*, NY: State University of New York
Press, 1999.

Gallagher, Charles Foisy, "North African Problems and Prospects: Language and I-
dentity," *Language Problems of Developing Nations*, Vol. 10, No. 5, 1968.

Gellner, Ernest and Micaud, Charles, *Arabs and Berbers: From Tribe to Nation*,
London: Duckworth, 1973.

Gordon, David Charles, *The Passing of French Algeria*, London: Oxford Univer-
sity Press, 1966.

Greenhalgh, Michael, *The Military and Colonial Destruction of the Roman Land-
scape of North Africa*, 1830 – 1900, Leiden & Boston: Koninklijke
Brill, 2014.

Hannoum, Abdelmajid , "Writing Algeria: On the History and Culture of Colo-
nialism," *The Maghreb Center Journal*, No. 1, Spring/Summer 2010.

Hill, Jonathan N. C. , *Identity in Algerian Politics: The Legacy of Colonial Rule*,
Boulder: Lynne Rienner Publishers, 2009, p. 101.

Ibrahim, Saad Eddin and Kay Lawson eds. , *Political Parties and Democracy
Vol. V : The Arab World*, California: Praeger, 2010.

Joffé, George, "Political Dynamics in North Africa," *International Affairs*,
Vol. 85, No. 5, 2009.

Khaled, Laoubl and Yamao Masahiro, "The Challenge of Agriculture in Algeria:
Are Policies Effective?," *Agricultural and Fisheries Economics of Hiroshima
University*, Vol. 3, No. 12, 2012.

Kubera, Jacek, *Identifications of French People of Algerian Origin*, Cham: Palgrave Macmillan, 2020.

Le Sueur, James D. , and Guyatt Nicholas, *Algeria since* 1989: *Between Terror and Democracy*, London : Zed Books, 2010.

Lewis, Martin Deming , "One Hundred Million Frenchmen: The 'Assimilation' Theory in French Colonial Policy," *Comparative Studies in Society and History*, Vol. 4, No. 2, 1962.

Lewis, William H. , "The Decline of Algeria's FLN," *Middle East Journal*, Vol. 20, No. 2, 1966.

Lorcin, Patricia M. E. , ed. , *Algeria and France*, 1800 – 2000: *Identity, Memory, Nostalgia*, New York: Syracuse University Press, 2006.

Marnia, Lazreg, *The Eloquence of Silence*: *Algerian Women in Question*, New York: Routledge, 1994.

Martin, Stone, *The Agony of Algeria*, New York: Columbia University Press, 1997.

Martinez, Luis, *The Algerian Civil War*, 1990 – 1998, New York: Columbia University Press, 2000.

Matthews, Christopher et al. eds. , *The Middle East and North Africa* 2018, New York: Routledge, 2018.

McDougall, James, *A History of Algeria*, New York: Cambridge University Press, 2017.

Mortimer, Robert, *Algerian War for Independence*, New York: Oxford University Press, 1993.

Murphy, John P. , *Yearning to Labor*: *Youth, Unemployment, and Social Destiny in Urban France*, Lincoln: University of Nebraska Press, 2017.

Naylor, Phillip C. , *Historical Dictionary of Algeria*, Lanham: Scarecrow Press, 2006.

Northey, Jessica Ayesha , "Associations and Democracy in Algeria," *Democratization*, Vol. 24, No. 2, 2016.

Roberts, Hugh, "The Algerian Catastrophe: Lessons for the Left," *Socialist Register*, Vol. 39, 2003.

Roberts, Hugh, *The Battlefield*: *Algeria* 1988 – 2002, London: Verso, 2003.

Rubin, Barry, *Conflict and Insurgency in the Contemporary Middle East*, London: Routledge, 2009.

Ruedy, John Douglas, *Modern Algeria*: *The Origins and Development of a Nation*, Washington: Georgetown University Press, 2005.

Ruedy, John, *Modern Algeria*: *The Origins and Development of a Nation*, Indiana University Press, 2005.

Sahli, Zoubir, "Agriculture and Rural Development in Algeria: Status, Risks and Challenges," *Bulletin UASVM Horticulture*, Vol. 67, No. 2, 2010.

Salhi, Zahia Smail, "Algerian Women, Citizenship, and the 'Family Code'," *Gender and Development*, Vol. 11, No. 3, 2003.

Shah-Kazemi, Reza, *Algeria*: *Revolution Revisited*, London: I. B. Tauris.

Tahi, Mohand Salah, "Algeria's Democratisation Process: A Frustrated Hope," *The World Quarterly*, Vol. 16, No. 2, 1995.

Tessler, M. , Konold, C. , and Reif, M. , "Political Generations in Developing Countries: Evidence and Insights from Algeria," *Public Opinion Quarterly*, Vol. 68 No. 2, 2004.

Tugendhat, Henry and Dawit Alemu, "Chinese Agricultural Training Courses for African Officials: Between Power and Partnerhips," *World Development*, Vol. 81, 2016.

Willis, Michael, *The Islamist Challenge in Algeria*: *A Political History*, New York: New York University Press, 1999.

Zhang, Chuchu, *Islamist Party Mobilization*, Singapore: Palgrave Macmillan, 2020.

Zoubir, Yahir and White G. eds, *North African Politics*: *Change and Continuity*, London & New York: Routledge, 2016.

Zoubir, Yahir, ed. , *North Africa in Transition*, Gainesville: University Press of Florida, 1999.

三　法文类

Ageron, Charles-Robert, *Les Algériens Musulmans et la France* (1871 – 1919), 2 Vols, Paris: Presses Universitaires de France, 1968.

Belvaude, Catherine, *L'Algérie*, Paris: Karthala, 1991.

Daumas, Eugène, *Moeurs et coutumes de l'Algérie : Tell, Kabylie, Sahara*, Paris: Hachette, 1853

Ghouatil, Ahmed, *Enseignement Supérieur en Algérie: Entre Contraintes Politiques et Défis Socio – économiques*, Alger: Éditions Petra, 2019.

Girault, Arthur, *Principes de Colonisation et de législation colonial*, Paris: L. Larose, 1895.

Kepel, Gilles, *Les Banlieues de l'Islam*, Paris: Le Seuil, 1987.

Lefeuvre, Daniel, *Chere Algerie: La France et sa Colonie*, Paris: Flammarion, 2005.

Mazouni, Abdallah, *Culture et enseignement en Algérie et au Maghreb*, Paris: Francois Maspero, 1969.

Stora, Benjamin, *Histoire de l'Algérie depuis l'indépendance*, 1962 – 1988, Paris: La Découverte, 1994.

Tadjer, Rabah, "La Planification du Développement en Algérie: Structures, Méthodes et Problèmes," *Africa Spectrum*, Vol. 16, No. 1, 1981.

四　阿文类

جاكفريمو، ((فرنساوالإسلامممننابليونبالىميتران)). ترجمةهاشمصالح،شركةالأرضللنشرالمحدودة،1991م.

٢٠٠٣)دسـمبر(العـدد ،الجزائريـة الرسـمية الجريدة
١٩٦٣ ،الدمقراطيـة الجزائريـة جمهوريـة دسـتور

علــى ودراســـات أبحـــاث ،القومـيـــة؟ هـي مـا ،)خلدون أبـو(، الحصـري ساطع
١٩٥٩ ،الملايـيـن العلـم دار ،بـيروت ،النظريـــات ضـوء

五　报告类

中国商务部国际贸易经济合作研究院、中国驻阿尔及利亚大使馆经济商务处、中国商务部对外投资和经济合作司：《对外投资合作国别（地区）指南：阿尔及利亚（2019 年）》。

Oxford Business Group, *The Report Algeria* 2017, 2018.

The Economist Intelligence Unit, *Global Food Security Index* 2019: *Strengthening Food Systems and the Environment through Innovation and Investment*, London: The Economist, 2019.

United States Department of Agriculture, *Report of Grain and Feed Update*: *Al-*

geria, July 26, 2020.

Stiftung, Bertelsmann, "BTI 2016: Algeria Country Report," Bertelsmann Stiftung, 2016.

Roberts, Hugh, "Demilitarizing Algeria," Carnegie Endowment for International Peace, Carnegie Paper, No. 86, May 2007.

Hudson Institute, "Political Islam in Post-Conflict Algeria—Analysis," https://www. eurasiareview. com/14102017-political-islam-in-post-conflict-algeria-analysis/.